डिजिटल इलेक्ट्रॉनिक्स एवं अनुप्रयोग
(Digital Electronics and Applications)

(For Students studying Diploma Electronics, Instrumentation & Control Engineering, B.Sc. B.E. and other equivalent examinations)

Y.D Sharma
Ex. Head of Department (Elect Engg).
Deptt. of Tech. Education (U.P.)
&
Shipra Sharma
M. Sc (Physics)

STANDARD PUBLISHERS DISTRIBUTORS
1705-B, NAI SARAK, DELHI – 110006

PB No 1066

Tel 3262700, 3285798

प्रकाशन :

ए. के. जैन
स्टैण्डर्ड पब्लिशर्स डिस्ट्रीब्यूटर्स
1705-B, नई सड़क, दिल्ली-110006

- First Edition : 1999
  Reprint : 2003
  Reprint : 2004
  Reprint : 2005
  Reprint : 2007
  Reprint : 2008
  Reprint : 2009
  Second Edition : 2010
  Reprint : 2011
  Reprint : 2012
  Reprint : 2013
  Reprint : 2015
  Reprint : 2018

- Price : Rs. 200-00

- ISBN - 81-8014-079-2

- लेजर प्रिन्टिंग एवं चित्रांकन : ललितम

- मुद्रक : शर्मा प्रिटिंग हाउस

दो शब्द

डिजिटल विज्ञान की उपयोगिता एवं उसकी अभूतपूर्व शक्ति का अनुमान इसी तथ्य से लगाया जा सकता है कि प्रत्येक क्षेत्र जिधर भी आप दृष्टि डालें, आपको कुछ न कुछ डिजिटल अवश्य दिखाई देगा, उदाहरणतः डिजिटल टेलीविजन, डिजिटल कम्प्यूटर्स, डिजिटल क्लॉक, वीडियो गेम्स, कैलकुलेटर्स इत्यादि। इस सभी का आधार डिजिटल तकनीकी ही है।

वर्तमान में डिजिटल परिपथों का ICs के रूप में उपलब्ध होने से, पुरातन बडे आकार के यन्त्र अब छोटे आकार ग्रहण करने लगे हैं। डिजिटल संकेतों द्वारा-प्रचालित प्रणालियाँ शीघ्र एवं सटीक परिणाम देती हैं।

प्रस्तुत पुस्तक में डिजिटल इलेक्ट्रॉनिक्स के मूल सिद्धान्तों का विश्लेषण करने का प्रयास किया गया है। पुस्तक में डिजिटल इलेक्ट्रॉनिक्स का सम्पूर्ण पाठ्यक्रम 14 अध्यायों, 3 एपेन्डिक्स तथा एक प्रयोगात्मक खण्ड में विभाजित है। प्रथम 5 अध्यायों में डिजिटल तकनीकी के मूल सिद्धान्तों का विवेचन किया गया है, उदाहरणतः संख्या प्रणालियाँ, लॉजिक गेट्स, गणितीय प्रचालन इत्यादि। अध्याय 5 में डिजिटल क्षेत्रों में प्रयुक्त विभिन्न लॉजिक फेमिली का विश्लेषण किया है। अध्याय 6 से 14 तक डिजिटल इलेक्ट्रॉनिक्स पर आधारित विभिन्न परिपथों का विवरण प्रस्तुत किया गया है जिनका औद्योगिक क्षेत्रों में व्यापक प्रयोग किया जाता है। एपेन्डिक्स-3 में विभिन्न लॉजिक की परस्पर इन्टर फेसिंग प्रस्तुत की गई है। पुस्तक के अन्त में एक उपयोगी प्रयोगात्मक खण्ड सम्मिलित किया गया है।

पुस्तक की संरचना उत्तर प्रदेश, मध्य प्रदेश, बिहार, राजस्थान के इलेक्ट्रॉनिक इन्जियरिंग के छात्रों एवं वेचलर आफ साइन्स एवं भौतिकी की उच्च कक्षाओं के छात्रों के लिए निर्धारित पाठ्यक्रम के अनुसार की गई है।

श्री अजय जैन जी को सादर हार्दिक आभार, जिन्होंने हमे इस पुस्तक को लिखने का न केवल सुअवसर दिया अपितु समय-समय पर सचेतक भी बने।

मेरठ, मार्च 1999

वाई. डी. शर्मा
शिप्रा शर्मा

विषय सूचि
(Index)

1

विभिन्न संख्या प्रणालियाँ
(Different Number Systems)

हम सभी डेसीमल संख्या प्रणाली से भली भाँति परिचित हैं। डेसीमल प्रणाली में 0 से 9 तक दस विभिन्न अंक (digits) प्रयोग किये जाते हैं। इन दस अंकों द्वारा किसी भी सम्भव डेसीमल संख्या को प्रदर्शित किया जा सकता है। कम्प्युटर्स केवल 0s तथा 1s (शून्य तथा एक) द्वारा निर्मित सूचनाएँ (डाटा) ही समझते हैं। इसके अतिरिक्त अन्य इलेक्ट्रॉनिक युक्तियाँ उदाहरणतः केलकुलेटर्स, डिजिटल क्लाँक, डिजिटल मीटर्स इत्यादि भी मूल रूप से बाइनरी प्रणाली पर ही प्रचालित होती हैं। बाइनरी प्रणाली में केवल दो अंक 0 तथा 1 प्रयोग किये जाते हैं। इसके अतिरिक्त अन्य मुख्य संख्या प्रणालियाँ हेक्साडेसीमल (hexadecimal) तथा ऑक्टल हैं। डेसीमल प्रणाली का आधार (base or radix) 10 है जब कि बाइनरी प्रणाली का आधार 2, ऑक्टल का 8 तथा हेक्साडेसीमल का 16 है। किसी प्रणाली की आधार संख्या, उस प्रणाली में प्रयुक्त किये जाने वाले अंकों की संख्या बताती है।विभिन्न संख्या प्रणालियों का विस्तृत विवरण निम्नवत है।

1·1. डेसीमल संख्या प्रणाली
(Decimal Number System)

यह प्रणाली हमारे दैनिक जीवन में व्यापक रूप से प्रयोग की जाती है। इस प्रणाली में दस अंक 0,1,2,3,4,5,6,7,8 तथा 9 प्रयोग किये जाते हैं। इस प्रणाली का आधार 10 है। डेसीमल संख्या के प्रत्येक अंक का अपना स्थानीय मान (positional weight) होता है।

उदाहरणतः डेसीमल संख्या 3687·45 को निम्न प्रकार प्रदर्शित किया जा सकता है—

$$(3687\cdot45)_{10} = 3\times10^3 + 6\times10^2 + 8\times10^1 + 7\times10^0 + 4\times10^{-1} + 5\times10^{-2}$$

प्रत्येक अंक (digit) का मान, उसकी स्थिति (position) के अनुसार निम्न प्रकार प्रदर्शित किया जा सकता है :

डेसीमल बिन्दु से बायीं तरफ चलने पर

प्रथम अंक का मान $=$ प्रथम अंक $\times10^0$

$= 7\times10^0 = 7$

द्वितीय अंक का मान $=$ द्वितीय अंक $\times10^1$

$= 8\times10^1 = 80$

तीसरे अंक का मान $=$ तृतीय अंक $\times10^2$

$= 6\times10^2 = 600$

चतुर्थ अंक का मान $=$ चतुर्थ अंक $\times10^3$

$= 3\times10^3 = 3000$

----

nth अंक का मान $= n$th अंक $\times 10^{n-1}$

$= n$th अंक $\times (\text{base})^{n-1}$

डेसीमल बिन्दु से दाँयी तरफ चलने पर

प्रथम अंक का मान = प्रथम अंक $\times 10^{-1}$

$= 4 \times 10^{-1} = \frac{4}{10} = 0 \cdot 4$

द्वितीय अंक का मान = द्वितीय अंक $\times 10^{-2}$

$= 5 \times 10^{-2} = \frac{5}{100} = 0 \cdot 05$

----

mth अंक का मान = mth अंक $\times 10^{m}$

$= m$th अंक $\times (\text{base})^{-m}$

इस प्रकार किसी संख्या के दोनों भागों पूर्णांक (integer) तथा भिन्नात्मक (fractional) भाग को, जिनमें क्रमशः n पूर्णांक, एवं m भिन्नात्मक अंक हैं निम्न प्रकार प्रदर्शित किया जा सकता है :

$$(N)_b = d_{n-1} \quad d_{n-2} \quad d_{n-3} \cdots\cdots d_0 \cdot \quad d_{-1} \quad d_{-2} \cdots\cdots d_{-m} \qquad \ldots (1 \cdot 1)$$

संख्या के दोनों भाग (integer and fractional) एक बिन्दु (·) द्वारा अलग होते हैं जिसे रेडिक्स प्वाइन्ट (radix point) कहते हैं। समीकरण 1.1 मे N एक संख्या है जिसकी आधार संख्या b है इसे प्रणाली का रेडिक्स भी कहते हैं। संख्या में पूर्णांको की संख्या n तथा भिन्नात्मक भाग (fractional part) में अंकों की संख्या m है।

MSDs तथा LSDs
(Most and Least Significant Digits)

समीकरण 1.1 द्वारा प्रदर्शित संख्या में रेडिक्स प्वाइन्ट से बाँयी और चलने पर अन्तिम अंक (d_{n-1}) most significant digit तथा रेडिक्स प्वाइन्ट के दाँयी और अन्तिम अंक (d_{-m}), least significant digit कहलाता है। निम्न तालिका में कुछ संख्याओं के MSD तथा LSD दिये गये हैं :

TABLE 1.1—MSD तथा LSD
(MSD and LSD)

Number	MSD	LSD
3687·45	3	5
2149·00	2	9
5·92	5	2

1·2. मुख्य संख्या प्रणालियाँ
(Important Number Systems)

मुख्य संख्या प्रणालियाँ निम्न हैं :

(1) बाइनरी संख्या प्रणाली (Binary Number System)
(2) ऑक्टल संख्या प्रणाली (Octal Number System)
(3) डेसीमल संख्या प्रणाली (Decimal Number System)
(4) हेक्साडेसीमल संख्या प्रणाली (Hexadecimal Number System)

निम्न तालिका में विभिन्न प्रणालियों में प्रयुक्त प्रतीक (symbols), आधार (base) तथा कुछ उदाहरण दिये गये हैं:

TABLE 1.2 – विभिन्न संख्या प्रणालियों के अभिलक्षण
(Characteristics of different number systems)

संख्या प्रणाली (Number System)	रेडिक्स अथवा आधार संख्या (Radix)	प्रयुक्त प्रतीक (Symbols)	उदाहरण (Examples)
Binary	2	0,1	10011 · 10111
Octal	8	0,1,2,3,4,5,6,7	6572 · 203
Decimal	10	0,1,2,3,4,5,6,7,8,9	9547 · 34
Hexadecimal	16	0,1,2,3,4,5,6,7,8,9 A,B,C,D,E,F	3 FA9 · 56

1·3. सब्सक्रिप्ट का प्रयोग (Use of Subscripts)

उपरोक्त वर्णन में हमने चार संख्या प्रणालियों बाइनरी,ऑक्टल,डेसीमल तथा हैक्साडेसीमल प्रणालियों का सम्बोधन किया है। कोई संख्या, किस प्रणाली से सम्बन्ध रखती है, यह स्पष्ट करने के लिए संख्या के साथ subscript का प्रयोग किया जाता है। संख्या प्रणाली का रेडिक्स ही subscript की भाँति प्रयोग होता है; उदाहरणतः

संख्या प्रणाली (Number system)	सब्सक्रिप्ट (Subscript)
बाइनरी	2
ऑक्टल	8
डेसीमल	10
हैक्साडेसीमल	16

उदाहरणतः $(1101 \cdot 101)_2$ में प्रयुक्त सफिक्स 2, बाइनरी संख्या को प्रदर्शित करता है। इसी प्रकार $(1532 \cdot 65)_{10}$ एक डेसीमल संख्या, $(33)_8$ एक ऑक्टल संख्या तथा $(1B)_{16}$ हैक्साडेसीमल संख्या है। इसी प्रकार 11_2 एक बाइनरी संख्या, $(567 \cdot 3)_8$ एक ऑक्टल संख्या, $(123 \cdot 65)_{10}$ एक दशमलव संख्या तथा $(3FA9 \cdot 56)_{16}$ एक हैक्साडेसीमल संख्या है।

1·4. बाइनरी संख्या प्रणाली (Binary Number System)

बाइनरी प्रणाली में केवल दो अंक (digits), 0 तथा 1 होते हैं, अतः इस प्रणाली का आधार (base), 2 है। बाइनरी डिजिट्स 'बिट (bits)' कहलाते हैं। डेसीमल प्रणाली में,9 तक संख्यायें लिखने में कोई कठिनाई नहीं है। दस लिखने के लिए कोई चिन्ह (symbol) अथवा अंक नहीं है अतः इसे 10 लिखा जाता है। इसी प्रकार 99 के पश्चात् 100 लिखा जाता है। इसी प्रकार बाइनरी प्रणाली में शून्य को 0 से तथा 'एक' को 1 से प्रदर्शित किया जाता है। इसके पश्चात् 'दो' लिखने के लिए कोई अंक नहीं है। अतः 'दो' को 10 द्वारा तथा 'तीन' को 11 द्वारा प्रदर्शित किया जाता है। इसी प्रकार 'चार' को 100 द्वारा प्रदर्शित किया जाता है। इस प्रकार बाइनरी संख्यायें लम्बी तथा जटिल होती जाती हैं।

TABLE 1.3. A—डेसीमल संख्याओं के बाइनरी तुल्यांक
(Binary Equivalent of Decimal Numbers)

Decimal	Binary
0	0000
1	0001
2	0010
3	0011
4	0100
5	0101
6	0110
7	0111
8	1000
9	1001
10	1010
11	1011
12	1100
13	1101
14	1110
15	1111

उदाहरणत: 10101 एक बाइनरी संख्या है क्योंकि इसमें केवल 0 तथा 1 अंकों को ही प्रयोग किया गया है। इसी प्रकार 10101·1101 भी एक बाइनरी संख्या है। संख्या में 10101के पश्चात् प्रयुक्त बिन्दु (·) बाइनरी प्वाइन्ट कहलाता है। बाइनरी बिन्दु के बाँयी ओर के स्थान (positions) के मान 2 की बढ़ती हुई घात (power) में तथा दांयी ओर के स्थान 2 की घटती हुई घातों (powers) में परिवर्तित होते हैं। इस प्रकार बाइनरी संख्या के स्थानों के भार निम्न प्रकार परिवर्तित होते हैं:

$$\text{etc} \ldots 2^3 \quad 2^2 \quad 2^1 \quad 2^0 \quad . \quad 2^{-1} \quad 2^{-2} \quad 2^{-3} \quad \ldots\ldots\text{etc}$$

↑
बाइनरी प्वाइन्ट

1·5. बाइनरी संख्या को डेसीमल में बदलना
(Converting Decimal To Binary)

बाइनरी संख्या का डेसीमल मान निम्न प्रकार ज्ञात किया जाता है। माना 101011 को डेसीमल में परिवर्तित करना है। इसके लिए संख्या के LSD से प्रारम्भ कर बाइनरी अंकों को क्रमश: $2^0, 2^1, 2^2$, ... से गुणा किया जाता है:

MSD → 1 0 1 0 1 1 ← LSD

बाइनरी $(101011)_2 = 1\times2^5 + 0\times2^4 + 1\times2^3 + 0\times2^2 + 1\times2^1 + 1\times2^0$

$= 32 + 0 + 8 + 0 + 2 + 1 = (43)_{10}$ डेसीमल प्रणाली में

इसी प्रकार भिन्नात्मक (fractional) बाइनरी संख्या को डेसीमल में परिवर्तित करने के लिये बाइनरी प्वाइन्ट के दाँयी ओर के अंकों को क्रमश: $2^{-1}, 2^{-2}, 2^{-3}$ इत्यादि से गुणा किया जाता है। उदाहरणत:

$$(0\cdot10101)_2 = 1\times2^{-1} + 0\times2^{-2} + 1\times2^{-3} + 0\times2^{-4} + 1\times2^{-5}$$

$$= \frac{1}{2} + 0 + \frac{1}{8} + 0 + \frac{1}{32} = (0\cdot65625)_{10}$$

उदाहरण 1.1–बाइनरी संख्या $(101011 \cdot 1101)_2$ को डेसीमल प्रणाली में परिवर्तित कीजिये।

हल : $(101011 \cdot 1101)_2 = 1\times2^5 + 0\times2^4 + 1\times2^3 + 0\times2^2 + 1\times2^1 + 1\times2^0 + 1\times2^{-1} + 1\times2^{-2} + 0\times2^{-3} + 1\times2^{-4}$

$= 32 + 0 + 8 + 0 + 2 + 1 + \frac{1}{2} + \frac{1}{4} + 0 + \frac{1}{16}$

$= \mathbf{43 \cdot 812_{10}}$ (डेसीमल प्रणाली में)

उदाहरण 1.2–बाइनरी संख्या 10111_2 को डेसीमल में परिवर्तित कीजिए।

हल : $10111_2 = 1\times2^4 + 0\times2^3 + 1\times2^2 + 1\times2^1 + 1\times2^0$

$= \mathbf{23_{10}}$

एक अन्य विधि
(Streamlined Method)

बाइनरी संख्या को डेसीमल में निम्न विधि द्वारा भी परिवर्तित किया जा सकता है:

1. बाइनरी संख्या को लिखिये।
2. बाइनरी संख्या के नीचे, दायीं साइड से प्रारम्भ कर 1, 2, 4, 8, 16 ... लिखिये।
3. यदि किसी अंक के स्थान पर शून्य आता है तब उस स्थिति के डेसीमल भार (decimal weight) को क्रॉस कर दीजिये।
4. शेष डेसीमल भारों को जोड़िये। प्राप्त संख्या ही अभीष्ट संख्या है।

उदाहरणात: बाइनरी संख्या 1101 को निम्न प्रकार परिवर्तित किया जा सकता है:

Step 1	1 1 0 1
Step 2	8 4 2 1
Step 3	8 4 ~~2~~ 1
Step 4	8 + 4 + 1 = 13

इसी प्रकार, 101011 को डेसीमल में निम्न प्रकार शीघ्रता से परिवर्तित किया जा सकता है:

1	0	1	0	1	1	
32	~~16~~	8	~~4~~	2	1	→ 43

बाइनरी भिन्न
(Binary fractions)

बाइनरी भिन्न संख्याओं में बाइनरी प्वाइन्ट की दाँयी ओर के स्थानों का भार (weight) $\frac{1}{2}, \frac{1}{4}, \frac{1}{8}, \frac{1}{16}$ ... इत्यादि द्वारा दिया जाता है। 2 की घात (powers) में लिखने पर ये भार निम्न प्रकार हैं :

	2^{-1}	2^{-2}	2^{-3}	2^{-4}	इत्यादि
तथा डेसीमल में	0·5	0·25	0·125	0·0625	इत्यादि

उदाहरणत: बाइनरी संख्या 0·1101 को डेसीमल में निम्न प्रकार परिवर्तित किया जा सकता है

	0·1	1	0	1		बाइनरी
	0·5	0·25	0·125	0·0625		
अथवा	0·5	+0·25	+ 0	+ 0·0625	= 0·8125	डेसीमल

1·6. डेसीमल संख्या को बाइनरी में परिवर्तित करना (Converting Decimal To Binary)

डेसीमल संख्या को बाइनरी में परिवर्तित करने के लिए दशमलव संख्या को लगातार 2 से विभाजित (divide) किया जाता है तथा प्रत्येक विभाजन (division) के पश्चात् शेषफल (remainder) को रिकॉर्ड किया जाता है। अन्तिम बाइनरी संख्या प्राप्त करने के लिए सभी शेषफलों (remainders) को उल्टे क्रम में लिखते हैं। इस क्रम में सबसे पहला अंक MSB तथा अन्तिम अंक LSB होता है। यह विधि Double Dabble विधि कहलाती है।

उदाहरणतः 43_{10} को बाइनरी में निम्न प्रकार परिवर्तित करेंगे :

		शेष (remainder)
2	43	
2	21	1
2	10	1
2	5	0
2	2	1
2	1	0
	0	1 (MSB)

↑ Read upwards

शेषफलों (remainders) को उल्टे क्रम में (नीचे से ऊपर की ओर) पढ़ने पर

$$(43)_{10} = (110101)_2$$

उदाहरण 1.3–डेसीमल संख्या 200_{10} को बाइनरी में परिवर्तित कीजिये।

		शेष (remainder)
2	200	
2	100	0
2	50	0
2	25	0
2	12	1
2	6	0
2	3	0
2	1	1
	0	1 (MSB)

↑ Read upwards

अतः $(200)_{10} = (11001000)_2$

1·7. दशमलव भिन्न को बाइनरी में परिवर्तित करना (Converting Decimal Fraction Into Binary)

डेसीमल भिन्न को बाइनरी में परिवर्तित करने के लिए इसे लगातार दो से गुणा किया जाता है तथा गुणनफल के डेसीमल से बायें के अंक नोट किये जाते हैं। इन्हें कैरी (carry) कहते हैं। कैरी अंकों को सीधे क्रम में लिखने पर तुल्यांक बाइनरी भिन्न प्राप्त होती है।

उदाहरणतः

$(0 \cdot 4375)_{10} = 0 \cdot 4375$

$0 \cdot 4375 \times 2 = 0 \cdot 8750 \rightarrow$ 0 carry $\rightarrow 0 \cdot 8750$

$0 \cdot 8750 \times 2 = 1 \cdot 7500 \rightarrow$ 1 carry $\rightarrow 0 \cdot 7500$

$0 \cdot 7500 \times 2 = 1 \cdot 5000 \rightarrow$ 1 carry $\rightarrow 0 \cdot 5000$

$0 \cdot 5000 \times 2 = 1 \cdot 000 \rightarrow$ 1 carry

कैरी अंकों को क्रम से रखने पर,

$$(0 \cdot 4375)_{10} = (0 \cdot 0111)_2$$

उदाहरण 1.4—डेसीमल संख्या $(59 \cdot 65625)_{10}$ को बाइनरी संख्या में परिवर्तित कीजिए।

हल : संख्या का पूर्णांक (integer) भाग : $(59)_{10}$

		शेष (remainder)
2	59	1
2	29	1
2	14	0
2	7	1
2	3	1
2	1	1 (MSB)
	0	

Read upwards

अतः $(59)_{10} = (111011)_2$

भिन्नात्मक (fractional) भाग,

$(0 \cdot 65625)_{10} = 0 \cdot 65625$

$0 \cdot 65625 \times 2 = 1 \cdot 31250 \rightarrow$ 1 carry $\rightarrow 0 \cdot 31250$

$0 \cdot 31250 \times 2 = 0 \cdot 62500 \rightarrow$ 0 carry $\rightarrow 0 \cdot 62500$

$0 \cdot 62500 \times 2 = 1 \cdot 25000 \rightarrow$ 1 carry $\rightarrow 0 \cdot 25000$

$0 \cdot 25000 \times 2 = 0 \cdot 50000 \rightarrow$ 0 carry $\rightarrow 0 \cdot 50000$

$0 \cdot 50000 \times 2 = 1 \cdot 0000 \rightarrow$ 1 carry

कैरी अंकों को क्रम से रखने पर $(0 \cdot 65625)_{10} = (0 \cdot 10101)_2$

इस प्रकार $\mathbf{(59 \cdot 65625)_{10} = (111011 \cdot 10101)_2}$

उदाहरण 1.5–डेसीमल संख्या 0·85 को बाइनरी में परिवर्तित कीजिए।

हल :

$0 \cdot 85 \quad \times 2 = 1 \cdot 7 = 0 \cdot 7$ कैरी 1

$0 \cdot 7 \quad \times 2 = 1 \cdot 4 = 0 \cdot 4$ कैरी 1

$0 \cdot 4 \quad \times 2 = 0 \cdot 8 = 0 \cdot 8$ कैरी 0

$0 \cdot 8 \quad \times 2 = 1 \cdot 6 = 0 \cdot 6$ कैरी 1

$0 \cdot 6 \quad \times 2 = 1 \cdot 2 = 1 \cdot 2$ कैरी 1

$0 \cdot 2 \quad \times 2 = 0 \cdot 4 = 0 \cdot 4$ कैरी 0

Read downwards

$\therefore \mathbf{(0 \cdot 85)_{10} = (0 \cdot 110110)_2}$

प्राप्त कैरी संख्याओं को ऊपर से नीचे की ओर पढ़ने पर बाइनरी भिन्न 0·110110 प्राप्त होती है। इस क्रिया में 6 बाइनरी डिजिट प्राप्त होने के पश्चात् परिवर्तन की प्रक्रिया बन्द कर दी गयी है। अतः प्राप्त परिणाम बाइनरी संख्या के लगभग तुल्य (approximate) है। पूर्णतया ठीक (accurate) परिणाम प्राप्त करने के लिए 2 से गुणा की क्रिया तब तक करते जाइये जब तक कि आवश्यकतानुसार अंक प्राप्त न हो जायें।

TABLE 1.3B— कुछ उपयोगी डेसीमल-बाइनरी तुल्यांक
(Some Useful decimal-binary equilvalences)

Decimal	Binary
1	1
3	11
7	111
15	1111
31	1 1111
63	11 1111
127	111 1111
255	1111 1111
511	1 1111 1111
1023	11 1111 1111
2047	111 1111 1111
4,095	1111 1111 1111
8,191	1 1111 1111 1111
16,383	11 1111 1111 1111
32,767	111 1111 1111 1111
65,535	1111 1111 1111 1111

1·8. ऑक्टल संख्या प्रणाली
(Octal Number System)

किसी भी संख्या प्रणाली का आधार (base or radix) उसमें प्रयुक्त अंकों की संख्या के बराबर होता है। ऑक्टल संख्या प्रणाली में 0 से 7 तक अंक, डेसीमल प्रणाली की भाँति ही होते हैं। इस प्रणाली में अधिकतम अंक 7 है अर्थात् अंको की कुल संख्या 8 होती है। इसमें 8 एवं 9 के अंक नहीं होते, अतः ऑक्टल प्रणाली में रेडिक्स (radix) का मान '8' है।

बाइनरी को ऑक्टल प्रणाली में परिवर्तित करने के लिये 3-3 बिट्स के समूह बनाये जाते हैं तथा प्रत्येक समूह का मान लिखने पर ऑक्टल संख्या प्राप्त होती है। उदाहरणतः

बाइनरी	1 1 1 1 1 0 1 1 1 1 0 1 0 1	
तीन-तीन बिट्स के समूह बनाने पर	11, 111, 011, 110, 101	
प्रत्येक समूह का मान डेसीमल में लिखने पर	3 7 3 6 5	(ऑक्टल)

अतः $(37365)_8$, बाइनरी संख्या $(11111011110101)_2$ का ऑक्टल तुल्यांक है।

ऑक्टल प्रणाली में 7 से अधिक मान की संख्याएं लिखने के लिये दो डेसीमल डिजिट एक साथ प्रयुक्त किये जाते हैं उदाहरणतः ऑक्टल में 10, डेसीमल प्रणाली के 8 को प्रदर्शित करता है। तालिका 1·4 में डेसीमल, ऑक्टल तथा बाइनरी तुल्यांक प्रदर्शित किये गये हैं—

TABLE 1.4—डेसीमल, ऑक्टल एवं बाइनरी तुल्यांक
(Decimal, Octal and Binary Equivalents)

Decimal	Octal	Binary
0	0	0000
1	1	0001
2	2	0010
3	3	0011
4	4	0100
5	5	0101
6	6	0110
7	7	0111
8	10	1000
9	11	1001
10	12	1010
11	13	1011
12	14	1100
13	15	1101
14	16	1110
15	17	1111
16	20	10000

1·9. ऑक्टल संख्या को डेसीमल में परिवर्तित करना (Converting Octal To Decimal)

ऑक्टल संख्या प्रणाली में प्रत्येक अंक का मान 8 की घात (power) में निम्न प्रकार परिवर्तित होता है :

$$\text{etc.}\ldots 8^3\ 8^2\ 8^1\ 8^0\ \cdot\ 8^{-1}\ 8^{-2}\ 8^{-3}\ \ldots \textit{etc.}\}$$

↑
octal point

अत: ऑक्टल को डेसीमल में परिवर्तित करने के लिये प्रत्येक ऑक्टल अंक को उसके स्थानीय मान (positional weight) से गुणा कर, सभी गुणनफलों को जोड़ा जाता है।

उदाहरणत: ऑक्टल संख्या $(7423)_8$ को डेसीमल में इस प्रकार प्रदर्शित किया जाता है :

$$
\begin{aligned}
(7423)_8 &= 7(8^3) + 4(8^2) + 2(8^1) + 3(8^0) \\
&= 7(512) + 4(64) + 2(8) + 3(1) \\
&= 3584 + 256 + 16 + 3 \\
&= \mathbf{(3859)_{10}}
\end{aligned}
$$

उदाहरण 1.5—निम्न ऑक्टल संख्या को डेसीमल में परिवर्तित कीजिये।

(a) $(23)_8$

(b) $(257)_8$

(c) $(6327 \cdot 4051)_8$

हल : (a)
$$
\begin{aligned}
(23)_8 &= 2(8^1) + 3(8^0) \\
&= 16 + 1 \\
&= \mathbf{(19)_{10}}
\end{aligned}
$$

(b)
$$
\begin{aligned}
(257)_8 &= 2(8)^2 + 5(8^1) + 7(8^0) \\
&= 128 + 40 + 7 \\
&= \mathbf{(175)_{10}}
\end{aligned}
$$

(c)
$$
\begin{aligned}
(6327 \cdot 4051)_8 &= 6\times8^3 + 3\times8^2 + 2\times8^1 + 7\times8^0 + 4\times8^{-1} + 0\times8^{-2} + 5\times8^{-3} + 1\times8^{-4} \\
&= 3072 + 192 + 16 + 7 + \frac{4}{8} + 0 + \frac{5}{512} + \frac{1}{4096} \\
&= \mathbf{(3287 \cdot 5100098)_{10}}
\end{aligned}
$$

1·10. डेसीमल संख्याओं को ऑक्टल में परिवर्तित करना (CONVERTING DECIMAL NUMBER TO OCTAL NUMBERS)

डेसीमल संख्या को ऑक्टल में परिवर्तित करने के लिये डेसीमल संख्या के पूर्णांक (integer) को 8 से लगातार भाग दिया जाता है तथा प्रत्येक विभाजन की क्रिया के पश्चात् प्राप्त शेषफलों (remainders) को उल्टे क्रम में लिखा जाता है। संख्या के भिन्नात्मक मान को ऑक्टल में परिवर्तन के लिये लगातार 8 से गुणा तथा प्रत्येक गुणा में प्राप्त कैरी को ऑक्टल प्वाइन्ट के बाद सीधे क्रम में लिखा जाता है। यह क्रिया ऑक्टल डैबल (Octal dabble) कहलाती है।

उदाहरण 1.6—निम्न डेसीमल संख्याओं को ऑक्टल में परिवर्तित कीजिये।

(a) $(175)_{10}$

(b) $(247)_{10}$

(c) $(0 \cdot 23)_{10}$

(d) $(0 \cdot 6875)_{10}$

(e) $(3287 \cdot 5100098)_{10}$

हल : (a)

		शेष (reminder)
8	175	
8	21	7
8	2	5
	0	2

↑ Read upwards

अतः $(175)_{10} = (257)_8$

(b)

		शेष (reminder)
8	245	
8	30	7
8	3	6
	0	3

3 6 7

अतः $(247)_{10} = (367)_8$

(c)

$0 \cdot 23 \times 8 = 1 \cdot 84 = 0 \cdot 84$ कैरी 1

$0 \cdot 84 \times 8 = 6 \cdot 72 = 0 \cdot 72$ कैरी 6

$0 \cdot 72 \times 8 = 5 \cdot 76 = 0 \cdot 76$ कैरी 5

.... इत्यादि

कैरी अंको को ऊपर से नीचे की और पढ़ने पर ऑक्टल भिन्न $0 \cdot 165$ प्राप्त होती है।

अतः $(0 \cdot 23)_{10} = (0 \cdot 165)_8$

(d)

$0 \cdot 6875 \times 8 = 5 \cdot 5000 \rightarrow 0 \cdot 5000$; 5 carry

$0 \cdot 5000 \times 8 = 4 \cdot 0000$; 4 carry

अतः $(0 \cdot 6875)_{10} = (0 \cdot 54)_8$

(e) (i) संख्या का पूर्णांक भाग

		शेष
8	3287	
8	410	7
8	51	2
8	6	3
8	0	6

अतः $(3287)_{10} = (6327)_8$

(ii) संख्या का भिन्नात्मक भाग

$$
\begin{array}{r}
0\cdot5100098\\
\times 8\\
\hline
4\cdot0800784
\end{array}
\longrightarrow
\begin{array}{r}
0\cdot0800784\\
\times 8\\
\hline
0\cdot6406272
\end{array}
\longrightarrow
\begin{array}{r}
0\cdot6406272\\
\times 8\\
\hline
5\cdot1250176
\end{array}
\longrightarrow
\begin{array}{r}
0\cdot1250176\\
\times 8\\
\hline
1\cdot0001408
\end{array}
$$

4 carry, 0 carry, 5 carry, 1 carry

अतः $(0\cdot5100098)_{10} = (0\cdot4051)_8$

इस प्रकार,

$$(\mathbf{3287\cdot5100098})_{10} = (\mathbf{6326\cdot4051})_8$$

उपरोक्त उदाहरण से ज्ञात होता है कि भिन्नात्मक संख्या का परिवर्तन शुद्ध (exact) नहीं है।

1·11. ऑक्टल से बाइनरी तथा बाइनरी से ऑक्टल में परिवर्तन (Converting Octal To Binary And Binary To Octal)

ऑक्टल संख्या को तुल्यांक बाइनरी में परिवर्तित करने के लिये प्रत्येक ऑक्टल डिजिट के स्थान पर उसका समतुल्य (equivalent) बाइनरी डिजिट लिखा जाता है। उदाहरणतः

$$
\begin{array}{ccc}
7 & 3 & 6\\
\downarrow & \downarrow & \downarrow\\
111 & 011 & 110
\end{array}
$$

यहाँ प्रत्येक ऑक्टल अंक उसके बाइनरी तुल्यांक में परिवर्तित किया गया है। 7 (ऑक्टल) बाइनरी 111 में, 3 (ऑक्टल) बाइनरी 011 में तथा 6 (ऑक्टल) बाइनरी 110 में परिवर्तित हो गया है। इसी प्रकार ऑक्टल संख्या 23 का बाइनरी तुल्यांक '010011' अथवा '010 011' है। प्रायः 3 बिट्स के समूहों के मध्य कुछ स्पेस छोड़कर दी जाती है। इससे बाइनरी संख्या सरलता से पढ़ी जा सकती है।

उदाहरण 1.7— ऑक्टल संख्या $(7423)_8$ को बाइनरी में परिवर्तित कीजिये।

हलः

ऑक्टल संख्या	7	4	2	3
बाइनरी तुल्यांक	111	100	010	011

अतः $(\mathbf{7423})_8 = (\mathbf{111\ 100\ 010\ 011})_2$

उदाहरण 1.8—ऑक्टल संख्या $(574\cdot321)_8$ का बाइनरी तुल्याँक लिखिये।

हलः

ऑक्टल संख्या	5	7	4	·	3	2	1
बाइनरी तुल्यांक	101	111	100	·	011	010	001

अतः $(\mathbf{574\cdot321})_8 = (\mathbf{101\ 111\ 100\cdot011\ 010\ 001})_2$

इसी प्रकार बाइनरी संख्या को उसके तुल्य ऑक्टल में परिवर्तित करने के लिए 3–3 बाइनरी बिट्स का समूह बनाकर उनके तुल्य ऑक्टल अंक लिखे जाते हैं।

पूर्णांक संख्याओं के समूह LSB से MSB की तरफ बनाये जाते हैं तथा भिन्नात्मक भाग के समूह बाइनरी प्वाइन्ट (binary point) के दाँयी ओर से प्रारम्भ कर बनाये जाते हैं। उदाहरणतः

$$(1001110)_2 = \underbrace{001}\ \underbrace{001}\ \underbrace{110}$$
$$= 1 \quad 1 \quad 6$$
$$= (116)_8$$

उदाहरण 1.9—बाइनरी संख्या 1011 · 01101 को ऑक्टल में परिवर्तित कीजिये।

हल :

1011 · 01101 ⟶	001	011 · 011		010	बाइनरी
	↓	↓	↓	↓	
	1	3 ·	3	2	आक्टल

तीन अंको का समूह बनाने के लिए MSB में दो अतिरिक्त शून्य लगाये गये हैं।

अतः $(\mathbf{1011 \cdot 01101})_2 = (\mathbf{13 \cdot 32})_8$

उदाहरण 1.10–निम्न बाइनरी संख्याओं को ऑक्टल में परिवर्तित कीजिये।

(a) $(\mathbf{11011101 \cdot 110101})_2$

(b) $(\mathbf{1011011110 \cdot 11001010011})_2$

हल : (a) बाइनरी संख्या — 11011101 · 110101

3-3 बिट के समूह बनाने पर — $\underbrace{011}\ \underbrace{011}\ \underbrace{101} \cdot \underbrace{110}\ \underbrace{101}$

ऑक्टल तुल्यांक — 3 3 5 · 6 5

अतः — $(\mathbf{11011101 \cdot 110101})_2 = (\mathbf{335 \cdot 65})_8$

(b) बाइनरी संख्या — 1011011110 · 11001010011

3-3 बिट्स के समूह बनाने पर

ऑक्टल् तुल्यांक — $\underbrace{001}_{1}\ \underbrace{011}_{3}\ \underbrace{011}_{3}\ \underbrace{110}_{6} \cdot \underbrace{110}_{3}\ \underbrace{010}_{2}\ \underbrace{100}_{4}\ \underbrace{110}_{6}$

अतः — $(\mathbf{1011011110 \cdot 11001010011})_2 = (\mathbf{1336 \cdot 3246})_8$

उपरोक्त उदाहरणों में 3-बिट् समूह बनाने के लिऐ पूर्णांक भाग के प्रथम समूह में कुछ शून्यों (0) की आवश्यकता हो सकती है। इसी प्रकार संख्या के भिन्नात्मक भाग के अन्तिम समूह को पूर्ण करने के लिए आवश्यकतानुसार जीरो (zeros) का प्रयोग किया जा सकता है।

1·12. हैक्साडेसीमल संख्या प्रणाली (Hexadecimal Number System)

हैक्साडेसीमल प्रणाली का माइक्रोप्रोसेसर के कार्यों में व्यापक उपयोग किया जाता है। हैक्साडेसीमल प्रणाली की आधार (radix) संख्या 16 है। हैक्स संख्याएँ बाइनरी संख्याओं से बहुत छोटी होती हैं, अतः इन्हें सरलता से लिखा जा सकता है। इस प्रणाली में 0 से 9 तक अंक डेसीमल प्रणाली की भाँति ही होते हैं। हैक्स प्रणाली में 10 को A द्वारा, 11 को B द्वारा, 12 को C द्वारा, 13 को D द्वारा, 14 को E द्वारा, तथा 15 को F द्वारा प्रदर्शित किया जाता है।

डेसीमल संख्या 16 को हैक्स प्रणाली में 10 द्वारा प्रदर्शित किया जाता है। डेसीमल संख्या 17 को 11 द्वारा, 18 को 12 द्वारा, 32 को 20 द्वारा प्रदर्शित करते हैं। तालिका में कुछ डेसीमल संख्याओं के बाइनरी एवं हैक्स तुल्यांक प्रदर्शित किये गये हैं।

TABLE 1.5—हैक्साडेसीमल अंक
(Hexadecimal Digits)

Decimal	Binary	Hexadecimal
0	0000	0
1	0001	1
2	0010	2
3	0011	3
4	0100	4
5	0101	5
6	0110	6
7	0111	7
8	1000	8
9	1001	9
10	1010	A
11	1011	B
12	1100	C
13	1101	D
14	1110	E
15	1111	F
16	10,000	10

1·13. हैक्साडेसीमल संख्या को बाइनरी में परिवर्तित करना (Converting Hexadecimal Number To Binary)

हैक्साडेसीमल संख्या को बाइनरी में परिवर्तित करने के लिए हैक्स संख्या का प्रत्येक अंक उसके 4-बिट् बाइनरी तुल्यांक में लिखा जाता है। उदाहरणत: $(5A2)_{16}$ को बाइनरी में निम्न प्रकार परिवर्तित किया जाता है।

$$\begin{array}{ccc} 5 & A & 2 \\ \downarrow & \downarrow & \downarrow \\ 0101 & 1010 & 0010 \end{array}$$

अत: $(5A2)_{16} = (0101\ 1010\ 0010)_2$

इसी प्रकार हैक्स संख्या 5FB2 को बाइनरी में निम्न प्रकार परिवर्तित किया जा सकता है:

$$\begin{array}{cccc} 5 & F & B & 2 \\ \downarrow & \downarrow & \downarrow & \downarrow \\ 0101 & 1111 & 1011 & 0010 \end{array}$$

अत: $(5FB2)_{16} = (0101\ \ 1111\ \ 1011\ \ 0010)_2$

उदाहरण 1.11—हैक्साडेसीमल संख्या C5E3 को बाइनरी में लिखिये।

हल :

C	5	E	2	(हेक्साडेसीमल)
↓	↓	↓	↓	
1100	0101	1110	0010	(बाइनरी)

अतः $\mathbf{(C5F2)_{16} = (1100\ 0101\ 1110\ 0010)_2}$

1·14. बाइनरी से हैक्साडेसीमल में परिवर्तन (Binary To Hexadecimal Conversion)

बाइनरी से हैक्साडेसीमल में परिवर्तन करने के लिये दायें (LSB) से चार-चार बाइनरी बिट्स (bits) के समूह बनाए जाते हैं। उसके पश्चात् प्रत्येक समूह को उसके हैक्स तुल्यांक से प्रतिस्थापित किया जाता है।

उदाहरण 1.12—बाइनरी संख्याओं (a) 010111011001 (b) 1101011010 तथा (c) 1110100011010110 को हैक्स प्रणाली में परिवर्तित कीजिये।

हल : (a) बाइनरी संख्या 010111011001 में दायीं ओर से (LSB की ओर से) चार-चार बिट्स के समूह निम्न प्रकार बनाये जा सकते हैं।

0101	1101	1001	(बाइनरी)
↓	↓	↓	
5	D	9	(हेक्साडेसीमल)

अतः $\mathbf{(010111011001)_2 = (5D9)_{16}}$

(b) चार-चार बिट्स के दायें से समूह बनाने पर

$$(1101011010)_2 = (11)\ (0101)\ (1010)$$

यहाँ MSB (most significant bits) के समूह में केवल दो बाइनरी अंक (11) हैं। समूह की MSB पोजीशन में दो शून्य (00) लगाकर चार बिट्स का समूह बनाया जा सकता है। MSB में बायीं ओर शून्य बढ़ाने पर संख्या का मान नहीं बदलता। इस प्रकार

$(1101011010)_2 =$	0011	0101	1010	(बाइनरी)
	↓	↓	↓	
	3	5	A	(हेक्साडेसीमल)

अतः $\mathbf{(11101011010)_2 = (35A)_{16}}$

(c)

$(1110100011010110)_2 =$	1110	1000	1101	0110	(बाइनरी)
	↓	↓	↓	↓	
	E	8	D	6	(हेक्साडेसीमल)

अतः $\mathbf{(1110100011010110)_2 = (E8D6)_{16}}$

1·15. हैक्साडेसीमल से डेसीमल में परिवर्तन (Hexadecimal To Decimal Conversion)

हैक्साडेसीमल प्रणाली में संख्या के प्रत्येक अंक (digit) का स्थानीय मान 16 की किसी घात (power) द्वारा प्रदर्शित होता है। हैक्साडेसीमल संख्या के अंकों के स्थानीय मान (weight) निम्न प्रकार होते हैं:

$16^4 \quad 16^3 \quad 16^2 \quad 16^1 \quad 16^0 \quad \cdot \quad 16^{-1} \quad 16^{-2} \quad 16^{-3}$

↑

हैक्साडेसीमल बिन्दु

(Hexpoint)

इस प्रकार हैक्स संख्या को डेसीमल में परिवर्तित करने के लिए प्रत्येक डिजिट को उसके स्थानीय मान से गुणा कर, सभी गुणनफलों (products) को जोड़ा जाता है।

उदाहरण 1.13—हैक्स संख्या 5A9 का डेसीमल तुल्यांक में परिवर्तन कीजिये।

$$(5A9)_{16} = 5\times16^2 + A\times16^1 + 9\times16^0$$
$$= 1280 + 10\times16 + 9 \qquad [\because (A)_{16} = (10)_{10}]$$
$$= \mathbf{(1449)_{10}}$$

उदाहरण 1.14—निम्न संख्याओं को डेसीमल में परिवर्तित कीजिये।

(i) $(5C)_{16}$ (ii) $(1A5D)_{16}$ (iii) $(F8E6\cdot39)_{16}$

हल : (i) संख्या: 5C

$$(5C)_{16} = 5\times16^1 + C\times16^0$$
$$= 80 + C$$
$$= 80 + 12$$
$$= \mathbf{(92)_{10}}$$

(ii) संख्या: 1A5D

$$(1A5D)_{16} = 1\times16^3 + A\times16^2 + 5\times16^1 + D\times16^0$$
$$= 4096 + 10\times256 + 80 + 13$$
$$[\because (A)_{16} = (10)_{10} \text{ तथा } (D)_{16} = (13)_{10}]$$
$$= \mathbf{(6749)_{10}}$$

(iii) संख्या: F8E6·39

$$(F8E6\cdot39)_{16} = F\times16^3 + 8\times16^2 + E\times16^1 + 6\times16^0 + 3\times16^{-1} + 9\times16^{-2}$$
$$= 15\times16^3 + 8\times16^2 + 14\times16^1 + 6\times16^0 + 3\times16^{-1} + 9\times16^{-2}$$
$$= 61{,}440 + 2{,}048 + 224 + 6 + 0\cdot1875 + 0\cdot0352$$
$$= \mathbf{(63{,}718\cdot227)_{10}}$$

1·16. डेसीमल से हैक्साडेसीमल में परिवर्तन
(Converting Decimal To Hexadecimal)

डेसीमल को हैक्साडेसीमल में परिवर्तित करने के लिये निरन्तर 16 से भाग दिया जाता है तथा शेषफलों (remainders) को नोट किया जाता है। उदाहरणतः $(10767)_{10}$ को हेक्साडेसीमल में परिवर्तित करने के लिए :

भाजक	संख्या	शेष (remainder)	
16	10767	15 → F	↑ Read upwards
16	672	0 → 0	
16	42	10 → A	
16	2	2 → 2	
	0		

अतः $(10767)_{10}$ का हैक्स तुल्यांक 2A0F है।

उदाहरण 1.15—निम्न डेसीमल संख्याओं का हैक्स तुल्यांक ज्ञात कीजिए।

(i) $(2479)_{10}$ (ii) $(95\cdot5)_{10}$ (iii) $(675\cdot625)_{10}$

हल : (i) संख्या : $(2479)_{10}$

भाजक	संख्या	शेष (remainder)	
16	2479	15 → F	↑ Read upwards
16	154	10 → A	
16	9	9 → 9	
	0		

अतः **$(2479)_{10} = (9AF)_{16}$**

(ii) संख्या : 95.5

संख्या का पूर्णांक भाग :

भाजक	संख्या	शेष (remainder)	
16	95	15 → F	↑ Read upwards
16	5	5 → 5	
	0		

अतः $(95)_{10} = (5F)_{16}$

भिन्नात्मक (Fractional) भाग :

$$\begin{array}{r} 0\cdot5 \\ \times16 \\ \hline 8\cdot0 \end{array}$$

Carry ↓ 8

अतः $(0\cdot5)_{10} = (0\cdot8)_{16}$

इस प्रकार **$(95\cdot5)_{10} = (5F\cdot8)_{16}$**

(iii) संख्या: $(675 \cdot 625)_{10}$

पूर्णांक (integer) भाग :

		शेष (remainder)
16	675	
16	42	3 ⟶ 3
16	2	10 ⟶ A
	0	2 ⟶ 2

↑ Read upwards

अतः $(675)_{10} = (2A3)_{16}$

भिन्नात्मक (fractional) भाग :

$$\begin{array}{r} 0 \cdot 625 \\ \times 16 \\ \hline 10 \cdot 000 \end{array}$$

Carry ↓ A

अतः $(0 \cdot 625)_{10} = (0 \cdot A)_{16}$

इस प्रकार **$(675 \cdot 625)_{10} = (2A3 \cdot A)_{16}$**

उदाहरण 1.16—डेसीमल संख्या 72905_{10}को हेक्साडेसीमल में परिवर्तित कीजिये।

हल:

		शेष (Remainders)	हेक्स तुल्यांक
16	72905		
16	4556	9 ⟶	9
16	284	12 ⟶	C
16	17	12 ⟶	C
16	1	1 ⟶	1
	0	1 ⟶	1

↑ Read upwards

अतः $(72905)_{10} = (11,CC9)_{16}$

उदाहरण 1.17—कम्प्यूटर मेमोरी में अनेक बाइनरी इन्स्ट्रक्शन्स तथा डाटा स्टोर किया जा सकता है। एक कम्प्यूटर में 65,536 एड्रैस हैं, एवं प्रत्येक एड्रैस एक बाइट (byte) स्टोर कर सकता है। यदि प्रथम 16 एड्रैस निम्न हैं, तब इन बाइट्स को उनके हैक्स तुल्यांक में परिवर्तित कीजिये।

TABLE 1.6

0011	1100
1100	1101
0101	0111
0010	1000
1111	0001
0010	1010-
1101	0100
0100	0000
0111	0111
1100	0011
1000	0100
0010	1000
0010	0001
0011	1010
0011	1110
0001	1111

हल : स्टोर किये गये बाइट एवं उनके हैक्स तुल्यांक निम्न प्रकार हैं

TABLE 1.7

Memory contents	Hexadecimal equivalents
0011 1100	3C
1100 1101	CD
0101 0111	57
0010 1000	28
1111 0001	F1
0010 1010	2A
1101 0100	D4
0100 0000	40
0111 0111	77
1100 0011	C3
1000 0100	84
0010 1000	28
0010 0001	21
0011 1010	3A
0011 1110	3E
0001 1110	1F

उपरोक्त उदाहरण से स्पष्ट है कि कम्प्यूटर की मैमोरी के लिए बाइनरी अथवा हैक्साडेसीमल कोई भी प्रणाली प्रयुक्त की जा सकती है। परन्तु हैक्स प्रणाली में कार्य करना अधिक सुविधाजनक है। उदाहरणतः हम कह सकते हैं कि दूसरे एड्रैस में 11001101 स्टोर हैं अथवा कह सकते हैं कि CD स्टोर है। दोनों बातों से एक ही सूचना प्राप्त होती है। परन्तु CD कहना, लिखना, मनन करना 1100 1101 कहने, सुनने एवं मनन करने की तुलना में अधिक सरल है, अर्थात् हैक्स संख्या प्रणाली में कार्य करना अन्य की तुलना में अधिक सरल है।

उदाहरण 1.18—डेसीमल संख्या 65,535 को हैक्साडेसीमल तथा बाइनरी में परिवर्तित कीजिये।

हल : हैक्साडेसीमल डेबिल (hexdabble) प्रयुक्त करने पर

		शेष (remainder)
16	65,535	
16	4095	15 — F
16	255	15 — F
16	15	15 — F
	0	15 — F

(Read upwards ↑)

अतः डेसीमल संख्या 65,535 का हैक्स तुल्यांक FFFF है।

हैक्साडेसीमल को बाइनरी में निम्न प्रकार परिवर्तित किया जा सकता है

F	F	F	F
1111	1111	1111	1111

इसका अर्थ है कि हैक्साडेसीमल FFFF, बाइनरी, 1111 1111 1111 1111 के तुल्य है।

1·17. बाइनरी संख्याओं को जोड़ना (BINARY ADDITION)

डेसीमल संख्याओं को प्रयुक्त कर गणितीय क्रियाओं जैसे जोड़ने, घटाने, गुणा करने तथा भाग करने की विधि से हम भली-भाँति परिचित हैं। ये सभी ऑपरेशन बाइनरी संख्याओं पर भी किये जा सकते हैं। वास्तव में बाइनरी गणित, डेसीमल गणित की तुलना में सरल है क्योंकि बाइनरी में केवल दो अंकों '0' तथा '1' का प्रयोग किया जाता है।

बाइनरी योग (addition) के नियम निम्न हैं :

$$0 + 0 = 0 \qquad (1\cdot1)$$

$$0 + 1 = 1 \qquad (1\cdot2)$$

$$1 + 0 = 1 \qquad (1\cdot3)$$

$$1 + 1 = 10 \qquad (1\cdot4)$$

समीकरण 1·1, 1·2 तथा 1·3 सामान्य डेसीमल प्रणाली की भाँति हैं परन्तु समीकरण 1·4 भिन्न है। यह एक बाइनरी समीकरण है। प्रथम तीन समीकरणों में कोई कैरी (carry) नहीं है परन्तु समीकरण 1·4 में 1 को 1 से जोड़ने पर 10 प्राप्त होता है। इसे हम उत्तर '0' तथा कैरी 1 कह सकते हैं, अर्थात्

$$1 + 1 = 10 \text{ (Ans 0, carry 1)}$$

दशमलव योग की क्रियाओं की भाँति बाइनरी योग में भी कैरी को अगली उच्च पोजिशन (next higher position) पर ले जाया जाता है। योग की क्रिया least significant column से प्रारम्भ की जाती है। उदाहरणतः बाइनरी संख्या 11100 में 11010 को निम्न प्रकार जोड़ा जाता है—

Least significant column से योग प्रारम्भ करने पर,

```
                 ┌──Least significant column
     1 1 1 0 0
 (+) 1 1 0 1 0
 -------------
             0      (0+0=0)
```

दूसरे कॉलम के बिट्स जोड़ने पर,

$$\begin{array}{r} 1\ 1\ 1\ 0\ 0 \\ (+)\ 1\ 1\ 0\ 1\ 0 \\ \hline 1\ 0 \end{array} \qquad (0+1=1)$$

तीसरे कालम में योग करने पर,

$$\begin{array}{r} 1\ 1\ 1\ 0\ 0 \\ (+)\ 1\ 1\ 0\ 1\ 0 \\ \hline 1\ 1\ 0 \end{array} \qquad (1+0=1)$$

चौथे कॉलम में योग करने पर,

carry

$$\begin{array}{r} 1\ \ \ \ \ \ \ \ \ \\ 1\ 1\ 1\ 0\ 0 \\ (+)\ 1\ 1\ 0\ 1\ 0 \\ \hline 0\ 1\ 1\ 0 \end{array}$$

ध्यान दीजिये कि चौथे कॉलम में 1 + 1 = 10 होने के कारण कैरी 1 उत्पन्न होती है। इसे अन्तिम कॉलम में ले जाया गया है। अन्तिम कॉलम में योग करने पर,

$$\begin{array}{r} 1 \longleftarrow \text{carry}\ \ \ \ \ \ \ \\ 1\,1\,1\,0\,0 \\ (+)\,1\,1\,0\,1\,0 \\ \hline 1\,1\,0\,1\,1\,0 \end{array}$$

अन्तिम कॉलम में 1(carry) + 1 + 1 = 10 + 1 = 11

उदाहरण 1.19—बाइनरी संख्याओं 0101 एवं 1111 को जोड़िये।

हल :

$$\begin{array}{r} 0\quad 1\quad 0\quad 1 \\ +\ 1\quad 1\quad 1\quad 1 \\ \hline \end{array}$$

प्रथम कॉलम 1 + 1 = 0 (carry 1)

द्वितीय कॉलम 0 + 1 + 1 (carry) = 0 (carry 1)

तीसरा कॉलम 1 + 1 + 1 (carry) = 1 (carry 1)

चौथा कॉलम 0 + 1 + 1 (carry) = 10

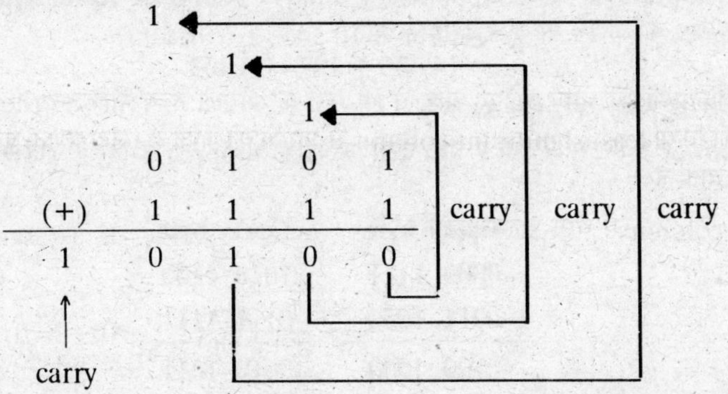

उदाहरण 1.20—बाइनरी संख्या 1011 तथा 110 को जोड़िये।
हल :

			carry		
			carry		
		1	1		
		1	0	1	1
(+)			1	1	0
	1	0	0	0	1

प्रथम कॉलम में $1 + 0 = 1$

दूसरे कॉलम में $1 + 1 = 0$ (carry 1)

तीसरे कॉलम में $0 + 1 + 1$ (carry) $= 0$ (carry 1)

चौथे कॉलम में $1 + 1$ (carry) $= 10$

उदाहरण 1.21—निम्न 16 बिट संख्याओं को जोड़िये। इनके तुल्य हैक्साडेसीमल तथा डेसीमल संख्याओं को प्रदर्शित कीजिये।

0000 1111 1010 1100

0011 1000 0111 1111

हल : इस प्रश्न को हल करने के लिये Appendix-1 का प्रयोग किया गया है:

Binary	**Hexadecimal**	**Decimal**
0000 1111 1010 1100	0FACH	4, 0 1 2
+ 0011 1000 0111 1111	+387F H	+ 1 4 4 6 3
0100 1000 0010 1011	482BH	1 8, 4 7 5

हैक्साडेसीमल संख्या 0FAC एवं 387F को Appendix (1) की सहायता से डेसीमल में निम्न प्रकार परिवर्तित किया गया है। $(0FAC)_{16}$ में upper byte 0F का Appendix (1) से डेसीमल तुल्यांक =3840, एवं lower byte AC का डेसीमल तुल्यांक =172, Upper तथा lower bytes को जोड़ने पर कुल डेसीमल मान

$$3840 + 172 = 4012$$

इसी प्रकार 387F में upper byte 38 का Appendix-1 से मान = 14,336 एवं lower byte 7F का डेसीमल मान =127, upper एवं lower bytes को जोडने पर कुल डेसीमल मान

$$14{,}336 + 127 = 14{,}463$$

माइक्रोकम्प्यूटर इस प्रश्न को निम्न प्रकार हल करता है:
वह एक ऑपरेशन में lower 8-बिट्स जोड़ता है तथा दूसरे ऑपरेशन में upper 8-बिट्स जोड़ता है

Upper byte	**Lower byte**
0000 1111	1010 1100
+ 0011 1000	0111 1111
0100 1000	0010 1011

Lower बाइट जोड़ने पर

$$\begin{array}{rr} 1010 & 1100 \\ +\ 0111 & 1111 \\ \hline 10010 & 1011 \end{array}$$

अन्तिम कॉलम में प्राप्त कैरी पर ध्यान दीजिये। माइक्रोकम्प्यूटर lower बाइट (0010 1011) को स्टोर करता है तथा अपर बाइट्स को कैरी के साथ निम्न प्रकार जोड़ता है :

$$\begin{array}{rr} & 1 \leftarrow \text{Carry} \\ 0000 & 1111 \\ +\ 0011 & 1000 \\ \hline 0100 & 1000 \end{array}$$

माइक्रोकम्प्यूटर इस upper बाइट को स्टोर करता है तथा सम्पूर्ण उत्तर, आउट पुट करने के लिए मैमोरी से upper एवं lower बाइट्स को निम्न प्रकार प्रदर्शित करता है।

0100 1000 0010 1011

1·18. बाइनरी घटाना
(Binary Subtraction)

बाइनरी संख्याओं को घटाने के नियम निम्न प्रकार हैं :

$$0 - 0 = 0$$
$$1 - 0 = 1$$
$$1 - 1 = 0$$
$$10 - 1 = 1$$

जब कोई बड़ा बाइनरी बिट, किसी छोटे बिट से घटाया जाता है तब, डेसीमल प्रणाली में संख्याओं को घटाने की भाँति अगले उच्च मान के कॉलम (next higher column) से '1' बारो (borrow) किया जाता है। उदाहरणतः संख्या 1101 से 1010 घटाने की क्रिया निम्न प्रकार की जा सकती है:

$$\begin{array}{rl} 1101 & \text{(Minuend)*} \\ -1010 & \text{(Subtrahend)**} \\ \hline \end{array}$$

प्रथम कॉलम के बिट्स (LSBs) घटाने पर

$$\begin{array}{r} \text{LSB} \\ 1101 \\ -1010 \\ \hline 1 \end{array} \qquad (\therefore\ 1 - 0 = 1)$$

द्वितीय कॉलम में 0 में से 1 घटाना है($\because 0 < 1$) अतः अगले उच्च मान के कॉलम (तीसरे) से 1 बारो (borrow) कीजिये। तीसरे कॉलम में '1' बॉरो करने पर संख्या 1101 के स्थान पर 1001 रह जायेगी। अर्थात्

$$\begin{array}{r} 1 \leftarrow \text{Borrow} \\ 1001 \\ (-)\,1010 \\ \hline 11 \end{array}$$

($\therefore$ दायें से दूसरे कॉलम में $10 - 1 = 1$)

* Minuend - वह संख्या जिसमें से कोई संख्या घटाई जानी है।

** Subtrahend - वह संख्या जिसे घटाया जाना है।

तीसरे कॉलम में बिट्स घटाने पर

```
          1  ← Borrow
     1 0 0 1
 (–) 1 0 1 0
 -----------
       0 1 1
```

चौथे कॉलम के बिट्स (MSB) घटाने पर

```
          1  ← Borrow
     1 0 0 1   (Minuend)
 (–) 1 0 1 0   (Subtrahend)
 -----------
     0 0 1 1   (Difference)
 -----------
```

$(\because 1 - 1 = 0)$

उदाहरण 1.22—निम्न बाइनरी संख्याओं में घटाने की क्रिया कीजिए।

(i) $(1100\ 1000)_2 - (0111\ 1101)_2$

(ii) $(1011)_2 - (0110)_2$

हल : (i)

```
     1 1 0 0  1 0 0 0
 (–) 0 1 1 1  1 1 0 1
 --------------------
     0 1 0 0  1 0 1 1
```

इसी प्रश्न को हैक्साडेसीमल में निम्न प्रकार प्रदर्शित करेंगे :

```
     1100  1000          C8H
 (–) 0111  1101        – 7DH
 --------------       ------
     0100  1011          4BH
```

(ii)

```
     1 0 1 1
 (–) 0 1 1 0
 -----------
     0 1 0 1
```

1·19. चिन्हरहित बाइनरी संख्याएं (Unsigned Binary Numbers)

बाइनरी डाटा पॉजिटिव अथवा निगेटिव हो सकता है। ऐसी अवस्था में + अथवा – चिन्ह (sign)पर ध्यान नहीं दिया जाता बल्कि संख्या के केवल मान (absolute value) पर विचार किया जाता है।

उदाहरणत: सबसे छोटी 8-बिट संख्या 0000 0000 है तथा सबसे बड़ी 1111 1111 है। अत: 8-बिट संख्याओं की सम्पूर्ण रेंज

0000 0000 (00H) से

1111 1111 (FFH) तक है।

डेसीमल प्रणाली में यह 0 से 255 तक है। इन डेसीमल संख्याओं के साथ + अथवा − चिन्ह नहीं प्रयोग किया गया है। इसी प्रकार 16-बिट बाइनरी संख्याओं की रेंज

0000 0000 0000 0000 (0000H) से

1111 1111 1111 1111 (FFFFH) तक है।

डेसीमल प्रणाली में यह 0 से 65535 तक की संख्याओं को प्रदर्शित करती हैं।

उपरोक्त वर्णन में डाटा को unsigned बाइनरी कहने का मुख्य कारण यह है कि बाइनरी संख्या के समस्त बिट्, उसके तुल्य डेसीमल संख्या को प्रदर्शित करने के लिए प्रयुक्त किये गये हैं। Unsigned बाइनरी संख्याओं को निम्न शर्तें पूर्ण होने पर जोड़ा तथा घटाया जा सकता है।

प्रथम जनरेशन (first generation) कम्प्यूटर्स, एक समय में केवल 8 बिट्स प्रोसेस कर सकते हैं। हम अध्ययन कर चुके हैं कि 8 बिट Unsigned गणित में संख्याएं 0 एवं 255 के मध्य होनी चाहिए। अतः समस्त जोड़ी अथवा घटाई जाने वाली संख्याएं 0 तथा 255 के मध्य होनी चाहिये तथा उत्तर भी 0 एवं 255 के मध्य होना चाहिये। यदि कोई संख्या 255 से अधिक है तब 16-बिट गणित का प्रयोग किया जाना चाहिये। 16-बिट गणितीय क्रियाओं में सर्वप्रथम lower 8-बिट्स पर ऑपरेशन किया जाता है उसके पश्चात् upper 8-बिट्स पर, जैसा कि उदाहरण 1.21 में किया गया है।

ओवरफ्लो
(Overflow)

यदि दो 8-बिट unsigned संख्याओं के जोड़ने की किसी प्रक्रिया में योग 255 से अधिक प्राप्त होता है तब ओवरफ्लो उत्पन्न होता है। इस अवस्था में 9 वें कॉलम में एक कैरी (carry) जनरेट होती है। प्रायः माइक्रोप्रोसेसर्स में एक 'कैरी फ्लैग' (carry flag) होता है। यह परिपथ, 9वें कॉलम में कैरी (यदि कोई है) डिटेक्ट कर सूचना देता है कि उत्तर invalid है।

उदाहरण 1.23—चिन्हरहित (unsigned) आठ-बिट संख्याओं की सहायता से $(150)_{10}$ तथा $(85)_{10}$ को जोड़िये।

हल : डेसीमल संख्या 150 का हैक्स तुल्यांक 96H तथा 85 का 55H है। अतः हैक्स से बाइनरी में परिवर्तन करने पर

$$150 \longrightarrow 96\text{ H} \longrightarrow 1001\ 0110$$
$$85 \longrightarrow 55\text{H} \longrightarrow 0101\ 0101$$

इन unsigned संख्याओं को निम्न प्रकार जोड़ा जा सकता है :

$$\begin{array}{r} 1001\ 0110 \\ +\ 0101\ 0101 \\ \hline 1110\ 1011 \end{array} \qquad \begin{array}{r} 96\text{ H} \\ +\ 55\text{ H} \\ \hline \text{EB H} \end{array}$$

EBH का डेसीमल तुल्यांक 235 है अतः

$$\begin{aligned} (150)_{10} + (85)_{10} &= (235)_{10} \\ &= (1110\ 1011)_2 \\ &= \text{EBH या } (\text{EB})_{16} \quad \text{उत्तर} \end{aligned}$$

उदाहरण 1.24—चिन्हरहित (unsigned) आठ बिट संख्याओं को प्रयुक्त कर $(150)_{10}$ से $(85)_{10}$ घटाइये।

हल :

उदाहरण 1.23 अनुसार

$$150 \longrightarrow 96\text{H} \longrightarrow 1001\ 0110$$
$$85 \longrightarrow 55\text{H} \longrightarrow 0101\ 0101$$

1001 0110	96 H
– 0101 0101	– 55 H
0100 0001	41 H

41H को डेसीमल में परिवर्तित करने पर

0100 0001 ⟶ 41H ⟶ 65 उत्तर

उदाहरण 1.25—डेसीमल संख्याओं $(175)_{10}$ तथा $(118)_{10}$ को 8-बिट unsigned संख्याएं प्रयुक्त कर जोड़िये। प्राप्त उत्तर पर टिप्पणी दीजिये।

हल : डेसीमल संख्याओं 175 तथा 118 का योग 293 है जो 255 से अधिक है। अतः इस योग मे ओवरफ्लो उत्पन्न होता है।

175 ⟶ AFH ⟶ 1010 1111

118 ⟶ 76H ⟶ 0111 0110

इस योग को एक 8-बिट माइक्रोप्रोसेसर निम्न प्रकार सम्पन्न करेगा :

1010 1111	AF H
+ 0111 0110	+ 76 H
10010 0101	125 H

Overflow (1)

परन्तु 8-बिट गणित में केवल lower 8-बिट्स प्रयोग किये जाते हैं अर्थात् 0010 0101 को ही प्रयोग किया जा सकता है। हैक्स में परिवर्तित करने पर

0010 0101 ⟶ 25H ⟶ 37

स्पष्ट है कि यह उत्तर त्रुटिपूर्ण (wrong) है। यदि ओवरफ्लो को भी उत्तर में सम्मिलित किया जाये तब उत्तर ठीक (valid) है। परन्तु उस अवस्था में स्पष्ट है कि हम 8-बिट गणित प्रयुक्त नहीं कर रहे हैं। अतः हमें ओवरफ्लो उत्पन्न होने की अवस्था में अन्तिम उत्तर को ठीक करने के लिए कुछ उपाय अवश्य करना होगा।

सारांश यह है कि 8-बिट गणितीय परिपथ (8-bit arithmetic circuits) केवल 0 से 255 तक की डेसीमल संख्याओं को प्रोसेस कर सकते हैं। यदि किसी योग (addition) की क्रिया में ओवरफ्लो होने की सम्भावना है तब प्रोग्रामर को कैरी फ्लैग देखने की एवं 16-बिट गणित प्रयुक्त करने के लिए इन्सट्रक्शन देनी होगी जिससे कि ठीक उत्तर प्राप्त हो सके। 16-बिट गणित में सर्वप्रथम lower 8-बिट्स पर, उसके पश्चात् upper 8-बिट्स पर तथा अन्त में ओवरफ्लो (कैरी) पर ऑपरेशन किया जाता है।

1·20. Sign Magnitude संख्याएं (Sign Magnitude Numbers)

जब डाटा में संख्याएँ पाजिटिव अथवा निगेटिव होती हैं तब गणितीय क्रियाएं अधिक जटिल (complicated) हो सकती हैं। निगेटिव डेसीमल संख्याएं –1, –2, –3.... इत्यादि हैं। इन संख्याओं का आयाम (magnitude) 1, 2, 3.... इत्यादि है। इन संख्याओं को बाइनरी में कोड करने की एक विधि यह है कि इनके magnitudes को तुल्य बाइनरी में परिवर्तित कर उनसे पहले चिन्ह (sign) लगा दिया जाये। इस विधि में डेसीमल संख्याएं –1, –2, –3 क्रमशः – 001, – 010, – 011 ... हो जाती हैं। चूँकि 1, 2, 3 इत्यादि 0s तथा 1s में प्रदर्शित किया गया है अतः '+' तथा '–' sign और अधिक project चिन्हों को भी बाइनरी रूपान्तरण में '+' को शून्य से तथा '–' को 1 से प्रदर्शित किया जाता है।

इस प्रकार –001, –010 तथा –011 की कोडिंग 1001, 1010 तथा 1011 की भाँति होगी।
अर्थात्

$$-001 \longrightarrow 1001$$
$$-010 \longrightarrow 1010$$
$$-011 \longrightarrow 1011$$

इन संख्याओं में सर्वप्रथम sign bit है तथा उसके पश्चात् magnitude bits हैं। इस प्रकार की संख्याएँ 'sign-magnitude' संख्याएँ कहलाती हैं। अधिक बड़ी डेसीमल संख्याओं को प्रदर्शित करने के लिए चार (4) से अधिक बिट्स आवश्यकता होती है। परन्तु विधि इसी प्रकार होती है : MSB सदा चिन्ह (sign) को प्रदर्शित करता है तथा शेष बिट्स magnitude प्रदर्शित करते हैं। उदाहरणतः

+ 8 ⟶ 0000 1000

– 8 ⟶ 1000 1000

– 16 ⟶ 1001 0000

+ 30 ⟶ 0000 0000 0001 1110

– 128 ⟶ 1000 0000 1000 0000

1·21. Sign-Magnitude संख्याओं की सीमा (Range of Sign-magnitude Numbers)

हम अध्ययन कर चुके हैं कि unsigned 8-बिट संख्याओं की डेसीमल रेंज 0 से 255 तक है। परन्तु sign-magnitude संख्याओं के प्रयोग करने पर अधिकतम रेंज 255 से 127 रह जाती है, क्योंकि हमें पॉजिटिव तथा निगेटिव दोनों प्रकार की संख्याएँ प्रदर्शित करनी हैं। उदाहरणतः

निगेटिव संख्याएँ

1000 0001	(–1)	से
1111 1111	(–127)	तक हैं।

तथा धनात्मक संख्याएँ

0000 0001	(+1)	से
0111 1111	(+127)	तक हैं।

इस प्रकार अधिकतम संख्या 127 है जो कि unsigned बाइनरी संख्याओं का लगभग आधा है। जब तक डाटा –127 एवं +127 के मध्य है तब तक 8-बिट गणित प्रयोग किया जा सकता है।

यदि प्रयुक्त डाटा में किसी संख्या का magnitude 127 से अधिक है तब 16-बिट गणित प्रयोग करना चाहिये। 16-बिट प्रणाली में निगेटिव संख्याएँ

1000 0000 0000 0001	(–1)	से
1111 1111 1111 1111	(–32,767)	तक होती हैं

एवं धनात्मक संख्याएँ

0000 0000 0000 0001	(+1)	से
0111 1111 1111 1111	(+32,767)	तक हो सकती हैं।

स्पष्ट है कि अधिकतम संख्या का magnitude, unsigned बाइनरी संख्याओं के magnitude (65,535) का लगभग आधा है।

Signed-magnitude संख्याओं का मुख्य लाभ उनकी सरलता (simplicity) है। निगेटिव तथा पॉजिटिव सख्याएँ समान (identical) होती हैं; केवल sign बिट का अन्तर होता है। अतः उनके sign बिट्स को छोड़कर उनका डेसीमल तुल्यांक तुरन्त ज्ञात किया जा सकता है। Sign-magnitude संख्याओं का जटिल गणितीय परिपथ होने के कारण सीमित उपयोग किया जाता है।

इन संख्याओं का मुख्य प्रयोग एनेलॉग-टू-डिजिटल (A/D) कनवर्टर्स में किया जाता है।

1·22. 8-बिट बाइनरी संख्याएँ एवं उनके डेसीमल तथा हैक्स तुल्यांक (8-bit Binary Numbers, Their Decimal And Hex Equivalents)

एक सामान्य माइक्रोकम्प्यूटर 65,535 बाइट (एक बाइट = 8 बाइनरी डिजिट) स्टोर कर सकता है। इन बाइट्स के एड्रैस, डेसीमल प्रणाली में 0 से 65,535 है तथा इनके बाइनरी तुल्यांक

0000 0000 0000 0000 से
1111 1111 1111 1111 तक हैं।

इनमें प्रथम 8 बिट अपर बाइट (upper byte) तथा दूसरे आठ बिट लोअर बाइट (lower byte) कहलाते हैं। इस संदर्भ में Appendix-1 का सन्दर्भ लेना उपयोगी होगा। इस तालिका का प्रयोग डेसीमल से बाइनरी एवं हैक्साडेसीमल परिवर्तन के लिए सरलता से किया जा सकता है।

यदि डेसीमल संख्या 0 से 255 के मध्य है तब तालिका से बाइनरी, हेक्साडेसीमल एवं लोअर बाइट कॉलम प्रयुक्त किये जा सकते हैं, क्योंकि 0 से 255 तक सभी डेसीमल संख्याएं 0000 0000 एवं 1111 1111 बाइनरी संख्याओं के मध्य होती हैं। डेसीमल संख्या 255 से अधिक होने पर लोअर तथा अपर दोनों बाइट प्रयोग किये जाते हैं। उदाहरणतः माना हमें बाइनरी संख्या 0001 1000 को उसके डेसीमल तुल्यांक में परिवर्तित करना है। सर्वप्रथम 0001 1000 को हेक्साडेसीमल में परिवर्तित किया जाता है:

बाइनरी हैक्स
0001 1000 ⟶ 18H

अब तालिका से 18H का डेसीमल तुल्यांक ज्ञात किया जाता है

हैक्स डेसीमल
18H ⟶ 24

इसी प्रकार

$$(0001\ \ 1101)_2 \longrightarrow (1D)_{16} \longrightarrow (29)_{10}$$

जब डेसीमल संख्या 255 से बड़ी होती है तब Appendix-1 से अपर तथा लोअर दोनों बाइट प्रयोग किये जाते हैं। उदाहरणतः माना हमें निम्न बाइनरी संख्या का डेसीमल तुल्यांक ज्ञात करना है

1000 1011 0101 0010
upper byte lower byte

सर्वप्रथम upper बाइट को निम्न प्रकार डेसीमल तुल्यांक में परिवर्तित करते हैं

1000 1011 ⟶ 8B ⟶ 35584 (upper byte)

उसके पश्चात् lower बाइट को डेसीमल में परिवर्तित करते हैं

0101 0010 ⟶ 52 ⟶ 82 (lower byte)

अन्त में upper तथा lower bytes को जोड़ कर डेसीमल मान प्राप्त किया जाता है

$$355,84 + 82 = 356,66$$

अतः बाइनरी 1000 1011 0101 0010 का डेसीमल तुल्यांक 35,666 है।

1·23. बाइनरी संख्याओं की गुणा करना (Binary Multiplication)

बाइनरी संख्याओं की गुणा करने की विधि डेसीमल गुणा के समान ही है। प्रत्येक बाइनरी गुणा की क्रिया में प्राप्त गुणनफल शून्य (0 से गुणा करने पर) अथवा गुणा करने वाली संख्या के बराबर (1 से गुणा करने पर) होता है। बाइनरी गुणा के नियम निम्न प्रकार हैं :

$$0 \times 0 = 0$$
$$0 \times 1 = 0$$
$$1 \times 0 = 0$$
$$1 \times 1 = 1$$

उदाहरण 1.26—बाइनरी संख्या 110101 को 101 से गुणा कीजिये।

हल :

```
      1 1 0 1 0 1    (Multiplicand)
  (×)       1 0 1    (Multiplier)
  ---------------
      1 1 0 1 0 1
    0 0 0 0 0 0
  1 1 0 1 0 1
  ---------------
1 0 0 0 0 1 0 0 1    (Final product)
```

1·24. बाइनरी भाग (Binary Division)

बाइनरी भाग की क्रिया, डेसीमल संख्याओं के भाग की भाँति ही की जाती हैं।

उदाहरण 1.27—बाइनरी संख्या 1110101 को 1001 से भाग दीजिये।

हल :

```
           1 1 0 1
        -----------
1 0 0 1 | 1 1 1 0 1 0 1
          1 0 0 1
          -------
            1 0 1 1
            1 0 0 1
            -------
              0 1 0 0
              0 0 0 0
              -------
                1 0 0 1
                1 0 0 1
                -------
                      0
```

उत्तर : **1101**

1·25. 1's कम्पलीमेन्ट
(1's Complement)

अनेक कम्प्यूटर्स 1's कम्पलीमेन्ट गणित प्रणाली पर कार्य करते हैं। बाइनरी संख्या के प्रत्येक बिट को '1' में से घटाने पर प्राप्त संख्या 1's कम्पलीमेन्ट होती है। उदाहरणत: 0 का 1's कम्पलीमेन्ट 1 – 0=1 तथा 1 का 1's कम्पलीमेन्ट 1 – 1=0 होता है। इसी प्रकार 111 का बाइनरी 1's कम्पलीमेन्ट 000 तथा 101 का 010 होता है। अत: किसी बाइनरी संख्या का 1's कम्पलीमेन्ट ज्ञात करने के लिये संख्या में 1 के अंकों को शून्य से तथा शून्य अंकों को 1 से प्रतिस्थापित किया जा सकता है।

लॉजिक परिपथों में इनवर्टर परिपथ इनपुट का 1's कम्पलीमेन्ट उत्पन्न करता है। यदि इनवर्टर को इनपुट X दी जाये तब उसकी आउटपुट $\overline{X}$ होती है। X के ऊपर बार (–) का चिन्ह इनवर्जन (inversion) प्रदर्शित करता है ।

अर्थात् यदि $X = 1$

तब $\overline{X} = 0$, यह $X = 1$ का 1's कम्पलीमेन्ट है।

अथवा, यदि $X = 0$

तब $\overline{X} = 1$, यह $X = 0$ का 1's कम्पलीमेन्ट है।

इसी प्रकार यदि एक 4-इनपुट इनवर्टर की इनपुट

$X_4\ X_3\ X_2\ X_1$ है तब आउटपुट

$\overline{X_4}\ \overline{X_3}\ \overline{X_2}\ \overline{X_1}$ होगी जो कि $X_4\ X_3\ X_2\ X_1$ का 1's कम्पलीमेन्ट है।

इस प्रकार यदि, $X_4\ X_3\ X_2\ X_1 =$ 1010

तब $\overline{X_4}\ \overline{X_3}\ \overline{X_2}\ \overline{X_1} =$ 0101

उदाहरण 1.29—निम्न बाइनरी संख्याओं के 1's कम्पलीमेन्ट ज्ञात कीजिये।

(i) 1001 (ii) 1100 0101 (iii) 1111 (iv) 0001 0010 (v) 0011 1111 0000 0110

हल : (i) बाइनरी संख्या 1 0 0 1
1's कम्पलीमेन्ट 0 1 1 0

(ii) बाइनरी संख्या 1 1 0 0 0 1 0 1
1's कम्पलीमेन्ट 0 0 1 1 1 0 1 0

(iii) बाइनरी संख्या 1 1 1 1
1's कम्पलीमेन्ट 0 0 0 0

(iv) बाइनरी संख्या 0 0 0 1 0 0 1 0
1's कम्पलीमेन्ट 1 1 1 0 1 1 0 1

(v) बाइनरी संख्या 0 0 1 1 1 1 1 1 0 0 0 0 0 1 1 0
1' s कम्पलीमेन्ट 1 1 0 0 0 0 0 0 1 1 1 1 1 0 0 1

1's कम्पलीमेन्ट प्रणाली में मुख्य कठिनाई शून्य (zero) को प्रदर्शित करने में है क्योंकि 0000 0000 तथा इसका कम्पलीमेन्ट 1111 1111 शून्य प्रदर्शित करते हैं। 1's कम्पलीमेन्ट प्रणाली में 0000 0000 पॉजिटिव जीरो तथा 1111 1111 निगेटिव जीरो कहलाता है।

1·26. 2's कम्पलीमेन्ट
(2's Complement)

किसी बाइनरी संख्या के 1's कम्पलीमेन्ट में 1 जोड़ने पर प्राप्त संख्या बाइनरी संख्या का 2's कम्पलीमेन्ट होती है।

2's कम्पलीमेन्ट = 1's कम्पलीमेन्ट +1

उदाहरणतः 10011 का 2's कम्पलीमेन्ट ज्ञात करने के लिये पहले इस संख्या का 1's कम्पलीमेन्ट ज्ञात कीजिए। इस संख्या का 1's कम्पलीमेन्ट 01100 है। अब इस संख्या में 1 जोड़ने पर (01100 + 1) बाइनरी संख्या 10011 का 2's कम्पलीमेन्ट प्राप्त होगा।

	बाइनरी संख्या	1 0 0 1 1
	1's कम्पलीमेन्ट	0 1 1 0 0
	1 जोड़ने पर	0 1 1 0 0 + 1 = 0 1 1 0 1
अतः	2's कम्पलीमेन्ट	0 1 1 0 1

इस प्रकार 2's कम्पलीमेन्ट = 2's कम्पलीमेन्ट + 1

उदाहरण 1.30—निम्न बाइनरी संख्याओं का 2's कम्पलीमेन्ट ज्ञात कीजिये।

(i) 01001110 (ii) 00110101 (iii) 101·0111

हल : (i)

संख्या	0 1 0 0 1 1 1 0
1's कम्पलीमेन्ट	1 0 1 1 0 0 0 1
'1' जोड़िये	+ 1
2's कम्पलीमेन्ट	1 0 1 1 0 0 1 0

(ii)

संख्या	0 0 1 1 0 1 0 1
1's कम्पलीमेन्ट	1 1 0 0 1 0 1 0
'1' जोड़िये	+ 1
2's कम्पलीमेन्ट	1 1 0 0 1 0 1 1

(iii)

संख्या	1 0 1·0 1 1 1
1's कम्पलीमेन्ट	0 1 0·1 0 0 0
'1' जोड़िये	+ 1
2's कम्पलीमेन्ट	0 1 0·1 0 0 1

1·27. 1's कम्पलीमेन्ट एवं 2's कम्पलीमेन्ट संख्याओं का प्रयोग
(Application of 1's And 2's Complements)

हमने अध्ययन किया है कि यदि किसी बाइनरी संख्या में 0 को 1 तथा 1 को 0 से विस्थापित कर दिया जाये तब प्राप्त संख्या, पहली संख्या का 1's कम्पलीमेन्ट होती है। वास्तव में ये दोनों संख्यायें एक दूसरे का कम्पलीमेन्ट होती हैं अतः पहली संख्या दूसरी संख्या (1's कम्पलीमेन्ट) का 1's कम्पलीमेन्ट होंगी। 1's कम्पलीमेन्ट का प्रयोग ऋणात्मक बाइनरी संख्याओं को प्रदर्शित करने के लिये किया जाता है। उदाहरणतः $(0101)_2$ डेसीमल संख्या $(+5)_{10}$ को प्रदर्शित करती है जबकि इसका 1's कम्पलीमेन्ट $(1010)_2$

डेसीमल संख्या −6 को प्रदर्शित करती है। यदि हम दोनों संख्याओं (0101 तथा 1010) के MSB's पर ध्यान दें तो ज्ञात होता है कि धनात्मक संख्या का MSB शून्य तथा ऋणात्मक संख्या का MSB,1 है।

2's कम्पलीमेन्ट प्रणाली में 2^n अवस्थाओं (unique states) के लिए '$2^{n-1}-1$' पॉजिटिव संख्याऐं, '2^{n-1}' निगेटिव संख्याऐ तथा एक शून्य अवस्था होती हैं; जहाँ n बाइनरी word में बिटस की संख्या है। उदाहरणतः तालिका 1.6 में $n=4$ है अतः कुल स्टेट्स $2^4 = 16$ हैं जिनमें 7 पॉजिटिव, 8 निगेटिव तथा एक शून्य है।

TABLE 1.6—2's कम्पलीमेन्ट संख्याऐं
(2's Complement Numbers)

Decimal	2's Complement
−8	1000
−7	1001
−6	1010
−5	1011
−4	1100
−3	1101
−2	1110
−1	1111
0	0000
1	0001
2	0010
3	0011
4	0100
5	0101
6	0110
7	0111

तालिका 1.6 से डेसीमल संख्याओं को 2's कम्पलीमेन्ट संख्याओं के रूप में निम्न प्रकार लिखा जा सकता है

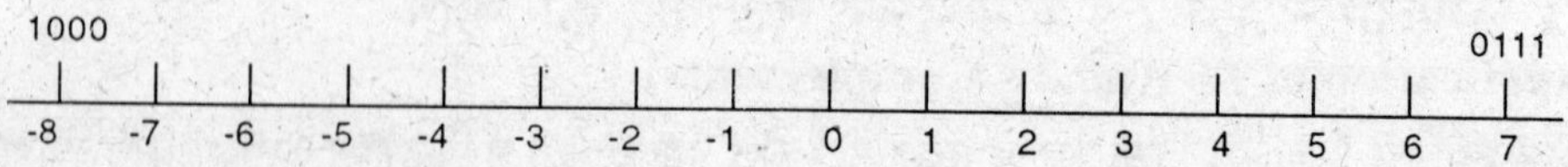

चित्र 1.1–डेसीमल संख्याओं को 2's कम्पलीमेन्ट में प्रदर्शित करना

चित्र 1.1 से ज्ञात होता है कि किसी संख्या का 2's कम्पलीमेन्ट करना उसका चिन्ह बदलने (negation) के समान है। उदाहरणतः

Magnitude	Positive	Negative
1	0001	1111
2	0010	1110
3	0011	1101
4	0100	1100
5	0101	1011
6	0110	1010
7	0111	1001
8	–	1000

स्पष्ट है कि पॉजिटिव तथा निगेटिव संख्याए एक दूसरे की 2's कम्पलीमेन्ट होती हैं। उदाहरणतः

$$+3 \longrightarrow 0011$$
$$-3 \longleftarrow 1101$$

संख्या 0011 का 2's कम्पलीमेन्ट लेने पर 1101 प्राप्त होता है जो −3 को प्रदर्शित करता है। इसी प्रकार

$$-6 \longrightarrow 1010$$
$$+6 \longleftarrow 0110$$

1010 का 2's कम्पलीमेन्ट लेने पर 0110 प्राप्त होता है जो +6 के तुल्य है।

2's कम्पलीमेन्ट के सन्दर्भ में निम्न बिन्दु महत्वपूर्ण है :

1. पॉजिटिव संख्याओं के साथ सदा 0 चिन्ह बिट (sign bit) होता है तथा निगेटिव संख्याओं के साथ सदा चिन्ह बिट '1' होता है।
2. पॉजिटिव संख्याए sign-magnitude form में स्टोर होती है।
3. निगेटिव संख्याए 2's कम्पलीमेन्ट के रूप में स्टोर होती है।
4. 2's कम्पलीमेन्ट करना चिन्ह परिवर्तन के समान है।

1·28. 2's कम्पलीमेन्ट विधि द्वारा बाइनरी घटाना (Binary Subtraction Using 2's Complement Method)

इस विधि में संख्या को घटाने के स्थान पर घटाई जाने वाली संख्या (subtrahend) का 2's कम्पलीमेन्ट minuend में जोड़ा जाता है। उदाहरणतः माना X_1 से X_2 घटाया जाना है, तब क्रिया निम्न प्रकार होगी :

$$\begin{array}{ll} X_1 & \text{(Minuend)} \\ -X_2 & \text{(Subtrahend)} \\ \hline Y & \end{array} \equiv \begin{array}{ll} X_1 & \\ +X_2 & \text{का 2's कम्पलीमेन्ट} \\ \hline Y & \end{array}$$

यदि प्रश्न के अन्त में कोई कैरी उत्पन्न होती है तब इसे छोड़ दिया जाता है तथा उत्तर शेष बिट्स द्वारा प्रदर्शित होता है, **यह उत्तर** धनात्मक होगा। यदि अन्तिम कैरी 0 है तब उत्तर ऋणात्मक होगा तथा कम्पलीमेन्ट में होगा।

उदाहरण 1.31—2's कम्पलीमेन्ट विधि द्वारा निम्न प्रश्न हल कीजिए—

(i) (110011) – (100111) (ii) (101·1101) – (101·0111)

हल : (i)

$$\begin{array}{r} 110011 \\ -100111 \\ \hline \end{array} \Rightarrow \begin{array}{r} 110011 \\ +011001 \\ \hline 1001100 \end{array}$$ छोटी संख्या का 2's कम्पलीमेन्ट

योग में कैरी प्राप्त हो रही है अतः उत्तर पॉजिटिव है। कैरी को छोड़ने पर

उत्तर : 001100

(ii)

$$\begin{array}{r} 101{\cdot}1101 \\ -101{\cdot}0111 \\ \hline \end{array} \Rightarrow \begin{array}{r} 101{\cdot}1101 \\ +010{\cdot}1001 \\ \hline 000{\cdot}0110 \end{array}$$ छोटी संख्या का 2's कम्पलीमेन्ट

उत्तर : 000·0110

प्राप्त योग में कोई कैरी नहीं है अतः उत्तर निगेटिव है।

उदाहरण 1.32—2's कम्पलीमेन्ट विधि से निम्न बाइनरी घटाने की क्रिया कीजिए।

(i) $\begin{array}{r} 7 \\ -5 \\ \hline \end{array}$ **(ii)** $\begin{array}{r} 5 \\ -7 \\ \hline \end{array}$

हल : (i)

$$\begin{array}{r} 7 \\ -5 \\ \hline +2 \end{array} \Rightarrow \begin{array}{r} 0\,1\,1\,1 \\ +\,1\,0\,1\,1 \\ \hline 1\,0\,0\,1\,0 \end{array}$$

0 1 1 1 Minuend (7 का बाइनरी तुल्यांक)

+ 1 0 1 1 Subtrahend (–5) का 2's कम्पलीमेन्ट

(1 ↓) इस कैरी (end around carry) को छोड़ दीजिए

प्रश्न का उत्तर 0010 है जो डेसीमल प्रणाली के +2 के तुल्य है। **उत्तर : 0010**

(ii)

$$\begin{array}{r} 5 \\ -7 \\ \hline -2 \end{array} \Rightarrow \begin{array}{r} 0\,1\,0\,1 \\ +\,1\,0\,0\,1 \\ \hline 1\,1\,1\,0 \end{array}$$

0 1 0 1 Minuend (5 का बाइनरी तुल्यांक)

+ 1 0 0 1 Subtrahend (–7) का 2's कम्पलीमेन्ट

योग 1110 में कोई कैरी (end around carry) नही है अर्थात् कैरी शून्य है। इसका अर्थ है कि प्रश्न का उत्तर 1110 ऋणात्मक है तथा 2's कम्पलीमेन्ट में है। डेसीमल प्रणाली में 1110 का मान –2 है।

1·29. कम्पलीमेन्ट विधि द्वारा जोड़ना (Addition Using 1's Complement Method)

इस विधि द्वारा जोड़ने की क्रिया सामान्य बाइनरी जोड़ (binary addition) की भाँति ही की जाती है। यदि जोड़ने पर कोई कैरी प्राप्त होती तब परिणाम में उसे जोड़ दिया जाता है।

उदाहरण 1.33–4-बिट प्रणाली प्रयुक्त कर डेसीमल संख्या –3 को 1's कम्पलीमेन्ट विधि द्वारा +2 में जोड़िये

हल : संख्याओं –3 एवं +2 को 1's कम्पलीमेन्ट में परिवर्तित करने पर

–3 का 1's कम्पलीमेन्ट	1100	
+2 का 1's कम्पलीमेन्ट	0010	
जोड़ने पर	1110	**उत्तर**

1's कम्पलीमेन्ट में 1110, डेसीमल संख्या –1 को प्रदर्शित करता है।

उदाहरण 1.34— 8-बिट प्रणाली प्रयुक्त कर +3 में 1's कम्पलीमेन्ट विधि द्वारा –2 जोड़िये।

हल : सख्याओं +3 एवं –2 को 1's कम्पलीमेन्ट रखने पर

	+3 = 0000 0011	
	–2 = 1111 1101	
सामान्य जोड़	10000 0000	
कैरी जोडिये (add carry)	→ 1	
	0000 0001	**उत्तर**

तालिका 1.7 में 1's एवं 2's कम्पलीमेन्ट विधियों की तुलना की गई है।

TABLE 1.7

	Sign and magnitude	One's complement	Two's complement
0000	+0	+0	+ 0
0001	+1	+1	+ 1
0010	+2	+2	+ 2
0011	+3	+3	+ 3
0100	+4	+4	+ 4
0101	+5	+5	+ 5
0110	+6	+6	+ 6
0111	+7	+7	+ 7
1000	– 0	– 7	– 8
1001	– 1	– 6	– 7
1010	– 2	– 5	– 6
1011	– 3	– 4	– 5
1100	– 4	– 3	– 4
1101	– 5	– 2	– 3
1110	– 6	– 1	– 2
1111	– 7	– 0	– 1

1·30. 1's कम्पलीमेन्ट विधि द्वारा बाइनरी घटाना (Binary Subtraction By 1's Complement Method)

इस विधि में संख्या घटाने के स्थान पर इसका 1's कम्पलीमेन्ट माइनुएन्ड (minuend) में जोड़ते हैं। अन्त में जो कैरी (end around carry) प्राप्त होती है उसे अन्तिम परिणाम में जोड़ा जाता है। 1's कम्पलीमेन्ट विधि द्वारा घटाने के नियम निम्न हैं:

(i) घटाई जाने वाली संख्या (subtrahend) में 0's को 1's में तथा 1's को 0's में बदल कर 1's कम्पलीमेन्ट ज्ञात कीजिये।

(ii) प्राप्त 1's कम्पलीमेन्ट minuend में जोड़िये।

(iii) यदि अन्तिम कैरी (end around carry) 1 प्राप्त होती है तब इसमें उपरोक्त (पद ii) योग जोड़िये।

(iv) यदि अन्तिम कैरी 0 है तब योग (पद ii) को पुनः कम्पलीमेन्ट कीजिये तथा उत्तर के साथ ऋणात्मक चिन्ह लगाइये।

(v) यदि कैरी '1' है तब पुनः कम्पलीमेन्ट करने की आवश्यकता नहीं है।

उदाहरण 1.35—1's कम्पलीमेन्ट विधि द्वारा $(111)_2$ में से $(101)_2$ घटाइये।

हल :

```
                 1 1 1    Minuend
               + 0 1 0    101 का 1's कम्पलीमेन्ट
               -------
               1 0 0 1
कैरी को पुनः जोड़िये  └→+ 1
               -------
अन्तिम परिणाम       0 1 0
```

चूँकि योग में अन्तिम कैरी 1 प्राप्त हुई है अतः पुनः कम्पलीमेन्ट करने की आवश्यकता नहीं है।

इस प्रकार $(111)_2 - (101)_2 = 010$

उदाहरण 1.36—1's कम्पलीमेन्ट विधि द्वारा $(1010)_2$ में से $(1101)_2$ घटाइये।

हल :

```
   1 0 1 0  Minuend
 + 0 0 1 0  Subtrahend का 1's कम्पलीमेन्ट
 ---------
   1 1 0 0
```

चूँकि अन्तिम कैरी शून्य है अतः

1100 को पुनः कम्पलीमेन्ट करने पर, 0 0 1 1

ऋणात्मक चिन्ह लगाने पर, −0 0 1 1

उत्तर :− 0011

1·31. कम्प्युटर्स द्वारा 2's कम्पलीमेन्ट विधि प्रयुक्त कर जोड़ना तथा घटाना (Addition And Subtraction by 2's Complement Method in Computers)

प्रारम्भ में निर्मित कम्प्यूटर्स पॉजिटिव तथा निगेटिव संख्याओं को sign-magnitude संख्याओं के रूप में परिवर्तित कर प्रोसेस करते थे। परन्तु यह क्रिया अत्यन्त जटिल थी। 2's कम्पलीमेन्ट गणित के विकास के पश्चात से कम्प्यूटर्स में प्रयुक्त गणितीय परिपथ (arithmetic circuits) काफी सरल हो गये। कम्प्यूटर्स में तब से पॉजिटिव तथा निगेटिव संख्याओं पर 2's कम्पलीमेन्ट विधि द्वारा ही गणितीय प्रचालन (arithmetic operation) प्रयुक्त किया जा रहा है। Appendix-II में डेसीमल संख्याओं के हेक्साडेसीमल तथा बाइनरी में 2's कम्पलीमेन्ट दिये गये हैं।

2's कम्पलीमेन्ट विधि द्वारा जोड़ अथवा घटाने की क्रिया में इस तालिका का उपयोग लाभदायक होगा।

2's कम्पलीमेन्ट विधि द्वारा जोड़ना

(Addition by 2's Complement Method)

2's कम्पलीमेन्ट जोड़ की क्रिया में डेसीमल संख्याओं के 2's कम्पलीमेन्ट, Appendix-II से अथवा अन्य विधि से ज्ञात कर जोड़े जाते हैं। प्राप्त उत्तर को एपेन्डिक्स-II द्वारा पुनः डेसीमल में परिवर्तित कर योगफल (sum) ज्ञात किया जा सकता है।

उदाहरण 1.37—डेसीमल संख्या +83 को, डेसीमल संख्या +16 में जोड़िये।

हल : एपेन्डिक्स-II से 2's कम्पलीमेन्ट लिखने पर

$$+83 \longrightarrow 0101\ \ 0011$$
$$+16 \longrightarrow 0001\ \ 0000$$

जोड़ने पर

```
   83       0101  0011
 + 16      +0001  0000
 ----      -----------
   99       0110  0011
```

प्राप्त योग 0110 0011 को डेसीमल में परिवर्तित करने पर, 83 एवं 16 का योग प्राप्त होगा। इस संख्या को सर्वप्रथम हेक्सा डेसीमल में एवं उसके पश्चात् डेसीमल में परिवर्तित किया जा सकता है, अथवा 2's कम्पलीमेन्ट तालिका से सीधे डेसीमल तुल्यांक ज्ञात किये जा सकते है।

$$0110\ 0011 \longrightarrow 63H \longrightarrow 99_{10}$$ उत्तर

उदाहरण 1.38—8-बिट word length में 2's कम्पलीमेन्ट प्रयुक्त कर $(-20)_{10}$ को $(+26)_{10}$ में जोड़िये।

हल : 2's कम्पलीमेन्ट में

$$\begin{array}{rl} -20 & = 1110 \quad 1100 \\ +26 & = 0001 \quad 1010 \\ \hline \text{योग } +6 \longrightarrow & 10000 \quad 0110 \end{array}$$

8-बिट गणित में 9th कालॅम में अन्तिम कैरी को छोड़ दिया जाता है।

बाइनरी उत्तर को निम्न प्रकार डेसीमल में परिवर्तित किया जा सकता है

$$0000\ 0110 \longrightarrow 6H$$

$$6H \longrightarrow (+6)_{10} \qquad \text{(Appendix-II से)}$$

उदाहरण 1.39 —8-बिट Wordlength प्रयुक्त कर 2's कम्पलीमेन्ट विधि द्वारा जोड़िये।

(a) + 10 तथा –15

(b) – 44 तथा – 81

हल : (a) 2's कम्पलीमेन्ट में

$$+10 \longrightarrow 0000 \quad 1010$$

$$-15 \longrightarrow 1111 \quad 0001$$

योग की क्रिया निम्न प्रकार होगी :

$$\begin{array}{lrr} & +10 & 0000 \quad 1010 \\ \text{Add} & +(-15) & 1111 \quad 0001 \\ \hline & -5 & 1111 \quad 1011 \end{array}$$

उत्तर

बाइनरी उत्तर को डेसीमल में परिवर्तित कर उत्तर को सत्यापित (verify) किया जा सकता है

$$1111 \quad 1011 \longrightarrow FBH \qquad \text{(Appendix-I से)}$$

$$FBH \longrightarrow -5$$

(b) 2's कम्पलीमेन्ट में

$$-44 \longrightarrow 1101 \quad 0100 \qquad \text{(Appendix-I)}$$

$$-81 \longrightarrow 1010 \quad 1111$$

जोड़ने पर

$$\begin{array}{rr} -44 & 1101 \quad 0100 \\ +(-81) & 1010 \quad 1111 \\ \hline -125 & 11000 \quad 0011 \\ & \longrightarrow \mathbf{1000 \quad 0011} \end{array}$$

उत्तर

तथा $100000011 \longrightarrow 83H$

$83H \longrightarrow -125$ जो कि उपरोक्तानुसार है।

2's कम्पलीमेन्ट तालिका प्रयुक्त कर घटाना

(Subtraction Using 2's Complement Table)

जोड़ने (addition) की क्रिया के समान ही 2's कम्पलीमेन्ट तालिका (एपेन्डिक्स-II) प्रयुक्त कर किसी संख्या को, अन्य संख्या में से सरलता से एवं शीघ्र घटाया जा सकता है।

घटाने की क्रिया में भी दोनों संख्याओं का 2's कम्पलीमेन्ट ज्ञात कर जोड़ने पर योग ज्ञात किया जा सकता है। ध्यान रखिये कि 2's कम्पलीमेन्ट, संख्या के चिन्ह बदलने (negation) के समान ही है। अतः किसी निगेटिव संख्या का कम्पलीमेन्ट, एक पॉजिटिव संख्या में जोड़ना, घटाने के समान ही है।

उदाहरण 1.40—2's कम्पलीमेन्ट विधि द्वारा +80 से +15 घटाइये।

हल : 2's कम्पलीमेन्ट में +80 एवं +15 को निम्न प्रकार प्रदर्शित किया जाता है

$$+80 \longrightarrow 0101 \quad 0000$$
$$+15 \longrightarrow 0000 \quad 1111$$

+80 में से +15 घटाने के लिए कम्प्यूटर +15 का 2's कम्पलीमेन्ट परिपथ में भेज कर −15 का मान ज्ञात करता है जो निम्न है :

$$-15 \longrightarrow 1111\ 0001$$

उसके पश्चात् +80 में −15 को निम्न प्रकार जोड़ता है

80	0101 0000
+ (− 15)	+ 1111 0001
65	10100 0001
कैरी छोड़ने पर	0100 0001

बाइनरी 0100 0001 का 2's कम्पलीमेन्ट तालिका द्वारा (neglecting carry) डेसीमल में पुनः परिवर्तन निम्न प्रकार होता है :

$$0100 \quad 0001 \longrightarrow 41H$$
$$41H \longrightarrow (+65)_{10}$$

उत्तर

उदाहरण 1.41— कम्पलीमेन्ट विधि प्रयुक्त कर +65 में से −25 घटाइये।

हल : 2's कम्पलीमेन्ट में +65 एवं −25 के मान

$$+65 \longrightarrow 0100 \quad 0001$$
$$-25 \longrightarrow 1110 \quad 0111$$

इस स्थिति में कम्प्युटर −25 को 2's कम्पलीमेन्ट परिपथ द्वारा +25 मे परिवर्तित कर +65 के 2's कम्पलीमेन्ट में जोड़ता है :

$$-25 \longrightarrow 1110 \quad 0111$$

उसके पश्चात् +65 एवं +25 को निम्न प्रकार जोड़ता है :

65	0100 0001
+ 25	+ 0001 1001
90	0101 1001

तथा बाइनरी योग को डेसीमल में निम्न प्रकार परिवर्तित करता है :

$$0101\ 1010 \longrightarrow 5AH$$
$$5AH \longrightarrow +90$$

उत्तर

उदाहरण 1.42—2's कम्पलीमेन्ट तालिका प्रयुक्त कर +15 में से −109 घटाइये।

हल : 2's कम्पलीमेन्ट तालिका से

$$+15 \longrightarrow 0000 \quad 1111$$
$$-109 \longrightarrow 1001 \quad 0011$$

−109 का 2's कम्पलीमेन्ट (कम्प्युटर द्वारा प्राप्त)

$$+109 \longrightarrow 0110 \quad 1101$$

+15 एवं +109 को जोड़ने पर

15	0000 1111
+ 109	+ 0110 1101
124	0111 1100

बाइनरी योग को 2's कम्पलीमेन्ट द्वारा डेसीमल में परिवर्तन करने पर :

0111 1100 $\longrightarrow$ 7CH

7CH $\longrightarrow$ +124 **उत्तर**

उदाहरण 1.43— 2's कम्पलीमेन्ट विधि प्रयुक्त कर −45 में से −78 घटाइये।

हल : इस प्रश्न में दोनों संख्याएँ निगेटिव हैं। 2's कम्पलीमेन्ट में ये संख्याएँ

− 45 $\longrightarrow$ 1101 0011

− 78 $\longrightarrow$ 1011 0010

−78 का 2's कम्पलीमेन्ट

+ 78 $\longrightarrow$ 0100 1110

जोड़ने पर

– 45	1101 0011
+ 78	0100 1110
33	1 0 010 0001 $\longrightarrow$ 0010 0001

बाइनरी को डेसीमल में परिवर्तित करने पर

0010 0001 $\longrightarrow$ 21H

21H $\longrightarrow$ +33 **उत्तर**

ओवरफ्लो

(Overflow)

उपरोक्त पृष्ठों में 2's कम्पलीमेन्ट विधि द्वारा जोड़ने एवं घटाने के अनेक उदाहरण दिये गये हैं एवं प्राप्त उत्तर भी एक सामान्य जोड़ने-घटाने की क्रिया से प्राप्त उत्तरों से मिलते हैं। माइक्रोकम्प्यूटर्स में यह एक स्टैन्डर्ड विधि की भाँति प्रयुक्त की जाती है। 8-बिट गणित में त्रुटि केवल उस समय हो सकती है जब जोड़ने या घटाने (sum) पर उत्तर –128 से +127 तक की सीमा से बाहर होता है।

128 एवं +127 के मध्य, किन्हीं भी दो संख्याओं (एक पॉजिटिव तथा दूसरी निगेटिव) को जोड़ने पर कभी भी ओवरफ्लो उत्पन्न नहीं होता। कठिनाई उस स्थिति में हो सकती है जब कम्प्युटर में प्रयुक्त गणितीय परिपथ दो धनात्मक अथवा दो ऋणात्मक संख्याओं को जोड़ता है। जैसे कि +120 एवं +40 को जोड़ने पर डेसीमल योग +160 प्राप्त होता है अत: MSB की पोजिशन पर ओवरफ्लो उत्पन्न होता है :

120	0111 1000
+ 40	+ 0010 1000
160	1010 0000

इस योग (addition) में चिन्ह बिट (sign bit) 1 है जो कि ऋणात्मक है। यद्यपि हमने दो पॉजिटिव संख्याओं को जोड़ा है परन्तु ओवरफ्लो के कारण त्रुटिपूर्ण उत्तर प्राप्त होता है।

इसी प्रकार दो ऋणात्मक संख्याएं −82 एवं −90 जोड़ने पर

– 82	1010 1110
+ (–90)	1010 0110
172	10101 0100 $\longrightarrow$ 0101 0101

इन सख्याओं का 8-बिट योग 0101 0101 है। इसमें साइन बिट (sign bit) धनात्मक है। परन्तु हम जानते हैं उत्तर निगेटिव होना चाहिए अर्थात् साइन बिट निगेटिव होना चाहिए क्योंकि दो ऋणात्मक संख्याएँ जोड़ी गई है।

1·32. 9's कम्पलीमेन्ट (9's Complement)

किसी डेसीमल संख्या का 9's कम्पलीमेन्ट ज्ञात करने के लिए प्रत्येक अंक को 9 में से घटाया जाता है। प्रत्येक डेसीमल संख्या का 9's कम्पलीमेन्ट तालिका 1.7 में दिया गया है

TABLE 1.7—9's कम्पलीमेन्ट
(9's Compliment)

Decimal Digit	9's Complement
0	9
1	8
2	7
3	6
4	5
5	4
6	3
7	2
8	1
9	0

उदाहरणतः डेसीमल संख्याओं 12, 543, 3496 के 9's कम्पलीमेन्ट निम्न प्रकार ज्ञात किये जा सकते हैं

$$\begin{array}{r} 99 \\ -12 \\ \hline 87 \end{array} \longrightarrow \text{12 का 9's कम्पलीमेन्ट}$$

$$\begin{array}{r} 999 \\ -543 \\ \hline 456 \end{array} \longrightarrow \text{543 का 9's कम्पलीमेन्ट}$$

$$\begin{array}{r} 9999 \\ -3496 \\ \hline 6503 \end{array} \longrightarrow \text{3496 का 9's कम्पलीमेन्ट}$$

उदाहरण 1.44—9's कम्पलीमेन्ट विधि द्वारा डेसीमल संख्या 8 में से 2 घटाइये।

हल : 9's कम्पलीमेन्ट विधि द्वारा घटाने के लिए minuend में subtrahend का 9's कम्पलीमेन्ट जोड़िये। कैरी प्राप्त होने पर परिपथ में जोड़िये।

Minuend	8
Subtrahend (2) का 9's कम्पलीमेन्ट जोड़िये	+ 7
	1 5
कैरी (1) को परिणाम में जोड़िये	+ └→1
	6

उत्तर

उदाहरण 1.45—9's कम्पलीमेन्ट विधि द्वारा 15 में से 8 घटाइये।

हल : Minuend 15

08 का 9's कम्पलीमेन्ट + 91

106

कैरी जोड़िये →1

7

उत्तर

प्रश्नावली—1

1. बाइनरी संख्या 110·001 को डेसीमल संख्या में परिविर्तित कीजिए। **उत्तर :** 6·125
2. डेसीमल संख्या 11·75 को बाइनरी में परिवर्तित कीजिए। **उत्तर :** $(1011 \cdot 11)_2$
3. निम्न संख्याओं को निर्देशानुसार परिवर्तित कीजिए।

(i) $(23 \cdot 6)_{10} = (......)_2$

(ii) $(23)_8 = (......)_{10}$

(iii) $(257)_8 = (......)_{10}$

(iv) $(3574)_8 = (......)_2$

(v) $(34 \cdot 562)_8 = (......)_2$

(vi) $(1011 \cdot 01101)_2 = (......)_8$

(vii) $(9AF)_{16} = (......)_2$

(viii) $(C5E2)_{16} = (......)_2$

(ix) $(1110\ 1000\ 1101\ 0110)_2 = (......)_{16}$

(x) $(F8E6)_{16} = (......)_{10}$

(xi) $(2479)_{10} = (......)_{16}$

(xii) $(65535)_{10} = (......)_{16}$
$= (......)_2$

(xiii) $(56{,}000)_{10} = (......)_{16}$
$= (......)_2$

उत्तर : (i) $[10111 \cdot 10011]_2$, (ii) 19,
(iii) 175, (iv) $[011101111100]_2$,
(v) $[011\ 100 \cdot 101\ 110010]_2$, (vi) 13·32,
(vii) $[1001\ 1010\ 1111]_2$, (viii) $[1100\ 0101\ 1110\ 0010]_2$,
(ix) E8D6H, (x) 63,718·2227
(xi) 9AFH, (xii) FFFFH, 1111 1111 1111 1111,
(xiii) DAC0H, $[1101\ 1010\ 1100\ 0000]_2$

4. निम्न संख्याओं का योग कीजिए :

(i) $(11100)_2 + (11010)_2 = (......)_2$

(ii) $(01010111)_2 + (00110101)_2 = (......)_2$
$= (......)_{16}$

(iii) $(0FAC)_{16} + (387F)_{16} = (......)_{16}$
$= (......)_2$
$= (......)_{10}$

उत्तर : (i) $[110\ 110]_2$

(ii) $[1000\ 1100]_2$, 8C

(iii) 482 BH, $[0100\ 1000\ 0010\ 1011]_2$, 18,475

5. $(200)_{10}$ को एवं $(125)_{10}$ को हैक्स तथा बाइनरी में परिवर्तित कीजिये तथा निम्न प्रश्न हल कीजिए :

$$(200)_{10} - (125)_{10} = (\ldots\ldots)_{16} - (\ldots\ldots)_{16}$$
$$= (\ldots\ldots)_2 - (\ldots\ldots)_2 = (\ldots\ldots)_{16}$$

उत्तर : C8H, 7DH, [1100 1000]2, 01111101, 4BH

6. निम्न संख्याओं के 1's कम्पलीमेन्ट ज्ञात कीजिए :
   (i) $[1110\ 1100]_2$
   (ii) $[0111]_2$

7. निम्न संख्याओं के 2's कम्पलीमेन्ट ज्ञात कीजिए :
   (i) $[1000\ 0001]_2$
   (ii) $[0011\ 0110]_2$

उत्तर : (i) $[0111\ 1111]_2$

(ii) $[1100\ 1010]_2$

8. निम्न संख्याओं को 2's कम्पलीमेन्ट विधि से घटाइये :

(i)
```
    0101 0011
(–) 0001 0000
```

(ii)
```
    0100 0100
(–) 1110 0101
```

(iii)
```
    1101 0101
(–) 1011 0010
```

(iv) उपरोक्त (i), (ii) तथा (iii) के उत्तर हैक्साडेसीमल में दीजिए।

उत्तर : (i) $[0100\ 0011]_2$

(ii) $[0101\ 1111]_2$

(iii) $[0010\ 0011]_2$

(iv) 43H, 5FH, 23H

9. 2's कम्पलीमेन्ट विधि से निम्न प्रश्न हल कीजिए :
   (i) $[01000]_2 - [01001]_2$
   (ii) $[01100]_2 - [000\ 11]_2$
   (iii) $[0011 \cdot 1001]_2 - [0001 \cdot 1110]_2$
   (iv) $[100111 \cdot 101]_2 - [111000 \cdot 010]_2$

10. बाइनरी संख्या 110110 को 101 से भाग दीजिये।

उत्तर : 1010, शेष 100

11. निम्न संख्याओं को ऑक्टल तथा बाइनरी में परिवर्तित कीजिये :
    (a) $[110\ 11100 \cdot 101010]_2$
    (b) $[010\ 10011 \cdot 01010]_2$
    (c) $[1011001]_2$

उत्तर : (i) $(334 \cdot 52)_8 = (220 \cdot 65625)_{10}$
(ii) $(123 \cdot 25)_8 = (83 \cdot 328125)_{10}$
(iii) $(263)_8 = (179)_{10}$

12. निम्न प्रश्न हल कीजिए :
    (i) $(1011011 \cdot 1101)_2 = (......)_{10} = (......)8 = (......)_{16}$
    (ii) $[A05]_{16} + [705]_8 = [......]_{10}$

13. (a) $[1011011 \cdot 1101]_2 = [......]_{10} = [......]_8 = [......]_{16}$
    (b) $[A05]_{16} + [705]_8 = [......]_{10}$
    (c) 2's पूरक विधि का प्रयोग करके $[100111 \cdot 101]_2 - [111000 \cdot 010]_2$ का मान निकालिए।

14. (a) $[100111 \cdot 1100]_2 = [......]_8 = [......]_{16}$
    (b) $[4352 \cdot 731]_8 = [......]_2 = [......]_{16}$
    (c) $[A05]_{16} + [705]_8 = [......]_{16}$

15. 1's एवं 2's पूरक से आप क्या समझते हैं ? बाइनरी संख्या 11011 के लिए यह पूरक निकालिए।

16. (a) बाइनरी $(1100 \cdot 11)_2$ को दशमलव में बदलिए।
    (b) हल कीजिए: 1111011 ÷ 1001 ।
    (c) 1's व 2's पूरक द्वारा $(17)_{10} - (30)_{10}$ की गणना कीजिए।

17. ऑक्टल संख्या 777 का बाइनरी तुल्यांक क्या है ?

18. निम्न बाइनरी संख्याओं को जोड़िये :
    (a) 0000 1111 + 0011 0111
    (b) 0001 0100 + 0010 1001
    (c) 0001 1000 1111 0110 + 0000 1111 0000 1000

19. 16-बिट संख्याएं प्रयुक्त कर 750_{10} में 538_{10} जोड़िये।

(**उत्तर** : 0000 0101 0000 1000)

20. बाइनरी प्रणाली में $47_{10} - 23_{10}$ का मान ज्ञात कीजिए।

(**उत्तर** : 0001 1000)

21. निम्न संख्याओं को 8-बिट sign-magnitude form में प्रदर्शित कीजिए ।
    (a) +23
    (b) +123

(c) –56
(d) –107

उत्तर : (a) 0001 0111
(b) 0111 1011
(c) 1011 1000
(d) 1110 1011

22. हैक्साडेसीमल प्रणाली में निम्न संख्याओं के 1's कम्पलीमेन्ट लिखिये।
(a) 23H
(b) 45H
(c) C9H
(d) FDH

उत्तर : (a) DCH
(b) BAH
(c) 36H
(d) 02H

2

बाइनरी कोड्स
(Binary Codes)

कम्प्यूटर्स में फीड किया जाने वाला डाटा बाइनरी (1 एवं 0) में नहीं होता बल्कि यह न्यूमरिक (numeric), एल्फाबेट (alphabets) अथवा किन्ही अन्य विशेष केरेक्टर्स (special characters) में हो सकता है। चूँकि डिजिटल परिपथ बाइनरी सिद्धान्त पर कार्य करते हैं, अतः उनको फीड किये जाने वाले डाटा को बाइनरी फार्मेट में परिवर्तित करना होता है। यह क्रिया एन्कोडिंग (encoding) कहलाती है। डाटा को बाइनरी में परिवर्तित करने के लिए विभिन्न कोड्स (codes) विकसित (develop) किये गये हैं। विभिन्न कोड, विभिन्न उद्देश्यों के लिये प्रयुक्त किये जाते हैं। कोड्स का प्रयोग डिजिटल परिपथों में त्रुटि ज्ञात करने (error detection) तथा उसे शुद्ध (correction) करने के लिए भी किया जाता है। बाइनरी में परिवर्तन के लिये प्रयुक्त किये जाने वाले मुख्य कोड्स (codes) निम्न हैं :

(1) आस्की कोड (ASCII Code)

(2) बाइनरी कोड (Binary Code)

(3) बी० सी० डी० कोड (B.C.D. Code)

(4) एक्सिस-3 कोड (Excess-3 Code)

(5) ग्रे कोड (Gray Code)

2·1. आस्की कोड (ASCII Code)

कम्प्यूटर में सूचना देने अथवा कम्प्यूटर से सूचना प्राप्त करने के लिये हमें एक एल्फान्यूमरिक (alphanumeric) कोड की आवश्यकता होती है जिसके द्वारा शब्दों, संख्याओं एवं अन्य चिन्हों (symbols) को कम्प्यूटर द्वारा स्वीकार्य (acceptable) भाषा में परिवर्तित किया जा सके। कुछ वर्षों पूर्व कम्प्यूटर्स के निर्माता अपना अलग-अलग अल्फान्यूमरिक कोड प्रयुक्त करते थे जिसके कारण डाटा प्रोसेसिंग में विभिन्न प्रकार की कठिनाइयाँ आती थीं। इस समस्या को समाप्त करने के लिए विभिन्न उद्योगों ने परस्पर विचार विमर्श करने के पश्चात् ASCII (American Standard Code for Information Exchange) कोड का विकास किंया। इस कोड के द्वारा निर्माता अपने कम्प्यूटर के कुंजी बोर्ड, प्रिन्टर्स तथा विडियो डिस्पले युक्तियों (keyboards, printers and video displays) को सामान्य प्रयोग के लिये standardise करते हैं। तालिका 2.1 में ASCII कोड दिया गया है।

ASCII कोड एक 7-बिट कोड है जिसमें प्रत्येक बिट 0 अथवा 1 हो सकता है। ASCII कोड को निम्न फॉर्मेट द्वारा प्रदर्शित कर सकते हैं :

$$b_6 \quad b_5 \quad b_4 \quad b_3 \quad b_2 \quad b_1 \quad b_0$$

जहाँ प्रत्येक b का मान 0 अथवा 1 हो सकता है। उदाहरणार्थ ASCII कोड में A, B एवं H को निम्न प्रकार कोड किया जाता है

TABLE 2·1— ASCII Code

		$b_6 \longrightarrow$			0	0	0	0	1	1	1	1
			$b_5 \longrightarrow$		0	0	1	1	0	0	1	1
				$b_4 \longrightarrow$	0	1	0	1	0	1	0	1
b_3	b_2	b_1	b_0		0	1	2	3	4	5	6	7
0	0	0	0	0	NUL	DLE	SP	0	@	P	’	p
0	0	0	1	1	SOH	DC1	’	1	A	Q	a	q
0	0	1	0	2	STX	DC2	’	2	B	R	b	r
0	0	1	1	3	ETX	DC3	≠	3	C	S	c	s
0	1	0	0	4	EOT	DC4	$	4	D	T	d	t
0	1	0	1	5	ENQ	NAK	%	5	E	U	e	u
0	1	1	0	6	ACK	SYN	&	6	F	V	f	v
0	1	1	1	7	BEL	ETB	’	7	G	W	g	w
1	0	0	0	8	BS	CAN	(	8	H	X	h	x
1	0	0	1	9	HT	EM	)	9	I	Y	i	y
1	0	1	0	A	LF	SUB	.	:	J	Z	j	z
1	0	1	1	B	VT	ESC	+	;	K	|	k	{
1	1	0	0	C	FF	FS	’	<	L	\	l	|
1	1	0	1	D	CR	GS	–	=	M	]	m	}
1	1	1	0	E	SO	RS		>	N	∧	n	~
1	1	1	1	F	SI	US	/	?	O	–	o	DEL

100 0001	(A)
100 0010	(B)
100 1000	(H)

ASCII कोड के कुछ अन्य उदाहरण निम्न हैं:

110 0001	(a)
111 1010	(z)
101 1010	(Z)
011 0001	(1)
011 1001	(9)

तालिका 2.1 में 'SP' blank space को प्रदर्शित करता है अर्थात कुँजी बोर्ड में स्पेस बार को दबाने पर कम्प्यूटर में 010 0000 कोड फीड होता है। तालिका से कुछ उदाहरण निम्न हैं:

110 0010	(b)
110 0011	(c)
110 0100	(d)
010 1011	(+)
011 1101	(=)
111 1111	(DEL)

2·2. बाइनरी कोड (Binary Code)

बाइनरी कोड में डेसीमल संख्यायें उनके बाइनरी तुल्यांक में परिवर्तित की जाती हैं। उदाहरणतः

डेसीमल	बाइनरी
1	0 0 0 1
7	0 1 1 1
10	1 0 1 0
100	1 1 0 0 1 0 0
105	1 1 0 1 0 0 1

इस प्रणाली में मुख्य दोष यह हैं कि बड़ी बाइनरी संख्याओं को हैन्डल करने के लिये कम्प्यूटर में अधिक हार्डवेयर की आवश्यकता होती है।

2·3. बी० सी० डी० कोड (BCD Code)

यह नेचुरल बाइनरी कोड है। इस कोड में 0 से 9 तक सभी डेसीमल अंक उनके बाइनरी तुल्यांक द्वारा प्रदर्शित की जाती हैं। प्रत्येक BCD संख्या में 4 बिट (one nibble) होते हैं। यह 8-4-2-1 कोड अथवा केवल BCD कोड कहलाता है। डिजिटल परिपथों में इनपुट/आउटपुट ऑपरेशन के लिये यह अत्यन्त सरल एवं उपयोगी कोड है। इनका प्रयोग केल्कुलेटर्स तथा डिजिटल वोल्ट-मीटर्स में डेसीमल डिजिट को प्रदर्शित करने के लिए किया जाता है। उदाहरणत : डेसीमल संख्यायें 10, 243 एवं 567, BCD में निम्न प्रकार प्रदर्शित की जाती हैं :

डेसीमल	1	0	
	↓	↓	
BCD	0001	0000	
डेसीमल	2	4	3
	↓	↓	↓
BCD	0010	0100	0011
डेसीमल	5	7	6
	↓	↓	↓
BCD	0101	0111	0110

प्रथम जनरेशन के कुछ कम्प्यूटर्स BCD संख्याओं की प्रोसेसिंग करते थे। उनमें डेसीमल संख्याओं को BCD में परिवर्तित कर फीड किया जाता था। कम्प्यूटर्स इन संख्याओं पर गणितीय ऑपरेशन (जोड़ना, घटाना इत्यादि) करते थे। अन्तिम परिणाम को BCD से पुनः डेसीमल में परिवर्तित किया जाता था। उदाहरणतः BCD को पुनः डेसीमल में निम्न प्रकार परिवर्तित किया जा सकता है :

0111	0100	1000
↓	↓	↓
7	4	8

स्पष्ट है कि 748, BCD संख्या 0111 0100 1000 का डेसीमल तुल्यांक है।

चूँकि इस प्रणाली में 4-बिट सिस्टम किसी भी डेसीमल अंक को हेन्डल कर सकता है अतः केवल चार हार्ड वेयर परिपथों की आवश्यकता होती है। तालिका 2.2 में BCD कोड एवं बाइनरी कोड प्रदर्शित किये गये हैं। तालिका से स्पष्ट है कि 8421 कोड में सबसे बड़ा 4 बिट का समूह 1001 है। 8421 कोड में बाइनरी संख्याएं 1010, 1011, 1100, 1101, 1110 तथा 1111 प्रयुक्त नहीं की जाती हैं। BCD अंक केवल 0000 से 1001 संख्याओं के मध्य होते हैं तथा 1010 से 1111 तक नहीं होते क्योंकि कोड की जाने वाली सबसे बड़ी डेसीमल संख्या 9 है।

TABLE 2.2—BCD कोड
(BCD Code)

Decimal	BCD (8421)	Binary
0	0000	0000
1	0001	0001
2	0010	0010
3	0011	0011
4	0100	0100
5	0101	0101
6	0110	0110
7	0111	0111
8	1000	1000
9	1001	1001
10	0001 0000	1010
11	0001 0001	1011
12	0001 0010	1100
--------	-------------	-------
15	0001 0101	1111

उदाहरण 2.1—निम्न डेसीमल संख्याओं को BCD कोड में परिवर्तित कीजिये :
3, 9, 18, 34, 65, 100, 321, तथा 1427

हल :

डेसीमल	3	9	1 8	3 4
	↓	↓	↓ ↓	↓ ↓
BCD	0011	1001	0001 1000	0011 0100

6 5	3 2 1	1 0 0
↓ ↓	↓ ↓ ↓	↓ ↓ ↓
0110 0101	0011 0010 0001	0001 0000 0000

1427
↓
1 4 2 7
↓ ↓ ↓ ↓
0001 0100 0010 0111

उदाहरण 2.2—निम्न BCD कोड्स के डेसीमल तुल्यांक लिखिये।

(a) 1000 0111 **(b) 1001 0000 0100**

हल: (a) 1000 0111 → 8 7 → 87

(b) 1001 0000 0100 → 9 0 4 → 904

2·4. एक्सिस-3 कोड
(Excess-3 Code or XS3)

XS-3 कोड एक महत्वपूर्ण 4-बिट कोड है जो BCD संख्याओं के साथ प्रयोग किया जाता है। Excess-3 कोड, प्रत्येक डेसीमल डिजिट में पहले 3 जोड़कर तथा उसके पश्चात् योग को 4 बिट बाइनरी (BCD) में परिवर्तित कर प्राप्त किया जा सकता है। चूँकि इस कोड में किसी भी अंक को कोई निश्चित स्थानीय मान (weight) नहीं दिया जा सकता अतः Excess-3 कोड एक un-weighted कोड है। डेसीमल संख्याओं 3, 4 तथा 5 के लिए Excess कोड निम्न प्रकार ज्ञात किया जा सकता है—

डेसीमल संख्या	3	4	5
3 जोड़ने	+3	+3	+3
	6	7	8
	↓	↓	↓
Excess-3 Code	1001	1010	1011

इसी प्रकार डेसीमल संख्या 12 को XS-3 संख्या में निम्न प्रकार परिवर्तित किया जा सकता है :
सर्वप्रथम प्रत्येक डेसीमल अंक में 3 जोड़िये :

$$\begin{array}{r} 1 \\ +3 \\ \hline 4 \end{array} \quad \begin{array}{r} 2 \\ +3 \\ \hline 5 \end{array}$$

अब योग को BCD में परिवर्तित कीजिये :

$$\begin{array}{cc} 4 & 5 \\ \downarrow & \downarrow \\ 0100 & 0101 \end{array}$$

इस प्रकार 0100 0101 डेसीमल संख्या 12 का XS-3 कोड है।
एक अन्य उदाहरण लीजिये; 29 को XS-3 में परिवर्तित कीजिये :

$$\begin{array}{r} 2 \\ +3 \\ \hline 5 \\ \downarrow \\ 0101 \end{array} \quad \begin{array}{r} 9 \\ +3 \\ \hline 12 \\ \downarrow \\ 1100 \end{array}$$

डेसीमल संख्या 9 तथा 3 को जोड़ने के पश्चात् 1 को अगले कॉलम में न लाइये ; बल्कि परिणाम को इसी प्रकार (12) छोड़ दीजिये एवं उपरोक्त की भाँति परिवर्तित कीजिये।

तालिका 2.3 में Excess कोड प्रदर्शित किये गये हैं। तालिका से ज्ञात होता है कि 0 एवं 1 के 16 सम्भव combinations में से 10 combinations इस कोड में प्रयुक्त किये गये हैं तथा 0000, 0001, 0010, 1101, 1110, एवं 1111 प्रयुक्त नहीं किये गये हैं।

TABLE 2.3—एक्सेस-3 कोड
(Excess-3 Code)

Decimal	Binary	Excess-3
0	0000	0011
1	0001	0100
2	0010	0101
3	0011	0110
4	0100	0111
5	0101	1000
6	0110	1001
7	0111	1010
8	1000	1011
9	1001	1100

Excess-3 कोड का एक गुण संख्याओं को स्वयं कम्पलीमेन्ट (self complementing property) करना है। उदाहरणतः

* डेसीमल संख्या 4 का Excess-3 कोड 0111 है।
* तथा 0111 का 1's कम्पलीमेन्ट 1000 है।
* परन्तु यह डेसीमल संख्या 5 का Excess-3 कोड है।
* तथा डेसीमल संख्या 5 डेसीमल संख्या 4 का 9's कम्पलीमेन्ट है। इस प्रकार प्रत्येक XS-3 संख्या का 1's कम्पलीमेन्ट, अगली (next) डेसीमल संख्या के 9's कम्पलीमेन्ट का XS-3 कोड है।

एक्सेस-3 योग
(Excess-3 Addition)

XS-3 प्रणाली में योग करने के लिये बाइनरी संख्याओं को जोड़ा जाता है। यदि 4-बिट समूह से कोई carry प्राप्त नहीं होती है तब योगफल (sum) से 0011 (=3) घटाया जाता है। घटाने पर प्राप्त संख्या उस योग का XS-3 कोड होती है।
यदि बाइनरी योग करने में carry प्राप्त होती है तब 0011 (=3) जोड़ने पर योगफल का XS-3 कोड प्राप्त होता है।

उदाहरण 2.3—Excess-3 प्रणाली द्वारा संख्याओं 3 एवं 2 का योग ज्ञात कीजिए।

हल :

3 का XS3 कोड = 0 1 1 0

2 का XS3 कोड = 0 1 0 1

योग 1 0 1 1 ← कोई Carry नहीं

घटाइये (–3) – 0 0 1 1

1 0 0 0 ← डेसीमल संख्या 5 का XS3 कोड

उदाहरण 2.4—Excess-3 विधि से डेसीमल संख्याओं 7 तथा 6 को जोड़िये।

हल :

7 का XS3 कोड = 1 0 1 0

6 का XS3 कोड = 1 0 0 1

योग 1 0 0 1 1 ← इस योग में कैरी है

जोड़िये (+3) 0 0 1 1

1 0 1 1 0 ← डेसीमल संख्या 13 का XS3 कोड

2·5. ग्रे-कोड
(Gray Code)

बाइनरी प्रणाली में डेसीमल संख्या 7 का बाइनरी तुल्यांक 0111 तथा 8 का 1000 है। अर्थात् 7 से 8 पर जाने से सभी चारों बिट बदल गये हैं। ग्रे-कोड में संख्या बदलने पर एक समय में केवल एक बिट बदलता है। ग्रे-कोड में 6 का तुल्यांक 0101 तथा 7 का 0100 है। इस प्रकार केवल MSB में परिवर्तन होता है। इसी प्रकार डेसीमल संख्यायें 13 एवं 14 ग्रे-कोड में 1011 एवं 1001 के तुल्य है ये दोनों संख्याएं केवल एक डिजिट द्वारा (दूसरी MSB पोजिशन) परिवर्तित होती है।

TABLE 2.4—ग्रे कोड (Gray Code)

Decimal	Gray
0	0000
1	0001
2	0011
3	0010
4	0110
5	0111
6	0101
7	0100
8	1100
9	1101
10	1111
11	1110
12	1010
13	1011
14	1001
15	1000
16	11000

बाइनरी कोड को ग्रे-कोड में निम्न प्रकार परिवर्तित किया जा सकता है:

(i) सर्वप्रथम MSB (most significant bit) लिखिये।

(ii) इस बिट को next lower पोजिशन के साथ जोड़िये तथा योग को नोट कीजिए एवं carry छोड़ दीजिए।

(iii) इसी प्रकार क्रमिक (successive) योग करते जाइए जब तक कि पूर्ण न हो जाये :

उदाहरण 2.5—बाइनरी संख्या 1011 को ग्रे-कोड में बदलिये।

हल : Position Weight 8 4 2 1

बाइनरी 1 0 1 1

बाइनरी 1011 का ग्रे-कोड में तुल्यांक 1110 है। इसे निम्न प्रकार परिवर्तित किया गया है।

विधि :

(i) सर्वप्रथम MSB लिखिये यह 8's Position पर है।

1

(ii) अब 8's बिट को 4's बिट में जोड़िये, 1+ 0 = 1 इसे नोट कीजिये

1 1

(iii) 4's बिट को 2's बिट में जोड़िये 0 + 1= 1 इसे नोट कीजिये

1 1 1

(iv) 2's बिट को 1's बिट में जोड़िये 1+ 1 = 10 (एक carry के साथ शून्य)

शून्य (0) को नोट कीजिये तथा carry को छोड दीजिये। 1 1 1 0

1 1 1 0 **उत्तर**

उदाहरण 2.6 बाइनरी संख्या 1001 को ग्रे-कोड में बदलिये।

हल : Position Weightage 8 4 2 1

बाइनरी 1 0 0 1

विधि : (i) सर्वप्रथम MSB नोट कीजिये—

1001 बाइनरी

↓

1 ग्रे

(ii) 8's पोजीशन के बिट (1) को 4's पोजीशन के बिट (0) में जोड़िये।

1 0 0 1 बाइनरी

1+0=1 इसे नोट कीजिये 1 1 ग्रे

(iii) Next pair के बिट्स (4's bit को 2's बिट) से जोड़िये।

1 0 0 1 बाइनरी

0+0 = 0 इसे नोट कीजिए 1 1 0 ग्रे

(iv) इसी प्रकार 2's बिट को 1's बिट में जोड़िये।

1 0 0 1 बाइनरी

0 + 1 = 1 कोई कैरी नहीं 1 1 0 1 ग्रे **उत्तर**

अन्तिम योग (step iv) में 0 रिकार्ड किया जाता है तथा यदि कोई carry हो तो उसे छोड़ दिया जाता है।

उपरोक्त विधि अधिक बिट्स की संख्याओं के लिए भी प्रयोग की जा सकती है।

उदाहरण 2.7—ग्रे-कोड 1011 को बाइनरी में परिवर्तित कीजिये।

हल : ग्रे संख्या 1 0 1 1

विधि : (i) सर्वप्रथम MSB को नोट कीजिये। यह 1 है: 1

(ii) अब MSB को ग्रे संख्या के 4's बिट में जोड़िये:

$1 + 0 = 1$ इसे नोट कीजिये 1 1

(iii) अब बाइनरी संख्या का 4's बिट ग्रे-कोड के 2's बिट में जोड़िये:

$1 + 1 = 10$, शून्य नोट कीजिए तथा carry छोड़ दीजिये 1 1 0

(iv) अन्त में बाइनरी संख्या का 2's बिट ग्रे-कोड के 1's बिट में जोड़िये:

$0 + 1 = 1$ इसे नोट कीजिए 1 1 0 1

इस प्रकार ग्रे-संख्या

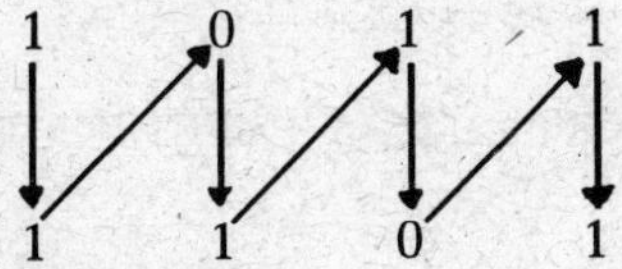

बाइनरी

उदाहरण 2.8— निम्न डेसीमल संख्याओं को BCD में लिखिये।

(a) 46 (b) 327·89 (c) 20·304

हल :

$$46_{10} = 0100\ 0110\ \text{(BCD)}$$
$$327\cdot89_{10} = 0011\ 0010\ 0111\cdot1000\ 1001\ \text{(BCD)}$$
$$20\cdot304_{10} = 0010\ 0000\cdot0011\ 0000\ 0100\ \text{(BCD)}$$

उदाहरण 2.9—निम्न डेसीमल संख्याओं को Excess-3 कोड में लिखिये।

(a) 46 (b) 327·89 (c) 20·304

हल :

$$46_{10} = 0111\ 1001\ \text{(XS3)}$$
$$327\cdot89_{10} = 0110\ 0101\ 1010\cdot1011\ 1100\ \text{(XS3)}$$
$$20\cdot304_{10} = 0101\ 0011\cdot0110\ 0011\ 0111\ \text{(XS3)}$$

उदाहरण 2.10—डेसीमल संख्या $(375)_{10}$ को ऑक्टल, बाइनरी तथा हैक्साडेसीमल में परिवर्तित कीजिए।

हल :

		शेष (remainder)
8	375	
8	46	7
8	5	6
	0	5

↑ read upwards

शेष (remainders) को नीचे से ऊपर की ओर पढ़ने पर

$$(375)_{10} = (567)_8$$
$$= (101110111)_2$$

$(375)_{10}$ को हैक्साडेसीमल में परिवर्तन करना

16	375	शेष (remainder)	
16	23	7	↑
16	1	7	Read upwards
	0	1	

अतः $(375)_{10} = (177)_{16}$

2·6. ऑक्टल कोड (Octal Code)

यह एक 3-बिट बाइनरी कोड है तथा इसे डिजिटल कम्प्यूटर्स एवं माइक्रोप्रोसेसर्स में इनपुट के लिये प्रयोग किया जाता है।

2·7. होलरिथ कोड (Hollerith Code)

यह कोड पंच कार्ड (punched card) पर सूचनाएँ रिकार्ड करने के लिए व्यापक रूप से प्रयोग किया जाता है। इस कोड में 0 से 9 तक संख्याएं एक ऊर्ध्वाधर (vertical) कॉलम में सिंगल (single) पंच (punch) द्वारा प्रदर्शित की जाती हैं। उदाहरणतः कॉलम 12 की पांचवी पंक्ति (row) में किया गया पंच '5' को प्रदर्शित करता है। अक्षरों (alphabets) को प्रदर्शित करने के लिए एक कॉलम में दो पंच किये जाते हैं। A तथा I, 12वीं पंक्ति में एक जोन पंच (zone punch) तथा पंक्ति 1 से 9 तक पंच द्वारा प्रदर्शित किये जाते हैं। अक्षर J से R तक पंक्ति 11 में जोन पंच तथा पंक्ति 1 से 9 में पंच द्वारा प्रदर्शित किये जाते हैं। S से Z तक 0 पंक्ति (row) में एक जोन पंच तथा 2 से 9 तक पंक्तियों में 1 पंच द्वारा प्रदशित किये जाते हैं। इस प्रकार डेसीमल प्रणाली की 10 संख्यायें तथा 26 अक्षर कार्ड पर उचित स्थान पर hole पंच कर प्रदर्शित किये जाते हैं।

इसके अतिरिक्त विशेष केरेक्टर्स (special characters) को प्रदर्शित करने के लिए कॉलम में hole का एक combination पंच किया जाता है। यह combination किसी अंक अथवा अक्षर के लिए नहीं प्रयुक्त किया जाता। चित्र 2.1 में Hollerith Code को प्रयुक्त कर एक पंच प्रदर्शित किया गया है।

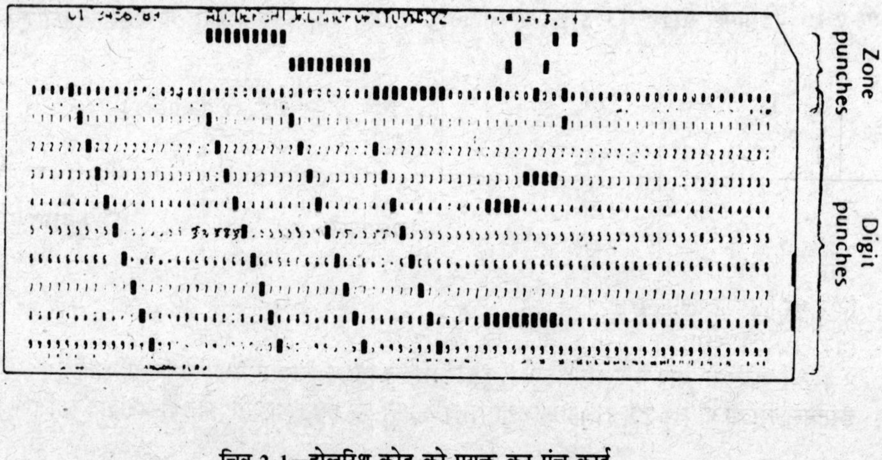

चित्र 2·1—होलरिथ कोड को प्रयुक्त कर पंच कार्ड

2·8. हैक्सा डेसीमल कोड (Hexadecimal Code)

यह एक 4-बिट बाइनरी कोड है तथा डिजिटल कम्प्यूटर्स एवं माइक्रोप्रोसेसर्स में इनपुट/आउटपुट के लिए प्रयोग किया जाता है। तालिका 2.5 में विभिन्न बाइनरी कोड्स प्रदर्शित किये गये हैं।

TABLE 2.5—विभिन्न बाइनरी कोड्स
(Various Binary Codes)

Decimal Number	Binary				B C D				Excess–3				Gray				Hexa-decimal (Hex)	Octal
	B_3	B_2	B_1	B_0	D	C	B	A	E_3	E_2	E_1	E_0	G_3	G_2	G_1	G_0		
0	0	0	0	0	0	0	0	0	0	0	1	1	0	0	0	0	0	0
1	0	0	0	1	0	0	0	1	0	1	0	0	0	0	0	1	1	1
2	0	0	1	0	0	0	1	0	0	1	0	1	0	0	1	1	2	2
3	0	0	1	1	0	0	1	1	0	1	1	0	0	0	1	0	3	3
4	0	1	0	0	0	1	0	0	0	1	1	1	0	1	1	0	4	4
5	0	1	0	1	0	1	0	1	1	0	0	0	0	1	1	1	5	5
6	0	1	1	0	0	1	1	0	1	0	0	1	0	1	0	1	6	6
7	0	1	1	1	0	1	1	1	1	0	1	0	0	1	0	0	7	7
8	1	0	0	0	1	0	0	0	1	0	1	1	1	1	0	0	8	
9	1	0	0	1	1	0	0	1	1	1	0	0	1	1	0	1	9	
10	1	0	1	0									1	1	1	1	A	
11	1	0	1	1									1	1	1	0	B	
12	1	1	0	0									1	0	1	0	C	
13	1	1	0	1									1	0	1	1	D	
14	1	1	1	0									1	0	0	1	E	
15	1	1	1	1									1	0	0	0	F	

प्रश्नावली—2

1. निम्न पर टिप्पणी लिखिये—
   (a) ASCII कोड (b) बी० सी० डी० कोड (c) XS-3 कोड
2. 8-4-2-1 कोड से आप क्या समझते हैं? इस कोड का प्रयोग किस प्रयोजन से किया जाता है?
3. डेसीमल संख्याओं (i) 27, (ii)396 तथा (iii) 4096 को निम्न बाइनरी कोड में प्रदर्शित कीजिए—

(a) बाइनरी कोड, (b) BCD कोड, (c) XS-3 कोड, (d) ग्रे-कोड।

उत्तर : (i) 11011, 0010 0111,
0101 1010,
0011 0100

(ii) 11000 1100,
0011 1001 0110,
0110 1100 1001,
0010 1101 0101

(iii) 1000000000000,
0100 0000 1001 0110,
0111 0011 1100 1001,
0110 0000 1101 0101

4. निम्न संख्याओं को BCD में एन्कोड कीजिए—

(a) $(46)_{10}$ (b) $(327 \cdot 89)_{10}$ (c) $(20 \cdot 305)_{10}$

उत्तर : (a) 01000110 (b) 001100100111 · 10001001 (c) 00100000 · 001100000101

5. प्रश्न 4 की संख्याओं को Excess-3 में एन्कोड कीजिये।

उत्तर : (a) 01111001 (b) 011001011010 · 10111100 (c) 01010011 · 011000111000

6. प्रश्न 4 की संख्याओं को ग्रे-कोड में प्रदर्शित कीजिये—

उत्तर : (a) 01100101 (b) 001000110100 · 11001101 (c) 00110000 · 001000000111

7. BCD संख्याओं की क्या आवश्यकता है?
8. BCD की तुलना में Gray कोड के क्या लाभ हैं?
9. निम्न के लिये ACSII कोड लिखिये—

(i) 7 (ii) *W* (iii) *f* (iv) *Y*

10. ASCII कुँजीबोर्ड पर शब्द LIST टाइप करने पर प्रत्येक अक्षर के लिये बाइनरी आउटपुट क्या होगी?
11. डेसीमल संख्या 5280 को Excess-3 कोड में प्रदर्शित कीजिये।
12. निम्न Excess-3 संख्या का डेसीमल तुल्यांक क्या होगा?

0110 1001 1100 0111

13. डेसीमल संख्या 8 को ग्रे कोड में लिखिये।
14. ग्रे संख्या 1110 को BCD में प्रदर्शित कीजिये।
15. BCD में एन्कोड की गई संख्या 100 1011 का बाइनरी तथा ग्रे-कोड ज्ञात कीजिये।
16. $[101110110 \cdot 11011101]_2$ को ग्रे कोड में तथा $[1011101 \cdot 1001]_{gray}$ को बाइनरी में बदलिये।
17. (a) बी० सी० डी० कोड से आप क्या समझते हैं? दशमलव संख्या 5862 को BCD कोड में लिखिए। भारित (weighted) तथा अनुभारित (unweighted) कोडों में अन्तर स्पष्ट कीजिए।

(b) ऐक्सिस-3 कोड में प्रथम दस-दशमलव संख्याओं को लिखिए।

18. 8421 कोड से आप क्या समझते हैं? इस कोड की कमियाँ (limitations) क्या हैं? दशमलव 8 को BCD व Excess-3 कोड में बदलिए।

लॉजिक परिपथ (Logic Circuits)

3·1. 2-स्टेट प्रचालन (Two State Operation)

लॉजिक परिपथों का आधार बूलियन बीजगणित है। बूलियन बीजगणित एक गणितीय लॉजिक प्रणाली है तथा यह सामान्य बीजगणित तथा बाइनरी संख्या प्रणाली से भिन्न है। उदाहरणतः बूलियन बीजगणित में $1+1=1$ होता है। बूलियन प्रणाली में चर राशियों (variables) की केवल दो अवस्थायें 'true' या 'false' होती हैं तथा इन्हें प्रायः 1 तथा 0 से प्रदर्शित किया जाता है। मुख्य बूलियन ऑपरेशन NOT, OR तथा AND हैं।

बूलियन की दो परिवर्ती राशियाँ (variable) इलैक्ट्रॉनिक स्विचिंग परिपथों की ON या OFF स्टेट से भी प्रदर्शित की जा सकती हैं। बूलियन बीजगणित के नियम इलैक्ट्रॉनिक स्विचों की सहायता से प्रतिपादित (implement) किये जाते हैं जिन्हें इलैक्ट्रॉनिक लॉजिक परिपथ (logic circuits) कहते हैं।

2 स्टेट प्रचालन (two-state operation) का एक सरल उदाहरण ट्रॉजिस्टर का स्विच की भाँति प्रयोग है। इसका अर्थ है कि ट्रॉजिस्टर को लोड लाइन पर केवल सेचुरेशन अथवा कट-ऑफ पर प्रचालित किया जाये। कट-ऑफ होने पर यह एक खुले स्विच (open switch) तथा सेचुरेशन पर यह क्लोज्ड स्विच (closed switch) की भाँति कार्य करता है। उदाहरणतः चित्र 3.1 में प्रदर्शित कॉमन एमिटर परिपथ में बेस धारा

$$I_B = \frac{V_i - V_{BE}}{R_B} \qquad \ldots 3\cdot1$$

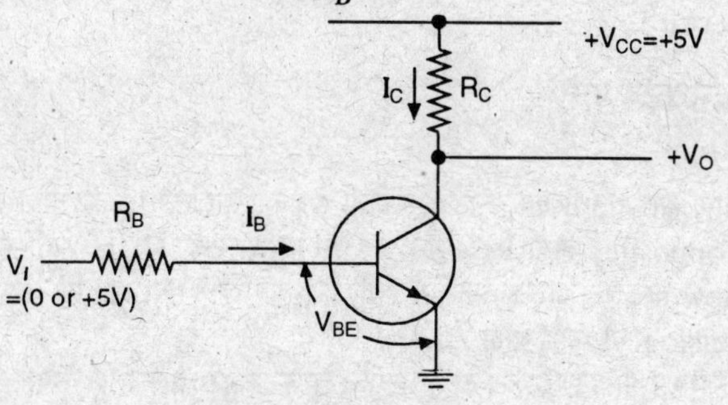

चित्र 3·1—कॉमन एमीटर परिपथ

एवं कलेक्टर धारा

$$I_C = \beta_{dc} I_B \qquad \ldots 3\cdot2$$

यहाँ β_{dc} ट्रॉजिस्टर का धारा लाभ (current gain) है।

परिपथ की आउटपुट वोल्टेज

$$V_o = V_{CC} - I_C R_C \quad \text{... 3·3}$$

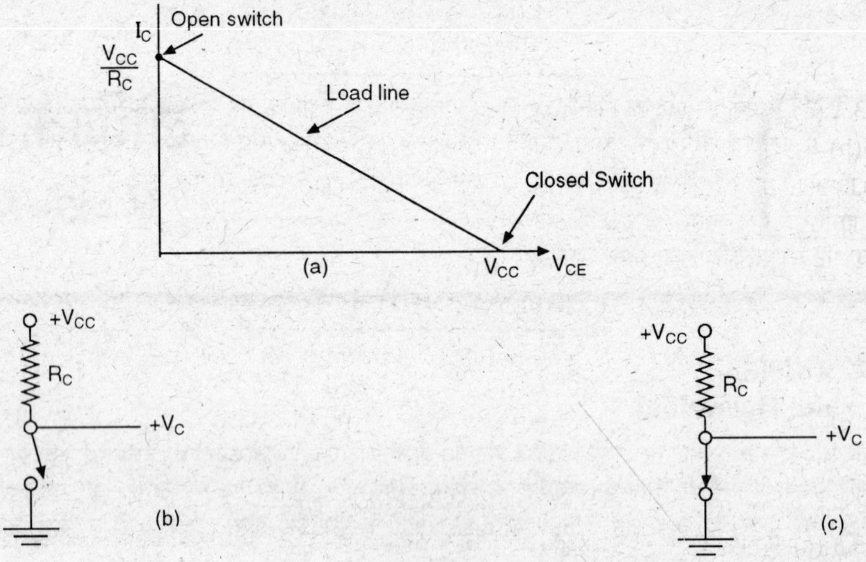

चित्र 3·2–(a) कॉमन एमीटर ट्रांजिस्टर परिपथ की लोड लाइन, (b) कट–ऑफ, (c) सेचुरेशन

चित्र 3.2 (a) में लोड लाइन पर ट्रॉज़िस्टर ऑपरेशन प्रदर्शित किया गया है। जब V_i शून्य है तब ट्रॉजिस्टर कट-ऑफ पर आ जाता है तथा प्रचालन बिन्दु (operating point) लोड लाइन के नीचे वाले सिरे (lower end) पर शिफ्ट हो जाता है। इस अवस्था में ट्रॉजिस्टर, कलेक्टर तथा एमीटर के मध्य एक खुले स्विच (open switch) की भाँति है (चित्र 3.2 b)। इसके विपरीत जब V_i बहुत अधिक (large) है तब ट्रॉजिस्टर सेचुरेशन में आ जाता है तथा प्रचालन बिन्दु लोड लाइन के ऊपरी सिरे पर शिफ्ट हो जाता है। इस अवस्था में ट्रॉजिस्टर एक क्लोज्ड स्विच की भाँति कार्य करता है (चित्र 3.2 c)। परिपथ का डिजाइन इस प्रकार किया जा सकता है, कि जब $V_i = 0$ तब ट्रॉजिस्टर कट-ऑफ हो जाता है तथा $V_o = +5$ volt, एवं जब V_i=5 volt तब ट्रॉजिस्टर सेचुरेशन में होता है तथा $V_o = 0$ volt।

3·2. NOT अथवा इनवर्टर गेट (Invertor Gate)

'NOT' गेट में केवल एक इनपुट तथा एक आउटपुट होती है। यह इनवर्टर भी कहलाता है क्योंकि इसकी आउटपुट स्टेट, इनपुट स्टेट की सदा विलोम (opposite) होती है, अर्थात् जब इनपुट वोल्टेज 'High' होती है तब आउटपुट Low होती है। इसके विपरीत इनपुट वोल्टेज low होने पर आउटपुट high होती है। ऑपरेशन 'NOT' को कम्पलीमेन्टेन्शन (complementation), negation अथवा inversion भी कहा जाता है।

चित्र 3.1 में प्रदर्शित परिपथ भी इनवर्टर का उदाहरण है। चूँकि इनपुट वोल्टेज के केवल दो मान (0 या 5V) हो सकते हैं। अतः टॉजिस्टर कट-ऑफ पर अथवा सेचुरेशन पर प्रचालित होता है। इस प्रकार यह 2-स्टेट ऑपरेशन है जिसका अर्थ है कि आउटपुट के केवल दो स्थिर मान Low या High हो सकते हैं। तालिका 3.1 में एक इनवर्टर (अथवा NOT गेट) का प्रचालन प्रदर्शित किया गया है। Low इनपुट, High आउटपुट उत्पन्न करती है तथा High इनपुट, Low आउटपुट उत्पन्न करती है। इस परिपथ को NOT गेट इसलिए कहा जाता है कि आउटपुट, इनपुट जैसी नहीं होती। आउटपुट को इनपुट का कम्पलीमेन्ट (complement अथवा opposite) कहा जाता है।

TABLE 3.1—इनवर्टर अथवा NOT परिपथ

Input (V_i)	Output (V_o)
Low	High
High	Low

चित्र 3.3 (a) में एक इनवर्टर का प्रतीक (symbol) दिया गया है जैसा कि यह परिपथों में प्रयुक्त किया जाता है। कभी-कभी चित्र 3.3(b) में प्रदर्शित परिपथ भी प्रयोग होता है। चित्र 3.3 (c) में इसका विद्युत तुल्यांक परिपथ दिया गया है।

'NOT' आपरेशन को एक बार (bar) लगा कर प्रदर्शित किया जाता है जैसे $\overline{A}$। यदि गेट की इनपुट '1' है तब आउटपुट की स्टेट '0' होगी एवं यदि इनपुट '0' स्टेट में है तब आउटपुट '1' होगी।

NOT गेट की सत्य तालिका निम्न प्रकार है।

TABLE 3.2—NOT गेट की सत्य तालिका

Input (V_i) A	Output (V_o) $Y = \overline{A}$
1	0
0	1

चित्र 3.3 (c) में जब स्विच बन्द (closed) होता है अर्थात् लॉजिक स्टेट '1' में होता है तब बल्ब प्रकाशित नहीं होता अर्थात् (बल्ब) स्टेट 0 में होता है क्योंकि बन्द स्विच लैम्प को शार्ट सरकिट करता है। इसी प्रकार स्विच खुला (स्टेट 0) होने पर बल्ब प्रकाशित (स्टेट 1) होता है।

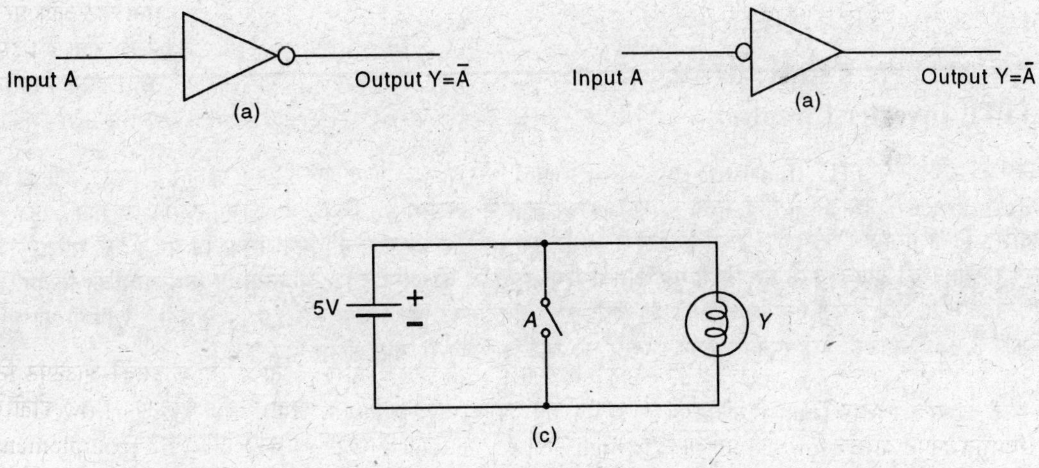

चित्र 3·3—(a) NOT गेट का प्रतीक (symbol), (b) एक अन्य प्रतीक, (c)NOT गेट का विद्युत तुल्य परिपथ

NOT गेट का इलेक्ट्रॉनिक परिपथ
(Electronic Circuit for NOT Operation)

चित्र 3.3(d) में NOT आपरेशन के लिये एक ट्रांजिस्टर परिपथ प्रदर्शित किया गया है। यह एक सामान्य कॉमन एमीटर एम्पलीफायर परिपथ है जिसकी आउटपुट इनपुट से 180° कलाविस्थापित (out of phase) होती है।

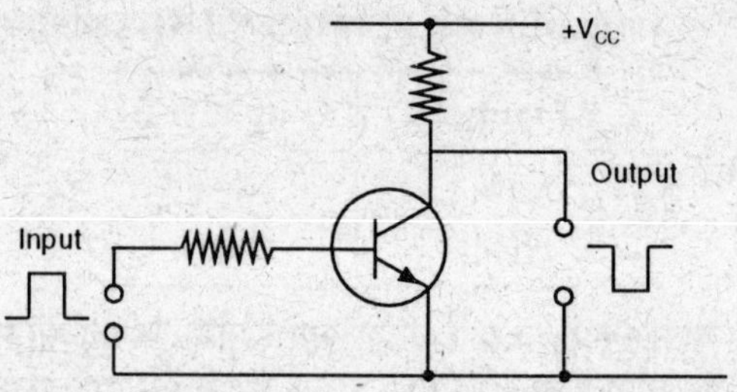

चित्र 3·3 (d)—NOT गेट के लिए ट्रांजिस्टर परिपथ

जब इनपुट पर कोई सिगनल नहीं होता तब कलेक्टर धारा शून्य होती है (क्योंकि इस परिपथ में ट्रांजिस्टर को कट-ऑफ पर बायस किया जाता है)। अतः परिपथ की आउटपुट, सप्लाई वोल्टेज V_{CC} (स्टेट 1) के बराबर होती है। जब इनपुट पर कोई धनात्मक वर्गाकार तरंग प्रयुक्त की जाती है तब ट्रॉजिस्टर में चालन होता है तथा कलेक्टर पोटेन्शियल ग्राउन्ड स्तर (स्टेट 0) पर आ जाता है। इस समय परिपथ की कोई आउटपुट नहीं होती।

इस प्रकार परिपथ में आउटपुट केवल तब प्राप्त होती है जब इनपुट सिगनल शून्य (NOT) होता है। अतः यह NOT परिपथ कहलाते हैं।

'NOT' प्रचालन के नियम (The NOT Laws)

बूलियन बीजगणित के दो 'NOT' के नियम निम्न प्रकार लिखे जा सकते हैं:

$$Y = \text{NOT } A = \overline{A}$$

अर्थात्, यदि $A=0$ तब $Y = \overline{A} = 1$ एवं, यदि $A = 1$ तब $Y = \overline{A} = 0$। यदि इनपुट का दो बार इनवर्जन (double inversion) होता है तब पुनः मूल इनपुट के तुल्य आउटपुट प्राप्त होती है अर्थात्

$$\overline{\overline{A}} \equiv A$$

3·3. टी० टी० एल० इनवर्टर परिपथ (TTL Inverter Circuits)

डिजिटल परिपथों में TTL (transistor-transistor logic) परिपथों का व्यापक प्रयोग किया जाता है। TTL श्रेणी की युक्तियाँ (TTL devices) प्रचालन में तीव्र, मूल्य में कम तथा सरलता से उपलब्ध है। चित्र 3.4 में चिप 7404 का पिन-आउट डायग्राम प्रदर्शित किया गया है। यह TTL हेक्स इनवर्टर है अर्थात् इस IC में 6 इनवर्टर्स हैं। पिन संख्या 14 पर +5V सप्लाई देकर तथा पिन संख्या 7 को ग्राउन्ड करने पर, किसी एक अथवा सभी इनवर्टर्स को अन्य TTL युक्तियों के साथ संयोजित किया जा सकता है। उदाहरणतः यदि केवल एक इनवर्टर की आवश्यकता है तब इनपुट पिन संख्या 1,3,5,9,11 अथवा 13 किसी को भी दी जा सकती है तथा आउटपुट उसी पिन के संगत इनवर्टर की आउटपुट पिन से प्राप्त की जा सकती है।

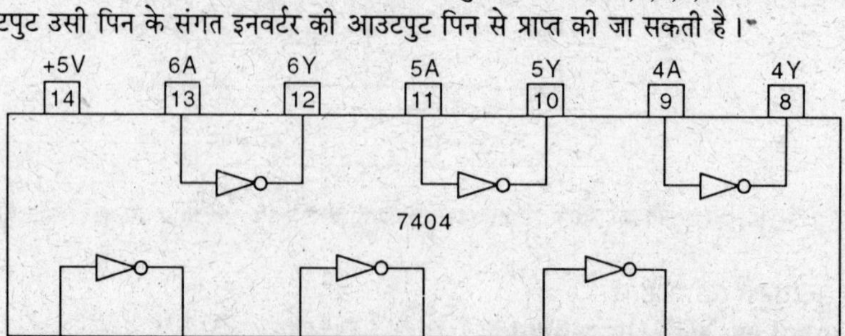

चित्र 3·4—TTL हैक्स इनर्वटर 7404 का पिन-आउट डायग्राम

3·4. 'OR' गेट्स
('OR' Gates)

एक 'OR' गेट में दो या अधिक इनपुट सिगनल तथा एक आउटपुट सिगनल होता है। यह 'OR' गेट इस कारण से कहलाता है क्योंकि किसी भी एक अथवा सभी इनपुट के High होने पर आउटपुट High होती है। उदाहरणतः एक 2-इनपुट OR गेट की आउटपुट, एक अथवा दोनों इनपुट High होने पर High होती है।

चित्र 3.5 में OR गेट का प्रतीक (symbol) तथा चित्र 3.6 में उसका विद्युत तुल्यांक (electrical equivalent) प्रदर्शित किया गया है। विद्युत परिपथ में A अथवा B किसी को अथवा दोनों स्विचों को ON करने पर लैम्प (Y) प्रकाशित हो जाता है। यह OR, प्रचालन को प्रदर्शित करता है।

OR प्रचालन, चिन्ह (+) द्वारा प्रदर्शित किया जाता है। OR प्रचालन निम्न प्रकार प्रदर्शित किया जा सकता है—

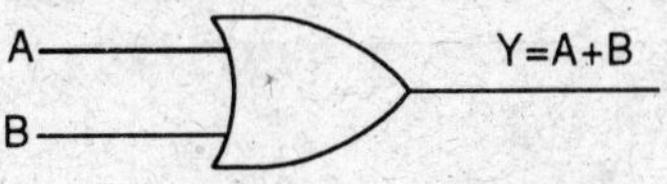

चित्र 3·5—OR गेट का प्रतीक (Symbol)

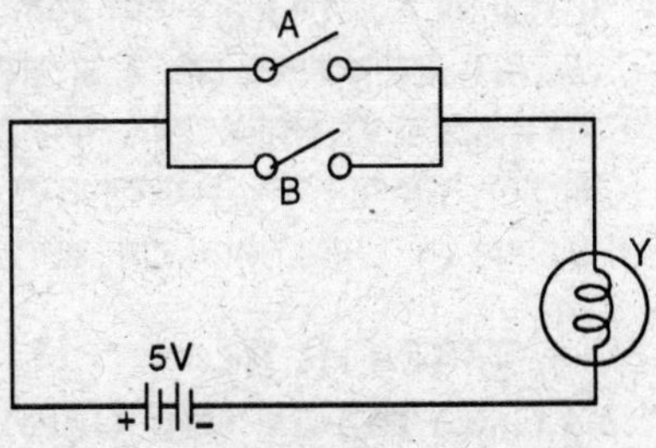

चित्र 3·6—OR गेट का विद्युत तुल्य परिपथ

$$A \text{ OR } B = A + B = Y$$

इसका अर्थ है कि यदि A true है OR B true है तब Y भी true होगा। अन्य किसी भी स्थिति में Y 'false' होगा। A एवं B के चार भिन्न संयोजन (combinations) किये जा सकते हैं। तालिका 3.3 में A एवं B के विभिन्न संयोजनों के संगत आउटपुट Y प्रदर्शित की गई है। सत्य तालिका से ज्ञात होता है कि A अथवा B में से किसी के भी 1 (true) होने पर आउटपुट Y का मान 1 (true) होता है। तालिका 3.4 में, तालिका 3.3 के बाइनरी तुल्यांक दिये गये हैं। यह OR गेट की सत्य तालिका है।

TABLE 3.3 — 2-इनपुट OR गेट

A	*B*	*Y*
Low	Low	Low
Low	High	High
High	Low	High
High	High	High

TABLE 3.4 — OR गेट के लिए सत्य तालिका

Inputs		**Output**
A	*B*	$Y = A + B$
0	0	0
0	1	1
1	0	1
1	1	1

OR गेट के लिए इलेक्ट्रॉनिक परिपथ (Electronic Circuit for OR Gate)

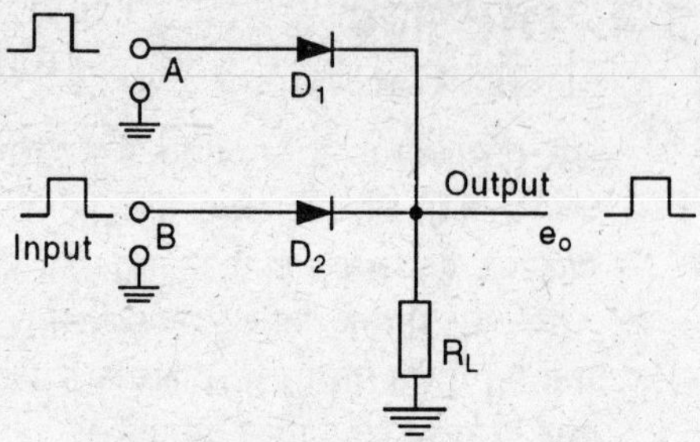

चित्र 3·7—डायोड प्रयुक्त कर 'OR' गेट का परिपथ

एक 2-इनपुट OR गेट के लिये डायोड परिपथ चित्र 3.7 में प्रदर्शित किया गया है। यह परिपथ किसी एक अथवा दोनों इनपुट High होने पर आउटपुट High देता है।

परिपथ में यदि सभी इनपुट (input) शून्य स्तर (0) पर है तब किसी भी डायोड में चालन (conduction) नहीं होगा। R_L में धारा शून्य होगी तथा आउटपुट शून्य 0 होगी।

जब किसी इनपुट (*A* अथवा *B* पर) कोई धनात्मक पल्स (pulse) प्रयुक्त की जाती है तब संगत (corresponding) डायोड फॉरवर्ड बायस्ड् होने के कारण R_L में धारा प्रवाहित होती है तथा इसके पार्श्व में (across) एक वोल्टपात होता है जो परिपथ की आउटपुट है। R_L का मान डायोड के फारवर्ड प्रतिरोध के मान से काफ़ी अधिक होने के कारण आउटपुट लगभग इनपुट के बराबर होती है। अतः आउटपुट का मान अधिकतम होने के कारण, दूसरे डायोड में चालन होने पर भी आउटपुट पर कोई विशेष प्रभाव नहीं होता। परिपथ की आउटपुट एक डायोड अथवा दोनों डायोड में चालन होने पर समान होती है।

3·5. 3-इनपुट OR गेट (Three Inputs 'OR' Gate)

चित्र 3.8 में एक 3-इनपुट OR गेट प्रदर्शित किया गया है तथा 3.8 (b) में उसके तुल्य एक डायोड 'OR' गेट दिया गया है। जब तीनों इनपुट *A, B* तथा *C* 'Low' हैं तब कोई भी डायोड कन्डक्ट नहीं करता; अतः *Y* भी 'Low' है। यदि *A, B* अथवा *C* 'High' है तब आउटपुट *Y* भी High होती है क्योंकि High इनपुट से संयोजित डायोड कन्डक्ट करेगा। तालिका 3.5 में इनपुट की सभी सम्भावनायें दी गई हैं। तालिका 3.7 इसी सत्य तालिका को बाइनरी में प्रदर्शित करती है।

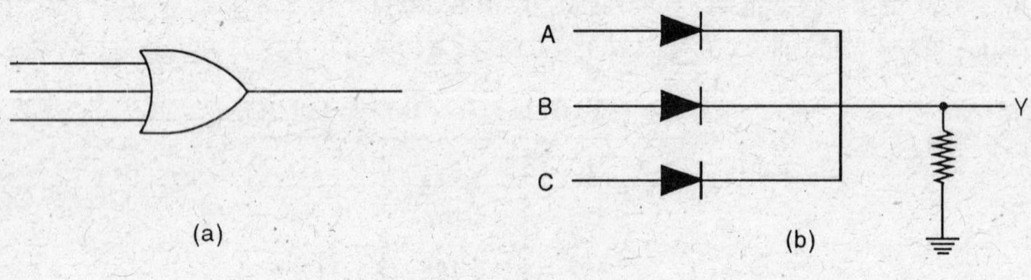

चित्र 3·8—3 इनपुट OR गेट

TABLE 3.5—3-इनपुट OR गेट के इनपुट-आउटपुट लेविल

A	*B*	*C*	*Y*
Low	Low	Low	Low
Low	Low	High	High
Low	High	Low	High
Low	High	High	High
High	Low	Low	High
High	Low	High	High
High	High	Low	High
High	High	High	High

TABLE 3.6—3-इनपुट OR गेट की सत्य तालिका
(Truth Table for 3-Input OR Gate)

A	*B*	*C*	*Y*
0	0	0	0
0	0	1	1
0	1	0	1
0	1	1	1
1	0	0	1
1	0	1	1
1	1	0	1
1	1	1	1

एक OR गेट में इच्छानुसार कितनी भी इनपुट हो सकती है। प्रत्येक अतिरिक्त इनपुट के लिए एक अन्य डायोड संयोजित किया जाता है। 4 डायोड से 4-इनपुट OR गेट, 6 डायोड से 6-इनपुट OR गेट एवं 9 डायोड से 9-इनपुट OR गेट प्राप्त होता है। एक या अधिक इनपुट High होने पर आउटपुट 'High' प्राप्त होती है। चित्र 3.9 में 2, 3, तथा 9 इनपुट के OR गेट के प्रतोक प्रदर्शित किये गये हैं।

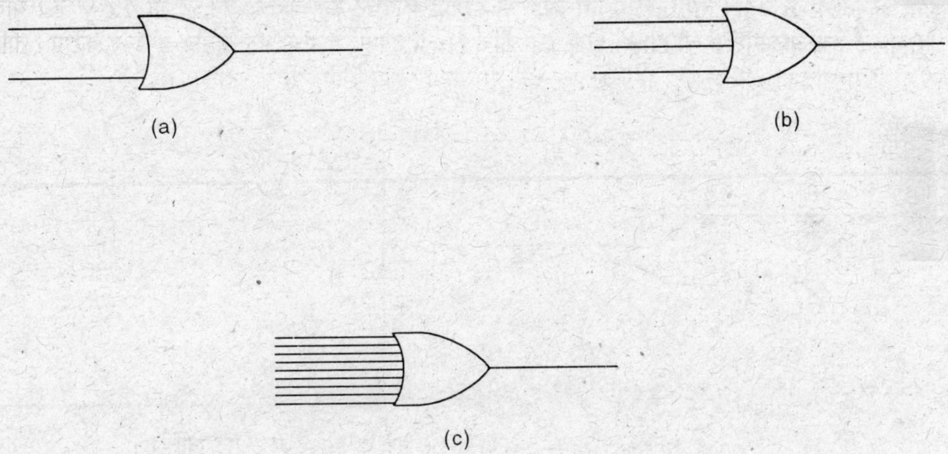

चित्र 3·9— OR गेट के प्रतीक (symbols): (a) 2–इनपुट (b) 3–इनपुट (c) 9–इनपुट

TTL 'OR' गेट्स (TTL 'OR' Gates)

TTL परिवार में IC 7432 एक क्वाड 2-इनपुट OR गेट (quad 2-input OR gate) है। इस चिप में 2-इनपुट के 4 'OR' गेट्स हैं तथा यह एक 14 पिन का dual-in-line पैकेज (DIP) है। इसके पिन संख्या 14 पर +5V तथा पिन 7 को ग्राउन्ड कर, इसके एक अथवा अधिक OR गेट्स को प्रयोग किया जा सकता है। चित्र 3,10 में IC 7432 का पिन आउट डायग्राम प्रदर्शित किया गया है।

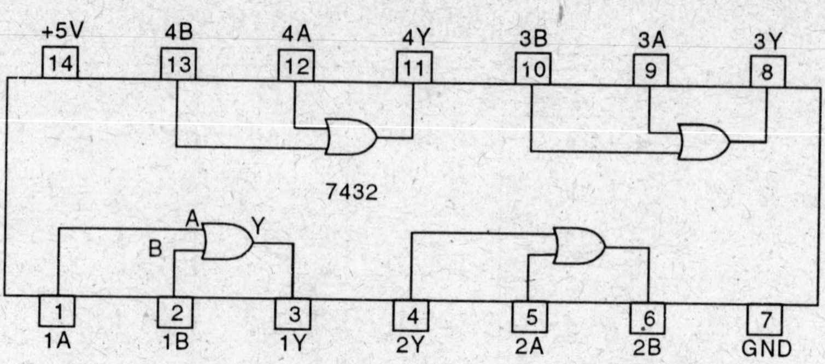

चित्र 3·10—क्वाड 2-इनपुट TTL OR गेट 7432 का पिन आउट डायग्राम
$$Y = A + B$$

3·6. AND गेट्स (AND Gates)

'AND' गेट में दो या अधिक इनपुट होती है परन्तु आउटपुट केवल एक होती है। गेट की आउटपुट केवल तब High होती है जब सभी इनपुट High होती हैं। चित्र 3.11 में AND गेट का प्रतीक एवं उसका विद्युत तुल्यांक परिपथ दिया गया है। विद्युत परिपथ से स्पष्ट है कि स्विच A तथा B दोनों को ON करने पर ही लैम्प (Y) प्रकाशित होता है। यह 'AND' प्रचालन को प्रदर्शित करता है।

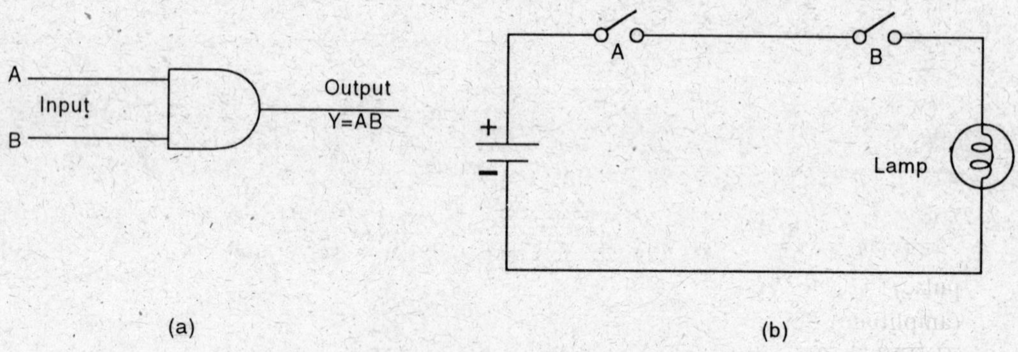

चित्र 3·11—(a) AND गेट का प्रतीक, (b) AND गेट का विद्युत तुल्यांक परिपथ

'AND' ऑपरेशन को एक डाट (·) लगाकर प्रदर्शित किया जाता है—

$$A \text{ AND } B = A \cdot B = Y$$

इस कथन (statement) का अर्थ है कि यदि A true है AND B भी true तब Y भी ture होगा। अन्य किसी भी स्थिति में Y false होगा। इनपुट A तथा B के चार विभिन्न संयोजन हो सकते हैं जैसा कि तालिका 3.7 में प्रदर्शित किया गया है तथा उसका बाइनरी तुल्यांक तालिका 3.8 में दिया गया है।

TABLE 3.7—AND प्रचालन की सत्य तालिका
(Truth Table for AND Operation)

Inputs		Output
A	*B*	*Y=AB*
Low	Low	Low
Low	High	Low
High	Low	Low
High	High	High

TABLE 3.8

Inputs		Output
A	*B*	*Y=AB*
0	0	0
0	1	0
1	0	0
1	1	1

सत्य तालिका से ज्ञात होता है कि जब A तथा B दोनों 1 (अथवा true) हैं, केवल तब आउटपुट $Y=1$ (अथवा true) होती है।

AND परिपथ तथा परिपथ का प्रचालन
(AND Circuit and it's Operation)

चित्र 3.12 में एक 2-इनपुट डायोड AND परिपथ प्रदर्शित किया गया है। इस परिपथ में दो से अधिक इनपुट हो सकती हैं तथा आउटपुट केवल तब प्राप्त होती है जब दोनों इनपुट पर एक साथ high सिगनल दिया जाता है। इसी कारण से यह AND परिपथ कहलाता है। इसे coincidence circuit भी कहते हैं। जब किसी भी इनपुट पर सिगनल नहीं होता तब डायोड फारवर्ड बायस में होते हैं तथा इनमें अत्यधिक चालन (conduction) होता है। डायोड के निम्न प्रतिरोध, उच्च लोड प्रतिरोध R_L तथा निम्न सोर्स प्रतिबाधा के कारण यह परिपथ एक कलेम्पर (clamper) की भाँति कार्य करता है तथा आउटपुट लगभग ग्राउन्ड स्तर (0) पर क्लेम्प हो जाती है।

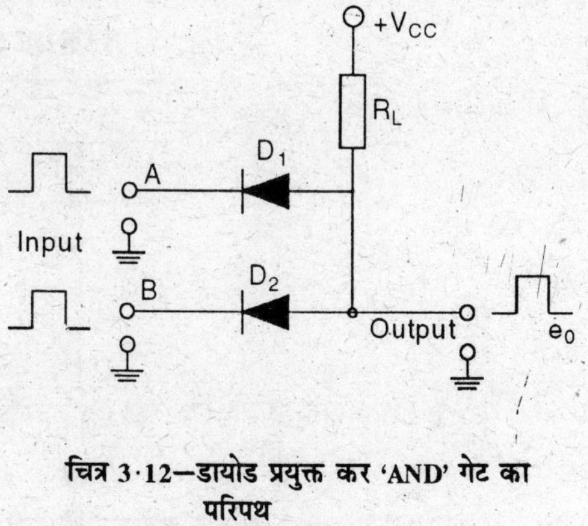

चित्र 3·12—डायोड प्रयुक्त कर 'AND' गेट का परिपथ

जब कोई धनात्मक दिशा में बढ़ती हुई पल्स (positive going pulse) किसी भी इनपुट (माना A) पर दी जाती है तब इसका आयाम (amplitude) पावर सप्लाई $+V_{CC}$ से अधिक होने पर डायोड D_1 को रिवर्स में बायस (reverse bias) पर देती है अतः यह डायोड कन्डक्ट (conduct) नहीं करेगा। परन्तु D_2 डायोड (जिस पर इनपुट सिगनल नहीं है) में अभी भी अत्यधिक चालन (heavy conduction) हो रहा है अतः यह आउटपुट को ग्राउन्ड स्तर (0) पर ही रखती है। यदि इनपुट A तथा B दोनों पर दी जाती है तब दोनों डायोड non-conduction में आ जाते हैं क्योंकि प्रत्येक डायोड के टर्मिनलों के मध्य वोल्टेज शून्य होता है। चूँकि डायोड OFF स्टेट में है अतः R_L में कोई धारा प्रभावित नहीं होती तथा आउटपुट V_{CC} के तुल्य (+5V) हो जाती है। अतः इस परिपथ से High आउटपुट तभी सम्भव है जब दोनों इनपुट A एवं B पर एक साथ ही इनपुट पल्स दी जाये।

AND ऑपरेशन के नियम (AND Laws)

बूलियन के AND प्रचालन से सम्बन्धित तीन नियम निम्न प्रकार लिखे जा सकते हैं—

$$A \text{ AND } 0 = A \cdot 0 = 0$$

$$A \cdot 1 = A$$

$$A \cdot A = A$$

3-इनपुट AND गेट (3-Input AND Gate)

चित्र 3.13 में एक 3-इनपुट AND गेट प्रदर्शित किया गया है। *A, B* तथा *C* इनपुट है। जब सभी इनपुट low होती है तब सभी डायोड कन्डक्ट करते हैं, अतः *Y* भी low होता है। यदि केवल एक इनपुट low है तब भी *Y* low स्टेट में है क्योंकि low इनपुट से संयोजित डायोड कन्डक्ट करता है। High आउटपुट प्राप्त करने के लिए सभी इनपुट का high स्टेट (+5V) में होना आवश्यक है; तब किसी भी डायोड में कन्डक्शन नहीं होता तथा आउटपुट सप्लाई वोल्टेज V_{CC} (+5*V*) के तुल्य अर्थात् high state में होती है। तालिका 3.9 में इनपुट की सभी सम्भावनाओं पर आउटपुट दी गई है। तालिका 3.10 इसी सत्य तालिका को बाइनरी में प्रदर्शित करती है।

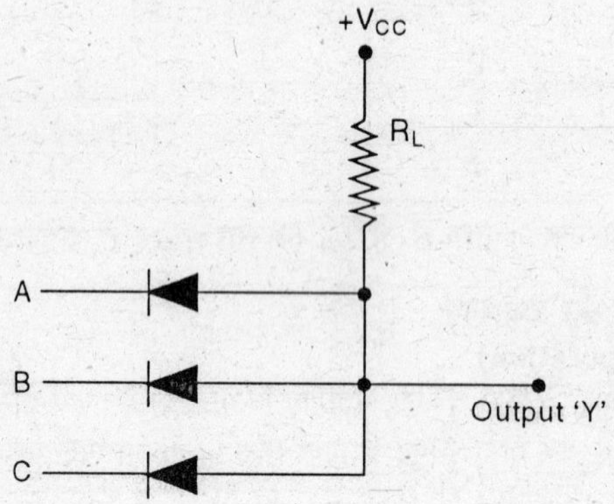

चित्र 3·13—3-इनपुट 'AND' गेट

TABLE 3.9—3-इनपुट AND गेट में इनपुट-आउटपुट सम्बन्ध

Inputs			Output
A	*B*	*C*	*Y*
L	L	L	L
L	L	H	L
L	H	L	L
L	H	H	L
H	L	L	L
H	L	H	L
H	H	L	L
H	H	H	H

L-Low, H-High

TABLE 3.10—3-इनपुट AND गेट की बाइनरी में सत्य तालिका

(Truth Table for 3-Input AND Gate)

Inputs			Output
A	*B*	*C*	*Y*
0	0	0	0
0	0	1	0
0	1	0	0
0	1	1	0
1	0	0	0
1	0	1	0
1	1	0	0
1	1	1	1

चित्र 3.14 में 2, 3, 4 तथा 12 इनपुट AND गेट्स के प्रतीक प्रदर्शित किये गये हैं। प्रत्येक गेट की आउटपुट केवल उस अवस्था में High होगी जब सभी इनपुट High होते हैं।

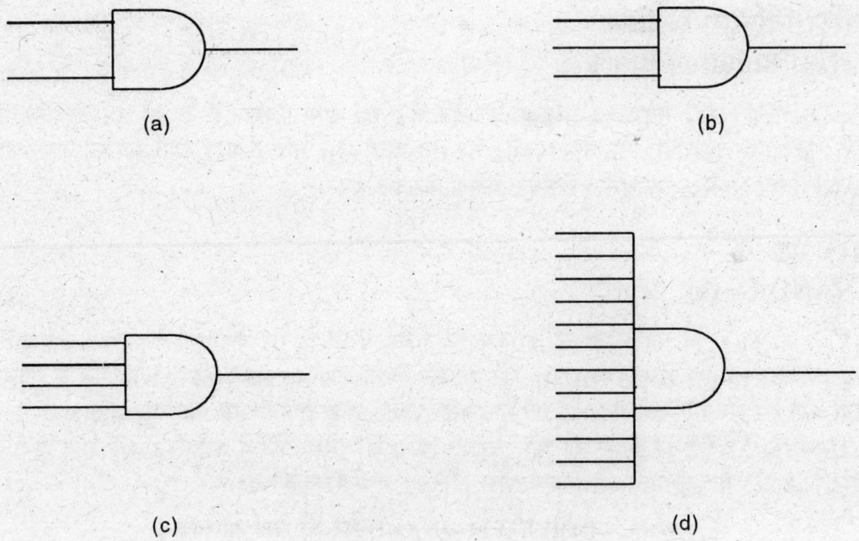

चित्र 3·14—AND गेट्स के प्रतीक
(a) 2-इनपुट (b) 3-इनपुट (c) 4-इनपुट तथा (d) 12-इनपुट

TTL 'AND' गेट्स

TTL की 74 श्रेणी में IC 7408 एक क्वाड 2-इनपुट गेट चिप है। चित्र 3.15 में इसका पिन-आउट डायग्राम प्रदर्शित किया गया है। इसमें चार 2-इनपुट AND गेट्स हैं। पिन 14 पर +15V एप्लाई कर तथा पिन 7 को ग्राउन्ड कर एक अथवा अधिक AND गेटस अन्य TTL युक्तियों के साथ संयोजित किये जा सकते हैं। TTL परिवार में ट्रिपल 3-इनपुट तथा डूअल 4-इनपुट पैकेज भी उपलब्ध हैं।

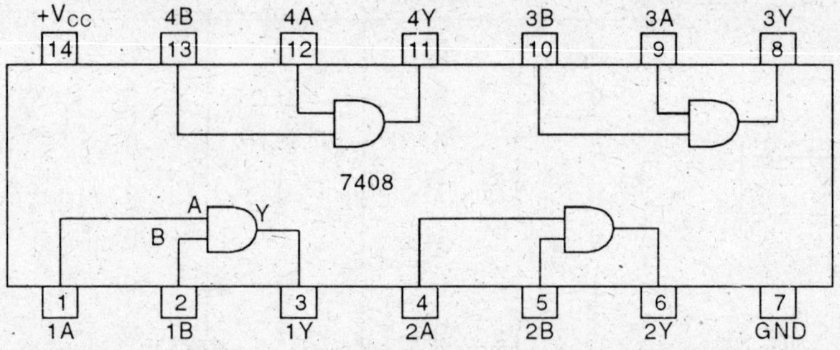

चित्र 3.15—IC 7408 क्वाड 2-इनपुट AND गेट्स का पिन आउट डायग्राम

3·7. यूनिवर्सल बिल्डिंग ब्लॉक्स (Universal Building Blocks)

हम AND, OR तथा NOT गेट्स का अध्ययन कर चुके हैं। कुछ अन्य फंक्शन हैं जो इन सभी लॉजिक क्रियाओं को सम्पन्न कर सकते हैं। उदाहरणतः NAND गेट तथा NOR गेट। ये गेट्स OR तथा AND दोनों फंक्शन कर सकते हैं। अतः ये दोनों गेटस (NAND तथा NOR) यूनिवर्सल बिल्डिंग ब्लॉक कहलाते हैं।

3·8. NAND गेट (The NAND Gate)

एक AND गेट को NOT के साथ कास्केड करने पर प्राप्त गेट NAND गेट कहलाता है। इस प्रकार यह एक NOT-AND ऑपरेशन है। चित्र 3.16 (a) में एक NAND गेट प्रदर्शित किया गया है। इसमें एक AND गेट के पश्चात् एक NOT गेट प्रयुक्त किया गया है। इस परिपथ में पहले A एवं B इनपुट ANDed होती है जिससे आउटपुट AB प्राप्त होती है। उसके पश्चात् आउटपुट AB को NOT गेट की इनपुट की भाँति प्रयुक्त किया है जिससे अन्तिम आउटपुट $\overline{AB}$ प्राप्त होती है।

एक 2-इनपुट NAND गेट की सत्य तालिका, TABLE 3.11 में प्रदर्शित की गई है।

TABLE 3.11—NAND गेट की सत्य तालिका
(Truth Table for a NAND Gate)

Inputs		Output
A	B	$Y = \overline{AB}$
0	0	1
0	1	1
1	0	1
1	1	0

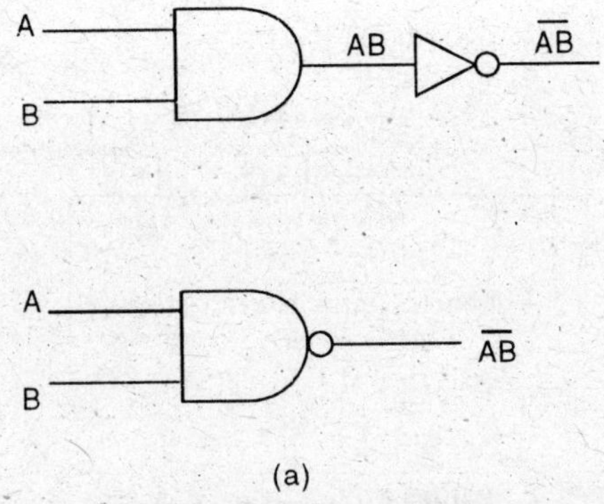

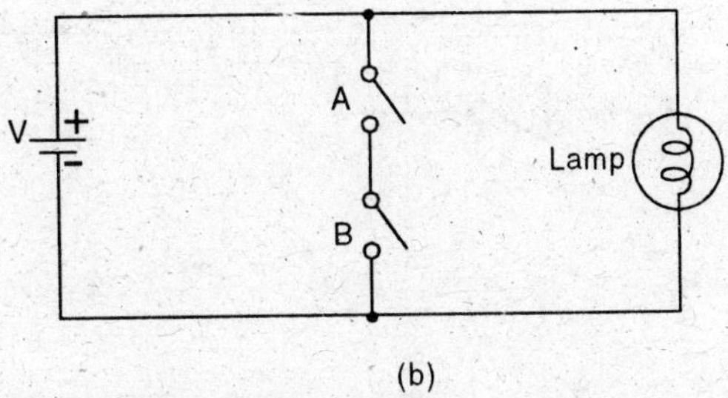

चित्र 3.16 (a)—NAND ऑपरेशन : (NOT-AND ऑपरेशन)

चित्र 3.16 (b)— NAND गेट का विद्युत तुल्य परिपथ

चित्र 3.16 (b) में NAND गेट का विद्युत तुल्य परिपथ प्रदर्शित किया गया है। परिपथ से स्पष्ट है कि यदि दोनों इनपुट स्विच A तथा B क्लोज्ड (लॉजिक स्टेट 1) हैं तब लैम्प प्रकाशित नहीं होगा। लैम्प केवल तब प्रकाशित (स्टेट 1) होगा जब दोनों अथवा कोई एक स्विच A या B स्विच OFF (स्टेट 0) में होंगे।

NAND गेट परिपथ
(Circuit for NAND Gate)

चित्र 3.17 में ट्रॉजिस्टर एवं डायोड को प्रयुक्त कर एक NAND गेट का परिपथ दिखाया गया है। परिपथ में लॉजिक स्टेट 1 को 5V द्वारा तथा स्टेट 0 को ग्राउन्ड स्तर द्वारा प्रदर्शित किया गया है।

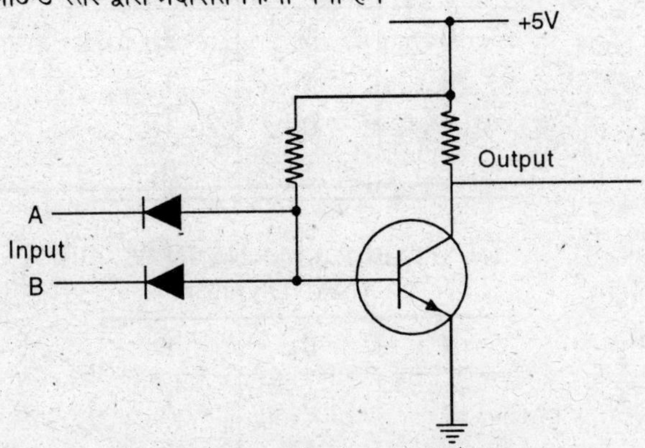

चित्र 3·17--NAND गेट का इलेक्ट्रॉनिक परिपथ

परिपथ की आउटपुट Y केवल तब LOW (0) होंती है जब दोनों इनपुट A और B लॉजिक स्टेट (1) में होती है। अतः जब $A=1$ तथा $B=1$ तब आउटपुट $Y = 0$।

3·9. बबल्ड् OR गेट
(BUBBLED OR GATE)

चित्र 3.18 (a) में एक OR गेट की इनपुट लाइनों पर इनवर्टर्स प्रदर्शित किये गये हैं। यह परिपथ, प्रायः चित्र 3.18 (b) की भाँति भी बनाया जाता है, जिसमें बबल (bubbles) इनवर्जन को प्रदर्शित करते हैं। चित्र 3.18 (b) के परिपथ को 'bubbled OR gate' भी कहते हैं। आइये इस परिपथ का विश्लेषण करें;

Case 1: जब $A=0$ तथा $B=0$ तब इनवर्टर्स, OR गेट पर High इनपुट उत्पन्न करते हैं। अतः $Y=A$।

Case 2: जब $A=0$ तथा $B=1$ तब OR गेट की एक इनपुट High तथा दूसरी low होती है। अतः $Y = 1$।

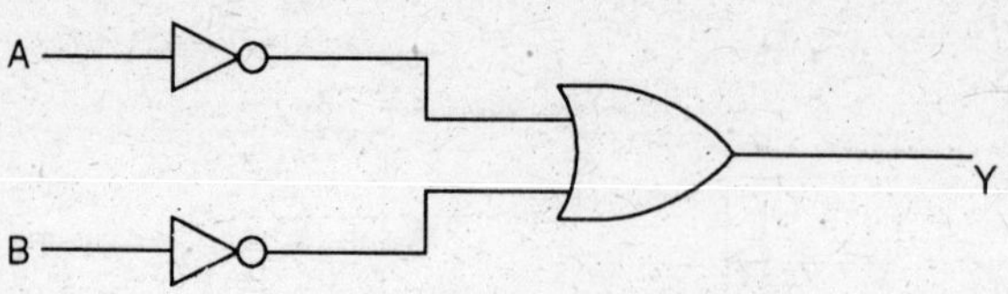

(a)

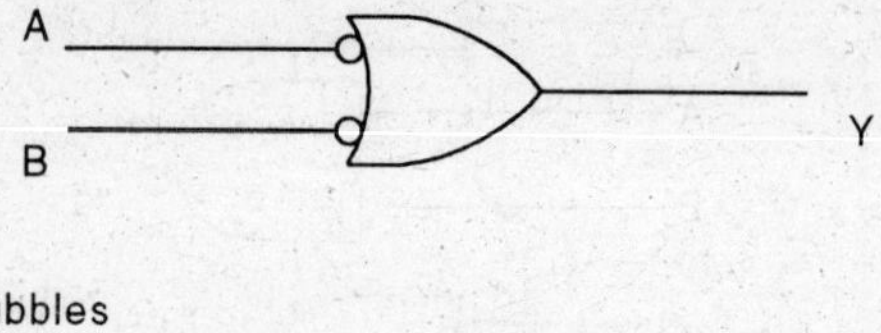

(b)

चित्र 3.18—(a) इनवर्टेड इनपुट के साथ OR गेट, (b) तुल्य प्रतीक (equivalent symbol)

Case 3 : जब $A=1$ तथा $B=0$ तब नीचे वाला इनवर्टर OR गेट के लिए High इनपुट उत्पन्न करता है। अत: $Y=1$।

Case 4 : जब $A=1$ तथा $B=1$ तब इनवर्टर्स OR गेट पर Low इनपुट उत्पन्न करते हैं। अत: $Y = 0$।

तालिका 3.12, चित्र 3.18 की सत्य तालिका है। इसकी तुलना तालिका 3.13 से कीजिये। स्पष्ट है कि दोनों तालिकाएं एक समान (idendical) हैं जिसका अर्थ है कि एक बबल्ड् OR गेट की आउटपुट NAND गेट के समान होती है।

TABLE 3.12—Bubbled OR गेट
(Bubbled OR Gate)

A	*B*	*Y*
0	0	1
0	1	1
1	0	1
1	1	0

TABLE 3.13—NAND गेट
(NAND Gate)

A	*B*	*Y*
0	0	1
0	1	1
1	0	1
1	1	0

इस प्रकार किसी भी NAND गेट को bubbled OR गेट द्वारा एवं bubbled OR गेट को एक NAND द्वारा विस्थापित (replace) किया जा सकता है।

3·10. NAND गेट को प्रयुक्त कर AND, OR तथा NOT प्रचालन (AND, OR, NOT Operation using NAND Gates)

NAND गेट्स को प्रयुक्त कर AND, OR तथा NOT प्रचालन किये जा सकते हैं। चित्र 3.19 (a) में NOT, चित्र 3.19 (b) में AND तथा चित्र 3.19 (c) में OR ऑपरेशन प्रदर्शित किया गया है।

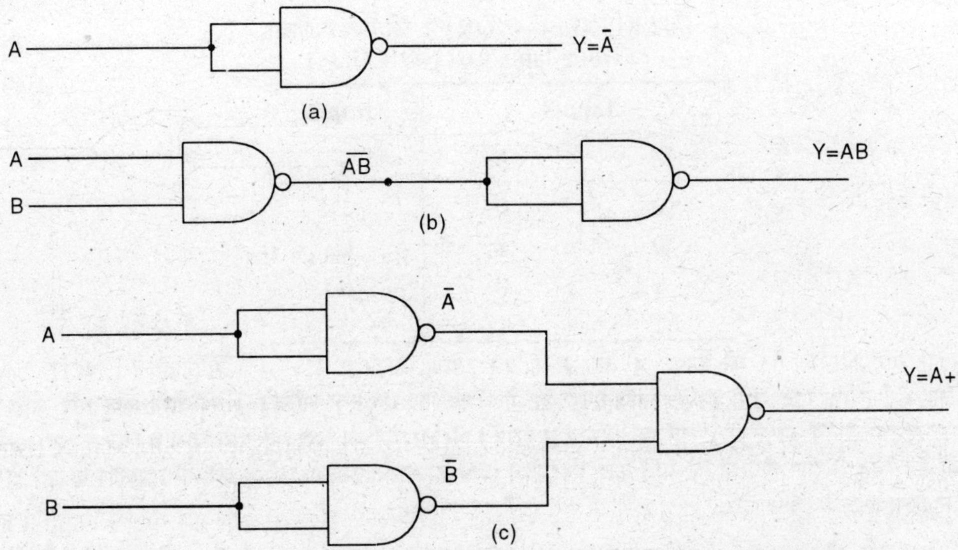

चित्र 3.19—NAND गेटस को प्रयुक्त कर (a) NOT, (b) AND तथा (c) OR लॉजिक ऑपरेशन

3·11. NOR गेट (THE NOR GATE)

यह NOT-OR प्रचालन है। एक NOT गेट को OR गेट के साथ कास्केड (cascade) करने पर परिणामी NOR गेट प्राप्त होता है। यह चित्र 3.20 में प्रदर्शित किया गया है। चित्र में एक OR गेट की आउटपुट NOT गेट की इनपुट में दी गई है।

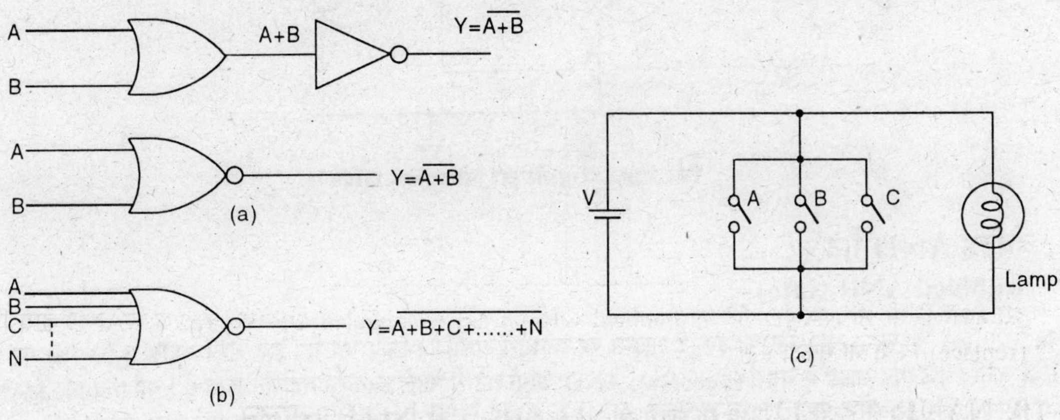

चित्र 3.20—(a) 2-इनपुट NOR गेट, (b) N-इनपुट NOR गेट, (c) NOR-गेट का विद्युत तुल्य परिपथ

NOR गेट की लॉजिक समीकरण $\overline{A+B} = Y$ होती है तथा तालिका 3.14 में इसकी सत्य तालिका प्रदर्शित की गई है।

TABLE 3.14—NOR गेट की सत्य तालिका
(Truth Table fo a NOR Gate)

Inputs		Output
A	B	$Y = \overline{A + B}$
0	0	1
0	1	0
1	0	0
1	1	0

इस प्रकार यदि NOR गेट की इनपुट A तथा B है तब इसकी आउटपुट $Y = \overline{A + B}$ होती है। NOT $A + B$ या $\overline{A + B}$ का अर्थ है कि यदि सभी इनपुट लॉजिक 0 स्टेट में हैं तब आउटपुट Y लॉजिक 1 पर होगी तथा यदि कोई भी इनपुट लॉजिक '1' स्टेट में है तब आउटपुट Y लॉजिक '0'स्टेट में होगी। NOR गेट का विद्युत तुल्यांक परिपथ चित्र 3.20 (c) में प्रदर्शित किया गया है। चित्र से ज्ञात होता है कि यदि कोई भी स्विच ON है अर्थात् स्टेट '1' में है तब लैम्प प्रकाशित नहीं होगा अर्थात् स्टेट '0' में होगा।

NOR परिपथ (NOR Circuit)

चित्र 3.21 में ट्रॉजिस्टर प्रयुक्त कर एक NOR गेट का परिपथ प्रदर्शित किया गया है। दोनों ट्राँजिस्टर इनवर्टर मोड में प्रचालित होते हैं।यदि इनपुट A OR B पर लॉजिक '1' है तब OR गेट की आउटपुट स्वतः लॉजिक '1' होगी जोकि आउटपुट Y पर इनवर्ट होकर लॉजिक शून्य (0) प्राप्त होगी।

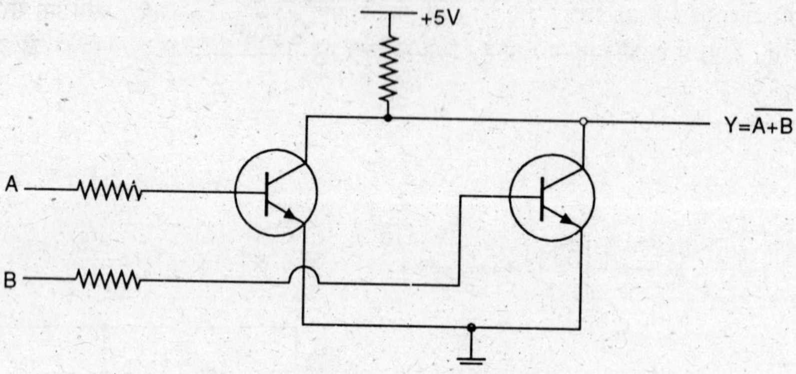

चित्र 3.21—NOR गेट का इलेक्ट्रॉनिक परिपथ

3·12. बबल्ड् AND गेट (Bubbled AND Gate)

चित्र 3.22 (a) में एक AND गेट की इनपुट लाइन्स पर इनवर्टर्स संयोजित किये गये हैं। यह परिपथ प्रायः 3.22 (b) की भाँति खींचा जाता है। इनपुट साइड में बबल (bubbles), AND ऑपरेशन से पहले इनवर्जन प्रदर्शित करते हैं। यह bubbled 'AND' गेट कहलाता है। इसकी इनपुट की सभी सम्भावनाओं (possiblities) का विश्लेषण निम्न प्रकार किया जा सकता है:

Case 1: जब $A=0$ तथा $B=0$ तब इनवर्टर्स AND गेट पर High इनपुट उत्पन्न करते हैं। अतः आउटपुट $Y=1$,
Case 2: जब $A=0$ तथा $B=1$ तब नीचे वाला इनवर्टर AND गेट पर Low इनपुट उत्पन्न करता है। अतः $Y=0$,
Case 3: जब $A=1$ तथा $B=0$ तब ऊपर वाला इनवर्टर AND गेट पर Low इनपुट उत्पन्न करता है। अतः $Y=0$,
Case 4: जब $A=1$ तथा $B=1$ तब दोनों इनवर्टर्स AND गेट पर Low इनपुट उत्पन्न करते हैं। अतः $Y=0$।

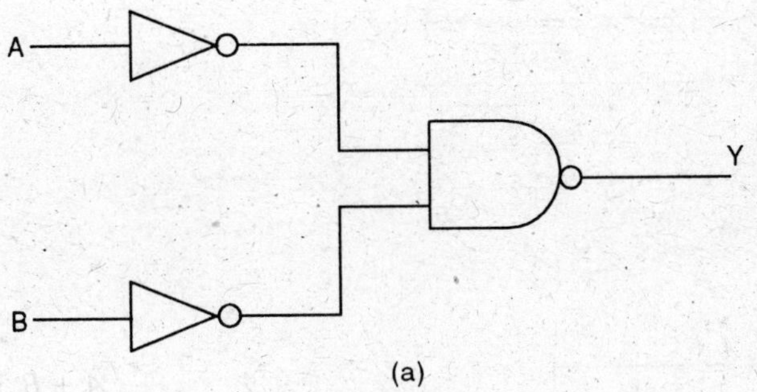

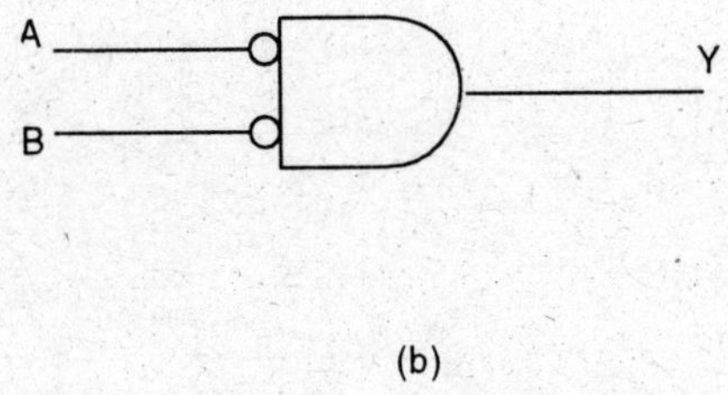

चित्र 3·22—(a) इनवर्टेड इनपुट के साथ AND गेट, (b) बबल्ड् (bubbled) AND गेट

तालिका 3.14A, चित्र 3.22 की सत्य तालिका है। इसकी तुलना तालिका 3.15B (NOR गेट) से कीजिए। स्पष्ट है कि दोनों तालिकाएं एक समान (identical) हैं जिसका अर्थ है कि एक बबल्ड् AND गेट की आउटपुट एक NOR गेट के समान होती है। इस प्रकार किसी भी NOR गेट को एक bubbled AND गेट द्वारा तथा bubbled AND गेट को NOR गेट से विस्थापित (replace) किया जा सकता है।

TABLE 3.15A—बबल्ड् AND गेट के लिए सत्य तालिका
(Truth Table for Bubbled AND Gate)

Inputs		Output
A	*B*	*Y*
0	0	1
0	1	0
1	0	0
1	1	0

TABLE 3.15B—NOR गेट की की सत्य तालिका
(Truth Table for NOR Gate)

Inputs		Output
A	*B*	*Y*
0	0	1
0	1	0
1	0	0
1	1	0

3·13. NOR गेट्स प्रयोग कर AND, OR तथा NOT प्रचालन
(Realising AND, OR, NOT Operations using NOR Gates)

चित्र 3.23 में NOR गेट्स को प्रयुक्त कर बेसिक लॉजिक ऑपरेशन AND, OR तथा NOT प्राप्त किये गये हैं।

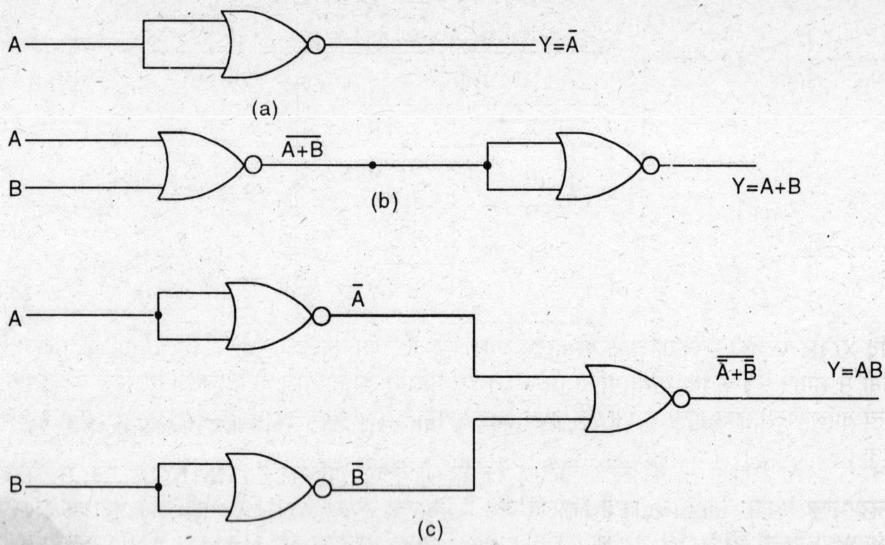

चित्र 3.23—NOR गेटस के विभिन्न संयोजन से (a) NOT, (b) OR, (c) AND प्रचालन प्राप्त करना

चित्र 3.23 (a) में एक 2-इनपुट NOR गेट की दोनों इनपुट परस्पर जुड़ी हुई (tied together) हैं। अतः इसकी आउटपुट $\overline{A}$ है। इस प्रकार यह एक NOT गेट की भाँति कार्य करता है।

चित्र 3.21 (b) में दो NOR गेट कास्केड में (cascaded) हैं। यह एक OR परिपथ के तुल्य है। प्रथम NOR गेट की आउटपुट $\overline{A+B}$ है। यह दूसरे NOR गेट की दोनों इनपुट के साथ संयोजित है। इस गेट की आउटपुट, इनपुट का इनवर्स $(A + B)$ है। इस प्रकार यह परिपथ एक OR गेट की भाँति कार्य करता है।

चित्र 3.23 (c) में तीन NOR गेट मिलकर एक AND गेट के समान आउटपुट देते हैं।

3·14. एक्सक्ल्युसिव-OR (XOR) ऑपरेशन (Xor Operation)

XOR गेट का डिजिटल परिपथों में व्यापक रूप में प्रयोग किया जाता है। यद्यपि यह बेसिक ऑपरेशन नहीं है परन्तु बेसिक गेट्स AND, OR तथा NOT को प्रयुक्त कर अथवा यूनिवर्सल गेट्स NAND या NOR को प्रयुक्त कर निर्मित किया जा सकता है। XOR गेट का प्रतीक चित्र 3.24 में प्रदर्शित किया गया है तथा सत्यकथन (statements) तालिका 3.16 में दिये गये हैं।

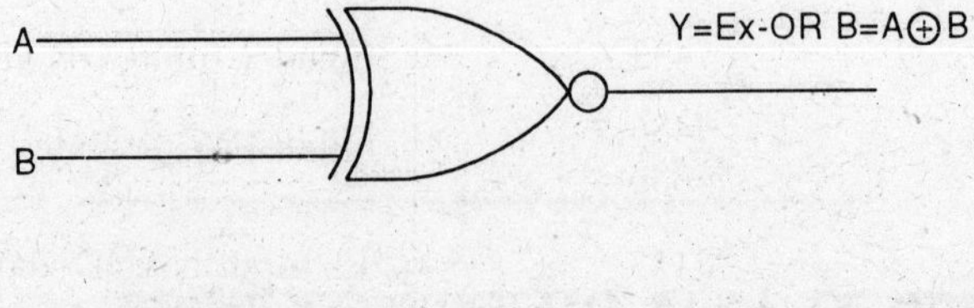

चित्र 3.24—एक्सक्ल्युसिव-OR (XOR) गेट

TABLE 3.16—2-इनपुट XOR गेट की सत्य तालिका
(Truth Table for 2-Input XOR Gate)

Inputs		Output
A	*B*	*Y*
0	0	0
0	1	1
1	0	1
1	1	0

यदि XOR गेट की सत्य तालिका की तुलना OR गेट की सत्य तालिका 3.4 से की जाये तब ज्ञात होता है कि प्रथम तीन पंक्तियाँ दोनों में समान हैं। केवल चौथी पंक्ति भिन्न है। इस परिपथ का उपयोग दो डिजिटल सिगनल की तुलना के लिए किया जाता है। सत्य तालिका से ज्ञात होता है कि जब दोनों इनपुट समान (0 अथवा 1) है तब आउटपुट 0 होती है तथा जब इनपुट समान नहीं होती (एक इनपुट 0 तथा दूसरी 1) तब आउटपुट '1' होती है।

कुछ मुख्य ICs गेट्स के कुछ उदाहरण
(Some ICs & Their Description)

तालिका 3.17 में के रूप में ICs उपलब्ध कुछ गेट्स दिये गये हैं। इनके पिनों का विवरण, विद्युत अभिलक्षण इत्यादि निर्माता के केटेलाग से ज्ञात किये जा सकते हैं।

TABLE 3.17—कुछ मुख्य उपलब्ध TTL, IC गेट्स

IC No.	Description
7400	Quad 2-Input NAND Gates
7402	Quad 2-Input NOR Gates
7404	Hex Inverters
7408	Quad 2-Input AND Gates
7410	Triple 3-Input NAND Gates
7411	Triple 3-Input AND Gates
7420	Dual 4-Input NAND Gates
7421	Dual 4-Input AND Gates
7427	Triple 3-Input NOR Gates
7430	8-Input NAND Gates
7432	Quad 2-Input OR Gates
7486 74386	Quad EXOR Gates
74133	13-Input NAND Gates
74135	Quad EX-OR/NOR Gates
74260	Dual 5-Input NOR Gates

3·16. पॉजिटिव तथा निगेटिव लॉजिक (Positive And Negative Logic)

डिजिटल सिद्धान्तों की व्याख्या में हमने बाइनरी 0 को निम्न (Low) वोल्टेज तथा बाइनरी '1' को उच्च (High) वोल्टेज के लिये प्रयोग किया है। यह पॉजिटिव लॉजिक (positive logic) कहलाता है। इस लॉजिक का प्रयोग सरल है क्योंकि यह उचित (natural) प्रतीत होता है। एक अन्य लॉजिक निगेटिव लॉजिक (negative logic) है जिसमें '0' उच्च वोल्टेज (High) के लिये तथा '1' निम्न वोल्टेज (Low) के लिये प्रयोग किया जाता है। यद्यपि यह लॉजिक अनुचित सा प्रतीत होता है परन्तु निगेटिव लॉजिक के बहुत तकनीकी लाभ हैं।

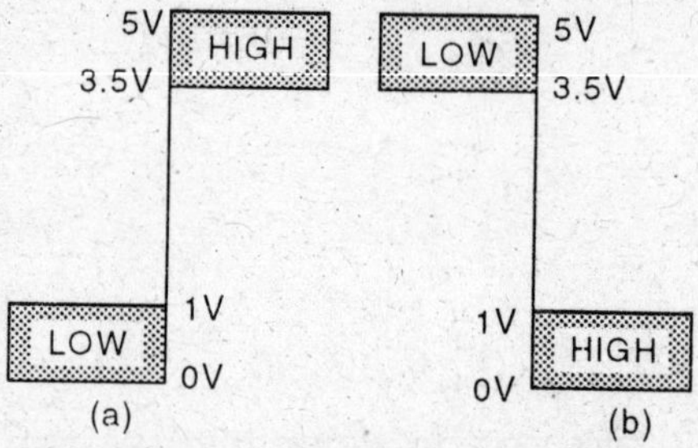

चित्र 3·25—पॉजिटिव एवं निगेटिव लॉजिक में डिजिटल सिगनल

डिजिटल सिगनल के दो निश्चित स्तर (discrete level) होते हैं। यह Low तथा High द्वारा प्रदर्शित किये जाते हैं। चित्र 3.25 में डिजिटल सिगनल पॉजिटिव तथा निगेटिव लॉजिक में प्रदर्शित किया गया है। चित्र 3.25 (a) में सिगनल के निम्न स्तर (0V–1V) को Low तथा उच्च स्तर (3·5V–5V) को High द्वारा अंकित (designate) किया गया है जबकि चित्र 3.25 (b) में उच्च स्तर (3·5V–5V) को Low द्वारा तथा निम्न स्तर (0V–1V) को High द्वारा प्रदर्शित किया गया है। चित्र 3.25 (a) में पॉजिटिव लॉजिक तथा 3.25 (b) में निगेटिव लॉजिक प्रणाली प्रयुक्त कि गई है। चित्र 3.25 में विशेष ध्यान देने योग्य बात यह है कि Low तथा High दोनों स्तरों की विशिष्ट सीमायें हैं जैसे पॉजिटिव लॉजिक में 0V एवं 1V के मध्य की वोल्टेज का सिगनल Low स्टेट में कहलाता है तथा 3.5V से 5V के मध्य किसी भी वोल्टेज का सिगनल High स्टेटमें कहलाता है। इसी प्रकार निगेटिव लॉजिक में 0V से 1V तक High तथा 3·5V से 5V तक Low स्टेट सिगनल होता है।

LOW तथा HIGH स्टेट के संगत (corresponding) वोल्टेज विभिन्न लॉजिक परिवार (logic families) के लिए भिन्न होती है।

3·17. पॉजिटिव तथा निगेटिव गेट्स (Positive And Negative Gates)

इस अध्याय में हमने विभित्र गेट्स का अध्ययन किया है। ये सभी पॉजिटिव लाजिक पर आधारित थे। एक लॉजिक में संयोजित गेट, दूसरे लॉजिक में कुछ अलग प्रकार का व्यवहार करता है। उदाहरणतः पॉजिटिव लॉजिक में एक OR गेट, निगेटिव लॉजिक में एक AND गेट हो जाता है।

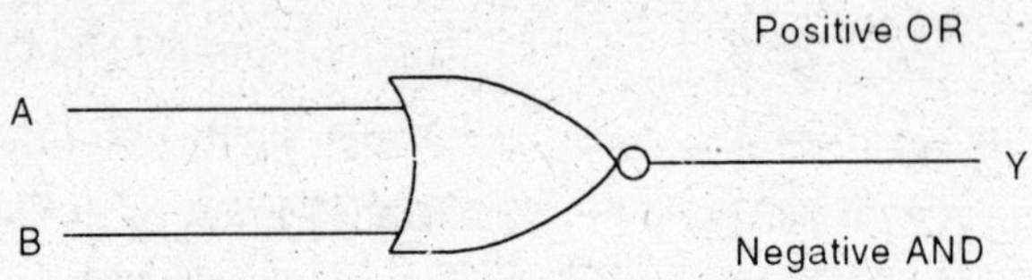

चित्र 3·26—पॉजिटिव लॉजिक में एक OR गेट, निगेटिव लॉजिक में AND गेट के तुल्य है।

चित्र 3.26 में प्रदर्शित गेट पॉजिटिव लॉजिक में OR गेट की भाँति सत्य (true) है। तालिका 3.18 में इस गेट के सत्य कथन (true statements) दिये गये हैं। तालिका के अनुसार यदि दोनों इनपुट A तथा B High हैं तब आउटपुट Y भी High होती है। पॉजिटिव लॉजिक में बाइनरी 0 एवं 1 क्रमशः Low एवं High को प्रदर्शित करते हैं। इस कोड के अनुसार तालिका 3.18 को तालिका 3.19 में रूपान्तरित किया जा सकता है। तालिका 3.18 से स्पष्ट है कि आउटपुट Y, इस स्थिति में 1 है जब दोनों इनपुट A एवं B, में से कोई भी 1 है।

TABLE 3.18

Inputs		Output
A	*B*	*Y*
Low	Low	Low
Low	High	High
High	Low	High
High	High	High

TABLE 3.19

Inputs		Output
A	*B*	*Y*
0	0	0
0	1	1
1	0	1
1	1	1

यह OR गेट की भाँति ही प्रतीत होता है तथा दूसरा कारण यह है कि हम पॉजिटिव लॉजिक का प्रयोग कर रहे हैं। अतः चित्र 3.24 में प्रदर्शित गेट को हम पॉजिटिव OR गेट कह सकते हैं।

निगेटिव लॉजिक प्रणाली में बाइनरी 1, Low स्टेट को तथा बाइनरी 0, High स्टेट को प्रदर्शित करता है। इस कोड के अनुसार हम तालिका 3.18 को तालिका 3.20 में परिवर्तित कर सकते हैं।

TABLE 3.20

Inputs		Output
A	*B*	*Y*
1	1	1
1	0	0
0	1	0
0	0	0

तालिका 3.20 पर ध्यान दीजिये। निगेटिव लॉजिक में आउटपुट *Y* केवल तब 1 है जब दोनों इनपुट *A* एवं *B* 1 हैं। यह AND गेट की भाँति प्रतीत होता है। इसका मुख्य कारण निगेटिव लॉजिक का प्रयोग है। दूसरे शब्दों में गेट्स की परिभाषा इस विधि के अनुसार दी जाती है जिसमें वह 0s तथा 1s को प्रोसेस करते हैं। यदि बाइनरी 1 को Low तथा '0' को High वोल्टेज के लिए प्रयोग किया जाये तब चित्र 3.25 में प्रदर्शित गेट निगेटिव AND गेट होता है।

इसी प्रकार अन्य गेट्स की पॉजिटिव तथा निगेटिव लॉजिक में सत्य तालिका बनाई जा सकती है तथा इनपुट एवं आउटपुट का 0s तथा 1s के पदों में विश्लेषण कर पॉजिटिव एवं निगेटिव लॉजिक में निम्न समानता (equivalency) प्राप्त होती है—

Positive Logic	Negative Logic
OR	AND
AND	OR
NOR	NAND
NAND	NOR

उदारहण 3.1—चित्र 3.27 में प्रदर्शित परिपथ की सत्य तालिका बनाइये।

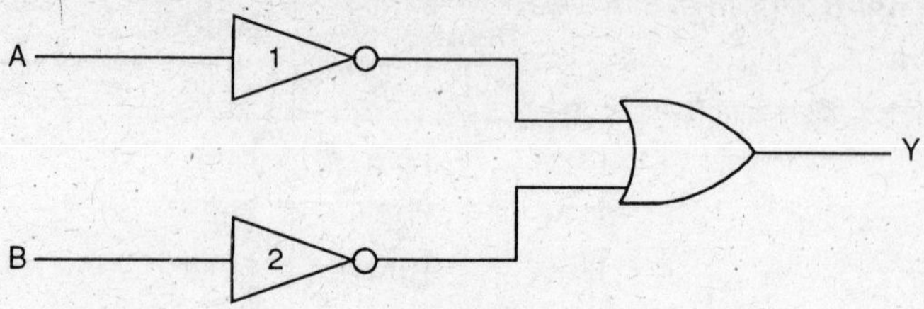

चित्र 3·27

हल : दो इनपुट सिगनलों *A* एवं *B* द्वारा चार इनपुट सम्भावनाऐं हो सकती हैं

(i) *A*-Low *B*-Low (ii) *A*-Low *B*-High (iii) *A*-High *B*-Low (iv) *A*-High *B*-High

(ii) जब दोनों सिगनल Low स्टेट में है तब प्रत्येक इनवर्टर की आउटपुट High होगी। इसका अर्थ है कि OR गेट की आउटपुट High है।

(iii) जब *A* Low तथा *B* High है तब प्रथम इनवर्टर की आउटपुट High तथा दूसरे की Low होगी। चूँकि OR गेट की एक इनपुट High है अत: आउटपुट *Y* भी High है।

(iv) जब *A* High तथा *B* Low है तब प्रथम इनवर्टर की आउटपुट Low तथा दूसरे की High होगी। चूँकि OR गेट की एक इनपुट High है अत: इसकी आउटपुट High है।

(iv) जब *A* तथा *B* दोनों High हैं तब दोनों इनवर्टर्स की आउटपुट Low होगी। अत: OR गेट की आउटपुट भी Low होगी।

तालिका 3.21 में इस परिपथ की सत्य तालिका दी गई है:

TABLE 3.21

Inputs		Output
A	*B*	*Y*
L	L	H
L	H	H
H	L	H
H	H	L

उदाहरण 3.2—चित्र 3.28 में दिये गये परिपथ की सत्य तालिका बतलाइये।

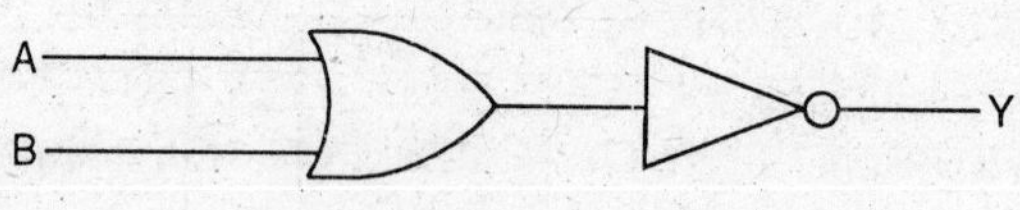

चित्र 3·28

हल : दो इनपुट सिगनलों से चार इनपुट स्थितियाँ प्राप्त हो सकती हैं: low-low, low-high, high-low तथा high-high।

(i) जब *A* तथा *B* दोनों low है। तब OR गेट की आउटपुट भी low होगी जो इनवर्टर द्वारा इनवर्ट होकर high हो जायेगी। अत: *Y*, high है।

(ii) जब *A*, low तथा *B*, high है तब OR गेट की आउटपुट high होगी जो इनवर्टर द्वारा इनवर्ट होकर low हो जायेगी। अत: *Y*, low है।

(iii) जब A, high तथा B, low है तब OR गेट की आउटपुट high होगी। अतः इनवर्टर की आउटपुट low है।

(iv) जब A तथा B दोनों high हैं तब OR गेट की आउटपुट भी high है जो इनवर्टर द्वारा कम्पलीमेन्ट होकर low हो जायेगी।

तालिका 3.22 में परिपथ की सत्य तालिका दी गई है:

TABLE 3.22

A	B	Y
L	L	H
L	H	L
H	L	L
H	H	L

उदाहरण 3.3—निम्न परिपथों की सत्य तालिकाएं बतलाइये।

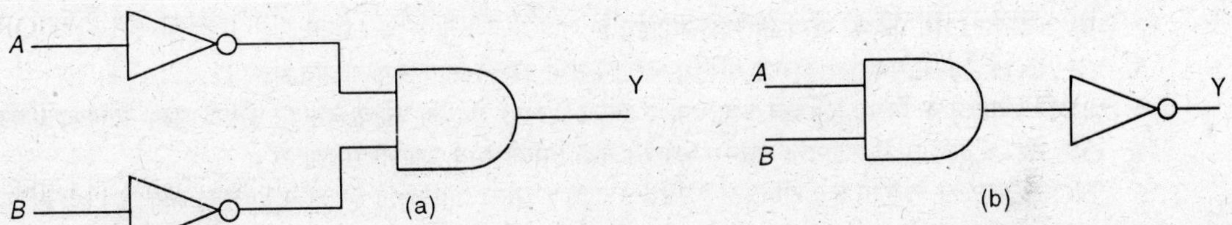

चित्र 3·29

हलः दो इनपुट सिगनलों के साथ चार स्थितियाँ सम्भव हैं

A-Low A-Low A-High A-High

B-Low B-High B-Low B-High

(i) जब A तथा B दोनों Low है तब प्रत्येक इनवर्टर की आउटपुट high होती है। इसका अर्थ है कि AND गेट की आउटपुट high है।

(ii) जब A, low तथा B high है तब ऊपर वाले इनवर्टर की आउटपुट High तथा नीचे वाले इनवर्टर की आउटपुट low होती है। चूँकि AND गेट Low उत्पन्न करता है अतः Y भी Low है।

(iii) जब A, high तथा B, low है तब ऊपर वाले इनवर्टर की आउटपुट low तथा नीचे वाले इनवर्टर की आउटपुट High है। अतः AND गेट Low आउटपुट उत्पन्न करता है। इस प्रकार Y, low है।

(iv) जब A तथा B दोनों High हैं तब दोनों इनवर्टर की आउटपुट Low है। पुनः AND गेट की आउटपुट Low है।

तालिका 3.23 में चित्र 3.28 (a) के कथन (true statements) दिये गये हैं।

TABLE 3.23

A	B	Y
L	L	H
L	H	L
H	L	L
H	H	L

पुनः दो इनपुट के साथ चार इनपुट स्थितियाँ सम्भव हैं। Low-Low, Low-high, High-low, High-High।

(i) जब A तथा B दोनों Low स्टेट में हैं तब AND गेट की आउटपुट भी LOW होगी। अतः इनवर्टर की आउटपुट High होगी।

(ii) जब A, Low तथा B High है तब एक इनपुट Low होने के कारण AND गेट की आउटपुट भी Low होगी। इनवर्टर इस Low वोल्टेज को कम्पलीमेन्ट कर High आउटपुट देता है। अतः Y, High है।

(iii) जब A, High तथा B, Low है तब स्थिति (ii) की भाँति ही होगी अतः Y, High है।
(iv) जब A तथा B दोनों इनपुट High हैं तब AND गेट की आउटपुट भी High होगी। इनवर्टर इस High आउटपुट को कम्पलीमेन्ट कर Low आउटपुट देता है। अतः Y, Low है।

TABLE 3.24

A	B	Y
L	L	H
L	H	H
H	L	H
H	H	L

प्रश्नावली—3

1. पॉजिटिव एवं निगेटिव लॉजिक में अन्तर स्पष्ट कीजिये।
2. एक 3-इनपुट OR गेट की सत्य तालिका बनाइये।
3. एक AND गेट के समतुल्य डायोड परिपथ बनाइये तथा इसकी कार्य प्रणाली समझाइये।
4. AND प्रचालन के नियम लिखिये तथा एक 3-इनपुट AND गेट का प्रतीक बनाकर उसकी सत्य तालिका बनाइये।
5. OR गेट के तुल्यांक एक डायोड परिपथ बनाइये तथा इसकी कार्य प्रणाली समझाइये।
6. 'NOT' प्रचालन के लिए एक ट्रॉजिस्टर परिपथ बनाइये। इसका प्रतीक देते हुए सत्य तालिका बनाइये। NOT गेट में प्रयुक्त bubble क्या प्रदर्शित करता है?
7. यूनिवर्सल बिल्डिंग ब्लॉक से क्या तात्पर्य है। NAND तथा NOR गेट को यूनिवर्सल गेट क्यों कहा जाता है? NAND गेट्स को प्रयोग कर AND, NOT तथा OR प्रचालन प्राप्त करने हेतु परिपथ बनाइये।
8. NAND ऑपरेशन प्राप्त करने के लिये एक इलेक्ट्रॉनिक परिपथ बनाइये।
9. NOR गेट का प्रतीक बनाइये तथा इसकी सत्य तालिका बनाइये।
10. NOR गेट्स को प्रयुक्त कर AND, NOT तथा OR प्रचालन हेतु परिपथ बनाइये।
11. पॉजिटिव OR गेट एवं एक निगेटिव AND गेट समतुल्य हैं। यह कथन सत्य तालिका द्वारा सिद्ध कीजिये।
12. पॉजिटिव लॉजिक में एक NAND गेट परिपथ बनाइये। यदि निगेटिव लॉजिक माना जाये तब यह गेट किस गेट के समतुल्य होगा?
13. EX-OR गेट एवं OR गेट में क्या अन्तर है? EX-OR गेट की सत्य तालिका बनाइये।
14. निम्न परिपथ में आउटपुट तरंग का आकार दीजिये।
15. निम्न परिपथों में स्विच ON (1) अथवा OFF (0) किसी भी स्थिति में हो सकते हैं जिसके प्रभाव से लैम्प ON (1) तथा OFF (0) होता है।

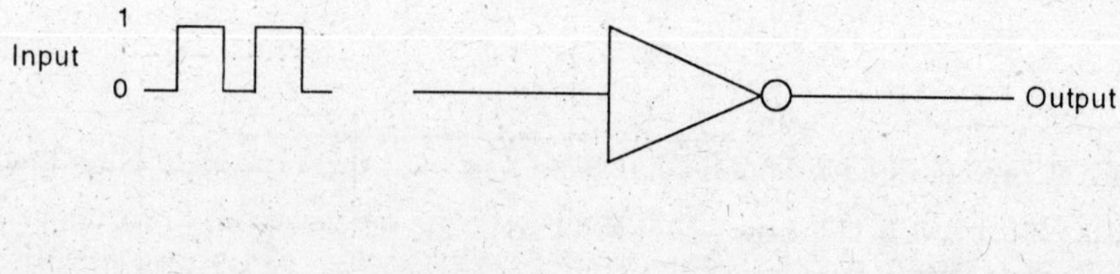

चित्र 3·30.

(a) प्रत्येक परिपथ में स्विचों की वह सभी सम्भव स्थितियाँ बताइये जिसमें बल्व ON (1) अथवा OFF (0) होता है।
(b) उपरोक्त सूचना एक सत्य तालिका के रूप में प्रदर्शित कीजिये।
(c) प्रत्येक प्रचालन का नाम लिखिए।
उत्तर : (c) (i) AND, (ii) OR, (iii) NOT

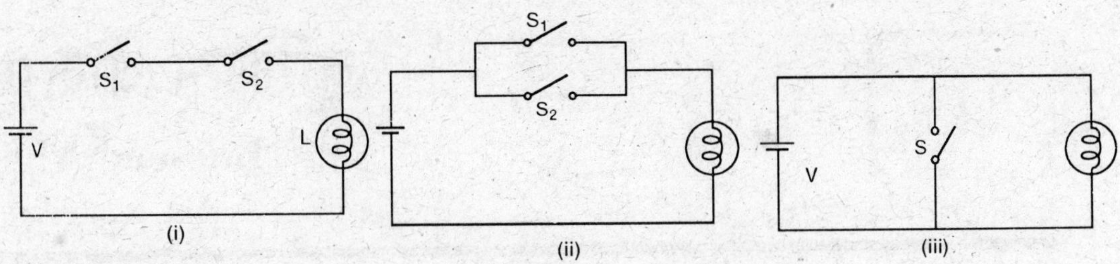

चित्र 3·31

16. निम्न चित्रों में प्रदर्शित गेट्स की सत्य तालिका बनाइये।

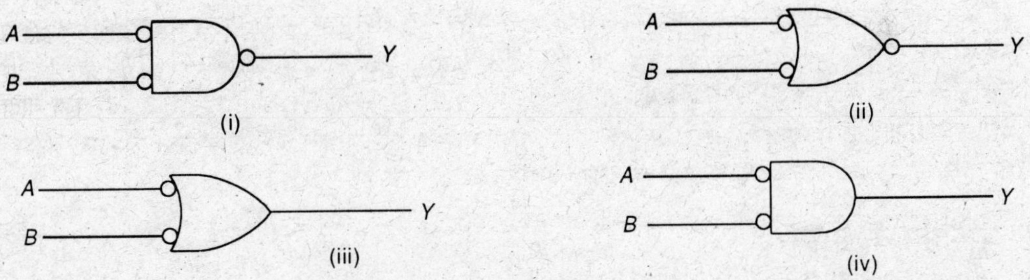

चित्र 3·32

उत्तर :

(i)

A	*B*	*C*
0	0	1
0	1	0
1	0	0
1	1	0

(ii)

A	*B*	*C*
0	0	1
0	1	1
1	0	1
1	1	0

(iii)

A	*B*	*C*
0	0	0
0	1	0
1	0	0
1	1	1

(iv)

A	*B*	*C*
0	0	0
0	1	1
1	0	1
1	1	1

4

बूलियन बीजगणित
(Boolean Algebra)

डिजिटल सिगनल के केवल दो मान हो सकते हैं, 0 (शून्य) अथवा 1। इन दो अंको पर आधारित संख्या प्रणाली बाइनरी संख्या प्रणाली (binary number system) कहलाती है। उन्नीसवीं शताब्दीं के मध्य में एक अंग्रेज गणितज्ञ जॉर्ज बूल (George Boole) ने बाइनरी संख्याओं से सम्बन्धित नियम विकसित किये जिसे बूलियन बीजगणित (Boolean Algebra) कहते हैं। बूलियन बीजगणित सभी डिजिटल प्रणालियों उदाहरणतः कम्प्यूटर, माइक्रोप्रोसेसर, केलकुलेटर्स इत्यादि का आधार है।
बाइनरी चर राशियों (variables) को किसी भी अक्षर जैसे A, B, C, X, Y.........इत्यादि से प्रदर्शित किया जा सकता है। इन राशियों के केवल दो मान सम्भव हो सकते हैं '0' अथवा 1।

बूलियन चर राशियों से सम्बन्धित कोई भी मूल नियम बूलियन प्रमेय कहलाती है। तार्किक परिपथों को सरल बनाने के लिये बहुत-सी बूलियन प्रमेय हैं जिनके द्वारा परिपथों का कार्य निर्धारित किया जाता है।

4·1. बूलियन के नियम (Boolean Law's)

बूलियन बीजगणित के तीन बेसिक नियम निम्न हैं:

(1) क्रय विनिमेय के नियम (Commutative Laws)
(2) साहचर्य के नियम (Associative Laws)
(3) वितरण के नियम (Distributive Laws)
(4) OR प्रचालन के नियम (OR Laws)
(5) AND प्रचालन के नियम (AND Laws)
(6) कम्पलीमेन्टेशन के नियम अथवा NOT के नियम (Laws of Complementation or NOT Laws)

क्रय-विनिमेय के नियम (Commutative Laws)

यह नियम निम्न प्रकार हैं:

$$A + B = B + A \quad \text{(नियम 1)}$$

$$A . B = B . A \quad \text{(नियम 2)}$$

उपरोक्त नियम (1, 2) प्रदर्शित करते हैं कि लॉजिक ऑपरेशन में क्रम (order of logical operation) का महत्व नहीं है। क्रम बदलने से परिणाम परिवर्तित नहीं होता। यह तथ्य चित्र 4.1 तथा 4.2 से सत्यापित किया जा सकता है।

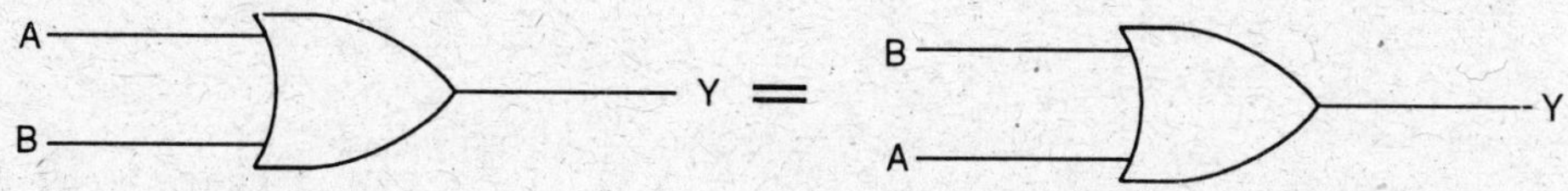

चित्र 4·1—नियम $A + B = A + B$ का सत्यापन

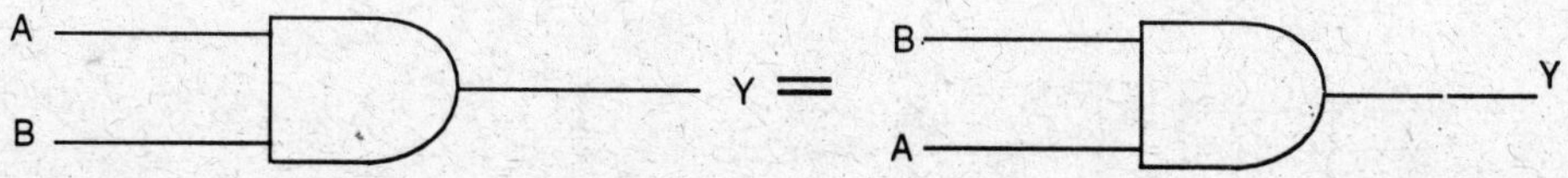

चित्र 4·2—नियम $AB = BA$ का सत्यापन

कम्प्यूटेटिव नियम की सत्यता निम्न उदाहरण से भी स्पष्ट है :

A	0011	A	0011
B	0101	B	0101
$A + B$	0111	AB	0001
$B + A$	0111	BA	0001

अतः लॉजिकल चर राशियाँ (variables) किसी भी क्रम में क्यों न हों, परिणाम सदैव समान होता है।

साहचर्य के नियम
(Associative Laws)

यह नियम निम्न प्रकार हैं:

$$A + (B + C) = (A + B) + C \qquad \text{(नियम 3)}$$

$$A \,.\, (BC) = (AB) \,.\, C \qquad \text{(नियम 4)}$$

साहचर्य के नियम (3 एवं 4) प्रदर्शित करते हैं कि इनपुट अर्थात् चर राशियों (A, B, C....X, Y....) को किसी भी प्रकार से संयोजित किया जा सकता है तथा उनके विभिन्न संयोजन से अन्तिम उत्तर (आउटपुट) पर कोई प्रभाव नहीं पडता। शर्त यह है, वे परस्पर समान चिन्ह [OR (+) अथवा AND (·)] से सम्बन्धित हों।

नियम 3 को OR गेट प्रयुक्त कर एवं नियम 4 को AND गेट प्रयुक्त कर चित्र 4.3 एवं चित्र 4.4 में सत्यापित किया गया है।

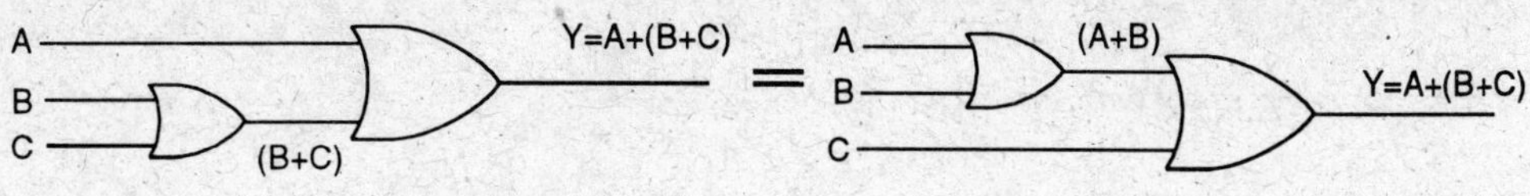

चित्र 4·3—नियम $A + (B + C) = (A + B) + C$ का सत्यापन

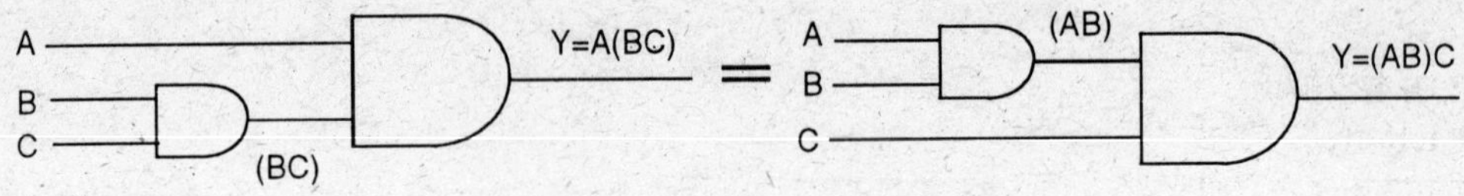

चित्र 4·4—नियम $A(BC) = (AB)C$ का सत्यापन

वितरण के नियम
(Distributive Laws)

वितरण के नियम के अनुसार, सामान्य बीजगणित की भांति लॉजिक व्यंजकों (expressions) को किसी पद (term) से गुणा कर बढ़ाया (expand) किया जा सकता है। उदाहरणतः

$$A . (B + C) = (A . B) + (A . C) \quad \text{(नियम 5)}$$

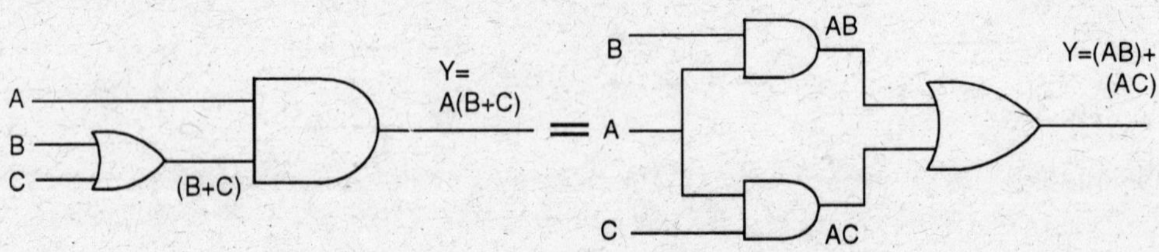

चित्र 4·5—$A(B + C) = (AB) + (AB)$ का लॉजिक तुल्यांक

चित्र 4.5 में नियम 5 का लॉजिक तुल्यांक प्रदर्शित किया गया है। वितरण का नियम प्रयुक्त कर बूलियन व्यंजकों को सरल लॉजिक परिपथों में बदला जा सकता है।

कम्पलीमेन्टेशन के नियम
(Laws of Complementation or NOT Laws)

बूलियन बीजगणित में चर राशि (variable) शून्य (0) हो सकती है अथवा 1। चित्र 4.6 में प्रदर्शित लॉजिक परिपथ इसका एक उदाहरण है क्योंकि इसकी आउटपुट वोल्टेज Low हो सकती है अथवा High। इसके अतिरिक्त इस परिपथ की आउटपुट (Y) सदा इनपुट का कम्पलीमेन्ट होती है, अर्थात्

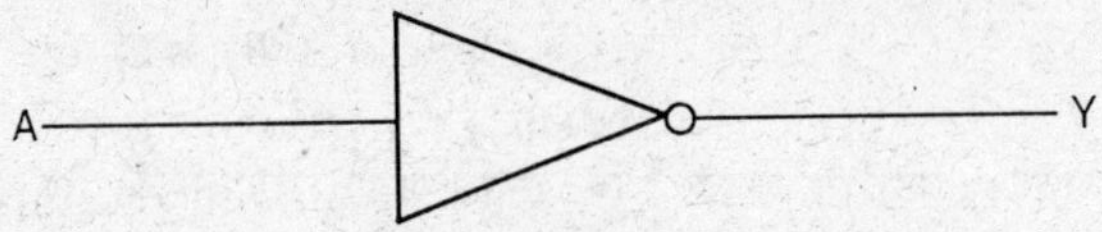

चित्र 4·6—'NOT' गेट

$$Y = \text{NOT } A = \overline{A}$$

यदि $A = 0$, तब $Y = \overline{A} = 1$ एवं

यदि $A = 1$, तब $Y = \overline{A} = 0$

उपरोक्त स्टेटमैन्टस निम्न नियमों द्वारा प्रदर्शित किये जा सकते है—

$$\overline{0} = 1 \quad \text{(नियम 6)}$$

$$\overline{1} = 0 \quad \text{(नियम 7)}$$

यदि $A = 0$ तब $\overline{A} = 1$ (नियम 8)

यदि $A = 1$, तब $\overline{A} = 0$ (नियम 9)

$\overline{\overline{A}}$ डबल इनर्वजन कहलाता है इसके अनुसार

$$\overline{\overline{A}} = A \quad \text{(नियम 10)}$$

'OR' के नियम
(OR Laws)

बूलियन के 'OR' ऑपरेशन के चार नियम निम्न हैं—

$$A + 0 = A \quad \text{(नियम 11)}$$
$$A + 1 = 1 \quad \text{(नियम 12)}$$
$$A + A = A \quad \text{(नियम 13)}$$
$$A + \overline{A} = 1 \quad \text{(नियम 14)}$$

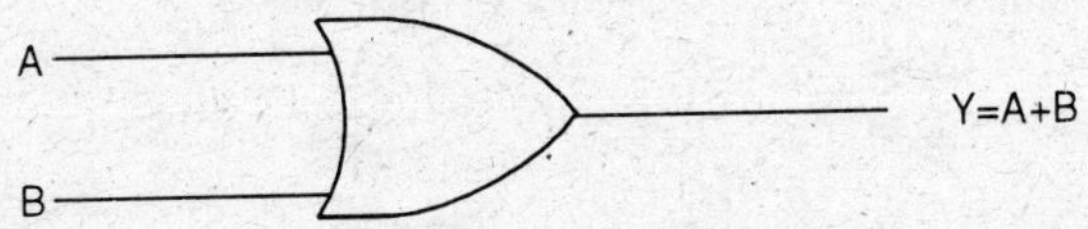

चित्र 4·7—'OR' गेट

नियम 14 निम्न प्रकार सत्यापित किया जा सकता है—

यदि $A = 1$

तब $\overline{A} = 0$ अत: $1 + 0 = 1$

अथवा चित्र 4.7 से,

$$Y = A \text{ OR } B$$
$$= A \text{ OR } \overline{A} \quad (\because B = \overline{A})$$
$$= 1 \text{ OR } 0$$
$$= 1$$

'AND' के नियम
(AND Laws)

बूलियन बीजगणित पर आधारित AND ऑपरेशन के चार नियम हैं। यह निम्न प्रकार हैं—

$$A \,.\, 0 = 0 \quad \text{(नियम 15)}$$
$$A \,.\, 1 = A \quad \text{(नियम 16)}$$
$$A \,.\, A = A \quad \text{(नियम 17)}$$
$$A \,.\, \overline{A} = 0 \quad \text{(नियम 18)}$$

निमय 18 प्रदर्शित करता है कि यदि एक इनपुट (A) लॉजिक 1 है तब दूसरी इनपुट ($\overline{A}$) का मान 0 होगा जिससे आउटपुट 0 होगी, तथा यदि $A = 0$, एवं $\overline{A} = 1$, तब भी आउटपुट 0 होगी। यह नियम 4.8 में प्रदर्शित लॉजिक परिपथ में सत्यापित किया जा सकता है।

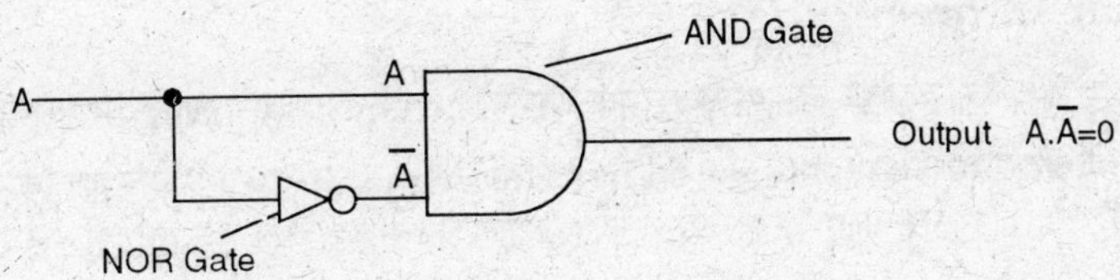

चित्र 4·8—नियम $A \,.\, \overline{A} = 0$ का सत्यापन

इसी प्रकार नियम 16 चित्र 4.9 में प्रदर्शित AND परिपथ द्वारा सत्यापित किया जा सकता है।

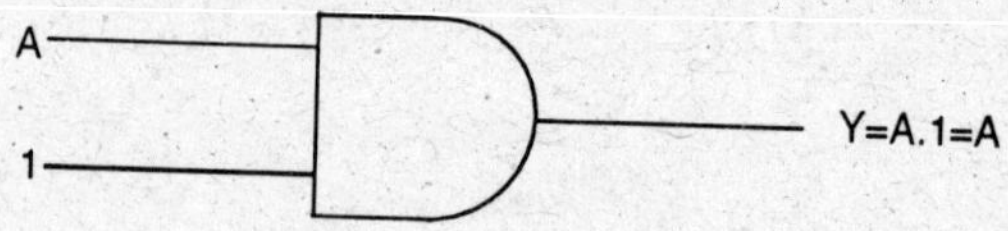

चित्र 4·9— 'AND' गेट

यदि	$A = 1$
तब	$Y = A \,.\, 1$
	$= 1 \,.\, 1$
	$= 1$
तथा यदि	$A = 0,$
तब	$Y = A \,.\, 0 = 0 \,.\, 0$
	$= 0$

बूलियन के कुछ अन्य नियम निम्न प्रकार लिखे जा सकते हैं।

$$A + (B \,.\, C) = (A + B) \,.\, (A + C) \qquad \text{(नियम 19)}$$

$$A + (\overline{A} \,.\, B) = A + B \qquad \text{(नियम 20)}$$

उपरोक्त नियम 19 निम्न प्रकार सिद्ध किया जा सकता है

$$A + (B \cdot C) = A + BC$$

$= A \,.\, 1 + BC$	(नियम 16 के अनुसार)
$= A\,(1 + B) + BC$	(नियम 12, एवं 1 के अनुसार)
$= A + AB + BC$	(नियम 5 के अनुसार)
$= A\,(1 + C) + AB + BC$	(नियम 12 के अनुसार)
$= AA + AC + AB + BC$	(नियम 17 एवं 5 के अनुसार)
$= A\,(A + C) + BA + BC$	(नियम 5 एवं 2 के अनुसार)
$= A\,(A + C) + (A + C)\,B$	(नियम 2 के अनुसार)
$= (A + C)\,(A + B)$	(नियम 5 के अनुसार)
$= (A + B) \,.\, (A + C)$	(नियम 2 के अनुसार)

4·2. डि-मॉर्गन प्रमेय
(De Morgan Theorem)

डि-मॉर्गन प्रमेय द्वारा बूलियन व्यंजकों को उनके तुल्यांक व्यंजकों (equivalent forms) में परिवर्तित किया जाता है:

(i) **डि-मॉर्गन की प्रथम प्रमेय (De Morgan's First Theorem)**—इस प्रमेय के अनुसार किसी योग (sum) का कम्पलीमेंट, योग में प्रयुक्त राशियों के अलग-अलग कम्पलीमेंट के गुणनफल के बराबर होता है, अर्थात्,

$$\overline{A + B} = \overline{A}\,\overline{B}$$

इस समीकरण का बायाँ पद $\overline{A + B}$ एक NOR गेट की आउटपुट है तथा दायाँ पद $\overline{A}\,\overline{B}$ एक bubbled AND गेट की आउटपुट है। अत: यह समीकरण हमें पुन: स्मरण कराती है कि एक NOR गेट एवं bubbled AND गेट परस्पर तुल्य होते हैं।
दो से अधिक माना N इनपुट के लिये यह समीकरण निम्न प्रकार प्रदर्शित की जा सकती है:

$$\overline{A + B + C + \ldots\ldots + N} = \overline{A}\,.\,\overline{B}\,.\,\overline{C}\,\ldots\ldots\,\overline{N} \qquad \text{(नियम 21)}$$

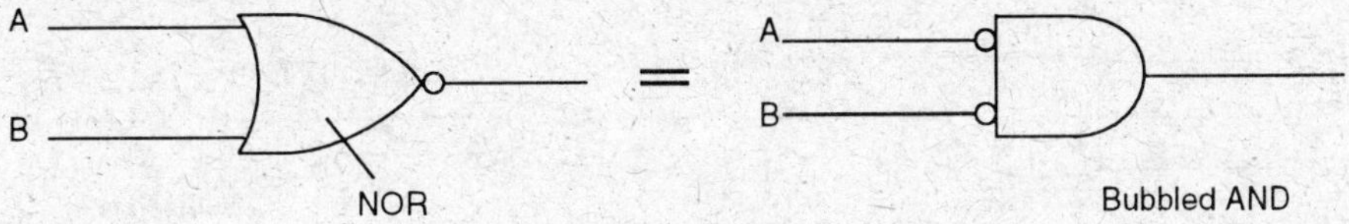

चित्र 4·10—डिमॉर्गन की प्रथम प्रमेय

उदाहरणत: 3–इनपुट परिपथ के लिये डिमॉर्गन की प्रथम प्रमेय को चित्र 4.11 द्वारा प्रदर्शित किया जा सकता है। चित्र 4.11(a) में यह प्रमेय अलग-अलग गेट्स (OR, NOT तथा AND) प्रयुक्त कर प्रदर्शित की गई है। चित्र 4.11(b) में यह समीकरण एक NOR गेट एवं एक bubbled AND गेट की तुल्यता द्वारा प्रदर्शित की गई है। स्पष्ट है कि दोनों चित्र डिमॉर्गन की प्रथम प्रमेय (identity) को प्रदर्शित करते हैं।

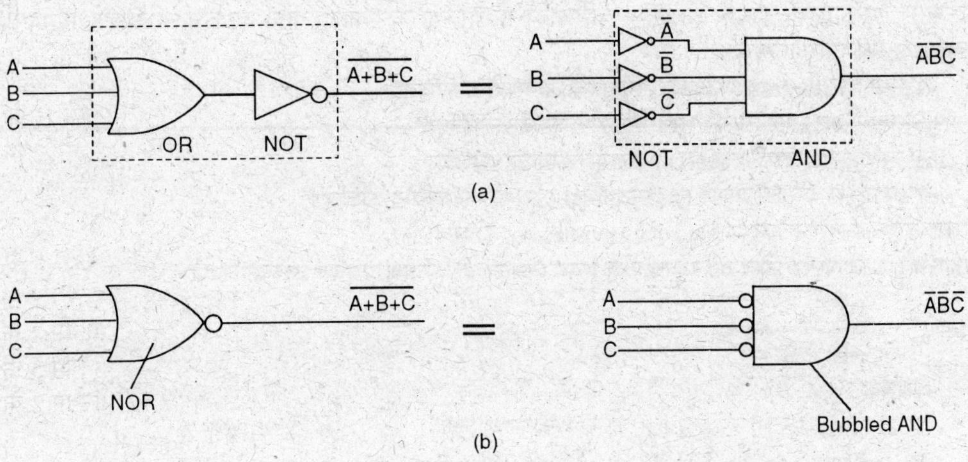

चित्र 4·11—डिमॉर्गन की प्रथम प्रमेय ; 3 इनपुट NOR गेट, एक 3 इनपुट bubbled AND गेट के तुल्य है

(ii) डि-मॉर्गन की द्वितीय प्रमेय (De-Morgan's Second Theorem)—इस नियम के अनुसार किसी गुणनफल का कम्प-लीमेंट, राशियों के अलग-अलग कम्पलीमेंट के योग के बराबर होता है। अर्थात्

$$\overline{AB} = \overline{A} + \overline{B} \text{ अथवा}$$

$$\overline{A \cdot B \cdot C \ldots\ldots\ldots\ldots\ldots\ldots N} = \overline{A} + \overline{B} \ldots\ldots\ldots + \overline{N} \qquad \text{(नियम 22)}$$

उपरोक्त समीकरण की LHS चित्र 4·12(a) में NOT-AND द्वारा तथा RHS, NOT-OR द्वारा प्रदर्शित की गई है। यह

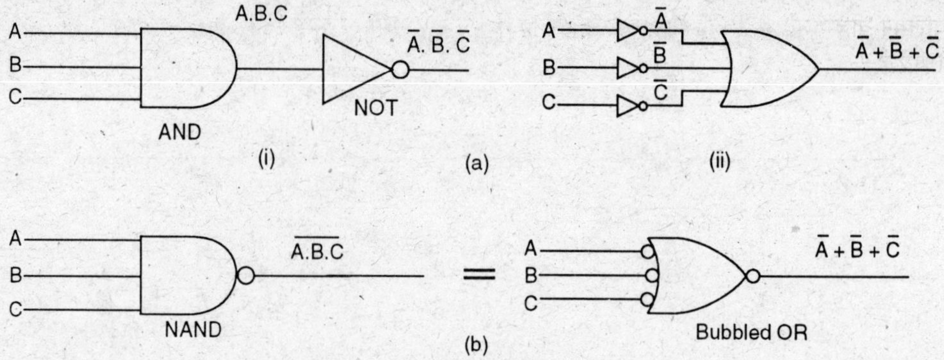

चित्र 4·12—डि-मोर्गन की द्वितीय प्रमेय

(a-i) लॉजिक व्यंजक $\overline{A . B . C}$ का तुल्यांक (NOT gate follows an AND gate. It is a NAND gate)

(a-ii) लॉजिक व्यंजक $\bar{A} + \bar{B} + \bar{C}$ का तुल्यांक (An OR gate follows a NOT gate. It is a NOR gate)

(b) एक NAND गेट Bubbled OR गेट के तुल्य है

समीकरण चित्र 4·12(b) में एक NAND गेट द्वारा तथा एक bubbled OR gate द्वारा प्रदर्शित की गई है।

डि-मॉर्गन प्रमेय प्रयोग करने की विधि
(Using De-Morgan's Theorems)

डि-मॉर्गन प्रमेय प्रयुक्त कर किसी लॉजिक व्यंजक को सरल किया जा सकता है तथा उसके तुल्य लॅजिक परिपथ ज्ञात किया जा सकता है। इसकी विधि निम्न है:

(i) सभी Variables (आउटपुट सहित) को कम्पलीमेंट कीजिये।

(ii) सभी AND गेट्स को OR गेटस में परिवर्तित कीजिए।

(iii) सभी OR गेट्स को AND गेटस में परिवर्तित कीजिए।

(iv) समीकरण के दोनों पक्षों (LHS तथा RHS) को कम्पलीमेंट कीजिए।

उपरोक्त क्रिया डि-मॉर्गेनाइजेशन (de-morganisation) कहलाती है।

उदारहण 4.1—डि-मार्गन प्रमेय की सहायता से निम्न व्यंजकों के तुल्यांक परिपथ ज्ञात कीजिए।

(i) $\overline{A \cdot B}$

(ii) $\overline{A \bar{B} + C}$

हल—(i) व्यंजक $= \overline{A \cdot B}$

Step 1.सभी Variables को कम्पलीमेंट कीजिए $\overline{A \cdot B} = AB$

Step 2.AND गेट्स को OR गेट्स में परिवर्तित कीजिए $A + B$

Step 3.No Change

Step 4.Variables को कम्पलीमेंट कीजिए $\bar{A} + \bar{B}$

इस प्रकार $\overline{A \cdot B} = \bar{A} + \bar{B}$

(ii) व्यंजक $A\bar{B} + C$

Step 1. $A\bar{B} + C$

Step 2. / Step 3. $(A + \bar{B})\,(C)$ [(Note : $A\bar{B} = (A + \bar{B})$, AND to OR तथा $A\bar{B} + C = (A\bar{B}).\ C$, OR to AND)]

Step 4. $(\bar{A} + B)\,(\bar{C})$

अतः $$\overline{A\overline{B} + C} = (\overline{A} + B)\,(\overline{C})$$

बूलियन बीजगणित से सम्बन्धित प्रश्नों को हल करने के लिए सभी बूलियन नियम आवश्यक सन्दर्भ के लिए तालिका 4.1 में दिये गये हैं—

TABLE 4.1— बूलियन नियम
(Boolean Laws and Theorems)

Theorem No.	Theorem
1	$A + B = B + A$
2	$A \cdot B + B \cdot A$
3	$A + (B + C) = (A + B) + C$
4	$A \cdot (B \cdot C) = (A \cdot B) \cdot C$
5	$A \cdot (B + C) = (A \cdot B) + (A \cdot C)$
6	$\overline{0} = 1$
7	$\overline{1} = 0$
8	$\overline{A} = 1$ (यदि $A = 0$)
9	$\overline{A} = 0$ (यदि $A = 1$)
10	$\overline{\overline{A}} = A$
11	$A + 0 = A$
12	$A + 1 = 1$
13	$A + A = A$
14	$A + \overline{A} = 1$
15	$A \cdot 0 = 0$
16	$A \cdot 1 = A$
17	$A \cdot A = A$
18	$A \cdot \overline{A} = 0$
19	$A + (B \cdot C) = (A + B) \cdot (A + C)$
20	$A + (\overline{A} \cdot B) = A + B$
21	$\overline{A + B + C + \ldots + N} = \overline{A} \cdot \overline{B} \cdot \overline{C} \ldots \overline{N}$ — De-Morgan's Theorem
22	$\overline{A \cdot B \cdot C \ldots N} = \overline{A} + \overline{B} + \overline{C} + \ldots \overline{N}$ — De-Morgan's Theorem

4·3. डुअलिटी प्रमेय
(Theorem Of Duality)

इस प्रमेय द्वारा किसी बूलियन सम्बन्ध को दूसरे बूलियन सम्बन्ध में परिवर्तित किया जा सकता है। इसकी विधि निम्न है—

(i) प्रत्येक OR चिन्ह को AND में परिवर्तित कीजिए।
(ii) प्रत्येक AND को OR में परिवर्तित कीजिए।
(iii) व्यंजक के 0s तथा 1s को कम्पलीमेंट कीजिए।

उदाहरणत: नियम 11 के अनुसार $A + 0 = A$

इसका डुएल इस प्रकार होता है $A \,.\, 1 = A$

इस प्रकार $A + 0$ एवं $A \cdot 1$ एक दूसरे के dual हैं। तालिका 6.2 के अनुसार बूलियन सम्बन्ध एवं उन के dual निम्न प्रकार हैं—

TABLE 4.2

Boolean Relation	Dual
$A + B = B + A$	$AB = BA$
$A + (B + C) = (A + B) + C$	$A\,(BC) = (AB)\,C$
$A\,(B + C) = AB + AC$	$A + BC = (A + B)\,(A + C)$
$A + 0 = A$	$A \,.\, 1 = A$
$A + 1 = 1$	$A \,.\, 0 = 0$
$A + A = A$	$A \,.\, A = A$
$A + \overline{A} = 1$	$A \,.\, \overline{A} = 0$
$\overline{\overline{A}} = A$	$\overline{\overline{A}} = A$
$\overline{A + B} = \overline{A}\overline{B}$	$\overline{AB} = \overline{A} + \overline{B}$
$A + AB = A$	$A\,(A + B) = A$
$A + \overline{A}B = A + B$	$A\,(\overline{A} + B) = AB$

4·4. बूलियन व्यंजकों को सरल करना (Simplifying Boolean Expressions)

प्रत्येक बूलियन समीकरण को एक हार्डवेयर (logic circuit) द्वारा प्रदर्शित किया जा सकता है। प्रयुक्त हार्डवेयर को कम करने तथा मूल्य को कम करने के लिए प्रत्येक बुलियन समीकरण को जितना भी सम्भव हो सके सरल रूप में परिवर्तित किया जाता है। समीकरण के रूप में लॉजिक की संख्या न्यूनतम रखी जाती है जिससे हार्डवेयर के कम पदों (elements) की आवश्यकता होती है। बूलियन समीकरण को सरल करने के लिए निम्न बिन्दुओं की सहायता ली जा सकती है—

(i) व्यंजक में प्रयुक्त सभी ब्रेकेट (parentheses) को हटाइये। इसके लिए व्यंजक में आवश्यक राशि से गुणा कीजिए।

(ii) समान पदों की संख्या, नियम 13, $(A + A = A)$ द्वारा कम कीजिए अर्थात् दो समान पदों में से एक को छोड़ दीजिए।

(iii) किसी पद में यदि कोई चर (variables) एवं उसका इनवर्जन एक साथ है तब वह पद छोड़ दीजिए।

उदाहरणत:

$$A\,\overline{A}B = 0.B \quad \text{(नियम 18 से)}$$
$$= 0$$

(iv) ऐसे दो पदों में से जिनमें से एक में केवल एक चर राशि कम है, अधिक चर राशियों वाला पद छोड़ दीजिए।

उदाहरणत:

$$ABCD + ABC = ABC\,(D + 1)$$
$$= ABC \,.\, 1 \quad \text{(नियम 12 से)}$$
$$= ABC \quad \text{(नियम 16 से)}$$

अथवा $ABCD + AB\overline{C}D = ABD\,(C + \overline{C})$ (नियम 5 से)

$= ABD \cdot 1$ (नियम 14 से)

$= ABD$

उदाहरणत 4.2—व्यंजक $\overline{\overline{A}\,\overline{B} + \overline{A} + AB}$ को सरल कीजिये:

हल:

$\overline{AB}$ को डिमॉर्गेनाइज करने पर	$=\overline{\overline{A} + \overline{B} + \overline{A} + AB}$	(नियम 21 से)
Reduce	$=\overline{\overline{\overline{A}} + \overline{\overline{B}} + AB}$	(निमय 13 से)
Reduce	$=\overline{\overline{\overline{A}} + \overline{\overline{B}} + A}$	(नियम 20 से)
Rearrange	$=\overline{A + \overline{A} + \overline{\overline{B}}}$	(नियम 1 से)
Reduce	$=\overline{1 + \overline{\overline{B}}}$	(नियम 14 से)
Convert	$=\overline{1}$	(नियम 12 से)
	$= 0$	(नियम 7 से)

4·5. बूलियन व्यंजकों को लॉजिक परिपथ द्वारा प्रदर्शित करना (Boolean Algebra To Logic)

किसी व्यंजक को लॉजिक डायग्राम में परिवर्तित करने के लिये आउटपुट से प्रारम्भ कर इनुपट की ओर आना सबसे सरल विधि है। उदाहरणत: व्यंजक $\overline{A + \overline{B}C}$ को लॉजिक डायग्राम में निम्न प्रकार परिवर्तित किया जा सकता है:

$$Y = \overline{A + \overline{B}C}$$

(i) व्यंजक से स्पष्ट है कि यह एक NOT फंक्शन है अर्थात् यह $A + \overline{B}C$ का इनवर्स (inverse) होना चाहिये। अत: आउटपुट में एक NOT गेट है जिसकी इनपुट $A + \overline{B}C$ है (चित्र 4.13a)।

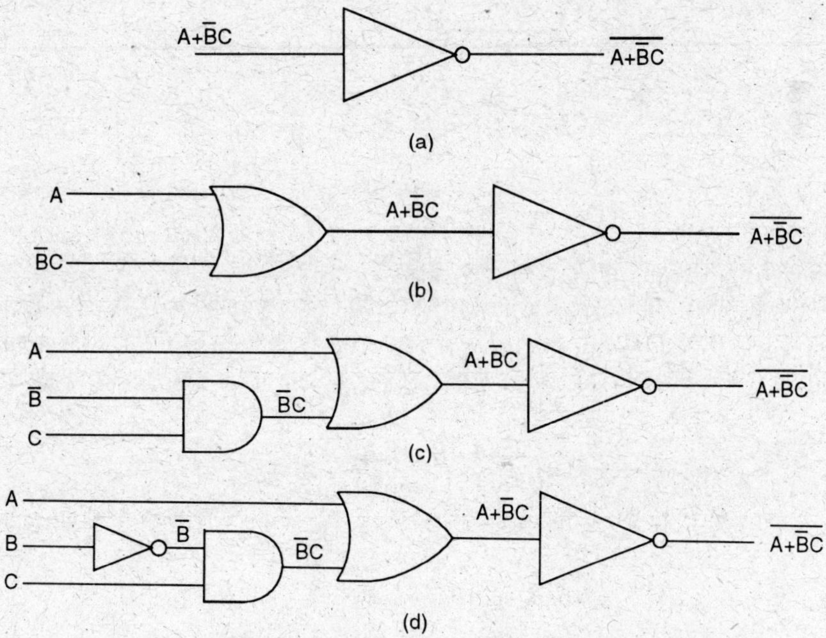

चित्र 4·13—व्यंजक $A + \overline{B}C$ का लॉजिक डायग्राम

(ii) NOT गेट की इनपुट $A + \overline{B}C$ है। स्पष्ट है कि यह एक OR गेट की आउटपुट है जिसकी इनपुट A तथा $\overline{B}C$ हैं। चित्र 4.13(b) में यह गेट प्रदर्शित है।

(iii) अब OR गेट की इनपुट $\overline{B}C$ पर ध्यान दीजिये। यह एक AND गेट है जिसकी इनपुट $\overline{B}$ तथा C है (चित्र 4.13c)।

(iv) AND गेट की एक इनपुट $\overline{B}$ है जो एक NOT गेट को प्रदर्शित करती है जिसकी इनपुट B है चित्र (4.13d)

इस प्रकार चित्र 4.13(d), व्यंजक $Y = A + \overline{B}C$ का सम्पूर्ण लॉजिक डायग्राम है।

उदाहरण 4.3—व्यंजक $Y = \overline{A}B + A\overline{B}$ का लॉजिक डायग्राम बनाइये।

हल :

(i) व्यंजक Y एक OR गेट की आउटपुट है जिसकी इनपुट $\overline{A}B$ तथा $A\overline{B}$ हैं (चित्र 4.14a)।

(ii) 'OR' गेट की एक इनपुट $\overline{A}B$ एक AND गेट को प्रदर्शित करती है जिसकी इनपुट $\overline{A}$ तथा B हैं। इसी प्रकार दूसरी इनपुट $A\overline{B}$ भी एक AND गेट को प्रदर्शित करती है जिसकी इनपुट A तथा $\overline{B}$ हैं (चित्र 4.14b)।

(iii) AND गेट्स की इनपुट $\overline{A}$ तथ $\overline{B}$ NOT गेट्स को प्रदर्शित करती है। अतः इनके स्थान पर NOT गेट प्रयुक्त करने पर सम्पूर्ण लॉजिक डायग्राम चित्र 4.14c की भाँति प्राप्त होता है।

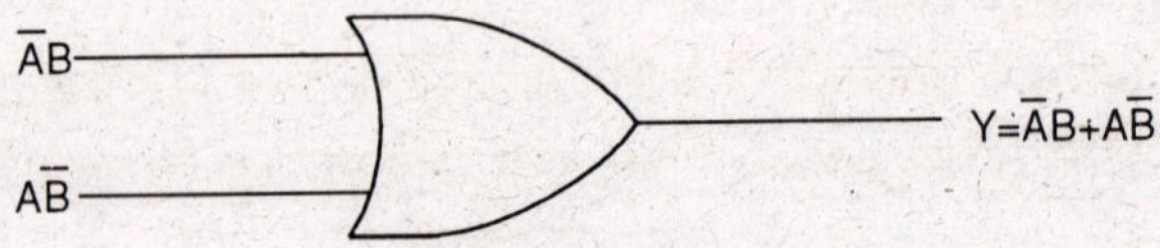

(a)

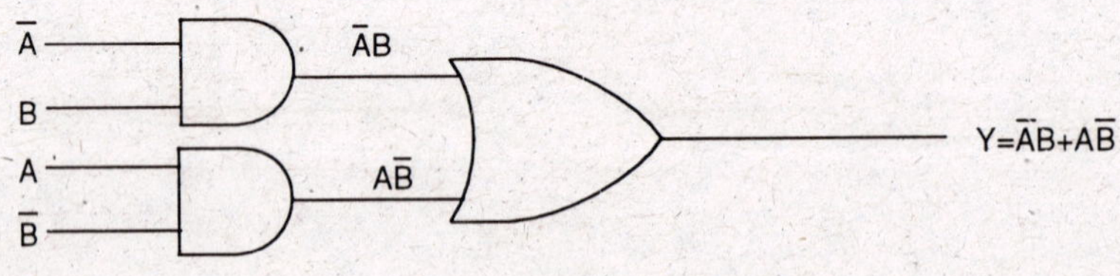

(b)

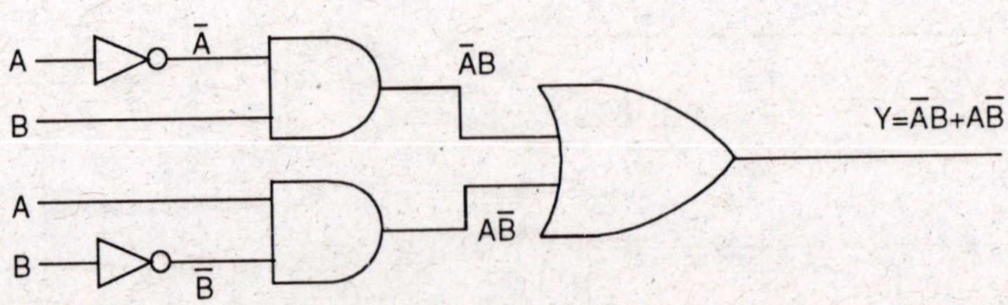

(c)

चित्र 4·14—व्यंजक $Y = \overline{A}B + A\overline{B}$ का लॉजिक डायग्राम

उदाहरण 4.4—व्यंजक $Y = (\overline{A} + B)(A + B)$ के लिए लॉजिक परिपथ बताइये तथा जितना सम्भव हो सके परिपथ को सरल (simplify) कीजिए।

हल : $Y = (\overline{A} + B)(A + B)$

स्पष्ट है कि Y एक AND गेट की आउटपुट है जिसकी इनपुट में दो OR गेट संयोजित हैं। एक OR गेट की इनपुट $\overline{A}$ एवं B तथा दूसरे OR गेट की इनपुट A एवं B है। अतः व्यंजक का लॉजिक परिपथ निम्न प्रकार होगा

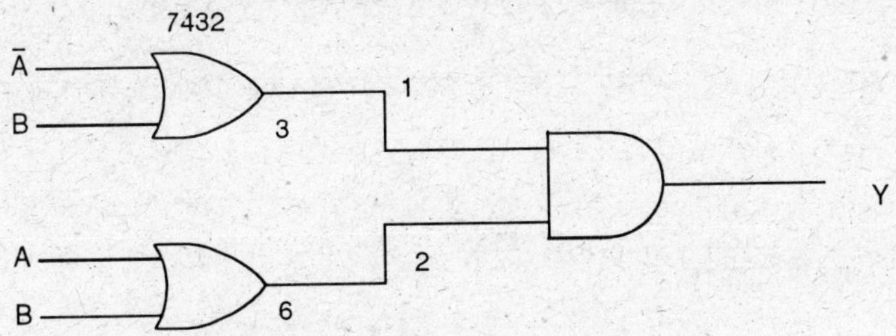

चित्र 4·15— $Y = (\overline{A} + B)(A + B)$ **का लॉजिक परिपथ**

गुणा करने पर

$$Y = A\overline{A} + \overline{A}B + BA + BB$$
$$= \overline{A}B + AB + B$$

$(\because A\overline{A} = 0 \text{ तथा } B.B = B)$

$$= B(\overline{A} + A) + B$$
$$= B + B$$
$$= B$$

चूँकि $Y=B$ है अतः हमें लॉजिक परिपथ की आवश्यकता नहीं है। हमें केवल एक तार द्वारा इनपुट B को Y से जोड़ना है।

उदाहरण 4.5—चित्र 4.16 में दिये गये परिपथ की लॉजिक समीकरण लिखिये।

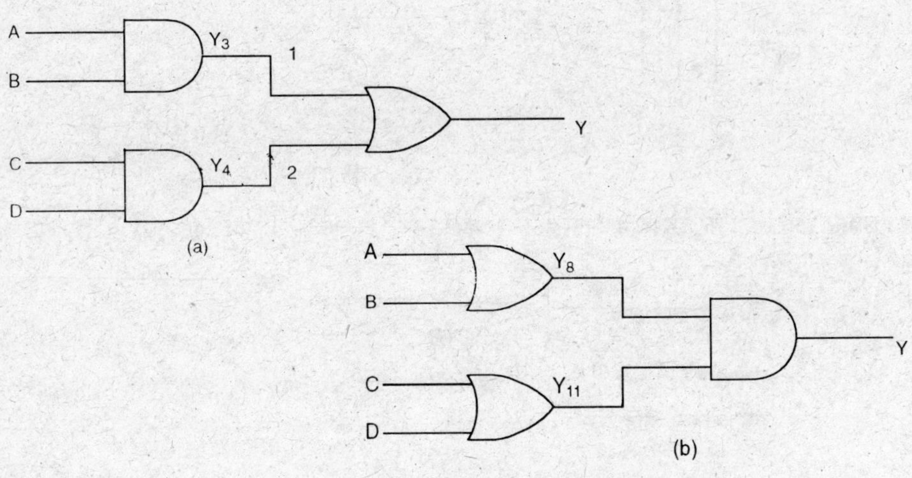

चित्र 4·16

(a) यह एक AND-OR नैटवर्क है क्योंकि इनपुट AND गेट्स एक OR गेट की ड्राइव करते हैं परिपथ में AND गेट से प्राप्त आउटपुट,

$$Y_3 = AB$$
$$Y_4 = CD$$

तथा अंतिम आउटपुट

$$Y = AB + CD$$

इस रूप (form) की समीकरणें sum-of-products (sop) समीकरण कहलाती हैं। AND-OR नैटवर्क सदा SOP समीकरणें उत्पन्न करते हैं।

(b) यह एक OR-AND लॉजिक परिपथ है क्योंकि इनपुट OR गेट्स, AND गेट को ड्राइव करते हैं। OR गेट्स की आउटपुट

$$Y_8 = A + B$$
$$Y_{11} = C + D$$

अतः अन्तिम आउटपुट

$$Y = (A + B)(C + D)$$

इस प्रकार की समीकरणें product of sum (pos) समीकरण कहलाती है। OR-AND नैटवर्क सदा POS समीकरण उत्पन्न करते हैं।

उदाहरण 4.6—चित्र 4.17 में प्रदर्शित परिपथ की आउटपुट के लिए बूलियन समीकरण लिखिये।

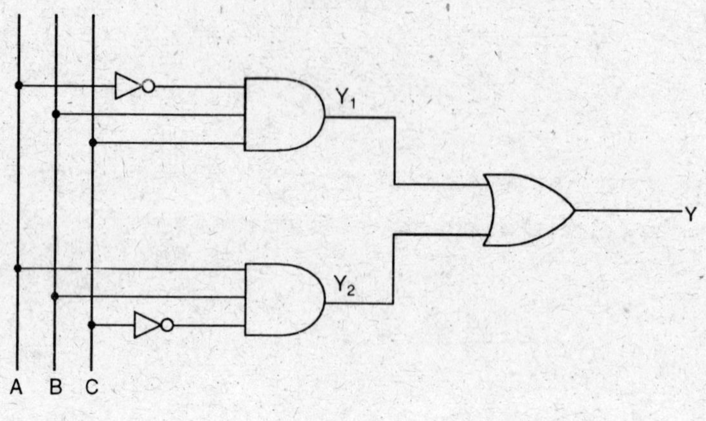

चित्र 4·17

हल : प्रथम AND गेट को इनपुट A प्राप्त होने से पहले इनवर्ट हो जाती है। इनपुट C, दूसरे AND गेट को प्राप्त होने से पहले इनवर्ट हो जाती है।

अतः

$$Y_1 = \overline{A}BC$$

तथा $$Y_2 = AB\overline{C}$$

एवं अन्तिम आउटपुट

$$Y = Y_1 + Y_2$$
$$= \overline{A}BC + AB\overline{C}$$

4·6. लॉजिक फंक्शन को सरल करने की SOP तथा POS विधि
(Standard Representation For Logical Functions In Sop And Pos Form)

लॉजिक व्यंजकों को लॉजिक डायग्राम में प्रदर्शित करने की एक अन्य विधि में व्यंजको को मानक रूप (standard form) में परिवर्तित किया जाता है। यह मानक रूप निम्न हैं :

1. Sum-of-Products form (SOP)
2. Product-of-Sums form (POS)

(i) Sum-of-Products Method (SOP)

इस विधि में व्यंजक को बूलियन नियमों द्वारा चर राशियों (variables) के गुणनफल के योग के रूप में व्यक्त किया जाता है जिसे sum-of-product (SOP) कहते हैं। यह गुणनफल फन्डामेन्टल प्रोडक्ट कहलाते हैं। फन्डामेन्टल प्रोडक्ट आउटपुट '1' के लिये इनपुट की स्थिति व्यक्त करता है। उसके पश्चात् SOP का लॉजिक डायग्राम बनाया जाता है।

चित्र 4.18(a) में दो सिगनलों A एवं B को AND करने की चार सम्भव विधियाँ प्रदर्शित की गई हैं। इन गेट्स की आउटपुट $\overline{A}\,\overline{B}$, $\overline{A}B$, $A\overline{B}$ तथा AB फन्डामेन्टल प्रोडक्ट (fundamental product) कहलाती हैं। तालिका 4.2 में High आउटपुट के लिये फन्डामेन्टल प्रोडक्ट प्रदर्शित किये गये हैं।

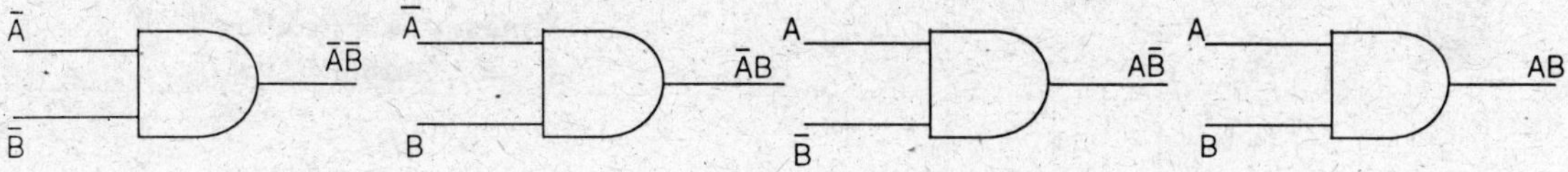

चित्र 4·18 (a)—दो चर राशियों (variables) एवं उनके कम्पलीमेंट को AND करना

TABLE 4.2
Fundamental product for High Output of a 2-Input AND gate

A	*B*	Fundamental Product for Output '1'
0	0	$\overline{A}\,\overline{B}$
0	1	$\overline{A}\,B$
1	0	$A\overline{B}$
1	1	AB

उदाहरणतः $\overline{A}\,\overline{B}$ तब High होगा जब A तथा B दोनों LOW होंगें। $A\overline{B}$ तब High होगा जब A High तथा $\overline{B}$ Low होगा इत्यादि। फन्डामेन्टल प्रोडक्ट विधि 3 या उससे अधिक इनपुट variables के लिए प्रयुक्त की जा सकती है। उदाहरणतः तीन इनपुट variables A, B, C एवं उनके कम्पलीमेन्ट पर विचार कीजिए। इस स्थिति में High आउटपुट प्राप्त करने के लिये 8 फन्डामेन्टल प्रोडक्ट निम्न हैं :

$$\overline{A}\,\overline{B}\,\overline{C},\ \overline{A}\,\overline{B}, C,\ \overline{A}\,B\,\overline{C},\ \overline{A}\,B\,C,\ A\,\overline{B}\,\overline{C},\ A\,\overline{B}\,C,\ A\,B\,\overline{C},\ A\,B\,C$$

चित्र 4.18(b) एवं तालिका 4.3 में 3 इनपुट के लिये फन्डामेन्टल प्रोडक्ट एवं HIGH आउटपुट के लिये variables के संयोजन दिखाये गये हैं।

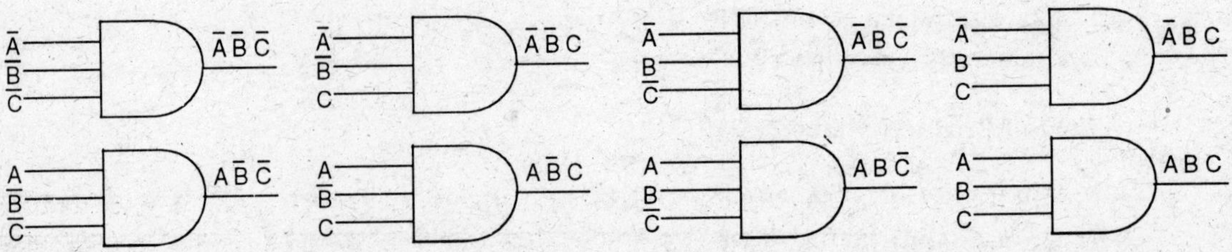

चित्र 4·18 (b)—तीन चर राशियों एवं उनके कम्पलीमेन्ट को AND करना

TABLE 4.3
Fundamental product for High Output of a 3-Input AND gate

A	*B*	*C*	Fundamental Product for Output '1'
0	0	0	$\overline{A}\,\overline{B}\,\overline{C}$
0	0	1	$\overline{A}\,\overline{B}\,C$
0	1	0	$\overline{A}\,B\,\overline{C}$
0	1	1	$\overline{A}\,B\,C$
1	0	0	$A\,\overline{B}\,\overline{C}$
1	0	1	$A\,\overline{B}\,C$
1	1	0	$A\,B\,\overline{C}$
1	1	1	$A\,B\,C$

उदाहरणतः

$$\overline{A}\,\overline{B}\,\overline{C} = \overline{0}\,\overline{0}\,\overline{0} = 1\,1\,1 = 1$$

$$\overline{A}\,B\,C = \overline{0}\,1\,1 = 1\,1\,1 = 1$$

$$A\,\overline{B}\,\overline{C} = 1\,\overline{0}\,\overline{0} = 1\,1\,1 = 1$$

सत्य तालिका से SOP समीकरण बनाना
(SOP Equation from Truth Table)

सत्य तालिका से SOP विधि द्वारा किसी व्यंजक को सरल करने के लिये सत्य तालिका से प्रत्येक '1' आउटपुट के लिये फन्डामेन्टल प्रोडक्ट लिखे जाते हैं। इसके पश्चात् इन सभी फन्डामेन्टल प्रोडक्ट को योग (OR) करने पर SOP समीकरण प्राप्त होती है जिसे सरलता से लॉजिक डायग्राम में परिवर्तित किया जा सकता है।

उदाहरण 4.7—तालिका 4.4 से SOP समीकरण ज्ञात कीजिये तथा उसका लॉजिक डायग्राम बनाइये।

TABLE 4.4

A	B	C	Y
0	0	0	0
0	0	1	0
0	1	0	0
0	1	1	1
1	0	0	0
1	0	1	1
1	1	0	1
1	1	1	1

हल:

(i) सत्य तालिका से प्रथम '1' आउटपुट तब प्राप्त होती है जब,
$A = 0,\ B = 1$ तथा $C = 1$
अतः इसके संगत फन्डामेन्टल प्रोडक्ट्स $\overline{A}\,B\,C$ है।
इसी प्रकार पुनः '1' आउटपुट के लिए फन्डामेन्टल प्रोडक्ट्स निम्न प्रकार हैं।

(ii) जब $A = 1,\ B = 0$ तथा $C = 1$
अतः फन्डामेन्टल प्रोडक्ट $A\,\overline{B}\,C$ है।

(iii) जब $A = 1,\ B = 1$ तथा $C = 0$
अतः फन्डामेन्टल प्रोडक्ट $A\,B\,\overline{C}$ है।

(iv) अन्तिम आउटपुट 1 तब प्राप्त होती है जब
$A = 1,\ B = 1$ तथा $C = 1$ है
अतः इसके संगत फन्डामेन्टल प्रोडक्ट ABC है।

SOP समीकरण प्राप्त करने के लिये इन सभी फन्डामेन्टल प्रोडक्ट्स को OR किया जाता है ।अतः

$$Y = \overline{A}\,B\,C + A\,\overline{B}\,C + A\,B\,\overline{C} + ABC$$

इस व्यंजक का AND-OR लॉजिक डायग्राम चित्र 4.19 में दिया गया है। परन्तु यह परिपथ प्रयोगशाला में निर्मित नहीं किया जा सकता क्योंकि 4-इनपुट OR गेट, TTL चिप उपलब्ध नहीं है।

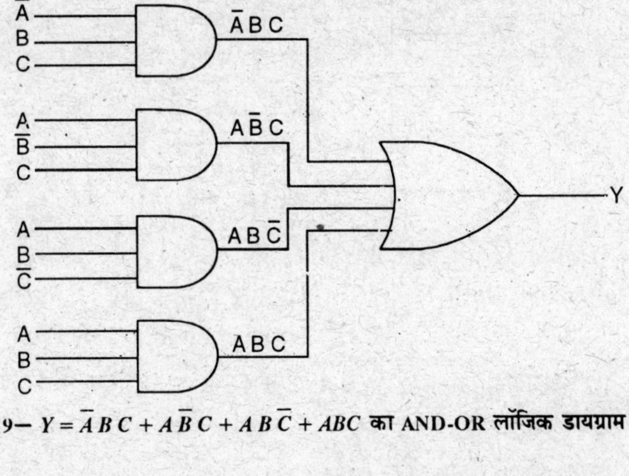

चित्र 4·19— $Y = \overline{A}\,B\,C + A\,\overline{B}\,C + A\,B\,\overline{C} + ABC$ का AND-OR लॉजिक डायग्राम

परन्तु 4-इनपुट NAND उपलब्ध है अतः NAND–NAND परिपथ को द्वारा TTL 7410 को प्रयुक्त कर चित्र 4·20 की भाँति उपरोक्त परिपथ निर्मित किया जा सकता है।

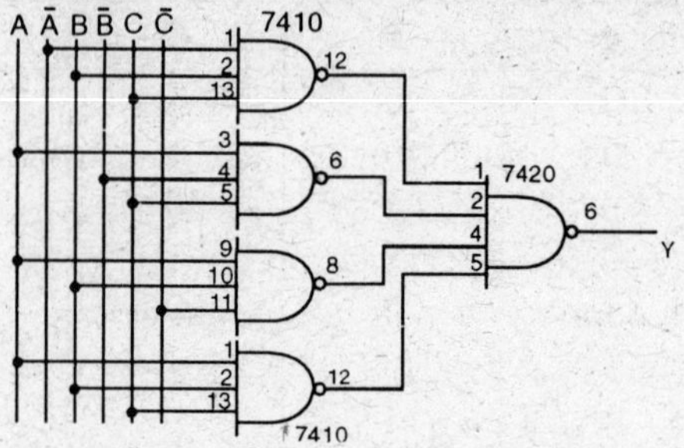

चित्र 4·20

उदाहरण 4.8—व्यंजक $Y = \overline{A}\,\overline{B}\,\overline{C} + \overline{A}\,B\,\overline{C} + A\,\overline{B}\,\overline{C} + A\,B\,\overline{C}$ को सरल कीजिये, तथा SOP परिपथ बनाइये। इस व्यंजक के लॉजिक परिपथ पर टिप्पणी दीजिये।

हल :

$$Y = \overline{A}\,\overline{B}\,\overline{C} + \overline{A}\,B\,\overline{C} + A\,\overline{B}\,\overline{C} + A\,B\,\overline{C}$$
$$= (\overline{A}\,\overline{B} + \overline{A}\,B + A\,\overline{B} + A\,B)\,\overline{C}$$
$$= [\overline{A}(\overline{B} + B) + A(\overline{B} + B)]\,\overline{C}$$
$$= [\overline{A}\,(1) + A\,(1)\,]\,\overline{C} \qquad (\because\ \overline{B} + B = 1)$$
$$= [\overline{A} + A]\,\overline{C}$$
$$= \overline{C}$$

अन्तिम समीकरण का अर्थ है कि लॉजिक परिपथ की आवश्यकता नहीं है केवल $\overline{C}$ को आउटपुट Y से एक तार द्वारा संयोजित करना है।

उदाहरण 4.9—$Y = (A + BC)\,(B + \overline{C}A)$ को SOP समीकरण में परिवर्तित कीजिए। ... (4·1)

हल : बूलियन नियमों को प्रयुक्त कर इस व्यंजक को SOP (Sum-of-product) में निम्न प्रकार परिवर्तित किया जा सकता है।

$$Y = A\,(B + \overline{C}A) + (BC)\,(B + \overline{C}A) \qquad \text{(नियम 5)}$$
$$= AB + A\,\overline{C}A + BCB + B\,C\,\overline{C}\,A \qquad \text{(नियम 5)}$$
$$= AB + A\,\overline{C} + BC \qquad \ldots (4\cdot2)$$

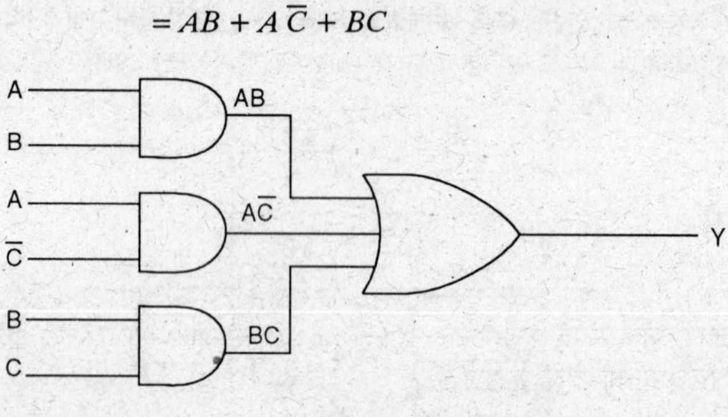

$Y = AB + A\overline{C} + BC$

चित्र 4·21—Sum of Product (SOP) Form

समीकरण 4.2 व्यंजक $[(A + BC)\,(B + \overline{C}\,A)]$ को SOP रूप में प्रदर्शित करती है। यह समीकरण गुणनफलों $AB, A\overline{C}$ तथा BC का योग है।

इस समीकरण (4.2) को AND-OR गेटस प्रयुक्त कर चित्र 4.21 की भाँति प्रदर्शित (realise) किया जा सकता है।

(ii) POS समीकरण को सरल करना
(Product of Sums (POS) Method)

हमने अध्ययन किया है कि SOP विधि में सत्य तालिका को SOP रूप में परिवर्तित कर व्यंजक को प्रदर्शित करने के लिए तुल्यांक AND-OR अथवा NAND-NAND नैटवर्क बनाया जा सकता है।

POS विधि भी इसी प्रकार है। इसके लिए सत्य तालिका में वह फन्डामेन्टल योग (fundamental sums) ज्ञात किये जाते हैं जिनकी इनपुट के संगत (corresponding) आउटपुट शून्य (0) होती है। इन योग (sums) को AND करने पर सत्य तालिका की POS समीकरण प्राप्त होती है। POS एवं SOP विधि में मुख्य अन्तर यह है कि SOP विधि में फन्डामेन्टल प्रोडक्ट आउटपुट '1' उत्पन्न करता है जबकि POS विधि में फन्डामेन्टल योग '0' आउटपुट उत्पन्न करता है। निम्न उदाहरण इस तथ्य को स्पष्ट करता है।

उदाहरणत: समी० 4.1 को POS form में निम्न प्रकार परिवर्तित किया जा सकता है।

$$Y = (A + BC)(B + \overline{C}A)$$

$$= (A + B)(A + C)(B + \overline{C})(B + A) \quad \text{(नियम 11)}$$

$$= (A + B)(A + C)(B + \overline{C}) \quad \ldots (4\cdot3) \text{ (नियम 17)}$$

समीकरण 4.3 व्यंजक Y को POS form में प्रदर्शित करती है तथा इस समीकरण में fundamental sum $(A + B)$, $(A + C)$, $(B + \overline{C})$ है। इन प्रत्येक योग के संगत आउटपुट '0' होती है। समीकरण 4.3 को OR-AND गेट्स द्वारा चित्र 4.22 की भाँति प्रदर्शित किया जा सकता है।

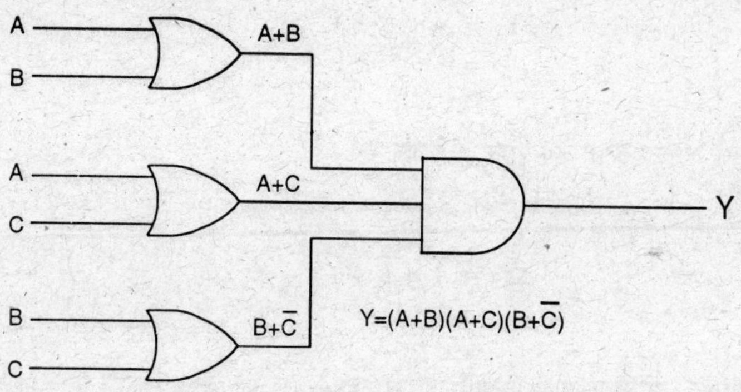

$Y = (A + B)(A + C)(B + \overline{C})$

चित्र 4·22—Product of Sums (POS) Form

सत्य तालिका से POS समीकरण प्राप्त करना
(POS Equation from Truth Table)

माना तालिका 4.5 में दिये गये इनपुट एवं आउटपुट को एक POS समीकरण से प्रदर्शित करना है। इसके लिये तालिका में '0' की स्थितियाँ देखकर उनके संगत फन्डामेन्टल योग (sum) लिखा जाता है। तालिका 4.5 से ज्ञात होता है कि इनपुट की तीन स्थितियाँ ऐसी हैं जिन पर आउटपुट शून्य है।

(i) $A = 0,\ B = 0$ तथा $C = 0$

इस इनपुट पर फन्डामेन्टल योग

$$Y_1 = A + B + C$$
$$= 0 + 0 + 0$$
$$= 0$$

TABLE 4.5

A	B	C	Y	Fundamental Sum for '0' Output
0	0	0	0	$A + B + C$
0	0	1	1	
0	1	0	1	
0	1	1	0	$A + \overline{B} + \overline{C}$
1	0	0	1	
1	0	1	1	
1	1	0	0	$\overline{A} + \overline{B} + C$
1	1	1	1	

(ii) दूसरी शून्य आउटपुट तब प्राप्त होती है जब

$$A = 0,\ B = 1 \quad \text{तथा} \quad C = 1$$

इस इनपुट के लिये फन्डामेन्टल योग (sum)

$$Y_2 = A + \overline{B} + \overline{C}$$

ध्यान दीजिये कि B तथा C कम्पलीमेन्ट में है। केवल B एवं C कम्पलीमेन्ट होने पर ही आउटपुट 0 प्राप्त हो सकती है क्योंकि A तो शून्य है ही। अतः

$$\begin{aligned} Y_2 &= A + \overline{B} + \overline{C} \\ &= 0 + \overline{1} + \overline{1} \\ &= 0 \end{aligned}$$

(iii) इसी प्रकार तीसरी आउटपुट '0' तब प्राप्त होती जब

$$A = 1,\ B = 1 \quad \text{तथा} \quad C = 0$$

इस इनपुट के लिए फन्डामेन्टल योग

$$\begin{aligned} Y_3 &= \overline{A} + \overline{B} + C \\ &= 0 + 0 + 0 \\ &= 0 \end{aligned}$$

तालिका (4.5) की POS समीकरण, सभी फन्डामेन्टल योग (Sums) को AND करने पर ज्ञात की जा सकती है।

$$\begin{aligned} Y &= Y_1\, Y_2\, Y_3 \\ &= (A + B + C)\,(A + \overline{B} + \overline{C})\,(\overline{A} + \overline{B} + C) \end{aligned}$$

इस व्यंजक का OR-AND लॉजिक डायग्राम निम्न प्रकार है:

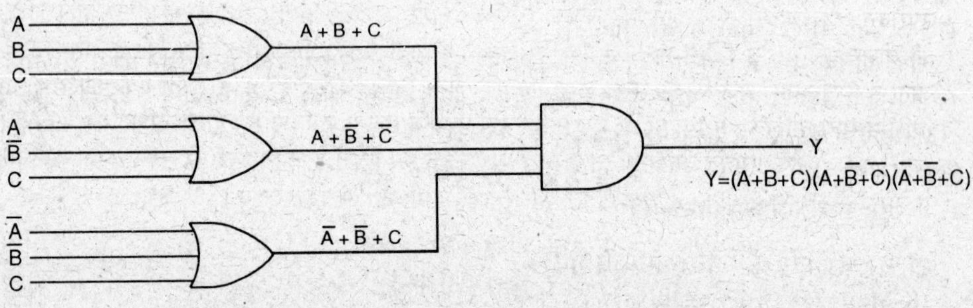

चित्र 4·23—POS समीकरण का OR-AND लॉजिक परिपथ

POS का NOR-NOR परिपथ
(NOR-NOR Circuit for POS Equation)

उपरोक्त समीकरण $Y = (A + B + C)(A + \overline{B} + \overline{C})(\overline{A} + \overline{B} + C)$ एक OR-AND नेटवर्क समीकरण है। डिमार्गन की प्रथम प्रमेय की सहायता इसे NOR-NOR परिपथ में परिवर्तित किया जा सकता है। समीकरण का NOR-NOR लॉजिक (चित्र 4.24) निम्न प्रकार होगा।

$$Y = (A + B + C)(A + \overline{B} + \overline{C})(\overline{A} + \overline{B} + C)$$

$$= \overline{\overline{(A + B + C)}}\ \overline{\overline{(A + \overline{B} + \overline{C})}}\ \overline{\overline{(\overline{A} + \overline{B} + C)}} \qquad (\because \overline{\overline{A}} = A)$$

$$= \overline{\overline{(A + B + C)(A + \overline{B} + \overline{C})(\overline{A} + \overline{B} + C)}}$$

(डिमॉर्गन की प्रथम प्रमेय द्वारा)

यह व्यंजक 3 NOR गेट्स की आउटपुट प्रदर्शित करता है जिसे पुनः एक NOR गेट में इनपुट करने पर आउटपुट $(A + B + C)(A + \overline{B} + \overline{C})(\overline{A} + \overline{B} + C)$ प्राप्त होती है।

SOP की समीकरण 4.2 तथा POS की समीकरण 4.3 से ज्ञात होता है कि समीकरण के किसी पद में तीनों राशियाँ (literals) A, B तथा C एक साथ नहीं हैं। यदि SOP तथा POS के प्रत्येक पद में तीनों राशियाँ हों तब यह स्टैन्डर्ड SOP तथा POS कहलाती है।

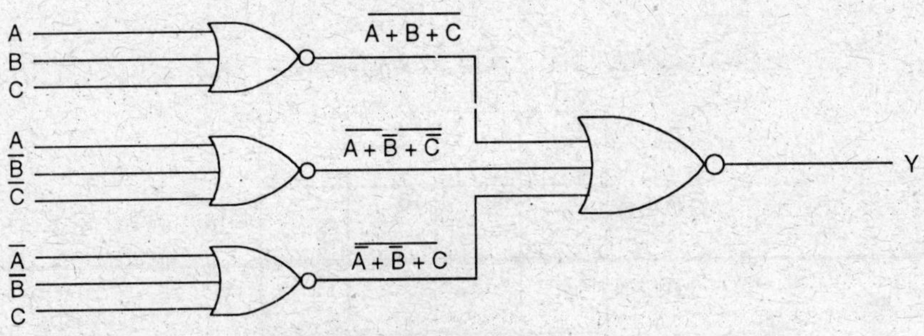

चित्र 4·24—POS समीकरण का NOR-NOR परिपथ

स्टैन्डर्ड SOP का प्रत्येक पद minterm तथा स्टैन्डर्ड POS का प्रत्येक पद maxterm कहलाता है।

4·8. कारनॉप मैप
(Karnaugh Mapping)

उपरोक्त अनुच्छेदों में हमने बूलियन व्यंजकों को सरल करने की (simplification) एवं उन्हें लॉजिक डायग्राम द्वारा प्रदर्शित करने की बीजगणितीय एवं SOP-POS विधि का अध्ययन किया है। कभी-कभी व्यंजकों को इन विधियों द्वारा हल करना कठिन हो जाता है। बूलियन व्यंजकों को सरल करने की एक अन्य विधि 'कारनॉप मैप' है। यह एक ग्राफीय (graphical) विधि है। इस विधि में सत्य तालिका अथवा SOP एवं POS रूप में प्राप्त सूचना कारनाप मैप द्वारा प्रदर्शित की जाती है। यह विधि 6 चर राशियों (variables) तक प्रयुक्त करना उचित है। उसके पश्चात् इस विधि द्वारा व्यंजकों को सरल करना कठिन हो जाता है। इस अध्ययन में हम केवल चार variables तक के लिये कारनॉप मैपिंग का अध्ययन करेंगे।

दो चर राशियों के लिये कारनॉप मैप
(K-Maps for two Variables)

चित्र 4.25 में 2, 3 तथा 4 चर राशियों के लिए कारनॉप मैप प्रदर्शित किये गये हैं।

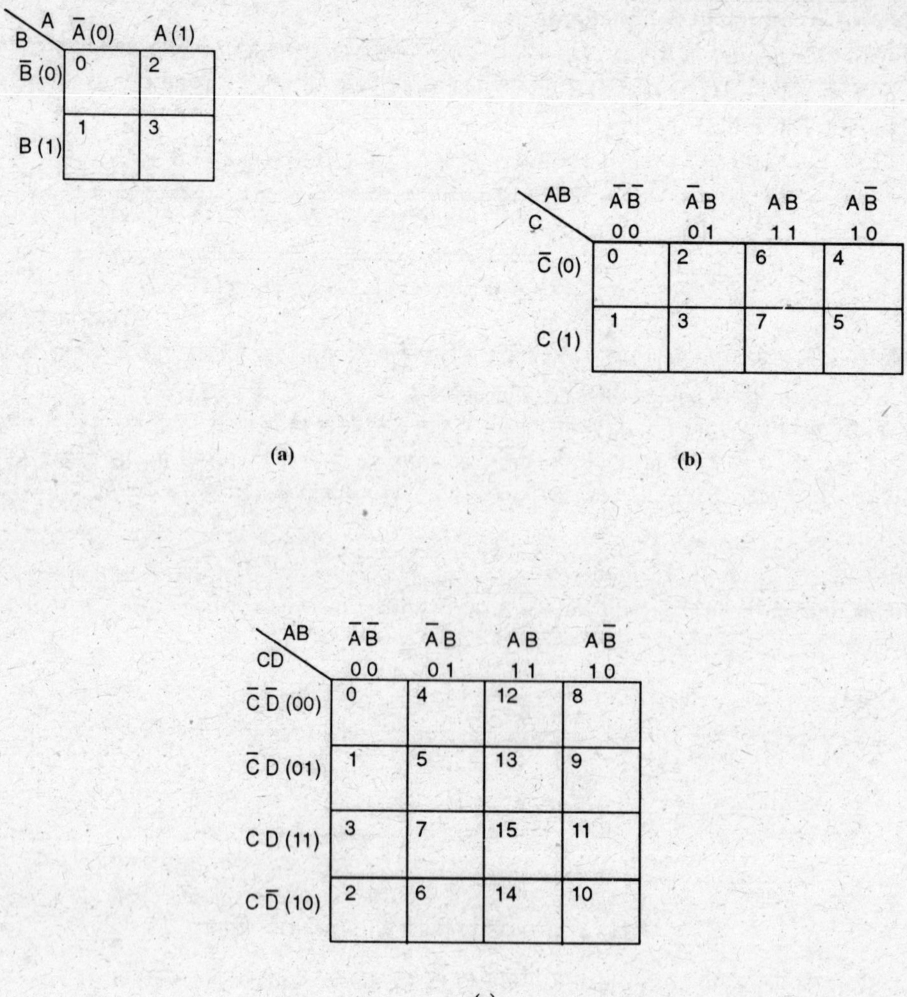

(a) (b)

(c)

चित्र 4·25—कारनॉप मैप

(a) 2-Variables (b) 3-Variables (c) 4-Variables

कारनॉप मैप (K-map) में कोष्ठकों (cells) की संख्या Variables की संख्या पर निर्भर करती है। n चर-राशियों के K-Map में कोष्ठकों की संख्या 2^n होती है। प्रत्येक सैल n राशियों के किसी एक संयोजन को प्रदर्शित करता है। उदाहरणत: 2 चर राशियों के K-Map में सैल 3 दो चर राशियों A एवं B के संयोजन AB (11) को, सैल 2, $A\overline{B}$ (10) को सैल 0, $\overline{A}\,\overline{B}$ (00) को प्रदर्शित करता है। इसी प्रकार चार-चर राशियों के K-Map (चित्र 4.25 c) में कोष्ठक 0, चर राशियों A, B, C एवं D के संयोजन $\overline{A}\,\overline{B}\,\overline{C}\,\overline{D}$ (0000) को, कोष्ठक 3, $\overline{A}\,\overline{B}\,CD$ (0011) को कोष्ठक 5, $\overline{A}\,B\,\overline{C}\,D$ (0101) इत्यादि को प्रदर्शित करते हैं। कोष्ठकों को चिन्हित identify करने के लिये ग्रे कोड (gray code) का प्रयोग किया गया है। प्रत्येक कोष्ठक के ऊपरी बायें किनारे पर कोष्ठक की डेसीमल संख्या दी गई है। उदाहरण के लिये चित्र 4.25 (a) में कोष्ठक $A\overline{B}$ अर्थात् 10 का डेसीमल तुल्यांक 2 होने के कारण इस कोष्ठक ($A\overline{B}$) को डेसीमल संख्या 2 से चिन्हित किया गया है। इस प्रकार चित्र 4.25 (b) में $AB\overline{C}$ अर्थात् 110 (Gray Code) का डेसीमल तुल्यांक 6 होने के कारण इस कोष्ठक को संख्या 6 दी गई है। इसी प्रकार चार राशियों वाले K-Map में कोष्ठकों को डेसीमल संख्या निम्न प्रकार दी गई है :

Combination	Gray Code	Decimal No. of Cell
$\bar{A}\,\bar{B}\,\bar{C}\,\bar{D}$	0000	0
$\bar{A}\,\bar{B}\,\bar{C}\,D$	0001	1
$\bar{A}\,\bar{B}\,C\,D$	0011	3
$\bar{A}\,\bar{B}\,C\,D$	0010	2
$\bar{A}\,B\,\bar{C}\,\bar{D}$	0100	4
....	....	....
....	....	....
$A\,B\,C\,\bar{D}$	1110	10
....	....	....
....	....	....
$A\,B\,C\,D$	1111	15

K-Map के विभिन्न कोष्ठकों में प्रविष्ट कराये जाने वाली राशियों के संयोजन (maxterm अथवा minterm) स्पष्टता के लिये चित्र 4.26 तथा 4.27 में प्रदर्शित किये गये। K-Map बनाने में minterm (SOP) अथवा maxterm (POS), किसी को भी प्रयुक्त किया जा सकता है। मिनटर्म (minterm) को m_i द्वारा तथा मैक्सटर्म (maxterm) को M_i द्वारा प्रदर्शित करते हैं जहाँ सब्सक्रिप्ट i कोष्ठक की डेसीमल संख्यायें प्रदर्शित करता है।

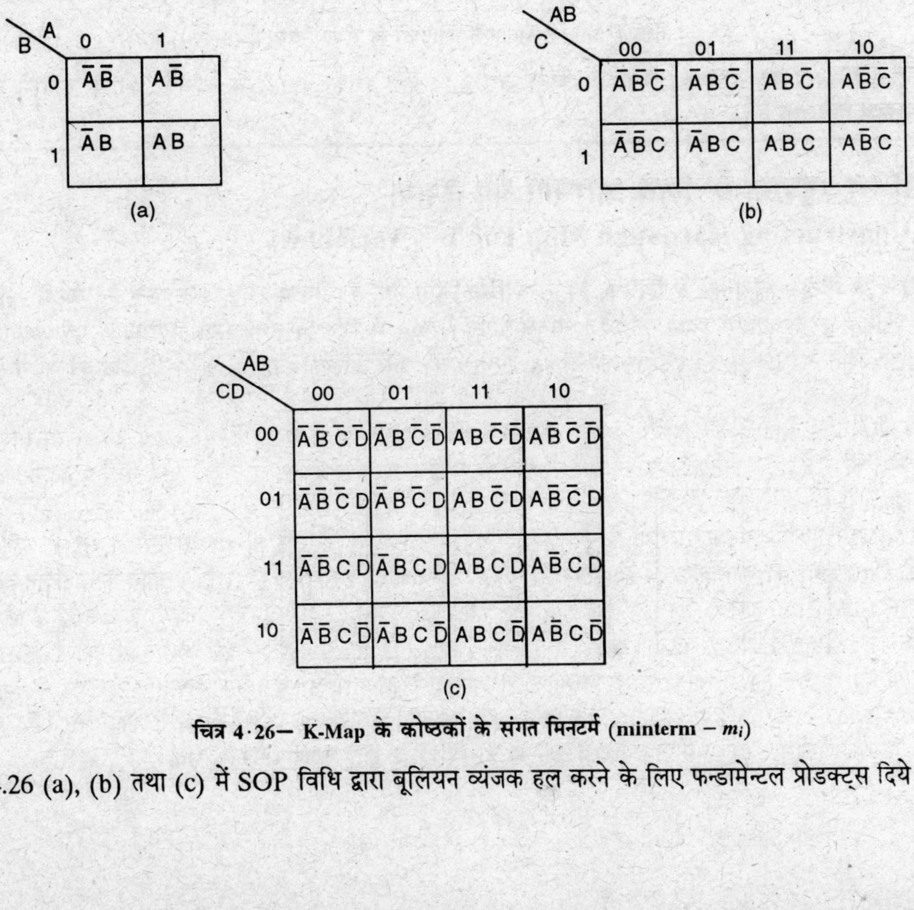

चित्र 4·26— K-Map के कोष्ठकों के संगत मिनटर्म (minterm – m_i)

चित्र 4.26 (a), (b) तथा (c) में SOP विधि द्वारा बूलियन व्यंजक हल करने के लिए फन्डामेन्टल प्रोडक्ट्स दिये गये हैं।

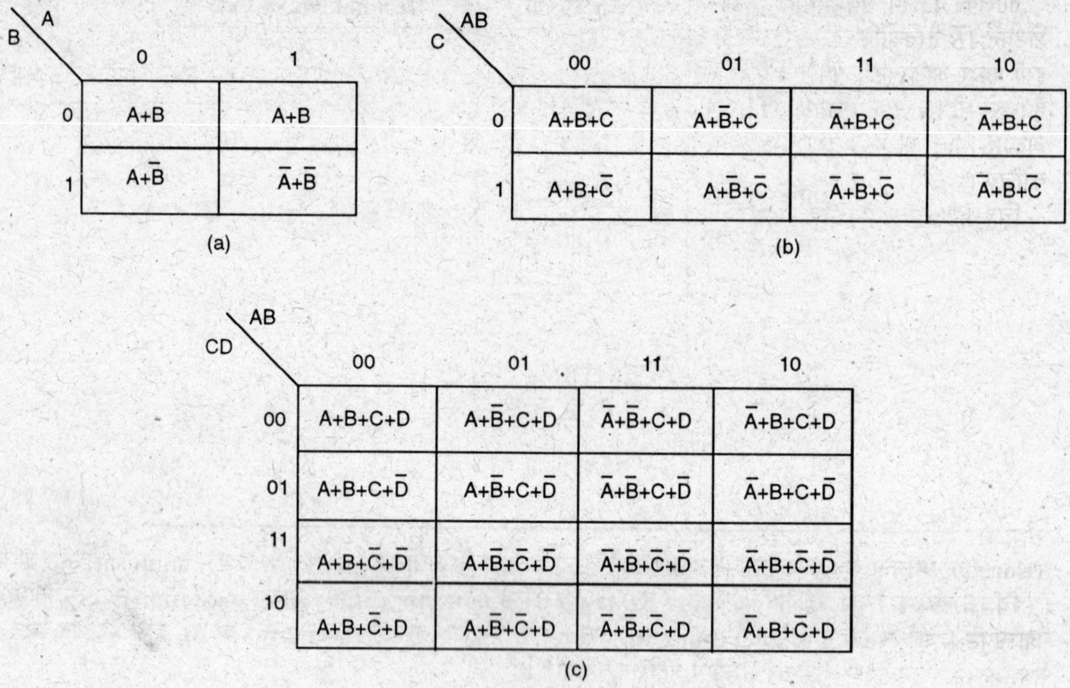

चित्र 4·27—K-Map के कोष्ठकों के संगत मैक्सटर्म (maxterm-*Mi*)

चित्र 4.27 (a), (b) तथा (c) में POS विधि द्वारा 2, 3 तथा 4 variables के व्यंजकों को सरल करने के लिए फन्डामेन्टल प्रोडक्ट्स दिये गये हैं।

4·9. दो चर राशियों के लिये कारनॉप मैप बनाना (Constructing Karnaugh Map For Two Variables)

चित्र 4.28 में दो variables के लिये K-Map प्रदर्शित किया गया है। मैप में $2^2 = 4$ कोष्ठक है। मैप में variables तथा उनके कम्पलीमेन्ट की स्थिति पर ध्यान दीजिये। क्षैतिज पंक्ति (row) में पहले $\overline{A}$ तथा उसके पश्चात A एवं ऊर्ध्वाधर कॉलम में पहले $\overline{B}$ तथा उसके पश्चात् B है। इस मैप पर दो variables की सत्य तालिका (Table 4.6) प्रदर्शित की जा सकती है।

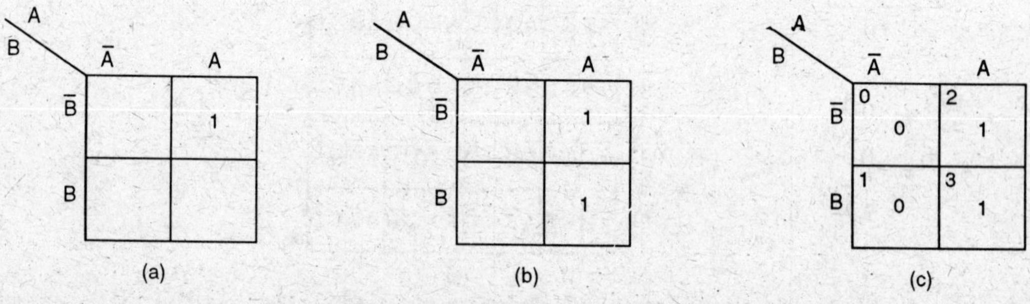

चित्र 4·28—दो चर राशियों के लिये कारनॉप मैप (K-Map)

तालिका 4.6 में सर्वप्रथम '1' आउटपुट तब प्राप्त होती है जब इनपुट $A = 1$ तथा $B = 0$। इस इनपुट के लिये फन्डामेन्टल प्रोडक्ट$A\bar{B}$ है(क्योंकि $A = 1$ तथा $B = 1$)। इस फन्डामेन्टल प्रोडक्ट $A\bar{B}$ के संगत कोष्ठक में 1 लिखिए।[चित्र 4.28 (a)] । इसी प्रकार आउटपुट 1 पुन: तब प्राप्त होती है जब $A = 1$ तथा $B = 1$। इसके लिए फन्डामेन्टल प्रोडक्ट फन्डामेन्टल प्रोडक्ट AB है। इसे भी K-Map (चित्र 4.28 b) में AB के संगत कोष्ठक में प्रविष्ट कीजिये। अन्य किसी इनपुट के लिये आउटपुट 1 नहीं है अत: K-Map के $\bar{A}\,\bar{B}$ तथा $\bar{A}\,B$ के संगत कोष्ठकों में शून्य (0) प्रविष्ट (enter) कर चित्र 4.28 (c) की भांति K-Map को पूर्ण कीजिये।

चित्र 4.28 (c) दो variables के लिए सम्पूर्ण K-Map प्रदर्शित करता है।

TABLE 4.6

A	B	Y
0	0	0
0	1	0
1	0	1
1	1	1

तीन चर राशियों के लिये कारनॉप मैप
(Karnaugh Maps for three Variables)

चित्र 4.29 में 3 चर राशियों के लिये K-Map बनाने की विधि प्रदर्शित की गई है। K-Map में तालिका 4.7 में प्रदर्शित आउटपुट 1 के संगत प्रविष्ठियाँ (entries) की गई हैं।

C \ AB	$\bar{A}\bar{B}$	$\bar{A}B$	AB	$A\bar{B}$
$\bar{C}$		1	1	
C			1	

(a)

C \ AB	$\bar{A}\bar{B}$	$\bar{A}B$	AB	$A\bar{B}$
$\bar{C}$	0	1	1	0
C	0	0	1	0

(b)

चित्र 4·29—3 चर राशियों के लिए कारनॉप मैप

TABLE 4.7

A	B	C	Y	Fundamental Product for Output '1'
0	0	0	0	
0	0	1	0	
0	1	0	1	$\bar{A}B\bar{C}$
0	1	1	0	
1	0	0	0	
1	0	1	0	
1	1	0	1	$AB\bar{C}$
1	1	1	1	ABC

इन इनपुट स्थितियों के लिए फन्डामेन्टल प्रोडक्ट $\overline{A}\,B\,\overline{C}$, $A\,B\,\overline{C}$ तथा $A\,B\,C$ हैं। उदाहरणत:

$$\overline{A} = \overline{0} = 1$$

$$B = 1$$

$$\overline{C} = \overline{0} = 1$$

$$\therefore\ \overline{A}\,B\overline{C} = 1\,.\,1\,.\,1$$

$$= 1$$

इन गुणनफलों (products) के लिए (चित्र 4.29 a) के अनुसार K-Map में '1' लिखिये। अन्त में शेष बचे कोष्ठकों में '0' लिखिये। चित्र 4.29 (b) सम्पूर्ण K-Map प्रदर्शित करता है।

चार चर राशियों के लिए कारनॉप मैप

(Karnaugh Map for four Variables)

अनेक डिजिटल कम्प्यूटर्स 4-बिट संख्याएँ प्रोसेस करते हैं। कुछ डिजिटल चिप्स को डाटा इनपुट चार बिटस अर्थात् निबल (nibbles) में दिया जाता है। उदाहरणत: 0100, 0110, 0001 ....इत्यादि। इसी दृष्टि से ऐसे लॉजिक परिपथों का डिजाइन किया गया जो 4-इनपुट variables अथवा उनके कम्पलीमेन्ट को प्रोसेस करते हैं। अत: 4 राशियों के K-Map का अध्ययन करना आवश्यक है।

CD \ AB	$\overline{A}\overline{B}$	$\overline{A}B$	AB	AB
$\overline{C}\overline{D}$				
$\overline{C}D$	1			
CD		1		
$C\overline{D}$		1	1	

(a)

CD \ AB	$\overline{A}\overline{B}$	$\overline{A}B$	AB	$A\overline{B}$
$\overline{C}\overline{D}$	0	0	0	0
$\overline{C}D$	1	0	0	0
CD	0	1	0	0
$C\overline{D}$	0	1	1	0

(b)

चित्र 4·30– 4 चर राशियों के लिए कारनाप मैप

TABLE 4.8

A	*B*	*C*	*D*	*Y*	Fundamental Product for Output '1'
0	0	0	0	0	
0	0	0	1	1	$\overline{A}\,\overline{B}\,\overline{C}\,D$
0	0	1	0	0	
0	0	1	1	0	
0	1	0	0	0	
0	1	0	1	0	
0	1	1	0	1	$\overline{A}\,B\,C\,\overline{D}$
0	1	1	1	1	$\overline{A}\,B\,C\,D$
1	0	0	0	0	
1	0	0	1	0	
1	0	1	0	0	
1	0	1	1	0	
1	1	0	0	0	
1	1	0	1	0	
1	1	1	0	1	$A\,B\,C\,\overline{D}$
1	1	1	1	0	

चित्र 4.30 में चार राशियों के लिए K-Map बनाने की विधि प्रदर्शित की गई है। कारनॉप मैप में तालिका 4.8 में आउटपुट '1' के संगत इनपुटों के लिए फन्डामेन्टल प्रोडक्ट की प्रविष्टियाँ (entries) की गई हैं। ऊर्ध्वाधर कॉलम $\overline{A}\,\overline{B}$ $\overline{A}\,B$ AB तथा $A\overline{B}$ हैं तथा क्षैतिज पंक्तियाँ $\overline{C}\,\overline{D}$, $\overline{C}\,D$ CD तथा $C\,\overline{D}$ हैं। तालिका 4.8 में आउटपुट 1's के संगत इनपुट $ABCD$ का मान क्रमशः 0001, 0110, 0111 तथा 1110 है। इन इनपुट स्थितियों (conditions) के लिए फन्डामेन्टल प्रोडक्ट $\overline{A}\,\overline{B}\,\overline{C}\,D$, $\overline{A}\,B\,C\,\overline{D}$, $\overline{A}\,B\,C\,D$ तथा $A\,B\,C\,\overline{D}$ हैं। चित्र 4.30 (a) में कारनॉप मैप में इन प्रोडक्ट के संगत '1' प्रविष्ट कीजिये। कारनॉप मैप के शेष खाली स्थानों पर चित्र 4.30 (b) के अनुसार शून्य लिखिये।

4·10. युग्म, क्वाड्स एवं आक्टेट (Pairs, Quads And Octets)

(i) युग्म (Pairs)

चित्र 4.31 (a) में प्रदर्शित कारनॉप मैप की तीसरी पंक्ति (third row) में 1s का एक pair क्षैतिज रूप से समीप है अर्थात् दोनों 1s एक दूसरे के पास हैं। प्रथम '1' प्रोडक्ट $ABCD$ तथा दूसरा 1 प्रोडक्ट $A\,\overline{B}\,C\,D$ को प्रदर्शित करता है। इन दोनों प्रोडक्ट में variable B है पहले प्रोडक्ट में कम्पलीमेन्ट B ($=\overline{B}$) दूसरे में अन-कम्पलीमेन्ट (B) हो जाता है तथा ACD पूर्व की भाँति ही रहते हैं। इस प्रकार की स्थितियों में उस variable को छोड़ा जा सकता है जो अपनी फार्म बदलता है। चित्र 4.31 (a) से SOP समीकरण लिखने पर,

$$Y = ABCD + A\,\overline{B}\,C\,D$$
$$Y = ACD\,(B + \overline{B})$$

चूँकि B एवं $\overline{B}$ परस्पर OR हो रहे हैं अतः

$$Y = ACD \qquad (\therefore\ B + \overline{B} = 1)$$

यह इस कारनॉप मैप की समीकरण का संक्षिप्त रूप (reduced product) है।

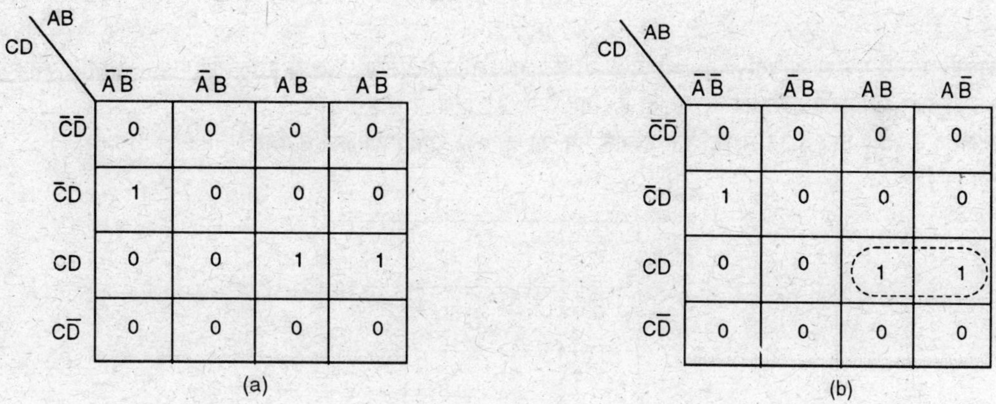

चित्र 4·31

सामान्य रूप से क्षैतिज एवं ऊर्ध्वाधर रूप में 1s के समीप होने का अर्थ है कि SOP समीकरण में variable तथा उसका कम्पलीमेन्ट होंगे तथा उन्हें उपरोक्त की भांति छोड़ा जा सकता है। इन pairs की पहचान के लिये समीप स्थित 1s को चित्र 4.31(b) की भांति एक वृत्त द्वारा encircle कर दिया जाता है। कारनॉप मैप में pair को देखकर एक दृष्टि में बताया जा सकता है कि बूलियन समीकरण में कौनसा एक variable एवं उसका कम्पलीमेन्ट छोड़ा जा सकता है।

इसी प्रकार चित्र 4.32 (a) में 1s का एक ऊर्ध्वाधर pair है। इन 1s के संगत प्रोडक्ट्स $A\,\overline{B}\,C\,D$ तथा $A\,\overline{B}\,C\,\overline{D}$ हैं।

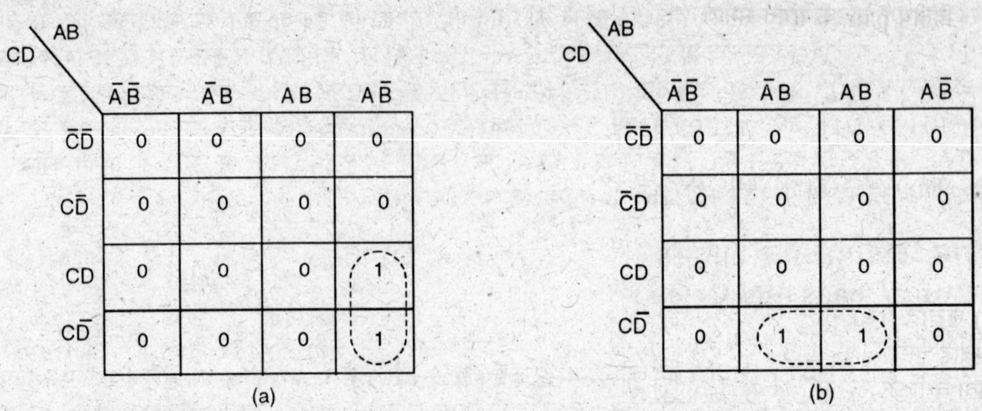

चित्र 4·32—Pairs

अत: कारनॉप मैप की SOP समीकरण

$$Y = A\,\overline{B}\,C\,D + A\,\overline{B}\,C\,\overline{D}$$
$$= A\,\overline{B}\,C\,(D + \overline{D})$$
$$= A\,\overline{B}\,C \qquad (\because\ \overline{D} + D = 1)$$

इस प्रकार चित्र 4.32 (a) में encircled pair, प्रोडक्ट $A\,\overline{B}\ C$ को प्रदर्शित करता है।

चित्र 4.32 (b) में प्रदर्शित कारनॉप मैप में pair के संगत SOP समीकरण

$$Y = \overline{A}\,B\,C\,\overline{D} + A\,B\,C\,\overline{D}$$
$$= B\,C\,\overline{D}\,(\overline{A} + A)$$
$$= B\,C\,\overline{D}$$

कारनॉप मैप में एक से अधिक pairs भी हो सकते हैं। इस स्थिति में प्रत्येक pair के सरलीकृत (simplified) प्रोडक्ट को 'OR' कर बूलियन समीकरण प्राप्त की जा सकती हैं। यह निम्न उदाहरण से स्पष्ट है।

उदाहरण 4.10—चित्र 4.33 में प्रदर्शित करनॉप मैप की बूलियन समीकरण ज्ञात कीजिए।

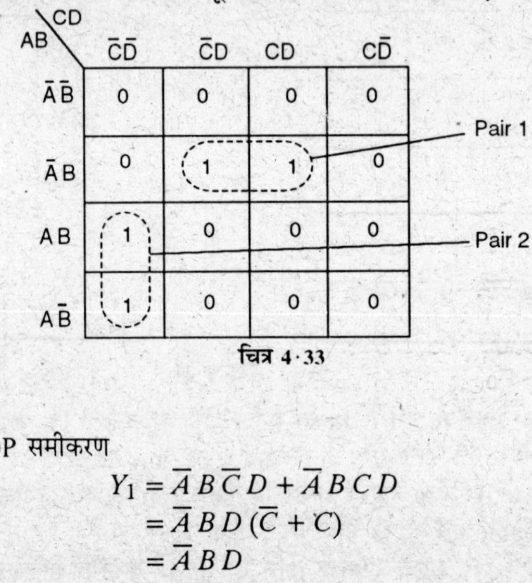

चित्र 4·33

हल :

प्रथम pair के संगत SOP समीकरण

$$Y_1 = \overline{A}\,B\,\overline{C}\,D + \overline{A}\,B\,C\,D$$
$$= \overline{A}\,B\,D\,(\overline{C} + C)$$
$$= \overline{A}\,B\,D$$

द्वितीय pair के संगत समीकरण

$$Y_2 = A\,B\,\overline{C}\,\overline{D} + A\,\overline{B}\,\overline{C}\,\overline{D}$$
$$= A\,\overline{C}\,\overline{D}\,(B + \overline{B})$$
$$= A\,\overline{C}\,\overline{D}$$

अत: Y_1 एवं Y_2 को 'OR' करने पर

$$Y = Y_1 + Y_2$$
$$= \overline{A}\,B\,D + A\,\overline{C}\,\overline{D}$$

(ii) क्वाड (Quad)

क्वाड चार 1s का समूह है जो क्षैतिज अथवा ऊर्ध्वाधर रूप से परस्पर समीप होते हैं। 1s एक लाइन में चित्र 4.34(a) की भांति अथवा वर्गाकार रूप में चित्र 4.34(b) की भांति हो सकते हैं। वास्तव में क्वाड दो pair का समूह है।चित्र 4.34 (a) में प्रदर्शित मैप के क्वाड दो चर राशियाँ (Variable) तथा उनके कम्पलीमेन्ट विलुप्त (eliminate) होते हैं।

दोनों pairs की बूलियन समीकरण निम्न प्रकार लिखी जा सकती है:

प्रथम pair

$$Y_1 = \overline{A}\,\overline{B}\,C\,D + \overline{A}\,B\,C\,D$$
$$= \overline{A}\,C\,D\,(\overline{B} + B)$$
$$= \overline{A}\,C\,D$$

द्वितीय pair

$$Y_2 = A\,B\,C\,D + A\,\overline{B}\,C\,D$$
$$= A\,C\,D\,(B + \overline{B})$$
$$= A\,C\,D$$

अत: क्वाड की समीकरण

$$Y = Y_1 + Y_2$$
$$= \overline{A}\,C\,D + A\,C\,D$$
$$= CD\,(\overline{A} + A)$$
$$= CD$$

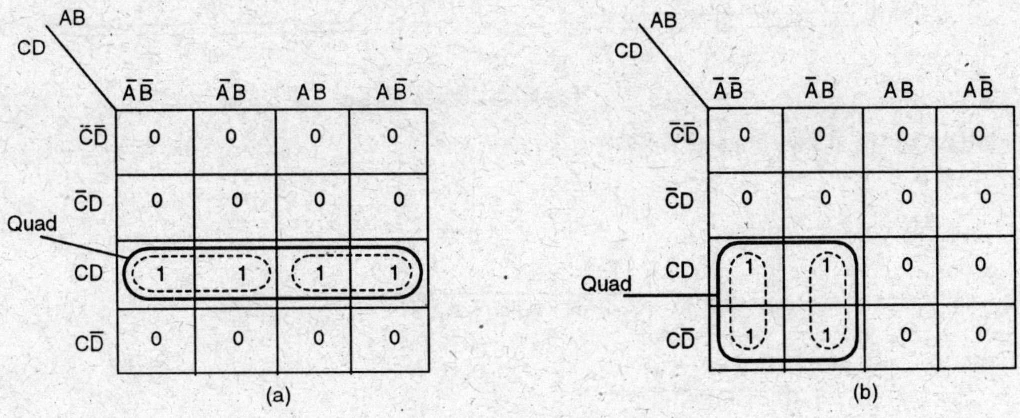

चित्र 4·34–क्वाड (Quad)

इस प्रकार बूलियन व्यंजक में दो variables A एवं B eliminate हो गये हैं।

चित्र 4.34 (b) में

$$Y_1 = \overline{A}\,\overline{B}\,C\,D + \overline{A}\,\overline{B}\,C\,\overline{D}$$
$$= \overline{A}\,\overline{B}\,C\,(D + \overline{D})$$
$$= \overline{A}\,\overline{B}\,C$$

एवं

$$Y_2 = \overline{A}\,B\,C\,D + \overline{A}\,B\,C\,\overline{D}$$
$$= \overline{A}\,B\,C\,(D + \overline{D})$$
$$= \overline{A}\,B\,C$$

अतः क्वाड की समीकरण

$$Y = \overline{A}\,\overline{B}\,C + \overline{A}\,B\,C$$
$$= \overline{A}\,C\,(\overline{B} + B)$$
$$= \overline{A}\,C$$

इस प्रकार कारनॉप मैप में क्वाड की स्थिति देखकर बूलियन व्यंजक से दो variables एवं उनके कम्पलीमेन्ट लुप्त समीकरण को सरल किया जा सकता है। स्पष्ट है कि इस प्रक्रिया में variables B तथा D लुप्त हो गये हैं।

(iii) आक्टेट (Octet)

आक्टेट आठ 1s का समूह है जैसाकि चित्र 4.35 (a) में प्रदर्शित किया गया है। एक आक्टेट तीन variable तथा उनके कम्पलीमेन्ट को विलुप्त (eliminate) करता है। आक्टेट को दो क्वाड में विभक्त कर सरल किया जा सकता है।

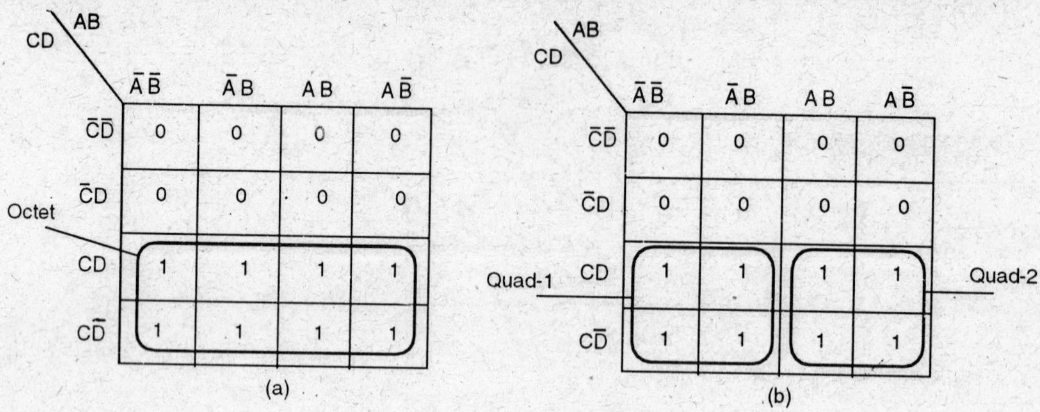

चित्र 4·35—आक्टेट (Octet)

चित्र 4.35 (b) से प्रथम क्वाड की समीकरण

$$Y_1 = \overline{A}\,C$$

तथा दूसरे क्वाड की समीकरण

$$Y_2 = AC$$

अतः Y_1 एवं Y_2 को 'OR' करने पर आक्टेट की समीकरण

$$Y = \overline{A}\,C + AC$$
$$= C\,(\overline{A} + A)$$
$$= C$$

इस प्रकार चित्र 4.35 में प्रदर्शित कारनॉप मैप की बूलियन समीकरण $Y = C$ है अतः स्पष्ट है कि मैप में ऑक्टेट होने पर तीन चर राशियाँ (variables) एवं उनके कम्पलीमेन्ट विलुप्त हो जाते हैं।

4·11. कारनॉप मैप द्वारा बूलियन व्यंजकों को सरल करना (Simplifications using Karnaugh Map)

हमने अध्ययन किया है कि एक pair, एक variable तथा उसके कम्पलीमेंट को, क्वाड दो variables, तथा उनके कम्पलीमेंट को, एवं आक्टेट तीन variables, एवं उनके कम्पलीमेंट को विलुप्त (eliminate) करता है, अतः सत्य तालिका से कारनॉप मैप बनाने के पश्चात् इसमें क्रमशः आक्टेट, क्वाड तथा pairs को चिन्हित (mark or encircle) कीजिए। प्रश्न में सम्भव है कि आक्टेट न हो अथवा क्वाड न हो, तात्पर्य यह है कि कारनॉप मैप में आक्टेट अथवा pair जो भी हो उसे चिन्हित कीजिए। उसके पश्चात् आक्टेट, क्वाड एवं pair सभी की अथवा मैप में जो भी हो उनको परस्पर OR कर कारनॉप मैप की सरलीकृत (simplified) बूलियन समीकरण प्राप्त की जा सकती है।

उदाहरणतः चित्र 4.36 (a) में एक कारनॉप मैप प्रदर्शित किया गया है तथा चित्र 4.36 (b) में, मैप में आक्टेट, क्वाड तथा pair को चिन्हित किया गया है।

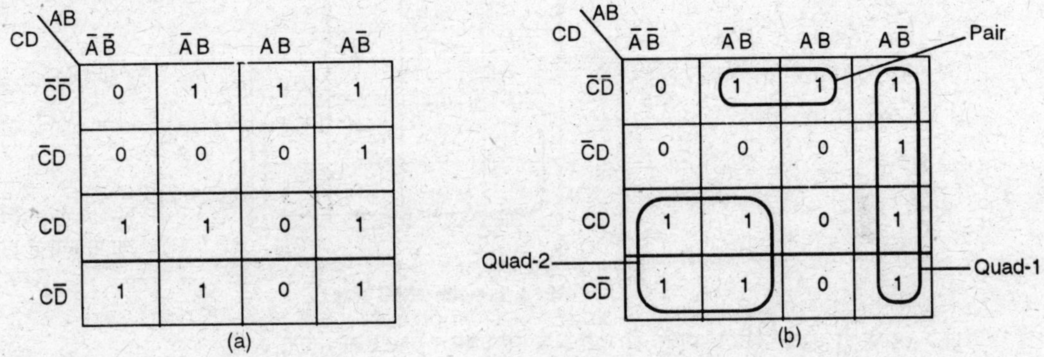

चित्र 4·36

चित्र 4.36 (b) से युग्म (pair) की समीकरण

$$Y_1 = B\,\overline{C}\,\overline{D}$$

क्वाड-1 की समीकरण

$$Y_2 = A\,\overline{B}$$

तथा क्वाड-2 की समीकरण

$$Y_3 = \overline{A}\,C$$

अतः सम्पूर्ण कारनॉप मैप के लिए बूलियन समीकरण

$$Y = Y_1 + Y_2 + Y_3$$

$$= B\overline{C}\,\overline{D} + A\overline{B} + \overline{A}C$$

चित्र 4.37 में इस SOP समीकरण का लॉजिक डायग्राम दिया गया है।

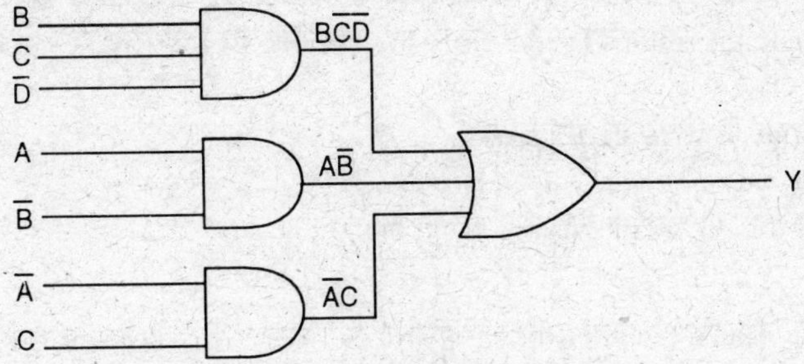

चित्र 4·37

4·12. ओवरलैपिंग समूह
(Overlapping Groups)

कारनॉप मैप में किसी '1' को pair, quad अथवा octet बनाने के लिए एक से अधिक बार प्रयुक्त किया जा सकता है अर्थात् कोई '1' किसी pair में तथा किसी अन्य समूह (क्वाड, आक्टेट) में एक साथ सम्मिलित किया जा सकता है। चित्र 4.38 में प्रदर्शित कारनॉप मैप में एक '1' एक pair तथा ऑक्टेट दोनों में सम्मिलित है। ऐसा करने से बूलियन समीकरण और अधिक सरल हो जाती है।

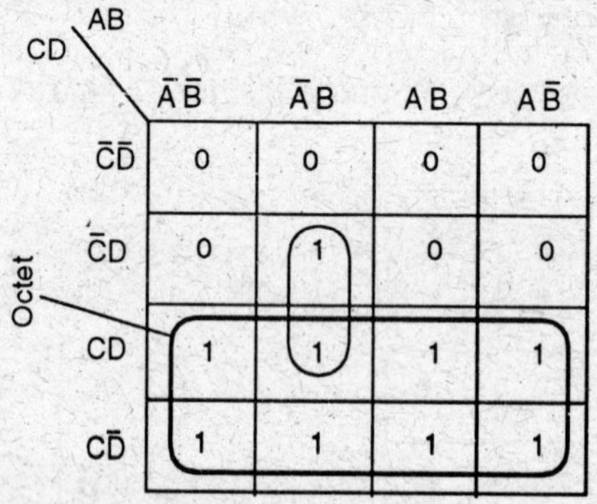

चित्र 4·38—ओवरलैपिंग समूह

चित्र 4.38 के दो ओवर-लैपिंग समूहों की समीकरण निम्न प्रकार लिखी जा सकती है :

$$Y_1 = \overline{A}\,B\,D \qquad \text{(pair की समीकरण)}$$

$$Y_2 = C \qquad \text{(octet की समीकरण)}$$

अतः सम्पूर्ण कारनॉप मैप के लिए बूलियन समीकरण

$$Y_1 = Y_1 + Y_2$$

$$= \overline{A}\,B\,D + C \qquad \ldots 4\cdot6$$

4·13. मैप रोलिंग
(Rolling The Map)

कारनॉप मैपिंग के सन्दर्भ में एक अन्य क्रिया मैप रोलिंग है। चित्र 4.39 (a) में प्रदर्शित कारनॉप मैप में दो pair हैं जिनकी बूलियन समीकरण निम्न है :

$$Y = \overline{A}\,\overline{B}\,D + A\,\overline{B}\,D \qquad \ldots 4\cdot7$$

अब यदि कारनॉप मैप को इस प्रकार मोड़ा जाये कि मैप की बायीं साइड, दायीं साइड को स्पर्श करे तब ध्यान से देखने पर ज्ञात होगा कि यह दोनों pair एक क्वाड बनाते हैं। मैप में यह तथ्य स्पष्ट करने के लिए चित्र 4.39 की भांति प्रत्येक pair को आधा घेरिये (encircle half)।

इस कल्पना के आधार पर क्वाड की समीकरण

$$Y = \overline{B}\,D$$

यह समीकरण 4.7 द्वारा भी प्रदर्शित किया जा सकता है:

$$Y = \overline{A}\,\overline{B}\,D + A\,\overline{B}\,D$$

$$= \overline{B}\,D\,(\overline{A} + A)$$

$$= \overline{B}\,D$$

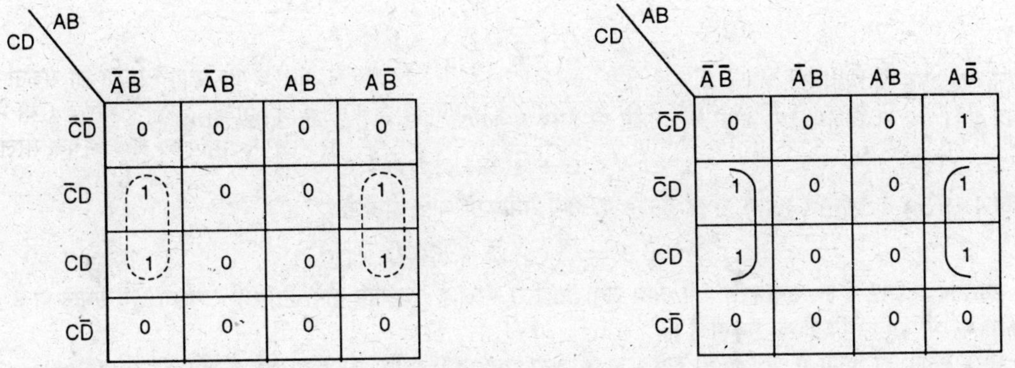

चित्र 4·39—कारनॉप रोलिंग (rolling)

मैप रोलिंग के अन्य उदाहरण
(More Examples of Map Rolling)

मैप रोलिंग में बड़े से बड़ा समूह बनाने के लिए यदि सम्भव होतो रोलिंग तथा ओवर लैपिंग दोनों क्रियाएँ एक साथ करनी चाहियें। उदाहरणतः चित्र 4.40 (a) में आक्टेट तथा युग्म (pair) की बुलियन समीकरण निम्न प्रकार है:

$$Y = \overline{C} + B\,C\,\overline{D}$$

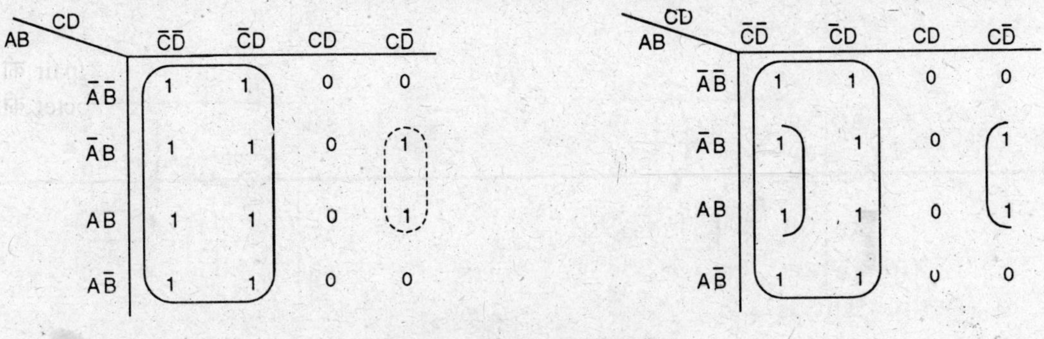

चित्र 4·40—रोलिंग तथा ओवर लैपिंग

परन्तु चित्र 4.40 (b) में रोलिंग तथा ओवर-लैपिंग द्वारा अधिक संक्षिप्त (reduced) बूलियन समीकरण प्राप्त की जा सकती है।

$$Y = \overline{C} + B\,\overline{D}$$

चित्र 4.41 में समूह बनाने के अन्य उदाहरण दिये हैं

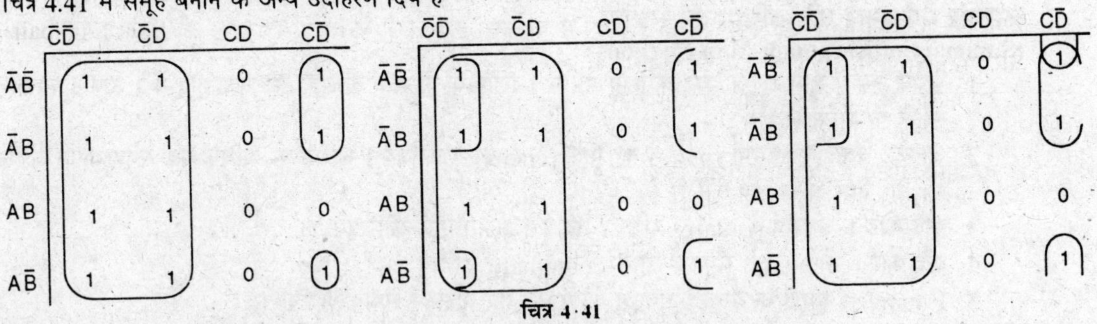

चित्र 4·41

चित्र 4.41 (a) में 1's के समूह सामान्य विधि द्वारा बनाये गये हैं। इस गैप की SOP समीकरण

$$Y = \overline{C} + \overline{A}\,C\,\overline{D} + A\,\overline{B}\,C\,\overline{D}$$

परन्तु यह उपयुक्त विधि नही हैं।

चित्र 4.41 (b) में रोलिंग तथा ओवर लैप करने पर निम्न समीकरण प्राप्त होती है, जो अधिक सरल है

$$Y = \overline{C} + \overline{A}\,\overline{D} + A\,\overline{B}\,\overline{D}$$

चित्र 4.41 (c) के अनुसार 1's के समूह बनाने पर निम्न समीकरण प्राप्त होती है:

$$Y = \overline{C} + \overline{A}\,\overline{D} + \overline{B}\,C\,\overline{D} \qquad \ldots 4{\cdot}9$$

उपरोक्त से स्पष्ट है कि समीकरण 4.9 अन्य समीकरणों से सरल है। अन्तिम दोनों विधियाँ लगभग एक समान ही हैं। इनमें से किसी को भी प्रयुक्त किया जा सकता है।

समूह बनाने की क्रिया में यदि किसी समूह के 1s अन्य समूह द्वारा प्रयोग कर लिए गये हैं, तब वह (redundant) समूह भी लुप्त (eliminate) किया जा सकता है। उदाहरणतः चित्र 4.42 (a) के मैप में, क्वाड को encircle करने पर चित्र 4.42 (b) प्राप्त होता है। इसके पश्चात् शेष 1s को चित्र 4.42 (c) की भांति ओवर लैप कर समूह बनाया गया है। चित्र 4.42 (c) में क्वाड

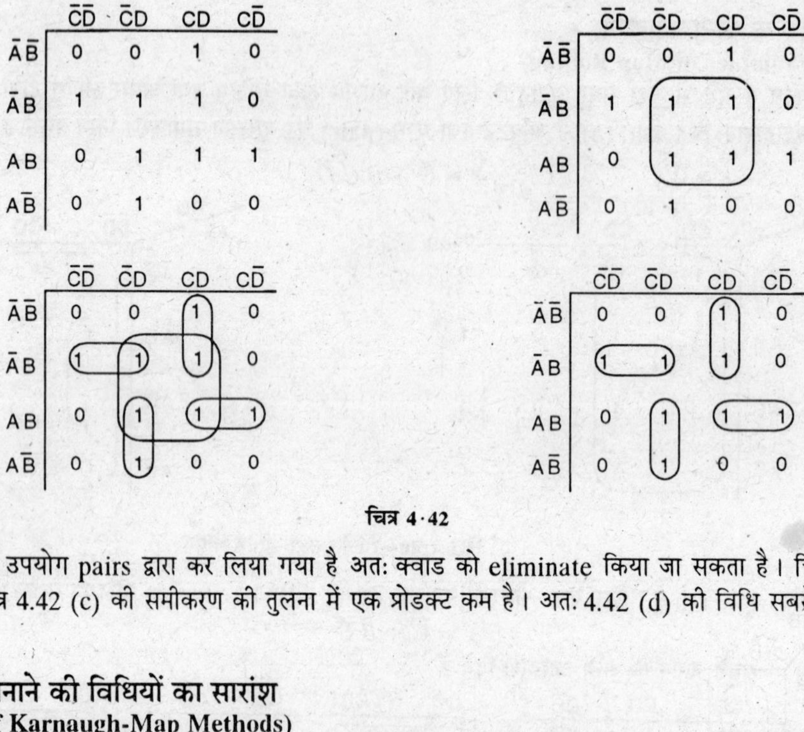

चित्र 4·42

के सभी 1's का उपयोग pairs द्वारा कर लिया गया है अतः क्वाड को eliminate किया जा सकता है। चित्र 4.42 (d) की समीकरण में, चित्र 4.42 (c) की समीकरण की तुलना में एक प्रोडक्ट कम है। अतः 4.42 (d) की विधि सबसे अधिक उपयुक्त है।

कारनॉप मैप बनाने की विधियों का सारांश
(Summary of Karnaugh-Map Methods)

1. प्रत्येक उस फन्डामेन्टल प्रोडक्ट के लिए मैप में 1 लिखिये जो सत्य तालिका की आउटपुट में 1 उत्पन्न करता है। शेष स्थानों पर शून्य लिखिये।
2. आक्टेट, क्वाड एवं युग्मों (pairs) को मार्क (encircle) कीजिये। अधिक से अधिक बड़े समूह बनाने के लिए रोल (roll) तथा ओवर लैप कीजिए।
3. यदि कोई 1 अवशेष (isolate) रहता है तब उसे अलग मार्क कीजिए।
4. यदि कोई redundand समूह है तो उसे eliminate कीजिये।
5. Encircled समूहों के सगंत प्रोडक्ट्स को 'OR' कर बूलियन समीकरण लिखिये।

4·14. POS समीकरण को K-Map से कम्पलीमेंटरी परिपथ द्वारा सरल करना (Simplifying POS by K-map through Complementary Circuits)

कारनॉप मैप से POS को सरल करने की अनेक विधियाँ हैं। एक सरलतम विधि इस प्रकार है । माना किसी सत्य तालिका के संगत आपने कोई कारनॉप बनाया है तथा उसमें फन्डामेंटल प्रोडक्ट (1) तथा फन्डामेंटल योग (0) लिख दिये गये हैं। अब मैप में प्रत्येक 0 एवं 1 को कम्पलीमेंट कर पुन: SOP समीकरण लिखी जाती है। यह कम्पलीमेंट की गई समीकरण वांछित POS समीकरण है। उदाहरण के लिए तालिका 4.9 में दी गई सत्य तालिका के अनुसार K-Map चित्र 4.43 (a) में बनाया गया है। इस मैप में 1s के समूह बनाकर निम्न SOP समीकरण प्राप्त की जा सकती है। K-Map के लिए लॉजिक NAND-NAND परिपथ चित्र 4.43 (b) में प्रदर्शित किया गया है।

$$Y = \overline{A}\,\overline{B} + AB + AC$$

TABLE — 4.9

A	*B*	*C*	*D*	*Y*
0	0	0	0	1
0	0	0	1	1
0	0	1	0	1
0	0	1	1	1
0	1	0	0	0
0	1	0	1	0
0	1	1	0	0
0	1	1	1	0
1	0	0	0	1
1	0	0	1	1
1	0	1	0	1
1	0	1	1	1
1	1	0	0	0
1	1	0	1	0
1	1	1	0	0
1	1	1	1	0

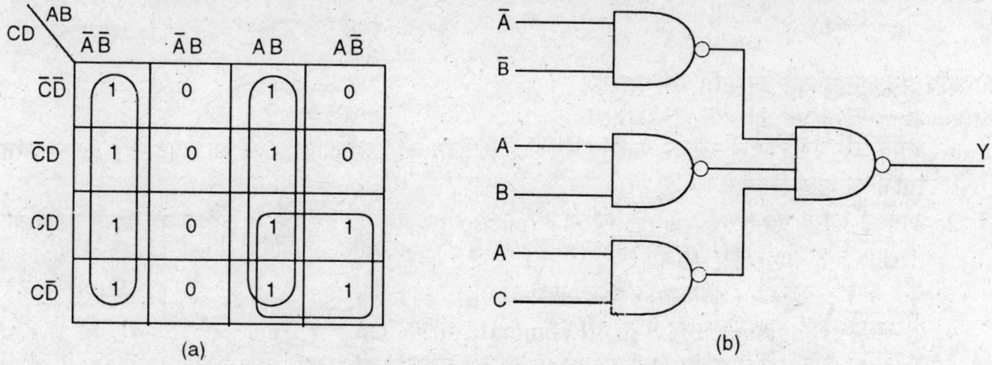

चित्र 4·43 (a), (b) व्यंजक $Y = \overline{A}\,\overline{B} + AB + AC$ के लिए NAND-NAND परिपथ

तालिका 4.9 से POS समीकरण बनाने के लिए K-Map के प्रत्येक '0' तथा 1 को कम्पलीमेंट कीजिए जैसे कि चित्र 4.44 (a) में प्रदर्शित किया गया है। अब इस K-मैप में '1s' के समूह अर्थात् आक्टेट, क्वाड एवं pair बनाकर निम्न SOP समीकरण प्राप्त की जा सकती है।

$$\overline{Y} = \overline{A}B + A\overline{B}\,\overline{C}$$

यहाँ पर Y को कम्पलीमेंट ($\overline{Y}$) करने का कारण यह है कि समस्त कारनॉप मैप भी कम्पलीमेंट किया गया है अतः परिपथ की आउटपुट भी कम्पलीमेंट हो जाती है। अतः चित्र 4.44 (a) की SOP समीकरण Y के स्थान पर $\overline{Y}$ होगी। चित्र 4.44 (b) में $\overline{Y} = \overline{A}B + A\overline{B}\,\overline{C}$ के तुल्य NAND-NAND लॉजिक परिपथ प्रदर्शित किया गया है।

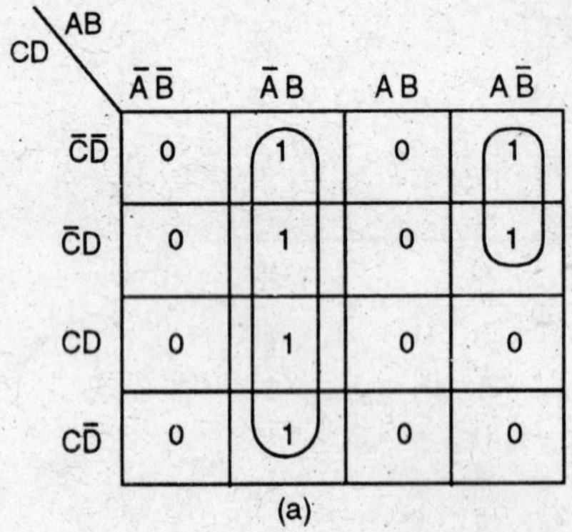

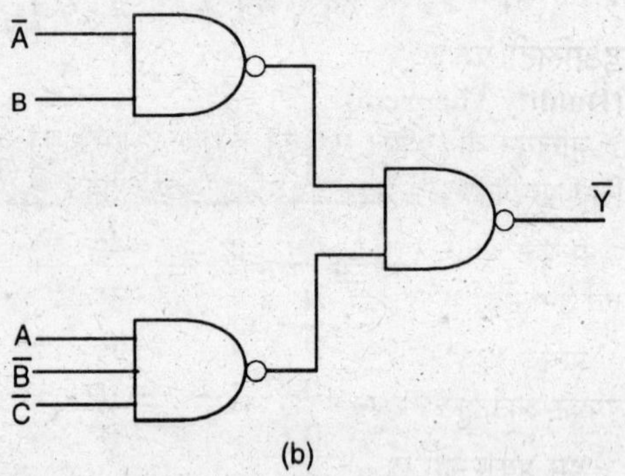

चित्र 4·44

NOR-NOR परिपथ बनाना
(Forming NOR-NOR Circuit)

अब हमें एक ऐसा POS परिपथ (NOR-NOR) बनाना है जो कि पुनः तालिका 4.9 को उत्पन्न कर सके। डिमॉर्गन की प्रथम प्रमेय के अनुसार NAND गेट्स को bubbled OR गेट्स द्वारा प्रतिस्थापित (replace) किया जा सकता है; अतः चित्र 4.43 (b) को हम चित्र 4.45 (a) द्वारा प्रतिस्थापित कर सकते हैं। डिजिटल प्रणालियों में प्रत्येक variable एवं उसके कम्पलीमेन्ट की बस लाइनें (bus lines) उपलब्ध होती हैं। अतः $\overline{A}$ तथा B को bubbled OR गेट से संयोजित करने के स्थान पर हम A तथा $\overline{B}$ को चित्र 4.45 (b) की भांति संयोजित कर सकते हैं। इसी प्रकार A, $\overline{B}$ तथा $\overline{C}$ को बबल्ड् OR गेट से संयोजित करने के बजाय $\overline{A}$, B तथा C को OR गेट से संयोजित कर सकते हैं। इस प्रकार चित्र 4.45 (a) के तुल्य लॉजिक परिपथ 4.45 (b) प्राप्त होता है।

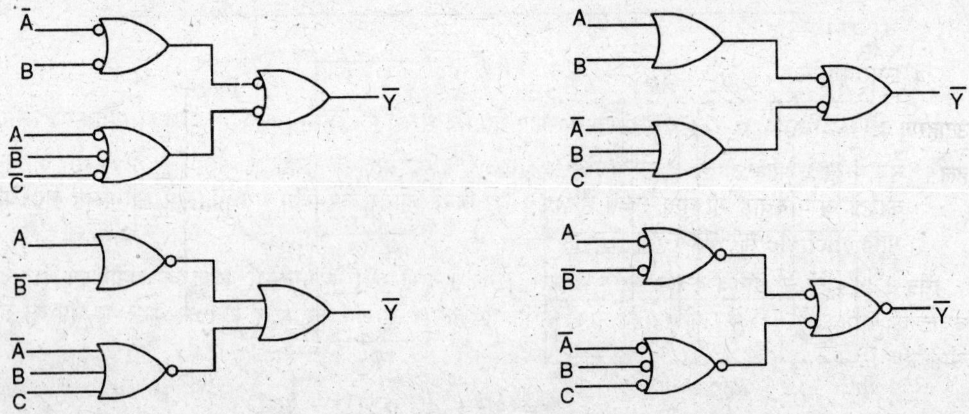

चित्र 4·45— POS समीकरण के लिए NOR-NOR परिपथ

NOR-NOR गेट प्राप्त करने की दिशा में अगला स्टेप चित्र 4.45 (b) को 4.45 (c) में परिवर्तित करना है जिसमें bubbles को आउटपुट OR गेट से बांयें खिसका कर इनपुट गेट्स पर लाया गया है। ऐसा करने से इनपुट OR गेट्स NOR गेट्स में परिवर्तित हो गये हैं। अन्त में आउटपुट में NOR गेट प्रयुक्त करने के लिए आउटपुट गेट पर बबल लगाया जा सकता है जिससे आउटपुट $\overline{Y}$ के स्थान पर Y हो जाती है जैसा कि चित्र 4.45 (d) में NOR-NOR गेट्स द्वारा स्पष्ट है। यह चित्र 4.43 (b) के NAND-NAND परिपथ का NOR-NOR तुल्यांक है।

इस प्रकार NAND-NAND परिपथ को NOR-NOR परिपथ में परिवर्तन की सरल विधि यह होगी कि सभी इनपुट एवं आउटपुट को कम्पलीमेन्ट कर दिया जाये एवं परिपथ में प्रयुक्त NAND गेट्स को NOR गेट्स द्वारा प्रतिस्थापित कर दिया जाये। इसके अतिरिक्त NAND-NAND परिपथों को NOR-NOR परिपथ में डुअलिटी प्रमेय (duality theorem) द्वारा निम्न प्रकार परिवर्तित किया जा सकता हैं।

डुअलिटी प्रमेय
(Duality Theorem)

बूलियन बीजगणित में हमने डुअलिटी प्रमेय का अध्ययन किया है। किसी लॉजिक परिपथ का डुअल (dual) प्राप्त करने के लिए यह प्रमेय हम निम्न प्रकार प्रयोग कर सकते हैं :

प्रत्येक AND गेट को OR गेट में परिवर्तित कीजिये, प्रत्येक OR गेट को AND गेट में परिवर्तित कीजिये तथा सभी आउटपुट एवं इनपुट सिगनलों को कम्पलीमेन्ट कीजिये। इस स्टेटमेन्ट के तुल्य डुअलिटी स्टेटमेन्ट निम्न प्रकार है:

प्रत्येक NAND गेट को NOR गेट में परिवर्तित कीजिये, प्रत्येक NOR गेट को NAND गेट में परिवर्तित कीजिये तथा सभी इनपुट-आउटपुट सिगनलों को कम्पलीमेन्ट कीजिये।

इस प्रकार हम किसी भी कम्पलीमेन्टरी NAND-NAND परिपथ को उसके डुअल NOR-NOR परिपथ में परिवर्तित कर सकते हैं। इस क्रिया में सभी NAND गेट्स को NOR गेट्स में परिवर्तित किया जाता है तथा सभी सिगनलों को कम्पलीमेन्ट किया जाता है।

कारनॉप मैपिंग से सम्बन्धित स्मरणीय बिन्दु
(Points to Remember in Karnaugh Mapping)

कारनॉप मैपिंग द्वारा SOP अथवा POS समीकरण ज्ञात करने के लिए निम्न बिन्दु पर ध्यान देना उपयोगी होगाः

1. सत्य तालिका को कारनॉप मैप में परिवर्तित कीजिये। 1s के समूह बनाकर SOP समीकरण लिखिये तथा NAND-NAND परिपथ बनाइये। यह दिये गये बूलियन व्यंजक Y का SOP हल (solution) है।
2. कारनॉप मैप को कम्पलीमेन्ट कीजिये। 1s के समूह बनाइये। SOP समीकरण हल कर, $\overline{Y}$ के लिए NAND-NAND परिपथ बनाइये। यह कम्पलीमेन्टरी NAND-NAND परिपथ है।
3. कम्पलीमेन्टरी NAND-NAND परिपथ को उसके डुएल NOR-NOR परिपथ में परिवर्तित कीजिये तथा सभी सिगनलों को कम्पलीमेन्ट कीजिये। यह Y के लिए POS हल (solution) है।
4. उपरोक्त क्रिया में प्राप्त NOR-NOR परिपथ (step-3) की तुलना NAND-NAND गेट (step -1) से कीजिये।

उदाहरण 4.11—चित्र 4.46 (a) में प्रदर्शित कारनॉप मैप की सरलीकृत (Simplified) बूलियन समीकरण लिखिये।

हल : मैप में कोई आक्टेट नहीं है; परन्तु चित्र 4.46 (b) के अनुसार एक क्वाड है। हम चित्र 4.46 (c) के अनुसार ओवर लैप कर दो अन्य क्वाड भी बना सकते हैं शेष 1 को किसी ओवर लैप किये गये pair में सम्मिलित कर चित्र 4.46 (d) की भांति encircle कर सकते हैं।

चित्र 4.46 (d) के क्षैतिज क्वाड की समीकरण AB है। दायीं ओर के वर्गाकार क्वाड की समीकरण AC तथा बायें ओर के क्वाड की समीकरण AD है। युग्म (pair) की समीकरण BCD है। इन प्रोडक्ट्स को OR करने पर, मैप की सरलीकृत बूलियन समीकरण निम्न है :

$$Y = AB + AC + AD + BCD$$

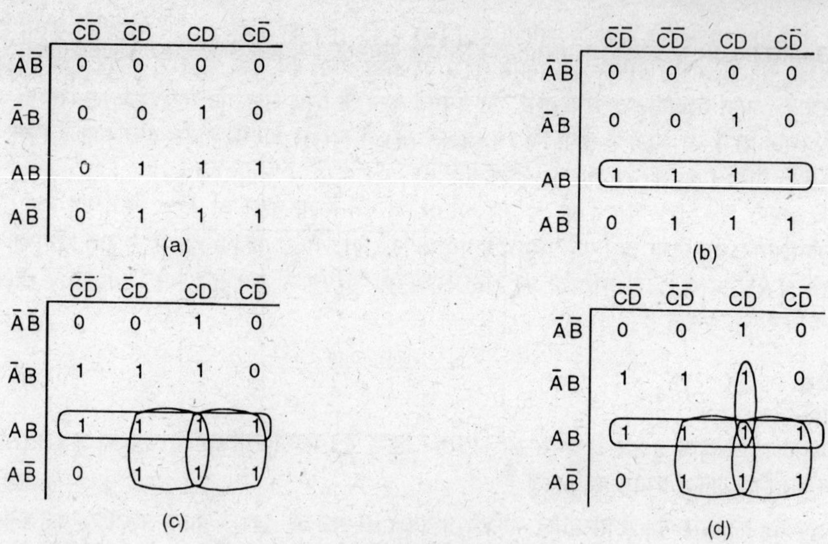

चित्र 4·46—कारनॉप मैप प्रयुक्त कर बूलियन व्यंजक प्राप्त करना

उदाहरण 4.12—चित्र 4.47 (a) में प्रदर्शित कारनॉप मैप के लिए SOP तथा POS समीकरण लिखिए तथा तार्किक परिपथ बनाइये।

हल :

(i) कारनॉप मैप (चित्र 4.47) से बूलियन व्यंजक

$$Y = BC\overline{D} + A$$

इस समीकरण का SOP परिपथ चित्र 4.47 (b) की भांति होगा।

(ii) चित्र 4.47 (c) में K-Map को कम्पलीमेंट किया गया है। इस चित्र की बूलियन समीकरण निम्न होगी :

$$\overline{Y} = \overline{A}\,\overline{B} + \overline{A}\,\overline{C} + \overline{A}\,D$$

चित्र 4.47 (d) $\overline{Y}$ के लिए SOP परिपथ है। इस परिपथ को इसके ड्एल NOR-NOR परिपथ में परिवर्तित कर चित्र 4.47 (e) प्राप्त होता है।

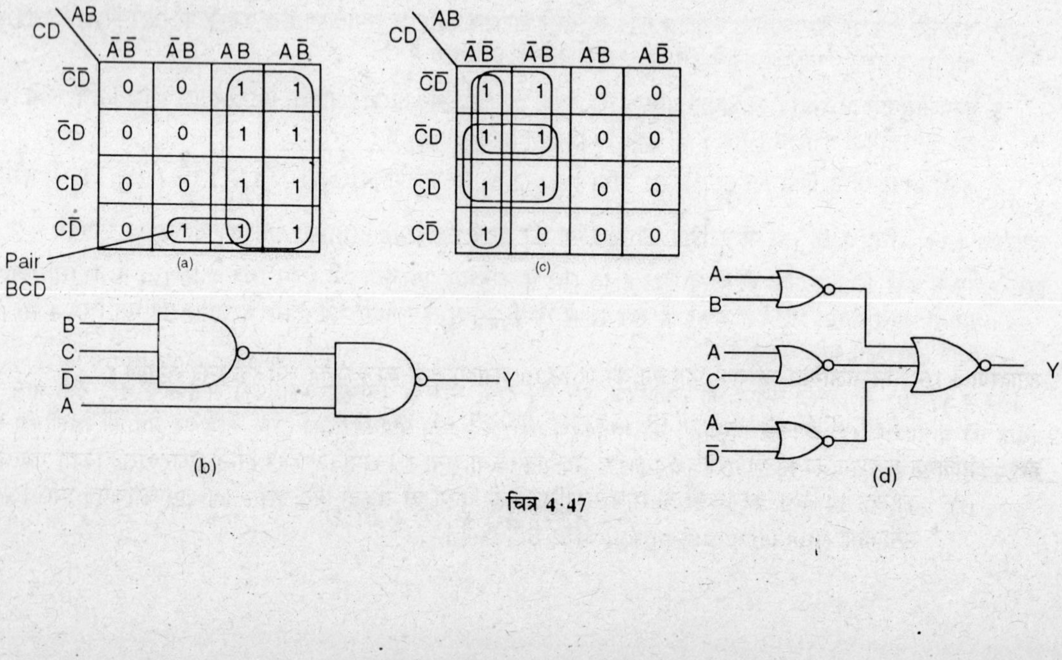

चित्र 4·47

उदाहरण 4.13—चित्र 4.48 में प्रदर्शित K-Map की लॉजिक समीकरण स्टेन्डर्ड SOP रूप में लिखिए।

CD \ AB	00	01	11	10
00	0: 1	4	12: 1	8
01	1	5: 1	13	9: 1
11	3	7: 1	15: 1	11
10	2	6	14: 1	10

चित्र 4·48

हल :

$$Y = \overline{A}\,\overline{B}\,\overline{C}\,\overline{D} + A\,B\,\overline{C}\,\overline{D} + \overline{A}\,B\,\overline{C}\,D + A\,\overline{B}\,\overline{C}\,D + \overline{A}\,B\,C\,D + A\,B\,C\,D + A\,B\,C\,\overline{D}$$

$$= \sum m\,(0, 5, 7, 9, 12, 14, 15)$$

(यहाँ $\sum m$ उन सभी minterm का योग है जिनके लिए फन्डामेंटल प्रोडक्ट 1 है। अंक 0, 5, 7, 9, 12, 14, 15 कोष्ठकों की डेसीमल संख्या प्रदर्शित करते हैं)

उदाहरण 4.14—निम्न POS समीकरण को K-Map पर दर्शाइये।

$$Y = (A + B + C)\,(A + \overline{B} + \overline{C})\,(\overline{A} + B + \overline{C})\,(\overline{A} + \overline{B} + C)$$

हल : यह एक product-of-sums समीकरण है। इसे K-Map द्वारा प्रदर्शित करने के लिए प्रत्येक maxterm के संगत कोष्ठक (cell) में '0' लिखा जाता है। इस समीकरण का K-Map चित्र 4.49 की भांति होगा।

इस प्रकार के K-Map से स्टैन्डर्ड POS रूप में लॉजिक समीकरण लिखने के लिए, प्रत्येक शून्य के संगत maxterms को परस्पर AND किया जाता है।

C \ AB	00	01	11	10
0	0: 0	2	6: 0	4
1	1	3: 0	7	5: 0

चित्र 4·49

उदाहरण 4.15—निम्नलिखित लॉजिक फंक्शन का K-Map बनाइए तथा व्यंजक का लॉजिक चित्र बनाइए।

$$f(A, B, C, D) = \sum m\,(0, 1, 2, 3, 5, 7, 8, 9, 11, 14)$$

हल : बूलियन फंक्शन का K-Map चित्र 4.50 में प्रदर्शित किया गया है। समीकरण को निम्न प्रकार सरल किया गया है :

(i) कोष्ठक 14 के 1 को किसी के साथ संयोजित नहीं किया जा सकता अतः इसे encircle कीजिए। इस '1' के संगत समीकरण (fundamental product) $A\,BC\,\overline{D}$ है।

(ii) कोष्ठक 8, 11, 5 तथा 7 प्रत्येक को प्रयुक्त कर केवल एक-एक समूह बनाया जा सकता है जो निम्न प्रकार हैं,

(8, 9, 0, 1), (11, 9, 1, 3),

(5, 7, 3, 1) तथा (2, 3, 1, 0)

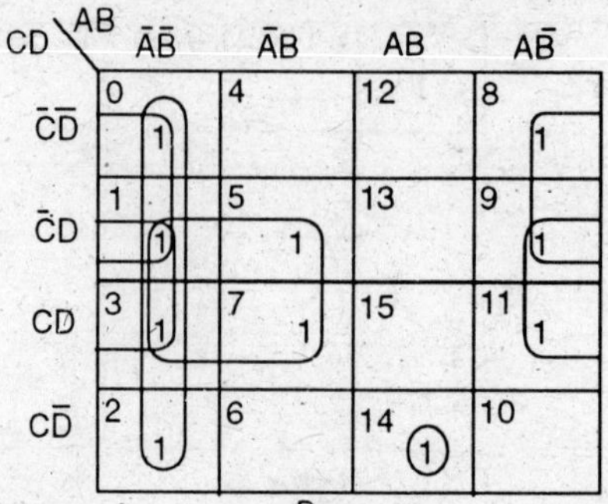

चित्र 4·50

इन समूहों को encircle किया गया है। इन समूहों के संगत समीकरण क्रमशः $\overline{B}\,\overline{C}, \overline{B}\,D, \overline{A}\,D$ तथा $\overline{A}\,\overline{B}$ हैं।
अतः फंक्शन की सरलीकृत समीकरण

$$f(A, B, C, D) = ABC\,\overline{D} + \overline{B}\,\overline{C} + \overline{B}\,D + \overline{A}\,D + \overline{A}\,\overline{B}$$

व्यंजक का लॉजिक परिपथ

उपरोक्त बूलियन व्यंजक का लॉजिक डायग्राम चित्र 4.51 में प्रदर्शित किया गया है।

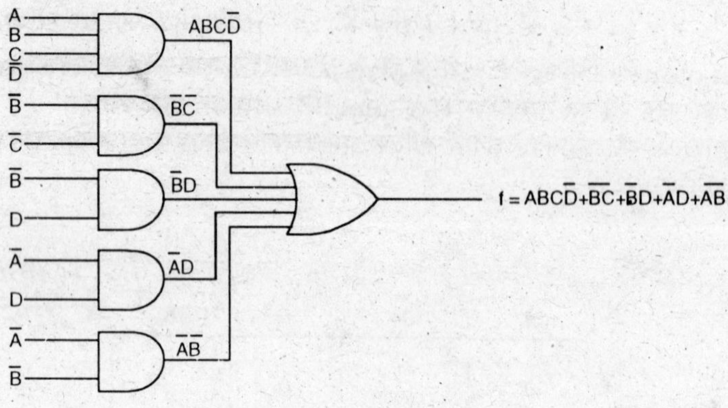

चित्र 4·51

उदाहरण 4.16—एक लॉजिक फंक्शन जिसमें चार Variables हैं, minterms में निम्न समीकरण द्वारा व्यक्त किया जाता है: इस फंक्शन को maxterm में प्रदर्शित कीजिये।

$$Y = \sum m\,(0, 3, 6, 7, 10, 12, 15)$$

हल:
$$Y = \sum m\,(0, 3, 6, 7, 10, 12, 15)$$

हम जानते हैं कि minterm उन फन्डामेन्टल प्रोडक्ट्स (SOP) को प्रदर्शित करते हैं जिनके लिए आउटपुट '1' है। अतः उपरोक्त फंक्शन के K-Map में कोष्ठक (cell) 0, 3, 6, 7, 10, 12, 15 में आउटपुट '1' अंकित होगी तथा शेष 1, 2, 4, 5, 8, 9, 11, 13, 14, कोष्ठक शून्य आउटपुट को प्रदर्शित करेंगे अर्थात् इन कोष्ठक में वह फन्डामेन्टल योग होंगे जिनके लिये आउटपुट '0' है। चूँकि फन्डामेन्टल योग को प्रदर्शित करने वाले व्यंजक के पद maxterm होते हैं अतः फंक्शन को निम्न maxterm (POS) समीकरण द्वारा प्रदर्शित किया जा सकता है:

$$Y = \pi\,M\,(1, 2, 4, 5, 8, 9, 11, 13, 14)$$

यह फंक्शन $Y = \sum m\,(0, 3, 6, 7, 10, 12, 15)$ का कम्पलीमेन्टरी फंक्शन है।

उदाहरण 4.17—एक चार variables के बूलियन फंक्शन को SOP तथा POS में परिवर्तित करने पर प्राप्त minterms तथा maxterms सूचिबद्ध कीजिए।

हल : तालिका 4.10 चार Variables के फंक्शन के लिये minterms (m_i) तथा maxterm (M_i) प्रदर्शित करती है।

TABLE 4.10

Variables				Minterm	Maxterm
A	B	C	D	m_i	M_i
0	0	0	0	$\overline{A}\,\overline{B}\,\overline{C}\,\overline{D} = m_0$	$A + B + C + D = M_0$
0	0	0	1	$\overline{A}\,\overline{B}\,\overline{C}\,D = m_1$	$A + B + C + \overline{D} = M_1$
0	0	1	0	$\overline{A}\,\overline{B}\,C\,\overline{D} = m_2$	$A + B + \overline{C} + D = M_2$
0	0	1	1	$\overline{A}\,\overline{B}\,C\,D = m_3$	$A + B + \overline{C} + \overline{D} = M_3$
0	1	0	0	$\overline{A}\,B\,\overline{C}\,\overline{D} = m_4$	$A + \overline{B} + C + D = M_4$
0	1	0	1	$\overline{A}\,B\,\overline{C}\,D = m_5$	$A + \overline{B} + C + \overline{D} = M_5$
0	1	1	0	$\overline{A}\,B\,C\,\overline{D} = m_6$	$A + \overline{B} + \overline{C} + D = M_6$
0	1	1	1	$\overline{A}\,B\,C\,D = m_7$	$A + \overline{B} + \overline{C} + \overline{D} = M_7$
1	0	0	0	$A\,\overline{B}\,\overline{C}\,\overline{D} = m_8$	$\overline{A} + B + C + D = M_8$
1	0	0	1	$A\,\overline{B}\,\overline{C}\,D = m_9$	$\overline{A} + B + C + \overline{D} = M_9$
1	0	1	0	$A\,\overline{B}\,C\,\overline{D} = m_{10}$	$\overline{A} + B + \overline{C} + D = M_{10}$
1	0	1	1	$A\,\overline{B}\,C\,D = m_{11}$	$\overline{A} + B + \overline{C} + \overline{D} = M_{11}$
1	1	0	0	$A\,B\,\overline{C}\,\overline{D} = m_{12}$	$\overline{A} + \overline{B} + C + D = M_{12}$
1	1	0	1	$A\,B\,\overline{C}\,D = m_{13}$	$\overline{A} + \overline{B} + C + \overline{D} = M_{13}$
1	1	1	0	$A\,B\,C\,\overline{D} = m_{14}$	$\overline{A} + \overline{B} + \overline{C} + D = M_{14}$
1	1	1	1	$A\,B\,C\,D = m_{15}$	$\overline{A} + \overline{B} + \overline{C} + \overline{D} = M_{15}$

उदाहरण 4.18—निम्न लॉजिक फंक्शन को सरल कीजिये

$$f(A, B, C, D) = \pi M\,(4, 6, 10, 12, 13, 15)$$

हल : यह फंक्शन स्टेन्डर्ड POS रूप में है। अत: $M_4, M_6, M_{10}, M_{12}, M_{13}$ एवं M_{15} पदों के इनपुट के लिये आउटपुट शून्य होगी। समीकरण का K-Map चित्र 4.52 में प्रदर्शित किया गया है। कारनॉप मैप से बूलियन फंक्शन की सरलीकृत समीकरण निम्न होगी।

$$Y = (\overline{A} + B + \overline{C} + D) \cdot (\overline{A} + \overline{B} + \overline{C})\ (\overline{A} + \overline{B} + \overline{D}) \cdot (A + \overline{B} + D))$$

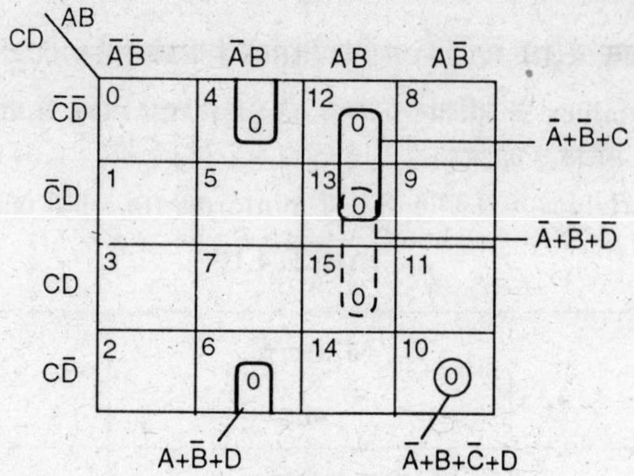

चित्र 4·52

उदाहरण 4.19—निम्न लॉजिक फंक्शन को कारनॉप मैप द्वारा प्रदर्शित कीजिये तथा फंक्शन को सरल (Simplify) कर इसका लॉजिक डायग्राम बनाइये।

$$f = \sum (m_0, m_1, m_3, m_7, m_8, m_9, m_{11}, m_{15})$$

हल :

$$Y = \sum (m_0, m_1, m_3, m_7, m_8, m_9, m_{11}, m_{15})$$

$$= m_0 + m_1 + m_3 + m_7 + m_8 + m_9 + m_{11} + m_{15}$$

चित्र 4.53 में फंक्शन Y का K-Map प्रदर्शित किया गया है। चित्र में क्वाड (quads) को encircle किया गया है। व्यंजक की सरलीकृत (simplified) समीकरण निम्न होगी।

$$Y = \overline{B}\,\overline{C} + C\,D$$

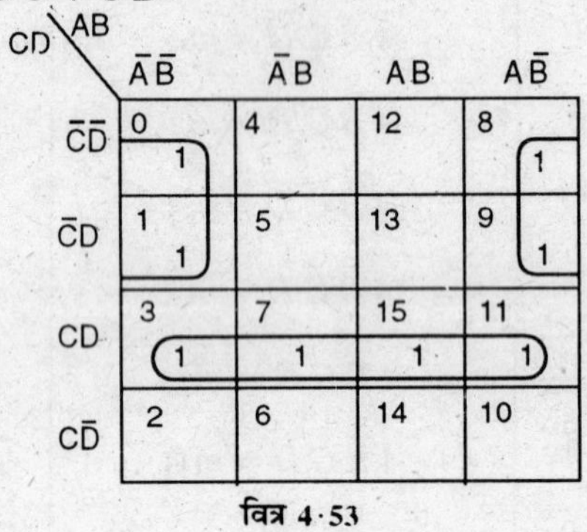

चित्र 4·53

इस समीकरण का OR-AND लॉजिक डायग्राम चित्र 4.54 (a) में प्रदर्शित है तथा NAND-NAND तुल्यांक परिपथ चित्र 4.54 (b) में प्रदर्शित है

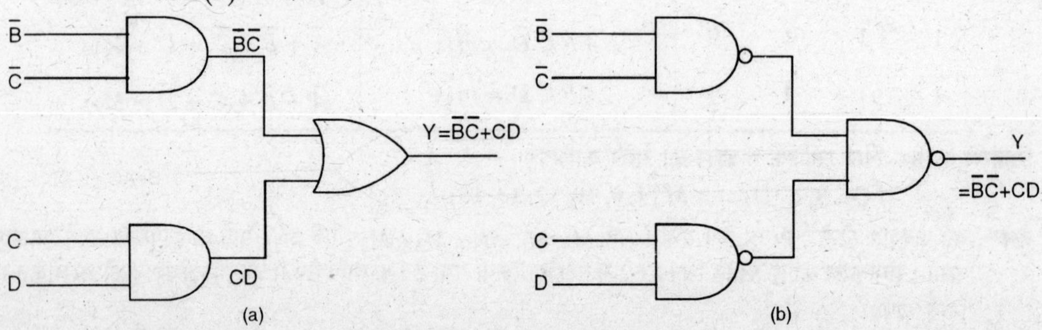

चित्र 4·54— $Y = \overline{B}\,\overline{C} + C\,D$ का (a) OR-AND परिपथ, (b) NAND-NAND परिपथ

उदाहरण 4.20—बूलियन व्यंजक $AB + \overline{A}\,\overline{C} + A\overline{B}C(AB + C)$ को सरल कीजिये।

हल :

$$Y = AB + \overline{A}\,\overline{C} + A\overline{B}C(AB + C)$$

गुणा करने पर

$$Y = AB + \overline{A}\,\overline{C} + AAB\overline{B}C + A\overline{B}CC \quad \text{(नियम 5)}$$

$$Y = AB + \overline{A}\,\overline{C} + A\overline{B}C \quad \text{(नियम 15, 17, 18)}$$

$\overline{A}\,\overline{C}$ को डिमॉर्गेनाइज करने पर

$$Y = AB + \overline{A} + \overline{C} + A\overline{B}C \quad \text{(नियम 21)}$$

$$= AB + \overline{C} + \overline{A} + A\overline{B}C \quad \text{(नियम 1)}$$

$$= AB + \overline{C} + \overline{A} + \overline{B}C \quad \text{(नियम 20)}$$

$$= \overline{A} + AB + \overline{C} + \overline{B}C \quad \text{(नियम 1)}$$

सरल करने पर

$$Y = \overline{A} + B + \overline{C} + \overline{B} \quad \text{(नियम 20)}$$

$$= 1 \text{ उत्तर} \quad \text{(नियम 12, 14)}$$

उदाहरण 4.21—बूलियन व्यंजक $AB + A(B + C) + B(B + C)$ को सरल कीजिये।

हल :

$$Y = AB + A(B + C) + B(B + C)$$

गुणा करने पर

$$Y = AB + AB + AC + BB + BC \quad \text{(नियम 5)}$$

$$= AB + AC + B + BC \quad \text{(नियम 17, 13)}$$

गुणनखण्ड करने पर

$$Y = AB + AC + B(1 + C)$$

$$= AB + AC + B \cdot 1$$

$$= AB + AC + B$$

$$= B(A + 1) + AC$$

$$= B \cdot 1 + AC \quad \text{(नियम 12)}$$

$$= B + AC$$

व्यंजक $B + AC$ का लॉजिक डायग्राम चित्र 4.55 में प्रदर्शित है।

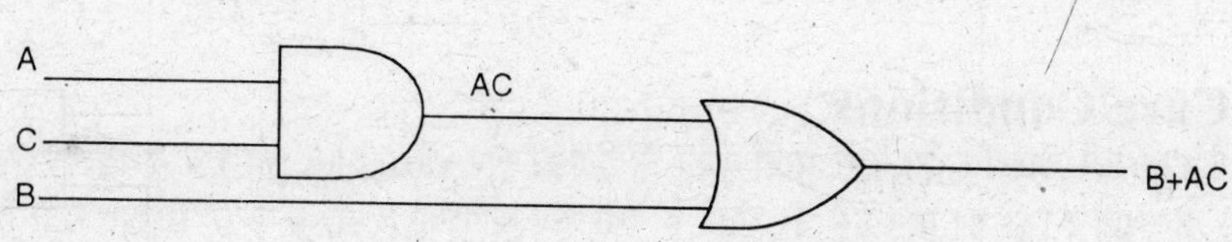

चित्र 4·55

उदाहरण 4.22—बूलियन फंक्शन $F(W, X, Y, Z) = \sum m(0, 1, 2, 4, 5, 6, 8, 9, 12, 13, 14)$ को K-मैप द्वारा सरल कीजिये।

हल : दिया गया बूलियन फंक्शन SOP (sum of product) रूप में है। व्यंजक के minterms K-Map (चित्र 4.56) में 1s द्वारा अंकित किये गये हैं। व्यंजक में चार variables हैं अतः इस व्यंजक का K-Map भी चार variables का होगा।

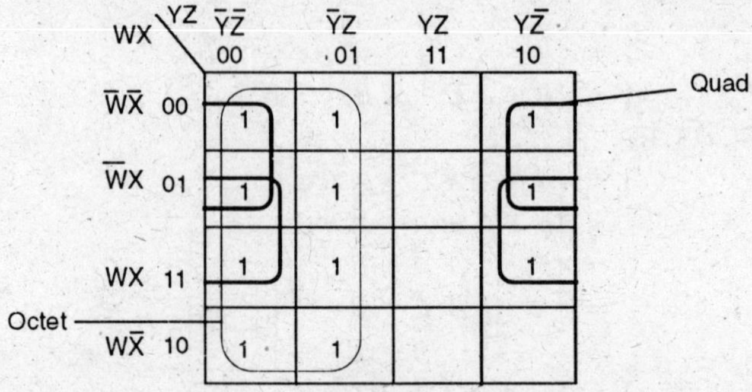

चित्र 4·56

(i) मैप में समीप स्थित (nearest) आठ 1's द्वारा एक octet बनाया गया है। आक्टेट की समीकरण $\bar{Y}$ है।

(ii) दायीं ओर के ऊपर वाले 1's को बायीं ओर ऊपर वाले 1's के साथ संयोजित कर क्वाड बनाया गया है जिससे व्यंजक $\bar{W}\bar{Z}$ प्राप्त होता है।

(iii) मध्य के बांयी तथा दायीं ओर के 1's द्वारा निर्मित क्वाड की समीकरण $X\bar{Z}$ है।

अतः बूलियन फंक्शन का सरल रूप

$$F(W, X, Y, Z) = \bar{Y} + \bar{W}\bar{Z} + X\bar{Z}$$

फंक्शन का लॉजिक डायग्राम चित्र 4.57 में प्रदर्शित है।

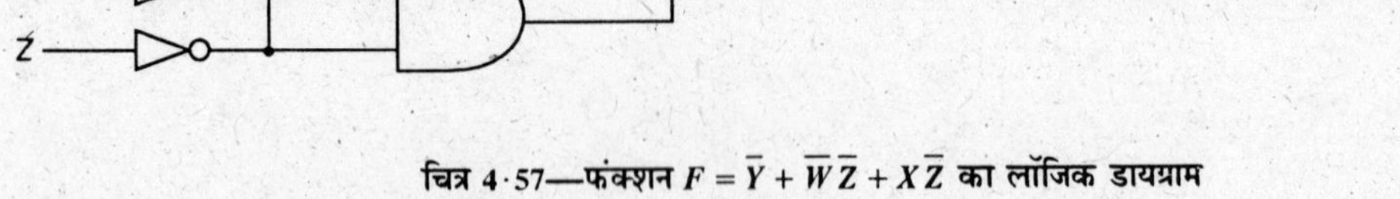

चित्र 4·57—फंक्शन $F = \bar{Y} + \bar{W}\bar{Z} + X\bar{Z}$ का लॉजिक डायग्राम

4·15. Don't Care Conditions

किसी बूलियन फंक्शन को कारनॉप मैप द्वारा सरल करने के लिए इनपुट variables को 1's अथवा 0 रखा जाता है। सामान्यतः High स्टेट (1) के संगत इनपुट का मान हम '1' रखते हैं तथा शेष कोष्ठकों (cells) में '0' लिखा जाता है। परन्तु कुछ डिजिटल पद्धतियों में यह सत्य नहीं होता अर्थात् सामान्य अवस्था में उनमें कुछ इनपुट स्थितियाँ उत्पन्न ही नहीं होती हैं तथा उनके (इनपुट) संगत आउटपुट प्राप्त नहीं होती। अतः ऐसी इनपुट संयोजन (combination) पर सत्य तालिका में आउटपुट को × द्वारा दर्शाया जाता है। ऐसी परिस्थितियों में डिजाइनर आउटपुट को 1 अथवा 0 कुछ भी मान सकता है जिससे सरल लॉजिक परिपथ प्राप्त हो सके। इस प्रकार की परिस्थिति DON'T CARE CONDITION कहलाती है।

सत्य तालिका को प्रयोग करते समय यदि कोई (X) चिन्ह प्राप्त होता है तब इसे 1 अथवा 0 में से कोई भी मान दिया जा सकता है जिसके द्वारा व्यंजक सरलतम (simplest) रूप से हल किया जा सके। चित्र 4.58 में प्रदर्शित कारनॉप मैप में कुछ इनपुट के लिये DON'T CARE CONDITION है। यह मैप, तालिका 4.11 के आधार पर बनाया गया है।

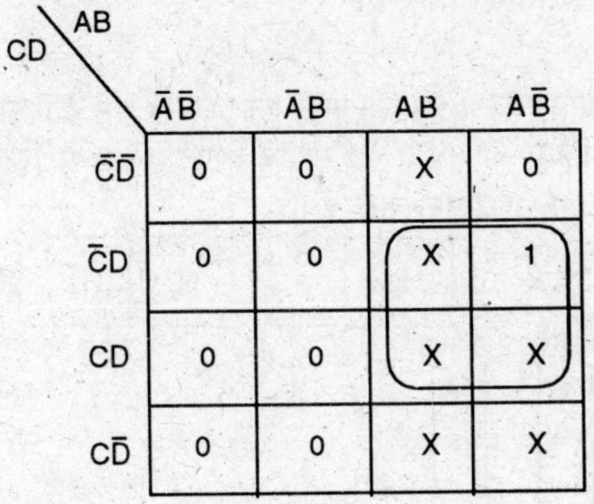

चित्र 4·58

TABLE 4.11

A	*B*	*C*	*D*	*Y*
0	0	0	0	0
0	0	0	1	0
0	0	1	0	0
0	0	1	1	0
0	1	0	0	0
0	1	0	1	0
0	1	1	0	0
0	1	1	1	0
1	0	0	0	0
1	0	0	1	1
1	0	1	0	×
1	0	1	1	×
1	1	0	0	×
1	1	0	1	×
1	1	1	0	×
1	1	1	1	×

तालिका से ज्ञात होता है कि 1010 से 1111 तक इनपुट के लिये आउटपुट 'X' है अर्थात् DON'T CARE है। व्यंजक को हल करने के लिये 'X' को सुविधानुसार 0 अथवा 1 रखा जा सकता है। मैप में यदि सभी Xs को 1 माना जाये तब चित्र 4.58 की भांति 1s के सबसे बड़े समूह को (जो भी प्राप्त हो सके) encircle किया जाता है। इस K-Map में यह एक क्वाड है। 'X' को '1' मानने पर क्वाड के बाहर सभी Xs को शून्य पढ़ा जाता है। इस प्रकार 'X' का प्रयोग अधिकतम लाभ के लिये किया जाता है।

चित्र 4.58 के क्वाड की बूलियन समीकरण निम्न है

$$Y = AD$$

इस समीकरण का लॉजिक डायग्राम चित्र 4.59 की भांति एक AND गेट है जिसकी इनपुट A एवं D है। इस लॉजिक परिपथ को सत्य तालिका 4.11 द्वारा चैक किया जा सकता है। सम्भव इनपुट 0000 से 1001 तक हैं। इस रेंज में High A तथा High D केवल 1001 इनपुट के लिए High Y उत्पन्न करते हैं।

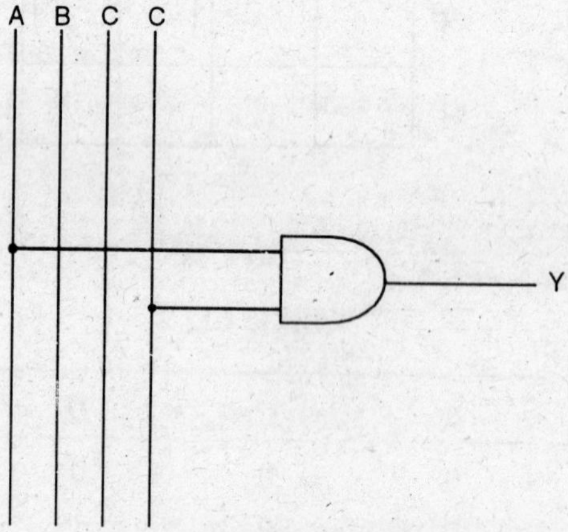

चित्र 4·59

प्रश्नावली—4

1. बूलियन के OR, NOT तथा AND आपरेशन के नियम लिखिये। डबल इनवर्जन का क्या अर्थ है।
2. निम्न समीकरण का लॉजिक परिपथ बनाइये।
   (i) $Y = A\overline{B}\,C + A\,B\,C$
   (ii) $Y = (\overline{A} + B + C)\,(A + B + C)$
   उपरोक्त फंक्शन को बूलियन बीज गणित द्वारा सरल कीजिये तथा उसके सगंत लॉजिक डायग्राम बनाइये।
3. लॉजिक समीकरण—
   $f = ABD + B\,\overline{C}\,D + \overline{A}\,B\,C$
   (i) के लिऐ सत्य तालिका बनाइये।
   (ii) को K-Map द्वारा सरल कीजिये।
   (iii) का NAND गेट्स प्रयुक्त कर लॉजिक डायग्राम बनाइये।
4. निम्न फंक्शन को K-Map द्वारा सरल कीजिये तथा न्यूनतम गेट्स प्रयुक्त कर realise कीजिये।
   (a) $f = \sum m\,(0, 3, 5, 6, 9, 10, 12, 15)$
   (b) $f = \sum m\,(0, 1, 2, 3, 11, 12, 14, 15)$

5. तालिका 4.12 द्वारा प्रदर्शित फंक्शन के लिए SOP परिपथ बनाइये।

TABLE 4.12

A	B	C	D	Y
0	0	0	0	0
0	0	0	1	1
0	0	1	0	0
0	0	1	1	0
0	1	0	0	0
0	1	0	1	1
0	1	1	0	0
0	1	1	1	0
1	0	0	0	0
1	0	0	1	0
1	0	1	0	1
1	0	1	1	1
1	1	0	0	1
1	1	0	1	1
1	1	1	0	0
1	1	1	1	0

6. तालिका 4.12 के लिये K-Map बनाइये तथा सभी सम्भव pairs, quads एवं octets को encircle कीजिये।
7. तालिका 4.12 की बूलियन समीकरण सरल रूप में लिखिये।
8. तालिका 4.12 के लिये POS परिपथ बनाइये। इसे हल कीजिये तथा पुनः न्यूनतम गेट्स प्रयुक्त कर लॉजिक द्वारा प्रदर्शित कीजिये।
9. निम्न बूलियन व्यंजक के तुल्य NOR-NOR परिपथ बनाइये।

$$Y = (\overline{A} + \overline{B} + \overline{C})\,(\overline{A} + B + \overline{C})\,(A + B + \overline{C})$$

10. तालिका 4.12 का सरल NOR-NOR परिपथ बनाइये।
11. निम्न बूलियन व्यंजक को सरल कर कारनॉप मैप बनाइये।

$$Y = \overline{ABC} + \overline{A}\,B\,\overline{C} + A\,\overline{BC} + A\,B\,\overline{C}$$

$$Y = (\overline{A} + B)\,(A + B)$$

12. निम्न व्यंजकों को K-Map द्वारा सरल कीजिए तथा उसे NOR गेट्स लॉजिक द्वारा प्रदर्शित कीजिये।

$$f(A, B, C, D) = \pi M\,(2, 7, 8, 9, 10, 12)$$

$$f(A, B, C, D) = \pi M\,(1, 4, 6, 9, 10, 11, 14, 15)$$

13. Commutative, वितरण (Distributive) तथा साहचर्य (Associative) नियमों को बूलियन व्यंजक द्वारा प्रदर्शित कीजिये तथा उनके संगत लॉजिक डायग्राम बनाइये।

14. (a) डिमॉर्गन प्रमेय लिखिये।
(b) SOP एवं POS समीकरण की व्याख्या कीजिये।

15. (a) चित्र 4.60 में प्रदर्शित लॉजिक परिपथ के लिये निर्गत Y का बूलियन व्यंजक लिखिये। सभी सम्भव दशाओं के लिये भी Y के मान निकालिये तथा इन मानों को सत्य तालिका के रूप में सूचीबद्ध कीजिये।

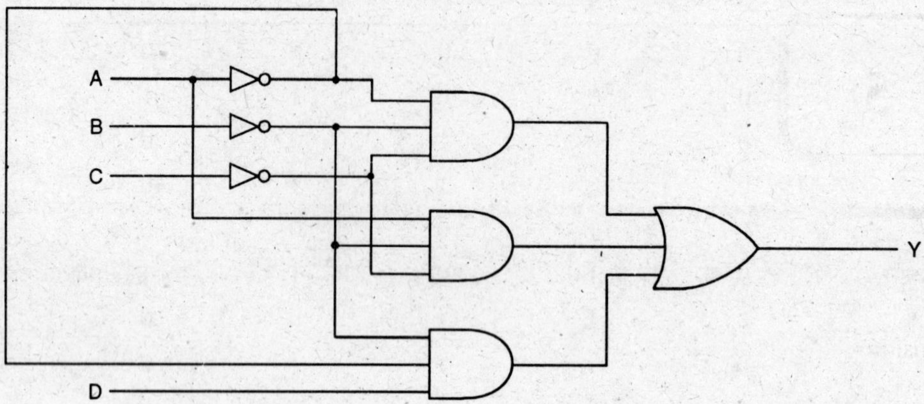

चित्र 4·60

16. कारनॉप मैप द्वारा निम्न लॉजिक व्यंजक को सरल कीजिये तथा सरलीकृत तार्किक व्यंजक का तार्किक आरेख (logic circuit) प्राप्त कीजिए।

$$Y = \sum (1, 5, 6, 7, 11, 12, 13, 15)$$

17. निम्न बूलियन व्यजंक का सरल NAND-NAND परिपथ बनाइये। इसे एक सरल NOR-NOR परिपथ द्वारा भी प्रदर्शित कीजिये।

$$Y = \overline{A}\,B\,\overline{C}\,D + \overline{A}\,B\,C\,\overline{D} + A\,\overline{B}\,C\,\overline{D}$$

5

गणितीय प्रचालन (Arithmetic Operations)

कम्प्यूटर्स द्वारा गणितीय कार्यों के लिए विभिन्न लॉजिक परिपथ एवं उनके संयोजन (various combinations) प्रयुक्त किये जाते हैं। गणितीय परिपथों के उपयुक्त संयोजन से योग (addition), घटा (subtraction), गुणा (multiplication) तथा भाग (division) की क्रियाऐं की जा सकती है। डिजिटल कम्प्यूटर्स में प्रयुक्त किये जाने वाले बेसिक (basic) गणितीय परिपथ निम्न हैं—

(i) एक्सक्ल्यूसिव OR गेट (Exclusive-OR gate)
(ii) हाफ एडर (Half Adder)
(iii) फुल एडर (Full Adder)
(iv) सब्ट्रेक्टर (Subtractor)
(v) कन्ट्रोल्ड इनवर्टर (Controlled inverter)

5·1. एक्सक्ल्यूसिव OR गेट अथवा XOR गेट (Exclusive-OR Gate)

चित्र 5.1 (a) में एक 2-इनपुट एक्सक्ल्यूसिव OR गेट (XOR gate) प्रदर्शित किया गया है तथा इसका प्रतीक (symbol) चित्र 5.1 (b) में दिखाया गया है। चित्र 5.1 (a) में ऊपर वाले AND गेट की आउटपुट $\overline{A}B$ तथा नीचे वाले AND गेट की आउटपुट $A\overline{B}$ है।

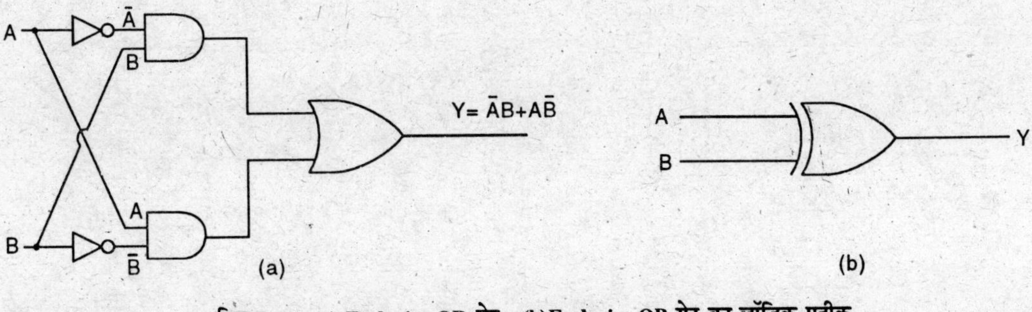

चित्र 5·1—(a) Exclusive-OR गेट, (b)Exclusive-OR गेट का लॉजिक प्रतीक

अतः OR गेट की आउटपुट निम्न होती है:

$$Y = \overline{A}B + A\overline{B}$$

यह सम्पूर्ण परिपथ, अर्थात् XOR गेट की आउटपुट है।

जब XOR गेट की दोनों इनपुट *A* एवं *B* Low होती हैं तब दोनों AND गेट्स की आउटपुट भी Low होती है अत: परिपथ की अन्तिम आउटपुट *Y* भी Low होती है। यदि इनपुट *A*, Low है तथा *B*, High है तब ऊपर वाले AND गेट की आउटपुट High होती है अत: OR गेट की आउटपुट भी High होती है (क्योंकि OR गेट की दोनों इनपुट High हो जायेंगी)। इसी प्रकार इनपुट *A*, High तथा *B*, Low होने पर अन्तिम आउटपुट *Y*, High होती है। यदि दोनों इनपुट High हैं तब दोनों AND गेट्स की आउटपुट Low होती है तथा अन्तिम आउटपुट Low होती है।

एक 2-इनपुट Exclusive-OR गेट की सत्य तालिका Table 5.1 में दी गई है। गेट की आउटपुट, *A* अथवा *B*, High होने पर High होती है परन्तु दोनों High होने पर आउटपुट High नहीं होती। अत: यह परिपथ Exclusive-OR कहलाता है।

TABLE 5.1—XOR गेट की सत्य तालिका

Inputs		Output
A	*B*	*Y*
0	0	0
0	1	1
1	0	1
1	1	0

5·2. 4-इनपुट Exclusive-OR गेट (4-Input Ex-OR)

चित्र 5.2 (a) में एक 4-इनपुट Ex-OR गेट प्रदर्शित किया गया है। परिपथ में Ex-OR गेट्स का एक pair एक अन्य Ex-OR गेट को ड्राइव कर रहा है। यदि सभी इनपुट *A, B, C* एवं *D*, Low स्टेट में है तब इनपुट Ex-OR गेट्स की आउटपुट भी Low होगी अत: अन्तिम आउटपुट भी Low होगी। यदि चारों इनपुट में कोई एक माना *A*, High है तथा अन्य *B, C* एवं *D* Low है तब ऊपर वाले Ex-OR गेट की आउटपुट High तथा नीचे वाले गेट की आउटपुट Low होती है अत: अन्तिम आउटपुट *Y*, High होती है।

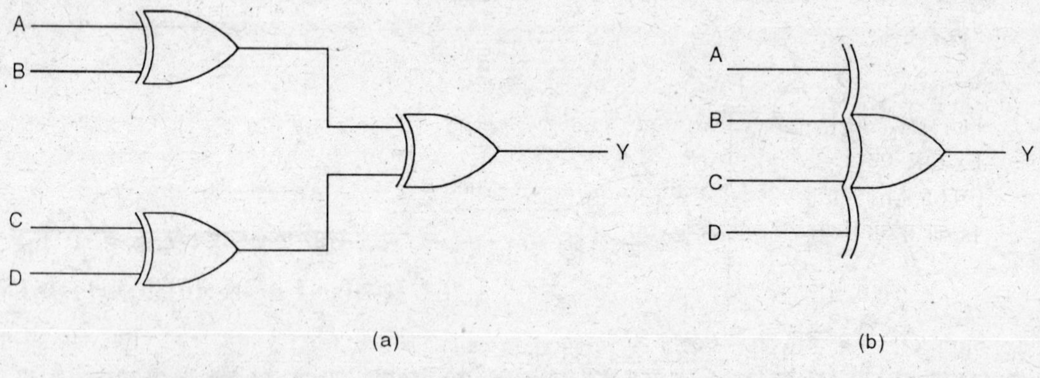

(a) लॉजिक परिपथ (b) गेट का प्रतीक (symbol)

चित्र 5·2— 4-इनपुट एक्सक्ल्यूसिव-OR गेट

Exclusive-OR गेट की आउटपुट केवल तब High होती है जब इनपुट की एक विषम (odd) संख्या (1, 3, 5...इनपुट) Low होती है। यह तालिका 5.2 से स्पष्ट है। यह एक 4-इनपुट Ex-OR गेट की सत्य तालिका है।

TABLE 5.2 — 4-इनपुट XOR गेट की सत्य तालिका

INPUTS ODD/EVEN	INPUTS				OUTPUT
	A	*B*	*C*	*D*	*Y*
Even	0	0	0	0	0
Odd	0	0	0	1	1
Odd	0	0	1	0	1
Even	0	0	1	1	0
Odd	0	1	0	0	1
Even	0	1	0	1	0
Even	0	1	1	0	0
Odd	0	1	1	1	1
Odd	1	0	0	0	1
Even	1	0	0	1	0
Evem	1	0	1	0	0
Odd	1	0	1	1	1
Even	1	1	0	0	0
Odd	1	1	0	1	1
Odd	1	1	1	0	1
Even	1	1	1	1	0

आउटपुट 1, इनपुट 0001 पर प्राप्त होती है। इसमें 1s की संख्या विषम (odd) है। इसी प्रकार पुनः 1 आउटपुट क्रमशः इनपुट 0010, 0100, 0111, 1000, 1011, 1101 तथा 1110 पर प्राप्त होती है। इन सभी इनपुट में 1s की संख्यायें विषम (Odd) हैं।

5·3. n-इनपुट Ex-OR गेट
(n-Input Ex-OR Gate)

डिजिटल प्रणालियों में Ex-OR गेट्स का व्यापक प्रयोग किया जाता है। इसके लिए अनेक इनपुट वाले Ex-OR गेट्स प्रयुक्त किये जाते हैं। 2-इनपुट Ex-OR गेट्स को बेसिक बिल्डिंग ब्लॉक (building block) की भांति प्रयुक्त कर अनेक इनपुट के Ex-OR गेट्स बनाये जा सकते हैं। चित्र 5.3 (a) में दो 2-इनपुट वाले Ex-OR गेट प्रयुक्त कर एक 3-इनपुट Ex-OR गेट (चित्र 5.3 b) बनाया गया है जिससे केवल एक आउटपुट प्राप्त होती है। इस गेट की आउटपुट 1 तब होगी जब 3-बिट इनपुट में 1s की संख्या विषम होगी उदाहरणतः 001, 111।

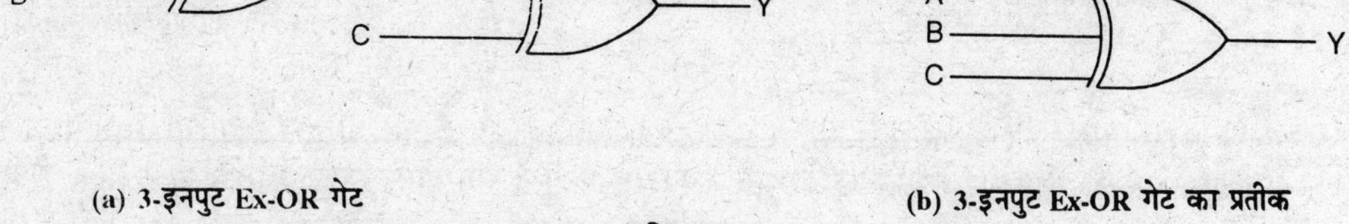

(a) 3-इनपुट Ex-OR गेट (b) 3-इनपुट Ex-OR गेट का प्रतीक

चित्र 5·3

इसी प्रकार 2-इनपुट वाले 5 Ex-OR गेट्स को संयोजित कर चित्र 5.4(a) एवं (b) की भाँति '6-इनपुट तथा 1 आउटपुट वाला Ex-OR गेट बनाया जा सकता है।

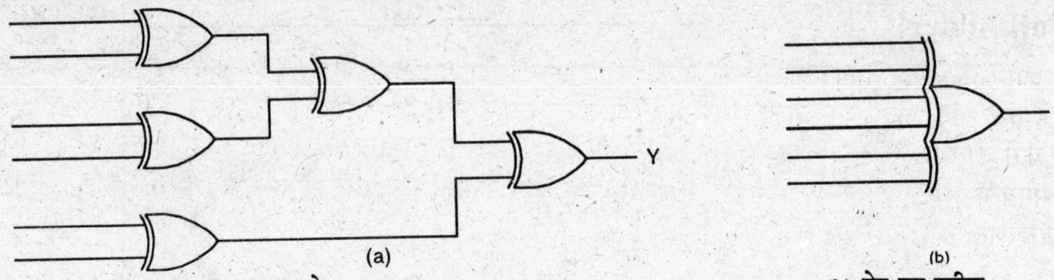

(a) 6-इनपुट X-OR गेट (b) गेट का प्रतीक

चित्र 5·4

उपरोक्त की भांति किसी भी इनपुट संख्या के लिए Ex-OR गेट बनाये जा सकते हैं। एक n-इनपुट Ex-OR गेट की आउटपुट केवल उस स्थिति में 1 होती है जब उसके n-बिट इनपुट में 1s की संख्या विषम (odd) होती है।

5·4. हॉफ एडर (Half Adder)

दो 1-बिट संख्याओं को जोड़ने के लिए प्रयुक्त किया जाने वाला लॉजिक परिपथ 'हॉफ एडर' कहलाता है। हम बाइनरी संख्याओं को योग करने की विधि का अध्ययन कर चुके हैं। हॉफ एडर द्वारा जोड़ने की क्रिया भी उसी प्रकार है। दो बाइनरी संख्याओं को जोड़ने पर कैरी (carry) उत्पन्न हो सकती है। उदाहरणतः 1 एवं 1 को योग करने पर योग 0 तथा कैरी 1 प्राप्त होती है। चित्र 5.5 में एक हॉफ एडर निर्मित करने की विधि दी गई है। हॉफ एडर परिपथ में दो इनपुट तथा दो-आउटपुट टर्मिनल होते हैं। आउटपुट टर्मिनल में से एक पर इनपुट में प्रयुक्त संख्याओं का योग (sum) तथा दूसरे पर कैरी (carry) प्राप्त होती है। हॉफ एडर में एक Ex-OR तथा दूसरा AND गेट प्रयुक्त किया जाता है। Ex-OR गेट की आउटपुट, इनपुट संख्याओं A एवं B का योग $(\overline{A}B + A\overline{B})$ तथा AND गेट की आउटपुट योग में प्राप्त कैरी (carry) होती है।

हॉफ एडर द्वारा बाइनरी संख्याओं के जोड़ने के नियम सत्यतालिका 5.3 में प्रदर्शित किये गये हैं:

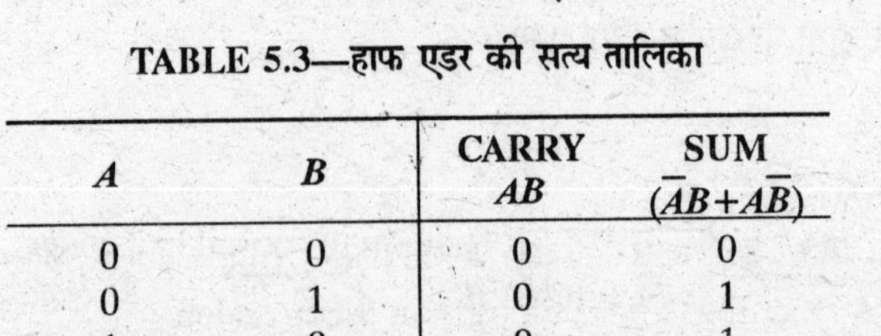

चित्र 5·5—हॉफ एडर

TABLE 5.3—हाफ एडर की सत्य तालिका

A	B	CARRY AB	SUM $(\overline{A}B+A\overline{B})$
0	0	0	0
0	1	0	1
1	0	0	1
1	1	1	0

AND गेट की आउटपुट केवल उस स्थिति में High होती है जब दोनों इनपुट A तथा B, High होती है। Ex-OR गेट केवल तब High आउटपुट देता है जब दोनों इनपुट में से कोई एक High (दोनों नहीं) होती है।

5·5. फुल एडर
(Full Adder)

उच्च क्रम (higher order) कॉलम को जोड़ने के लिए फुल एडर प्रयुक्त किया जाता है। हॉफ एडर में केवल दो-इनपुट टर्मिनल होते हैं तथा यदि, जोड़ी जाने वाली संख्या मल्टी बिट संख्यायें हैं तब हॉफ एडर में निम्न क्रम के बिट (lower order bits) से प्राप्त कैरी को जोड़ने का प्राविधान (provision) नहीं है। इसके लिए Full Adder का प्रयोग किया जाता है। Full Adder एक समय में 3 बिट का योग कर सकता है। तीसरा बिट निम्न क्रम बिट के योग से प्राप्त कैरी होती है।

उदाहरणतः 101 एवं 101 को जोड़ने पर,

```
   1 0 1
 + 1 0 1
 -------
 1 0 1 0
```

(i) सबसे निम्न क्रम (least significant bit) के कॉलम में

$1 + 1 = 0$ (Sum) तथा Carry=1

(ii) दूसरे कॉलम में हमें तीन अंक जोड़ने हैं,

1 (Carry) + 0 + 0 = 1 (Sum) तथा Carry = 0

(iii) तीसरे कॉलम में हमें पुनः तीन अंक जोड़ने हैं।

0 (Carry) + 1 + 1 = 0 (Sum) तथा Carry = 1

अतः हमें एक ऐसे लॉजिक परिपथ की आवश्यकता है जिसमें 3-इनपुट तथा 2 आउटपुट हों। दो हॉफ एडर तथा एक OR गेट को प्रयुक्त कर चित्र 5.6 की भांति Full Adder बनाया जा सकता है।

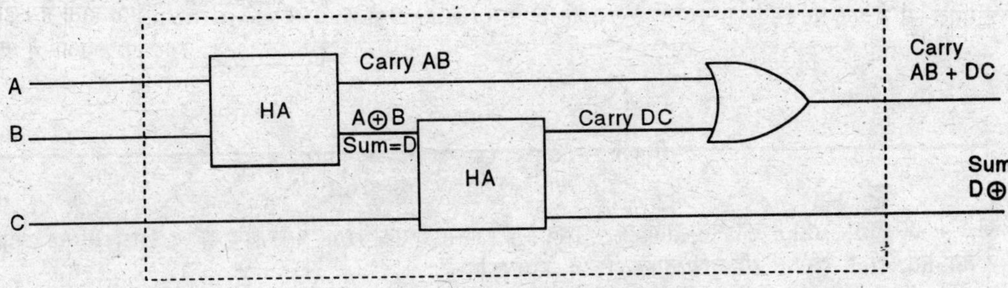

चित्र 5·6—फुल एडर (Full Adder)

उपरोक्त उदाहरण निम्न प्रकार भी हल किया जा सकता है।

```
 1 0 1   ←——  Carry
   1 0 1      Input A
   1 0 1      Input B
 -------
 1 0 1 0      Sum
```

इस प्रकार तीसरे कालम में

```
  0  Carry, C input of second half adder
  1  Input A
  1  Input B        First Adder
 ---
 10
 ↑↑
 │└——— Sum of full adder
 └———— Carry of full adder
```

चित्र 5.6 से,

$$\therefore A = 1, B = 1, C = 0$$

$$\therefore D = A \oplus B = 1 \oplus 1 = 0$$

अतः full adder की carry $AB + DC = 1 . 1 + 0 . 0 = 1 . 1$

तथा full adder का Sum $= D \oplus C = 0 \oplus 0 = 0$

Full Adder का एक अन्य परिपथ एवं उसका प्रतीक चित्र 5.7 (a) तथा चित्र 5.7 (b) में प्रदर्शित किया गया है। यह परिपथ सरल है। इसके अतिरिक्त भी full Adder के अन्य परिपथ हो सकते हैं।

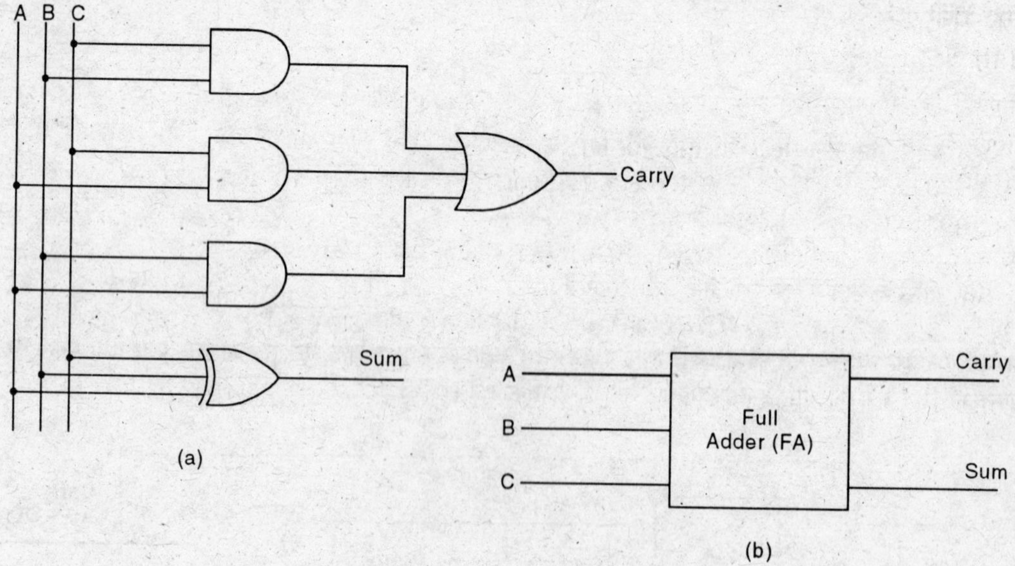

चित्र 5·7—(a) फुल एडर का लॉजिक परिपथ
(b) फुल एडर का प्रतीक

तालिका 5.4 एक Full Adder की सत्य तालिका है चित्र 5.7 (a) में इनपुट *ABC* में से जब दो या उससे अधिक इनपुट High होती है तब कैरी High होती है, यह तथ्य तालिका 5.4 के अनुसार है।

TABLE 5.4—फुल एडर की सत्य तालिका
(Truth Table of Full Adder)

A	*B*	*C*	**Carry**	**Sum**
0	0	0	0	0
0	0	1	0	1
0	1	0	0	1
0	1	1	1	0
1	0	0	0	1
1	0	1	1	0
1	1	0	1	0
1	1	1	1	1

इसी प्रकार जब Ex-OR गेट्स को ड्राइव करने वाली इनपुट (INPUTS) में 1s की संख्या ODD होती है तब आउटपुट (Sum) भी High प्राप्त होता है।

इस प्रकार Full-Adder 3-बिट्स का बाइनरी योग कर सकता है। चित्र 5.6 में प्रदर्शित Full Adder के ब्लॉक डायग्राम में दो इनपुट A एवं B तथा तीसरी इनपुट C है। इनपुट C प्रायः CARRY IN कहलाती है क्योंकि निम्न क्रम के कॉलम से प्राप्त होती है। परिपथ की दो आउटपुट हैं, एक SUM तथा दूसरी CARRY। दूसरी आउटपुट प्रायः CARRY OUT कहलाती है क्योंकि इसे अगले उच्च क्रम के कॉलम में प्रयुक्त किया जाता है।

5·6. हॉफ सब्ट्रेक्टर (Half Subtractor)

किसी एक 1-बिट संख्या से कोई अन्य 1-बिट संख्या घटाने के लिए प्रयुक्त किया गया लॉजिक परिपथ हॉफ सब्ट्रेक्टर (half-sub-tractor) कहलाता है। माना दो संख्याएँ A एवं B हैं। A को B से घटाने पर अन्तर D प्राप्त होता है एवं घटाने की प्रक्रिया में C बारो (borrow) है। इस सम्पूर्ण क्रिया को सत्य तालिका 5.5 द्वारा प्रदर्शित कर सकते हैं।

चित्र 5.8 में एक हाफ सब्ट्रेक्टर का लॉजिक परिपथ दिया गया है। परिपथ से D तथा C के लिए व्यंजक निम्न प्रकार लिखे जा सकते हैं:

$$D = \overline{A}\,B + A\,\overline{B} = A \oplus B \text{ तथा}$$
$$C = \overline{A}\,B$$

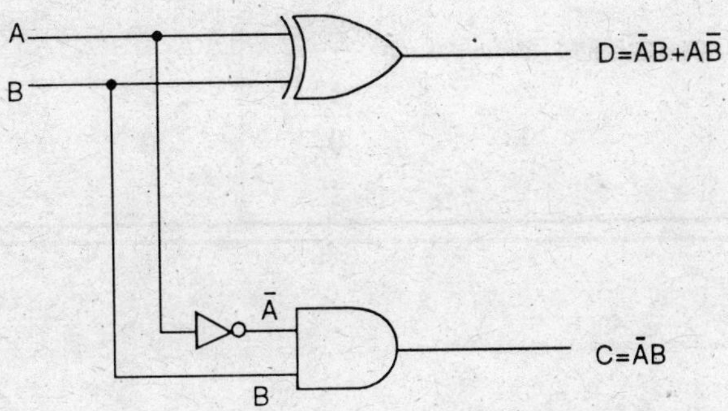

चित्र 5·8—हॉफ सब्ट्रैक्टर (Half Subtractor) का लॉजिक परिपथ

A को B से घटाने की क्रिया वास्तव में $-A$ तथा $+B$ को जोड़ना है। अतः सब्ट्रैक्टर में A को कम्पलीमेन्ट किया जाता है तथा कम्पलीमेन्ट A को B के साथ AND कर बारो (borrow) प्राप्त की जाती है।

TABLE 5.5—हाफ सब्ट्रेक्टर की सत्य तालिका
(Truth Table for Half Subtractor)

A	B	D (Difference)	C (Borrow)
0	0	0	0
0	1	1	1
1	0	1	0
1	1	0	0

5·7. फुल सब्ट्रेक्टर
Full-subtractor

हॉफ सब्ट्रेक्टर केवल 1-बिट संख्याओं को घटा सकता है। एक से अधिक बिट (multibit) की संख्या को घटाने के लिए प्रयुक्त परिपथ Full Subtractor कहलाता है। Full Subtractor में 3 इनपुट A_n, B_n, C_n तथा दो आउटपुट D_n एवं C_{n-1} होती है। C_{n-1} निम्न क्रम (low order) बिट को घटाने के लिए आवश्यक बारो (borrow) है। यह INPUT borrow कहलाती है। C_n आउटपुट borrow है। Full Subtractor की सत्य तालिका Table 5.6 में प्रदर्शित की गई है। एक Full-Subtractor का लॉजिक परिपथ चित्र 5.9 में प्रदर्शित किया गया है।

TABLE 5.6—फुल सब्ट्रैक्टर की सत्य तालिका
(Truth Table for Full Subtractor)

Inputs			Outputs	
A_n	B_n	C_{n-1}	D_n	C_n
0	0	0	0	0
0	0	1	1	1
0	1	0	1	1
0	1	1	0	1
1	0	0	1	0
1	0	1	0	0
1	1	0	0	0
1	1	1	1	1

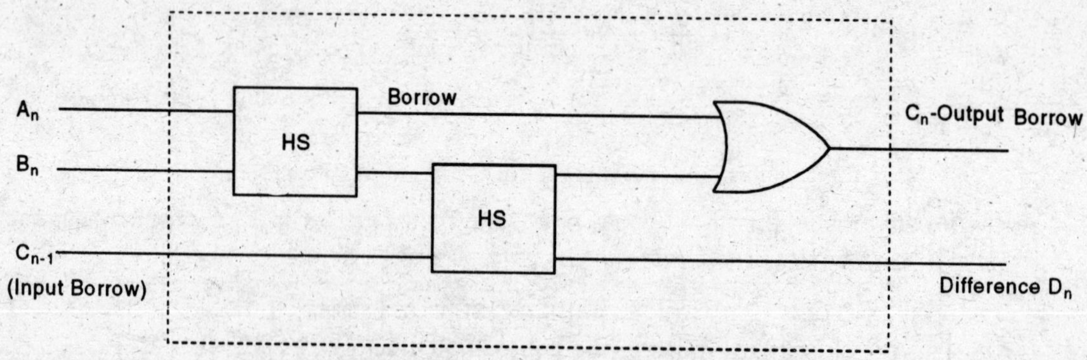

चित्र 5·9—फुल सब्ट्रैक्टर (Full Subtractor) का ब्लॉक डायग्राम

इस प्रकार के अनेक परिपथों को कास्केड (cascade) कर हम n-bit बाइनरी सब्ट्रेक्टर डिजाइन कर सकते हैं।

चित्र 5.10 में एक 4-बिट समान्तर बाइनरी सब्ट्रेक्टर प्रदर्शित किया गया है। इस परिपथ में एक संख्या (Y) को कम्पलीमेन्ट कर, दूसरी संख्या (X) में जोड़ा जाता है, तथा EAC (End Around Carry) उत्पन्न की जाती है।

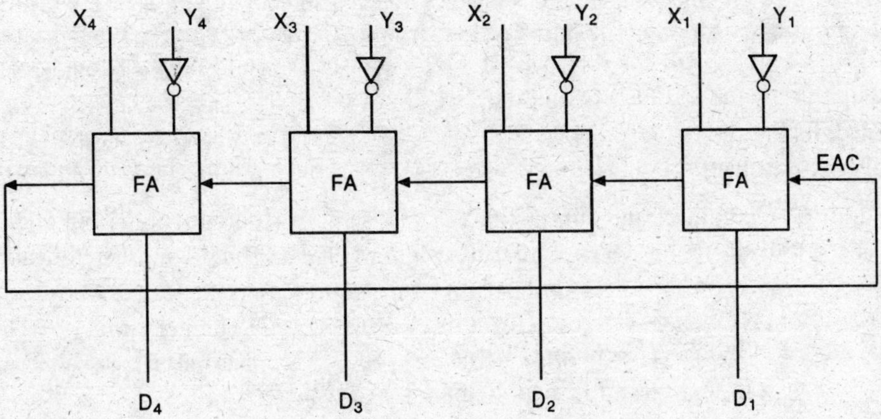

चित्र 5·10—4-बिट बाइनरी सब्ट्रेक्टर

5·8. कन्ट्रोल्ड इनवर्टर (Controlled Inverter)

चित्र 5.11 में एक कन्ट्रोल्ड इनवर्टर प्रदर्शित किया गया है। यह परिपथ किसी बाइनरी संख्या का 1's कम्पलीमेन्ट उत्पन्न कर सकता है। चित्र 5.11 में प्रदर्शित 8-बिट कन्ट्रोल्ड इनवर्टर में 8 XOR गेट्स प्रयुक्त किये गये हैं जब इनवर्ट (INVERT) लाइन 'Low' होती है तब यह 8-बिट इनपुट (A_7 .... A_0) को मूल रूप में आउटपुट पर ट्रांसमिट कर देता है; जब INVERT लाइन 'High' होती है तब यह इनपुट का 1's कम्पलीमेन्ट ट्रांसमिट करता है। उदाहरणतः माना इनपुट संख्या निम्न है:

$$A_7 \ldots\ldots\ldots\ldots A_0 = 0101 \quad 0110$$

इनवर्ट Low होने पर आउटपुट

$$Y_7 \ldots\ldots\ldots\ldots Y_0 = 0101 \quad 0110$$

परन्तु इनवर्ट High होने पर आउटपुट

$$Y_7 \ldots\ldots\ldots\ldots Y_0 = 1010 \quad 1001$$

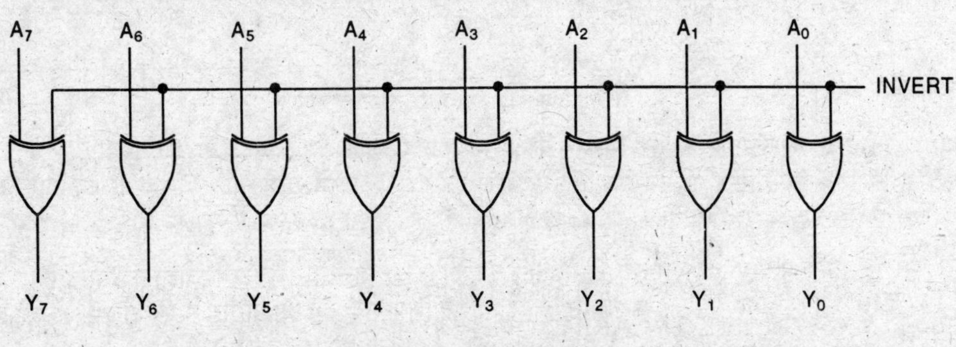

चित्र 5·11—कन्ट्रोल्ड इनवर्टर

बाइनरी घटाने (binary subtraction) में हम पहले सब्ट्राहेन्ड (subtrahend) का 2's कम्पलीमेन्ट ज्ञात करते हैं तथा इस कम्पलीमेन्ट किये गये सब्ट्राहेन्ड को जोड़ कर उत्तर प्राप्त करते हैं। कन्ट्रोल्ड इनवर्टर प्रयुक्त कर हम 1's कम्पलीमेन्ट ज्ञात कर सकते हैं तथा 2's कम्पलीमेन्ट के लिए अन्य सरल विधि प्रयुक्त कर सकते हैं जैसे कि अगले अनुच्छेद में एडर-सब्ट्रेक्टर में वर्णन किया गया है।

5·9. एडर-सब्ट्रेक्टर
(Adder-subtractor)

बाइनरी योग एवं घटाने (addition and subtraction) के लिए फुल एडर्स (full adders) को चित्र 5.12 की भांति कनैक्ट किया जा सकता है। बाइनरी संख्या का least significant column दॉयी साइड में है तथा most significant column बांयी साइड में है।

प्रत्येक फुल एडर (FA) से प्राप्त कैरी (CARRY OUT) अगले उच्च क्रम (higher order) के फुल एडर के लिए 'CARRY IN' है। प्रोसेस की जाने वाली संख्याऐं $A_7\ A_6$ .... A_0 तथा $B_7\ B_6$ .... B_0 है। उत्तर $S_7\ S_6$ .... S_0 है। 8-बिट गणितीय क्रियाओं में अन्तिम कैरी छोड दी जाती है।

बाइनरी जोड़
(Binary Addition)

बाइनरी संख्याओं के जोड़ने की क्रिया निम्न प्रकार होती है:

$$\begin{array}{cccccccc} & A_7 & A_6 & A_5 & A_4 & A_3 & A_2 & A_1 & A_0 \\ + & B_7 & B_6 & B_5 & B_4 & B_3 & A_2 & B_1 & B_0 \\ \hline & S_7 & S_6 & S_5 & S_4 & S_3 & S_2 & S_1 & S_0 \end{array}$$

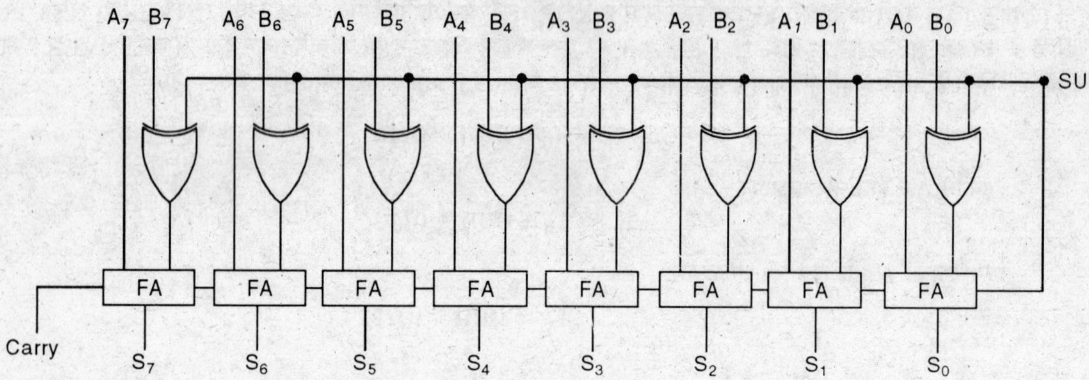

चित्र 5.12—बाइनरी एडर-सब्ट्रेक्टर

योग (add) करने की क्रिया में 'SUB' सिगनल को 'Low' स्टेट में रखा जाता है। अतः बाइनरी संख्या B_7 .... B_0 कन्ट्रोल्ड इनवर्टर से बिना किसी परिवर्तन के, गुजर जाती है एवं फुल एडर्स (FA) दोनो संख्याओं का योग आउटपुट पर उत्पन्न करते हैं। इसके लिए FA, प्रत्येक कॉलम में बिट्स को जोड़ते हैं तथा कैरी को अगले उच्च क्रम के कॉलम को देते हैं। उदाहरणतः LSB से प्रारम्भ कर फुल एडर A_0, B_0 तथा SUB को जोड़ता है। इससे योग S_0 प्राप्त होता है तथा CARRY OUT अगले उच्च क्रम के FA को प्राप्त होती है। इसके पश्चात् अगला उच्च क्रम का FA बाइनरी डिजिट्स A_1, $\cdot B_1$ तथा CARRY IN को जोड़ता है जिससे योग S_1 प्राप्त होता है तथा एक CARRY OUT प्राप्त होती है। इसी प्रकार प्रत्येक FA जोड़ने कि क्रिया करता है तथा आउटपुट लाइनों पर बाइनरी संख्याओं का योग $S_7\ S_6$ ....S_0 प्राप्त हो जाता है।

बाइनरी घटाना
(Binary Subtraction)

बाइनरी घटाने की क्रिया निम्न प्रकार होती है।

$$\begin{array}{cccccccc} A_7 & A_6 & A_5 & A_4 & A_3 & A_2 & A_1 & A_0 \\ -\,B_7 & B_6 & B_5 & B_4 & B_3 & B_2 & B_1 & B_0 \\ \hline S_7 & S_6 & S_5 & S_4 & S_3 & S_2 & S_1 & S_0 \end{array}$$

घटाने की क्रिया में SUB सिगनल को High स्टेट में रखा जाता है। अतः कन्ट्रोल्ड इनवर्टर संख्या B_7 .... B_0 का 1's कम्पलीमेन्ट उत्पन्न करता है। चूकि SUB सिगनल प्रथम फुल एडर के लिए CARRY IN है अतः परिपथ में डाटा की प्रोसेसिगं निम्न प्रकार होती है।

$$\begin{array}{cccccccc} & & & & & & & 1 \longleftarrow \text{SUB} \\ A_7 & A_6 & A_5 & A_4 & A_3 & A_2 & A_1 & A_0 \\ +\,\overline{B_7} & \overline{B_6} & \overline{B_5} & \overline{B_4} & \overline{B_3} & \overline{B_2} & \overline{B_1} & \overline{B_0} \\ \hline S_7 & S_6 & S_5 & S_4 & S_3 & S_2 & S_1 & S_0 \end{array}$$

जब A_7 ......$A_0 = 0$ तब परिपथ B_7 ....B_0 का 2's कम्पलीमन्ट उत्पन्न करता है क्योंकि B_7 ....B_0 के 1's कम्पलीमेन्ट में 1 जोड़ा जाता है। जब A_7 ......A_0 शून्य नहीं होता तब यह A_7 ......A_0 को B_7 ....B_0 के 2's कम्पलीमेन्ट में जोड़ने के समान है जैसा कि बाइनरी घटाने की क्रिया में किया जाता है।

उदाहरणार्थ, माना +92 से +27 घटाना है। अतः

$$A_7 \ldots\ldots\ldots A_0 = 0101 \quad 1100 \quad (92)$$
$$B_7 \ldots\ldots\ldots B_0 = 0001 \quad 1011 \quad (27)$$

कन्ट्रोल्ड तथा इनवर्टर B 1's कम्पलीमेन्ट उत्पन्न करता है, जो 1110 0100 है।

चूकि बाइनरी घटा में SUB=1 अतः घटाने की क्रिया निम्न प्रकार होगी

$$\begin{array}{r} 1 \longleftarrow \text{SUB} \\ 0101 \quad 1100 \\ +\ 1110 \quad 0100 \\ \hline 10100 \quad 0001 \end{array}$$

8-बिट गणित मे अन्तिम कैरी को छोड़ दिया जाता है। अतः उत्तर निम्न है

$$S_1 \ldots\ldots\ldots\ldots S_0 = 0100 \quad 0001$$

यह डेसीमल संख्या +65 के तुल्य है जो कि +92 तथा +27 के अन्तर के बराबर है।

प्रश्नावली–5

1. Exclusive-OR गेट का लॉजिक परिपथ बनाइये तथा इसकी सत्य तालिका प्रदर्शित कीजिये।
2. Ex-OR गेट तथा OR गेट में क्या अन्तर है ?
3. एक Half Adder का लॉजिक परिपथ बनाइये तथा इसकी कार्य प्रणाली का वर्णन कीजिये।
4. एक Full Adder का परिपथ बनाइये तथा इसकी प्रचालन विधि समझाइये।
5. एक Subtractor परिपथ बनाइये तथा इसकी कार्य प्रणाली समझाइये।
6. पूर्ण योगक (full adder) पर टिप्पणी लिखिए।
7. एक गणितीय परिपथ जो प्रत्येक आपरेन्ड का एक बिट (bit) व एक निवेशी (input) कैरीं (carry) को स्वीकार कर एक सम बिट (sum bit) व एक निर्गत कैरी (output carry) उत्पन्न करता है उसे······नाम से जाना जाता है।
8. कन्ट्रोल्ड इनवर्टर परिपथ से क्या तात्पर्य है। एक लॉजिक परिपथ द्वारा इसकी कार्य प्रणाली तथा उपयोग का वर्णन कीजिए।
9. एक एडर-सब्ट्रेक्टर का परिपथ बनाकर addition तथा Subtraction की क्रिया समझाइये।

6 लॉजिक परिवार
(Logic Families)

अति आधुनिक फोटोग्राफी तकनीकी को प्रयुक्त कर, विभिन्न छोटे-छोटे परिपथ (miniature circuits), अर्धचालक पदार्थ के छोटे से भाग (small piece) पर निर्मित किये गये हैं जिसे चिप (Chip) कहते हैं। ऐसे परिपथ इन्टीग्रेटेड परिपथ (IC) कहलाते हैं क्योंकि ट्रांजिस्टर्स, डायोड तथा प्रतिरोध चिप के अभिन्न अंग (integral) होते हैं।

ICs के निर्माण की दो बेसिक तकनीकी (i) बाइपोलर (bipolar) तथा (2) मेटल आक्साइड अर्धचालक (MOS) अथवा यूनिपोलर हैं। उसी के आधार पर इन्हें बाइपोलर लॉजिक फेमिली अथवा यूनिपोलर लॉजिक फेमिली (bipolar or unipolar logic family) कहा जाता है। यूनिपोलर, MOS फैमिली भी कहलाती है।

6·1. बाइपोलर परिवार
(Bipolar Families)

बाइपोलर इन्टीग्रेटेड सर्किट्स के मुख्य कम्पोनेन्ट्स प्रतिरोध (resistance), डायोड (diode or capacitors) तथा ट्रांजिस्टर हैं। बाइपोलर ICs दो प्रकार के होते हैं, (1) सेचुरेटेड (Saturated) तथा (2) नॉन-सेचुरेटेड (Non-Saturated)।

सेचुरेटेड लॉजिक में ICs में निर्मित ट्रांजिस्टर सेचुरेशन तक ड्राइव किये जाते हैं जब कि non-saturated लॉजिक में ट्रांजिस्टर सेचुरेशन तक ड्राइव नहीं किये जाते। बाइपोलर श्रेणी की मुख्य basic families निम्न हैं:

(a) सेचुरेटेड लॉजिक (Saturated Logic)

(i) प्रतिरोध-ट्रांजिस्टर लॉजिक (Resistor-Transistor logic or RTL)

(ii) डायोड ट्रांजिस्टर लॉजिक (Diode-Transistor logic or DTL)

(iii) डायरेक्ट कॅपलड् ट्रांजिस्टर लॉजिक (Direct-Coupled Transistor logic or DCTL)

(iv) इन्टीग्रेटेड-इन्जेक्शन लॉजिक (Integrated-Injection logic or I^2L)

(v) ट्रांजिस्टर-ट्रांजिस्टर लॉजिक (Transistor-Transistor logic or TTL)

(b) नान-सेचुरेटेड लॉजिक (Non-Saturated Logic)

(i) शॉट्की ट्रांजिस्टर-ट्रांजिस्टर लॉजिक (Schottky TTL)

(ii) एमिटर कपल्ड लॉजिक (Emitter Coupled logic ECL)

DTL फैमिली में डायोड एवं ट्रांजिस्टर प्रयुक्त किये जाते हैं परन्तु यह डिजाइन अब पुराना (obsolete) हो चुका है। TTL फैमिली में ट्रांजिस्टर प्रयुक्त होते हैं। TTL युक्तियों का प्रयोग अत्यन्त व्यापक रूप से किया जाता है। ECL एक तीव्र गति की लॉजिक फैमिली है तथा इसका उपयोग उच्च गति के अनुप्रयोगों के लिए किया जाता है।

6·2. MOS फैमिली
(Unipolar Logic or MOS Families)

MOS यूनिपोलर युक्तियाँ होती हैं। इन लॉजिक परिपथों में केवल MOSFETs का प्रयोग किया जाता है। MOS फैमिली निम्न प्रकार है:

(i) p-Channel MOSFETs (PMOS)
(ii) n-Channel MOSFETs (NMOS)
(iii) Complimentary MOSFETs (CMOS)

6·3. इन्टग्रेशन का स्तर (Scale of Integration)
(SSI, MSI, LSI तथा VLSI)

डिजिटल प्रणाली में ICs के प्रयोग एवं ICs के फेब्रिकेशन की तकनीकी में निरन्तर विकास के कारण विभिन्न ICs लॉजिक फैमिली के अभिलक्षण एवं उनके गुण, दोष जानना अत्यन्त आवश्यक है। डिजिटल ICs, परिपथ की जटिलता (complexity) के आधार पर SSI, MSI, LSI तथा VLSI में वर्गीकृत किये गये हैं। उदाहरणत: किसी लॉजिक फंक्शन को सम्पन्न करने के लिए आवश्यक गेट की कितनी संख्या की आवश्यकता है। यह ICs का gate-equivalency वर्गीकरण कहलाता है।

इस विधि में परिपथों का SSI, MSI तथा VLSI वर्गों में वर्गीकृत किया जाता है। वर्गीकरण का आधार परिपथ में प्रयुक्त किये जाने वाले Individual logic गेट्स की संख्या है।

TABLE 6.1
Scale of Integration

S.N.	Technology		Individual basic logic gates that can be fabricated
1	SSI	(Small Scale Integration)	12 से कम (Less than 12)
2	MSI	(Medium Scale Integration)	12 से अधिक परन्तु 100 से कम (12 or more but less than 100)
3	LSI	(Large Scale Integration)	100 या अधिक परन्तु 1000 से कम (100 or more but less than 1000)
4	VLSI	(Very Large Scale Integration)	1000 या अधिक (1000 or more)

6·4. डिजिटल ICs के मुख्य अभिलक्षण
(Important Characteristics of Digital ICs)

डिजिटल ICs की कार्यप्रणाली की तुलना उनके निम्न अभिलक्षणों के आधार पर की जाती है।

(1) प्रोपेगेशन डिलेटाइम (Propagation delay times)
(2) शक्ति क्षय (Power dissipation)
(3) फैन-इन (FAN-IN)
(4) फैन आउट (FAN-OUT)
(5) Noise Immunity
(6) Noise Margin
(7) पावर सप्लाई (Power supply requirements)

प्रोपेगेशन डिले टाइम (Propagation delay times)—किसी भी डिजिटल परिपथ की गति (speed), प्रोपेगेशन डिले (propagation delay) के पदों में व्यक्त की जाती है। चित्र 6.1 में एक लॉजिक गेट की आउटपुट एवं इनपुट तरंग (waveform) प्रदर्शित की गई है। इनपुट एवं आउटपुट तरंगों के 50% स्तर (level) के मध्य का समय डिले टाइम की माप है। डिले टाइम दो होते हैं:

(i) t_{pHL} – यह वह समय है जिसमें आउटपुट High स्टेट से Low स्टेट में जाती है।

(ii) t_{pLH} – यह वह समय है जिसमें आउटपुट Low स्टेट से High स्टेट में जाती है।

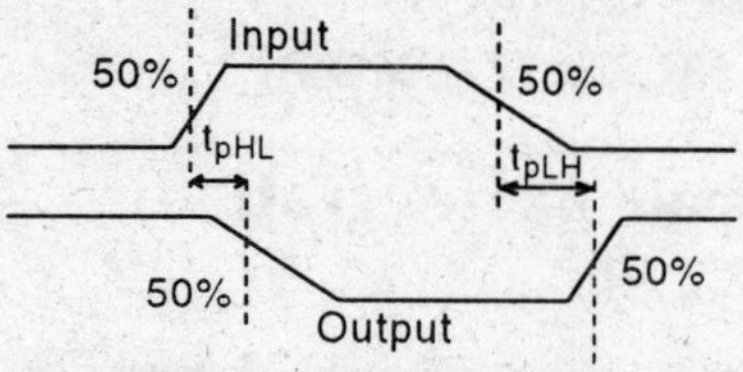

चित्र 6·1—प्रोपेगेशन डिले टाइम

लॉजिक गेट का प्रोपेगेशन डिले टाइम इन दोनों समय (t_{pHL} तथा t_{pLH}) का मध्यमान (average) होता है। दूसरे शब्दों में प्रोपेगेशन डिले टाइम वह समय है जिसमें गेट की आउटपुट इनपुट के परिवर्तन होने पर परिवर्तित होती है। एक TTL गेट का डिले टाइम लगभग 10 ns (10×10^{-9} sec) होता है।

शक्ति व्यय (Power Dissipation)—यह ICs में व्यय शक्ति की मिलीवाट (mW) में मात्रा है। ICs में व्यय शक्ति जितनी कम हो उतना ही उत्तम होता है क्योंकि इससे ICs के शीतलन (cooling) तथा पावर सप्लाई मूल्य में कमी होती है। परन्तु व्यय शक्ति कम होने से प्रोपेगेशन डिले समय बढ़ने की सम्भावना रहती है। एक स्टेण्डर्ड TTL गेट में शक्ति व्यय (power dissipation) लगभग 10 mW होता है।

FAN-IN—इनपुट की वह अधिकतम संख्या जो किसी लॉजिक गेट को दी जा सकती है, FAN-IN कहलाती है। इस परिभाषा के अनुसार 4-इनपुट NAND गेट के लिये FAN-IN चार हैं।

FAN OUT—गेट्स की वह संख्या जिन्हें एक लॉजिक गेट ड्राइव कर सकता है FAN-OUT कहलाता है। यदि किसी NOR गेट के लिए FAN-OUT का मान 6 है तब इसका अर्थ है कि यह NOR गेट 6 इसी प्रकार के अन्य NOR गेट ड्राइव कर सकता है।

Noise Immunity—यह किसी लॉजिक गेट पर दी जाने वाली वह इनपुट वोल्टेज है जो एक दी गई सप्लाई वोल्टेज पर आउटपुट की स्टेट को बदलती है।

Noise Margin—यह लॉजिक परिपथ का इनपुट पर अवांछित (unwanted) Noise सिगनल को सहने का गुण है, तथा यह Noise सिगनल का वह अधिकतम मान है जिसको सिस्टम, परिपथ की कार्यप्रणाली (performance) प्रभावित किये बिना reject कर सकता है।

Power Supply Requirements—इन्टीग्रेटेड सर्किट्स (ICs) के प्रचालन के लिये आवश्यक सप्लाई वोल्टेज तथा शक्ति की मात्रा (amount of power) ICs के मुख्य अभिलक्षण हैं। इनके द्वारा ICs के प्रचालन के लिये आवश्यक एवं उचित पावर सप्लाई का चयन किया जाता है।

6·5. प्रतिरोध-ट्रांजिस्टर लॉजिक (RTL) (Resistor-Transistor Logic)

इन्टीग्रेटेड परिपथों (ICs) के विकास के प्रारम्भिक वर्षो में RTL व्यापक रूप से प्रयोग किया जाता था। RTL परिपथ, प्रतिरोध तथा ट्रांजिस्टर द्वारा निर्मित होते हैं। RTL, इन्टीग्रेट किया जाने वाला सर्वप्रथम लॉजिक परिवार (family) है। यद्यपि RTL लॉजिक अब प्रयोग में नहीं लाया जाता परन्तु इसके सिद्धान्तों का अध्ययन अन्य गेट की कार्य प्रणाली समझने में लाभदायक होगा। इस प्रणाली में इनवर्टर्स, NOR तथा NAND लॉजिक फंक्शन realise किये जा सकते हैं।

RTL गेट मूल रूप से एक NOR गेट है। चित्र 6.2 (a) में एक 2-इनपुट NOR गेट प्रदर्शित किया गया है। यह एक समान n गेट्स (चित्र 6.2 b) को ड्राइव कर रहा है। परिपथ में इनपुट NOR गेट्स की संख्या बढ़ाकर, काफी अधिक संख्या में इनपुट

टर्मिनल प्राप्त किये जा सकते हैं। इनपुट टर्मिनलों की संख्या FAN-IN कहलाती है।

टर्मिनल A तथा B पर इनपुट वोल्टेज दी जाती है। माना किसी क्षण इनपुट A High है तब ट्रांजिस्टर Q_1 में चालन (conduction) होगा तथा आउटपुट 'Low' होगी (क्योंकि आउटपुट Y ग्राउन्ड हो जायेगी)। इसी प्रकार यदि B इनपुट High है तब ट्रांजिस्टर Q_2 में चालन होगा तथा पुनः आउटपुट ग्राउन्ड स्तर (ground level) पर अर्थात् Low हो जायेगी।

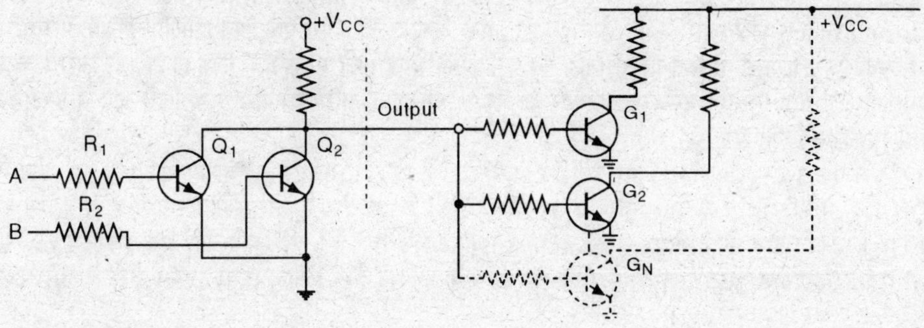

चित्र 6·2—(a) RTL, 2-इनपुट NOR परिपथ, (b) RTL 2-इनपुट NOR गेट द्वारा n समान गेट्स को ड्राइव करना

यदि A अथवा B इनपुट में से कोई भी Low* होगी तब ट्रांजिस्टर Q_1 अथवा Q_2 चालन में (conduction) नहीं होगा तथा आऊटपुट High होगी।

यदि दोनों इनपुट Low होंगी तब ट्रांजिस्टर T_1 तथा T_2 दोनों कट-ऑफ पर होंगे तथा आउटपुट High होगी। किसी एक इनपुट पर 'High' स्तर सम्बन्धित ट्रांजिस्टर को सेचुरेशन पर ड्राइव करेगा तथा आउटपुट 'Low' हो जायेगी। 'Low' स्तर (अर्थात् 0 स्तर) की आउटपुट वोल्टेज का मान ट्रांजिस्टर की $V_{CE\,(sat)}$ ($\approx 0{\cdot}2$V) के बराबर होगा तथा High (1) स्तर की आउटपुट वोल्टेज का मान आउटपुट से संयोजित गेट्स की संख्या पर निर्भर केरेगा।

RTL पैरामीटर्स—चित्र 6.2 (a) में प्रदर्शित RTL लॉजिक परिपथ के पैरामीटर्स निम्न प्रकार होते हैं:

Fan Out	: 4
Noise Margin	: 0·2 Volts
Propagation Delay	: 12 ns
Power Dissipation	: 30-100 mW
Power Supply Voltage (Vcc)	: 3·8 Volts

6·6. RTL के गुण एवं दोष
(Advantages & Disadvantages of RTL)

RTL लॉजिक में प्रतिरोध प्रयुक्त किये जाने के कारण परिपथ की स्विचिंग गति (switching speed) धीमी हो जाती है। यही कारण है कि RTL की प्रचालन गति (operating speed) कम होती है। चूँकि इस परिपथ में एक सिगनल को दूसरे सिगनल से अलग (isolate) करने के लिए केवल प्रतिरोध प्रयोग किये जाते हैं अतः इनपुट (inputs) के मध्य परस्पर क्रॉस-टॉक (cross-talk) की सम्भावना होती है, अर्थात् जब इनपुट A पर कोई सिगनल दिया जाता है तब इनपुट B की वोल्टेज भी परिवर्तित हो सकती है। इस कारण से RTL परिपथों की शोर के प्रति संवेदनहीनता (Noise Immunity) अच्छी नहीं होती। RTL परिवार का मुख्य गुण इसमें निम्न शक्ति व्यय (low power dissipation) है।

* इनपुट 'HIGH' होने का अर्थ है कि इसका स्तर (level) इतना HIGH होना चाहिए कि यह ट्रांजिस्टर को सेचुरेट कर सके तथा इनपुट 'Low' का अर्थ इनपुट वोल्टेज का स्तर इतना Low होना है कि यह ट्रांजिस्टर को कट-ऑफ कर सके।

6·7. डायोड-ट्रांजिस्टर लॉजिक (Diode-Transistor Logic)

डायोड-ट्रांजिस्टर लॉजिक (DTL) परिपथ RTL परिपथों की तुलना में अधिक जटिल होते हैं परन्तु इसकी अधिक FAN-OUT क्षमता एवं सुधरे हुए Noise Margin के कारण इस लॉजिक ने RTL को प्रतिस्थापित (replace) कर दिया है। DTL का मुख्य दोष इसकी धीमी गति है एवं इसी दोष के कारण ही DTL में सुधार (modification) किये गये तथा TTL (Transistor-Transistor Logic) का विकास हुआ। आज TTL एक अत्यन्त लोकप्रिय एवं शक्तिशाली लॉजिक परिवार है तथा SSI एवं MSI में इसकी क्रिया प्रणाली अत्यन्त विश्वसनीय है। TTL की श्रेष्ठता को समझने के लिए DTL पर विचार करना आवश्यक है। प्रारम्भ में इनपुट डायोड एवं एक ट्रांजिस्टर इनवर्टर का प्रयोग कर DTL परिपथ बनाया गया जिसे बाद में इनटीग्रेटेड परिपथ (IC) के रूप में विकसित किया गया।

चित्र 6.3 में एक 3-इनपुट NAND गेट प्रदर्शित किया गया है। DTL प्रणाली का बेसिक गेट, NAND गेट है। इनपुट डायोड D_A, D_B, D_C में प्रतिरोध R के माध्यम से धारा-प्रवाहित होती है। डायोड में चालन केवल तभी होता है जब इनपुट Low स्टेट में हो। High इनपुट होने पर डायोड non-conducting स्टेट में रहते हैं। अतः यदि कोई एक इनपुट Low स्टेट में है तब इस इनपुट से संयोजित डायोड फारवर्ड बायस में होगा तथा इसमें कन्डक्शन होगा। बिन्दु P पर उत्पन्न वोल्टेज ट्रांजिस्टर Q को कट-ऑफ

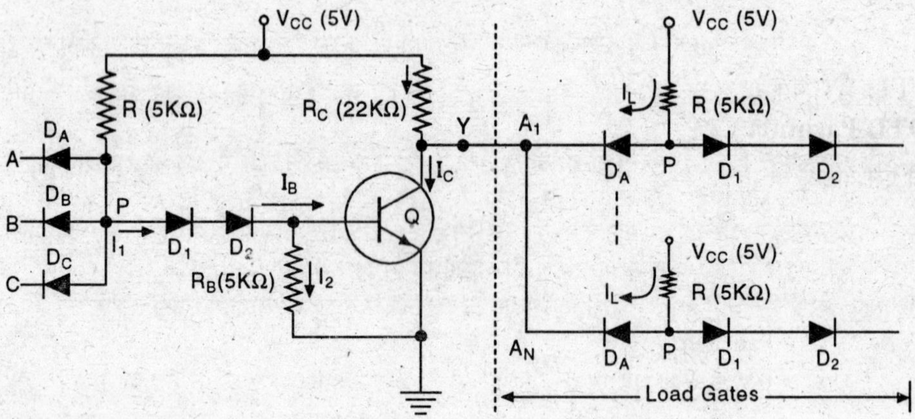

चित्र 6·3— 3-इनपुट DTL 'NAND' गेट

में रखती है अतः परिपथ की आउटपुट V_{CC} के बराबर अर्थात् High होगी।

इसके विपरीत यदि तीनों इनपुट High स्टेट में हैं तब इनपुट डायोड D_A, D_B एवं D_C कट-आफ हो जायेंगे तथा सप्लाई V_{CC} से प्रतिरोध R के द्वारा प्रवाह होगी जो ट्रांजिस्टर (Q) को सेचुरेशन में ले जायेगी तथा परिपथ की आउटपुट Low हो जायेगी। आउटपुट का यह Low स्तर, सेचुरेशन पर कलेक्टर-एमिटर वोल्टेज [V_{CE} (sat)] के तुल्य होगा।

6·8. DTL 'AND' तथा 'OR' गेट

चित्र 6.4 में एक DTL 'AND' गेट तथा चित्र 6.5 में DTL 'OR' गेट प्रदर्शित किया गया है। दोनों परिपथों में लॉजिक स्टेट '1' तथा '0' के लिए क्रमशः पॉजिटिव लॉजिक क्रमशः +5V तथा 0V माने गये हैं। DTL 'AND' परिपथ में जब कोई भी इनपुट (A_1, A_2 अथवा A_3) निम्न लाजिक (0) पर होती है तब उस इनपुट से संयोजित डायोड फारवर्ड बायस में होता है। ट्रांजिस्टर Q कट-ऑफ में आ जाता है तथा आउटपुट Low (logic 0) होती है। यदि सभी इनपुट लॉजिक 1 (+5V) पर होती हैं तब किसी भी डायोड में चालन (conduction) नहीं होता है तथा ट्रांजिस्टर Q में अत्यधिक चालन (heavy conduction) होता है जिससे ट्रांजिस्टर सेचुरेट हो जाता है एवं आउटपुट High (logic 1) होती है। इस प्रकार यह गेट AND फक्शन को सन्तुष्ट करता है।

चित्र 6.5 में प्रदर्शित DTL 'OR' परिपथ में यदि कोई भी इनपुट लॉजिक '1' (+5V) पर होती है तब उससे संयोजित डायोड में चालन होता है तथा ट्रांजिस्टर का बेस 'B' +5V पर होता है। ट्रांजिस्टर में अत्यधिक चालन (heavy conduction) के कारण

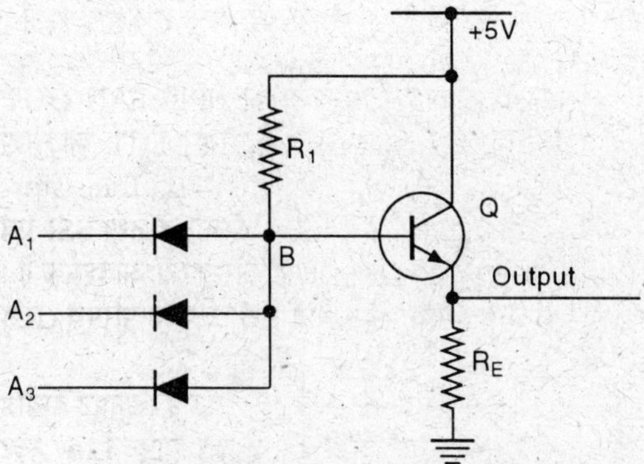

चित्र 6·4—DTL में 'AND' परिपथ

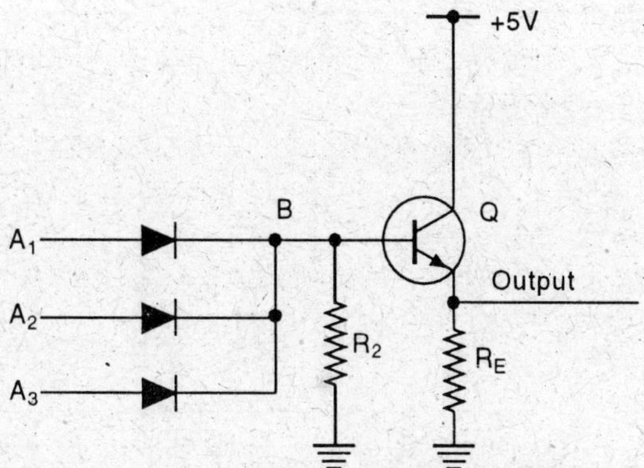

चित्र 6·5—DTL में 'OR' परिपथ

यह सेचुरेट हो जाता है तथा आउटपुट High (logic 1) हो जाती है। यदि सभी इनपुट ग्राउन्ड स्तर (logic 0) पर हैं तब कोई भी डायोड कन्डक्ट नहीं करेगा तथा बेस वोल्टेज शून्य होगी। परिणामतः ट्रांजिस्टर कट-ऑफ हो जायेगा तथा आउटपुट Low (logic 0) होगी। इस प्रकार यह गेट OR फक्शंन को सन्तुष्ट करता है।

6·9. DTL पैरामीटर्स (DTL Parameters)

डी टी एल युक्तियों के महत्वपूर्ण पैरामीटर्स के लगभग (approximate) मान तालिका 6.2 में दिये गये हैं

TABLE 6.2—डी० टी० एल० पैरामीटर्स

Parameters	Value (App)
Fan Out	8
Noise Margin	0·7 Volts
Propagation Delay	30 nsec
Power Dissipation	60 mW
Power Supply Voltage V_{cc}	+5V

DTL के गुण एवं दोष (Merits and Demerits of DTL)

DTL परिपथों में RTL की अपेक्षा अधिक तीव्र गति से स्विचिंग (switching) होता है क्योंकि ट्रांजिस्टर में सिगनल का प्रवाह फारवर्ड बायस्ड डायोड के निम्न (low) प्रतिरोध द्वारा होता है।

DTL परिपथ में संयोजित गेट्स के स्टेट '1' में होने के कारण इनपुट प्रतिबाधा उच्च होती है, अतः Fan Out की संख्या अधिक (8 तक) प्राप्त की जा सकती है। DTL परिपथों में प्रतिरोध तथा कैपेसिटर (capacitor) के स्थान पर डायोड के प्रयोग से ये ICs के रूप में सस्ते होते हैं (क्योंकि ICs पर डायोड फेब्रिकेशन, प्रतिरोध एवं कैपेसिटर की तुलना में सरल है)। DTL परिपथों में शक्ति क्षय निम्न (low) होता है।

DTL परिपथों का मुख्य दोष इनका poor noise margin तथा निम्न प्रचालन गति (low operating speed) है।

6·10. डायरेक्ट कपल्ड् ट्रांजिस्टर लॉजिक (Direct-coupled Transistor Logic DCTL)

DCTL में बेस को फीड करने के लिये प्रतिरोध R_B (RTL की भांति) का प्रयोग नहीं किया जाता। चित्र 6.6 में एक DCTL 'NOR' गेट प्रदर्शित किया गया है। माना सभी इनपुट Low (0) स्टेट में हैं; इस स्थिति में ट्रांजिस्टर Q_1, Q_2 अथवा Q_3 में से

किसी ट्रांजिस्टर में कोई धारा प्रवाहित होगी, अतः आउटपुट 'Y' का मान सप्लाई वोल्टेज V_{CC} के लगभग बराबर अर्थात् High होगा। इस समय लोड गेट के ट्रांजिस्टर Q_4 तथा Q_5 सेचुरेशन में होंगें। इस प्रकार सभी इनपुट Low स्टेट में होने पर आउटपुट High स्टेट में होगी।

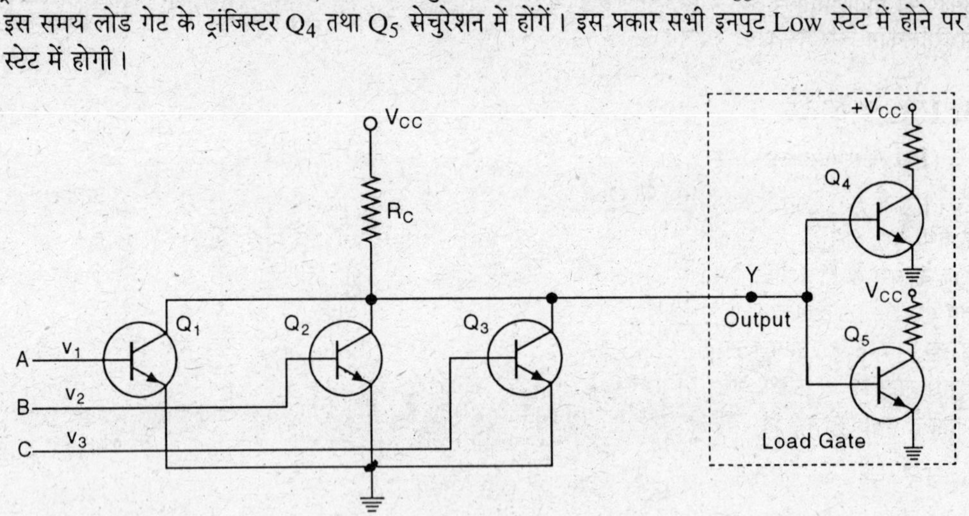

चित्र 6·6—DCTL पॉजिटिव 'NOR' गेट

अब माना कि कोई एक इनपुट (v_1), High (1) स्टेट में है। इस स्थिति में ट्रांजिस्टर Q_1 सेचुरेशन में ड्राइव होगा तथा आउटपुट Y का मान $V_{CE\,(sat)}$ अर्थात् V(0) अर्थात् Low होगा। यदि एक से अधिक इनपुट High स्टेट में होगी तब भी निश्चित रूप से आउटपुट Low होगी। इस प्रकार यह गेट NOR फंक्शन को सन्तुष्ट करता है।

6·11. DCTL के दोष (Deffects with DCTL)

यद्यपि DCTL परिपथ RTL की तुलना में सरल है परन्तु धारा हागिंग (current hogging) के दोष के कारण DCTL का व्यापक प्रयोग नहीं किया गया। चित्र 6.6 में प्रदर्शित NOR गेट में जब आउटपुट 1 है तब NOR गेट द्वारा लोड गेट के ट्रांजिस्टरों Q_4 तथा Q_5 को सेचुरेशन में ड्राइव करना चाहिये। यह कोई समस्या नहीं होगी यदि सभी ट्रॉजिस्टरों के इनपुट अभिलक्षण समान हों। परन्तु ICs के विभिन्न पैकेज के, विभिन्न तापक्रमों पर उनकी टालरेन्स विभिन्न होने के कारण, ट्रांजिस्टरों के इनपुट अभिलक्षण भी भिन्न होते हैं जिसके कारण लोड ट्रांजिस्टरों की सेचुरेशन वोल्टज भी अलग-अलग होती है। उदाहरणतः माना सेचुरेशन पर ट्रॉजिस्टरों की बेस एमिटर वोल्टेज 0·78, 0·79 तथा 0·80 वोल्ट है। जिस ट्रांजिस्टर की V_{be} का मान 0·78 V है तब इसके सेचुरेशन में आने पर यह दूसरे ट्रांजिस्टरों को सेचुरेशन में नहीं आने देगा तथा ड्राइवर गेट से सप्लाई की गई समस्त धारा स्वयं ले लेगा। यह क्रिया 'current hogging' कहलाती है।

5·12. इन्टीग्रेटेड इन्जैक्शन लॉजिक (Integrated Injection Logic–(I^2L)

जैसा कि ऊपर वर्णन किया गया है DCTL परिवार current hogging के दोष के कारण प्रयोग के लिये उपयुक्त नहीं है। DCTL के आधार पर ही कुछ वर्ष पूर्व एक नया लॉजिक (I^2L) विकसित हुआ। I^2L लॉजिक DCTL की भांति ही एक सरल लॉजिक है। इसके लिये सिलिकॉन चिप का बहुत कम क्षेत्र (space) प्रयोग किया जाता है। इसमें शक्ति व्यय बहुत कम होता है। I^2L लॉजिक का फेब्रिकेशन आसान तथा सस्ता है। बाइपोलर ट्रांजिस्टर (BPT) के फेब्रिकेशन में 5 मास्किंग तथा 3 डिफ्यूजन प्रक्रियाओं की आवश्यकता होती है जब कि I^2L फेब्रिकेशन में चार मास्किंग तथा दो डिफ्यूजन की क्रियायें की जाती हैं। I^2L के इन गुणों के कारण यह MSI तथा LSI चिप पर फेब्रिकेशन के लिए अत्यन्त उपयोगी सिद्ध हुआ है। I^2L का प्रयोग SSI के लिए उपयुक्त नहीं है। यह लॉजिक LSI के लिए अकेला सेचुरेटेड बाइपोलर लॉजिक है। I^2L तकनीकी का सिद्धान्त कम्पोनेन्टस का

परस्पर merging है अर्थात् एक अर्धचालक क्षेत्र, दो या अधिक युक्तियों का एक उभयनिष्ठ (common) भाग होता है। इस प्रकार की merging के कारण यह लॉजिक Merged Transistor Logic (MTL) भी कहलाता है। इस तकनीकी के प्रयोग से सिलिकॉन चिप पर काफी स्थान (space) की बचत होती है।

6·13. I^2L इनवर्टर
(I^2L Inverter)

चित्र 6.7 में I^2L इनवर्टर का परिपथ प्रदर्शित किया गया है। यदि इनपुट V_i 'low' ($V_i = 0$) है तब ट्रांजिस्टर Q_1 'OFF' होता है तथा बेस धारा $I_{B_1} = 0$ होती है। इनपुट स्रोत धारा I_1 के लिए सिंक (sink) की भाँति कार्य करता है अतः धारा I_2 ट्रांजिस्टर Q_2 के बेस में से प्रवाहित होती है जिसके कारण यह ट्रांजिस्टर (Q_2) सेचुरेशन में ड्राइव हो जाता है। जब Q_1 'OFF' होता है तब Q_2 'ON' होता है ($V_{BE_2} = V_{CE_2}) \approx 0 \cdot 8\,V$।

इसके विपरीत जब इनपुट 'High' ($V_i = 0 \cdot 8$ V) होती है तब बेस धारा I_{B_1} के दो घटक (components) होते हैं एक I_1 तथा दूसरा स्रोत V_i के कारण, अतः ट्रांजिस्टर Q_1 सेचुरेट हो जाता है ($V_{CE_1} = V_{CE}(\text{sat}) \approx 0 \cdot 2$ V)। ट्रांजिस्टर Q_2 कट-ऑफ हो जाता है तथा Q_2 धारा I_2 के लिए सिंक (sink) की भांति कार्य करता है।

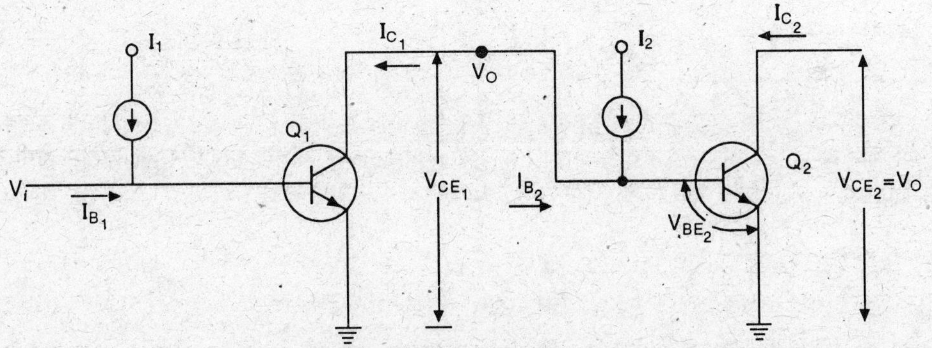

चित्र 6·7—एक I^2L इनवर्टर का परिपथ

इससे ज्ञात होता है कि V_o का लॉजिक स्तर V_i का कम्पलीमेन्ट है अर्थात् ट्रांजिस्टर Q_1 एक इनवर्टर की भांति कार्य करता है। इस परिपथ में लॉजिक स्विंग (swing) लगभग 0·6 V के बराबर होता है।

6·14. एमिटर कपल्ड् लॉजिक
(Emitter Coupled Logic ECL)

ECL की गति अन्य सभी लॉजिक परिवारों से अधिक (fastest) है अतः इसका प्रयोग अति उच्च गति के अनुप्रयोगों में किया जाता है। ECL में उच्च गति होने का मुख्य कारण यह है कि इसमें ट्रांजिस्टर, डिफ्रेन्स एम्पलीफायर प्रणाली में संयोजित किये जाते हैं। ECL में ट्रांजिस्टर पूर्णतया सेचुरेटेड तथा कट-ऑफ स्थितियों में प्रचालित होने के स्थान पर कट-ऑफ तथा एक्टिव क्षेत्र (active region) के मध्य प्रचालित होते हैं ECL में प्रोपेगेशन डिले टाइम 1 nano sec से भी कम प्राप्त करना सम्भव है।

मूलतः ECL की कार्य प्रणाली डिफ्रेन्स एम्पलीफायर पर आधारित है। इस लॉजिक में एमिटर्स को परस्पर संयोजित किया जाता है अतः यह Emitter Coupled Logic कहलाता है। चित्र 6·8 में एक 3-इनपुट ECL गेट प्रदर्शित किया गया है। इसके तीन मुख्य भाग हैं। मध्य वाला भाग लॉजिक ऑपरेशन सम्पन्न करता है। परिपथ में Q_1, Q_2 तथा Q_3 लॉजिक ट्रांजिस्टर हैं। Q_4 रेफरेन्स ट्रांजिस्टर है। लॉजिक ट्रांजिस्टर तथा रेफरेन्स ट्रांजिस्टर के एमीटर परस्पर संयोजित हैं। कॉमन एमीटर प्रतिरोध R_E का मान अधिक (large) होता है तथा यह Constant Current Source की भांति कार्य करता है। ट्रांजिस्टर Q_4 के बेस को रेफरेन्स वोल्टेज V_R दी जाती है।

परिपथ की कार्य प्रणाली
(Circuit Operation)

जब सभी इनपुट A,B तथा C ग्राउण्ड पोटेन्शियल (logic 0) पर होती है तब Q_1, Q_2 तथा Q_3 कट-ऑफ पर होते हैं एवं प्रतिरोध R_1 में कोई धारा प्रवाहित नहीं होती। ट्रांजिस्टर Q_1, Q_2, Q_3 का कॉमन कलेक्टर पोटेन्शियल लगभग V_{CC} के बराबर हो जाता है। इससे ट्रांजिस्टर Q_5 चालन (conduction) में ड्राइव हो जाता है। अतः Q_5 की आउटपुट पॉजिटिव (logic 1) हो जाती है।

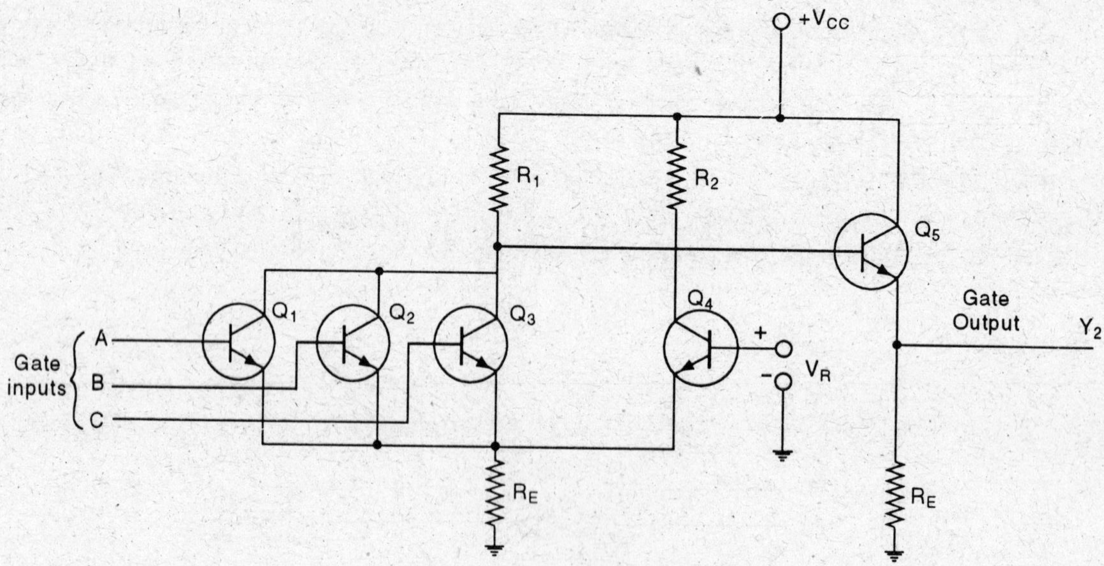

चित्र 6·8—3-इनपुट ECL NOR गेट

यदि कोई एक इनपुट पॉजिटिव होती है तथा इसका मान रेफरेन्स वोल्टेज V_R से अधिक (logic 1) होता है तब उस इनपुट से सम्बन्धित ट्रांजिस्टर में धारा प्रवाहित होगी। कलेक्टर वोल्टेज का मान कम होगा जिसके प्रभाव से ट्रांजिस्टर Q_5 के एमिटर की आउटपुट भी कम (logic 0) हो जायेगी।

6·15. ECL के गुण
(Advantages of ECL)

ECL में एमिटर्स की परस्पर कपलिंग (coupling) होने के कारण ट्राँजिस्टर सेचुरेशन में नहीं जाते क्योंकि प्रतिरोध R_E स्थिर धारा स्रोत (constant current source) का कार्य करता है। जैसे ही लॉजिक ट्रांजिस्टर (Q_1, Q_2, अथवा Q_3) में धारा बढ़ती है, रेफरेन्स ट्राँजिस्टर Q_4 में धारा कम हो जाती है। ट्रॉजिस्टरों के सेचुरेशन में न जाने से परिपथ को अति तीव्र (very fast) गति की स्विचिंग प्राप्त होती है जिसका मान कुछ nanoseconds में होता है। ECL में शक्ति व्यय अपेक्षाकृत उच्च (लगभग 50 mW) होता है। एमिटर फालोअर के प्रयोग से परिपथ की आउटपुट प्रतिबाधा (output impedance) बहुत कम हो जाती है जिससे कि fan-out का मान उच्च (लगभग 25) हो जाता है।

ECL परिवार का उपयोग मुख्य रूप से बड़े (मेन फ्रेम) कम्प्यूटर्स में किया जाता है जहाँ पर प्राथमिकता (priority), उच्च प्रचालन गति होती है।

ECL 'OR/NOR' गेट

चित्र 6.9 (a) में एक ECL OR/NOR गेट प्रदर्शित किया गया है। यह चित्र 6.8 का संशोधित रूप है। चित्र 6.9 (b) में 3-इनपुट OR/NOR गेट का प्रतीक (symbol) प्रदर्शित किया गया है।

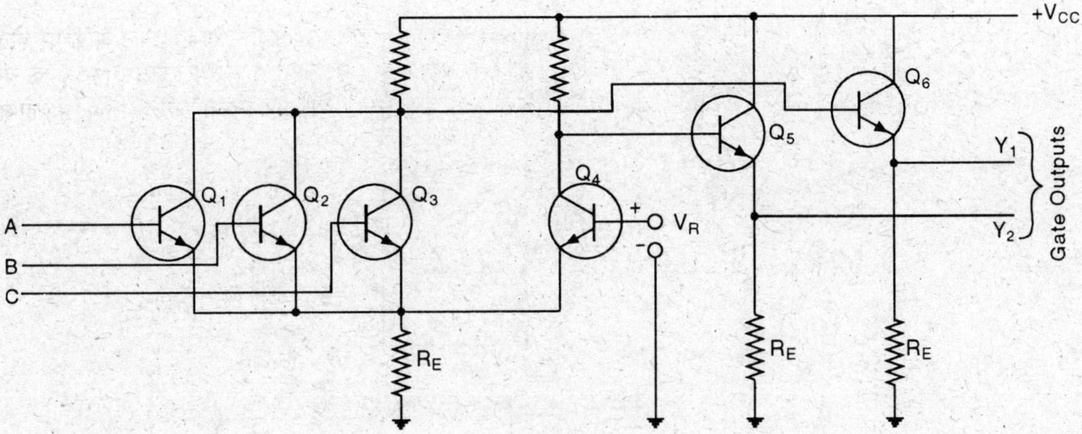

(a)

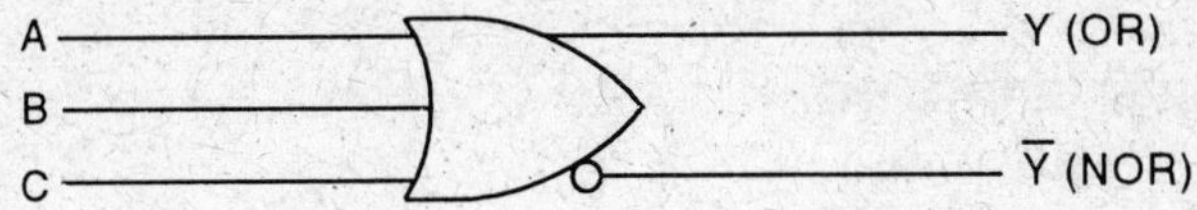

(b)

चित्र 6·9—(a) 3-इनपुट ECL 'OR/NOR' गेट, (b) 3-इनपुट 'OR/NOR' गेट का प्रतीक

6·16. ट्रांजिस्टर-ट्रांजिस्टर लॉजिक (Transistor-Transistor Logic-TTL)

डायोड ट्रांजिस्टर लॉजिक (DTL) की गति सीमित (limited speed) होने के कारण अब यह प्रयोग क्षेत्र से लगभग बाहर (obsolete) हो गया है तथा इसके स्थान पर एक अन्य लॉजिक परिवार ट्रांजिस्टर-ट्रांजिस्टर लॉजिक (TTL) का व्यापक प्रयोग किया जाता है। DTL में धीमी गति का मुख्य कारण आउटपुट ट्रॉजिस्टर के बेस पर संग्रहित आवेश का धीमी गति से हटना (slow removal of stored base charge) है। टेक्साज इनस्ट्रूमेन्टस द्वारा सन् 1964 में TTL परिवार की 7400 श्रेणी introduce करायी गयी। TTL श्रेणी में अनेक प्रकार की SSI तथा MSI चिप्स उपलब्ध हैं जिनके द्वारा लगभग सभी प्रकार के डिजिटल परिपथ बनाये जा सकते हैं।

6·17. TTL 'NAND' गेट (Totempole AND Gate)

चित्र 6.10 में एक TTL 'NAND' गेट प्रदर्शित किया गया है। इस परिपथ में, DTL परिपथों में प्रयोग किये जाने वाले इनपुट डायोड के स्थान पर मल्टी-एमिटर प्रणाली (multiple emitter configuration) प्रयुक्त की गई है जिसके कारण उच्च स्विचिंग गति (high switching speed) प्राप्त होती है। TTL 7400 श्रेणी की multiple emitter प्रणाली, एक विशेषता (speciality) है। चित्र 6.10 में प्रदर्शित परिपथ में ट्रॉजिस्टर Q_1 का प्रत्येक एमिटर एक डायोड की भाँति कार्य करता है अत: ट्रॉजिस्टर Q_1 तथा 4 KΩ प्रतिरोध एक 2 इनपुट AND गेट की भाँति कार्य करते हैं शेष परिपथ सिगनल को इनवर्ट करता है, अत: सम्पूर्ण परिपथ

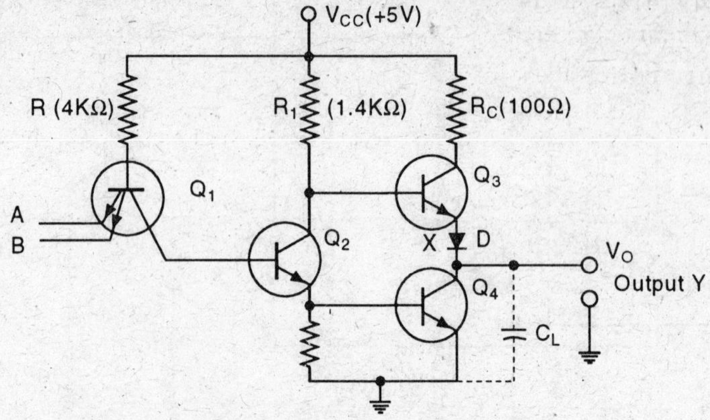

चित्र 6·10— 2-इनपुट TTL 'NAND' गेट

एक 2-इनपुट NAND गेट की भाँति कार्य करता है। TTL NAND गेट (चित्र 6.10) की आउटपुट स्टेज प्रायः टोटेम-पोल (totem pole) स्टेज कहलाती है, क्योंकि आउटपुट भाग के तीन कम्पोनेन्ट, दो NPN ट्रांजिस्टर तथा डायोड D परस्पर श्रेणी में संयोजित हैं। इस प्रकार की आउटपुट स्टेज TTL युक्तियों की विशेषता है। Totem-pole आउटपुट स्टेज में कोई एक ट्रांजिस्टर Q_3 अथवा Q_4 अवश्य ON रहता है। जब Q_3 'ON' होता है तब आउटपुट High होती है तथा Q_4 'ON' होने पर आउटपुट Low होती है।

TTL 'NAND' गेट की कार्य-प्रणाली
(Operation of TTL 'NAND' Gate)

जब इनपुट A अथवा B, Low (logic 0) होती है तब Q_1 की बेस वोल्टेज बहुत कम लगभग 0·7V हो जाती है इससे Q_2 की बेस वोल्टेज भी शून्य हो जाती है। ग्राउन्ड हो जाने के कारण ट्रांजिस्टर Q_2 कट-ऑफ हो जायेगा। अतः ट्रांजिस्टर Q_2 एवं Q_4 में चालन होगा तथा Q_4 कट-ऑफ हो जायेगा। इस प्रकार पुनः एक आउटपुट प्राप्त होगी। ध्यान दीजिये कि Q_2 का कलेक्टर High (लगभग V_{CC} के तुल्य) हो जायेगा। बिन्दु X पर विभव का मान V_{cc} से कुछ कम (V_{CC} – voltage drop at 100 Ω, Q_3 and diode D) होगा। चूँकि यह सभी वोल्टेज ड्राप बहुत कम हैं अतः बिन्दु X पर आउटपुट High (logic 1) होगी।
जब दोनों इनपुट A तथा B, High (logic 1) होती हैं तब ट्रांज़िस्टर Q_1 में कोई एमिटर धारा नहीं प्रवाहित होती परन्तु इसका बेस-कलेक्टर जंकशन फारवर्ड बायस में होता है अतः यह, ट्रांजिस्टर Q_2 के बेस को धारा सप्लाई करता है जिसके फलस्वरूप ट्राँजिस्टर Q_4 के बेस को धारा प्राप्त होती है। अतः T_4 में चालन होगा तथा आउटपुट प्राप्त होगी। ध्यान दीजिये कि Q_2 का कलेक्टर Low होगा तथा Q_3 कट-ऑफ हो जायेगा। जैसे ही Q_4 सेचुरेशन की स्थिति में आयेगा इसकी आउटपुट Low (0) हो जायेगी क्योंकि सेचुरेशन में Q_4 के कलेक्टर की वोल्टेज लगभग एमिटर वोल्टेज के बराबर होती है।
इस प्रकार TTL NAND गेट से दोनों स्थतियों में निम्न प्रकार आउटपुट प्राप्त होती है—

TABLE 6.3—2-इनपुट NAND गेट

A	*B*	*Y*
0	0	1
1	0	1
0	1	1
1	1	0

(i) दोनों इनपुट High होने पर आउटपुट Low होती है।
(ii) यदि कोई भी इनपुट Low है तब आउटपुट High होती है।

डायोड D का परिपथ में कार्य, दोनों ट्रांजिस्टर Q_3 तथा Q_4 को एक साथ ON होने से रोकना है; क्योंकि यदि दोनों ON होते हैं तब यह सप्लाई के लिये निम्न प्रतिबाधा पथ, (low impedance path) उत्पन्न करेंगे जिसके कारण अत्यधिक धारा प्रवाहित होगी और आउटपुट में large noise spikes उप्पन्न होगी।

तालिका 6.4 में TTL युक्तियों के पैरामीटर्स दिये गये हैं :

TABLE 6.4—टी० टी० एल० पैरामीटर्स (TTL Parameters)

Parameter	App. Value
Fan Out	10
Noise Margin	0·4 V
Propagation Delay	7 -- 10 nsec
Power Dissipation	10 mW
Power Supply Voltage	+5V

TTL के गुण
(TTL Specialities)

TTL में मल्टीपल एमिटर ट्रांजिस्टर (Multiple Emitter Transistor) अन्य लॉजिक परिपथों में संयोजित डायोड, प्रतिरोध एवं ट्रॉजिस्टरों को प्रतिस्थापित (replace) करता है। इस प्रकार डिवाइस का आकार छोटा हो जाता है जिससे मूल्य कम हो जाता है तथा IC चिप पर अन्य फंकशन भी डिजाइन किये जा सकते हैं। मूल्य कम होने के अतिरिक्त, TTL के अन्य गुण उच्च प्रचालन गति (high operating speed) तथा उच्च फैन आउट (high fan out) है।

6·18. वार्यड AND टीटीएल गेट
(Wired-AND TTL Gate)

Wired-AND प्रणाली में कुछ गेट्स (gates) की आउटपुट परस्पर संयोजित (tied together) कर दी जाती है। इस ऑपरेशन से AND प्रचालन प्राप्त होता है तथा एक अतिरिक्त लॉजिक फंक्शन उपलब्ध होता है। चित्र 6.11 में माना गेट G_1 की आउटपुट

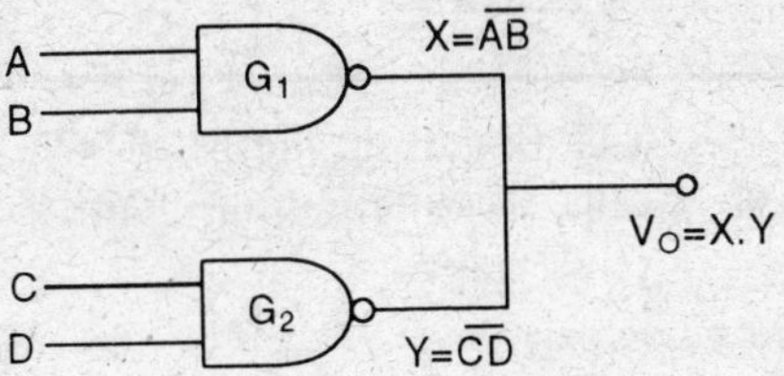

चित्र 6·11—Wired-And ऑपरेशन

'X' निम्न (low) है तब गेट G_2 की आउटपुट Y कुछ भी क्यों न हो, आउटपुट V_o Low होगी। केवल, उस अवस्था में V_0 उच्च (high) होगी जब X तथा Y दोनों आउटपुट High होंगी। यह एक AND ऑपरेशन है। अतः चित्र 6.11 में प्रदर्शित परिपथ की आउटपुट

$$V_o = X.Y = (\overline{AB})\,(\overline{CD})$$

6·19. ओपेन कलेक्टर TTL NAND गेट
(Open Collector TTL NAND Gate)

स्टेन्डर्ड TTL परिवारों में Totem-Pole आउटपुट ट्रांजिस्टर प्रायः स्विचिंग गति (switching speed) सुधारने के लिये प्रयोग किये जाते थे। इस प्रकार के प्ररिपथ (चित्र 6.10) में नीचे वाला ट्रॉजिस्टर एक्टिव (Q_4) पुल-डाउन (active pull down) तथा ऊपर वाला टाँजिस्टर (Q_4) एक्टिव पुल-अप (pull up) उपलब्ध कराता है। दोनों स्थितियों में एक सक्रिय युक्ति (active device) अर्थात् ट्रॉजिस्टर आउटपुट पर संयोजित कैपेसिटर को चार्ज अथवा डिस्चार्ज करती है जिसके प्रभाव से स्विचिंग गति में सुधार होता है।

Totem-Pole आउटपुट में एक गम्भीर दोष यह है कि इसमें एक से अधिक गेट की आउटपुट परस्पर समानान्तर में (Wired-AND) संयोजित नहीं की जा सकती। यदि दो या दो से अधिक TTL आउटपुट एक साथ संयोजित की जायें तथा एक आउटपुट High तथा दूसरी Low हो तब यह लगभग शार्ट सर्किट जैसा हो जायेगा तथा शक्ति व्यय (power dissipation) बहुत उच्च होगा। परन्तु Wired-AND सिस्टम ऐसी स्थितियों में बहुत महत्वपूर्ण हो जाता है जब अनेक TTL युक्तियों की आउटपुट ANDed करनी होती है। उदाहरणतः यदि 20 TTL युक्तियों की आउटपुट AND करने की आवश्यकता है तब Totem-pole युक्तियों को प्रयुक्त करने की स्थिति में 20-इनपुट AND गेट की आवश्यकता होगी। इस कठिनाई के निराकरण के लिये TTL Open Collector Output गेट का डिजाइन किया गया। इस गेट में Totem-pole pair के केवल नीचे वाले (lower) ट्रॉजिस्टर Q_4 का प्रयोग किया जाता है। चित्र 6.12 में Open Collector TTL गेट प्रदर्शित किया गया है। परिपथ से स्पष्ट है कि ट्रॉजिस्टर Q_4 का कलेक्टर खुला (Open) है। इस प्रकार का गेट तब तक ठीक प्रकार कार्य नहीं करेगा जब तक कि आउटपुट से एक Pull up प्रतिरोध संयोजित नहीं किया जायेगा।

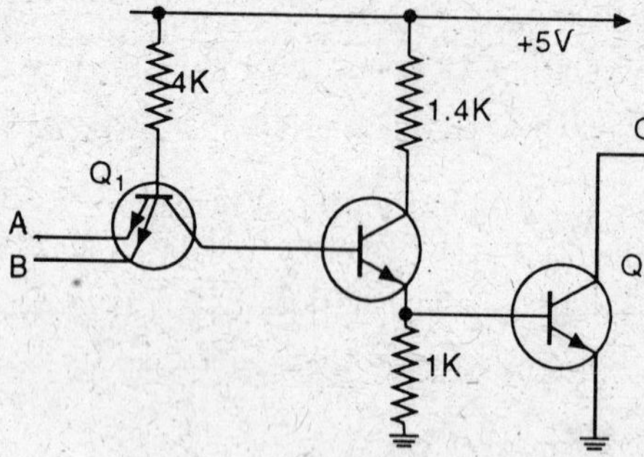

चित्र 6·12—ओपेन कलेक्अर TTL गेट

ओपेन कलेक्टर (Open Collector) गेट्स का मुख्य गुण यह है कि उन्हें एक कॉमन पुल-अप (pull-up) प्रतिरोध की सहायता से परस्पर Wired किया जा सकता है अतः एक AND गेट की आवश्यकता नहीं होती। चित्र 6.13 में 3 NAND गेट्स की आउटपुट एक पुल-अप प्रतिरोध R की सहायता से +5V से संयोजित है। जब कोई एक अथवा सभी ट्रांजिस्टर सेचुरेटेड (saturated) होते हैं तब आउटपुट वोल्टेज का मान निम्न (low) हो जाता है। High आउटपुट प्राप्त करने की केवल एक विधि यह है कि सभी ट्रांजिस्टर कट-आफ पर हों तब pull-up प्रतिरोध आउटपुट वोल्टेज को 'High' पर पुल करेगा। दूसरे शब्दों में Open Collector युक्तियों की आउटपुट एक कॉमन pull-up प्रतिरोध से Wire करने पर स्वतः ही ANDing क्रिया सम्पन्न हो जाती है। यह प्रक्रिया wired-AND कहलाती है।

चित्र 6.13 में प्रदर्शित परिपथ की आउटपुट

$$X = \overline{BA} . \overline{DC} . \overline{FE}$$

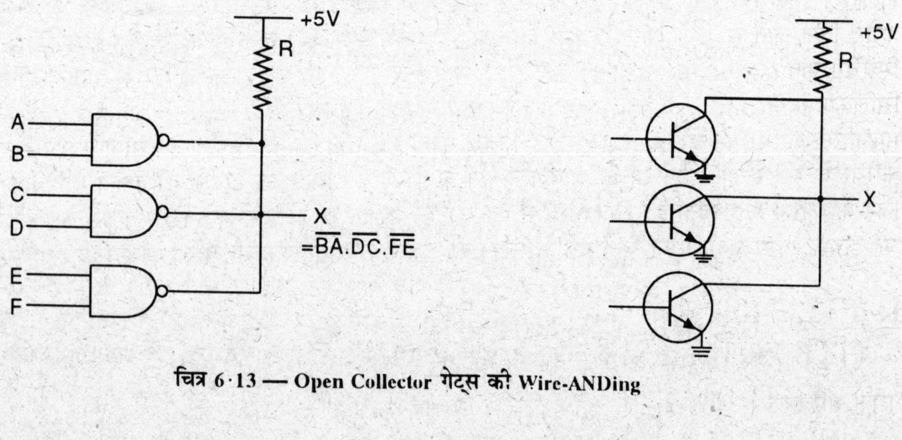

चित्र 6·13 — Open Collector गेट्स की Wire-ANDing

6·20. टी टी एल उपपरिवार (TTL Subfamilies)

TTL युक्तियां प्रचालन गति (operating speed) तथा शक्तिव्यय (power dissipation) अभिलक्षणों के आधार पर निम्न subfamilies में वर्गीकृत की गई हैं:

(i) Low-Power TTL (74 L00 Series)—74 L00 में अक्षर 'L' निम्न शक्ति व्यय (low power consumption) को प्रदर्शित करता है। इस श्रेणी की युक्तियों का आन्तरिक प्रतिरोध अधिक होता है जिससे शक्तिव्यय निम्न होता है। इस श्रेणी के NAND गेट में औसत शक्ति व्यय 1 mW प्रतिगेट है तथा प्रोपेगेशन डिले टाइम 33 nsec/gate है। निम्न आवृत्ति के, बैटरी से प्रचालित परिपथों (जैसे केलकुलेटर्स) में इस TTL श्रेणी की युक्तियाँ अच्छा परिणाम देती है। Low power TTL युक्तियों के नम्बर (numbering) 74/L/00, 74/L/01, 74/L/02 इत्यादि होते हैं।

(ii) High-Speed TTL (74 H00 Series)—अक्षर 'H' उच्च गति (high speed) को व्यक्त करता है। TTL 74H00 श्रेणी की युक्तियाँ उच्च गति की होती हैं क्योंकि इस श्रेणी के बेसिक NAND गेट का औसत प्रोपेगेशन डिले टाइम 6 nsec/gate है तथा औसत शक्ति व्यय 23 mW/gate है। इस प्रकार की युक्तियों के नम्बर 74 H00, 74H01, 74H02 इत्यादि होते हैं।

(iii) Schottky TTL (74S00 Series)—'S' Schottky (शॉटकी) व्यक्त करता है। TTL फेमिली में Schottky TTL युक्तियों की गति अधिकतम होती है। इसका औसत प्रोपेगेशन डिले टाइम केवल 3 nsec तथा औसत शक्ति व्यय 23 mW/gate

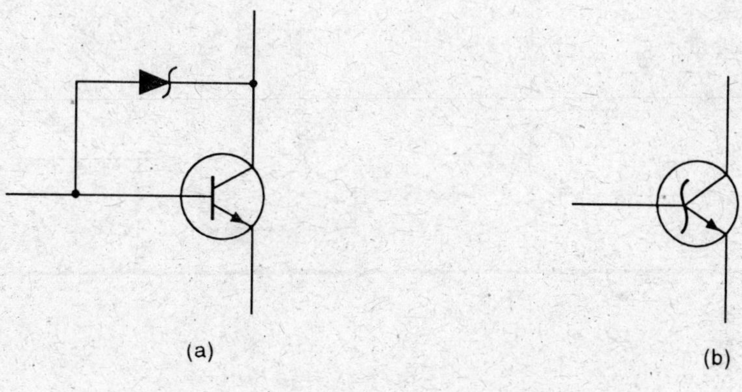

चित्र 6·14—(a) शॉटकी डायोड के साथ ट्रांजिस्टर, (b) शॉटकी ट्रांजिस्टर का परिपथ संकेत

होती है। इतना निम्न प्रोपेगेशन डिले टाइम प्राप्त करने के लिए निम्न वोल्ट ड्रॉप वाले डायोड (low voltage drop diode) प्रयोग किये जाते हैं। यह शॉटकी डायोड कहलाते हैं। इन डायोड का फारवर्ड वोल्टेज ड्राप बहुत कम (लगभग 0.4 V), तथा स्विचिंग गति (switching speed) तीव्र होती है। इसका कारण यह है कि इन डायोड में सामान्य डायोड की भांति सिलिकॉन-सिलिकॉन (silicon to silicon) जंकशन के स्थान पर धातु एवं सिलिकॉन (metal to silicon) जंकशन होता है। अतः इनमें माइनॉरिटी कैरियर नहीं होते और न ही कोई आवेश संचय (stored charge) होता है। सामान्य PN डायोड में आवेश माइनॉरिटी कैरियर के रूप में होता है। संचित आवेश न होने के कारण ये डायोड उन डायोड की तुलना में अधिक तीव्रता से स्विच होते हैं जिन में आवेश स्टोर रहता है। चित्र 6.14 में एक शॉटकी डायोड ट्रांजिस्टर के कलेक्टर एवं बेस के मध्य संसोजित किया गया है। यह डायोड, परिपथ में प्रयुक्त किये गये ट्रांजिस्टर को सेचुरेट होने से रोकता है जिसके फलस्वरूप स्विचिंग टाइम कम हो जाता है।

6·21. TTL 7400 श्रेणी (TTL 7400 Series)

TTL परिवार की 7400 श्रेणी में अनेक लॉज़िक फंक्शन उपलब्ध हैं:

NAND गेट्स
(NAND Gates)

TTL 7400 श्रेणी का मुख्य आधार (back bone) NAND गेट है। इस श्रेणी की सभी युक्तियाँ 2-इनपुट 'NAND' गेट से ही उदघृत (derive) की गई हैं। चित्र 6.10 में यह गेट प्रदर्शित किया गया है। 3, 4, तथा 8 इनपुट NAND गेट निर्मित करने के लिए, निर्माता 3, 4, 8-एमिटर वाले ट्रांजिस्टर प्रयोग करते हैं। 7400 श्रेणी में NAND गेट्स सबसे सस्ती युक्तियाँ हैं।

NOR गेट्स
(NOR Gates)

अन्य लॉजिक फंक्शन प्राप्त करने के लिए निर्माता बेसिक NAND गेट के डिजाइन में कुछ सुधार (modification) करते हैं। उदाहरणत: चित्र 6.15 में एक 2-इनपुट NOR गेट प्रदर्शित किया गया है। इस परिपथ में NAND गेट के मूल डिजाइन में ट्रांजिस्टर Q_5 तथा Q_6 सयोजित किये गये है। चूंकि Q_2 तथा Q_6 समानान्तर में है। अत: इससे OR फंक्शन प्राप्त होता है। उसके पश्चात् इनवर्जन होता है जिससे NOR फक्शन प्राप्त होता है।

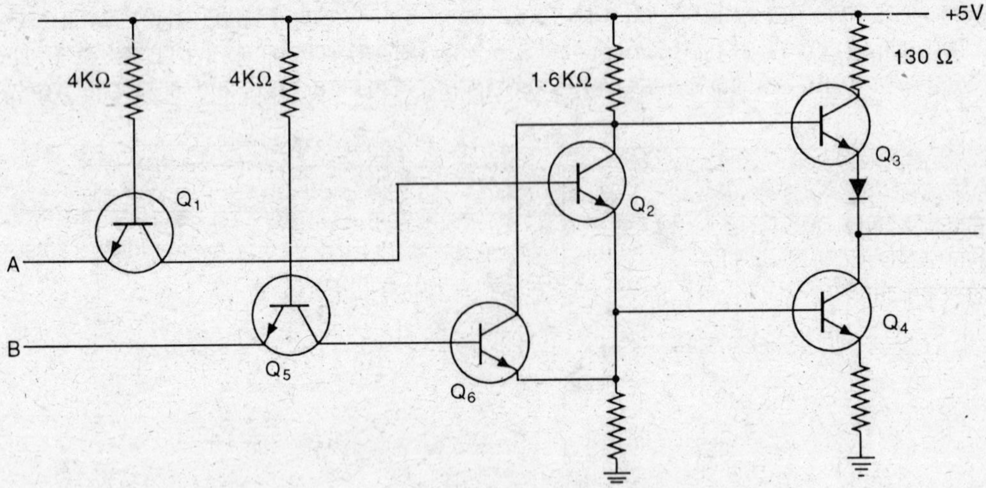

चित्र 6·15—TTL NOR गेट

जब A तथा B दोनों Low होती है तब T_1 तथा T_2 दोनों की बेस वोल्टेज भी Low हो जाती है, इससे T_2 तथा T_6 कट-ऑफ हो जाते हैं। परिणाम यह होता है कि ट्रांजिस्टर T_3 एमिटर फालोअर की भांति कार्य करता है तथा High आउटपुट प्राप्त होती है। यदि A अथवा B High है तब T_1 तथा T_5 कट-ऑफ हो जाते हैं एवं T_2 तथा T_6 टर्न ऑन हो जाते हैं। ऐसा होने पर ट्रांजिस्टर T_4 सेचुरेशन में आ जाता है तथा आउटपुट Low हो जाती है।

ट्रांजिस्टर की अधिक संख्या प्रयुक्त कर 3 तथा 4-इनपुट NOR गेट्स बनाये जा सकते हैं (TTL, 8-इनपुट NOR गेट उपलब्ध नहीं है)।

AND तथा OR गेट्स
(AND and OR Gate)

AND फंक्शन प्राप्त करने के लिए बेसिक NAND डिजाइन में एक अन्य कॉमन एमिटर (CE) स्टेज संयोजित कि जाती है जिससे एक अतिरिक्त इनवर्जन (extra inversion) होता है तथा NAND गेट, AND गेट में परिवर्तित हो जाता है।
TTL श्रेणी में 7408 (quad 2-input), 7411 (triple 3-input) तथा 7421 (dual 4-input) AND गेट्स ICs उपलब्ध हैं।

इसी प्रकार NOR गेट (चित्र 6.15) में एक अन्य CE स्टेज संयोजित (insert) करने पर, NOR गेट, एक OR गेट में परिवर्तित हो जाता है। TTL श्रेणी में केवल एक 7432 (quad 2-input) NOR गेट IC उपलब्ध है।

AND-OR-INVERT गेट्स

चित्र 6.16 (a) में एक AND-OR परिपथ प्रदर्शित किया गया है तथा चित्र 6.16 (b) इसका NAND-NAND तुल्य नैटवर्क प्रदर्शित है। प्रत्येक अवस्था में परिपथ की बुलियन समीकरण निम्न है:

$$Y = AB + CD$$

चूँकि TTL श्रेणी के NAND गेट्स अधिक उत्तम समझे जाते हैं अतः आइये, TTL को प्रयुक्त कर चित्र 6.16 (b) का परिपथ बनाने का प्रयत्न किया जाये। इस प्रकार के NAND-NAND परिपथों को प्रयुक्त कर कोई भी लॉजिक परिपथ निर्मित किया जा सकता है।

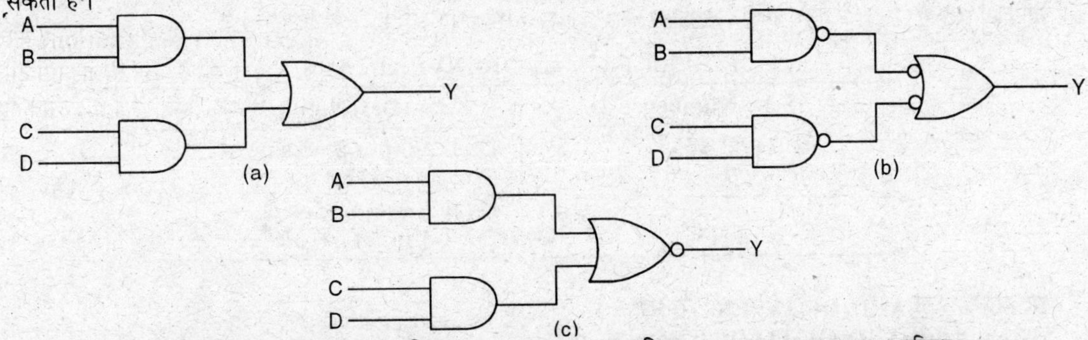

चित्र 6·16—(a) AND-OR परिपथ, (b) NAND-NAND परिपथ, (c) AND-OR-INVERT परिपथ

केवल NAND गेट्स डिजाइन प्रयुक्त कर AND-OR परिपथ प्राप्त (realise) करना कठिन होता है परन्तु 6.16 (c) में प्रदर्शित AND-OR-INVERT परिपथ सरलता से बनाया जा सकता है। इस प्रकार के अनेक परिपथ TTL चिप्स के रूप में उपलब्ध हैं। इनवर्जन के कारण चित्र 6.16 (c) की आउटपुट की समीकरण निम्न है:

$$Y = \overline{AB + CD}$$

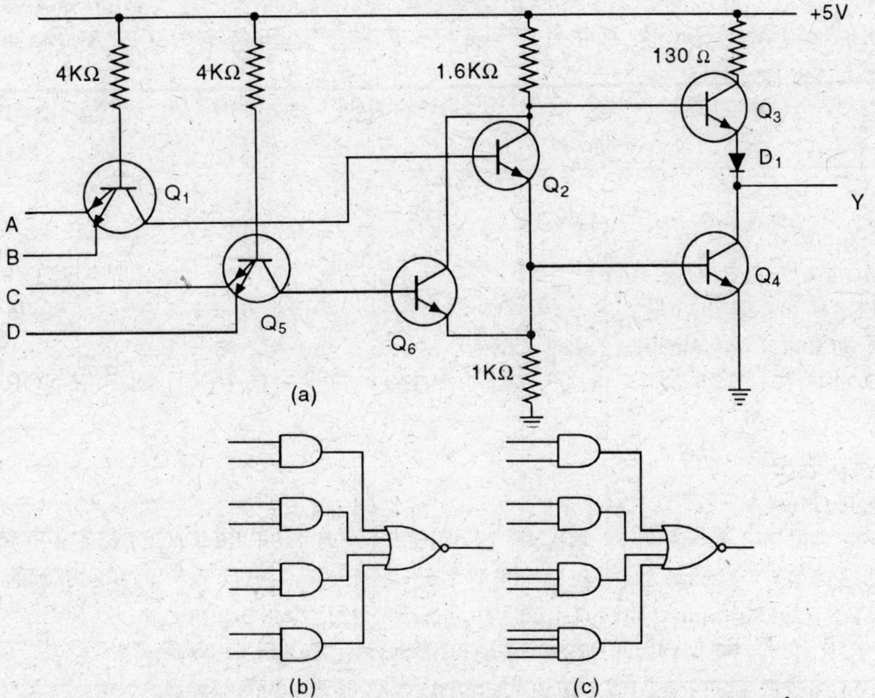

चित्र 6·17—(a)AND-OR-INVERT परिपथ, (b) तथा (c) AND-OR परिपथ के उदाहरण

चित्र 6.17(a) में एक AND-OR-INVERT परिपथ का कनेक्शन डायग्राम प्रदर्शित किया गया है। इस परिपथ में ट्रांजिस्टर्स Q_1, Q_2, Q_3 तथा Q_4, TTL 7400 श्रेणी के 2-इनपुट NAND गेट्स फॉर्म करते हैं। Q_5 तथा Q_6 को संयोजित कर NAND गेट को एक AND-OR-INVERT गेट में परिवर्तित किया गया है। Q_1 तथा Q_5 दो 2-इनपुट AND गेट्स की भांति कार्य करते हैं, Q_2 तथा Q_6, OR प्रचालन तथा इनवर्जन उत्पन्न करते हैं। अतः यह परिपथ 6.16 (c) के तुल्य है।
चित्र 6.17 (b) तथा (c) में AND-OR परिपथ के उदाहरण दिये गये हैं। उदाहरणतः 6.17(b) में प्रदर्शित 7454 एक 2-input 4-wide AND-OR-INVERT गेट है। प्रत्येक गेट की दो इनपुट (2-input), तथा 4 AND गेट्स (4-wide) है। चित्र 6.17(c) में 7464 प्रदर्शित किया गया है; यह 2-2-3-4 इनपुट 4-wide AND-OR-INVERT गेट है।
तालिका 6.5 में TTL 7400 श्रेणी में उपलब्ध कुछ AND-OR-INVERT गेट्स दिये गये हैं :

TABLE 6.5—AND-OR-INVERT Gates

IC Number	Description
7451	Dual 2-input 2-wide*
7454	2–input 4-wide**
7459	Dual 2-3-input 2-wide
7464	2-2-3-4 Input 4-wide•

एक्सपेन्डेबिल AND-OR-INVERT गेट्स
(Expandable AND-OR-INVERT Gates)

TTL 7400 श्रेणी में उपलब्ध अधिकतम wide AND-OR-INVERT गेट 4-wide है। यदि हमें इससे अधिक wide परिपथ (6 or 8-wide) की आवश्यकता हो तब हम expandable AND-OR-INVERT गेट प्रयुक्त कर सकते हैं। चित्र 6.18 (a) में एक expandable AND-OR-INVERT गेट का परिपथ प्रदर्शित किया गया है। इस परिपथ एवं 6.17 में प्रदर्शित AND-OR-INVERT परिपथ में मुख्य अन्तर यह है कि इस परिपथ (चित्र 6.18 b) में कलेक्टर तथा एमिटर पिनें (pins) चिप के बाहर निकाली गई हैं। चूँकि ट्रांजिस्टर Q_2 तथा Q_6 द्वारा 'OR' ऑपरेशन किया जाता है अतः चिप के बाहर उपलब्ध पिनों द्वारा, चिप के अन्दर ORing फक्शंन तक पहुंचा जा सकता है। इन नई इनपुट (inputs) पर अन्य गेट संयोजित कर हम AND-OR-INVERT गेट्स की width बढ़ा सकते हैं।
चित्र 6.18 (b) में एक expandable AND-OR-INVERT गेट का चिन्ह (symbol) दिया गया है। तीर (arrow), इनपुट,

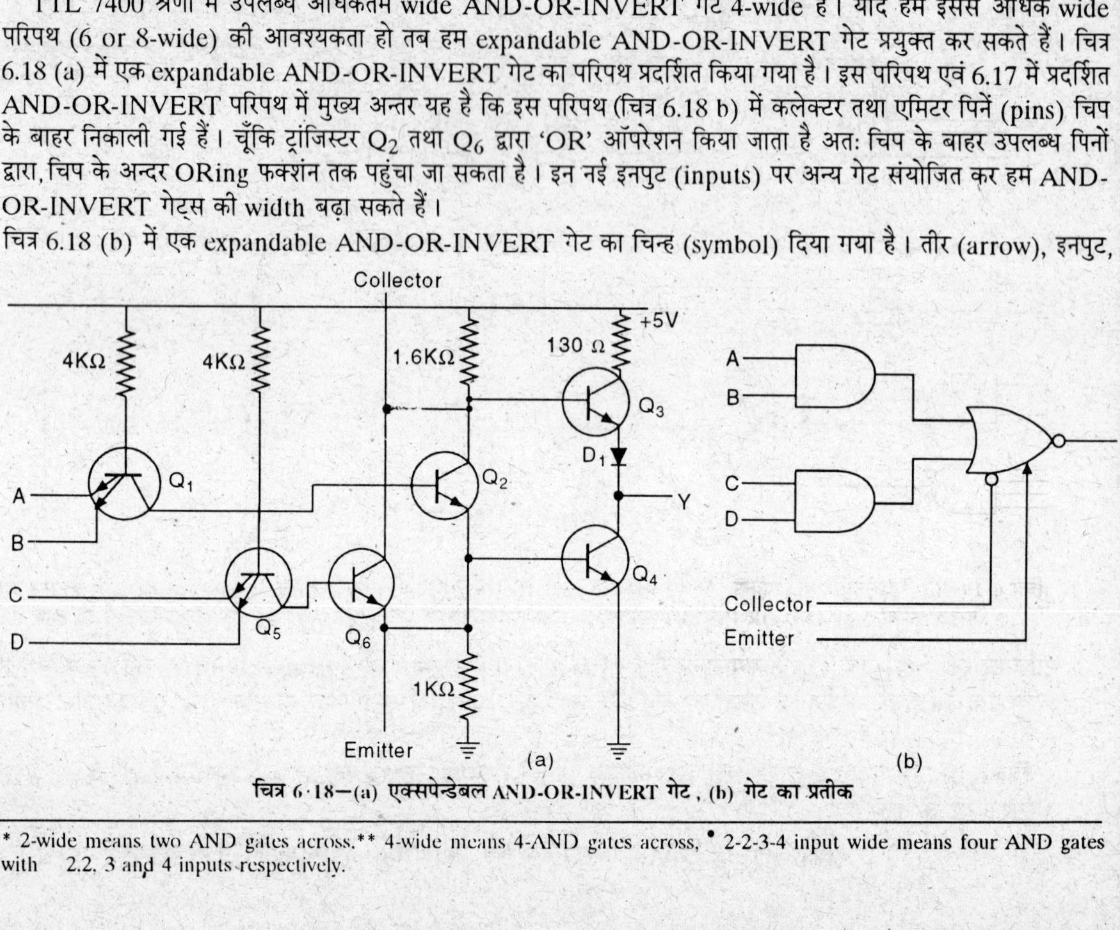

चित्र 6·18—(a) एक्सपेन्डेबल AND-OR-INVERT गेट, (b) गेट का प्रतीक

* 2-wide means two AND gates across.** 4-wide means 4-AND gates across, • 2-2-3-4 input wide means four AND gates with 2.2, 3 and 4 inputs respectively.

एमिटर को तथा बबल (bubble) कलेक्टर को प्रदर्शित करता है। TTL 7400 श्रेणी में निम्न एक्सेपन्डेबल AND-OR-INVERT गेट्स उपलब्ध हैं:

TABLE 6.6
AND-OR-INVERT Gates

Device No.	Description
7450	Dual 2-input 2-wide
7453	2-input 4-wide
7455	4-input 2-wide

एक्सपेन्डर्स
(Expanders)

चित्र 6.19 (a) में प्रदर्शित एक्सपेन्डर परिपथ में इनपुट ट्रांजिस्टर Q_7 एक 4-इनपुट AND गेट की भांति कार्य करता है। चित्र 6.19 (b) में 4-इनपुट एक्सपेन्डर का प्रतीक (symbol) प्रदर्शित किया गया है। यदि चित्र 6.19 (a) में प्रदर्शित एक्सपेन्डर की आउटपुट, चित्र 6.18 (a) में प्रदर्शित परिपथ की कलेक्टर तथा एमिटर इनपुट को एप्लाई की जाये तब सम्पूर्ण नैटवर्क की कार्य प्रणाली निम्न प्रकार होगी

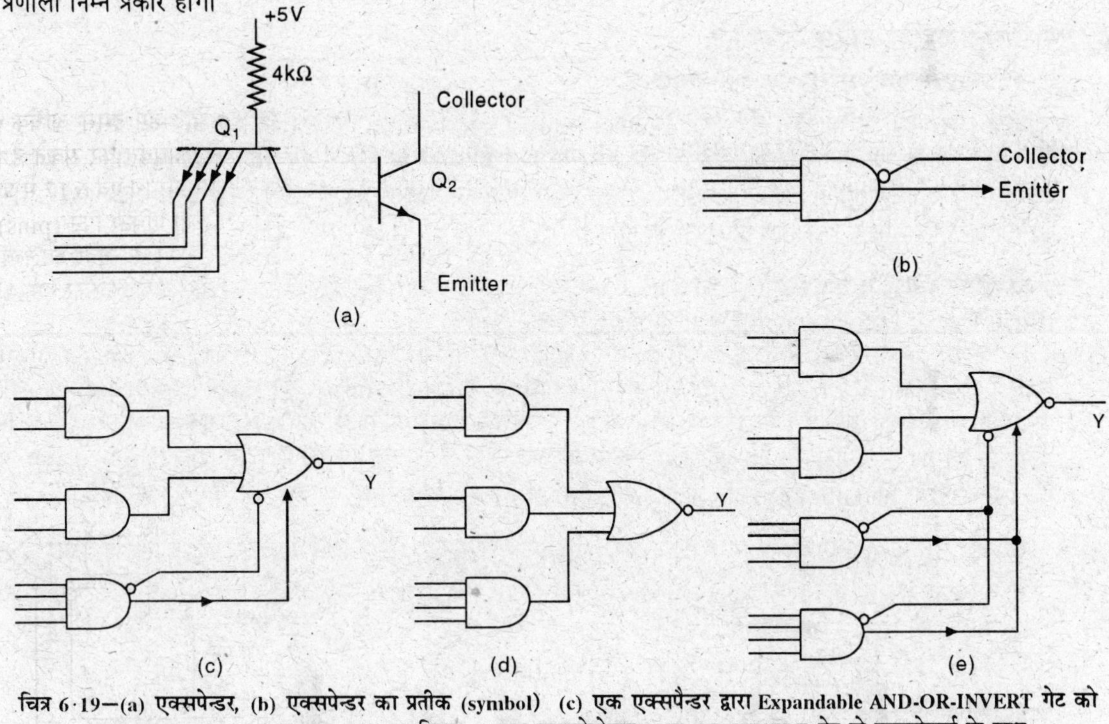

चित्र 6·19—(a) एक्सपेन्डर, (b) एक्सपेन्डर का प्रतीक (symbol) (c) एक एक्सपैन्डर द्वारा Expandable AND-OR-INVERT गेट को ड्राइव करना, (d) AND-OR-INVERT परिपथ, (e)एक एक्सपेन्डेबल AND-OR-INVERT गेट दो एक्सपेन्डर्स के साथ

टांजिस्टर Q_8 , Q_2 तथा Q_6 के समानान्तर में है। चित्र 6.19 (c) में इस संयोजन (connection) का लॉजिक परिपथ प्रदर्शित किया गया है। इसका अर्थ है कि एक्सपेन्डर की आउटपुट AND-OR-INVERT गेट के साथ 'OR' की जा रही हैं अर्थात चित्र 6.19(c), चित्र 6.19 (d) में प्रदर्शित AND-OR-INVERT परिपथ के तुल्य है।

चित्र 6.19 (e) में दो एक्सपेन्डर्स एक एक्सपेन्डेबल गेट को ड्राइव कर रहे हैं। यह 2-2-4-4 इनुपट 4-wide AND-OR-INVERT गेट के तुल्य है।

TTL, 7400 श्रेणी में 7460 एक डुएल 4-इनपुट एक्सपेन्डर है। इसी प्रकार 7450 एक dual expandable AND-OR-INVERT गेट है। यह चार 7460 एक्सपेन्डर्स के साथ प्रयोग किया जा सकता है। इसका अर्थ है कि हम चित्र 6.19 (e) में 2 एक्सपेन्डर्स ओर संयोजित कर 2-2-4-4-4 इनपुट 6 wide AND-OR-INVERT गेट प्राप्त कर सकते हैं।

6.22. MOS लॉजिक परिवार (MOS Logic Family)

मॉसफेट (MOSFETs) में निम्न शक्ति व्यय तथा वेफर (Wafer) पर इनके द्वारा कम स्थान घेरने के कारण लॉजिक परिपथों के लिए अत्यधिक प्रयोग किये जाते हैं। बाइपोलर ट्रांजिस्टर (BJT) के स्थान पर MOSFET डिवाइस प्रयोग करने पर MOS अथवा CMOS गेट्स की रचना होती है। लॉजिक परिपथों में MOSFETs प्रयोग करने के अन्य कारण निम्न है:

(i) MOSFETs, एम्पलीफायर तथा लोड प्रतिरोध (load resistor) दोनों की भांति प्रयोग किये जा सकते हैं। अतः इन का प्रयोग करने पर सामान्य लोड प्रतिरोध (R_L) की आवश्यकता नहीं होती।

(ii) ये डिवाइस बहुत कम स्थान घेरती हैं अतः वेफर पर अधिक परिपथ फेब्रिकेट किये जा सकते हैं।

(iii) डिपलीशन टाइप MOSFETs की अपेक्षा, एनेहन्समेन्ट (enhancement) टाइप मॉसफेट अधिक प्रयोग किये जाते हैं क्योंकि एनेहन्समेन्ट मॉसफेट सप्लाई के साथ ON या OFF किये जा सकते हैं तथा इनके लिए एकल ध्रुवता (single polarity) ही काफी है।

6.23. एनेहन्समेन्ट-टाइप मॉसफेट (Enhancement-type Mosfets)

धात्विक ऑक्साइड अर्धचालक FET (field-effect transistor) अथवा MOSFET डिवाइस में एक सोर्स (source), एक गेट (gate) तथा एक ड्रेन (drain) टर्मिनल होता है। मॉसफेट दो प्रकार के होते है, एक डिपलीशन (depletion) टाइप तथा दूसरा एनेनहन्समेंन्ट (enhancement) टाइप। CMOS परिपथों का विवरण देने से पहले एनेहन्समेन्ट टाइप MOSFET की कार्य प्रणाली का संक्षिप्त विश्लेषण करना उचित होगा।

एनहन्समेन्ट मॉसफेट की रचना (Structure of Enhancement-Type Mosfet)

चित्र 6.20 (a) में एक *n*-चैनल एनेहन्समेन्ट-टाइप MOSFET प्रदर्शित किया गया है। P-क्षेत्र जिसे सब्सट्रेट (substrate) कहते हैं, दो N-टाइप क्षेत्रों (regions) के मध्य होता है। सोर्स (lower n-region) से ड्रेन (upper n-region) की ओर मुक्त इलेक्ट्रॉन प्रवाहित हो सकते हैं। सब्सट्रेट की बांयी साइड में सिलिकॉन डाइऑक्साइड (SiO_2) की एक पतली परत (thin layer) डिपॉजिट की गई है। सिलिकॉन डाइऑक्साइड, ग्लास की भाति होता है जो एक विसंवाही पदार्थ (insulating material) है। गेट एक धात्विय (metallic) इलेक्ट्रोड होता है जो सोर्स एवं ड्रेन के मध्य इलेक्ट्रॉन प्रवाह को नियन्त्रित करता है।

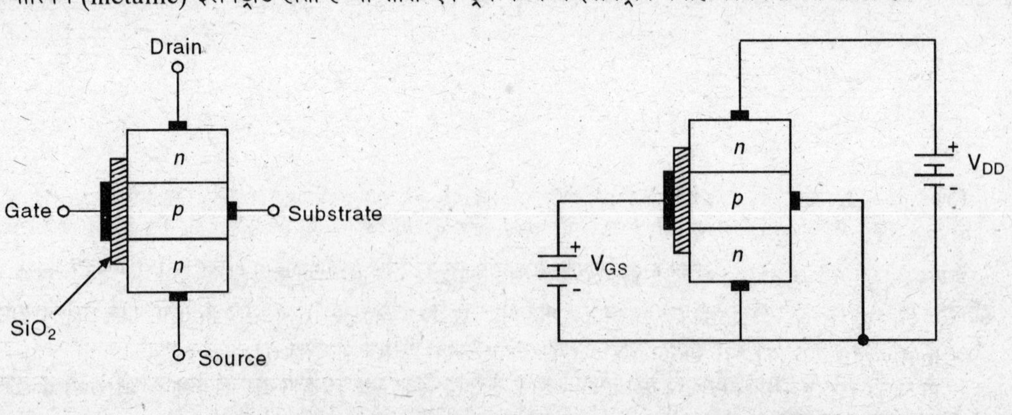

चित्र 6.20—(a) n-चैनल एनेहन्समेन्ट टाइप मासॅफेट, (b) MOSFET की बायसिंग

इनवर्जन लेयर
(Inversion Layer)

चित्र 6.20 (b) में n-चेनल MOSFET की बायसिंग के लिए ध्रुवताएँ (biasing polarities) प्रदर्शित की गई हैं। जब $V_{GS} = 0$ तब सप्लाई V_{DD} इलेक्ट्रॉनों को सोर्स से ड्रेन की ओर पुश करने का प्रयत्न करती है, परन्तु p-सब्सट्रेट में उष्मीय जनित (thermally produced) इलेक्ट्रॉनों की सख्या बहुत कम होती है। इन माइनॉरिटी कैरियर्स तथा कुछ सरफेस लीकेज धारा (surface leakage currents) के अतिरिक्त सोर्स एवं ड्रेन के मध्य धारा शून्यं होती है। इस कारण से एनेहन्समेन्ट मॉसफेट को Normally off (NO) मॉसफेट भी कहा जाता है।

गेट तथा P-सब्सट्रेट, एक कैपेसिटर की दो प्लेंटों की तरह है जिनके मध्य SiO_2 डाइलेक्ट्रिक की भांति कार्य करता है। जब गेट, पॉजिटिव होता है तब यह सोर्स से इतने इलेक्ट्रॉन आकर्षित कर सकता है जिससे कि सोर्स एवं ड्रेन के मध्य इलेक्ट्रॉनों की एक पतली परत (layer) निर्मित हो सके। इसका प्रभाव ऐसा ही होता है जैसे कि SiO_2 के आगे की तरफ n-टाइप मेटेरियल की एक पतली परत निर्मित हो गयी हो। मुक्त इलेक्ट्रॉन की यह परत (layer) n-टाइप इनवर्जन लेयर कहलाती है। इलेक्ट्रॉन लेयर के निर्मित होने पर सोर्स से ड्रेन की ओर धारा सरलता से प्रवाहित हो जाती है।

थ्रेशोल्ड वोल्टेज
(Threshold Voltage)

गेट वोल्टेज (V_{GS}) का वह न्यूनतम मान जिससे n-टाइप इनवर्जन लेयर निर्मित हो जाती है, थ्रेशोल्ड वोल्टेज (threshold voltage $V_{GS\,th}$) कहलाता है। जब V_{GS} का मान $V_{GS,\,th}$ से कम ($V_{GS} < V_{GS,\,th}$) होता है तब सोर्स से ड्रेन की ओर शून्य धारा प्रवाहित होती है।

परन्तु जब V_{GS} का मान $V_{GS,\,th}$ से अधिक ($V_{GS} > V_{GS,\,th}$) होता है, तब इनवर्जन लेयर सोर्स को ड्रेन से संयोजित कर देती है तथा धारा प्रवाह होने लगती है। थ्रेशोल्ड वोल्टेज $V_{GS,\,th}$ का मान 1 वोल्ट से कम तथा 5 वोल्ट से अधिक तक (can vary from less than 1 to more than 5 volts) परिवर्तित हो सकता है। यह प्रयुक्त की गयी डिवाइस पर निर्भर करता है।
जब $V_{GS} = 0$ तब एनेहन्समेन्ट MOSFET 'ऑफ' (OFF) होता है क्योंकि इस स्थिति में सोर्स एवं ड्रेन के मध्य कन्डक्टिंग लेयर नहीं होती।

चित्र 6·21—एनेहन्समेन्ट मॉसफेट का चिन्ह (symbol); (a)n-चैनल, (b) p-चैनल

चित्र 6.21 (a) मे प्रदर्शित *n*-चैनल MOSFET के चिन्ह (symbol) में brokenline मॉसफेट की सामान्यतः ऑफ (normally off) स्टेट को प्रदर्शित करती है। थ्रेशोल्ड वोल्टेज से अधिक मान की गेट वोल्टेज एप्लाई करने पर n-इनवर्जन लेयर निर्मित हो, जाती है जिससे सोर्स एवं ड्रेन कनेक्ट हो जाते हैं। MOSFET के चिन्ह में तीर का निशान (arrow) इनवर्जन लेयर को प्रदर्शित करता है जो कि डिवाइस के कन्डक्शन के समय n-चैनल की भांति कार्य करती है।

चित्र 6.21 (b) में p-चैनल एनेहन्समेन्ट मॉसफेट का चिन्ह प्रदर्शित किया गया है। इस कम्पलीमेन्टरी MOS का चिन्ह भी उसी प्रकार है; अन्तर केवल तीर की दिशा का है जो बाहर की ओर है। p-चैनल एनेहन्समेन्ट-टाइप मॉसफेट में सभी वोल्टेज तथा धाराऐं n-चैनल एनेहनसमेन्ट-टाइप मॉसफेट की कम्पलीमेन्टरी होती है।

लॉजिक परिपथ का वर्गीकरण परिपथ में प्रयोग किये गये MOSFET की टाइप के आधार पर होता है। p-चैनल मॉसफेट प्रयोग करने पर p-MOS लॉजिक तथा n-चैनल मॉसफेट प्रयोग करने पर परिपथ n-MOS लॉजिक कहलाता है। एक ही चिप पर एनेहन्समेन्ट टाइप p-चैनल तथा n-चैनल MOS युक्तियाँ भी फेब्रीकेट की जा सकती हैं। यह युक्तियाँ कम्पलीमेन्टरी MOSFETs कहलाती हैं तथा इन युक्तियों पर आधारित लॉजिक CMOS लॉजिक कहलाता है। CMOS लॉजिक में शक्ति व्यय अत्यन्त कम होता है अतः परिपथों में इस CMOS लॉजिक का व्यापक प्रयोग किया जाता है।

6·24. MOS इनवर्टर्स

चित्र 6.22 में एक बेसिक MOS गेट इनवर्टर प्रदर्शित किया गया है। परिपथ में Q_1 एनेहन्समेन्ट मॉसफेट है तथा यह ड्राइवर का कार्य करता है। Q_2 एनेहन्समेन्ट (चित्र 6.22 a) अथवा डिपलीशन (चित्र 6.22 b) किसी भी प्रकार का MOSFET हो सकता है। यह (Q_2) लोड प्रतिरोध का कार्य करता है। उपर वाले मॉसफेट का गेट ड्रेन से जुडा होने के कारण, यह मॉसफेट सदा कन्डक्शन में रहता है तथा एक प्रतिरोध (resistor) की भांति कार्य करता है। डिजाइन इस प्रकार किया जाता है कि Q_2 का प्रतिरोध Q_1 से दस गुना (ten times) हो। इसी कारण Q_2 एक प्रतिरोध का कार्य तथा Q_1 एक स्विच का कार्य करता है।

चित्र 6·22—MOS इनर्वटर; (a)एनेहन्समेन्ट लोड, (b) डिपलीशन लोड

6·25. p-MOS 'NAND' गेट

MOS 'NAND' गेट्स दो प्रकार के हो सकते हैं। p-MOS टाइप अथवा n-MOS टाइप। एक चिप पर सभी p-टाइप MOS ट्रांजिस्टर अथवा n-टाइप MOS ट्रांजिस्टर होते हैं। कभी भी एक स्थान पर दोनों फेब्रिकेट नहीं किये जाते।

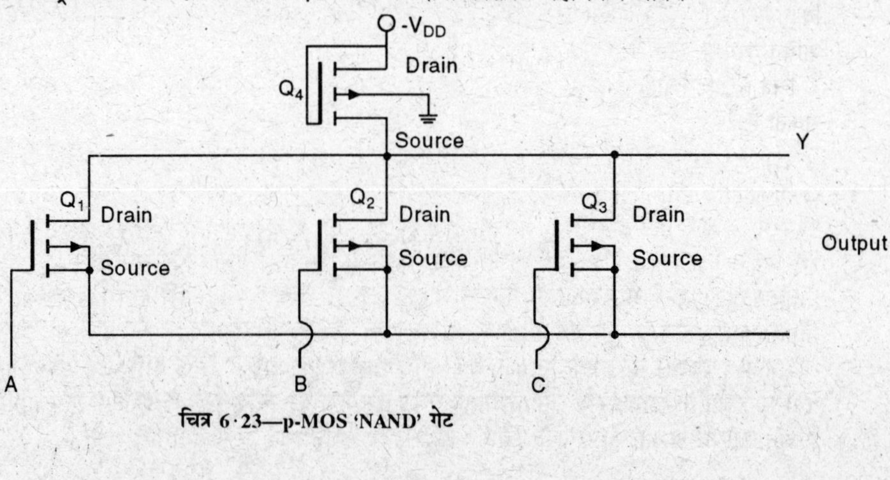

चित्र 6·23—p-MOS 'NAND' गेट

चित्र 6.23 में एक p-टाइप MOS 'NAND' गेट प्रदर्शित किया गया है। ट्रांजिस्टर Q_1, Q_2, Q_3 लॉजिक अवयव (elements) की भांति तथा Q_4 सामान्य लोड की भांति कार्य करता है।

माना $V_{DD} = -12V$ (पॉजिटिव लॉजिक को refer करने पर)

तब $V_{DD} \approx$ Logic 0

तथा (Zero) $0\ V \approx$ Logic 1

(i) यदि *A*, *B* या *C* कोई भी इनपुट लॉजिक '0' अर्थात् (−12 volt) पर है तब इनपुट ट्रांजिस्टर Q_2 तथा Q_3 में से एक या अधिक 'ON' होगा एवं ड्रेन तथा सोर्स (Source) के मध्य प्रतिरोध बहुत कम (low) होगा, आउटपुट लॉजिक '1' अर्थात् $0V$ होगी।

(ii) यदि *A*, *B* तथा *C* तीनों इनपुट लॉजिक '1' (0 volt) पर है तब किसी भी ट्रांजिस्टर में चालन (conduction) नहीं होगा तथा आउटपुट लॉजिक '0' अर्थात् $V_{DD} \approx -12V$ होगी।

तालिका 6.7 में इस गेट की सत्य तालिका प्रदर्शित की गई है।

TABLE 6.7
Truth Table for p-MOS NAND Gate

A	*B*	*C*	*Y*
0	0	0	1
0	0	1	1
0	1	0	1
0	1	1	1
1	0	0	1
1	0	1	1
1	1	0	1
1	1	1	0

6·25. CMOS लॉजिक (CMOS Logic)

कम्पलीमेन्टरी मेटल आक्साइड सेमीकन्डक्टर (CMOS) लॉजिक में एक ही चिप पर p-टाइप तथा n-टाइप MOSFETs फेब्रिकेट किए जाते हैं। यद्यपि CMOS अन्य लॉजिक परिवारों की तुलना में धीमा (slow) है परन्तु इसका मुख्य गुण इसमें लगभग शून्य शक्ति व्यय है, चाहे आउटपुट High अथवा Low कुछ भी क्यों न हो।

चित्र 6.24 में एक n-टाइप CMOS इनवर्टर (NOR) गेट प्रदर्शित किया गया है। परिपथ विश्लेषण निम्न प्रकार किया जा सकता है—

(i) जब इनपुट Low (0V) है तब ट्रांजिस्टर Q_1 (n-टाइप MOS ट्रांजिस्टर) ON है। चूंकि परिपथ में कोई बाह्य लोड (external load) नहीं है अतः Q_2 में प्रवाहित होने वाली धारा बहुत कम (of the order of nanoamp) होगी एवं शक्ति व्यय भी अत्यन्त कम होगा। Q_2 पर वोल्टेज ड्राप लगभग नगण्य होगा तथा आउटपुट लगभग V_{DD} के तुल्य (HIGH) होगी। इस स्थिति में Q_2 (n-टाइप MOS ट्रांजिस्टर) आउटपुट टर्मिनल तथा पावर सप्लाई $+V_{DD}$ के मध्य एक निम्न प्रतिबाधा (low impedance) पथ उपलब्ध करायेगा। चूंकि Q_1 'OFF' है अतः $+V_{DD}$ से कॉमन (ground) की और कोई धारा नहीं प्रवाहित होगी एवं शक्ति व्यय शून्य होगा।

(ii) जब इनवर्टर की इनपुट High ($+V_{DD}$) है तब Q_1 (n-टाइप MOS ट्रांजिस्टर) 'ON' एवं Q_2 (p-टाइप MOS ट्रांजिस्टर) 'OFF' होगा तथा इस स्थिति में परिपथ का प्रचालन उपरोक्त बिन्दु (i) का पूर्णतया कम्पलीमेन्ट होगा। पुनः चूंकि Q_2 'OFF' है अतः परिपथ में कोई धारा नहीं प्रवाहित होगी तथा शक्ति व्यय लगभग नगण्य होगा।

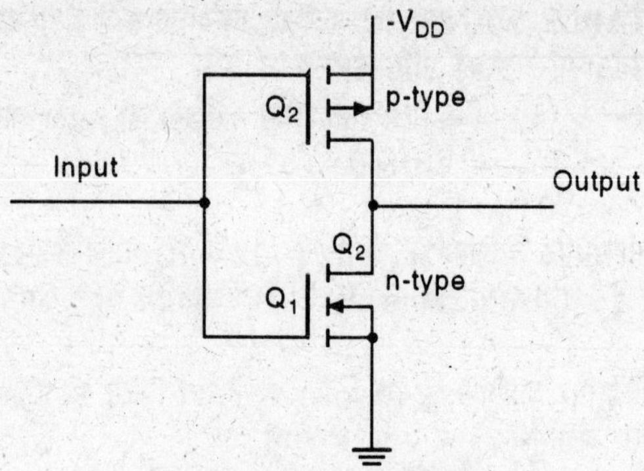

चित्र 6·24—CMOS इनवर्टर

6·27. CMOS 'NOR' गेट (CMOS 'NOR' Gate)

चित्र 6.25 में एक CMOS 'NOR' गेट प्रदर्शित किया गया है। परिपथ में दो n-टाइप MOS ट्रांजिस्टर Q_1, Q_2 तथा दो p-टाइप MOS ट्रांजिस्टर Q_3 एवं Q_4 प्रयुक्त किये गये हैं। इनपुट A तथा B का मान $+V_{DD}$ (Logic 1) एवं ग्राउन्ड (Logic 0) के मध्य होने पर परिपथ की स्विचिंग होती है।

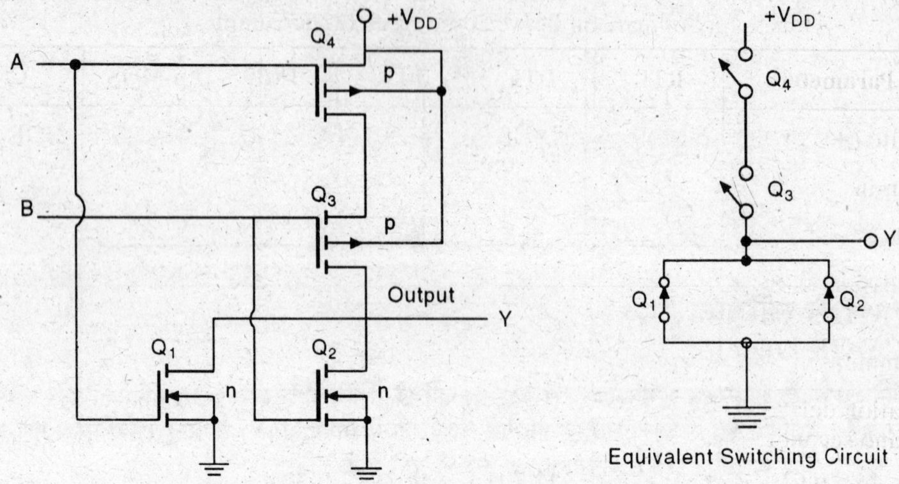

चित्र 6·25—2-इनपुट CMOS 'NOR' गेट

जब इनपुट A एवं B लॉजिक 1 पर है ($A = B = 1$), केवल तभी Q_1 एवं Q_2 ON होंगे तथा वे बन्द स्विच (closed switch) की भांति कार्य करेंगे। लॉजिक 1 इनपुट होने पर Q_3 एवं Q_4 OFF होंगे तथा वे खुले स्विच (open switches) की भांति कार्य करेंगे।

इस प्रकार

यदि $A = B = 1$

तब $C = 0$

तालिका 6.8 में विभिन्न इनपुट के संगत आउटपुट प्रदर्शित की गई है। सत्य तालिका से स्पष्ट है कि प्रत्येक स्थिति में $+V_{DD}$ एवं ग्राउन्ड के मध्य एक स्विच अवश्य खुला (open) है जो यह प्रदर्शित करता है कि स्थिर अवस्था में यह गेट पावर सप्लाई से क्षरण धाराओं (leakage currents) के अतिरिक्त अन्य कोई धारा नहीं लेता।

TABLE 6.8—CMOS 'NOR' गेट की सत्य तालिका

INPUT		OUTPUT
A	*B*	*Y*
0	0	1
0	1	0
1	0	0
1	1	0

CMOS के गुण
(Merits of CMOS)

(i) इसमें शक्ति व्यय अत्यन्त कम हैं।

(ii) यह सप्लाई वोल्टेज की अधिक सीमा (3 V से 18 V) तक प्रचालित हो सकता है।

(iii) इन की packing density उच्च है अर्थात् चिप पर CMOS युक्तियाँ बहुत कम स्थान लेती हैं। अतः एक सामान्य चिप पर अन्य अनेक फंक्शन भी फेब्रिकेट किये जा सकते हैं।

(iv) मध्यम गति (medium speed) के लॉजिक परिपथों में CMOS लॉजिक व्यापक रूप से प्रयोग किया जाता है।

तालिका 6.9 विभिन्न लॉजिक परिवारों के पैरामीटर्स की तुलना की गई है।

TABLE 6.9—विभिन्न लॉजिक परिवारों की तुलना
(Comparison between different Logic Families)

Logic Parameters	RTL	DTL	TTL	ECL	p-MOS	CMOS
Basic gate (+ve logic)	NOR	NAND	NAND	OR-NOR	NAND	NOR, NAND
Max Fan-in	5	10	8	5	8	8
Fan out	5	8	10	25	20	750
Power dissipated in (mW/gate)	12	8-12	12-22	40-55	0·2-10	0·01 Static at 1 MHz
Noise immunity	Nominal	Good	Very good	Good	Nominal	Very Good
Propagation delay per gate (nano second)	12	30	12-6	4-1	300	70
Clock rate (MHz)	8	12-30	15-60	60-400	2	5
Number of functions	High	Fairly high	Very high	High	Low	Low
Cost	Low	Low	Medium	Very high	High	High (Good)

6·28. TTL युक्तियों की नम्बरिंग
(Numbering The TTL Devices)

(a) 7400 श्रेणी–टेक्सास इन्स्ट्रूमेन्टस द्वारा 1964 में TTL 7400 श्रेणी की युक्तियाँ प्रस्तुत (introduce) की गयीं। बाइ-पोलर ICs में यह सर्वाधिक प्रयुक्त युक्तियाँ हैं। इस श्रेणी में अनेक SSI तथा MSI चिप्स (chips) सम्मिलित हैं जिनके द्वारा लगभग सभी प्रकार के डिजिटल परिपथ बनाये जा सकते हैं। TTL 7400 श्रेणी निम्न प्रकार हैं—

TABLE 6.8
TTL 7400 Series

Device Number	Function
7400	Quad 2–Input NAND gates
7402	Quad 2–Input NOR gates
7403	Hex Invertor
7408	Quad 2–Input AND gates
7410	Triple 3-Input NAND gates
7411	Triple 3-Input AND gates
7420	Dual 4–Input NAND gates
7421	Dual 4–Input AND gates
7425	Dual 4–Input NOR gates
7427	Triple 3-Input NOR gates
7430	8-Input NAND gates
7486	Quad 2-Input XOR gates

(b) 5400 श्रेणी–7400 श्रेणी की युक्तियाँ 0° C से 70° C तक एवं 4.75V से 5.25V तक कार्य कारती हैं। सामान्य औद्योगिक अनुप्रयोगों के लिए यह सीमा सन्तोषजनक है। 5400 श्रेणी मुख्य रूप से सैनिक अनुप्रयोग (military applications) के लिए विकसित की गई है। इसके लॉजिक फंक्शन भी 7400 श्रेणी की भाँति ही हैं। परन्तु इसकी कार्य प्रणाली की ताप सीमा –55° C से 125°C तक तथा पावर सप्लाई सीमा 4.5V से 5.5V तक है। मूल्य की दृष्टि से 5400 श्रेणी, 7400 की तुलना में महँगी है।

6·29. MOS श्रेणी की युक्तियों की नम्बरिंग (Numbering The MOS Devices)

(a) 74C00 श्रेणी–74C00 श्रेणी नेशनल सेमीकन्डक्टर कार्पोरेशन द्वारा प्रस्तुत की गई। 74C00 (CMOS), समान नम्बरों वाली TTL युक्ति से pin-for-pin एवं function-for-function प्रतिस्थापित की जा सकती है।

उदाहरणतः 74C00 MOS परिवार में Quad 2-Input NAND गेट, 74C02 (MOS) Quad 2-Input NOR गेट इत्यादि हैं। इनका पूर्ण तुल्यांक (total equivalent) TTL में क्रमशः 7400 तथा 7402 है।

(b) 74HC00 श्रेणी–74HC00 एक CMOS युक्तियों की श्रेणी है तथा यह TTL युक्तियों से pin-for-pin एवं function-for-function प्रतिस्थापित (compatible) की जा सकती है। इन युक्तियों की प्रचालन गति उच्च है।

(c) 54C00 श्रेणी–74C00 श्रेणी की प्रत्येक युक्ति –40° C से +85° C तब सन्तोषजनक कार्य करती है। सामान्य कार्यो के लिये यह उत्तमं सीमा है। 54C00 श्रेणी –55° C से +125° C तक अच्छी प्रकार कार्य कर सकती है। यद्यपि यह 74C00 के स्थान पर प्रयुक्त की जां सकती है परन्तु मूल्य में अधिक होने के कारण इनका प्रयोग नहीं किया जाता है।

6·30. ट्राइस्टेट लॉजिक (TRI-STATE Logic)

सामान्य लॉजिक परिपथों में आउटपुट की दो स्टेट होती हैः (1) Low तथा (2) High। यदि आउटपुट Low स्टेट में नहीं है तब निश्चित ही आउटपुट दूसरी स्टेट (High) में होती है। कॉम्पलेक्स डिजिटल प्रणलियों जैसे कि माइक्रोकम्प्यूटर एवं माइक्रोप्रोसेसर्स में अनेक गेट्स की आउटपुट (output of a number of gates) एक कॉमन लाइन से संयोजित की जाती है जिसे बस (bus)

कहते हैं। यह बस प्राय: अनेक गेट्स (gates) की इनपुट ड्राइव करती है। परन्तु अधिक गेट्स की आउटपुट एक कॉमन बस (bus) से संयोजित करने में निम्न कठिनाई होती है:

(i) Totempole आउटपुट, सप्लाई से अधिक धारा लेने के कारण परस्पर संयोजित नहीं की जा सकतीं। यदि Totempole आउटपुट एक साथ संयोजित की जाती है तब ICs अत्यधिक गर्म होकर नष्ट हो जाते हैं।

(ii) Open-Collector आउटपुट एक कॉमन कलेक्टर प्रतिरोध द्वारा परस्पर संयोजित की जा सकती है। परन्तु लोडिंग (loading) की समस्या होती है तथा प्रचालन गति कम (slow) हो जाती है।

उपरोक्त कठिनाइयों को हल करने के लिए तीन स्टेट (three states) वाले लॉजिक के परिपथो का विकास हुआ। इन परिपथों की तीसरी स्टेट (third state) उच्च प्रतिबाधा स्टेट (high impedance state) कहलाती है। अन्य दो स्टेट सामान्य Low तथा High होती हैं। इस प्रकार के परिपथ ट्राइ-स्टेट (TRI-STATE) अथवा TSL (tri-state logic) कहलाते हैं।

6·31. ट्राईस्टेट स्विच अथवा इनवर्टर (TSL SWITCH OR TSL INVERTER)

चित्र 6.26 (a) में एक ट्राइस्टेट लॉजिक इनवर्टर (TSL inverter) का परिपथ प्रदर्शित किया गया है। इसकी आउटपुट की तीन स्टेट होती हैं। जब कन्ट्रोल इनपुट (control input) Low स्टेट में होती है तब Q_3 तथा Q_4 कट-ऑफ हो जाते हैं तथा आउटपुट तीसरी स्टेट (third state) अर्थात् high impedance state में होती है। जब कन्ट्रोल इनपुट High होती है तब डाटा इनपुट के अनुसार आउटपुट 1 अथवा 0 होती है। ट्राइस्टेट स्विच का प्रतीक चित्र 6.26 (b) में प्रदर्शित किया गया है।

तालिका 6.11 में एक TSL इनवर्टर (स्विच) की सत्य तालिका दी गई है। ट्राइस्टेट स्विच (TSL इनवर्टर) की कन्ट्रोल इनपुट, परिपथ में अनुप्रयोग के अनुसार Low अथवा High हो सकती है।

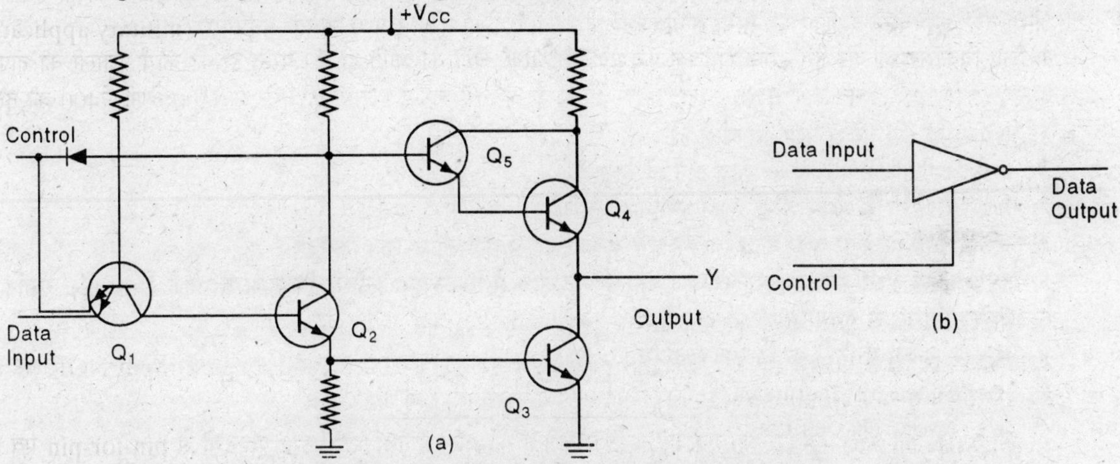

चित्र 6·26—(a) ट्राइस्टेट इनवर्टर, (b) ट्राइस्टेट स्विच का प्रतीक

TABLE 6.11—TSL इनवर्टर की सत्य तालिका
(Truth Table of a TSL Inverter)

Data Input	Control	Data Output
0	0	HIGH Z
1	0	HIGH Z
0	1	1
1	1	0

सारांश (Summary)

विभिन्न लॉजिक परिवारों के मुख्य गुण एवं कुछ महत्वपूर्ण निष्कर्ष निम्न प्रकार हैं:

(i) RTL तथा DTL परिवार (families), निम्न गति (low speed), उच्च शक्ति व्यय (high power dissipation) तथा low fan-out के कारण वर्तमान समय में प्रयोग नहीं किये जाते हैं।

(ii) TTL सबसे अधिक लोकप्रिय परिवार है। यह पांच विभिन्न श्रेणियों (series) में उपलब्ध हैं। इनकी प्रचालन गति, शक्ति व्यय तथा fan-out का क्षेत्र काफी विशाल (wide range) है। TTL में उपलब्ध SSI तथा MSI चिप्स में अनेक फंक्शन प्राप्त किये जा सकते हैं। TTL ICs Totem-pole, Open Collector आउट-पुट तथा ट्राइस्टेट लॉजिक (TSL) आउट-पुट में उपलब्ध हैं।

(iii) ECL सबसे अधिक तीव्र गति का परिवार है। इसके मुख्य दोष low noise margin तथा उच्च शक्ति व्यय है।

(iv) I^2L परिवार केवल एक ऐसा सेचुरेटेड बाइपोलर लॉजिक है तो LSI के लिये उपयुक्त है क्योंकि इसके लिए बहुत कम फेब्रिकेशन क्षेत्र (Chip area) की आवश्यकता होती है। इसमें शक्ति व्यय कम है। यह निम्न पावर सप्लाई पर प्रचालित होता है अतः बैटरी द्वारा प्रचालित प्रणालियों के लिए यह उपयुक्त है।

(v) MOS युक्तियाँ सिलिकॉन चिप पर बाइपोलर युक्तियों की तुलना में बहुत कम स्थान घेरती हैं। इन्हें प्रचालन के लिए बहुत निम्न शक्ति की आवश्यकता होती है। अतः LSI के लिए MOS लॉजिक अत्यन्त उपयुक्त सिद्ध हुआ है। इसका मुख्य दोष इसकी निम्न प्रचालन गति है। MOS फेब्रिकेशन की तकनीकी के विकास के साथ इस दोष में सुधार हुआ है।

(vi) CMOS की प्रचालन गति निम्न है। इसके प्रचालन के लिये निम्न शक्ति (low power) की आवश्यकता होती है। MSI तथा LSI क्षेत्र में CMOS दिन प्रतिदिन लोकप्रिय हो रहा है।

प्रश्नावली—6

1. अर्धचालक परिवार से क्या तात्पर्य है ?
2. बाइपोलर लॉजिक परिवार के मुख्य अवयव क्या हैं ?
3. बाइपोलर श्रेणी के मुख्य परिवारों को सूचीबद्ध कीजिये।
4. यूनिपोलर फेमिली से आप कया समझते हैं ? मुख्य MOS फैमिली के नाम लिखिये।
5. SSI, MSI, LSI तथा VLSI का क्या अर्थ हैं ? प्रत्येक में कितने गेट इन्टीग्रेट किये जा सकते हैं ?
6. डिजिटल ICs के मुख्य पेरामीटर्स क्या हैं ?
7. ICs के सन्दर्भ में निम्न पर टिप्पणी लिखिये।
   (i) Speed of Operation
   (ii) Power Dissipation
   (iii) Fan-in
   (iv) Noise immunity
   (vi) Power supply requirement
8. एक 2-इनुपुट RTL, NOR गेट का परिपथ बनाइये तथा इसकी कार्य प्रणाली समझाइये।
9. RTL परिवार के गुण दोष क्या हैं ?
10. DTL एवं RTL परिवार की तुलना कीजिये। एक DTL AND तथा OR गेट का परिपथ बनाइये तथा इसकी कार्य प्रणाली का वर्णन कीजिये।
11. DTL परिवार के गुण एवं दोष की व्याख्या कीजिये।
12. एक DCTL NOR गेट का परिपथ बनाइये तथा इसकी कार्य प्रणाली समझाइये। DTL तथा DCTL परिपथों में मुख्य अन्तर क्या है ? DCTL में क्या दोष है ?

13. एक I^2L इनवर्टर का परिपथ बनाइये तथा परिपथ की क्रिया समझाइये। Integrated Injection Logic शब्द की व्याख्या इसके फेब्रिकेशन के सन्दर्भ में कीजिए।
14. I^2L परिवार के गुण क्या हैं?
15. ECL परिवार के गुण एवं दोष क्या हैं?
16. एक 3-इनपुट ECL NOR गेट का परिपथ बनाइये तथा इसकी कार्य प्रणाली का वर्णन कीजिये।
17. ECL OR/NOR गेट का परिपथ बनाइये।
18. TTL के मुख्य गुण एवं दोष का वर्णन कीजिये।
19. एक 2-इनपुट TTL NAND गेट का परिपथ बनाकर इसकी कार्य प्रणाली समझाइये।
20. Multiple Emitter Configuration से आप क्या समझते हैं?
21. Wired AND TTL गेट का अर्थ समझाइये। निम्न व्यंजक के संगत लॉजिक गेट प्रदर्शित कीजिये।

$$Y = (\overline{AB})\,(\overline{CD})$$

22. Totem-pole आउटपुट तथा open collector आउटपुट में क्या अन्तर है?
23. निम्न परिपथ बनाइये।
    (i) TTL gate with totempole output
    (ii) TTL gate with open collector output
24. निम्न पर टिप्पणी लिखिये।
    (i) Low-power TTL
    (ii) High speed TTL
    (iii) Schottky TTL
25. MOS लॉजिक से आप क्या समझते हैं ? इस के मुख्य गुण एवं दोष का वर्णन कीजिए।
26. निम्न परिपथ बनाकर उनकी कार्य प्रणाली समझाइये।
    MOS इनवर्टर
    (i) With enhancement load
    (ii) With depletion load
27. एक p-MOS NAND गेट का परिपथ बनाइये तथा इसकी सत्य तालिका चित्रित कीजिए।
28. एक CMOS NOR गेट का परिपथ बनाइये तथा इसकी कार्य प्रणाली समझाइये।
29. CMOS लॉजिक के गुण लिखिये।
30. ट्राई-स्टेट लॉजिक से आप क्या समझते हैं?
31. एक ट्राइ-स्टेट इनवर्टर का परिपथ बनाइये।
32. एक तालिका द्वारा RTL, DTL, TTL, ECL, p-MOS तथा CMOS परिवारों के लॉजिक पैरामीटर्स की तुलना कीजिये।
33. n-चैनेल एनेहन्समेन्ट-टाइप मॉसफेट की कार्य प्रणाली समझाइये। थ्रेशोल्ड वोल्टेज क्या होती है।
34. एक ECL गेट का परिपथ आरेख खींचिये व इसकी कार्यविधि का वर्णन कीजिये। इसके गुणों (performance) की तुलना TTL गेट से कीजिये।
33. IC 7400 का पिन आरेख बनाइये और इसमें उपस्थित विभिन्न गेट्स को दर्शाइये। इसके स्वीकृत वोल्टेज-स्तरों (levels), फैन आउट व पावर-डिसिपेशन (dissipation) के मान को बताइये।
36. एक्सपेन्डर्स (expanders) क्या होते हैं। एक उदाहरण देकर इनका उपयोग समझाइये।

7

डाटा प्रोसेसिंग परिपथ
(Data Processing Circuits)

बाइनरी डाटा की प्रोसेसिंग के लिए विभिन्न प्रकार के लॉजिक परिपथ प्रयोग किये जाते हैं। उदाहरणतः मल्टी प्लेक्सर परिपथ, जो अनेक इनपुट में किसी एक को सैलेक्ट कर आउटपुट में उपलब्ध कराता है। डिजिटल डाटा प्रोसेसिंग में प्रयुक्त अन्य मुख्य परिपथ निम्न हैं:

1. मल्टी प्लेक्सर
2. डिमल्टीप्लेक्सर
3. एन्कोडर्स
4. डिकोडर्स
5. 7-सेगमेन्ट डिस्पले
6. पैरिटी चेकर्स इत्यादि

7·1. मल्टीप्लेक्सर (Multiplexers)

मल्टीप्लेक्सर एक ऐसा परिपथ है, जिसमें अनेक इनपुट (many inputs) तथा केवल एक आउटपुट (one output) होती है। यह एक डाटा सैलेक्टर परिपथ है। कन्ट्रोल सिगनल प्रयुक्त कर मल्टीप्लेक्सर से किसी भी इनपुट को आउटपुट पर प्राप्त किया जा सकता है। चित्र 7.1 में एक मल्टीप्लेक्सर का ब्लॉक डायग्राम दिया गया है। परिपथ में n इनपुट सिगनल, m कन्ट्रोल सिगनल तथा केवल एक आउटपुट सिगनल है। n इनपुट सिगनलों में से आउटपुट पर कोई एक सिगनल प्राप्त करने के लिए कन्ट्रोल सिगनल की संख्या निम्न समीकरण से प्राप्त की जा सकती है:

$$2^m = n$$

परिपथ की आउटपुट (जो एक selected इनपुट होती है) कन्ट्रोल टर्मिनल पर प्रयुक्त किये गये डिजिटल कोड पर निर्भर करती है। मल्टीप्लेक्सर में प्रायः एक स्ट्रोब (or enable) इनपुट भी होती है जो एक्टिव LOW होने पर परिपथ में वांछित प्रचालन (desired operation) करती है।

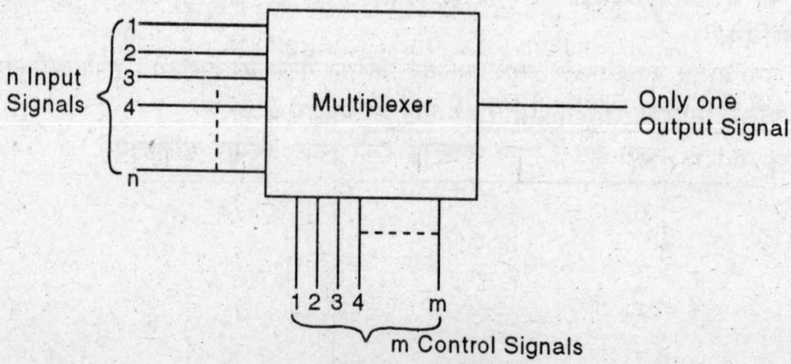

चित्र 7·1—मल्टीप्लेक्सर

7·2. '2-to-1' मल्टीप्लेक्सर
(2-to-1 Multiplexer)

चित्र 7.2 में एक 2-to-1 मल्टीप्लेक्सर का लॉजिक परिपथ प्रदर्शित किया गया है। परिपथ में किसी एक इनपुट लाइन को select किया जाता है तथा उसी selected इनपुट को, आउटपुट पर ट्राँसफर किया जाता है। इनपुट selection का कार्य कन्ट्रोल सिगनल करता है। चित्र 7.2 में प्रदर्शित मल्टीप्लेक्सर में दो इनपुट लाइन I_1, I_2, एक कन्ट्रोल इनपुट C तथा एक आउटपुट लाइन Y है। मल्टीप्लेक्सर के लॉजिक परिपथ से आउटपुट Y का व्यंजक निम्न प्रकार लिखा जा सकता है:

$$Y=\overline{C}I_1+CI_2$$

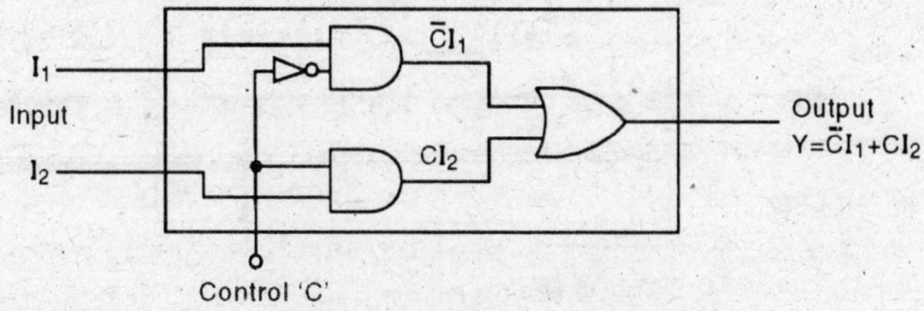

चित्र 7·2—'2-to-1' मल्टीप्लेक्सर

(i) यदि $C=0$ तब $CI_2=0$

अतः $Y=I_1$

अर्थात् केवल इनपुट I_1 को select किया गया है।

(ii) यदि $C=1$ तब $\overline{C}I_1=0$

अतः $Y=I_2$

अर्थात् केवल इनपुट I_2 को select किया गया है।

इस प्रकार मल्टीप्लेक्सर में कन्ट्रोल सिगनल की सहायता से केवल एक इनपुट को सैलेक्ट कर उसे आउटपुट पर ट्राँसफर किया जाता है।

7·3. '4-to-1' मल्टीप्लेक्सर
(4-to-1 Multiplexer)

चित्र 7.3 में एक 4-to-1 मल्टीप्लेक्सर का लॉजिक परिपथ प्रदर्शित किया गया है। इसमें चार इनपुट सिगनल I_0, I_1, I_2 तथा I_3, दो कन्ट्रोल सिगनल (अर्थात् सैलेक्ट इनपुट) S_1, S_0 एवं परिपथ को enable करने के लिए एक स्ट्रोब इनपुट प्रयुक्त की गई है। एक 4-to-1 मल्टीप्लेक्सर की सत्यतालिका TABLE 7.1 में दी गई है।

TABLE 7.1—4-to-1 मल्टीप्लेक्सर की सत्य तालिका
Truth Table of a 4-to-1 Multiplexer

Control Input		Output
S_1	S_0	Y
0	0	I_0
0	1	I_1
1	0	I_2
1	1	I_3

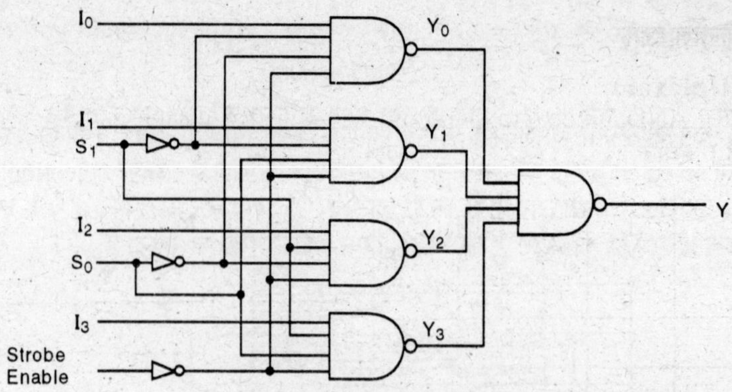

चित्र 7·3—स्ट्रोब इनपुट एवं NAND गेट्स को प्रयुक्त कर '4-to-1' मल्टीप्लेक्सर

चित्र 7.3 में
प्रथम NAND गेट की आउटपुट

$$Y_0 = \overline{\bar{S}_1\, \bar{S}_0\, I_0}$$

द्वितीय NAND गेट की आउटपुट

$$Y_1 = \overline{\bar{S}_1\, S_o\, I_1}$$

तीसरे NAND गेट की आउटपुट

$$Y_2 = \overline{S_1\, \bar{S}_0\, I_2}$$

चतुर्थ NAND गेट की आउटपुट

$$Y_3 = \overline{S_1\, S_0\, I_3}$$

अतः मल्टीप्लेक्सर की आउटपुट

$$Y = \overline{Y_1\, Y_2\, Y_3\, Y_4}$$

$$= \overline{\overline{(\bar{S}_1\, \bar{S}_0\, I_0)}\ \overline{(\bar{S}_1\, S_0\, I_1)}\ \overline{(S_1\, \bar{S}_0\, I_2)}\ \overline{(S_1\, S_0\, I_3)}}$$

$$= \bar{S}_1\, \bar{S}_0\, I_1 + \bar{S}_1\, S_0\, I_1 + S_1\, \bar{S}_0\, I_1 + S_1\, S_0\, S_3$$ (डिमॉर्गन की डुएलिटी प्रमेय से)

माना किसी क्षण कन्ट्रोल सिगनल

$$S_1 = 1 \text{ तथा } S_0 = 0$$

तब मल्टीप्लेक्सर की आउटपुट

$$Y = \bar{1}.\, \bar{0}.\, I_0 + \bar{1}.\, 0.\, I_1 + 1.\, \bar{0}.\, I_2 + 1\, .\, 0\, .\, I_3$$
$$= 0\, .\, 1\, .\, I_0 + 0\, .\, 0\, .\, I_1 + 1\, .\, 1\, .\, I_2 + 1\, .\, 0\, .\, I_3$$
$$= 0 + 0 + I_2 + 0$$
$$= I_2$$

इस प्रकार मल्टीप्लेक्सर की आउटपुट, कन्ट्रोल सिगनल द्वारा चयनित (selected), इनपुट में से कोई एक होती है।

7·4. '16-to-1' मल्टीप्लेक्सर (16-to-1 Multiplexer)

चित्र 7.4 में एक 16-to-1 मल्टीप्लेक्सर का परिपथ प्रदर्शित किया गया है। यह एक data selector परिपथ है क्योंकि परिपथ का आउटपुट बिट, इनपुट में से ही कोई चयनित (selected) बिट होता है।

आउटपुट बिट, इनपुट में कौन सा बिट होगा यह कन्टोल सिगनल *ABCD* पर निर्भर करता है। मल्टीप्लेक्सर के इनपुट बिट्स $D_0, D_1 ....D_{15}$ हैं।

उदाहरणार्थः यदि कन्ट्रोल इनपुट

$$ABCD = 0000$$

तब सबसे ऊपर वाला AND गेट enable होता है तथा अन्य सभी गेट्स disable होते हैं। अतः डाटा बिट D_0 आउटपुट को ट्रांसफर हो जाता है। अर्थात्

$$Y = D_0$$

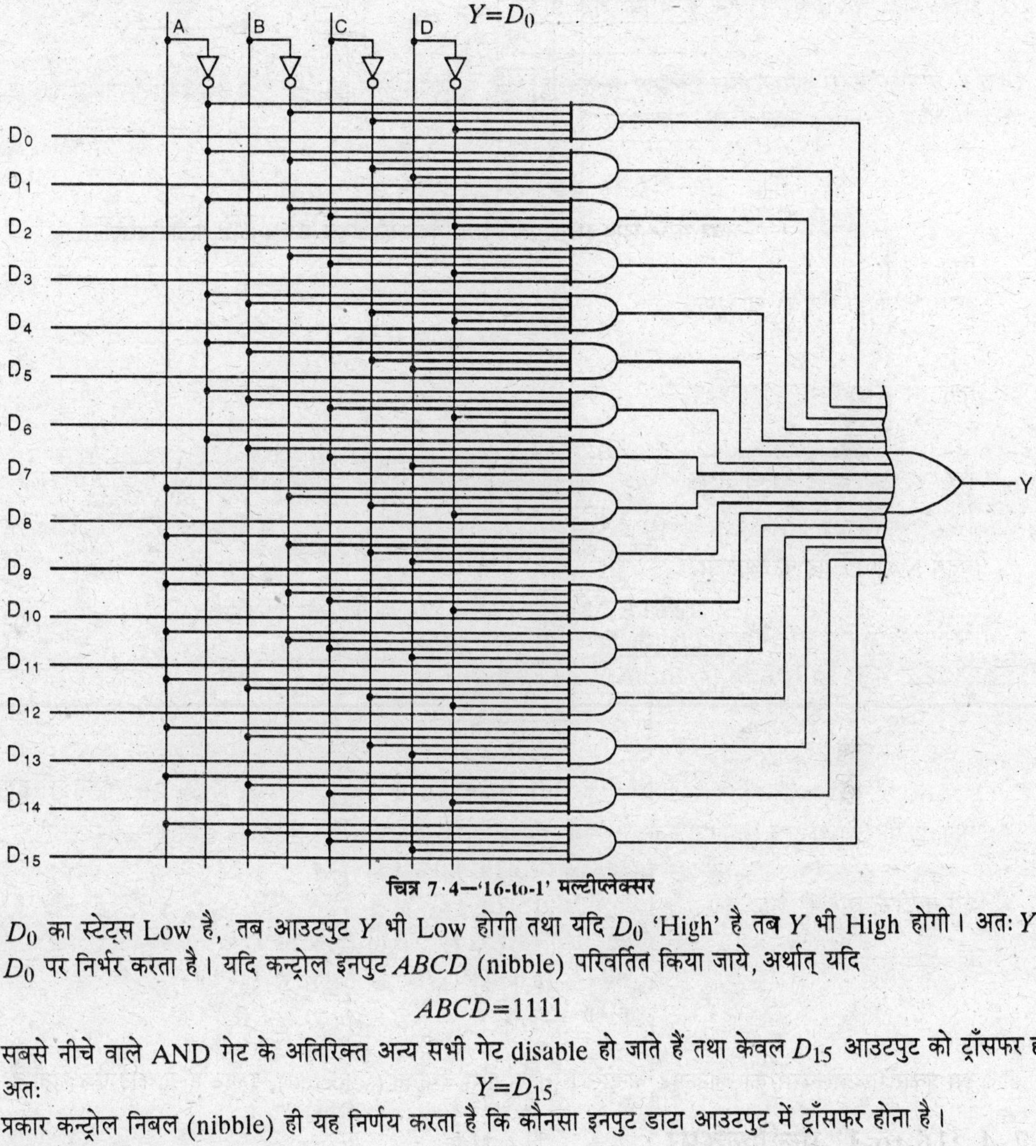

चित्र 7·4—'16-to-1' मल्टीप्लेक्सर

यदि D_0 का स्टेट्स Low है, तब आउटपुट Y भी Low होगी तथा यदि D_0 'High' है तब Y भी High होगी। अतः Y का मान D_0 पर निर्भर करता है। यदि कन्ट्रोल इनपुट $ABCD$ (nibble) परिवर्तित किया जाये, अर्थात् यदि

$$ABCD = 1111$$

तब सबसे नीचे वाले AND गेट के अतिरिक्त अन्य सभी गेट disable हो जाते हैं तथा केवल D_{15} आउटपुट को ट्राँसफर होता है। अतः

$$Y = D_{15}$$

इस प्रकार कन्ट्रोल निबल (nibble) ही यह निर्णय करता है कि कौनसा इनपुट डाटा आउटपुट में ट्राँसफर होना है।

7·5. मल्टीप्लेक्सर IC74150
(IC74150 Multiplexer)

IC74150 एक 16-to-1, TTL मल्टीप्लेक्सर है। इसका पिन विवरण चित्र 7.5 में दिया गया है तथा, तालिका 7.2 में इसकी सत्य तालिका दी गई है।

पिन 1 से 8 तथा 16 से 23 तक इनपुट डाटा बिट्स $D_0 - D_{15}$ के लिये प्रयुक्त की जाती है। कन्टोल बिट्स *ABCD* के लिए पिन 11, 13, 14 तथा 15 हैं। पिन 10 पर आउटपुट प्राप्त होती है तथा यह selected इनपुट डाटा बिट्स के कम्प्लीमेन्ट के बराबर होती है। पिन 9 स्ट्रोब (strobe) है। इस पिन पर स्ट्रोब इनपुट सिगनल प्रयुक्त कर मल्टीप्लेक्सर को enable अथवा disable किया जा सकता है। सत्य तालिका 7.2 से स्पष्ट है कि Low स्ट्रोब सिगनल मल्टीप्लेक्सर को enable करता है। अत: आउटपुट *Y*, इनपुट डाटा बिट के कम्पलीमेन्ट के बराबर होती है:

$$Y=\overline{D}_n$$

यहाँ *n*, कन्ट्रोल बिट्स *ABCD* का डेसीमल तुल्यांक है। यदि स्ट्रोब सिगनल 'High' होता है तब मल्टीप्लेक्सर disable हो जाता है तथा आउटपुट High स्टेट में आ जाती है।

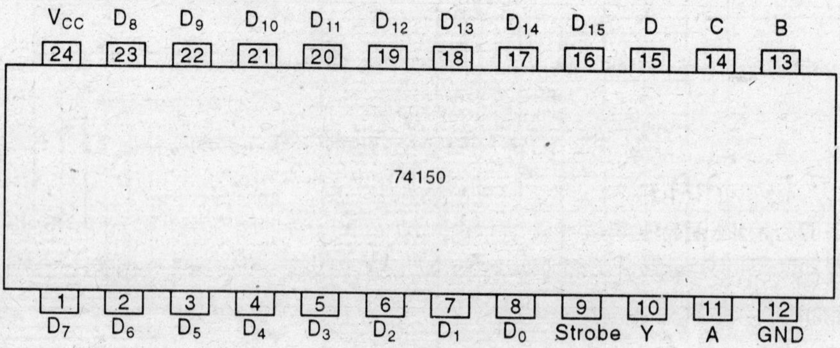

चित्र 7·5—IC74150 मल्टीप्लेक्सर का पिन-आउट

TABLE 7.2—मल्टीप्लेक्सर 74150 की सत्य तालिका
(Truth Table of Multiplexer IC 74150)

Strobe	*A B C D*	*Y*
L	L L L L	$\overline{D}_0$
L	L L L H	$\overline{D}_1$
L	L L H L	$\overline{D}_2$
L	L L H H	$\overline{D}_3$
L	L H L L	$\overline{D}_4$
L	L H L H	$\overline{D}_5$
L	L H H L	$\overline{D}_6$
L	L H H H	$\overline{D}_7$
L	H L L L	$\overline{D}_8$
L	H L L H	$\overline{D}_9$
L	H L H L	$\overline{D}_{10}$
L	H L H H	$\overline{D}_{11}$
L	H H L L	$\overline{D}^{12}$
L	H H L H	$\overline{D}_{13}$
L	H H H L	$\overline{D}_{14}$
L	H H H H	$\overline{D}_{15}$
H	X X X X	*H*

7·6. डिमल्टीप्लेक्सर
(Demultiplexers)

डिमल्टीप्लेक्सर एक ऐसा लॉजिक परिपथ है जिसमें केवल एक इनपुट तथा अनेक आउटपुट लाइनें होती हैं। कन्ट्रोल सिगनल को प्रयुक्त कर इनपुट, इच्छानुसार किसी भी आउटपुट लाइन पर प्राप्त की जा सकती है। चित्र 7.6 में एक डिमल्टीप्लेक्सर के टर्मिनल दिखाये गये हैं। परिपथ में एक इनपुट सिगनल, m कन्ट्रोल सिगनल तथा n आउटपुट सिगनल हैं।

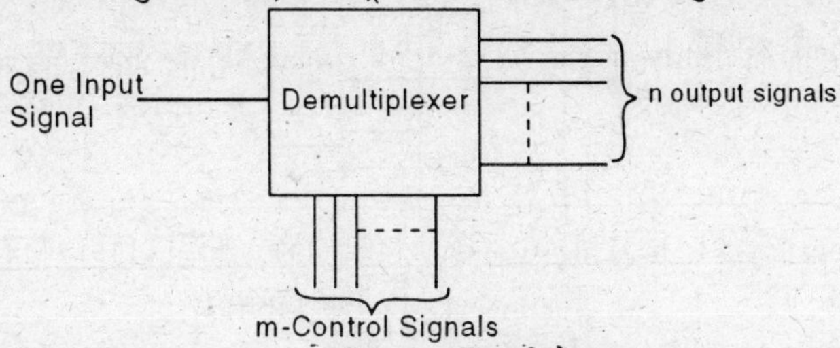

चित्र 7·6—डिमल्टीप्लेक्सर

7·7. '1-to-2' डिमल्टीप्लेक्सर
(1-to-2 Demultiplexer)

चित्र 7.7 में एक 1-to-2 लाइन डिमल्टीप्लेक्सर का परिपथ प्रदर्शित किया गया है। यदि परिपथ को इनपुट D, कन्ट्रोल सिगनल C तथा आउटपुट Y_0 एवं Y_1 है तब डिमल्टीप्लेक्सर की आउटपुट निम्न प्रकार होगी :

$$Y_0=\overline{C}D \text{ तथा}$$
$$Y_1=CD$$

(i) यदि $C=0$ तब $Y_0=D$

$Y_1=0$

अर्थात् इनपुट सिगनल केवल आउटपुट लाइन Y_1 पर प्राप्त होता है।

(ii) यदि $C=1$ तब $Y_0=0$

$Y_1=D$

अर्थात् इनपुट सिगनल केवल आउटपुट लाइन Y_1 पर प्राप्त होता है।

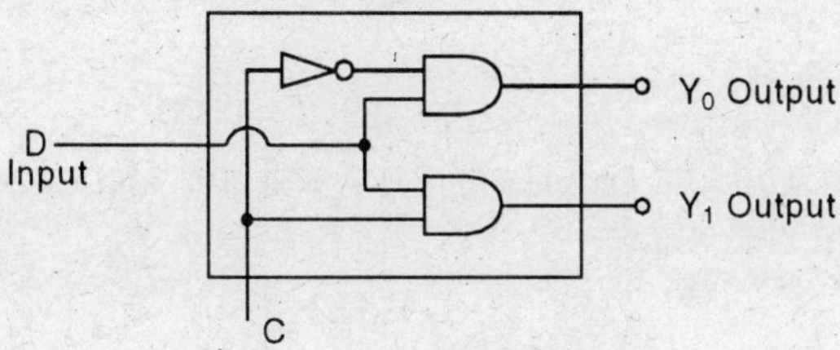

चित्र 7·7—'1-to-2' डिमल्टीप्लेक्सर

इस प्रकार डिमल्टीप्लेक्सर में एक समय में केवल एक आउटपुट select होती है। किसी भी दशा में दोनों आउटपुट एक साथ select नहीं होती और न ही ऐसा हो सकता है कि दोनों आउटपुट select हों।

7·8. '1-to-4' डिमल्टीप्लेक्सर
(1-to-4 Demultiplexer)

चित्र 7.8 में एक 1-to-4 डिमल्टीप्लेक्सर का परिपथ प्रदर्शित किया गया है। इसमें दो कन्ट्रोल इनपुट C_0 तथा C_1, एक इनपुट D तथा 4 आउटपुट, Y_0, Y_1. Y_2, तथा Y_3 हैं। परिपथ से आउटपुट की निम्न समीकरण लिखी जा सकती है :

$$Y_0=C_1\,C_0\,D,\ Y_1=C_1\,\overline{C}_0\,D,\ Y_2=\overline{C}_1\,C_0\,D, Y_3=\overline{C}_1\,\overline{C}_0\,D$$

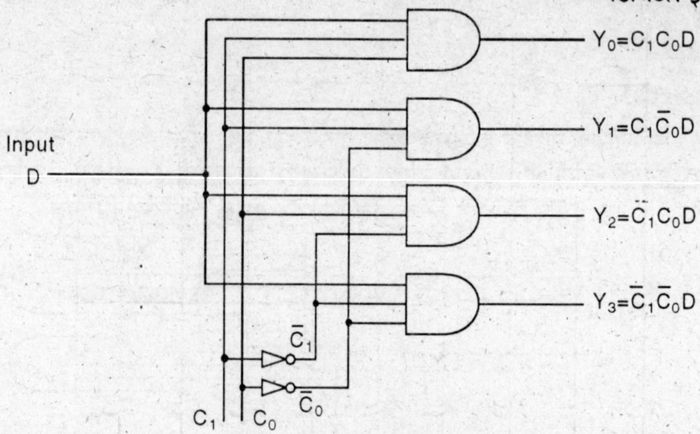

चित्र 7·8—'1-to-4' डिमल्टीप्लेक्सर

1-to-4 डिमल्टीप्लेक्सर की सत्य तालिका आउटपुट व्यंजकों के आधार पर निम्न प्रकार बनाई जा सकती है:

TABLE 7.3—1-to-4 डिमल्टीप्लेक्सर की सत्य तालिका

INPUT	CONTROL		OUTPUTS			
	C_0	C_1	Y_0	Y_1	Y_2	Y_3
D	0	0	0	0	0	*D*
D	1	0	0	0	*D*	0
D	0	1	0	*D*	0	0
D	1	1	*D*	0	0	0

7·9. '1-to-16' डिमल्टीप्लेक्सर (1-to-16 Demultiplexer)

चित्र 7.9 में एक 1-to-16 डिमल्टीप्लेक्सर का परिपथ प्रदर्शित किया गया है। इसमें एक इनपुट बिट *D*, चार कन्ट्रोल इनपुट *A*, *B*, *C*, *D* तथा 16 आउटपुट लाइनें Y_0, Y_1, Y_2 .... Y_{15} हैं। परिपथ की आउटपुट, कन्ट्रोल इनपुट पर निर्भर करती है। उदाहरणत:

यदि $$ABCD=0000$$

तब केवल सबसे ऊपर वाला AND गेट enable होता है तथा अन्य सभी AND गेट्स disable होते हैं। अत: डाटा बिट केवल आउटपुट लाइन Y_0 पर प्राप्त होगा अर्थात्

$$Y_0=D$$

यदि *D*, Low है तब Y_0 भी Low होगा। यदि *D* High है तब $Y_0=D$ भी High होगा। Y_0 का मान *D* के मान पर निर्भर करता है। अन्य सभी आउटपुट Low स्टेट में हैं।

इसी प्रकार यदि कन्ट्रोल इनपुट 1111 है अर्थात्

$$ABCD=1111$$

तब केवल सबसे नीचे वाले AND गेट के अतिरिक्त अन्य सभी गेट disable होंगे, तथा

$$Y_{15}=D$$

इस प्रकार डिमल्टीप्लेक्सर, इनपुट डाटा बिट को 16 आउटपुट लाइनों में किसी एक selected लाइन पर ट्रान्सफर करता है तथा यह selected आउटपुट, लाइन कन्ट्रोल निबल (nibble) *ABCD* पर निर्भर करती है।

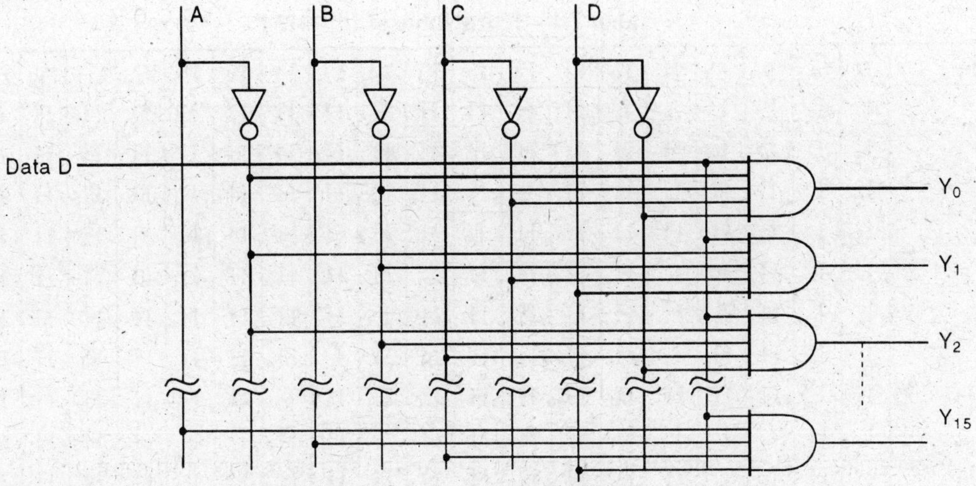

चित्र 7·9—'1-to-16' डिमल्टीप्लेक्सर

7·10. डिमल्टीप्लेक्सर 'IC 74154'

IC 74154 एक 1-to16 डिमल्टीप्लेक्सर है। इसकी कार्य प्रणाली चित्र 7.9 में प्रदर्शित डिमल्टीप्लेक्सर की भाँति ही है। IC 74154 का पिन आउट डायग्राम चित्र 7.10 में दिया गया है।

पिन 18 इनपुट डाटा D के लिए तथा पिन 20 से 23 तक कन्ट्रोल बिट्स $ABCD$ के लिए है। IC की आउटपुट ($Y_0, Y_1 .... Y_{15}$) पिन 1 से 11 तथा 13 से 17 पर प्राप्त होती है। पिन 19 स्ट्रोब इनपुट के लिये है। यह एक एक्टिव 'Low' स्ट्रोब है। पिन 24 पर सप्लाई V_{CC} दी जाती है तथा पिन 12 को ग्राउण्ड किया जाता है।

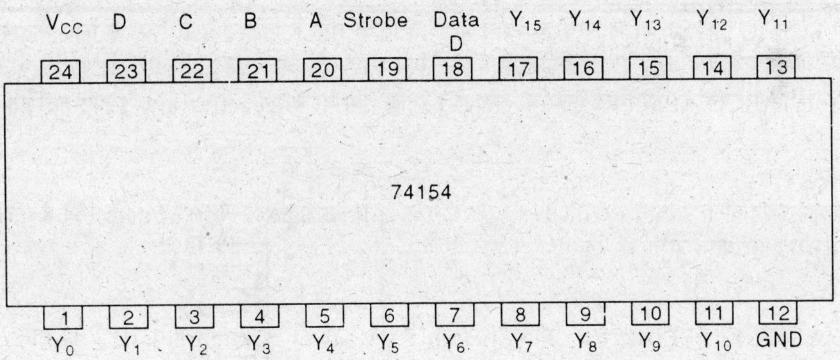

चित्र 7·10—IC 74154, 1-to-16 डिमल्टीप्लेक्सर

IC 74154 की सत्य तालिका TABLE 7.4 में प्रदर्शित की गई है। तालिका से ज्ञात होता है कि डिमल्टीप्लेक्सर (IC 74154) को एक्टिवेट करने के लिये स्ट्रोब इनपुट Low होना आवश्यक है। जब स्ट्रोब Low है तब कन्ट्रोल इनपुट $ABCD$ यह select करती है कि डाटा इनपुट Low होने पर कौन सी आउटपुट लाइन Low है। जब डाटा इनपुट High है तब सभी आउटपुट लाइनें High होती हैं। इस प्रकार जब स्ट्रोब इनपुट High होती है तब भी सभी आउटपुट High होती हैं।

Table 7.4—Truth Table of IC 74154

Strobe	*D*	*A*	*B*	*C*	*D*	Y_0	Y_1	Y_2	Y_3	Y_4	Y_5	Y_6	Y_7	Y_8	Y_9	Y_{10}	Y_{11}	Y_{12}	Y_{13}	Y_{14}	Y_{15}
L	L	L	L	L	L	L	H	H	H	H	H	H	H	H	H	H	H	H	H	H	H
L	L	L	L	L	H	H	L	H	H	H	H	H	H	H	H	H	H	H	H	H	H
L	L	L	L	H	L	H	H	L	H	H	H	H	H	H	H	H	H	H	H	H	H
L	L	L	L	H	H	H	H	H	L	H	H	H	H	H	H	H	H	H	H	H	H
L	L	L	H	L	L	H	H	H	H	L	H	H	H	H	H	H	H	H	H	H	H
L	L	L	H	L	H	H	H	H	H	H	L	H	H	H	H	H	H	H	H	H	H
L	L	L	H	H	L	H	H	H	H	H	H	L	H	H	H	H	H	H	H	H	H
L	L	L	H	H	H	H	H	H	H	H	H	H	L	H	H	H	H	H	H	H	H
L	L	H	L	L	L	H	H	H	H	H	H	H	H	L	H	H	H	H	H	H	H
L	L	H	L	L	H	H	H	H	H	H	H	H	H	H	L	H	H	H	H	H	H
L	L	H	L	H	L	H	H	H	H	H	H	H	H	H	H	L	H	H	H	H	H
L	L	H	L	H	H	H	H	H	H	H	H	H	H	H	H	H	L	H	H	H	H
L	L	H	H	L	L	H	H	H	H	H	H	H	H	H	H	H	H	L	H	H	H
L	L	H	H	L	H	H	H	H	H	H	H	H	H	H	H	H	H	H	L	H	H
L	L	H	H	H	L	H	H	H	H	H	H	H	H	H	H	H	H	H	H	L	H
L	L	H	H	H	H	H	H	H	H	H	H	H	H	H	H	H	H	H	H	H	L
L	H	X	X	X	X	H	H	H	H	H	H	H	H	H	H	H	H	H	H	H	H
H	L	X	X	X	X	H	H	H	H	H	H	H	H	H	H	H	H	H	H	H	H
H	H	X	X	X	X	H	H	H	H	H	H	H	H	H	H	H	H	H	H	H	H

चित्र 7.11 में IC 74154 का लॉजिक डायग्राम प्रदर्शित किया गया है।इनपुट डाटा बिट के लिए केवल एक पिन (पिन 18) है तथा इसका कन्ट्रोल, निबल *ABCD* द्वारा होता है। डाटा बिट स्वत: उस आउटपुट लाइन पर ट्राँसफर हो जाता है जिसका सब्सक्रिप्ट (subscript), ABCD का डेसीमल तुल्यांक होता है। स्ट्रोब पिन पर बबल active low इनपुट प्रदर्शित करता है।

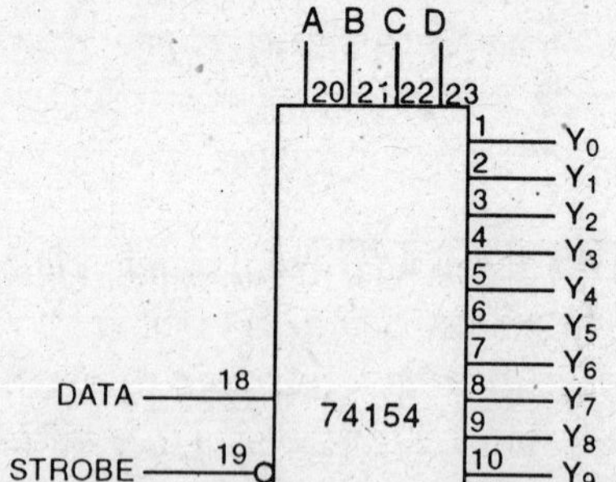

चित्र 7·11—74154 का लॉजिक डायग्राम

7·11. डिकोडर्स
(Decoders)

डिकोडर, मल्टीप्लेक्सर की भाँति होता है, अन्तर केवल यह है कि डिकोडर को कोई डाटा इनपुट नहीं दिया जाता। इसकी केवल कन्ट्रोल इनपुट होती है। यह एक ऐसा लॉजिक परिपथ है जो उसके इनपुट पर दिये गये संकेतों (signals) के प्रत्येक combination की पहचान (identify) कर सकता है। उदाहरणतः यदि डिकोडर की इनपुट में दो बाइनरी लाइनें हैं तब डिकोडर की आउटपुट में चार आउटपुट लाइन होंगी।

दो लाइनों द्वारा दिये गये इनपुट सिगनलों के चार combinations बनाये जा सकते हैं उदाहरणतः—00, 01, 10 तथा 11। इनमें से प्रत्येक combination के लिए 4 आउटपुट लाइनों में से कोई एक लाइन High होगी। उदाहरणतः यदि इनपुट 11 है तब आउटपुट लाइन '3', लॉजिक '1' पर होती है तथा शेष लॉजिक '0' पर होती है। यह क्रिया डिकोडिंग कहलाती है। चित्र 7.12 में

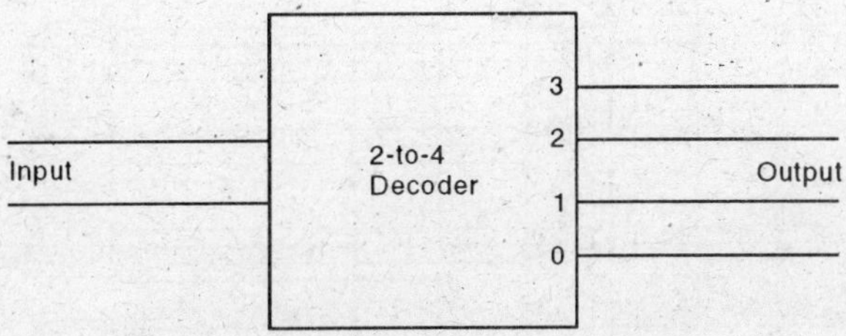

चित्र 7·12—'2-to-4' अथवा (1-of-4)डिकोडर

एक 2-to-4 डिकोडर का प्रतीक (symbol) प्रदर्शित किया गया है। यह 1-out of-4 डिकोडर भी कहलाता है क्योंकि इसकी चार आउपुट लाइनों में, से किसी विशेष इनपुट पर, केवल एक लाइन High होती है। डिकोडर्स विभिन्न प्रकार के होते हैं, उदाहरणतः 1-of-16 डिकोडर, बाइनरी इनपुट को डिकोड करने के लिए 3-to-8 तथा 4-to-16 डिकोडर्स, BCD इनपुट को डेसीमल में डिकोड करने के लिए 1-of-10 डिकोडर इत्यादि।

7·12. '1-of-10' डिकोडर
(1-of-10 Decoder)

एक 1-of-16 डिकोडर का लॉजिक परिपथ चित्र 7.13 में प्रदर्शित किया गया है। इसमें चार कन्ट्रोल इनपुट *A, B, C, D* तथा 16 आउटपुट लाइनें (Y_0, Y_1, ... Y_{15}) हैं अतः यह 4-to-16 डिकोडर भी कहलाता है। डिकोडर को कोई डाटा इनपुट नहीं दिया जाता बल्कि इसको इनपुट केवल कन्ट्रोल बिट्स के रूप में *(ABCD)* दी जाती है। इस डिकोडर में इनपुट के किसी एक combination के लिए 16 आउटपुट लाइनों में से कोई एक लाइन High लॉजिक पर होती है अतः यह 1-of-16 डिकोडर कहलाता है। उदाहरणतः जब इनपुट *ABCD* का मान 0100 है तब केवल AND गेट Y_4 की सभी इनपुट 'High' होती हैं। अतः इस गेट की आउटपुट भी High होगी तथा शेष सभी AND गेट्स की आउटपुट Low होगी। इसी प्रकार *ABCD* का मान 0001 होने पर Y_1 की सभी इनपुट High होगी। अतः Y_1 की आउटपुट High तथा शेष सभी AND गेट्स की आउपुट Low होगी।

यदि इनपुट *ABCD* को 0000 से 1111 तक विभिन्न मान दिए जायें तब प्राप्त आउटपुट के परीक्षण से ज्ञात होता है कि High आउटपुट वाले AND गेट्स का सबस्क्रिप्ट (subscript), *ABCD* के डेसीमल मान के तुल्य होता है। अतः यह परिपथ, बाइनरी से डेसीमल (Binary-to-Decimal)डिकोडर भी कहलाता है।

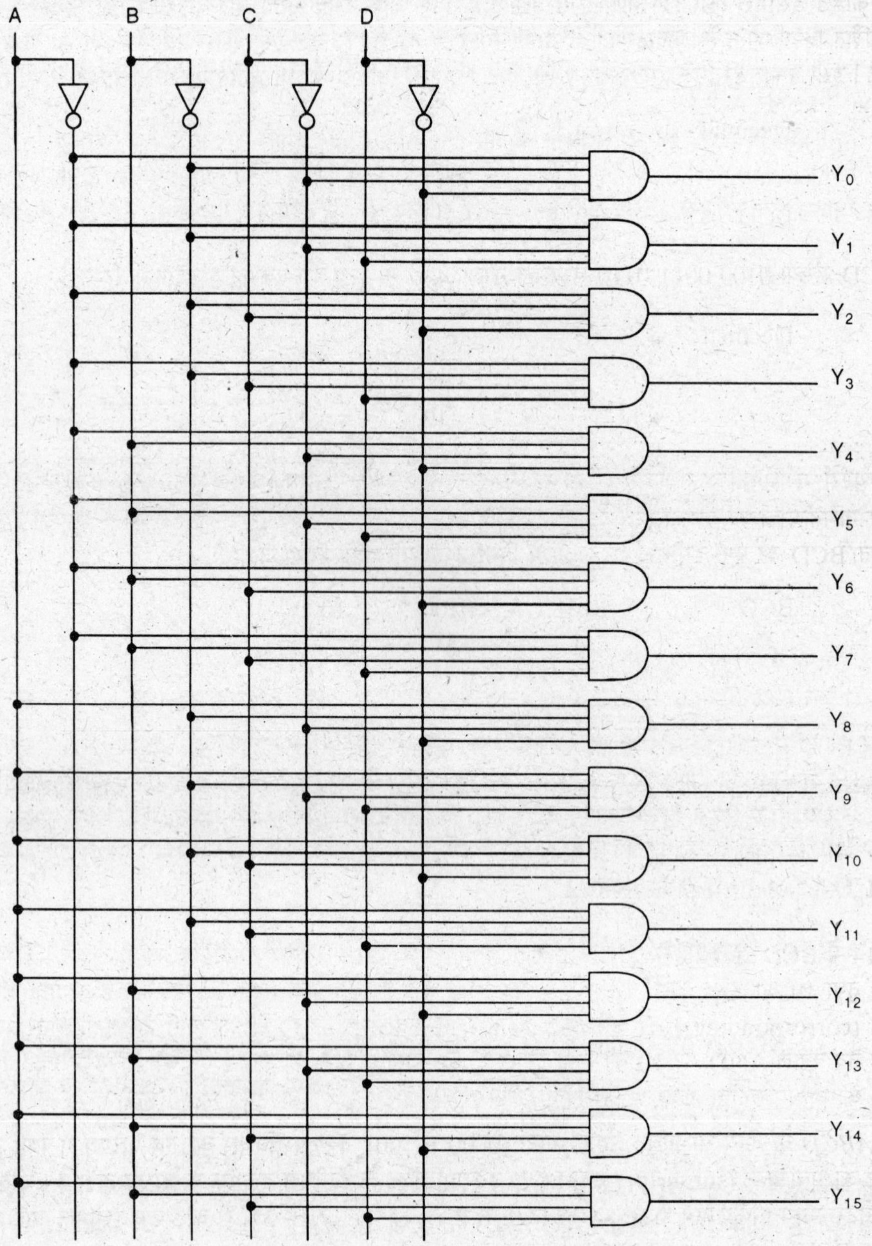

चित्र 7·13—'1-to-16 डिकोडर

7·13. बी०सी०डी० से डेसीमल डिकोडिंग (BCD-to-decimal Decoding)

बाइनरी कोडेड डेसीमल (BCD) प्रणाली में प्रत्येक डेसीमल अंक उसके तुल्य चार बाइनरी अंकों अर्थात् एक निबल (nibble) द्वारा प्रदर्शित किया जाता है। उदाहरणतः डेसीमल संख्या 2 का BCD तुल्यांक 0010 एवं डेसीमल संख्या 9 का BCD तुल्यांक 1001 है। इसी प्रकार डेसीमल संख्या 436 को BCD रूप में निम्न प्रकार परिवर्तित किया जा सकता है :

Decimal	4	3	6
	↓	↓	↓
BCD	0100	0011	0110

अतः BCD संख्या 0100 0011 0110 डेसीमल संख्या 436 के तुल्य हैं। एक अन्य उदाहरण निम्न है :

Decimal	5	6	1	7	2
	↓	↓	↓	↓	↓
BCD	0101	0110	0001	0111	0010

ऐसे कम्प्यूटर्स, में जिनमें डाटा प्रोसेसिंग BCD संख्याओं में होता है, डेसीमल संख्यायें BCD में परिवर्तित होती हैं तथा BCD अंकों पर गणितीय क्रिया (जोड़ना, घटाना, गुणा इत्यादि) के पश्चात् परिणाम पुनः BCD से डेसीमल संख्याओं में परिवर्तित होता है। उदाहरणतः BCD को पुनः डेसीमल संख्याओं में निम्न प्रकार परिवर्तित किया जाता है:

BCD	0101	0100	1000
	↓	↓	↓
Decimal	5	4	8

इस प्रकार BCD संख्या 0101 0100 1000 का डेसीमल तुल्यांक 548 है। BCD अंक 000 से 1001 तक होते हैं। इसके ऊपर अर्थात् 1010 से 1111 तक BCD में कोई अंक नहीं होते क्योंकि उच्चतम डेसीमल अंक 9 का BCD तुल्यांक 1001 है।

7·14. बी०सी०डी० से डेसीमल डिकोडर (BCD-to-decimal Decoder)

चित्र 7.14 में BCD से डेसीमल (BCD-to-Decimal) डिकोडर का परिपथ प्रदर्शित किया गया है। इसमें चार इनपुट लाइनें *ABCD* तथा 10 आउटपुट लाइनें $Y_0, Y_1, ..., Y_9$ होती हैं। यह एक 1-of-10 डिकोडर है क्योंकि किसी इनपुट *ABCD* के संगत (corresponding), 10 आउटपुट लाइनों में से केवल एक लाइन High होती है। उदाहरणतः जब *ABCD* का मान 0011 है तब केवल AND गेट Y_3 की सभी इनपुट High होती है, अतः केवल इस गेट की आउटपुट Y_3 'High' होती है। यदि *ABCD* का मान परिवर्तित होकर 1000 होता है तब AND गेट Y_8 की आउटपुट High होती है।

यदि *ABCD* के अन्य सम्भावित BCD मानों (0000 से 1001 तक) पर विचार करें तब परिपथ से स्पष्ट होता है कि 'High' आउटपुट का सबस्क्रिप्ट (subscript) सदा BCD इनपुट डिजिट के डेसीमल तुल्यांक के बराबर होता है। चूँकि इस परिपथ में दस AND गेट्स प्रयुक्त किये गये हैं अतः आउटपुट 0, 1, 2, 3, 4, 5, 6, 7, 8, 9 में से कोई एक डेसीमल अंक होता है। यही कारण है कि यह BCD-to-Decimal डिकोडर कहलाता है।

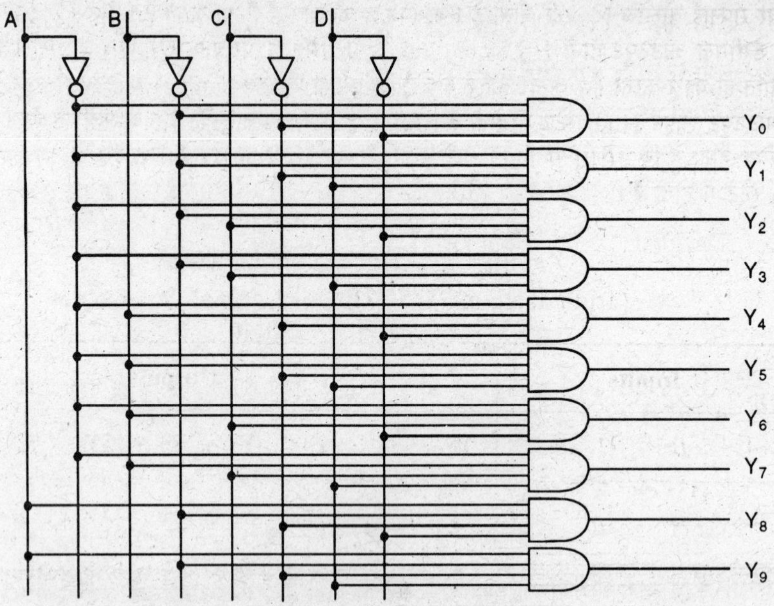

चित्र 7·14—बी०सी०डी० से डेसीमल डिकोडर (BCD to-Decimal '1-of-10' Decoder)

7·15. IC7445 बी०सी०डी० से डेसीमल डिकोडर (BCD-to-Decimal Decoder IC7445)

डिकोडर बनाने के लिए चित्र 7.14 की भाँति अलग-अलग इनवटर्स एवं AND गेट संयोजित करने की आवश्यकता नहीं है बल्कि चित्र 7.15 में प्रदर्शित TTL IC 7445 जैसा कोई डिकोडर प्रयुक्त किया जा सकता है। IC7445 का पिन डायग्राम चित्र 7.15 में प्रदर्शित किया गया है।

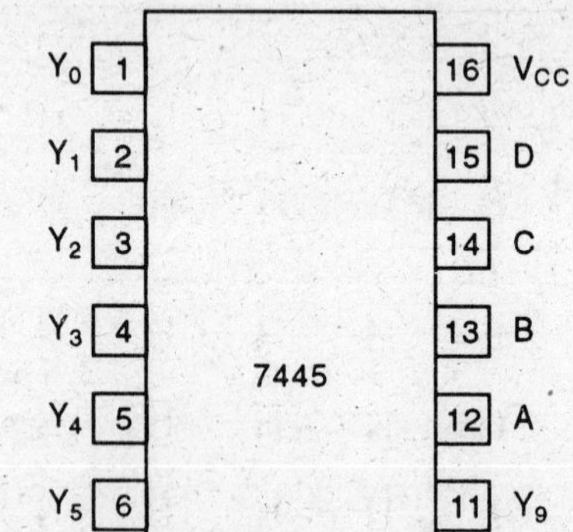

चित्र 7·15—IC7445 का पिन डायग्राम

पिन 16 पर सप्लाई वोल्टेज V_{CC} दी जाती है तथा पिन 8 को ग्राउन्ड किया जाता है। पिन 12, 13, 14, 15 पर BCD इनपुट दी जाती है। डेसीमल आउटपुट पिनों 1, 2, 3, 4, 5, 6, 7, 9, 10, 11 पर प्राप्त होती है। यह IC एक 1-of-10 डिकोडर (चित्र 7.14) की भाँति ही कार्य करता है। अन्तर केवल यह है कि इसकी एक्टिव (active) आउटपुट लाइन Low स्टेट में होती है तथा अन्य सभी आउटपुट लाइनें High स्टेट में होती है। IC7445 के कथन तालिका 7.5 में प्रदर्शित किये गये है।
तालिका से स्पष्ट होता है कि 1010 से 1111 तक BCD इनपुट INVALID हैं तथा इस इनपुट (inputs) पर सभी आउटपुट लाइन High स्टेट में होती है।

TABLE 7.5—IC 7445 की सत्य तालिका
(Truth Table of 7445 BCD-to- Decimal Decoder)

No.	Inputs				Outputs								
	A	*B*	*C*	*D*	Y_0	Y_1	Y_2	Y_3	Y_4	Y_5	Y_6	Y_7	Y_8
0	L	L	L	L	L	H	H	H	H	H	H	H	H
1	L	L	L	H	H	L	H	H	H	H	H	H	H
2	L	L	H	L	H	H	L	H	H	H	H	H	H
3	L	L	H	H	H	H	H	L	H	H	H	H	H
4	L	H	L	L	H	H	H	H	L	H	H	H	H
5	L	H	L	H	H	H	H	H	H	L	H	H	H
6	L	H	H	L	H	H	H	H	H	H	L	H	H
7	L	H	H	H	H	H	H	H	H	H	H	L	H
8	H	L	L	L	H	H	H	H	H	H	H	H	L
9	H	L	L	H	H	H	H	H	H	H	H	H	H
INVALID	H	L	H	L	H	H	H	H	H	H	H	H	H
	H	L	H	H	H	H	H	H	H	H	H	H	H
	H	H	L	L	H	H	H	H	H	H	H	H	H
	H	H	L	H	H	H	H	H	H	H	H	H	H
	H	H	H	L	H	H	H	H	H	H	H	H	H
	H	H	H	H	H	H	H	H	H	H	H	H	H

7·16. BCD से बाइनरी कनवर्टर '74184' (BCD-to-Binary Convertor)

BCD से बाइनरी में परिवर्तन के लिये IC 74184 का प्रयोग किया जा सकता है। चित्र 7.16 में IC74184 का ब्लॉक डायग्राम प्रदर्शित किया गया है। BCD इनपुट टर्मिनल A, B, C, D एवं E पर प्रयुक्त की जाती है। इनपुट का LSB कनवर्टर को बाइपास करता है तथा बाइनरी आउटपुट के LSB के रूप में प्राप्त होता है। बाइनरी आउटपुट टर्मिनल Y_1, Y_2 .... Y_8 पर प्राप्त होती है। आउटपुट प्राप्त करने के लिये चिप के टर्मिनल G पर एक्टिव Low (logic 0) देकर एनेबल (enable) किया जाता है। परिपथ का प्रचालन चित्र 7.17 द्वारा स्पष्ट किया गया है जिसमें 74184 को $1\frac{1}{2}$ डिकेड BCD कनवर्टर की भांति प्रयोग किया गया

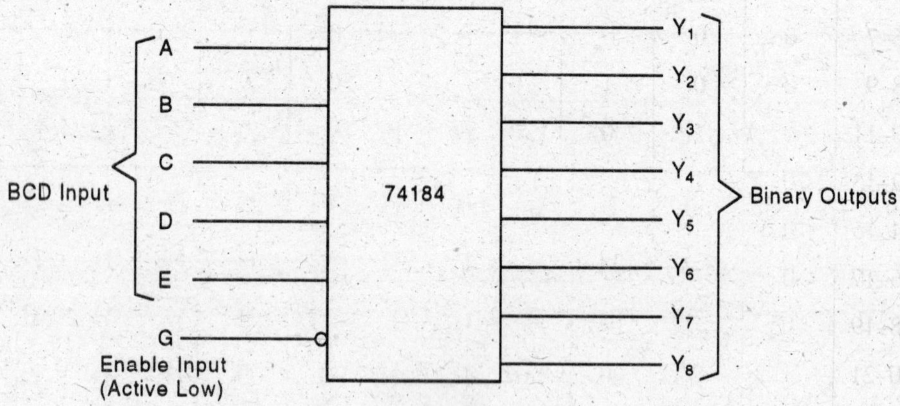

चित्र 7·16—IC74184 का ब्लाक डायग्राम (BCD से बाइनरी कनवर्टर)

है। यह चिप दो BCD डिजिट स्वीकार (accept) करती है एक सम्पूर्ण डिजिट $D_1\,C_1\,B_1\,A_1$ तथा दूसरा अगले डिजिट के दो LSB, B_2A_2। इसका अर्थ है कि इस परिपथ द्वारा 00 से 39 तक BCD इनपुट को उनके तुल्य बाइनरी आउटपुट में बदला जा सकता है।

BCD से बाइनरी में परिवर्तन में टर्मिनल Y_6, Y_7 तथा Y_8 प्रयोग नहीं किये जाते। यह टर्मिनल BCD संख्याओं के 9's तथा 10's कम्पलीमेन्ट ज्ञात करने के लिये प्रयोग किये जाते हैं। $1\frac{1}{2}$ डिकेड BCD से Binary कनवर्टर की सत्य तालिका TABLE 7.6 में प्रदर्शित की गई है।

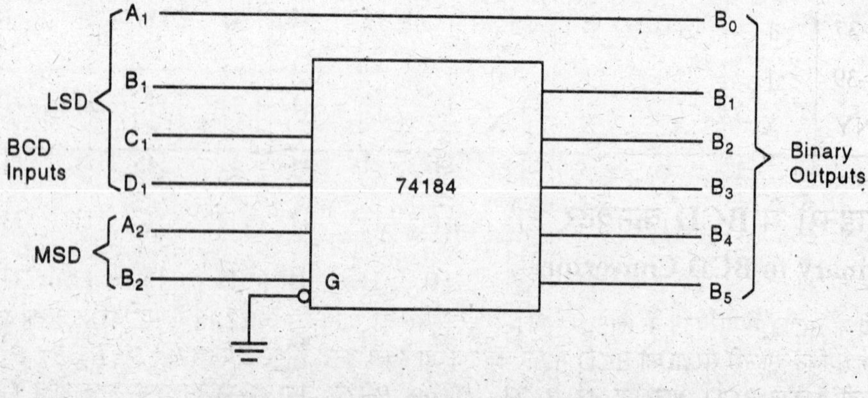

चित्र 7·17—एक $1\frac{1}{2}$ डिकेड BCD से बाइनरी कनवर्टर

TABLE 7.6—बी० सी० डी० से बाइनरी कनवर्टर '74184' की सत्य तालिका
(Truth Table of IC 74184, BCD-to-Binary Converter)

BCD Words	Inputs						Outputs				
	E	*D*	*C*	*B*	*A*	*G*	Y_5	Y_4	Y_3	Y_2	Y_1
0–1	0	0	0	0	0	0	0	0	0	0	0
2–3	0	0	0	0	1	0	0	0	0	0	1
4–5	0	0	0	1	0	0	0	0	0	1	0
6–7	0	0	0	1	1	0	0	0	0	1	1
8–9	0	0	1	0	0	0	0	0	1	0	0
10–11	0	1	0	0	0	0	0	0	1	0	1
12–13	0	1	0	0	1	0	0	0	1	1	0
14–15	0	1	0	1	0	0	0	0	1	1	1
16–17	0	1	0	1	1	0	0	1	0	0	0
18–19	0	1	1	0	0	0	0	1	0	0	1
20–21	1	0	0	0	0	0	0	1	0	1	0
22–23	1	0	0	0	1	0	0	1	0	1	1
24–25	1	0	0	1	0	0	0	1	1	0	0
26–27	1	0	0	1	1	0	0	1	1	0	1
28–29	1	0	1	0	0	0	0	1	1	1	0
30–31	1	1	0	0	0	0	0	1	1	1	1
32–33	1	1	0	0	1	0	1	0	0	0	0
34–35	1	1	0	1	0	0	1	0	0	0	1
36–37	1	1	0	1	1	0	1	0	0	1	0
38–39	1	1	1	0	0	0	1	0	0	1	1
ANY	X	X	X	X	X	1	1	1	1	1	1

7·17. बाइनरी से BCD कनवर्टर

Binary to BCD Convertor

बाइनरी से BCD में परिवर्तन के लिये IC 74185A प्रयुक्त की जाती है। चित्र 7.18 में IC74185*A* का ब्लॉक डायग्राम प्रदर्शित है। यह 6-बिट बाइनरी संख्या को BCD में परिवर्तित करता है। बाइनरी इनपुट टर्मिनल B_0, B_1, B_2, B_3, B_4 तथा B_5 पर संयोजित की जाती है तथा BCD आउटपुट $A_1, B_1, C_1, D_1, A_2, B_2, C_2$ तथा C_2 टर्मिनल पर प्राप्त होती है। इस परिपथ की रेंज (range) 0 से 63 है।

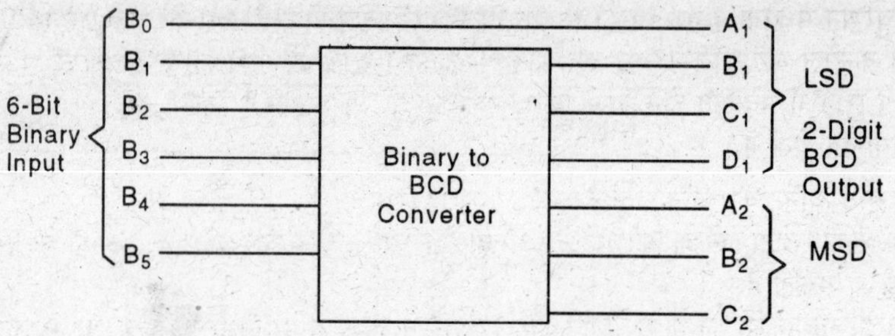

चित्र 7·18—6-बिट बाइनरी से BCD कनवर्टर '74185A'

7·18. डिस्प्ले युक्तियाँ (Display Devices)

डिजिटल डाटा को डिस्प्ले करने के लिये विभिन्न युक्तियाँ प्रयोग की जाती हैं। इन युक्तियों का वर्गीकरण उनमें प्रयुक्त फॉमेंट के आधार पर किया जाता है। डिजिटल डिस्प्ले दो प्रकार के हो सकते हैं (i) प्लेनर (planar) तथा (ii) नानप्लेनर (Non-planar)। प्लेनर डिस्प्ले में सभी कैरेक्टर्स एक तल (same plane) में होते हैं तथा नान-प्लेनर डिस्प्ले में कैरेक्टर्स विभिन्न तलों में होते हैं। प्लेनर डिस्प्ले, प्रकाशित सेगमेन्टल (illuminated segmental) अथवा डॉट मेंट्रिक्स (dot matrix) टाइप होता है। उदाहरणत: 7-सेगमेन्टल डिस्प्ले, LEDs, LCDs इत्यादि।

नान-प्लेनर डिस्प्ले, गैसीय डिस्चार्ज (gaseous discharge) पर आधारित हैं उदाहरणत: निक्सी ट्यूब (Nixie tube)। डिजिटल डिस्प्ले में प्राय: LEDs (light emitting diodes) अथवा LCD's (liquid crystal display) प्रयुक्त किये जाते हैं तथा इन्हें विभिन्न आकृति में व्यवस्थित (arrange) कर 7-सेगमेन्ट अथवा डॉट-मेट्रिक्स के रूप में डिस्प्ले किया जा सकता है।

7·19. प्रकाश उत्सर्जक डायोड (LEDs) (Light Emitting Diodes)

प्रकाश उत्सर्जक डायोड एक ऐसा डायोड है जो फारवर्ड-बायस में होने पर प्रकाश (radiation) उत्सर्जित करता है। यह क्रिया डायोड में जंक्शन के समीप मुक्त (free) इलेक्ट्रॉन एवं होल्स (holes) के पुनः संयोजन (recombination) के कारण होती है। जब मुक्त इलेक्ट्रॉन उच्च ऊर्जा स्तर (higher energy level) से निम्न (lower) ऊर्जा स्तर में आते हैं तब वह अपनी ऊर्जा प्रकाश एवं ऊष्मा के रूप में उत्सर्जित करते हैं। LED से उत्सर्जित प्रकाश का रंग उनमें प्रयुक्त पदार्थ पर निर्भर करता है उदाहरणत: गैलियम, आर्सेनिक एवं फास्फोरस को प्रयोग ऐसे LEDs बनाये जा सकते हैं जिनमें लाल, हरा, पीला, नीला, नारंगी अथवा इनफ्रारैड (अदृश्य) प्रकाश उत्सर्जित हो।

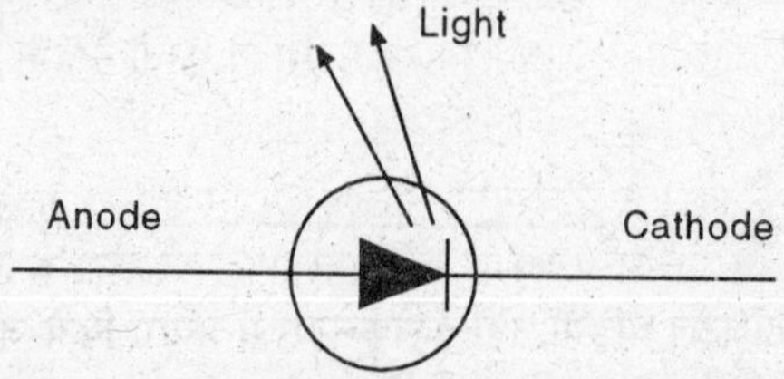

चित्र 7·19—प्रकाश उत्सर्जक डायोड (LED)

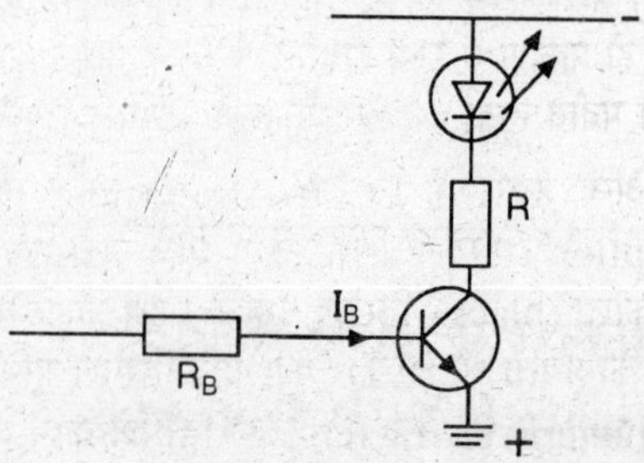

चित्र 7·20—'LED' को ON/OFF करना

चित्र 7.19 में LED का परिपथ संकेत प्रदर्शित किया गया है। LED का प्रयोग डिजिटल डिस्प्ले युक्तियों जैसे सेगमेन्टल अथवा डॉट मेट्रिक्स न्यूमरिक डिस्प्ले में व्यापक रूप से किया जाता है। LED को परिपथ में चित्र 7.20 की भाँति संयोजित किया जाता है। इस परिपथ में LED एक ट्रॉजिस्टर के कलेक्टर परिपथ में प्रतिरोध R के श्रेणी क्रम में संयोजित किया गया है।

जब ट्राँजिस्टर सेचुरेशन में होता है तब LED में अत्यधिक धारा प्रवाह होती है तथा यह प्रकाश उत्सर्जित करता है। ट्राँजिस्टर की बेस धारा I_B को कन्ट्रोल कर ट्राँजिस्टर को कट-ऑफ में लाकर LED को ON/OFF किया जा सकता है। आवश्यकतानुसार प्रतिरोध R द्वारा LED में प्रवाहित होने वाली धारा नियन्त्रित की जा सकती है जिससे LED द्वारा उत्सर्जित प्रकाश की तीव्रता (intensity) नियन्त्रित होती है।

LED को डिस्पले यूनिट की भांति प्रयुक्त करने के कारण निम्न हैं:

* LEDs का आकार छोटा हाने के कारण अनेक संख्या में LEDs को व्यवस्थित (arrange) कर किसी भी प्रकार की डिस्पले यूनिट बनाई जा सकती है।
* LED से उत्सर्जित प्रकाश की तीव्रता इसमें प्रवाहित होने वाली धारा पर निर्भर करती है अतः उत्सर्जित प्रकाश की तीव्रता को धारा परिवर्तित कर नियन्त्रित किया जा सकता है।
* LEDs की प्रचालन (operating) वोल्टेज बहुत कम (लगभग 1·2V, 20mA) है।
* LEDs संरचना में सुदृढ़ होते हैं तथा यह यान्त्रिक दाब (जैसे shocks, vibrations) सहने में सक्षम है। इनकी प्रचालन तापक्रम सीमा भी उच्च (0 – 70° C) है।

  LEDs में LCD (Liquid crystal diodes) की तुलना में अधिक शक्ति व्यय होती है।

7·20. द्रव क्रिस्टल डिस्पले (LCD)
(Liquid Crystal Display)

LCDs का प्रयोग अधिकतर केलकुलेटर्स तथा डिजिटल घड़ियों में किया जाता है क्योंकि यह प्रायः इन्हीं फॉर्मेट में उपलब्ध हैं। LCDs का मुख्य लाभ यह है कि ये तीव्र प्रकाश (bright light) में बहुत अधिक चमकते हैं जबकि अन्य युक्तियों जैसे LED को प्रकाश में देखना कठिन होता है। परन्तु LCD का परिपथों में प्रयोग एक कठिन कार्य है क्योंकि इन्हें प्रचालन के लिए DC के स्थान पर AC वोल्टेज की आवश्यकता होती है जिसकी आवृत्ति प्रायः 30 तथा 1000 Hz के मध्य होती है।

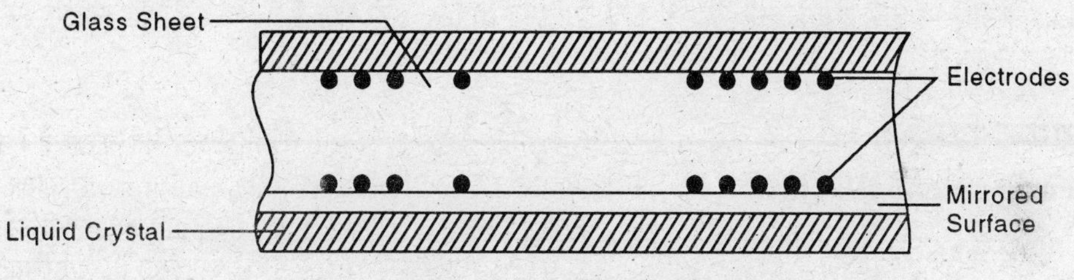

चित्र 7·21—द्रव क्रिस्टले डिस्पले (LCD)

चित्र 7.21 में LCD की आन्तरिक संरचना प्रदर्शित की गई है। इलेक्ट्रोड्स के मध्य उत्पन्न विद्युत क्षेत्र द्रव क्रिस्टल (liquid crystal) के अणुओं को align करता है जिससे कि प्रकाश द्रव में से गुजर कर नीचे दर्पण (mirror) पर पड़ता है। चूँकि दर्पण पहले से ही प्रकाश में रखा होता है अतः यह अपने आस-पास के क्षेत्र की तुलना में अधिक प्रकाश परावर्तित करता है तथा अत्यधिक प्रकाशित प्रतीत होता है। इस प्रकार के डिस्पले रिफ्लेक्टिव (Reflective) LCD कहलाते हैं।

एक अन्य प्रकार के LCD, Absorption Type LCD होते हैं जो इलेक्ट्रोड्स पर वोल्टेज देने पर प्रकाश का अवशोषण (absorption) करते हैं। LCD के नीचे रखा एक काला कागज लगभग समस्त प्रकाश को अवशोषित कर लेता है जिससे कि LCD काला (black) दिखाई देता है। इस प्रकार के LCD प्रायः डिजिटल घड़ियों तथा केलकुलेटर्स में प्रयोग किये जाते हैं। LCDs का प्रयोग भी LEDs की भांति डिस्पले यूनिट (सेगमेन्टल, डॉटमेट्रिक्स इत्यादि) में डिजिट अथवा अक्षरों (numeric and alphanumeric characters) को डिस्पले करने के लिये किया जाता है। संरचना की दृष्टि से LCDs दो प्रकार के होते हैं—

(i) डायनेमिक स्कैट्रिंग टाइप (Dynamic Scattering Type)

(ii) फील्ड इफेक्ट टाइप (Field Effect Type)

डायनेमिक स्कैट्रिंग टाइप LCD सैल (चित्र 7.21) में प्रयुक्त किया जाने वाला द्रव क्रिस्टल पदार्थ एक ऐसा कार्बनिक कम्पाउन्ड (Organic Compound) होता है जो द्रव अवस्था में होने पर प्रकाशीय गुण प्रदर्शित करता है। द्रव क्रिस्टल दो ग्लास शीटों के

मध्य एक परत के रूप में फैलाया जाता है एवं शीटों के मध्य पारदर्शी इलेक्ट्रोड लगाये जाते हैं। जब सैल के टर्मिनल पर इलेक्ट्रिक पोटेन्शियल एप्लाई किया जाता है तब द्रव में प्रवाहित होने वाले आवेश परमाणुवीय संरेखीयता (molecular alignment) को भंग (disturb) करते हैं तथा एक प्रकार का परमाणुवीय क्षोभ (turbulence) उत्पन्न करते हैं। सामान्य अवस्था में द्रव परदर्शी होता है। विद्युत् क्षेत्र के प्रभाव से उत्पन्न परमाणुवीय स्कैटरिंग के कारण प्रकाश सभी दिशाओं में scatter हो जाता है तथा LCD सैल चमकने लगता है। यह प्रक्रिया डायनेमिक स्केट्रिंग कहलाती है।

फील्ड इफेक्ट टाइप LCD सैल में प्रत्येक ग्लास शीट के अन्दर दो पतले (thin) ध्रवीय आप्टीकल फिल्टर (polarising optical filters) रखे जाते हैं। इस LCD में प्रयुक्त किया गया पदार्थ विद्युत् क्षेत्र (e.m.f.) की अनुपस्थिति में सैल से गुजरने वाले प्रकाश को मोड़ (twist) देता है जिसके कारण प्रकाश आप्टिकल फिल्टकल फिल्टरों में से गुजरता है तथा सैल चमकता हुआ दिखाई देता है। जब सैल को कोई वि० वा० बल दिया जाता है तब प्रकाश मुड़ता (twist) नहीं है तथा अप्रकाशित (dull) दिखाई देता है।

LCD प्रकाश को परावर्तित करते हैं अथवा ट्रांसमिट करते हैं अतः इनमें शक्ति व्यय बहुत कम है।
LCD प्रयुक्त कर निर्मित 7-सेगमेन्ट डिस्पले में धारा का मान 25 μA से 30 μA होता है। LCD के प्रचालन के लिए AC सप्लाई की आवश्यकता होती है।

LCDs के मुख्य लाभ (Merits of LCDs)

(i) इनमें शक्ति व्यय निम्न होता है। 7-सेगमेन्ट LCD डिस्पले में 140 μW प्रति अंक (digit) शक्ति व्यय होता है जबकि LCDs में 40 μW प्रति अंक।
(ii) LCDs की तुलना में इनका मूल्य कम होता है।

LCDs के दोष (Demerits)

(i) LCDs का टर्न-ऑन तथा टर्न ऑफ सयम अधिक होता है अर्थात् यह युक्ति प्रचालन में सुस्त है।
(ii) DC सप्लाई पर इन्हें प्रयोग करने पर यह शीघ्र दोषयुक्त (faulty) हो जाते हैं। अतः इन्हें AC सप्लाई पर ही प्रयुक्त किया जाता है।

7·21. 7-सेगमेन्ट डिस्पले
(Seven Segment Display)

चित्र 7.22 (a) में 7 LCDs द्वारा निर्मित एक 7-सेगमेन्ट इन्डीकेटर प्रदर्शित किया गया है। इसमें सात LCDs a, *b*, *c*, *d*, *e*, *f* तथा g प्रयुक्त किये गये हैं। इनमें से उपयुक्त LCDs को फारवर्ड बायस कर चित्र 7.22 (b) के अनुसार हम 0 से 9 तक कोई भी अंक डिस्पले कर सकते हैं।

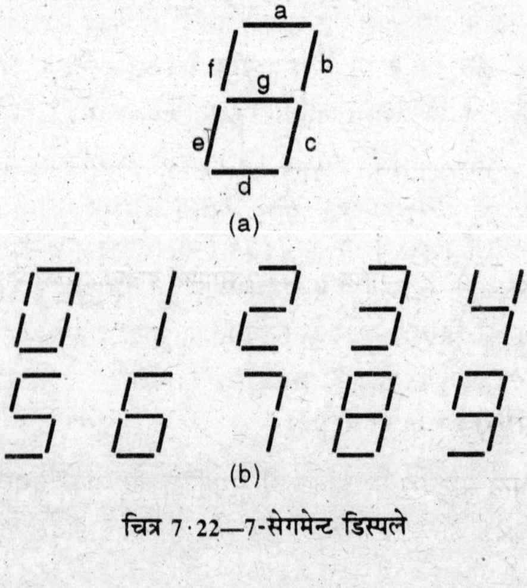

चित्र 7·22—7-सेगमेन्ट डिस्पले

उदाहरणतः शून्य (0) को डिस्पले करने के लिए सेगमेन्ट्स *a, b, c, d, e* तथा *f* को प्रकाशित (illuminate) किया जाता है। इसी प्रकार 5 को डिस्पले करने के लिए सेगमेन्ट्स *a, f, g, c* तथा *d* को प्रकाशित किया जाता है। 7-सेगमेन्ट इन्डीकेटर प्रायः दो प्रकार के होते हैं।

(i) कॉमन एनोड टाइप (Common-anode type)

(ii) कॉमन कैथोड टाइप (Common-cathode type)

चित्र 7.23 (a) में कॉमन एनोड टाइप इन्डीकेटर प्रदर्शित है। इसमें सभी LCDs के एनोड एक साथ संयोजित किये जाते हैं जबकि चित्र 7.23 (b) में प्रदर्शित कॉमन कैथोड टाइप इन्डीकेटर में सभी कैथोड एक साथ संयोजित रहते हैं।

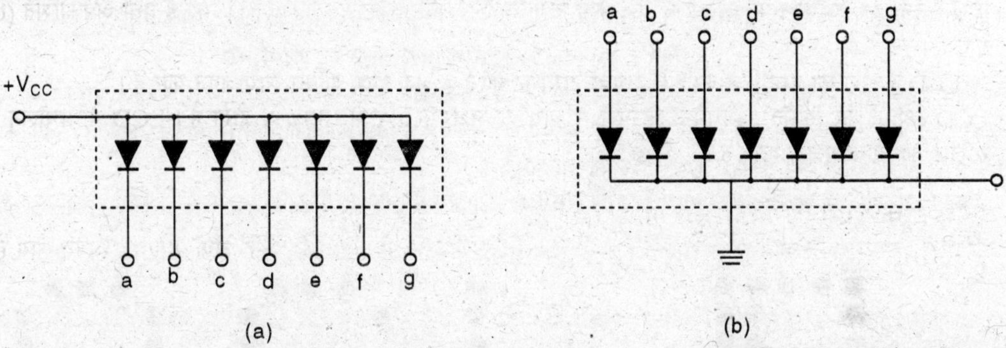

चित्र 7·23—7-सेगमेन्ट इन्डीकेटर (a) कॉमन एनोड टाइप, (b) कॉमन कैथोड टाइप

कॉमन एनोड 7-सेगमेन्ट डिस्पले में LED तथा ग्राउन्ड के मध्य धारा सीमित करने के लिए एक current limiting प्रतिरोध लगाया जाता है (चित्र 7.24)। प्रतिरोध के मान द्वारा LED में प्रवाहित होने वाली धारा निश्चित होती है। सामान्यतः LED में 1 mA से 50 mA के मध्य धारा प्रवाह होती है।

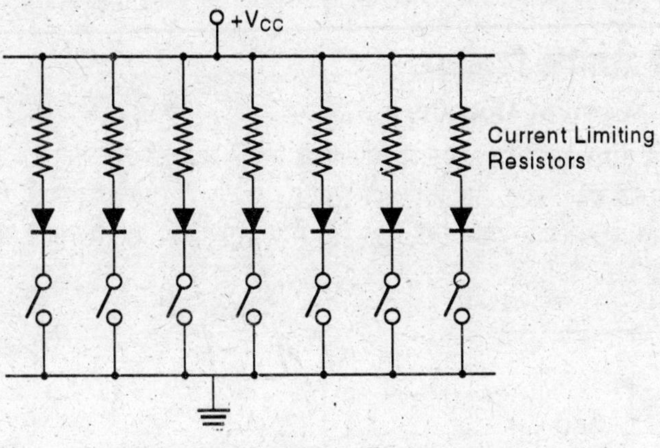

चित्र 7·24—7-सेगमेन्ट इन्डीकेटर का परिपथ

7·22. डॉटमेट्रिक्स डिस्पले

(Dot Matrix Display)

LEDs तथा LCDs को विभिन्न मेट्रिक्स के आकार में संयोजित कर अंकों तथा अक्षरों को डॉटमेट्रिक्स के रूप में डिस्पले किया जाता है। चित्र 7.25 (a) में 3×5 डॉट्स एवं चित्र 7.25 (b) में 5×7 डॉट्स की व्यवस्था प्रदर्शित की गई है।

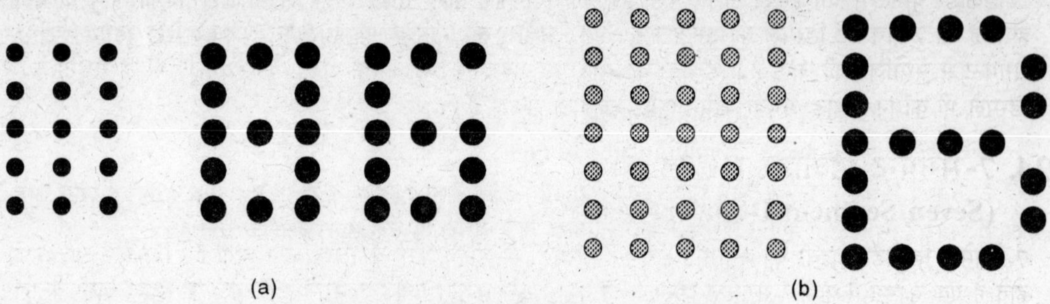

चित्र 7·25 —(a) 3×5 डॉटमेट्रिक्स, (b) 5×7 डॉटमेट्रिक्स

चित्र 7.25 (b) में प्रदर्शित 5×7 मेट्रिक्स में LEDs को प्रकाशित करने के लिए एनोड पर वोल्टेज प्रयुक्त की जाती है तथा कैथोड को ग्राउन्ड किया जाता है। एक कॉलम से अधिक पर वोल्टेज प्रयुक्त कर तथा एक से अधिक पंक्ति (row) को ग्राउन्ड कर हम कोई भी डेसीमल अंक अथवा अक्षर डिस्पले कर सकते हैं।

चित्र 7.26 (a) में प्रदर्शित एक अन्य डिस्पले विधि में 27 डॉट प्रयुक्त कर चित्र 7.26 (b) की भाँति अंक एवं अक्षर डिस्पले किये जाते हैं।

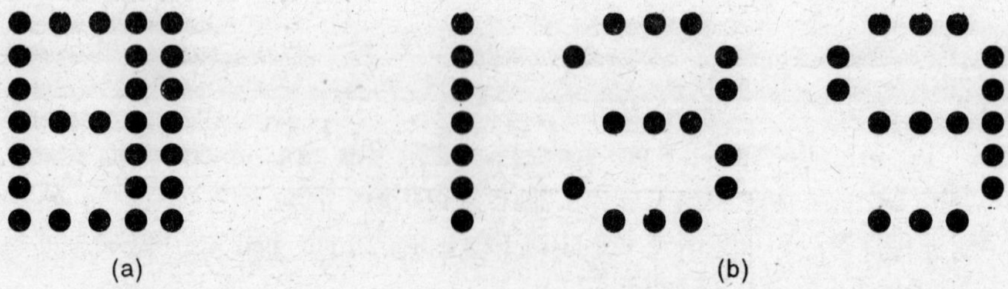

चित्र 7·26—(a) 27—डॉट डिस्पले, (b) 27—डॉट डिस्पले द्वारा डिजिट 1,3 एवं 9 का फॉर्मेशन

7·23. BCD-to-7 सेगमेन्ट डिकोडर
(BCD-to-7 Segment Decoder)

डिजिटल प्रणालियों में 7-सेगमेन्ट LCD डिस्पले का व्यापक रूप से प्रयोग किया जाता है। इस डिस्पले युक्ति को प्रयोग करने के लिए BCD डाटा को परिवर्तित करना होता है। इसके लिए BCD-to-7 सेगमेन्ट डिकोडर की आवश्यकता होती हैं। एक BCD-to-7 सेगमेन्ट डिकोडर का ब्लॉक डायग्राम चित्र 7.27 (a) में प्रदर्शित किया गया है तथा 7-सेगमेन्ट डिस्पले यूनिट चित्र 7.27 (b) में प्रदर्शित किया गया है।

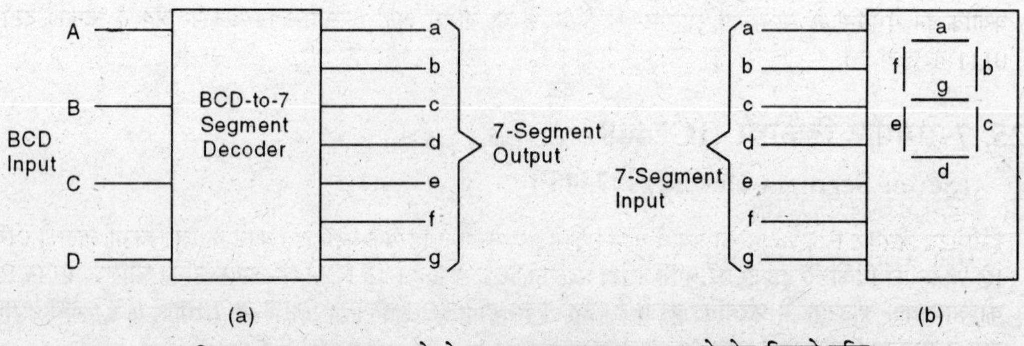

चित्र 7·27—(a)BCD-to-7 सेगमेन्ट का ब्लाक डायग्राम, (b) 7-सेगमेन्ट डिस्पले यूनिट

डिकोडर यूनिट में चार इनपुट लाइनें *ABCD* होती हैं जिनके द्वारा BCD इनपुट दी जाती है। डिकोडर में 7 आउटपुट लाइनें होती है जो 7-सेगमेन्ट डिस्पले को ड्राइव करती है। डिकोडर की *a* से *g* तक आउटपुट लाइन, LCD डिस्पले की *a, b, c,...g* सेगमेन्ट से संयोजित की जाती हैं। डिकोडर की आउटपुट एक्टिव Low अथवा एक्टिव High कोई भी हो सकती है। 7-सेगमेन्ट डिस्पले भी कॉमन कैथोड अथवा कॉमन एनोड टाइप हो सकता है।

7·24. 7-सेगमेन्ट डिकोडर (IC7446)
(Seven Segment Decoder '7446')

7-सेगमेन्ट डिकोडर-ड्राइवर का प्रयोग 7-सेगमेन्ट डिस्पले को ड्राइव करने के लिए किया जाता है। डिकोडर/ड्राइवर दो प्रकार के होते हैं एक कॉमन कैथोड 7-सेगमेन्ट डिस्पले को तथा दूसरा, कॉमन एनोड 7-सेगमेन्ट डिस्पले को ड्राइव करने के लिए। प्रत्येक डिकोडर में BCD इनपुट के लिए 4 इनपुट पिन तथा 7 आउटपुट पिन होती हैं जिन्हें *a, b, c...g* सेगमेन्ट में संयोजित किया जाता है।

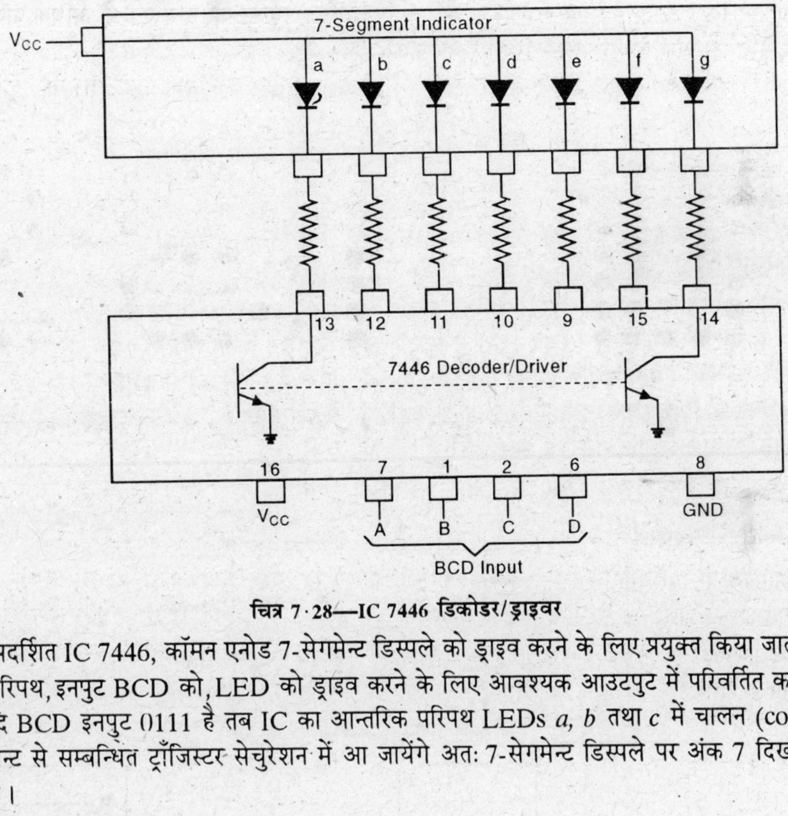

चित्र 7·28—IC 7446 डिकोडर/ड्राइवर

चित्र 7.28 में प्रदर्शित IC 7446, कॉमन एनोड 7-सेगमेन्ट डिस्पले को ड्राइव करने के लिए प्रयुक्त किया जाता है। IC के अन्दर निर्मित लॉजिक परिपथ, इनपुट BCD को, LED को ड्राइव करने के लिए आवश्यक आउटपुट में परिवर्तित करता है।

उदाहरणत: यदि BCD इनपुट 0111 है तब IC का आन्तरिक परिपथ LEDs *a, b* तथा *c* में चालन (conduction) करेगा क्योंकि इन सेगमेन्ट से सम्बन्धित ट्राँजिस्टर सेचुरेशन में आ जायेंगे अत: 7-सेगमेन्ट डिस्पले पर अंक 7 दिखाई देगा जो BCD 0111 के तुल्य है।

7·25. 7-सेगमेन्ट डिकोडर (IC7448)
(Seven Segment Decoders '7448')

इन्टीग्रेटेड सरकिट चिप 7448 का प्रयोग कॉमन कैथोड 7-सेगमेन्ट डिस्पले को ड्राइव करने के लिए किया जाता है। चित्र 7.29 में IC 7448 का डिकोडर/ड्राइवर की भांति प्रयोग प्रदर्शित किया गया है। इस IC में भी अन्दर निर्मित लॉजिक परिपथ BCD इनपुट को आवश्यक आउटपुट में परिवर्तित करता है। उदाहरणत: यदि BCD इनपुट 0100 है तब LEDs, *b, c,f* तथा *g* चालन होता है तथा 7-सेगमेन्ट इन्डीकेटर में अंक 4 डिस्पले होता है।

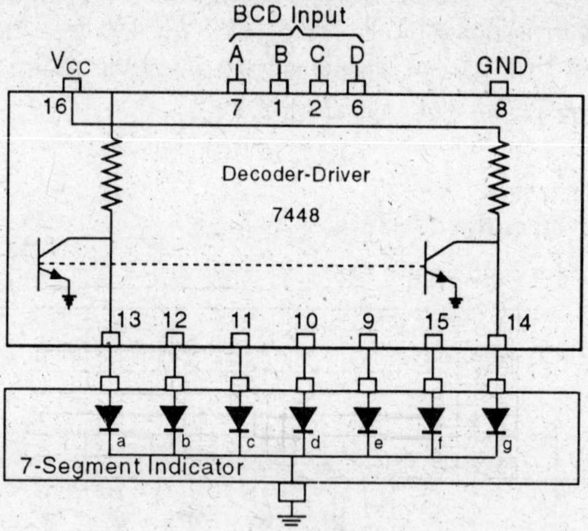

चित्र 7·29—IC 7448 डिकोडर-ड्राइवर का परिपथ

7·26. एन्कोडर्स (Encoders)

एन्कोडर एक्टिव इनपुट सिगनल को किसी उपयुक्त कोडेड (coded) आउटपुट सिगनल (appropriate code e.g., binary, BCD etc.) में परिवर्तित करता है। चित्र 7.30 में एक एन्कोडर प्रदर्शित किया गया है। इस एन्कोडर में n इनपुट प्रयुक्त की गई हैं। एन्कोडर में एक समय में कोई एक इनपुट एक्टिव (active) होती है। एन्कोडर में प्रयुक्त किया गया आन्तरिक परिपथ एक्टिव इनपुट को m-बिट बाइनरी कोडेड (binary coded) आउटपुट में परिवर्तित करता है। उदाहरणार्थ डेसीमल से BCD एन्कोडर में, डेसीमल इनपुट देने पर BCD आउटपुट प्राप्त होती है।

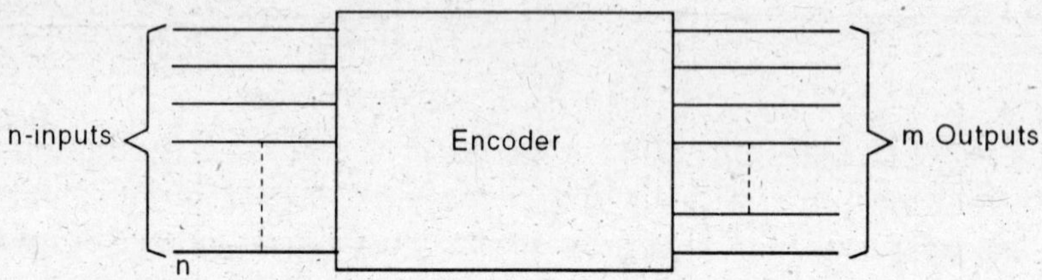

चित्र 7·30—एन्कोडर का ब्लॉक डायग्राम

7·27. डेसीमल से बी०सी०डी० एन्कोडर (Decimal to BCD Encoder)

चित्र 7.31 में एक 'डेसीमल से BCD' एन्कोडर प्रदर्शित किया गया है। इसमें डेसीमल इनपुट के लिए 10 पुश बटन स्विच प्रयोग किये गये हैं। जब स्विच '0' पुश किया जाता है तब कोई भी OR गेट प्रचलित नहीं होता है तथा आउटपुट 0000 होती है। स्विच 3 पुश करने पर C तथा D OR गेट की आउटपुट High होती है, तथा एन्कोडर की आउटपुट

$$ABCD = 0011$$

इसी प्रकार स्विच 5 पुश करने पर आउटपुट

$$ABCD = 0101$$

स्विच 4 पुश करने पर आउटपुट

$$ABCD = 0100$$

तथा स्विच 9 पुश करने पर आउटपुट

$$ABCD = 1001$$

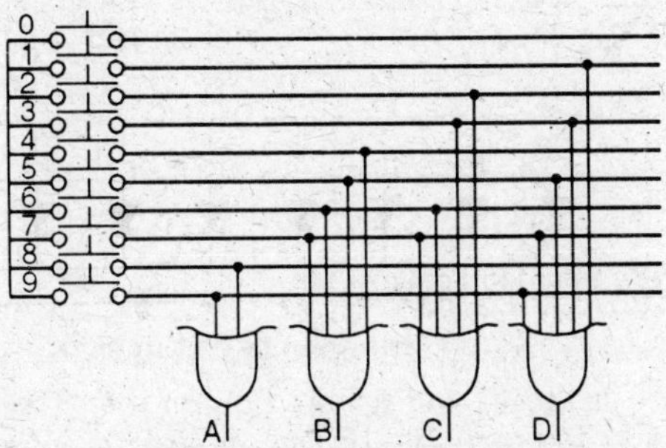

चित्र 7·31—Decimal-to-BCD एन्कोडर

7·28. एन्कोडर-74147

(Decimal-to-BCD Encoder 74147)

चित्र 7.32 (a) में डेसीमल से BCD एन्कोडर 74147 का पिन विवरण तथा 7.32 (b) में इसका लॉजिक डायग्राम प्रदर्शित किया गया है। एन्कोडर को डेसीमल इनपुट $X_1, X_2, ...X_9$ पिन संख्या 1, 2, 3, 4, 5 तथा 10, 11, 12 एवं 13 पर तालिका 7.7 के अनुसार दी जाती है।

एन्कोडर से BCD आउटपुट पिन संख्या 6, 7, 9 तथा 14 पर प्राप्त होती है। पिन 16 पर सप्लाई दी जाती है तथा पिन 8 ग्राउन्ड की जाती है। पिन संख्या 15 (NC) का परिपथ में प्रयोग नहीं किया जाता। NC का अर्थ No Connection है।

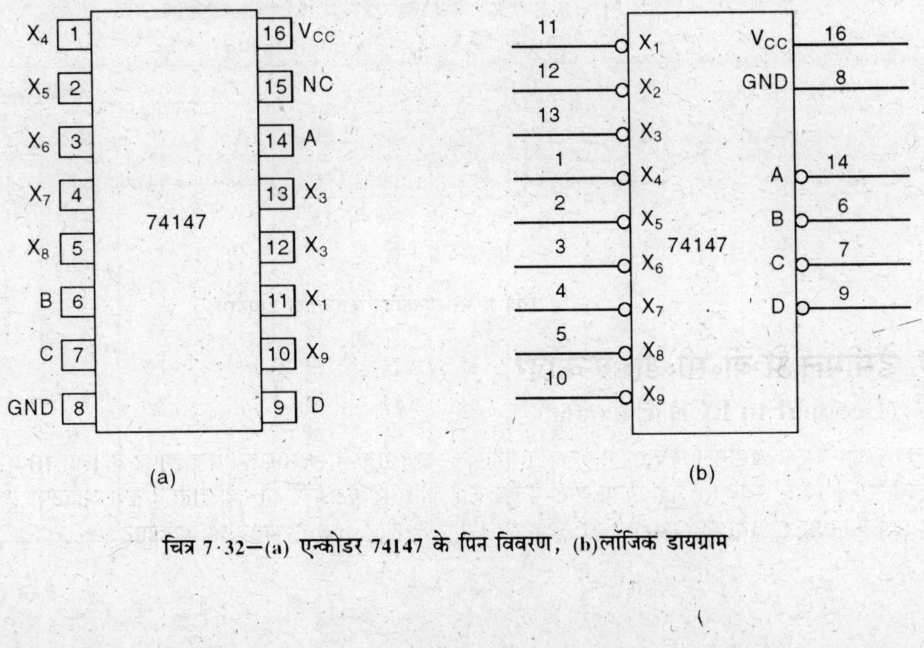

चित्र 7·32—(a) एन्कोडर 74147 के पिन विवरण, (b)लॉजिक डायग्राम

TABLE 7·7

Pin No.	Input
1	X_4
2	X_5
3	X_6
4	X_7
5	X_8
10	X_9
11	X_1
12	X_2
13	X_3

Pin No.	Output
6	B
7	C
9	D
14	A

एन्कोडर के लॉजिक परिपथ चित्र 7.32 (b) में इनपुट तथा आउटपुट पिनों पर बनाये गये बबल (bubbles) एक्टिव LOW इनपुट तथा आउटपुट प्रदर्शित करते हैं। IC 74147 की सत्य तालिका Table 7.8 में दी गई है।

सत्य तालिका देखने पर ज्ञात होता है कि जब सभी इनपुट $X_1, X_2, \ldots X_9$, High (logic 1) हैं तब सभी आउटपुट A, B, C एवं D भी High है। जब इनपुट X_9 लॉजिक 'Low' (0) पर है तब आउटपुट LHHL (0110) है। यह कम्पलीमेन्ट करने पर 9 के बराबर होता है। इसी प्रकार केवल X_8 के Low होने पर आउटपुट LHHH (0111) है। इस बाइनरी संख्या का कम्पलीमेन्ट 8 होता है।

इस प्रकार एन्कोडर एक्टिव-Low इनपुट को उसकी कम्पलीमेनट BCD आउटपुट में परिवर्तित करता है। IC 74147 एक प्राइरॉटी एन्कोडर (priority encoder) है। एन्कोडर की इनपुट एवं आउटपुट एक्टिव LOW हैं। प्राइरॉटी एन्कोडर का अर्थ तालिका 7.8 से स्पष्ट है कि यदि एक समय में दो इनपुट (माना X_2 तथा X_5) LOW है तब आउटपुट, इनपुट 5 के संगत प्राप्त होगी क्योंकि 5 की प्राथमिकता (Priority) 2 की तुलना अधिक है।

इस प्रकार $X_1, X_2, \ldots X_9$, निम्न लॉजिक (Low) पर है तब इनमें से X_9 के संगत BCD कोडेड आउटपुट (LHHL) प्राप्त होती है अर्थात X_9 की प्राथमिकता अन्य सबसे अधिक है।

TABLE 7.8—एन्कोडर 74184 की सत्य तालिका
(Truth Table of Encoder 74147)

Inputs									Outputs			
X_1	X_2	X_3	X_4	X_5	X_6	X_7	X_8	X_9	A	B	C	D
H	H	H	H	H	H	H	H	H	H	H	H	H
X	X	X	X	X	X	X	X	L	L	H	H	L
X	X	X	X	X	X	X	L	H	L	H	H	H
X	X	X	X	X	X	L	H	H	H	L	L	L
X	X	X	X	X	L	H	H	H	H	L	L	H
X	X	X	X	L	H	H	H	H	H	L	H	L
X	X	X	L	H	H	H	H	H	H	L	H	H
X	X	L	H	H	H	H	H	H	H	H	L	L
X	L	H	H	H	H	H	H	H	H	H	L	H
L	H	H	H	H	H	H	H	H	H	H	H	L

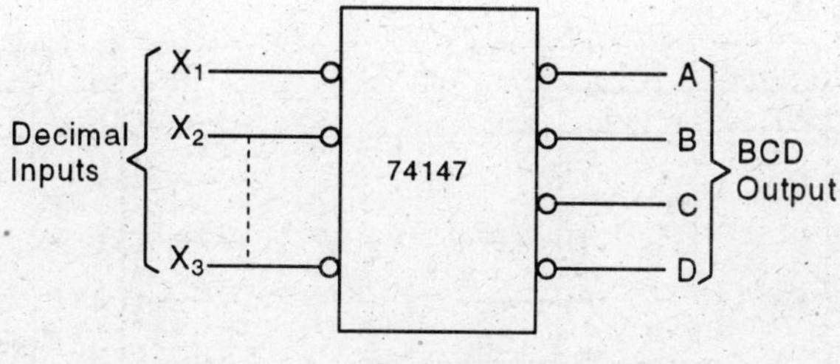

चित्र 7·33

उदाहरणतः चित्र 7.34 के परिपथ में माना स्विच 6 पुश किया गया है तब आउटपुट $ABCD$ निम्न प्रकार ज्ञात की जा सकती है। जब सभी स्विच खुले (Open) हैं तब सभी इनपुट $X_1, X_2, \ldots\ldots\ldots, X_9$ 'High' (+5V) पर होती हैं क्योंकि सप्लाई से प्रतिरोध R द्वारा एन्कोडर के इनपुट टर्मिनल पर +5V उत्पन्न हो जाते हैं अतः तालिका 7.8 के अनुसार परिपथ की आउटपुट $ABCD$ का मान HHHH (1111) होगा।

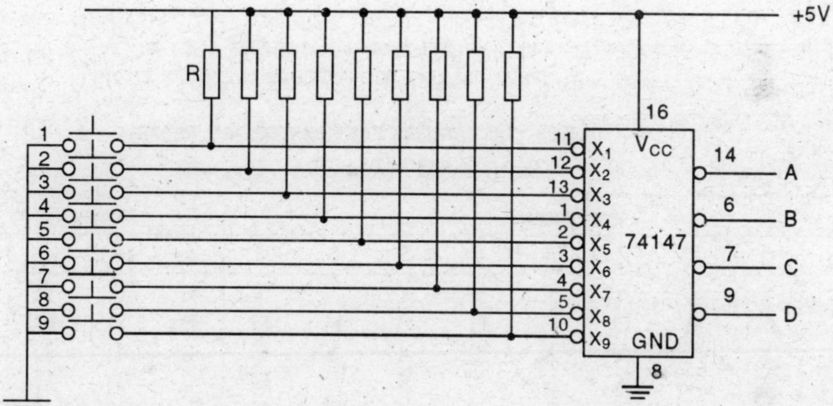

चित्र 7·34

जब स्विच 6 को पुश किया जाता है तब इनपुट X_6 ग्राउन्ड हो जाती है अतः X_6 के अतिरिक्त अन्य सभी इनपुट High होती है। इस समय इनपुट, HHHHHLHHH होगी तथा तालिका 7.8 से इसके संगत आउटपुट,

$$ABCD = \text{HLLH (1001)}$$

यह संख्या कम्पलीमेन्ट करने पर 6 के बराबर होती है।

7·29. एन्कोडर '74LS148'

74LS148 एक 8-to-3 एन्कोडर है। इसमें 8 एक्टिव Low इनपुट तथा 3 आउटपुट लाइनें हैं। जब इनपुट लाइन 0, Low होती है तब आउटपुट 000 होती है तथा जब इनपुट लाइन 5, Low होती है तब आउटपुट 101 है। चित्र 7.35 (b) में प्राइरांटी एन्कोडर (priority encoder) 74LS148 का लॉजिक डायग्राम प्रदर्शित किया गया है। इसमें 8 इनपुट तथा 1 एक्टिव Low एनेबल (enable) सिगनल है। इससे 5 आउटपुट सिगनल प्राप्त होते हैं जिनमें 3 एन्कोडिंग A_0, A_1, A_2 लाइन तथा दो आउटपुट एनेबल (enable) इन्डीकेटर E_0 एवं G_s है। आउटपुट लाइन G_s तथा E_0 का प्रयोग आठ से अधिक इनपुट होने की अवस्था में एन्कोडिंग के लिए किया जाता है (74LS 138 को कास्केड में प्रयोग करने पर इनपुट लाइनों की संख्या 8 से अधिक हो जाती है)।

तालिका 7.9 एन्कोडर 74SL 138 की सत्यतालिका है। एन्कोडर्स का प्रयोग कम्प्यूटर में कुँजी बोर्ड के साथ किया जाता है। जब कोई कुँजी पुश की जाती है तब कुँजी बोर्ड की आउटपुट पुश किये गये स्विच के अनुसार प्राप्त होती है।

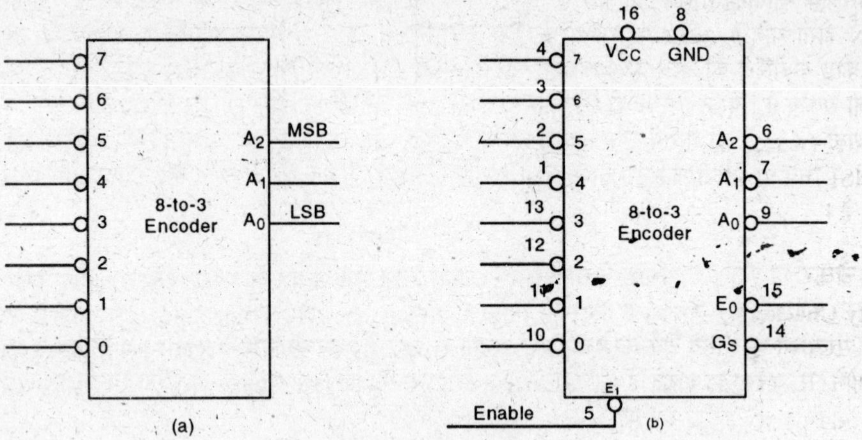

चित्र 7·35—8-to-3 एन्कोडर
(a) एन्कोडर 74LS148 का पिन विवरण, (b) लॉजिक डायग्राम

TABLE 7.9—एन्कोडर 74LS148 की सत्य तालिका
(Truth Table of encoder 74LS148)

Inputs									Outputs				
E_1	0	1	2	3	4	5	6	7	A_2	A_1	A_0	G_S	E_0
H	X	X	X	X	X	X	X	X	H	H	H	H	H
L	H	H	H	H	H	H	H	H	H	H	H	H	L
L	X	X	X	X	X	X	X	L	L	L	L	L	H
L	X	X	X	X	X	X	L	H	L	L	H	L	H
L	X	X	X	X	X	L	H	H	L	H	L	L	H
L	X	X	X	X	L	H	H	H	L	H	H	L	H
L	X	X	X	L	H	H	H	H	H	L	L	L	H
L	X	X	L	H	H	H	H	H	H	L	H	L	H
L	X	L	H	H	H	H	H	H	H	H	L	L	H
L	L	H	H	H	H	H	H	H	H	H	H	L	H

7·30. पैरिटी
(Parity)

जब बाइनरी सूचनाएँ एक स्थान से दूसरे स्थान अथवा एक परिपथ से दूसरे परिपथ को ट्रांसमिट की जाती हैं तब त्रुटि (error) होने की सम्भावना होती है। इस का अर्थ है कि 0 को प्रदर्शित करने वाला सिगनल 1 में अथवा 1 के संगत सिगनल शून्य में परिवर्तित हो सकता है। डिजिटल परिपथों में प्रत्येक सेकण्ड लाखों डाटा बिट्स (lacs of data bits) का ट्रांसफर होता है अतः डाटा का सही रूप में प्रोसेस होना आवश्यक है। डाटा ट्रांसफर में यह भी आवश्यक है कि यदि किसी अज्ञात कारण से डाटा प्रभावित (violation) होता है तब इसकी सूचना तुरन्त प्राप्त हो जाये।

डिजिटल सिस्टम में डाटा की यथार्थता (integrity) सुधारने के लिए डाटा में एक अतिरिक्त बिट (additional bit) द्वारा ट्रांसमिशन में कोई भी त्रुटि तुरन्त ज्ञात (detect) की जा सकती है। पैरिटी (Parity) का अर्थ डिजिटल डाटा में 1's की संख्या है। यह (parity)सम (even) हो सकती है तथा विषम (odd) भी। इस प्रकार even parity में 1's की संख्या सम तथा odd parity में 1's की संख्या विषम होगी।

ASCII कोड में C को 100011 द्वारा प्रदर्शित किया जाता है। इसमें 1's की संख्या 3 है अतः इसकी पैरिटी ODD है। यदि इसमें हम एक अतिरिक्त बिट b_7 जोड़ दें तब C के संगत 8 बिट कोड में 1's की संख्या ODD होगी यदि $b_7 = 0$ है; तथा EVEN होगी यदि $b_7 = 1$ ।यह अतिरिक्त बिट ट्रांसमीटर से कोड के साथ ट्रांसमिट किया जाता है तथा रिसीविंग स्टेशन पर 8-बिट कोड के पैरिटी की जाँच की जाती है। यदि किसी बिट में अथवा बिट्स की विषम संख्या में कोई त्रुटि होगी तो उसको ज्ञात किया जा सकता है। परन्तु बिट्स की कोई सम संख्या (even number) त्रुटिपूर्ण ट्रांसमिट होने पर त्रुटि ज्ञात नहीं की जा सकती। किसी शब्द (word) की पैरिटी चैक करने के लिए गेट्स प्रयुक्त कर पैरिटी बिट जनरेट किये जा सकते हैं। पैरिटी चैक करने के लिए MSI चिप पर पेरिटी जनरेटर/चैकर (parity generator/checker) उपलब्ध है। उदाहरण IC 74180 एक 8-बिट पैरिटी जनरेटर है।

पैरिटी चैकर
(Parity Checker)

बाइनरी संख्याओं की पैरिटी चैक करने के लिए Exclusive—OR उपयुक्त गेट्स (gates) हैं क्योंकि यह इनपुट में 1's की संख्या विषम होने पर, आउटपुट 1 देते हैं। एक Exclusive OR गेट को even-parity इनपुट देने पर Low आउटपुट प्राप्त होती है जबकि odd parity इनपुट देने पर High आउटपुट प्राप्त होती है।

7·31. पैरिटी जनरेशन
(Parity Generation)

कम्प्यूटर पर कार्य करने के लिए विभिन्न क्रियाओं से सम्बन्धित निर्देश (instruction) बाइनरी संख्याओं में प्रदर्शित किये जा सकते हैं। प्रायः इन्सट्रक्शन को प्रदर्शित करने वाली मूल बाइनरी संख्या में एक अतिरिक्त बाइनरी बिट और जोड़ दिया जाता है जिससे एक नई बाइनरी संख्या उत्पन्न होती है। इस संख्या की पैरिटी odd अथवा even हो सकती है। उदाहरण के लिए चित्र 7.36 निम्न 8-बिट संख्या को प्रदर्शित करता है:

$$X_7 \quad X_6 \quad X_5 \quad X_4 \quad X_3 \quad X_2 \quad X_1 \quad X_0$$

माना यह संख्या 0 1 0 0 0 0 0 1 के बराबर है। इस संख्या की पैरिटी even है अर्थात् Exclusive—OR गेट की आउटपुट शून्य है। परन्तु एक NOT गेट प्रयुक्त किये जाने के कारण NOT गेट से आउटपुट $X_8 = 1$ प्राप्त होती है तथा अन्त में (finally) निम्न 9-बिट आउटपुट प्राप्त होती है।

X_8	X_7	X_6	X_5	X_4	X_3	X_2	X_1	X_0
1	0	1	0	0	0	0	0	1

new digit added (X_8); Original number (X_7 to X_0)

इस संख्या की पैरिटी Odd है।

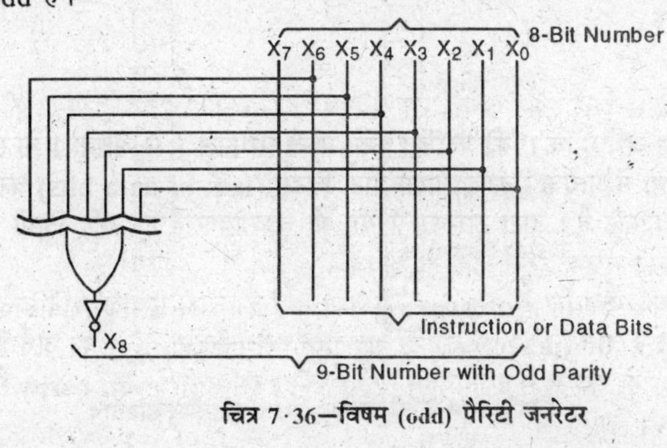

चित्र 7·36—विषम (odd) पैरिटी जनरेटर

माना यदि मूल संख्या को बदलकर 8-बिट इनपुट 0110 0001 कर दें तब इसकी पैरिटी Odd हो जाती है। इस स्थिति में गेट की आउटपुट 1 तथा NOT (inverter) की आउटपुट $X_8 = 0$ होती है। अतः अन्तिम 9-बिट आउटपुट 00110 0001 हो जाती है। पुनः ध्यान दीजिए इस नई संख्या की पैरिटी भी Odd है।

अतः चित्र 7.36 में प्रदर्शित परिपथ Odd-parity generator कहलाता है। यदि 8-बिट इनपुट की पैरिटी Even है तब इनवर्टर की आउटपुट 1 होती है जिससे अन्तिम आउटपुट की पैरिटी Odd हो जाती है। इसके विपरीत यदि 8-बिट इनपुट की पैरिटी Odd है तब इनवर्टर (NOT) गेट की आउटपुट 0 होती है तथा अन्तिम 9-बिट आउटपुट की पैरिटी Odd होती है। Even पैरिटी जनरेशन के लिए इनवर्टर को परिपथ से हटा दिया जाता है।

7·32. पैरिटी जनरेटर/चैकर का उपयोग
(Application of Parity Generator/Checker)

ट्रांसमिशन, टेलीफोन लाइनों अथवा अन्य कम्यूनिकेशन लाइनों में disturbances के कारण सिगनल में प्रायः 1-bit त्रुटियाँ उत्पन्न हो जाती है। इस त्रुटि की जाँच (check) करने के लिये ट्रांसमीटर वाले सिरे (transmitting end) पर odd-parity generator तथा ग्राह्य सिरे (receiving end) पर even-parity चैकर प्रयुक्त किया जाता है।

यदि ट्राँसमिट किये गये डाटा में 1-बिट त्रुटि नहीं होगी तब प्राप्त किये गये डाटा (received data) की पैरिटी Odd होगी। परन्तु यदि किसी कारण से ट्रांसमिट किये गये बिट्स में कोई एक बिट बदल जाता है तथा received data की पैरिटी Even हो जायेगी।

उदाहरणतः माना हमें बाइनरी संख्या 0101 1011 ट्रांसमिट करनी है। इसके लिए एक odd-पैरिटी जनरेटर (चित्र 7.36) को प्रयुक्त कर ट्रांसमिट की जाने वाली संख्या 0·01011011 होगी। इस संख्या के ट्रांसमिशन में यदि कोई त्रुटि नहीं होती है तब receive की गई संख्या की पैरिटी भी Odd होगी। परन्तु 1-बिट त्रुटि होने की दशा में Odd पैरिटी चैकर की आउटपुट Low हो जायेगी जिसका यह अर्थ है कि प्राप्त किया गया डाटा असत्य (invalid) है।

यद्यपि डाटा ट्रांसमिशन में सामान्यतः त्रुटियाँ नहीं होती हैं फिर भी उपरोक्त विधि द्वारा प्रेषित डाटा में उत्पन्न होने वाली लगभग सभी त्रुटियाँ ज्ञात की जा सकती हैं।

7·33. पैरिटी जनरेटर/चेकर–74180
(Parity Genetrator/ Checker '74180')

चित्र 7.37 में IC 74180 के विवरण दिये गये हैं। यह चिप TTL द्वारा निर्मित पैरिटी जनरेटर-चैकर है।

इनपुट डाटा के बिट्स X_7, X_6, X_5, X_4, ... X_0 हैं। इनकी पैरिटी Even अथवा Odd हो सकती है। पिन '3' पर दी जाने वाली EVEN INPUT तथा पिन 4 पर ODD INPUT देकर चिप का ऑपरेशन कन्ट्रोल किया जाता है। इस चिप का ऑपरेशन सत्य तालिका 7.10 के अनुसार भाँति होता है।

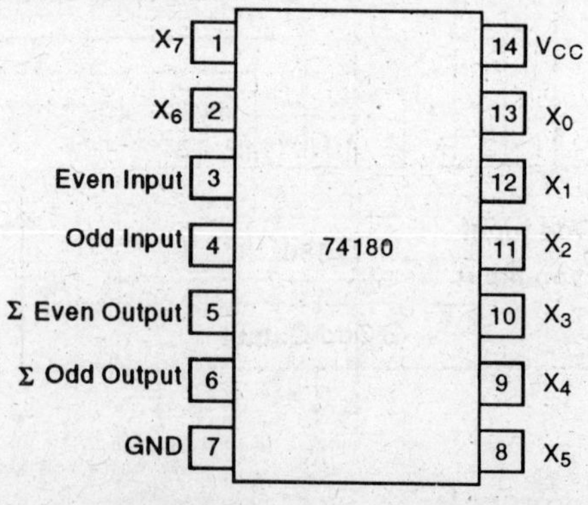

चित्र 7·37—पैरिटी जनरेटर 74180 का पिन डायग्राम

TABLE 7.10—पैरिटी जनरेटर/चैकर चिप 74180 की सत्य तालिका

Inputs			Outputs	
$\sum$ OF H's at X_7 to X_0	Even	Odd	$\sum$ Even	$\sum$ Odd
Even	H	L	H	L
Odd	H	L	L	H
Even	L	H	L	H
Odd	L	H	H	L
X	H	L	L	L
X	L	H	H	H

इनपुट कालम में ΣH's इनपुट डाटा X_7, X_6 .... X_0 की पैरिटी प्रदर्शित करता है। EVEN अथवा ODD इनपुट के आधार पर ΣEven तथा ΣODD आउटपुट, Low अथवा High हो सकती है।

उदाहरणत: माना सत्य तालिका की प्रथम पंक्ति के अनुसार EVEN इनपुट, High है तथा ODD INPUT, Low है। जब इनपुट डाटा की पैरिटी Even है तब ΣEven आउटपुट High है तथा ΣODD आउटपुट Low है। तब इनपुट डाटा की पैरिटी Odd है तब ΣEven आउटपुट Low तथा ΣODD आउटपुट High है।

यदि कन्ट्रोल इनपुट को परिवर्तित किया जाये तब सम्पूर्ण प्रचालन बदल जाता है। माना Even इनपुट Low है तथा Odd इनपुट High है। जब इनपुट डाटा की पैरिटी even है तब ΣEven आउटपुट Low तथा ΣODD आउटपुट High है। जब इनपुट डाटा की पैरिटी Odd है तब ΣEven आउटपुट High तथा ΣODD आउटपुट Low है।

IC 74180 का प्रयोग Even अथवा Odd पैरिटी दोनों चैक करने के लिये किया जा सकता है।

उदाहरण 7.1—IC 74180 को Odd पैरिटी के 9-बिट जनरेट करने के लिए परिपथ संयोजित कीजिये।

हल : चित्र 7.38 में आवश्यक परिपथ प्रदर्शित किया गया है। IC में Odd इनपुट (पिन 4) का संयोजन +5V से किया गया है तथा पिन-3 अर्थात् Even इनपुट को ग्राउण्ड किया गया है। माना इनपुट X_7, X_6, ... X_0 की पैरिटी Even है तब

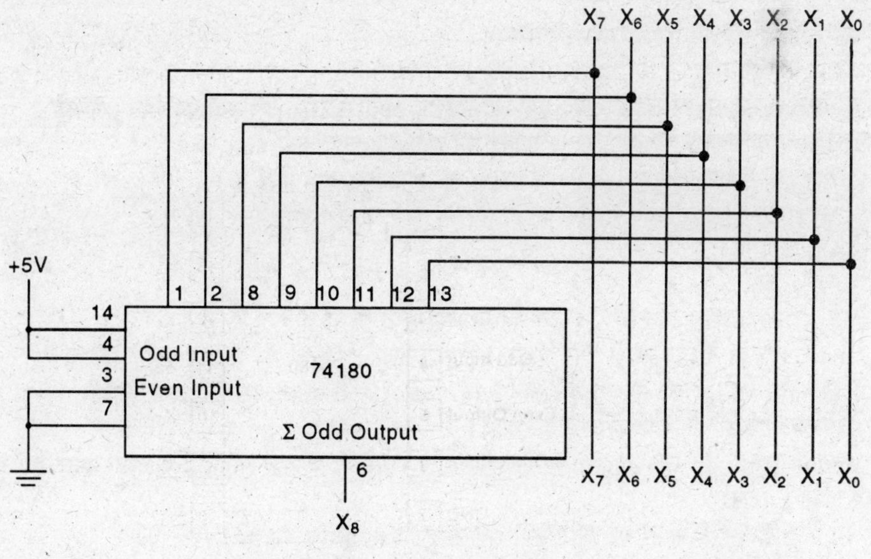

चित्र 7·38— IC 74180 द्वारा Odd पैरिटी जनरेशन

सत्य तालिका 7.10 की तृतीय पंक्ति के अनुसार Σ ODD आउटपुट (पिन 6) High है अतः परिपथ की आउटपुट 9-बिट संख्या X_8 , X_7 , ... X_0 की पैरिटी Odd है।

इसके विपरीत यदि X_7 , X_6 , ... X_0 की पैरिटी Odd है तब सत्य तालिका 7.10 की पंक्ति 4 के अनुसार $\sum$ ODD आउटपुट निम्न (Low) है। अतः चित्र 7.38 के परिपथ से प्राप्त 9-बिट संख्या X_8 , X_7 , ... X_0 की पैरिटी Odd है। इस प्रकार इनपुट डाटा की पैरिटी Even अथवा Odd कोई भी हो, चित्र 7.38 में प्रदर्शित परिपथ द्वारा उत्पन्न 9-बिट संख्या की पैरिटी Odd होती है।

प्रश्नावली—7

1. एन्कोडर का प्रयोग किस उद्देश्य के लिये किया जाता है? एक डेसीमल से बी॰ सी॰ डी॰ (decimal-to-bcd) एन्कोडर का वर्णन कीजिए।
2. IC 74147 डिकोडर का लॉजिक डायग्राम बनाइये तथा इसकी कार्य प्रणाली समझाइये।
3. प्राइरिटी एन्कोडर का क्या अर्थ है ?
4. IC 74LS138 का लॉजिक डायग्राम बनाइये तथा इसकी सत्य तालिका से किन्हीं दो इनपुट पर प्राप्त आउटपुट की विवेचना कीजिये।
5. डिजिटल परिपथों में डिकोडर का क्या कार्य है ? एक 1-of-4 डिकोडर पर टिप्पणी लिखिये।
6. निम्न पर टिप्पणी लिखिये।
   (a) 1-of-16 डिकोडर
   (b) BCD-to-Decimal डिकोडर
   (c) BCD-to-7 सेगमेन्ट डिकोडर
7. मल्टीप्लेक्सर का क्या कार्य है ? एक 2 line-to-1 line मल्टीप्लेक्सर का लॉजिक परिपथ बनाइये तथा इसकी सत्य तालिका दीजिये।
8. निम्न परिपथ बनाइये तथा उनकी सत्य तालिका दीजिये:
   (a) 4-to-1 मल्टीप्लेक्सर
   (b) 1-to-4 डिमल्टीप्लेक्सर
9. एक 1-to-16 डिमल्टीप्लेक्सर का लॉजिक परिपथ बनाइये तथा इनपुट निबिल $ABCD = 0101$ पर परिपथ की आउटपुट ज्ञात कीजिये।
10. निम्न ICs के फंक्शन तथा डायग्राम कीजिये।
    (a) IC 74154 (b) IC 74150 (c) IC 7448
11. एक डिकोडर-ड्राइवर का लॉजिक देते हुये, डिजिटल परिपथों में इसके उपयोगों का वर्णन कीजिये।
12. एक 1-to-16 डिकोडर में $ABCD = 1001$ पर आउटपुट क्या होती है?
13. IC 74150 में यदि इनपुट $ABCD = 1100$ तब आउटपुट क्या होती है?
14. IC 74150 से निम्न बूलियन व्यंजक प्राप्त करने के लिये परिपथ बनाइये—

$$Y = \overline{A}B\overline{C}D + A\overline{B}C\overline{D} + ABC\overline{D}$$

15. किसी IC का उपयोग सात-सेगमेंट डिकोडर के लिए क्यों किया जाता है?
16. डिजिटल परिपथों में डिस्पले के लिये प्रयोग की जाने वाली युक्तियों का संक्षिप्त वर्णन कीजिये।
17. LEDs तथा LCDs की संरचना दीजिये। उपयोग की दृष्टि से उनकी परस्पर तुलना कीजिये।
18. 7-सेगमेन्ट डिस्पले की कार्य प्रणाली समझाइये।
19. Common-Anode एवं Common-Cathode 7-सेगमेनट डिस्पले युक्तियों में क्या अन्तर है? प्रत्येक का उपयोग देते हुए परिपथ बनाइये।
20. 7-सेगमेन्ट डिस्पले डिकोडर की भाँति प्रयोग करते हुए एक परिपथ बनाइये।

8

फ्लिप-फ्लॉप
(Flip-Flops)

पूर्व अध्यायों में वर्णन क्रिये डिजिटल परिपथों की आउटपुट पूर्णतया इनको दी गई इनपुट पर निर्भर करती है; अर्थात यदि इनपुट बदलती है तब आउटपुट भी परिवर्तित होती है। सामान्यतः डिजिटल युक्तियों में ऐसे परिपथों की आवश्यकता होती है जिनकी आउटपुट एक बार सैट होने के पश्चात्, इनपुट परिवर्तित होने पर भी, अपरिवर्तित (unchanged) रहती है ऐसी युक्ति का प्रयोग बाइनरी संख्याओं को स्टोर करने के लिए किया जा सकता है। फ्लिप-फ्लॉप एक ऐसी ही युक्ति है।

8·1. फ्लिप-फ्लॉप एक 1-बिट मैमोरी सैल है (Flip-Flop is A 1-bit Memory Cell)

फ्लिप-फ्लॉप एक बेसिक डिजिटल मैमोरी परिपथ है। इसकी दो स्थाई अवस्थायें (stable states) होती हैं। एक अवस्था '1' तथा दूसरी '0' अवस्था कहलाती है। ऐसी युक्ति अथवा परिपथ जिसकी दो स्थाई अवस्थायें होती हैं बाइस्टेबल (bistable) कहलाती है। उदाहरणतः एक टॉगल स्विच (चित्र 8.1) की दो स्थाई अवस्थायें होती हैं, (1) Open तथा (2) Closed। इस स्विच में एक मैमोरी की कल्पना कर सकते हैं क्योंकि यह किसी एक, सेट की गई (set) अवस्था में ही रहता है ज़ब तक कि कोई इसके हैण्डल को दूसरी अवस्था में न लाए। टॉगल स्विच की दो अवस्थाओं को '0' स्टेट (open) तथा '1' स्टेट (closed) माना जा सकता है।

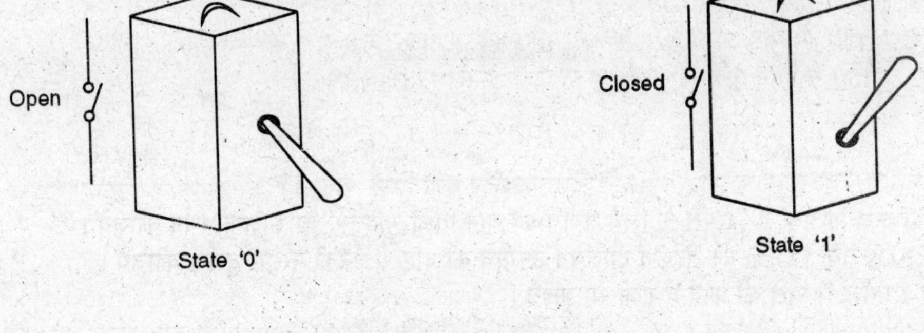

चित्र 8·1—टॉगल स्विच एक बाइस्टेबल युक्ति की भाँति है। इसकी दो स्टेट्स (1) Open तथा (2)Closed हैं।

इसी प्रकार फ्लिप-फ्लॉप भी एक बाइस्टेबल इलेक्ट्रॉनिक परिपथ है जिसकी दो स्थाई अवस्थायें होती हैं : 0V तथा + 5V, DC, जैसा कि चित्र 8.2 में प्रदर्शित किया गया है।

चित्र 8·2—फ्लिप-फ्लॉप एक बाइस्टेबल युक्ति है, इसकी दो स्टेट '0' तथा '1' हैं।

जब फ्लिप-फ्लॉप की आउटपुट 0V, DC होती है तब हम कह सकते हैं कि इसमें Logic '0' संग्रहित (stored) है तथा जब आटपुट +5V, DC है तब इसमें Logic '1' संग्रहित है। फ्लिप-फ्लॉप में मैमोरी होती है क्योंकि, जब तक परिवर्तन न किया जाये, तब तक इसकी आउटपुट सेट (0 या 1) रहती है। यही कारण है कि फ्लिप-फ्लॉप को मैमोरी युक्ति कहते हैं। वास्तव में कोई भी बाइस्टेबल युक्ति बाइनरी डिजिट (बिट) स्टोर कर सकती है।

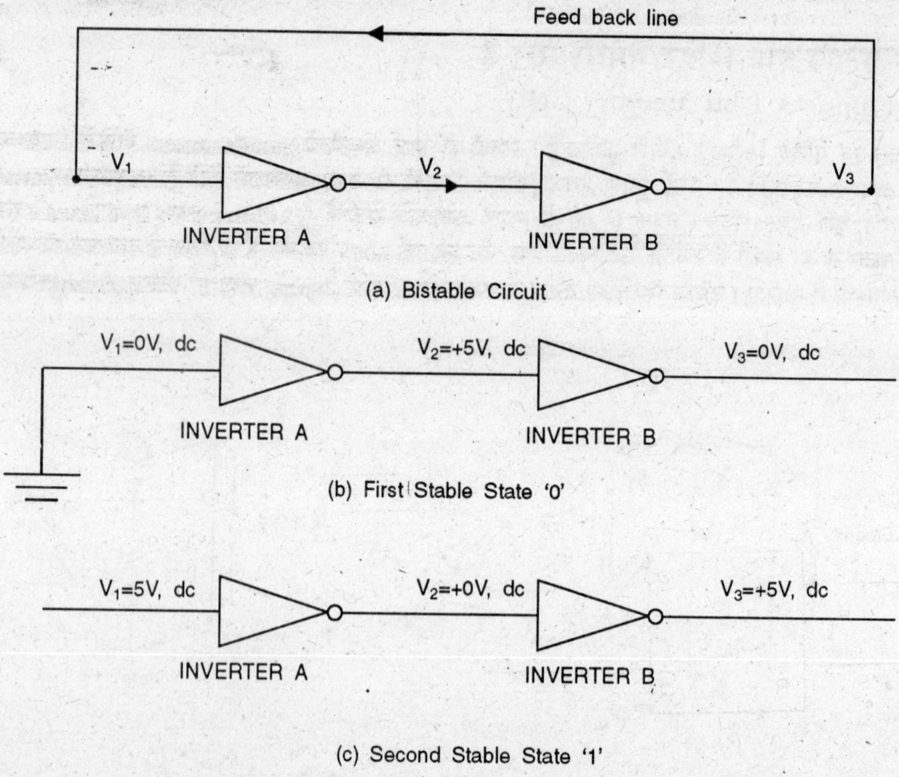

चित्र 8·3—बाइस्टेबल परिपथ; (a) परिपथ, (b) प्रथम स्टेबल स्टेट, 0V DC या लॉजिक 0, (c) द्वितीय स्टेबल स्टेट, + 5V DC या लॉजिक '1'

फ्लिप-फ्लॉप का एक सरल परिपथ चित्र 8.3 (a) की भाँति दो इनवर्टर श्रेणी में संयोजित कर बनाया जा सकता है। परिपथ में इनवर्टर B की आउटपुट इनवर्टर A की इनपुट में फीडबैक (feedback) की गई है। माना क्षणभर के लिये फीडबैक लाइन हटाई जाती है तथा परिपथ की इनपुट V_1 तथा आउटपुट V_3 (चित्र 8.3 b) है। इस स्थिति में यदि $V_1 = 0$ वोल्ट, है तब आउटपुट V_3 भी 0V, DC होगी।

अब यदि चित्र 8.3 (b) में फीडबैक लाइन पुनः संयोजित कर दी जाये तथा V_1 से ग्राउण्ड हटा दिया जाये तब V_3 का मान 0V, DC ही रहता है, क्योंकि इनवर्टर A की इनपुट एक बार ग्राउण्ड करने पर इनवर्टर B की आटपुट भी Low हो जाती है तथा इनवर्टर B से इनवर्टर A के इनपुट में फीडबैक संयोजित होने के कारण इनवर्टर A की इनपुट भी Low ही रहती है।
यह एक स्टेबल स्टेट है अर्थात् $V_3 = 0V$, DC या लॉजिक '0'।

इसके विपरीत यदि V_1 का मान + 5V है तब V_3 भी + 5V होगा (चित्र 8.3 c)। फीडबैक लाइन का उपयोग पुनः V_1 को + 5V पर स्थिर करने के लिए किया जा सकता है क्योंकि V_3 का मान भी + 5V है। यह परिपथ की दूसरी स्थायी अवस्था (second stable state) है; अर्थात् $V_3 = +5V$ या लाज़िक '1'।

8·2. फ्लिप-फ्लॉप (RS Flip-flop)

चित्र 8.4 (a) में NOR गेट्स प्रयुक्त कर एक *RS* फ्लिप-फ्लॉप का परिपथ प्रदर्शित किया गया है। NOR गेट्स के स्थान पर NAND गेट्स भी प्रयोग किये जा सकते हैं। चित्र 8.4 (b) में परिपथ को दूसरे रूप (अधिक प्रचलित) में बनाया गया है। चित्र 8.4 (c) में *RS* फ्लिप-फ्लॉप का प्रतीक (symbol) दिया गया है। फ्लिप-फ्लॉप की दो आउटपुट Q तथा $\overline{Q}$ हैं। Q तथा $\overline{Q}$

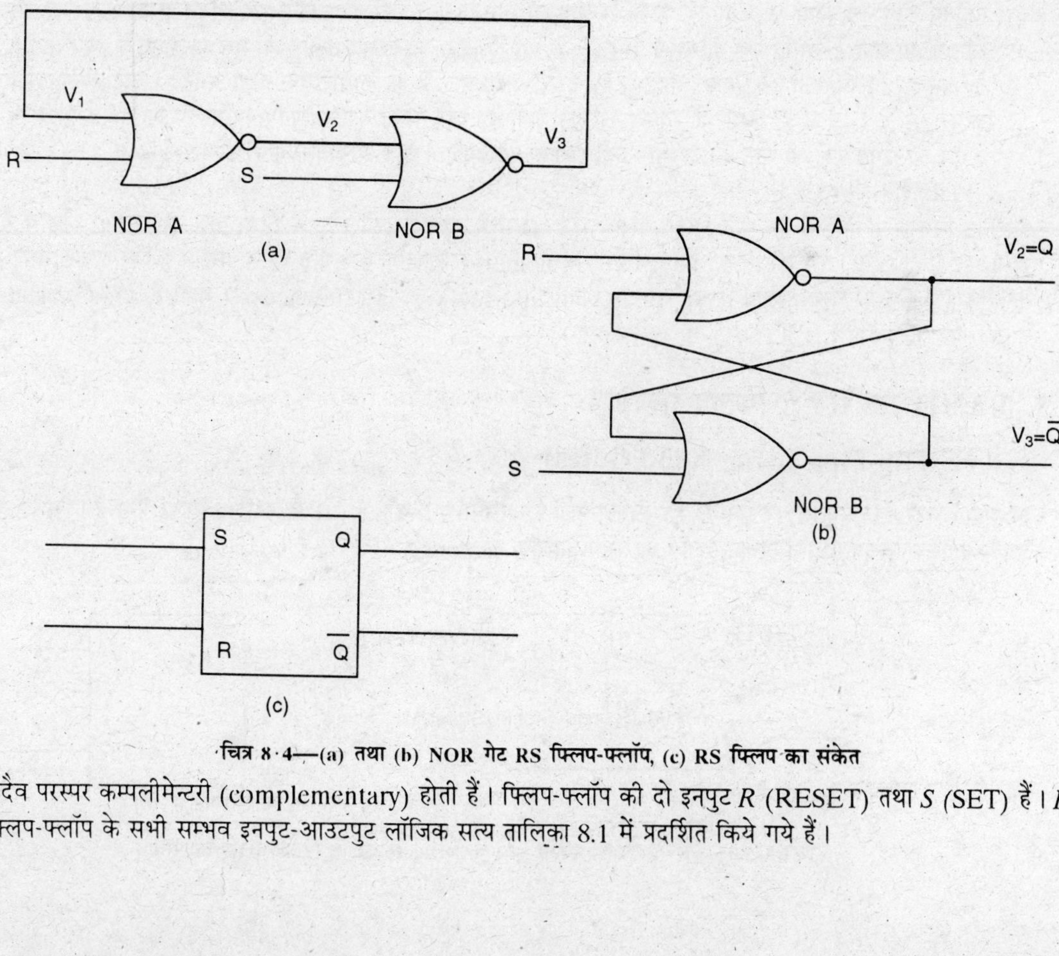

चित्र 8·4—(a) तथा (b) NOR गेट RS फ्लिप-फ्लॉप, (c) RS फ्लिप का संकेत

सदैव परस्पर कम्पलीमेन्टरी (complementary) होती हैं। फ्लिप-फ्लॉप की दो इनपुट *R* (RESET) तथा *S* (SET) हैं। *RS* फ्लिप-फ्लॉप के सभी सम्भव इनपुट-आउटपुट लॉजिक सत्य तालिका 8.1 में प्रदर्शित किये गये हैं।

(i) सर्वप्रथम इनपुट $R = 0$ तथा $S = 0$ है। चूँकि NOR गेट के इनपुट पर 0, आउटपुट को प्रभावित नहीं करता अतः फ्लिप-फ्लॉप अपनी पूर्व अवस्था (last value) में ही रहेगा अर्थात् आउटपुट Q पर कोई प्रभाव नहीं होता।

TABLE 8.1—NOR गेट- RS फ्लिप-फ्लॉप की सत्य तालिका
(Truth Table of a NOR-gate RS Flip-Flop)

R	S	Q	Action
0	0	Last Value	No Change
0	1	1	Set
1	0	0	Reset
1	1	?	Not Permitted

(ii) जब $R = 0$ तथा $S = 1$ है; तब NOR गेट B की आउटपुट Low होती है। अब NOR गेट A की दोनों इनपुट Low हो जाती हैं। इस अवस्था में NOR गेट्स की आउटपुट High होती है। इस प्रकार इनपुट S पर '1' होने से फ्लिप-फ्लॉप 'SET' हो जाता है तथा यह अपनी एक स्थाई अवस्था $Q = 1$ में स्विच हो जाता है।

(iii) तीसरी अवस्था में $R = 1$ तथा $S = 0$ है; इस इनपुट पर NOR गेट A की आउटपुट Low हो जाती है। चूँकि अब NOR गेट B की दोनों इनपुट Low हैं अतः आउटपुट High हो जाती है। इस प्रकार R पर लॉजिक '1' होने से फ्लिप-फ्लॉप 'RESET' हो जाता है अर्थात् अपनी दूसरी स्थाई (stable) अवस्था में आ जाता है। इस अवस्था में $Q = 0$ (या $\overline{Q} = 1$)

(iv) अन्तिम इनपुट अवस्था $R = 1$ तथा $S = 1$ अनुमन्य (allowed) नहीं है क्योंकि इस इनपुट से दोनों NOR गेट्स Low स्टेट में आ जाते हैं अर्थात् एक ही समय पर $Q = 0$ एवं $\overline{Q} = 0$, जो फ्लिप-फ्लॉप की मूल परिभाषा के विपरीत है। परिभाषा के अनुसार फ्लिप-फ्लॉप की एक आउटपुट Q दूसरी आउटपुट $\overline{Q}$ का कम्पलीमेन्ट होना चाहिए। अतः फ्लिप-फ्लॉप में यह इनपुट ($R = 1, S = 1$) कभी भी प्रयुक्त नहीं की जाती है। यदि किसी कारणवश फ्लिप-फ्लॉप को यह इनपुट फीड हो जाती है तब आउटपुट 'Q' की स्टेट का अनुमान नहीं लगाया जा सकता। अतः सत्यतालिका में इनपुट $R = 1, S = 1$ पर आउटपुट '?' प्रदर्शित की गई है।

उपरोक्त विवरण से स्पष्ट है कि यदि फ्लिप-फ्लॉप स्टेट '1' में है तब यह इसी स्टेट में रहेगा तथा यदि यह 0 स्टेट में है तब यह शून्य स्टेट में ही रहेगा। इस परिपथ का यह गुण मैमोरी (memory) कहलाता है अर्थात् फ्लिप-फ्लॉप 1-बिट सूचना संग्रह (store) कर सकता है। चूंकि फ्लिप-फ्लाप में यह सूचना (1-bit information) लैच (latched) हो जाती है अथवा locked हो जाती है अतः यह परिपथ लैच (LATCH) भी कहलाता है।

8·3. NAND गेट $\overline{R}-\overline{S}$ फ्लिप-फ्लॉप

($\overline{R}-\overline{S}$ Flip-Flop Using Nand Gates)

NAND गेट्स को प्रयुक्त कर एक $\overline{R}-\overline{S}$ फ्लिप-फ्लॉप का परिपथ चित्र 8.5 (a) में प्रदर्शित किया गया है। चित्र 8.5 (b) में इसका लॉजिक डायग्राम तथा फ्लिप-फ्लॉप की सत्य तालिका Table 8.2 में दी गई है।

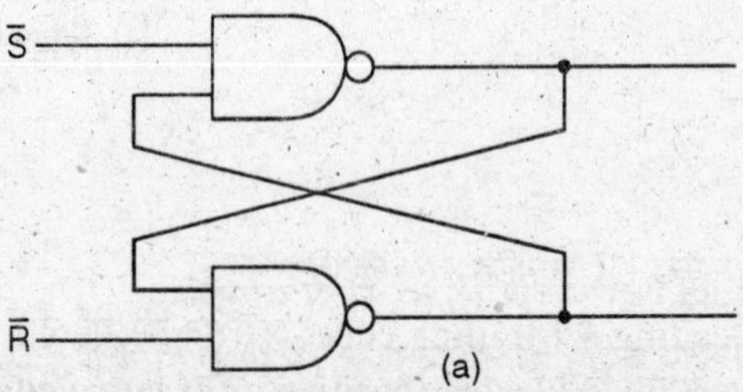

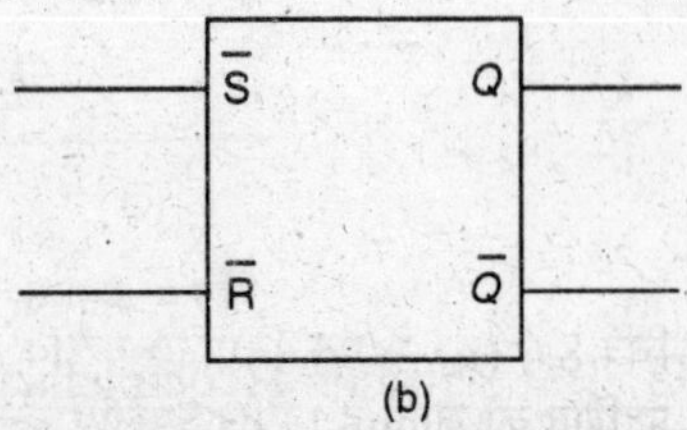

चित्र 8·5—(a) $\overline{R}-\overline{S}$ फ्लिप-फ्लॉप, (b) NAND gate $\overline{R}-\overline{S}$ फ्लिप-फ्लॉप का संकेत

TABLE 8.2—NAND गेट $\overline{R}-\overline{S}$ फ्लिप-फ्लाप की सत्य तालिका
(Truth Table of NAND gate $\overline{R}-\overline{S}$ flip-flop)

$\overline{R}$	$\overline{S}$	Q	Action
1	1	Last Value	No change
1	0	1	Set
0	1	0	Reset
0	0	?	Not Permitted

NAND गेट $\overline{R}-\overline{S}$ लैच की सत्य तालिका NOR R-S लैच से भिन्न है। हम जानते हैं कि NAND गेट की किसी भी इनपुट के Low होने पर आउटपुट High होती है अत: चित्र 8.5 (a) में $\overline{S}$ इनपुट Low होने से फ्लिप-फ्लॉप SET ($Q = 1$ तथा $\overline{Q} = 0$) हो जाता है। $\overline{R}$ इनपुट पर Low होने की दशा में फ्लिप-फ्लॉप RESET हो जाता है अर्थात् $Q = 0$ तथा $\overline{Q} = 1$। यदि दोनों इनपुट $\overline{R}$ तथा $\overline{S}$ High होती हैं तब फ्लिप-फ्लॉप अपनी पूर्व स्थिति में ही रहता है। $\overline{R}-\overline{S}$ फ्लिप-फ्लॉप में $\overline{R} = 0$ तथा $\overline{S} = 0$ अनुमन्य (allowed) नहीं है क्योंकि इस स्थिति में Q तथा $\overline{Q}$ दोनों High हो जाते हैं।

8·4. क्लॉक एवं क्लॉक पल्स
(Clock and Clock Pulse)

सिस्टम क्लॉक (system clock) प्रत्येक डिजिटल प्रणाली का एक मुख्य अंग (heart) होती है। क्लॉक के बिना डिजिटल प्रणाली फंक्शन नहीं कर सकती। क्लॉक से एक डिजिटल क्लॉक सिगनल प्राप्त किया जाता है जिससे डिजिटल युक्तियाँ ट्रिगर की जाती हैं। इसी प्रकार फ्लिप-फ्लाप की अवस्था बदलने के लिये क्लॉक पल्स की आवश्यकता होती है। चित्र 8.6 (a) में एक पॉजिटिव क्लॉक पल्स (positive clock pulse) प्रदर्शित की गई है। पॉजिटिव क्लॉक पल्स के एक चक्र में लॉजिक स्तर (level) 0 से 1 पर परिवर्तित होता है तथा पुनः 1 से 0 होता है। 0 से 1 परिवर्तन (transition), लीडिंग (leading) या पॉजिटिव edge (positive edge) कहलाती है तथा लॉजिक '1' से लॉजिक '0' का परिवर्तन ट्रेलिंग या निगेटिव (trailing or negative) edge कहलाती है। पॉजिटिव पल्स को द्वारा ⎍ प्रदर्शित करते हैं।

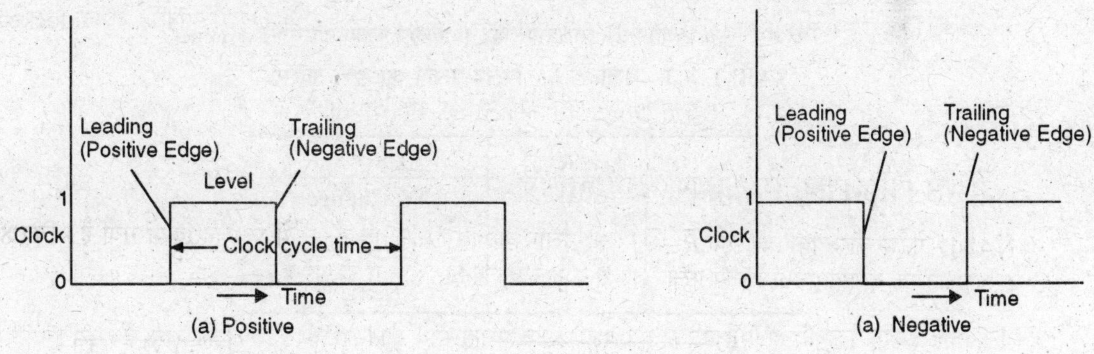

चित्र 8·6—क्लॉक पल्स : (a) पॉजिटिव, (b) निगेटिव

चित्र 8.6 (b) में एक निगेटिव क्लॉक पल्स तथा इसकी leading एवं trailing edges प्रदर्शित की गई हैं। यह पल्स ⊔ द्वारा प्रदर्शित की जाती है। फ्लिप-फ्लॉप, क्लॉक पल्स के level अथवा किसी edge (positive or negative edge) पर ट्रिगर किये जा सकते हैं। ट्रिगर का अर्थ फ्लिप-फ्लॉप के CLK (clock) इनपुट पर क्लॉक पल्स देना है।

8·5. क्लॉक्ड RS फ्लिप-फ्लॉप (Clocked RS Flip-Flop)

हमने उपरोक्त अनुच्छेद (article) में *R-S* फ्लिप-फ्लॉप निर्मित करने की दो भिन्न-भिन्न विधियों का अध्ययन किया है। चित्र 8.4 में प्रदर्शित NOR गेट फ्लिप-फ्लॉप, चित्र 8.5 में प्रदर्शित NAND गेट $\overline{R}-\overline{S}$ फ्लिप-फ्लॉप के पूर्णतया तुल्य (exact realisation) है। यह दोनों *RS* फ्लिप-फ्लॉप, ट्रांसपेरेन्ट (transparent latches) कहलाते हैं, अर्थात इनके किसी भी इनपुट *R* अथवा *S* पर एप्लाई की गई सूचना तुरन्त, आटपुट *Q* तथा $\overline{Q}$ पर ट्रांसफर हो जाती है।

यदि चित्र 8.7 की भाँति *R* तथा *S* इनपुट दोनों पर AND गेट्स संयोजित कर दिये जाये तब परिणामी फ्लिप-फ्लॉप को एनेबल तथा डिसेबल (enable and disable) किया जा सकता है। जब Enable इनपुट Low होती है तब दोनों AND गेट्स की आउटपुट भी Low होती है तथा इस स्थिति में *R* या *S* में किसी परिवर्तन से फ्लिप-फ्लॉप की आउटपुट *Q* पर कोई प्रभाव नहीं होता। इस समय यह लैच (latch or flip-flop) डिसेबल (disabled) होता है।

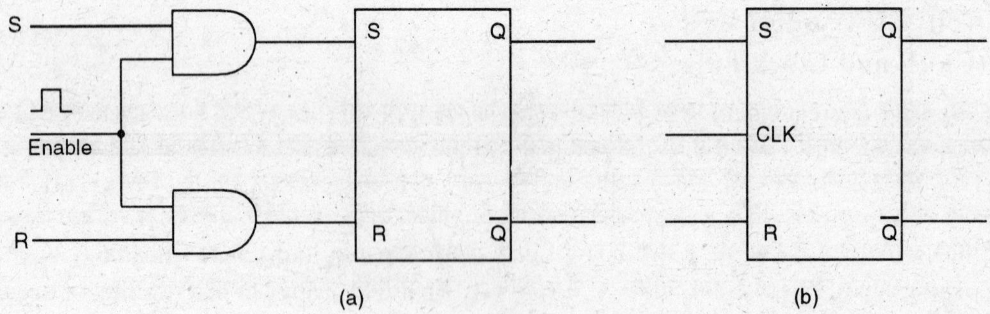

चित्र 8·7 —(a) क्लॉक्ड RS फ्लिप-फ्लॉप, (b) फ्लिप फ्लॉप का संकेत (symbol)

TABLE 8.3—क्लॉक्ड *RS* फ्लिप-फ्लॉप की सत्य तालिक

Truth table of clocked *RS* Flip-Flop

S	*R*	$Q_n + 1$
0	0	No Change
0	1	0
1	0	1
1	1	? (illegal)

जब Enable इनपुट 'High' होती है तब *R* एवं *S* पर प्राप्त सूचना सीधे आउटपुट को ट्रांसफर हो जाती है। इस स्थिति में लैच को enabled कहा जाता है। परिपथ की आउटपुट, इनपुट के अनुसार तब तक परिवर्तित होती रहेगी जब तक कि Enable इनपुट 'High' है। अब यदि Enable इनपुट Low हो जाती है तब आउटपुट पर वही सूचना प्राप्त होती रहेगी जो इनपुट पर, High से Low ट्रांजिशन होने के समय थी।

इस प्रकार इस फ्लिप-फ्लॉप को कोई बाइनरी सूचना स्टोर करने के लिये आवश्यकतानुसार किसी भी समय क्लॉक (clock) या स्ट्रोब (strobe) किया जा सकता है। इसके अतिरिक्त यह सूचना कितने भी समय तब संचित (store) की जा सकती है। यह फ्लिप-फ्लॉप *RS* क्लॉक्ड (clocked) फ्लिप-फ्लॉप कहलाता है। इस फ्लिप-फ्लॉप का संकेत (Symbol) चित्र 8.7 (b) में एवं सत्य तालिका, Table 8.3 में दी गई है।

क्लॉक्ड फ्लिप-फ्लॉप की तीन इनपुट होती हैं *R*, *S* तथा clock इनपुट। Clock (CLK) इनपुट को Enable या स्ट्रोब भी कहा जाता है। सत्य तालिका 8.3 में फ्लिप-फ्लॉप की आउटपुट $Q_n + 1$ द्वारा प्रदर्शित की गई है क्योंकि हम आउटपुट पर दो भिन्न क्षणों पर विचार करते हैं। एक Enable के Low होने के क्षण से पहले Q_n, तथा दूसरे Enable, 'Low' होने के क्षण के ठीक पश्चात् $Q_n + 1$।

चित्र 8.8 (a) तथा 8.8 (b) में क्लॉक्ड *RS* फ्लिप-फ्लॉप के दो भिन्न परिपथ प्रदर्शित किये गये हैं।

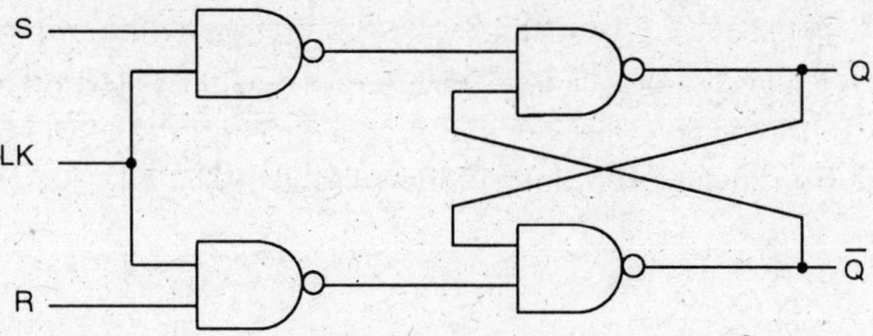

(a)

(b)

चित्र 8·8—क्लॉक्ड RS फ्लिप-फ्लॉप के दो अन्य परिपथ

8·6. प्रीसेट तथा क्लियर
(Preset and Clear)

फ्लिप-फ्लॉप में जिस समय पावर ON की जाती है तब परिपथ की अवस्था अनिश्चित (indefinite) होती है। यह अवस्था SET ($Q=1$) अथवा RESET ($Q=0$) कोई भी हो सकती है। प्रायः परिपथों में फ्लिप-फ्लॉप को प्रारम्भ में SET अथवा RESET करने की आवश्यकता होती है। यह फ्लिप-फ्लॉप में सीधे या asynchronous इनपुट द्वारा किया जा सकता है। यह इनपुट Preset (*Pr*) तथा Clear (*Cr*) इनपुट कहलाती है।

प्रीसेट (*Pr*) तथा क्लीयर (*Cr*), इनपुट, क्लॉक पल्स के मध्य किसी भी समय प्रयुक्त की जा सकती है। यह इनपुट क्लॉक के साथ सिन्क्रोनाइज (synchronise) नहीं होती।

चित्र 8.9 (a) में एक *RS* फ्लिप-फ्लॉप, प्रीसेट तथा क्लीयर इनपुट के साथ दिखाया गया है। चित्र 8.9 (b) में इसका संकेत (symbol) दिया गया है। फ्लिप-फ्लाप का ऑपरेशन, सत्य तालिका 8.4 के अनुसार होता है। जब $Pr = Cr = 1$ तब यह परिपथ सत्स तालिका 8.4 के अनुसार प्रचालित होता है।

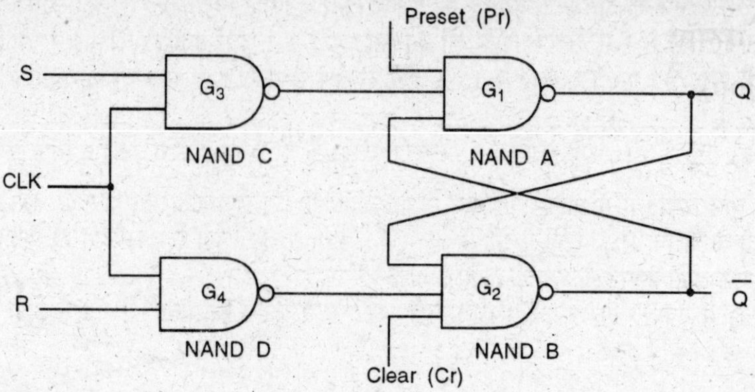

(a)

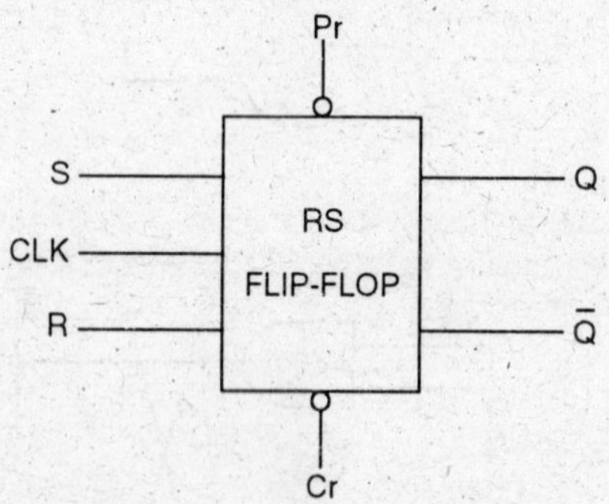

(b)

चित्र 8·9—प्रीसेट तथा क्लीयर इनपुट के साथ RS फ्लिप-फ्लॉप,
(a) फ्लिप-फ्लॉप का लॉजिक डायग्राम, (b) फ्लिप-फ्लॉप का संकेत (Symbol)

TABLE 8.4—इनपुट *Pr* तथा *Cr* के साथ *RS* फ्लिप-फ्लॉप की सत्य तालिका
(Truth table of *RS* Flip-Flop with preset and clear inputs)

CK	*Cr*	*Pr*	*Q*	**Operation Performed**
1	1	1	Q_{n+1}	Normal Flip-flop
0	0	1	0	Clear
0	1	0	1	Preset

जब $Pr = 0$ तथा $Cr = 1$ तब NAND गेट A की आउटपुट 1 होती है, अब NAND गेट B की तीनों इनपुट '1' होगी जिससे $\overline{Q} = 0$ हो जायेगी। इस प्रकार $Pr = 0$ होने से फ्लिप-फ्लॉप SET हो जाता है।

इसी प्रकार जब $Pr = 1$ तथा $Cr = 0$ तब फ्लिप-फ्लॉप RESET होता है। फ्लिप-फ्लॉप की प्रारम्भिक स्टेट प्राप्त करने के पश्चात् इनपुट *Pr* तथा *Cr* को दूसरी क्लॉक पल्स आने से पहले लॉजिक 1 से संयोजित कर देना चाहिये।

फ्लिप-फ्लॉप में $Pr = Cr = 0$ प्रयोग नहीं करनी चाहिये क्योंकि इससे उसकी अवस्था अनिश्चित हो जाती है।

चित्र 8.9 (b) में दिये गये फ्लिप-फ्लॉप के संकेत में इनपुट *Pr* तथा *Cr* के साथ बबल (bubble) प्रयुक्त किये गये हैं जिनका अर्थ है कि यह इनपुट, एक्टिव Low हैं अर्थात् *Pr* तथा *Cr* द्वारा फ्लिप-फ्लॉप SET अथवा RESET तब ही होगा जब वह Low लॉजिक पर होते हैं।

8·7. D फ्लिप-फ्लॉप
(D Flip-flop)

RS फ्लिप-फ्लॉप में दो डाटा इनपुट *R* तथा *S* होती हैं, किसी 'High' बिट को स्टोर करने के लिये *S* इनपुट High रखी जाती है; तथा Low बिट को स्टोर करने के लिये *R* इनपुट High रखी जाती है। इस प्रकार फ्लिप-फ्लॉप के लिये दो सिगनलों की आवश्यकता होती है। इससे कुछ स्थितियों में परिपथ प्रचालन में बाधा होती है। इसके अतिरिक्त दोनों *R* तथा *S* इनपुट कभी भी एक साथ High हो सकती है जो कि *RS* फ्लिप-फ्लॉप में अनुमन्य (permitted) नहीं हैं। यह दोष *D* फ्लिप-फ्लॉप में दूर कर दिये गये हैं; इसमें केवल एक डाटा इनपुट की आवश्यकता होती है।

चित्र 8.10 (a) में एक *D* फ्लिप-फ्लॉप का परिपथ दिखाया गया है। इस फ्लिप-फ्लॉप में डाटा *D* तब तक आउटपुट *Q* पर

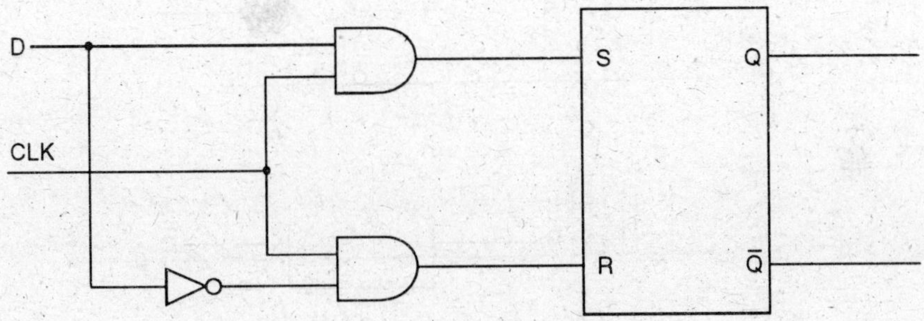

चित्र 8.10 (a)—D फ्लिप-फ्लॉप

नहीं प्राप्त होता जब तक क्लॉक पल्स CLK टर्मिनल पर नहीं आती।

जब क्लॉक Low होती है तब दोनों AND गेट्स disable रहते हैं; अतः *D* की स्टेट में परिवर्तन से आउटपुट प्रभावित नहीं होती। इसके विपरीत जब क्लॉक High होती है तब दोनों AND गेट्स enable हो जाते हैं। इस स्थिति में आउटपुट *Q* इनपुट *D* के समान हो जाती है। जब क्लॉक पुनः Low होती है तब *Q*, *D* के अन्तिम मान को स्टोर कर लेता है। उसके पश्चात् आउटपुट में कोई परिवर्तन नहीं होता। *D* फ्लिप-फ्लॉप अनेक प्रकार से डिजाइन किया जा सकता है। सामान्यतः *D* फ्लिप-फ्लॉप एक बाइस्टेबल परिपथ होता है जिसकी *D* इनपुट, क्लाक-पल्स आने पर आउटपुट में ट्रांसफर होती है।

चित्र 8.10 (b) में *D* फ्लिप-फ्लॉप का लॉजिक संकेत (symbol) तथा Table 8.5 में सत्य तालिका, दी गई है—

TABLE 8.5—D फ्लिप-फ्लॉप की सत्य तालिका
(Truth Table of *D* Flip-Flop)

CLK	D	Q_{n+1}
0	X	Q_n (last value)
1	0	0
1	1	1

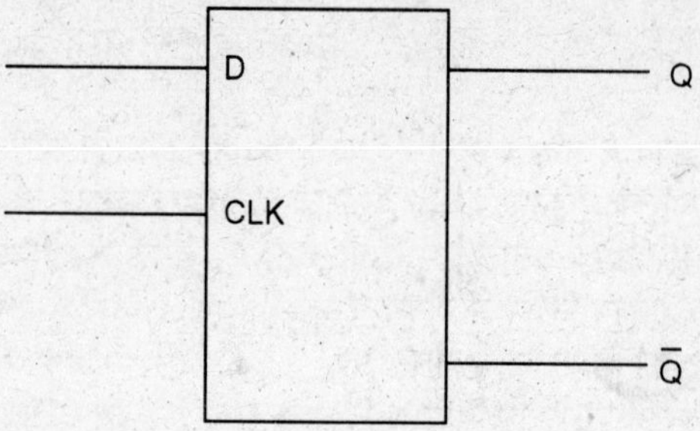

चित्र 8·10 (b)—D फ्लिप-फ्लॉप का लॉजिक डायग्राम

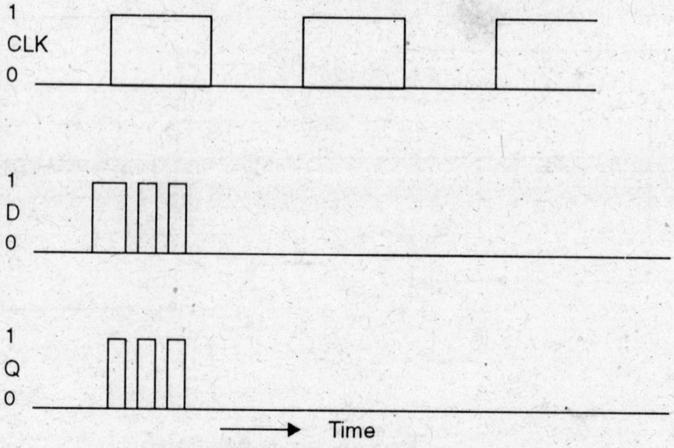

चित्र 8·10 (c)—D फ्लिप-फ्लॉप में इनपुट एवं आउटपुट तरंगों का आकार; क्लॉक पल्स आने पर ही D इनपुट, आउटपुट में ट्रांसफर होती है।

सत्य तालिका से स्पष्ट है कि जब तक क्लॉक Low है तब तक इनपुट D के मान का फ्लिप-फ्लॉप की आउटपुट पर कोई प्रभाव नहीं होता अर्थात् 'D' is "don't care" तथा Q पिछले (last) मान पर लैच रहता है। जब क्लॉक High होती है तब Q का लॉजिक D के लॉजिक के समान हो जाता है। यदि क्लॉक High रहने की स्थिति में D परिवर्तित होता है तब D का अन्तिम मान (last value) स्टोर हो जाता है।

एक क्लॉक सिगनल को प्रयुक्त कर चार D लैचेज़ (latches) को ड्राइव किया जा सकता है तथा 4-bit word स्टोर किया जा सकता है। चित्र 8.11 में चार D फ्लिप-फ्लॉप प्रयुक्त कर 4-बिट डाटा को स्टोर करने की विधि प्रदर्शित की गई है।

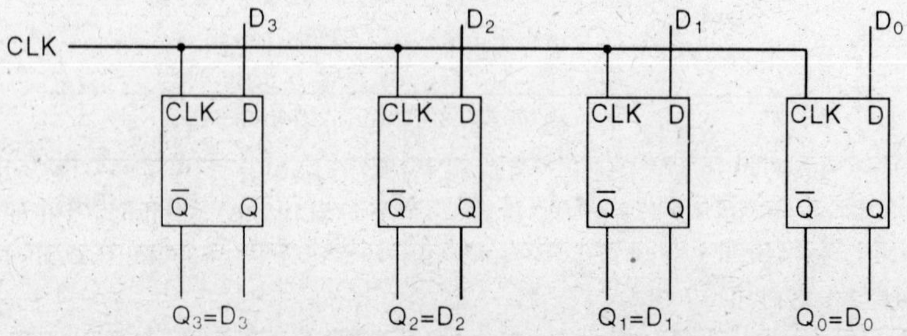

चित्र 8·11—4-बिट डाटा स्टोर करना

जब क्लॉक High होती है तब इनपुट डाटा D लैचों (latches) में लोड हो जाता है तथा आउटपुट पर प्राप्त होता है। जब क्लॉक पुन: Low होती है तब आउटपुट पर यही डाटा उपलब्ध रहता है। माना डाटा इनपुट निम्न है:

$$D_3 D_2 D_0 = 0111$$

तब क्लॉक High होने पर D लैच में यह शब्द स्टोर हो जाता है तथा आउटपुट निम्न होती है :

$$Q_3 Q_2 Q_1 Q_0 = 0111$$

पुन: जब क्लॉक Low होती है तब आउटपुट पर यही डाटा स्टोर रहता है। जब तक क्लॉक Low रहती है तब तक D का मान परिवर्तित होने पर भी Q का मान परिवर्ति नहीं होता

8·8. एज-ट्रिगर्ड D फ्लिप-फ्लॉप (Edge Triggered D Flip-Flop)

डिजिटल प्रणलियों एवं कम्प्यूटर्स में इस फ्लिप-फ्लॉप का व्यापक प्रयोग किया जाता है। यह फ्लिप-फ्लॉप डाटा-बिट को एक निश्चित समय (unique point of time) पर ट्रांसफर / सेम्पल करता है।

चित्र 8.12 में एक D फ्लिप-फ्लॉप के इनपुट पर RC परिपथ संयोजित है। प्रतिरोध (R) एवं कैपेसिटर (C) का डिजाइन इस प्रकार किया जा सकता है कि RC समयास्थिरांक (time constant) क्लॉक पल्स की चौडाई (Width) से काफी कम हो। इसके फलस्वरूप क्लॉक High होने पर कैपेसिटर पूर्णतया चार्ज हो सकता है। कैपेसिटर के एक्सपोनेन्शियल चार्जिगं से प्रतिरोध (R) के पार्श्व (across) में एक तंग (narrow) वोल्टेज स्पाइक उत्पन्न होती है। उसके पश्चात् पल्स की ट्रेलिंग एज (trailing edge) एक तंग (narrow) निगेटिव स्पाइक के रूप में प्राप्त होती है। यह एक RC डिफ्रेन्शियेटर परिपथ है। फ्लिप-फ्लॉप का प्रचालन निम्न प्रकार होता है:

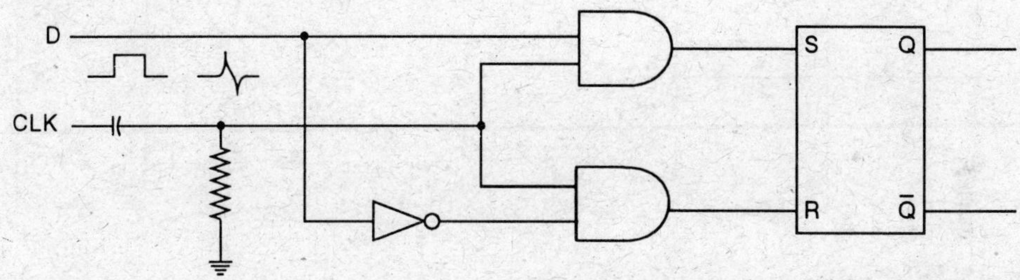

(a) Circuit diagram

CLK	D	Q_{n+1}
0	X	Q_n (last state)
↑	0	0
↑	1	1
↓	X	Q_n (last state)

(b) Truth table

चित्र 8.12—एज (edge) ट्रिगर्ड *D* फ्लिप-फ्लॉप; (a) लॉजिक डायग्राम, (b) सत्य तालिका

पॉजिटिव स्पाईक कुछ क्षणों के लिए AND गेट्स को एनेबल (enable) करती है जब कि नेगेटिव स्पाईक कोई कार्य नहीं करती। इस के प्रभाव से पॉजिटिव स्पाईक में AND गेट प्रचालित (activate) हो जाता है तथा क्षण भर के लिए D इनपुट की सेम्पालिंग होती है। ठीक इसी क्षण पर D तथा इसका कम्पलीमेन्ट फ्लिप-फ्लॉप के इनपुट पर एप्लाई होती है जिससे Q सैट (set) अथवा रिसैट (reset) हो जाता है।

इस प्रकार का प्रचालन एज ट्रिगरिंग (edge triggering) कहलाता है क्योंकि फ्लिप-फ्लॉप केवल उस समय प्रचालित होता है

जब क्लाक अपनी दो वोल्टेज स्टेट्स के मध्य ट्रांजिशन करती है। चित्र 8.12 (a) में क्लॉक की positive going edge पर ट्रिगरिंग होती है; अतः इसे पॉजिटिव एज ट्रिगरिंग कहते हैं।

चित्र 8.12 (b) में दी गई सत्य तालिका में पॉजिटिव एज ट्रिगई D-फ्लिप-फ्लॉप की विभिन्न प्रचालन स्थितियाँ दी गई हैं। जब क्लाक Low है तब *D* 'dont care' है तथा *Q* अपनी पहली (last) स्टेट में ही रहता है। क्लॉक की लीडिगं एज (leading edge) पर, जिसे एक ऊपर की ओर निर्देशित तीर (up arrow) द्वारा प्रदर्शित किया गया है, डाटा बिट फ्लिप-फ्लॉप में लोड हो जाता है तथा *Q* का मान *D* तुल्य हो जाता है। क्लॉक की ट्रेलिंग एज (down arrow) पर *D* पुनः don't care हो जाती है तथा *Q* अपनी पहली अवस्था (last state) में ही रहता है।

जब फ्लिप-फ्लॉप की पावर 'ON' की जाती है तब ये किसी भी अवस्था (random state) में हो सकते हैं। कम्प्यूर्टस को स्टार्ट कराने के लिए ऑपरेटर 'RESET' बटन पुश करता है। इससे सभी फ्लिप-फ्लॉप को CLEAR अथवा RESET सिगनल प्राप्त होता है।

चित्र 8.13 में एक एज-ट्रिगर्ड फ्लिप-फ्लॉप, CLEAR तथा PRESET फ्कंशन के साथ दिखया गया है। फ्लिप-फ्लॉप की एज-ट्रिगरिंग उपरोक्तानुसार ही है। इसके अतिरिक्त आवश्यकतानुसार OR गेट्स द्वारा High PRESET अथवा High CLEAR को प्रयुक्त कर आउटपुट को सैट किया जा सकता है। High PRESET द्वारा *Q* को 1 तथा High CLEAR द्वारा *Q* को 0 पर रिसैट किया जा सकता है।

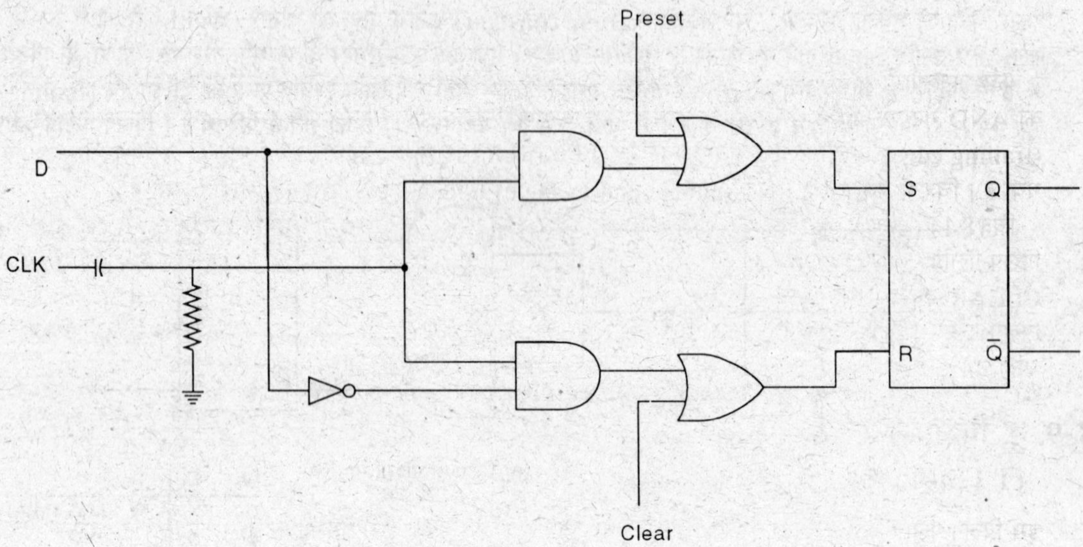

चित्र 8·13— प्रीसैट तथा क्लीयर फंक्शन के साथ एज-ट्रिगर्ड D फ्लिप-फ्लॉप

PRESET तथा CLEAR फंक्शन asynchronous इनपुट कहलाती है क्योंकि ये फ्लिप-फ्लॉप को स्वतन्त्र रूप से (क्लॉक के बिना) प्रचालित (activate) करते हैं इसके विपरीत *D* एक सिन्क्रोनस (synchronous) इनपुट है क्योंकि इसका प्रभाव क्लॉक एज आने पर ही होता है।

इन्टीग्रेटेड परिपथों (ICs) के रूप में उपलब्ध *D* फ्लिप-फ्लॉप में *RC* परिपथ प्रयोग नहीं किये जाते क्योंकि चिप पर कैपेसिटर्स का फेब्रिकेशन कठिन है। इसके स्थान पर डायेरेक्ट कॅपलड् (direct coupled) डिजाइन प्रयोग किये जाते हैं। परन्तु सिद्धान्त वही है कि एज ट्रिगर्ड *D* फ्लिप-फ्लॉप केवल क्लॉक के एक वोल्टेज स्तर से दूसरे वोल्टेज स्तर पर स्विच होने के मध्य ही respond करता है। चित्र 8.14 (a) में पाँजिटिव एज ट्रिगर्ड *D* फ्लिप-फ्लॉप प्रदर्शित किया गया है। क्लॉक इनपुट पर त्रिभुज (triangle), एज ट्रिगरिंग को संकेत करता है। इस संकेत का अर्थ है कि *D* इनपुट, क्लॉक्र की लीडिंग एज (leading edge) पर सेम्पल तथा स्टोर होती है।

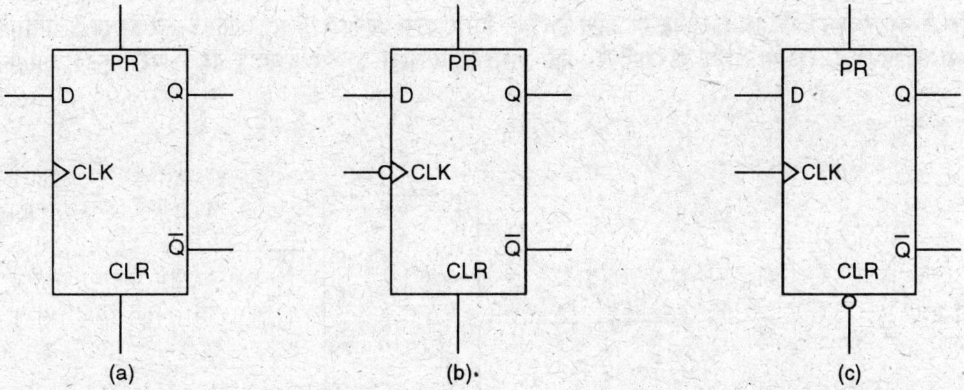

चित्र 8·14—D फ्लिप-फ्लाप के संकेत ; (a) पॉजिटिव-एज-ट्रिगर्ड, (b) निगेटिव-एज-ट्रिगर्ड, (c) एक्टिव Low प्रीसैट (PR) तथा क्लीयर (CR) के साथ पॉजिटिव एज ट्रिगर्ड

कुछ अनुप्रयोगों (applications) में निगेटिव एज पर ट्रिगरिंग अधिक ठीक (proper) होती है। इस स्थिति में क्लॉक पल्स को AND गेट पर पहुँचने से पहले एक इनवर्टर द्वारा, कम्पलीमेन्ट कराया जा सकता है। इसका अर्थ है कि क्लॉक की ट्रेलिंग एज (trailing edge) फ्लिप-फ्लॉप को एक्टिवेट करती है। चित्र 8.14 (b) में निगेटिव-एज-ट्रिगर्ड *D* फ्लिप-फ्लॉप का संकेत दिया गया है। चित्र में बबल तथा त्रिभुज (bubble and triangle) निगेटिव-एज-ट्रिगरिंग को प्रदर्शित करते हैं।

चित्र 8.14 (a) तथा (b) में प्रीसैट (PR) तथा क्लीयर (CLR) इनपुट भी सम्मिलित हैं। चित्र 8.14 (c) में एक अन्य कॉमर्शियल फ्लिप-फ्लॉप (54/74175 अथवा 54/74/LS/175) प्रदर्शित किया गया है। इसमें पॉजिटिव-एज ट्रिगरिंग के अतिरिक्त, एक इनवर्टड CLEAR इनपुट भी है। इसका अर्थ है कि Low CLEAR फ्लिप-फ्लॉप को रिसैट करता है। IC 54/74175 में ऐसे *D* फ्लिप-फ्लॉप चार हैं तथा यह 16-पिन डुएल-इन-लाइन पैकेज (DIP) है। इसे क्वाड *D*-टाइप फ्लिप-फ्लॉप विद क्लीयर कहा जाता है।

8·9. T फ्लिप-फ्लॉप
(T Flip-Flop)

इस फ्लिप-फ्लॉप में केवल एक इनपुट होती है। यह, क्लॉक्ड *RS* फ्लिप-फ्लॉप में आउटपुट से इनपुट को फीडबैक देकर बनाया जा सकता है। चित्र 8.15 में एक *T* फ्लिप-फ्लॉप का लॉजिक डायग्राम दिखाया गया है।

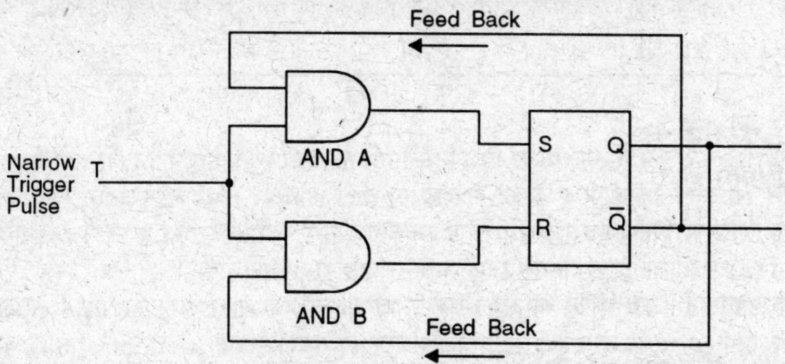

चित्र 8·15—T फ्लिप फ्लॉप का लॉजिक डायग्राम

यह टॉगल फ्लिप-फ्लॉप (Toggle Flip-Flop) भी कहलाता है। इस फ्लिप-फ्लॉप में एक बहुत कम चौड़ाई की ट्रिगर पल्स की ट्रेन (train of extremely narrow trigger pulse) इनपुट *(T)* को ड्राइव करती है। प्रत्येक ट्रिगर पल्स आने पर फ्लिप-फ्लॉप की आउट-पुट बदलती है। उदाहरणतः माना ट्रिगर होने से ठीक पहले *Q* का मान '0' है तब AND गेट A enable हो जाता है तथा AND गेट B disable हो जाता है। जब ट्रिगर पल्स इनपुट *(T)* पर आती है तब इनपुट *S*, High हो जाती है। इससे आउटपुट Q '1' पर SET हो जाती है। जब दूसरी ट्रिगर पल्स *'T'* पर आती है तब AND गेट B enable हो जाता है

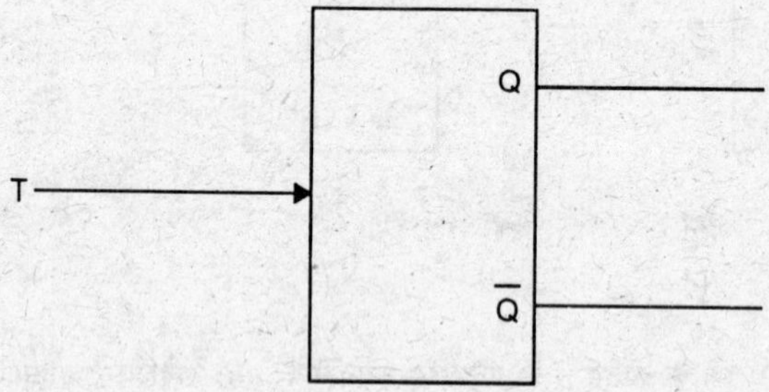

चित्र 8·16—T फ्लिप-फ्लॉप का संकेत (symbol of T flip-flop)

तथा ट्रिगर पल्स *R* इनपुट पर आ जाती है। इससे फ्लिप-फ्लॉप RESET हो जाता है। चूँकि प्रत्येक incoming ट्रिगर पल्स क्रमानुसार SET (*S*) तथा RESET (*R*) इनपुट पर आती है अतः यह फ्लिप-फ्लॉप टॉगल (Toggle) करता है। आउटपुट तरंग के एक चक्र को उत्पन्न करने के लिए इसे दो बार ट्रिगरिंग की आवश्यकता होती है, अर्थात् आउटपुट की आवृत्ति, इनपुट की आधी होती है। अतः यह परिपथ divide-by-two परिपथ भी कहलाता है। *T* फ्लिप-फ्लॉप का संकेत (symbol) चित्र 8.16 में तथा सत्य तालिका, Table 8.5 में दी गई है।

TABLE 8.5—*T*-फ्लिप-फ्लॉप की सत्य तालिका

Q_n	T	Q_{n+1}
0	0	0
0	1	1
1	1	0
1	0	1

8·10. J-K फ्लिप-फ्लॉप (J-K Flip-Flop)

काउन्टिग के कार्यों के लिए *JK* फ्लिप-फ्लॉप एक अत्यन्त उपयुक्त फ्लिप-फ्लॉप है। चित्र 8.17 में *JK* फ्लिप-फ्लॉप का लॉजिक डायग्राम एवं संकेत दिखाया गया है। फ्लिप-फ्लॉप की सत्य तालिका Table 8.7 में दी गई है।

J तथा *K* कन्ट्रोल इनपुट हैं। यह परिपथ पॉजिटिव-एज-ट्रिगर्ड (positive-edge-triggered) है अर्थात् परिपथ का प्रचालन क्लॉक पल्स की पॉजिटिव edge पर होता है। *RC* डिफ्रेन्शियेटर का समयस्थिरांक (time constant) बहुत कम होता है; अतः यह आयताकार पल्स (rectangular pulse) को narrow spikes में परिवर्तित कर देता है।

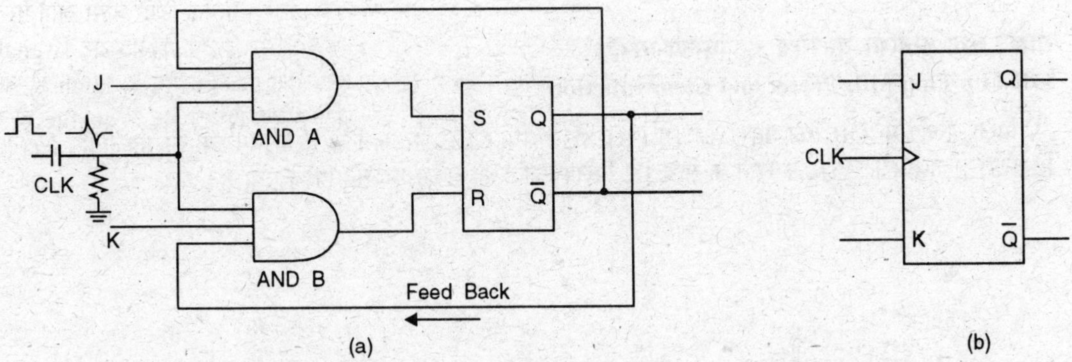

चित्र 8·17—JK फ्लिप-फ्लॉप; (a) लॉजिक डायग्राम, (b) संकेत (symbol)

(i) जब J तथा K दोनों इनपुट 'Low' होती हैं तब दोनों AND गेट्स 'disable' हो जाते हैं अतः क्लॉक पल्स का कोई प्रभाव नहीं होता तथा आउटपुट Q अपने पूर्ववत मान (last value) पर ही रहती है।

(ii) जब $J = 0$ तथा $K = 1$ अर्थात् J 'Low' तथा K 'High' होते हैं तब AND गेट A 'disable' हो जाता है अतः फ्लिप-फ्लॉप को SET नहीं किया जा सकता, केवल RESET किया जा सकता है। जब Q 'High' होती है तब फीडबैक के कारण, AND गेट B, क्लॉक पल्स की पॉजिटिव edge पर फ्लिप-फ्लॉप को RESET करने की स्थिति में हो जाता है। इससे Q 'Low' हो जाती है।
अतः $J = 0$ तथा $K = 1$ होने पर फ्लिप-फ्लॉप दूसरी क्लॉक-पल्स की पॉजिटिव edge पर RESET हो जाता है। (सत्य तालिका की पंक्ति '2' देखिये)।

(iii) जब $J = 1$ तथा $K = 0$ अर्थात् J 'High' तथा K 'Low' होते हैं तब AND गेट B 'disable' हो जाता है अतः फ्लिप-फ्लॉप को सामान्यतः RESET करना सम्भव नहीं होता। इस समय फ्लिप-फ्लॉप को निम्न प्रकार SET किया जा सकता है। जब Q 'Low' है तब $\overline{Q}$ 'High' होती है, अतः गेट A, दूसरी आने वाली क्लॉक-पल्स की पॉजिटिव edge पर SET ट्रिगर भेजता है। इससे Q 'High' हो जाता है (सत्य तालिका में पंक्ति '3' देखिए)।
इस प्रकार $J = 1$ तथा $K = 0$ होने पर दूसरी क्लॉक पल्स की पॉजिटिव edge पर फ्लिप-फ्लॉप SET हो जाता है (यदि Q High है)।

TABLE 8.6—JK फ्लिप-फ्लॉप की सत्य तालिका
(Truth table of JK Flip-Flop)

CLK	*J*	*K*	Q_{n+1}
×	0	0	Q_n (last value)
↑	0	1	0
↑	1	0	1
↑	1	1	$\overline{Q}_n$ (Toggle)

(iv) जब $J = K = 1$ अर्थात् J एवं K दोनों High होते हैं तब फ्लिप-फ्लॉप को न SET किया जा सकता है और न ही RESET। इनपुट की यह स्थिति अनुमन्य (permitted) नहीं है। यदि इस समय Q 'High' है तब AND गेट A दूसरी आने वाली क्लॉक पल्स की पॉजिटिव edge पर RESET हो सकता है। इसके विपरीत यदि Q 'Low' है तब AND गेट A 'SET' होने की स्थिति में आता है। इस प्रकार Q की चाहे कोई भी स्टेट क्यों न हो, $J = K = 1$ पर फ्लिप-फ्लॉप दूसरी क्लॉक पल्स की पॉजिटिव edge पर टॉगल (toggle) करता है अर्थात् SET से RESET तथा RESET से SET होता रहता है।

प्रोपेगेशन डिले JK फ्लिप-फ्लॉप को racing से रोकती है। Racing का अर्थ एक पॉजिटिव क्लॉक edge में एक से अधिक बार toggle करना है।

प्रीसेट तथा क्लीयर के साथ JK फ्लिप-फ्लॉप
(JK Flip-Flop with Preset and Clear function)

JK फ्लिप-फ्लॉप में 'OR' गेट प्रयुक्त कर इसे PRESET तथा CLEAR के लिए डिजाइन किया जा सकता है। चित्र 8.18 में PRESET तथा CLEAR फंक्शन के साथ JK फ्लिप-फ्लॉप का संकेत प्रदर्शित किया गया है।

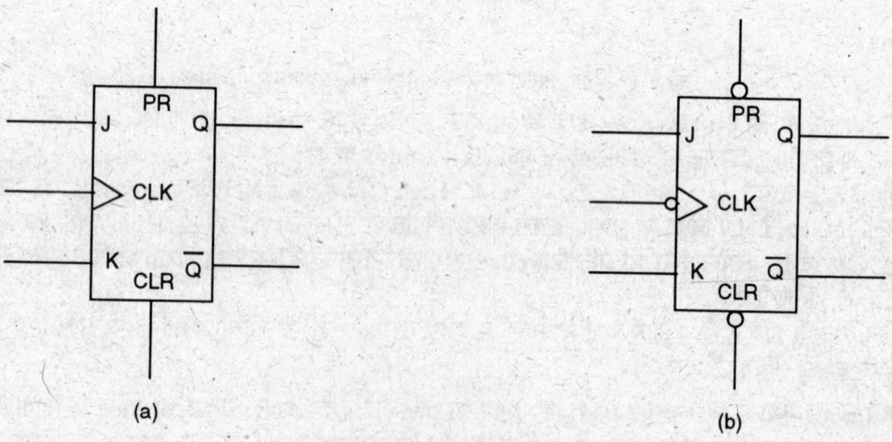

चित्र 8·18—PRESET तथा CLEAR के साथ JK फ्लिप-फ्लॉप;
(a) Positive edge triggered, (b) Negative edge triggered

8·11. रेस एराउन्ड कन्डीशन
(Race around Condition)

JK फ्लिप-फ्लॉप में $J = K = 1$ होने पर फ्लिप-फ्लॉप की आउटपुट संदिग्ध एवं अनिश्चित (ambiguous) होती है। यह race around condition के कारण होता है। इस अवस्था में AND गेट्स को, फीडबैक की गई आउटपुट Q तथा $\overline{Q}$ की स्टेट में परिवर्तन के कारण क्लॉक पल्स की अवधि (duration) में फ्लिप-फ्लॉप में दोलन की स्थिति (oscillatory condition) उत्पन्न हो जाती है। अतः जब क्लॉक पल्स (CP) समाप्त होती है तब आउटपुट Q तथा $\overline{Q}$ कुछ भी (arbitrary) हो सकती हैं तथा केवल फ्लिप-फ्लॉप में प्रोपेगेशन डिले तथा क्लॉक-पल्स की अवधि (duration) पर निर्भर करती है।

8·12. JK मास्टर-स्लेव फ्लिप-फ्लॉप
(Jk Master-Slave Flip-Flop)

चित्र 8.19 में *JK* मास्टर-स्लेव फ्लिप-फ्लॉप एवं उसका संकेत प्रदर्शित किया गया है। यह परिपथ फ्लिप-फ्लॉप को race around conditions से रोकने का उपाय है। परिपथ में दो फ्लिप-फ्लॉप प्रयुक्त किये जाते हैं। एक मास्टर (Master) तथा दूसरा स्लेव (Slave)। मास्टर एक positive-edge-triggered तथा स्लेव एक negative-edge-triggered फ्लिप-फ्लाप होता है

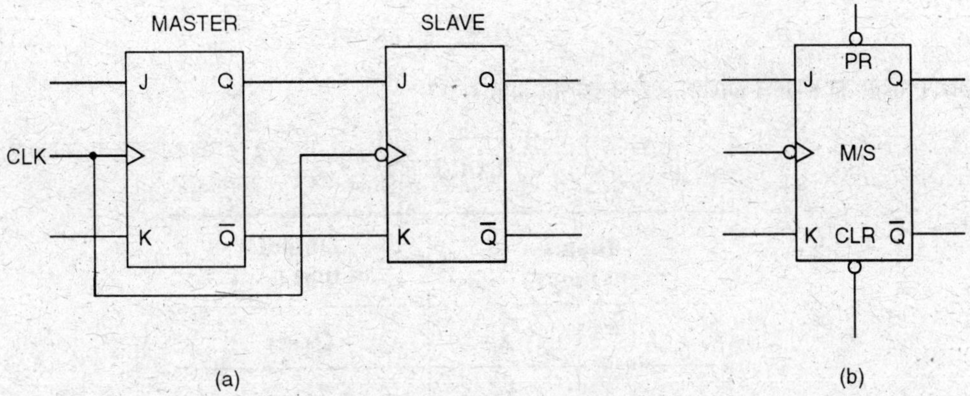

चित्र 8·19—JK मास्टर-स्लेव फ्लिप-फ्लॉप एवं (b) फ्लिप-फ्लॉप का संकेत (c) M/S फ्लिप-फ्लॉप का तरंगाकार

अतः मास्टर फ्लिप-फ्लॉप, स्लेव फ्लिप-फ्लॉप से पहले इनपुट J तथा K पर प्रचालित हो जाता है। यदि $J = 1$ तथा $K = 0$ है तब मास्टर, पॉजिटिव क्लॉक edge पर SET हो जाता है तथा इसकी (मास्टर फ्लिप-फ्लॉप की) 'High' आउटपुट (Q), स्लेव फ्लिप-फ्लॉप की J इनपुट को ड्राइव करती है। इसी प्रकार जब निगेटिव क्लॉक edge आती है तब मास्टर की भाँति स्लेव SET हो जाता है। चित्र 8.19 (c) में M/S फ्लिप-फ्लॉप के इनपुट आउटपुट तरंगाकार प्रदर्शित किये गये हैं।

यदि $J = 0$ तथा $K = 1$, तब मास्टर फ्लिप-फ्लॉप, क्लॉक पल्स की, leading edge पर RESET हो जाता है। मास्टर की 'High' $\overline{Q}$ आउटपुट, स्लेव की K इनपुट को ड्राइव करती है। अतः क्लॉक पल्स की trailing edge पर स्लेव RESET हो जाता है। स्लेव, इस क्रिया को मास्टर की भाँति ही करता है।

यदि मास्टर की इनपुट $J = K = 1$ अर्थात् J एवं K दोनों High हैं तब यह पॉजिटिव क्लॉक edge पर टॉगल (toggle) करता है तथा स्लेव, निगेटिव क्लॉक edge पर टॉगल करता है। इस प्रकार प्रत्येक स्थिति में स्लेव, मास्टर की Copy करता है अर्थात् यदि मास्टर SET होता है तब स्लेव भी SET होता है एवं यदि मास्टर RESET होता है तब स्लेव भी RESET होता है।

उदाहरण 8.1—एक *JK* मास्टर-स्लेव फ्लिप-फ्लॉप (negative edge triggered) की *J* तथा *K* इनपुट $+V_{CC}$ से संयोजित की गई हैं। CLK इनपुट पर वर्गाकार तरंग पल्स (Square Wave) दी गई है। फ्लिप-फ्लॉप की आउटपुट *Q* का तरंगाकार रेखांकित कीजिये।

हल : चित्र 8.20 (a) में प्रदर्शित फ्लिप-फ्लॉप के J तथा K इनपुट $+V_{CC}$ से संयोजित हैं। चूंकि $J = K = 1$ अतः फ्लिप-फ्लॉप, क्लॉक 'Low' होने पर टॉगल (toggle) करता है। चित्र 8.20 (b) में फ्लिप-फ्लॉप की आउटपुट तरंग दिखाई गई है। आउटपुट Q की आवृत्ति CLK तरंग की आवृत्ति की आधी होगी क्योंकि क्लॉक पल्स की प्रत्येक निगेटिव edge पर फ्लिप-फ्लॉप की स्टेट परिवर्तित होती है। इस प्रकार आउटपुट Q का आवर्त्त काल (period) क्लॉक पल्स का दो गुना

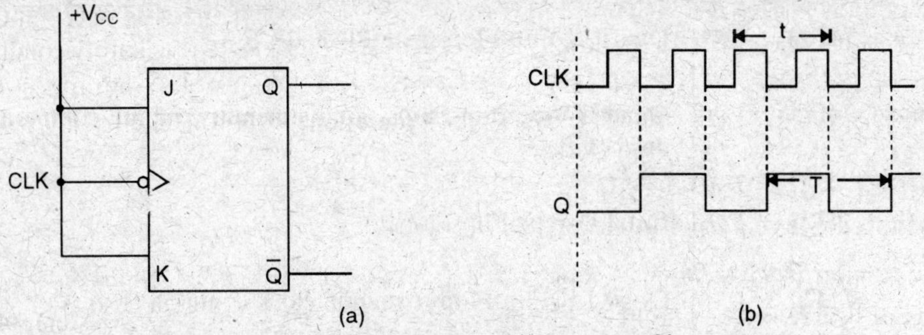

चित्र 8·20—JK M/S फ्लिप-फ्लाप को वर्गाकार पल्स इनपुट देने पर आउटपुट ; $T = 2t$

होगा। यह परिपथ एक फ्रीक्वेन्सी डिवाइडर (frequency divider) की भांति कार्य करता है।

$$f_Q = \frac{1}{2} \times f_{CLK}$$

फ्लिप-फ्लॉप का प्रचालन तालिका 8.7 के अनुसार होता है

TABLE 8.7

Inputs at time t_n		**Output at time t_{n+1}**
J	K	Q_{n+1}
0	0	Q_n
0	1	0
1	0	0
1	1	$\overline{Q}_n$

8·13. फ्लिप-फ्लॉप ICs (Some Common Flip-Flop ICs)

TABLE 8.8

Positive-Edge Triggered Flip-Flops

IC N0.	**Description.**
7470	AND Gated J-K Flip-Flops with PR and CR
7474	Dual D-Type Flip-Flops with PR and CR
74109	Dual J-K Flip-Flops with PR and CR
74175	Quad D-Type Flip-Flops, complementary output, common direct CR
74273	Octal D-Type Flip-Flops
74376	Quad J-K Flip-Flops common clock common clear

TABLE 8.9

Negative Edge Triggered Flip-Flop ICs

IC N0.	Description
74H101	AND-OR-gated J-K Flip-Flop with preset
74H102	AND-gated J-K Flip-Flop with preset and clear
74H103	Dual J-K Flip-Flops with clear
74H106	Dual J-K Flip-Flops with preset and clear
74H108	Dual J-K Flip-Flops with preset, common elear, and common clock
74112	Dual J-K Flip-Flops with preset and clear
74113	Dual J-K Flip-Flops with preset
74114	Dual J-K Flip-Flops with preset, common clear, and common clock
74276	Quad J-K Flip-Flops with preset and clear

TABLE 8.10

Level Triggered Flip-Flop ICs

IC N0.	Description
7475, 7477	Dual 2-bit transparent latches
74100	Dual 4-bit transparent latches
74116	Dual 4-bit transparent latches with clear
74LS256	Dual 4-bit addressable latches with clear
74259	8-oit addressable latches with clear
74279	Quad $\overline{S}-\overline{R}$ latches
74LS375	Dual 2-bit transparent latches

Table 8.11

Master Slave Flip-Flop ICs

IC N0.	Description
74L71	AND-gated R-S Flip-Flops with PR and CR
7472, 74110	AND-gated J-K Flip-Flops with PR and CR
7473, 74107	Dual J-K Flip-Flops with CR
7476, 74111	Dual J-K Flip-Flops with PR and CR
7478	Dual J-K Flip-Flops with PR, common clear, and common clock

प्रश्नावली–8

1. फ्लिप-फ्लॉप क्या है ? यह 1-बिट मैमोरी की भाँति किस प्रकार प्रयुक्त किया जा सकता है ?
2. NOR गेट प्रयुक्त कर एक *RS* फ्लिप-फ्लॉप का वर्णन कीजिये।
3. एक *RS* फ्लिप-फ्लॉप का लॉजिक दीजिए। इसकी सत्य तालिका से विभिन्न इनपुट पर आउटपुट की विवेचना कीजिए।
4. *RS* तथा $\overline{R}-\overline{S}$ फ्लिप-फ्लॉप में अन्तर स्पष्ट कीजिए।
5. SET तथा RESET से क्या तात्पर्य है ?
6. एक क्लाक्ड *R-S* फ्लिप-फ्लॉप की कार्य प्रणाली समझाइये। सत्य तालिका से विभिन्न इनपुट पर *CP* का आउटपुट पर प्रभाव समझाइये।
7. फ्लिप-फ्लॉप के सन्दर्भ में PRESET तथा CLEAR का क्या अर्थ है ?
8. निम्न को समझाइये।
   (i) Level Triggering
   (ii) Positive Edge Triggering
   (iii) Negative Edge Triggering
9. एक D-फ्लिप-फ्लॉप का लॉजिक डायग्राम दीजिये तथा इसकी कार्य प्रणाली समझाइये।
10. एक T-फ्लिप-फ्लॉप का वर्णन कीजिये।
11. JK फ्लिप-फ्लॉप का लॉजिक डायग्राम बनाइये तथा उसकी कार्य प्रणाली समझाइये।
12. Race Around Condition का क्या अर्थ है। मास्टर-स्लेव JK फ्लिप-फ्लॉप में इसे किस प्रकार रोका जाता है ?
13. मास्टर-स्लेव JK फ्लिप-फ्लॉप का चित्र बनाइये। इसकी कार्य प्रणाली समझाइये।

9

शिफ्ट रजिस्टर्स
(Shift Registers)

डिजिटल प्रणालियों में शिफ्ट रजिस्टर एक अत्यन्त महत्वपूर्ण अवयव (component) है। रजिस्टरों का उपयोग प्रायः आउटपुट डिवाइस को ट्रांसमिट किये जाने वाले बाइनरी डाटा को क्षणिक रूप से (momentarily) स्टोर करने के लिए किया जाता है। रजिस्टर का उपयोग एल्फान्यूमरिक कुंजी बोर्ड (key board) से इनपुट डटा प्राप्त कर, माइक्रोप्रोसेसर चिप के इनपुट पर देने के लिए किया जा सकता है। इसी प्रकार, रजिस्टरों का उपयोग माइक्रोप्रोसेसर चिप से डाटा प्राप्त कर किसी आउटपुट डिवाइस, उदाहरणतः CRT अथवा 7-सेगमेन्ट इन्डीकेटर इत्यादि के इनपुट पर ट्रांसफर करने के लिए किया जा सकता है। इस प्रकार शिफ्ट रजिस्टर्स किसी मुख्य डिजिटल प्रणाली एवं इनपुट/आउटपुट चैनल (main digital system and input/output channel) के मध्य अत्यन्त महत्वपूर्ण लिंक हैं।

9·1. शिफ्ट रजिस्टर्स
(Shift Registers)

फ्लिप-फ्लॉप के सैट या समूह जिन्हें 0s अथवा 1s अर्थात् किसी बाइनरी संख्या को स्टोर करने के लिए प्रयुक्त किया जाता है रजिस्टर (registers) कहलाते हैं। बाइनरी संख्या के प्रत्येक बिट को स्टोर (store) करने के लिए एक फ्लिप-फ्लॉप की आवश्यकता होती है। उदाहरणतः एक 4-बिट बाइनरी संख्या को स्टोर करने के लिए चार फ्लिप-फ्लॉप होने आवश्यक हैं। यह फ्लिप-फ्लॉप इस प्रकार संयोजित किये जाते हैं कि बाइनरी संख्या इनमें प्रवेश (enter) की जा सके तथा इनसे बाहर शिफ्ट की जा सके।

फ्लिप-फ्लॉप का ऐसा समूह (group of flip-flops) जिसमें बाइनरी संख्या शिफ्ट इन (shift in) तथा शिफ्ट आउट (shift out) की जा सके, शिफ्ट (shift register) कहलाता है।

बाइनरी डाटा के बिट्स (bits) एक स्थान से दूसरे स्थान पर दो विधियों द्वारा शिफ्ट किये जा सकते हैं। प्रथम विधि में एक समय में एक बिट ट्रांसफर होता है अर्थात् एक रजिस्टर से दूसरे रजिस्टर में डाटा ट्रांसफर 'one bit at a time' होता है। डाटा ट्रांसफर होने की क्रिया LSB अथवा MSB किसी से भी प्रारम्भ हो सकती है। यह विधि सीरियल शिफ्टिंग (serial shifting) कहलाती है। दूसरी विधि में समस्त डाटा बिट्स एक साथ (simultaneously) शिफ्ट हो जाते हैं तथा इसे समानान्तर शिफ्टिंग (parallel shifting) कहते हैं। अतः किसी रजिस्टर में डाटा ट्रांसफर करने की दो विधियाँ हैं (i) Parallel तथा (ii) Series : तथा इसी प्रकार रजिस्टर से डाटा शिफ्ट आउट करने की भी दो विधियाँ हैं। इस आधार पर शिफ्ट रजिस्टर चार प्रकार के हो सकते हैं:

(i) Serial in-Serial out
(ii) Serial in-Parallel out
(iii) Parallel in-Serial out
(iv) Parallel in-Parallel out

चित्र 9.1 में विभिन्न रजिस्टर्स प्रदर्शित किये गये हैं।

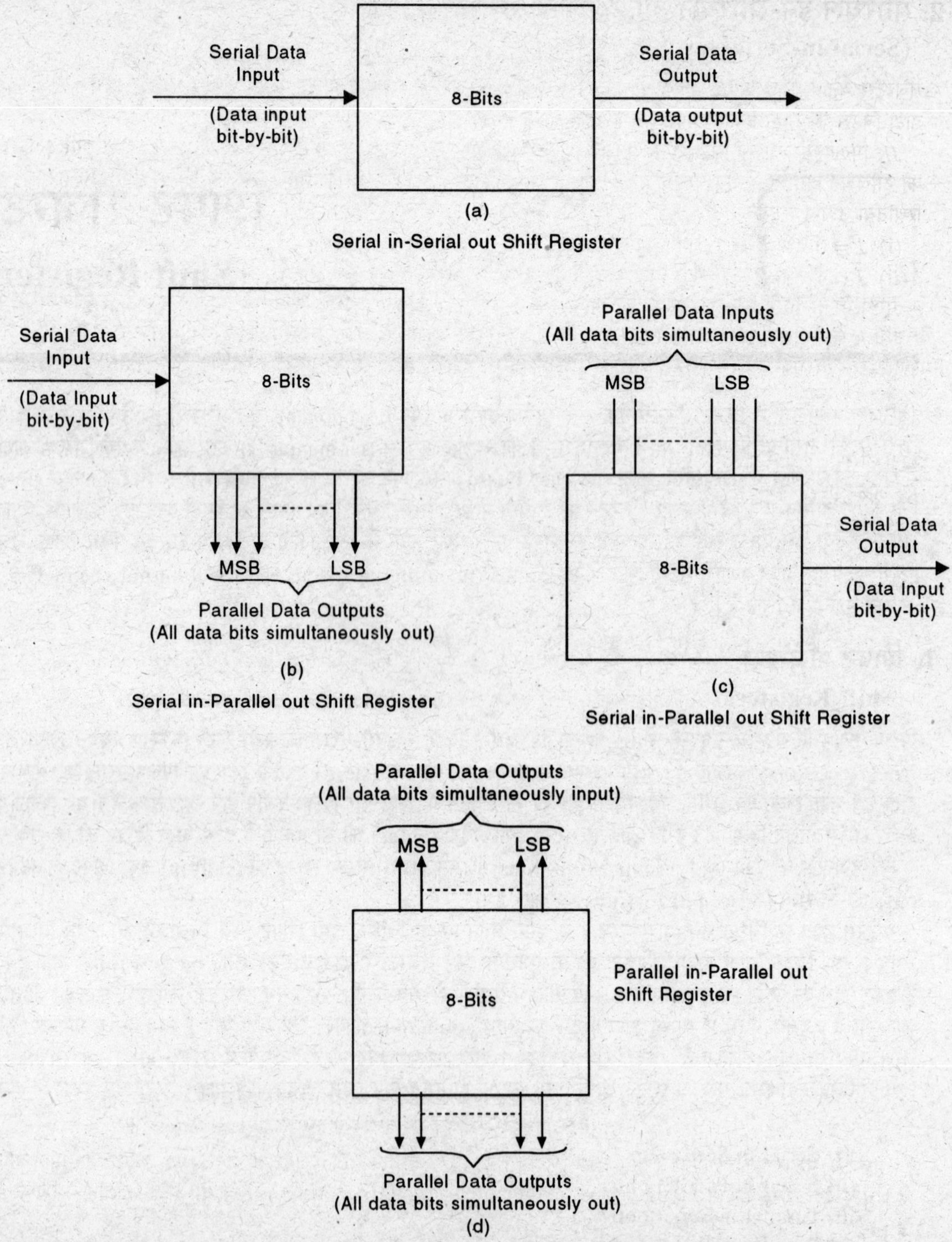

चित्र 9·1—विभिन्न प्रकार के शिफ्ट रजिस्टर्स

9·2. सीरियल इन-सीरियल आउट शिफ्ट रजिस्टर (Serial in-Serial out Shift Register)

रजिस्टर्स बनाने के लिए *JK* अथवा *D* फ्लिप-फ्लॉप सबसे अधिक उपयुक्त फ्लिप-फ्लॉप है। *JK* फ्लिप-फ्लॉप को प्रयुक्त कर डाटा बिट्स को निम्न प्रकार शिफ्ट किया जा सकता है।

JK फ्लिप के प्रचालन सिद्धान्त के अनुसार शिफ्ट किया जाने वाला डाटा उस समय *J* तथा *K* इनपुट पर होना चाहिए जब क्लॉक का ट्रांजिशन होता है अर्थात् क्लॉक Low अथवा High होती है डिजिटल प्रणाली में डाटा बिट, 1 अथवा 0 हो सकते हैं अतः दो स्थितियाँ उत्पन्न हो सकती हैं :

(i) $J = 0$ तथा $K = 1$ होने पर फ्लिप-फ्लॉप में '0' शिफ्ट होगा;

(ii) $J = 1$ तथा $K = 1$ होने पर फ्लिप-फ्लॉप में '1' शिफ्ट होगा।

मुख्य बिन्दु यह है कि डाटा इनपुट की क्रिया सही (correct) सम्पन्न करने के लिए *J* तथा *K* इनपुट को कन्ट्रोल किया जाये। *J* तथा *K* के लॉजिक स्तर, क्लॉक High (अथवा Low) होने पर परिवर्तित हो सकते हैं परन्तु यह आवश्यक है कि ये (*J* तथा *K* इनपुट स्तर) क्लॉक ट्रांजिशन के ठीक पहले से (from just before) क्लॉक ट्रांजिशन के ठीक बाद (until just after) तक स्थिर रहें।

चित्र 9.2 में एक निगेटिव edge ट्रिगर्ड *JK* मास्टर स्लेव फ्लिप-फ्लॉप द्वारा डाटा शिफ्टिंग की क्रिया प्रदर्शित की गई है; अर्थात् डाटा ट्रांसफर, क्लॉक पल्स (Shift pulse) की निगेटिव एज (edge) पर होता है। चित्र 9.2 (b) में विभिन्न समय पर इनपुट *J*, *K*, आउटपुट *Q* तथा क्लॉक पल्स की लॉजिक स्टेट प्रदर्शित की गई हैं।

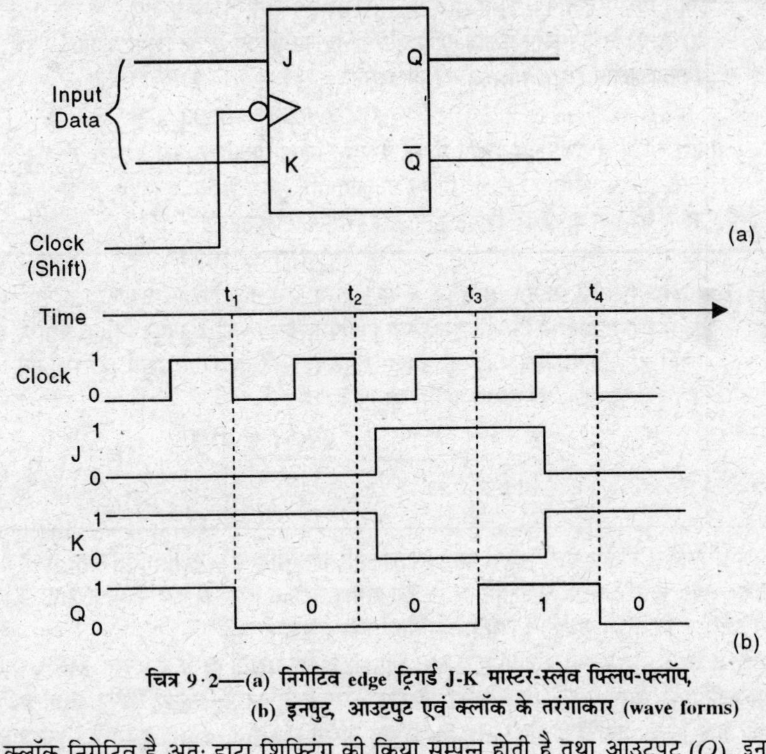

चित्र 9·2—(a) निगेटिव edge ट्रिगर्ड J-K मास्टर-स्लेव फ्लिप-फ्लॉप, (b) इनपुट, आउटपुट एवं क्लॉक के तरंगाकार (wave forms)

समय t_1 पर क्लॉक निगेटिव है अतः डाटा शिफ्टिंग की क्रिया सम्पन्न होती है तथा आउटपुट (*Q*), इनपुट के समान प्राप्त होती है। चूँकि इस समय इनपुट *J* 'Low' है अतः आउटपुट *Q* भी Low (0) है अर्थात् लॉजिक '0' फ्लिप-फ्लॉप में शिफ्ट हो गया है।

* *J* तथा *K* लॉजिक level, क्लॉक High अथवा Low होने के समय परिवर्तित हो सकते हैं।

समय t_2 पर आउटपुट (Q) परिवर्तित नहीं होती क्योंकि फ्लिप-फ्लॉप में पहले से ही शून्य है तथा इनपुट J अभी भी 'Low' है। इस प्रकार t_2 पर फ्लिप-फ्लॉप में एक शून्य (0) ओर शिफ्ट हो जाती है। समय t_3 पर क्लॉक पुनः निगेटिव है अतः डाटा शिफ्टिंग की क्रिया पुनः सम्पन्न होगी। इस समय इनपुट J 'High' है अतः आउटपुट Q भी High होगी अर्थात् फ्लिप-फ्लॉप में '1' शिफ्ट हो गया है। समय t_4 पर इनपुट J 'Low' होने के कारण आउटपुट पुनः (0) होगी अर्थात् t_4 पर फ्लिप-फ्लॉप में '0' शिफ्ट हो गया है। इस प्रकार फ्लिप-फ्लॉप में समय t_1 से t_4 तक 4 डाटा बिट्स शिफ्ट इन (shift in) हो गये हैं। समय t_1 पर डाटा बिट 0, समय t_2 पर डाटा बिट 0, समय t_3 पर डाटा बिट 1 तथा समय t_4 पर डाटा बिट '0'। इस क्रिया में डाटा बिट्स एक क्रम से (serially) फ्लिप-फ्लॉप में शिफ्ट इन होते हैं।

यदि एक फ्लिप-फ्लॉप के स्थान पर चित्र 9.3 की भाँति चार फ्लिप-फ्लॉप Q, R, S तथा T संयोजित किये जायें तथा सभी फ्लिप-फ्लॉप को समान क्लॉक इनपुट एवं डाटा इनपुट दें तब चार डाटा बिट्स को सीरियल विधि द्वारा चार फ्लिप-फ्लॉप में शिफ्ट किया जा सकता है। यह क्रिया निम्न प्रकार होती है:

At time	Action
t_1	माना सभी फ्लिप-फ्लॉप Reset होते हैं। अतः सभी फ्लिप-फ्लॉप की J इनपुट Low (0), तथा K इनपुट High (1) होती है। हम कह सकते हैं कि फ्लिप-फ्लॉप S से एक '0' फ्लिप-फ्लॉप T में शिफ्ट होता है तथा R से एक '0' S में एवं Q से एक '0' R में शिफ्ट होता है। अतः t_1 समय के ठीक पश्चात् फ्लिप-फ्लॉप की आउटपुट $QRST = 0000$
t_2	चारों फ्लिप-फ्लॉप में शून्य संचित (stored) है। अतः फ्लिप-फ्लॉप S से एक 0 'T' को, R से एक '0' S को, तथा फ्लिप-फ्लॉप Q से एक '0' फ्लिप-फ्लॉप R को शिफ्ट होती है। इस प्रकार इस समय फ्लिप-फ्लॉप (flip-flops) की आउटपुट $QRST = 0000$
t_3	इस समय सभी फ्लिप-फ्लॉप में '0' है परन्तु फ्लिप-फ्लॉप Q की इनपुट J पर 1 है (चित्र 9.3b)। अतः फ्लिप-फ्लॉप Q में '1' शिफ्ट हो जाता है। Q से R को एक '0', R से S को एक '0' तथा S से T को एक शून्य '0' शिफ्ट होता है। इस प्रकार आउटपुट $QRST = 1000$
t_4	फ्लिप-फ्लॉप S से एक '0' T में, R से 1 शून्य S में तथा फ्लिप-फ्लॉप Q से एक '1' फ्लिप-फ्लॉप R में शिफ्ट होता है (अर्थात् इस समय फ्लिप-फ्लॉप R की J इनपुट High तथा K इनपुट Low हो जाती है)। फ्लिप-फ्लॉप Q की इनपुट J पर '0' होने के कारण इसमें (Q में) एक '0' शिफ्ट होता है। इस प्रकार t_4 पर फ्लिप-फ्लॉप की आउटपुट $QRST = 0100$ (↑ MSB ↑ LSB)

उपरोक्त उदाहरण में हमने 4 फ्लिप-फ्लॉप में 4 डाटा बिट्स सीरियल विधि से (serially) शिफ्ट किये हैं। इस रजिस्टर में डाटा बिट्स Q से T तक शिफ्ट होते हैं तथा आउटपुट T से एक समय में, एक बिट के रूप में प्राप्त होती है। यह चार बिट, बाइनरी संख्या 0100 द्वारा प्रदर्शित किये जा सकते हैं। सर्वप्रथम प्राप्त बिट LSB होता है।

चित्र 9·3 से स्पष्ट है कि LSB फ्लिप-फ्लॉप T में तथा MSB, फ्लिप-फ्लॉप Q में हैं। अतः MSB सबसे अन्त में प्राप्त होता है। इन चार फ्लिप-फ्लॉप का समूह एक 4-बिट शिफ्ट रजिस्टर है जो डाटा को Serially शिफ्ट करता है। दूसरे शब्दों में रजिस्टर में स्टोर किया गया डाटा फ्लिप-फ्लॉप T पर Serially शिफ्ट आउट (shifted out) हुआ है। इस प्रकार यह केवल सीरियल इनपुट ही नहीं एक सीरियल आउटपुट रजिस्टर भी है। रजिस्टर में डाटा केवल चार क्लॉक चक्र (four clock cycles) तक रहता है तथा LSB से प्रारम्भ होकर Serially चार कलॉक चक्रों में फ्लिप-फ्लॉप T की आउटपुट पर प्राप्त होता है तथा उसके पश्चात् खो (lost) जाता है।

सीरियल डाटा इनपुट (चित्र 9.3) में दो इनपुट सिगनल J तथा K की आवश्यकता है जहाँ $J = \overline{K}$ तथा $K = \overline{J}$ अर्थात् दोनों

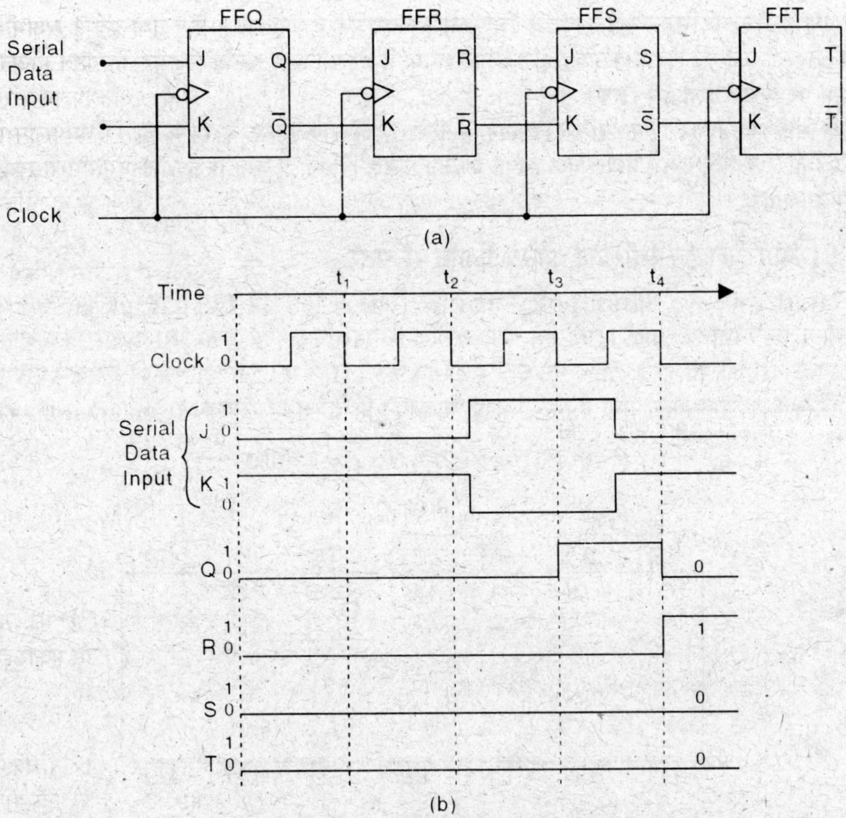

चित्र 9.3—(a) 4-बिट सीरियल इनपुट शिफ्ट रजिस्टर,
(b) फ्लिप-फ्लॉप Q, R, S तथा T की आउटपुट

सिगनल एक-दूसरे के कम्पलीमेन्ट हैं। इस प्रकार की दो इनपुट एक इनवर्टर प्रयुक्त कर चित्र 9.4 (a) की भाँति एक सिगनल से भी प्राप्त की जा सकती है।

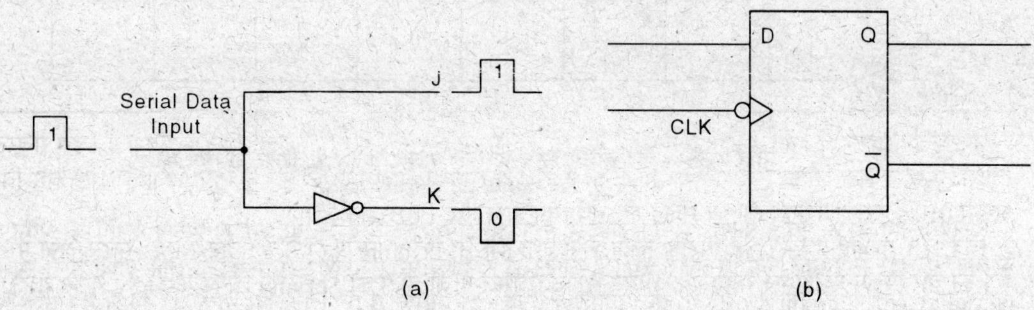

चित्र 9.4—(a) इनवर्टर प्रयुक्त कर परस्पर कम्पलीमेन्ट सिगनल प्राप्त करना,
(b) निगेटिव एज ट्रिगर्ड फ्लिप-फ्लॉप

अतः हमें केवल एक डाटा इनपुट सिगनल (*J* इनपुट के लिए) की आवश्यकता है; यह एक *D* फ्लिप-फ्लॉप के समान है। चित्र 9.4(b) में एक निगेटिव edge ट्रिगर्ड *D* फ्लिप-फ्लॉप प्रदर्शित किया गया है। इस फ्लिप-फ्लॉप में इनपुट *D* पर उपलब्ध डाटा क्लॉक के निगेटिव ट्रांजिशन पर फ्लिप-फ्लॉप में शिफ्ट होता है।

इस प्रकार एक सीरियल इनपुट शिफ्ट रजिस्टर बनाने के लिए *JK* फ्लिप-फ्लॉप के स्थान पर *D* फ्लिप-फ्लॉप प्रयुक्त करना अधिक उपयुक्त होता है क्योंकि इसमें केवल एक इनपुट की आवश्यकता होती है तथा फ्लिप-फ्लॉप के मध्य संयोजन (connections) भी कम हो जाते हैं।

IC 54/74L91 'सीरियल इन-सीरियल आउट' शिफ्ट रजिस्टर

TTL IC 54/74L91 एक 8-निट सीरियल इन-सीरियल आउट शिफ्ट रजिस्टर है। इसमें 8 *RS* फ्लिप-फ्लॉप प्रयुक्त किये गये हैं। प्रत्येक फ्लिप-फ्लॉप निगेटिव edge ट्रिगर्ड है। परन्तु क्लॉक सिगनल एक इनवर्टर के द्वारा एप्लाई किये जाने के कारण, डाटा शिफ्टिंग, क्लॉक सिगनल की पॉजिटिव edge पर होता है। चित्र 9.5 (a) में IC 54/74L91 का ब्लॉक डायग्राम तथा चित्र 9.5 (b) में IC का लॉजिक प्रदर्शित किया गया है। *R* तथा *S* पर इनपुट के केवल दो संयोजन (combination) हो सकते हैं:

(i) $R=0$ तथा $S=1$ अथवा (ii) $R=1$ तथा $S=0$

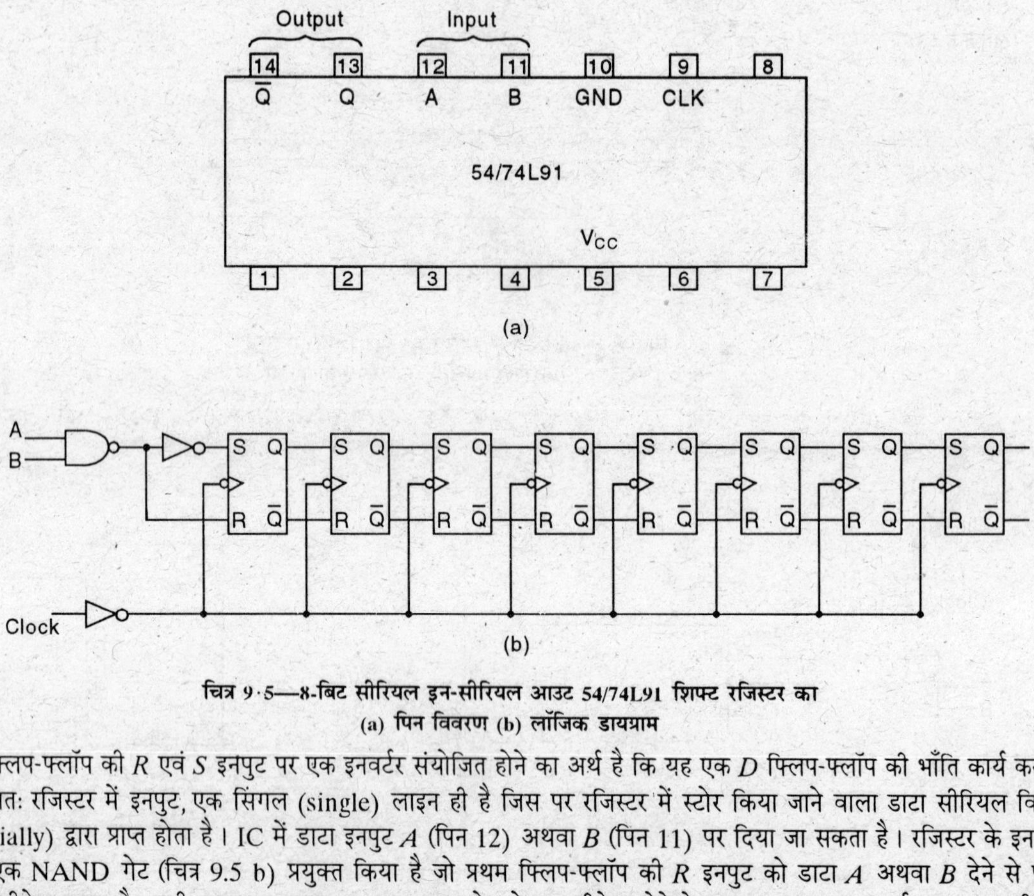

चित्र 9·5—8-बिट सीरियल इन-सीरियल आउट 54/74L91 शिफ्ट रजिस्टर का (a) पिन विवरण (b) लॉजिक डायग्राम

फ्लिप-फ्लॉप की *R* एवं *S* इनपुट पर एक इनवर्टर संयोजित होने का अर्थ है कि यह एक *D* फ्लिप-फ्लॉप की भाँति कार्य करता है, अतः रजिस्टर में इनपुट, एक सिंगल (single) लाइन ही है जिस पर रजिस्टर में स्टोर किया जाने वाला डाटा सीरियल विधि (serially) द्वारा प्राप्त होता है। IC में डाटा इनपुट *A* (पिन 12) अथवा *B* (पिन 11) पर दिया जा सकता है। रजिस्टर के इनपुट पर एक NAND गेट (चित्र 9.5 b) प्रयुक्त किया है जो प्रथम फ्लिप-फ्लॉप की *R* इनपुट को डाटा *A* अथवा *B* देने से पूर्व कम्पलीमेन्ट करता है। यही डाटा (*A* अथवा *B*) NAND गेट से कम्पलीमेन्ट होने के पश्चात् पुनः एक इनवर्टर द्वारा कम्पलीमेंट होकर *S* इनपुट पर प्राप्त होता है। अतः इनपुट *A* पर '1' प्रथम फ्लिप-फ्लॉप को क्लॉक पल्स की पॉजिटिव edge पर सैट करता है अर्थात् यह '1' प्रथम फ्लिप-फ्लॉप में शिफ्ट हो जाता है।

A एवं *B* इनपुट के साथ NAND गेट का केवल gating function है। यदि gating की आवश्यकता न हो तब पिन 11 तथा पिन 12 को परस्पर संयोजित (Connect) कर इस कनेक्शन पर इनपुट दी जाती है।

9·3. सीरियल-इन-पैरेलल आउट शिफ्ट रजिस्टर (Serial in-Parallel out Shift Register)

दूसरे प्रकार के वह रजिस्टर है जिन में डाटा Serially शिफ्ट इन (shifted in) होता है तथा समानान्तर (Parallel) में शिफ्ट आउट होता है। समानान्तर में डाटा शिफ्ट आउट होने के लिये यह आवश्यक है कि सभी डाटा बिट्स एक समय पर ही (simultaneously) आउटपुट में उपलब्ध हों। इसके लिये सभी फ्लिप-फ्लॉप की आउटपुट को एक-एक आउटपुट पिन से संयोजित किया जाता है। इस प्रकार एक 4-बिट शिफ्ट रजिस्टर में चार आउटपुट लाइन तथा एक 8-बिट शिफ्ट रजिस्टर में आठ आउटपुट लाइन होंगी।

सीरियल इन-पैरेलल आउट शिफ्ट रजिस्टर 'IC 54/74164' (IC 54/74164 Serial in-Parallel out Shift Register)

54/74164 एक 8-बिट Serial In-Parallel Out शिफ्ट रजिस्टर है चित्र 9.6 (a) में इसके पिन विवरण तथा चित्र 9.6 (b) में लॉजिक डायग्राम प्रदर्शित किया गया है।

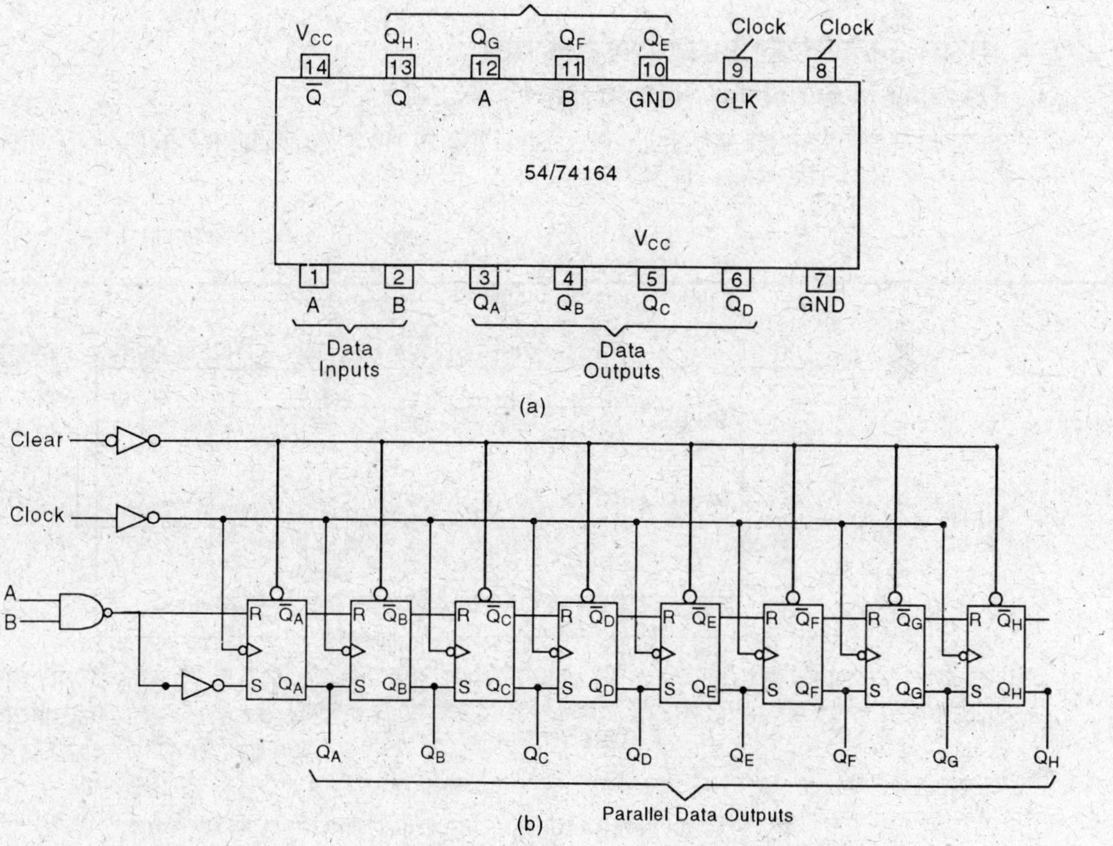

चित्र 9·6—8-बिट सीरियल इन-पैरेलल आउट 54/74164 शिफ्ट रजिस्टर
(a) पिन आउट डायग्राम, (b) लॉजिक डायग्राम

इस रजिस्टर में 8 निगेटिव एज (edge) ट्रिगर्ड *RS* फ्लिप-फ्लॉप प्रयोग किये गये हैं। प्रत्येक फ्लिप-फ्लॉप की true आउटपुट (Q_A, Q_B......, Q_H), आउटपुट पिन पर प्राप्त होती है। अतः रजिस्टर में स्टोर किये गये किसी संख्या के 8-बिट एक समय पर ही आउटपुट की भाँति प्राप्त होते हैं। यह पैरेलल डाटा आउटपुट कहलाता है।

प्रत्येक फ्लिप-फ्लॉप में एक यह asynchronous CLEAR इनपुट है। क्लीयर टर्मिनल (9) पर इनपुट का 'Low' स्तर, प्रत्येक फ्लिप-फ्लॉप को Reset (clear) करता है।

फ्लिप-फ्लॉप को CLEAR इनपुट कभी भी दी जा सकती है तथा क्लॉक पल्स के लॉजिक का इसके (clear) कार्य पर कोई प्रभाव नहीं होता। जब तब चिप के CLEAR टर्मिनल (पिन 9) पर Low सिगनल होता है तब तक फ्लिप-फ्लॉप की आउटपुट 'Low' होती है अर्थात् रजिस्टर की आउटपुट में आठों बिट शून्य (0000 0000) होते हैं।

प्रथम फ्लिप-फ्लॉप की *S* इनपुट को NAND गेट एवं इनवर्टर के द्वारा इनपुट दी गई है अतः यह *D*-फ्लिप-फ्लॉप की भाँति कार्य करता है तथा *R* इनपुट को NAND गेट द्वारा इनपुट प्राप्त होती है अर्थात $R = \overline{S}$।

A तथा *B* NAND गेट के इनपुट टर्मिनल हैं। इन पर सीरियल इनपुट संयोजित की जाती है। जब *A* पर इनपुट दी जाती है तब *B* कन्ट्रोल लाइन की भाँति कार्य करती है। कन्ट्रोल *B* के दो लॉजिक स्तर हो सकते हैं—

B High है: इस स्थिति में NAND गेट enable होता है तथा डाटा सीरियल फैशन (serially) में रजिस्टर में शिफ्ट होता ह।

B Low है: इस स्थिति में NAND गेट की आउटपुट High होती है एवं डाटा इनपुट रुक (inhibit) जाता है। क्लॉक पल्स की next पॉजिटिव edge पर प्रथम फ्लिप-फ्लॉप में '0' शिफ्ट होता है तथा 8 क्लॉक पल्स के बाद रजिस्टर में केवल शून्य ही होते हैं।

9·4. पैरेलल इन-सीरियल आउट शिफ्ट रजिस्टर
(Parallel in-Serial out Shift Register)

इस रजिस्टर में डाटा बिट्स एक साथ (simultaneously) शिफ्ट इन होते हैं तथा एक-एक बिट (bit-by-bit) अर्थात् सीरियल फैशन (Serially) में शिफ्ट-आउट होते हैं (चित्र 9.1 c)।

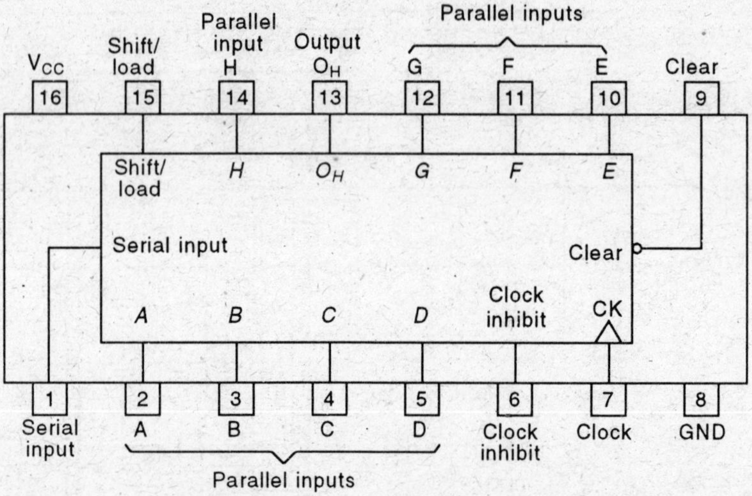

चित्र 9·7—(a) 54/74166 Parallel in-Serial out शिफ्ट रजिस्टर का पिन विवरण

IC 54/74166 एक TTL Parallel in-Serial out 8-बिट शिफ्ट रजिस्टर है। इसका पिन विवरण चित्र 9.7 (a) में प्रदर्शित किया गया है। चित्र 9.7 (b) में इस रजिस्टर का लॉजिक डायग्राम प्रदर्शित किया गया है। इस रजिस्टर में आठ एक समान परिपथ

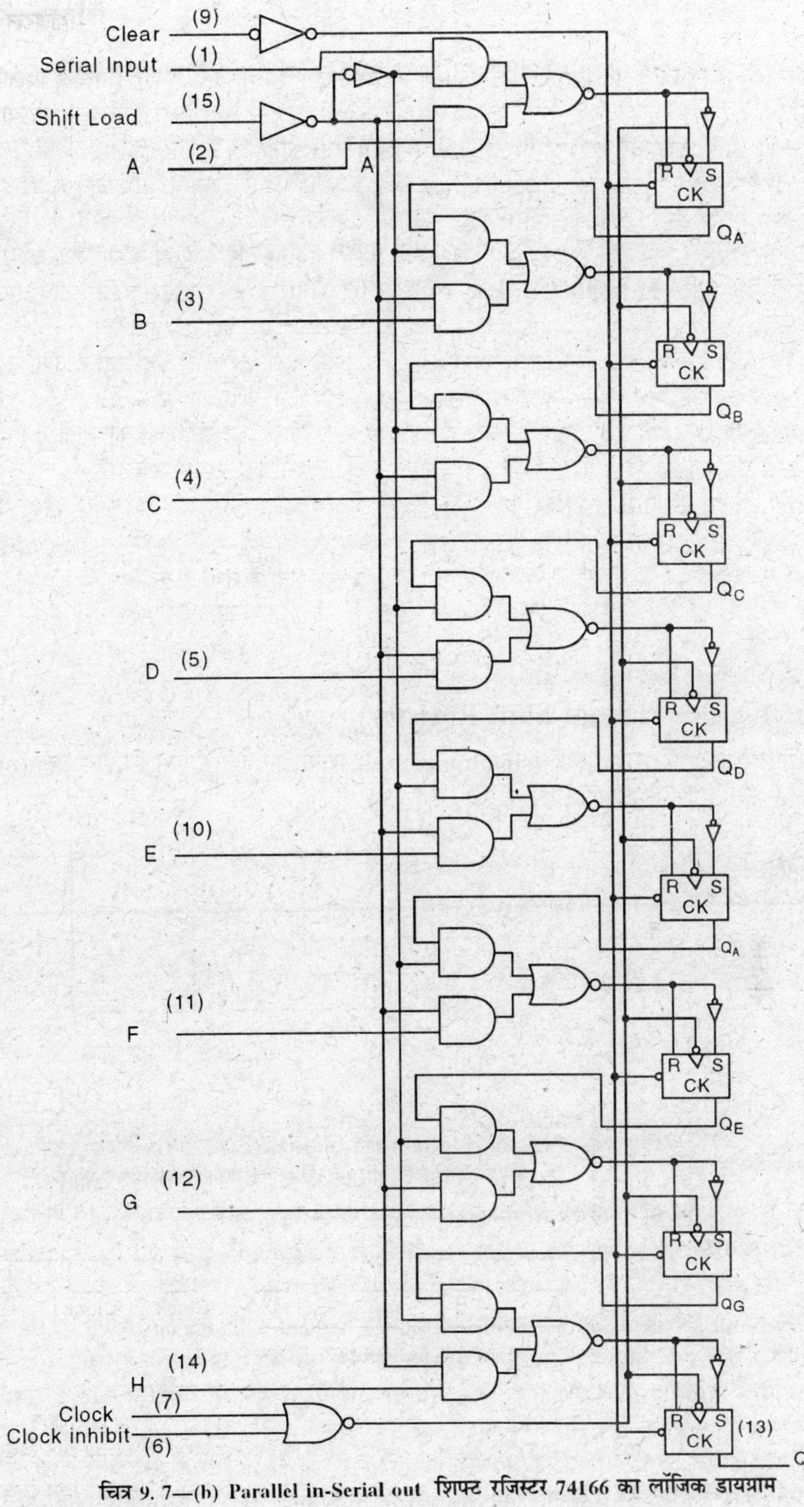

चित्र 9. 7—(b) **Parallel in-Serial out** शिफ्ट रजिस्टर 74166 का लॉजिक डायग्राम

हैं। यहाँ हम RS फ्लिप-फ्लॉप से प्रारम्भ कर केवल एक परिपथ का अध्ययन करेंगे तथा आवश्यकतानुसार लॉजिक ब्लॉक कनैक्ट करते जायेंगे।

चित्र 9.8 (a) में एक क्लॉक्ड RS फ्लिप-फ्लॉप तथा उसके साथ संयोजित इनवर्टर प्रदर्शित किया गया है जो कि परिपथ (चित्र 9.7 b) का एक भाग है।

क्लॉक्ड RS फ्लिप-फ्लॉप तथा इनवर्टर मिलकर एक D फ्लिप-फ्लॉप की भाँति कार्य करते हैं। किसी डाटा बिट X को इस फ्लिप-फ्लॉप में शिफ्ट में करने के लिये इनपुट पर $\overline{X}$ होना चाहिए। उदाहरणतः यदि $\overline{X} = 0$ तथा $S = 1$, तब क्लॉक की क्लॉक ट्रांजिशन (निगेटिव edge) पर फ्लिप-फ्लॉप में '1' शिफ्ट इन हो जायेगा।

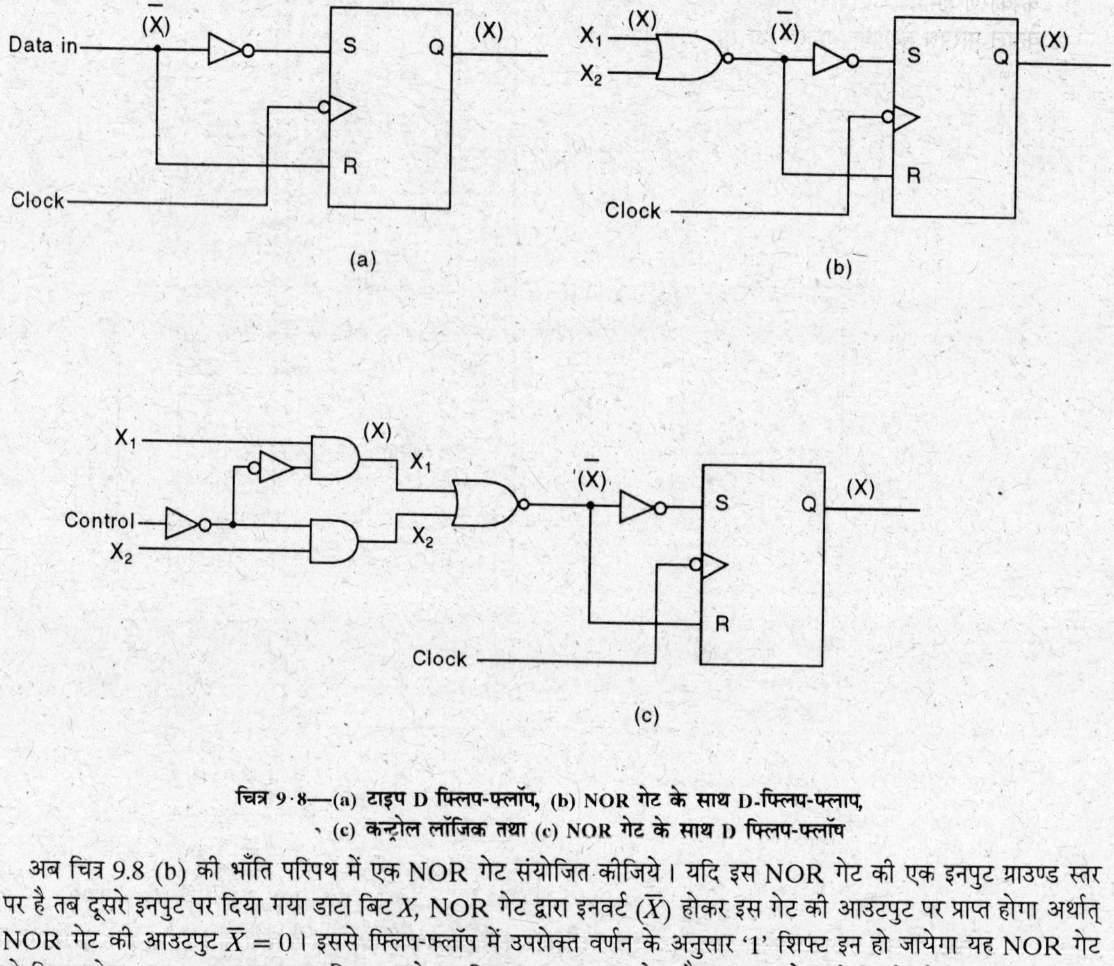

चित्र 9·8—(a) टाइप D फ्लिप-फ्लॉप, (b) NOR गेट के साथ D-फ्लिप-फ्लाप, (c) कन्ट्रोल लॉजिक तथा (c) NOR गेट के साथ D फ्लिप-फ्लॉप

अब चित्र 9.8 (b) की भाँति परिपथ में एक NOR गेट संयोजित कीजिये। यदि इस NOR गेट की एक इनपुट ग्राउण्ड स्तर पर है तब दूसरे इनपुट पर दिया गया डाटा बिट X, NOR गेट द्वारा इनवर्ट $(\overline{X})$ होकर इस गेट की आउटपुट पर प्राप्त होगा अर्थात् NOR गेट की आउटपुट $\overline{X} = 0$। इससे फ्लिप-फ्लॉप में उपरोक्त वर्णन के अनुसार '1' शिफ्ट इन हो जायेगा यह NOR गेट दो भिन्न स्रोत (sources) द्वारा डाटा शिफ्ट करने का विकल्प (option) देता है। NOR गेट की किसी भी इनपुट (X_1 अथवा X_2) को ग्राउण्ड कर दूसरी इनपुट पर दिया गया डाटा फ्लिप-फ्लॉप में शिफ्ट हो जायेगा।

परिपथ के साथ चित्र 9.8 (c) की भाँति दो NAND गेट तथा दो इनवर्टर भी संयोजित करने से डाटा X_1 अथवा X_2 Select किया जा सकता है। यदि कन्ट्रोल लाइन High है तब ऊपर वाला AND गेट enable होता है तथा नीचे वाला AND गेट disable होता है। अतः NOR गेट की ऊपर वाली इनपुट पर X_1 appear होता है तथा नीचे वाला AND गेट ग्राउण्ड स्तर पर आ जाता है। इसके विपरीत यदि कन्ट्रोल लाइन Low है तब ऊपर वाला AND गेट disable तथा नीचे वाला enable हो जाता है जिससे NOR गेट की नीचे वाली (lower) इनपुट पर X_2 appear होता है तथा ऊपर वाली इनपुट ग्राउण्ड स्तर पर आ जाती है।

अर्थात् जब

CONTROL HIGH है—डाटा बिट X_1 क्लॉक ट्रांजिशन में फ्लिप-फ्लॉप में शिफ्ट इन हो जाता है, तथा जब,

CONTROL LOW है—X_2 पर उपलब्ध डाटा बिट next क्लॉक ट्रांजिशन में फ्लिप-फ्लॉप में शिफ्ट इन होता है।

9·5. पैरेलल इन-पैरेलल आउट शिफ्ट रजिस्टर (Parallel in-Parallel out Shift Register)

इस रजिस्टर में डाटा समानान्तर में शिफ्ट इन तथा समानान्तर में ही शिफ्ट आउट किया जा सकता है। IC 54/74198 एक TTL, MSI, 8-बिट Parallel in-Parallel out शिफ्ट रजिस्टर है। इस IC के परिपथ का विवरण इस पुस्तक की सीमा से बाहर होने के कारण हम 4-बिट शिफ्ट रजिस्टर का अध्ययन करेंगे। 4-बिट अथवा 8-बिट दोनों रजिस्टरों की क्रिया प्रणाली एक ही समान है, केवल परिपथ में फ्लिप-फ्लॉप की संख्याओं में अन्तर है।

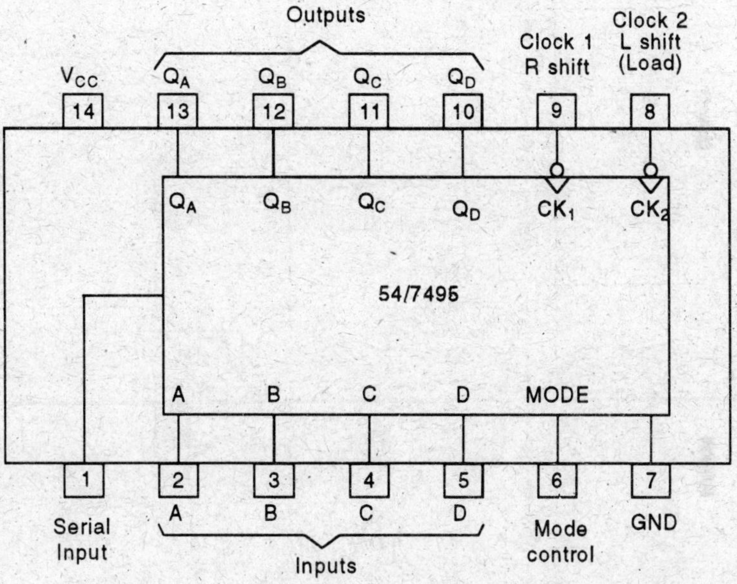

चित्र 9·9—(a) Parallel in-Parallel out 8-बिट शिफ्ट रजिस्टर IC 54/7495 का पिन आउट डायग्राम

4-बिट, पैरेलल-इनपुट-पैरेलल-आउटपुट शिफ्ट रजिस्टर काफी संख्या में उपलब्ध है क्योंकि इन्हें 16-pin DIP में सरलता से पैक किया जा सकता है। दो 4-बिट शिफ्ट रजिस्टरों को श्रेणी में संयोजित कर 8-बिट रजिस्टर सरलता से बनाया जा सकता है, अथवा एक चिप पर दो 4-बिट रजिस्टर निर्मित कर चिप को 24-pin पैकेज में रखा जा सकता है (उदाहरणत: 54/74198)।

IC 54/7495 *A* एक 4-बिट Parallel in-Parallel out शिफ्ट रजिस्टर है। इसके पिन विवरण चित्र 9.9 (a) में तथा लॉजिक डायग्राम चित्र 9.9 (b) में प्रदर्शित किये गये हैं। रजिस्टर से 4 बिट Parallel आउटपुट, चारों फ्लिप-फ्लॉप की Q आउटपुट (Q_A, Q_B, Q_C तथा Q_D) से प्राप्त होती है। रजिस्टर कन्ट्रोल के लिये Mode कन्ट्रोल लाइन प्रयोग की जाती है। जब Mode कन्ट्रोल लाइन High होती है तब प्रत्येक NOR गेट की दायीं इनपुट पर संयोजित AND गेट enable तथा बांयी इनपुट पर

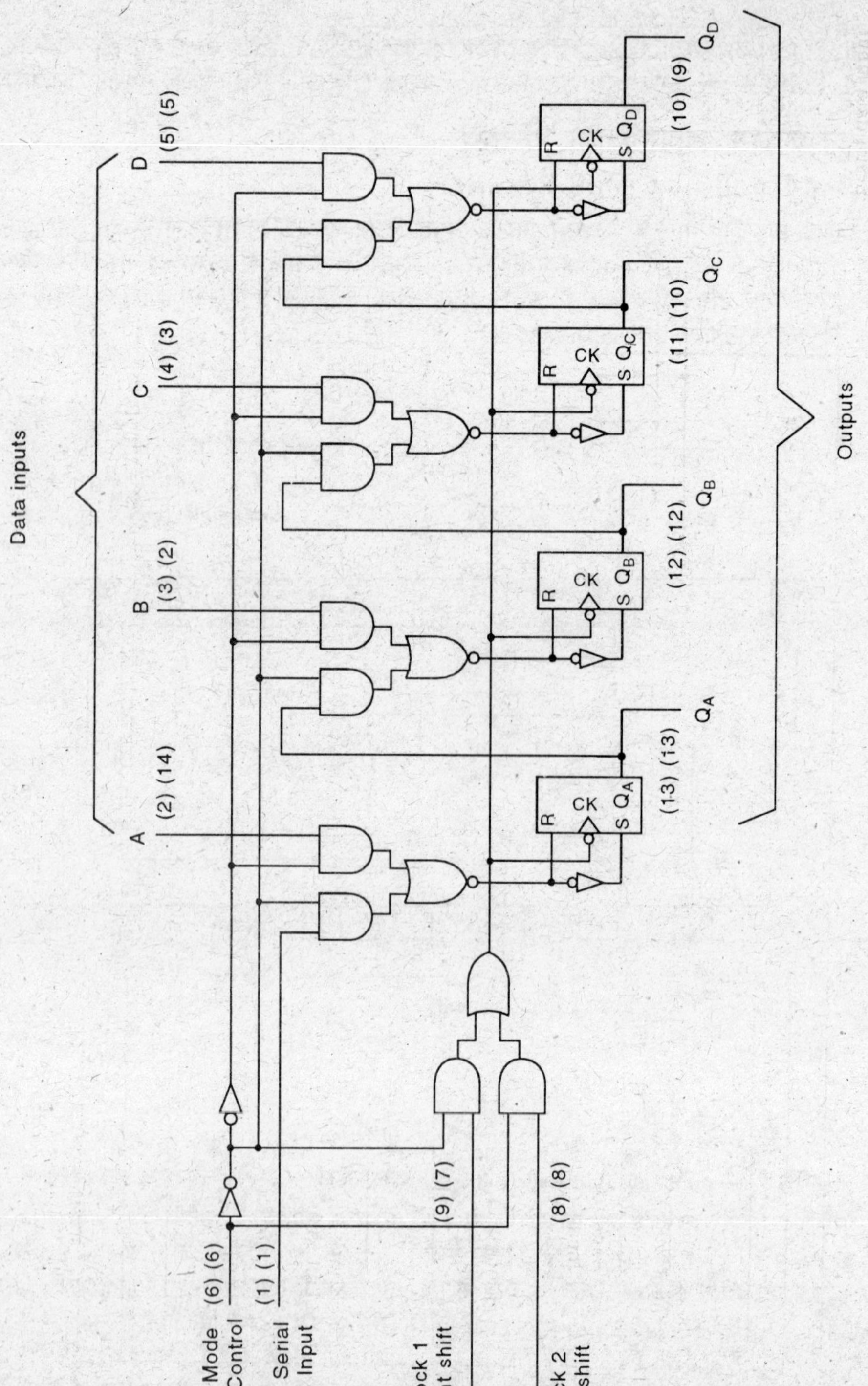

चित्र 9·9—(b) IC 54/7495 का लॉजिक डायग्राम

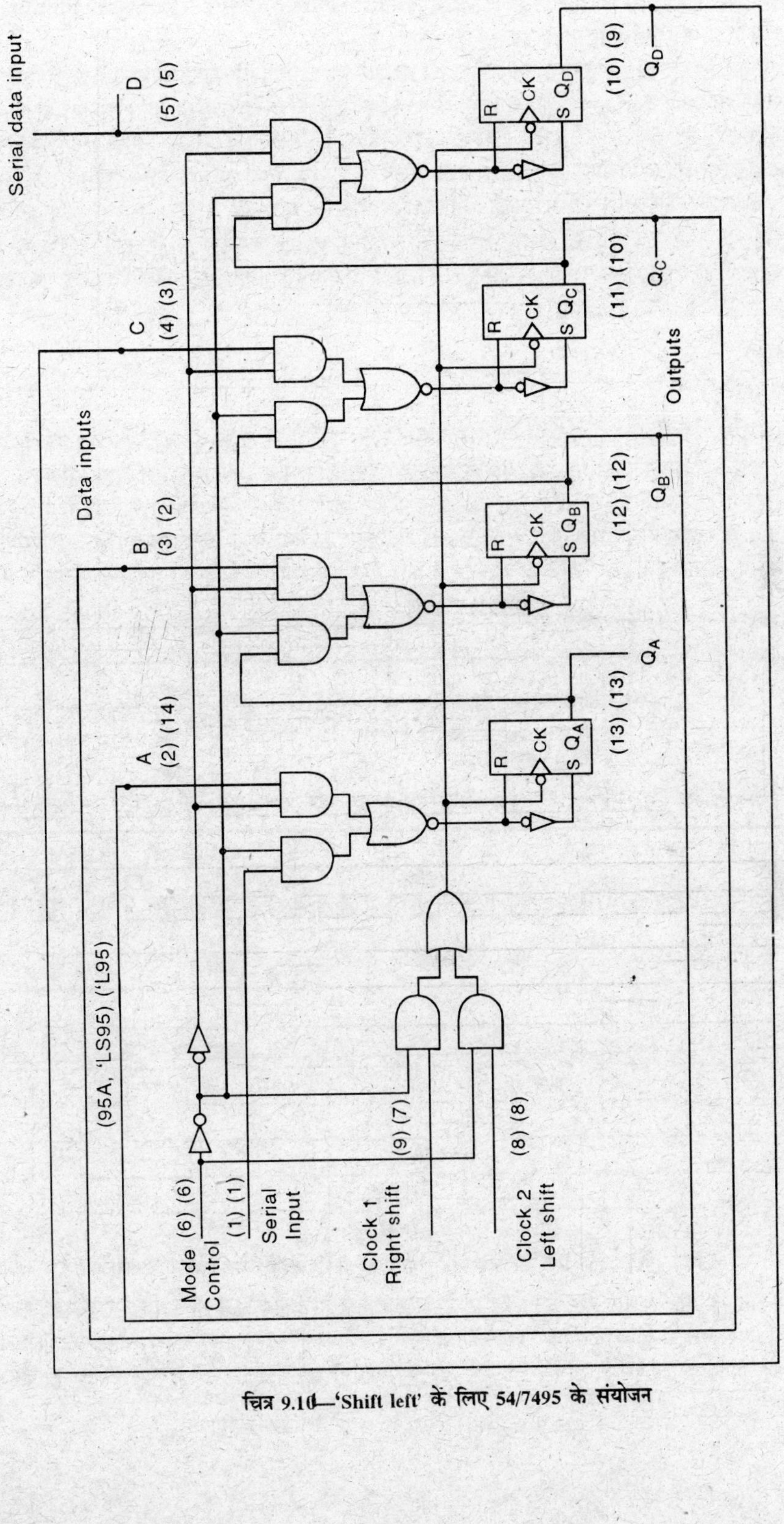

चित्र 9.10—'Shift left' के लिए 54/7495 के संयोजन

संयोजित AND गेट disable हो जाता है। इनपुट A, B, C तथा D पर उपलब्ध डाटा, क्लॉक की निगेटिव edge ट्रांजिशन पर रजिस्टर में लोड हो जाता है। यह Parallel डाटा इनपुट है।

जब Mode कन्ट्रोल लाइन Low होती है तब प्रत्येक NOR गेट की दायीं इनपुट पर संयोजित AND गेट disable तथा बायीं इनपुट पर संयोजित AND गेट enable हो जाता है। फ्लिप-फ्लॉप Q_A में इस समय डाटा SERIAL Input होता है तथा Q_B को डाटा इनपुट Q_A, Q_C को Q_B तथा Q_D को Q_C...... होता है। क्लॉक के प्रत्येक निगेटिव ट्रांजिशन में रजिस्टर के प्रथम फ्लिप-फ्लॉप पर डाटा Serially, शिफ्ट इन होता है तथा फ्लिप-फ्लॉप Q_D तक पहुँचता है। यह Shift-Right ऑपरेशन है।

Shift-Left ऑपरेशन के लिये चित्र 9.10 की भाँति इनपुट डाटा D (DATA INPUT) पर संयोजित किया जाता है तथा Q_D को C से, Q_C को B से एवं Q_B को A से जोड़ा जाता है। अब Mode कन्ट्रोल High होने पर फ्लिप-फ्लॉप Q_D में डाटा बिट शिफ्ट-इन (enter) होता है तथा प्रत्येक फ्लिप-फ्लॉप में स्टोर किया हुआ डाटा, क्लॉक के निगेटिव ट्रांजिशन पर बांये फ्लिप-फ्लॉप में शिफ्ट हो जाता है। यह Shift-Left आपरेशन है।

9·6. रिंग काउन्टर
(Ring Counter)

रिंग काउन्टर एक शिफ्ट रजिस्टर है जिसमें फीडबैक द्वारा प्रथम फ्लिप-फ्लॉप की D इनपुट को नियन्त्रित किया जाता है। चित्र 9.11 (a) में एक रिंग काउन्टर प्रदर्शित किया गया है। इस काउन्टर को निर्मित करने के लिए सीरियल शिफ्ट रजिस्टर IC 74164 प्रयुक्त किया गया है। चित्र में अन्तिम फ्लिप-फ्लॉप Q_H की आउटपुट को प्रथम फ्लिप-फ्लॉप की इनपुट D से संयोजित किया गया है। डाटा इनपुट A तथा B परस्पर लघुपथित (short circuit) की गई हैं। माना सभी फ्लिप-फ्लॉप reset स्थिति में हैं तथा क्लॉक इनपुट काउन्टर को दे दी गई हैं। इस स्थिति में काउन्टर में कोई क्रिया नहीं होगी क्योंकि प्रथम फ्लिप-फ्लॉप की D इनपुट Low

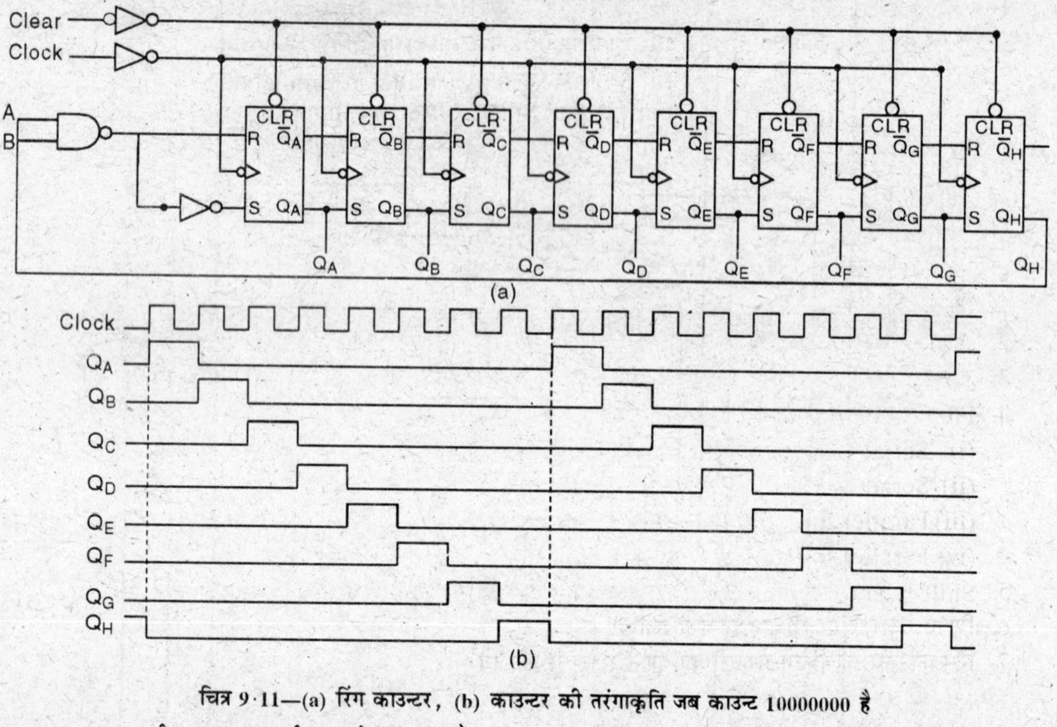

चित्र 9·11—(a) रिंग काउन्टर, (b) काउन्टर की तरंगाकृति जब काउन्ट 10000000 है

है (D इनपुट का अर्थ A एवं B शार्ट सरकिटेड इनपुट है)। अतः जब भी क्लॉक High होगी तब प्रत्येक फ्लिप-फ्लॉप अपने से अगले (next) फ्लिप-फ्लॉप में एक 0 शिफ्ट करेगा तथा अन्तिम फ्लिप-फ्लॉप H की शून्य (0) आउटपुट, फीडबैक लूप द्वारा प्रथम फ्लिप-फ्लॉप A में आ जायेगी। इसका अर्थ है कि सभी फ्लिप-फ्लॉप reset स्टेट में है। प्रत्येक क्लॉक ट्रांजिशन इन्हें पुनः reset करती है तथा आउटपुट Low रहती है।

काउन्टर में कोई प्रतिक्रिया उत्पन्न करने के लिये माना Q_A को High किया जाता है तथा अन्य फ्लिप-फ्लॉप पूर्व की भाँति Low रहते हैं। अब जैसे ही क्लॉक पल्स प्रथम बार High होती है फ्लिप-फ्लॉप A का 1, फ्लिप-फ्लॉप B में शिफ्ट होता है तथा A पुनः reset हो जाता है क्योंकि फ्लिप-फ्लॉप H से 0 फ्लिप-फ्लॉप A में शिफ्ट हो जाती है। अन्य सभी फ्लिप-फ्लॉप में अभी भी शून्य है।

दूसरी क्लॉक पल्स B से C में '1' शिफ्ट करती है तथा B reset हो जाता है। इसी प्रकार तीसरी क्लॉक पल्स C से '1' फ्लिप-फ्लॉप D में शिफ्ट करती है इत्यादि। इस प्रकार यह '1' क्लॉक के प्रत्येक बार High होने पर रजिस्टर में एक फ्लिप-फ्लॉप से दूसरे फ्लिप-फ्लॉप में शिफ्ट डाउन (shift down) होता है। जब यह (1) फ्लिप-फ्लॉप H में पहुंचता है तब अगली (next) क्लॉक पल्स फीडबैक लूप द्वारा इसे फ्लिप-फ्लॉप A में शिफ्ट कर देती है। इस समय काउन्टर में एक '1' तथा सात (7) 0 (zero) स्टोर होत हैं। इस प्रकार काउन्टर में प्रत्येक कलॉक ट्रांजिशन के समय 0 तथा 1 क्लॉक-वाइज (clockwise) दिशा में शिफ्ट होते रहते हैं। इस प्रकार का काउन्टर रिंग काउन्टर कहलाता है।

TABLE 9.1—शिफ्ट रजिस्टर्स
(Shift Registers)

IC No.	Details of IC
7491	8 Bit Serial in-Serial out Shift Register
74164	8 Bit Serial in-Parallel out Shift Register
74165 and 74166	8 Bit Serial/Parallel in-Serial out Shift Register
74198	8 Bit Bidirectional Universal Shift Registers
7495	4 Bit Shift Registers, Parallel in/Parallel out, Shift Right, Shift Left Serial Input
74164	8 Bit Parallel Out put Serial Shift Register Asynchronous Clear
74173	4 Bit D-Type Registers 3-state output

प्रश्नावली—9

1. शिफ्ट रजिस्टर क्या है तथा इनका क्या उपयोग है?
2. 'डाटा ट्रान्सफर' से आप क्या समझते हैं ? फ्लिप-फ्लॉप द्वारा डाटा ट्रांसफर विधि का वर्णन कीजिये।
3. डाटा ट्रांसफर की मुख्य विधियाँ क्या हैं? संक्षेप में वर्णन कीजिये।
4. निम्न पर टिप्पणी लिखिये—
   (i) Serial In-Serial Out Shift Register
   (ii) Serial In-Parallel Out Shift Register
   (iii) Parallel In-Serial Out Shift Register
   (iv) Parallel In-Parallel Out Shift Register
5. Shift-Right तथा Shift-Left ऑपरेशन करने के लिये उपयुक्त शिफ्ट रजिस्टर कौन-सा है?
6. शिफ्ट रजिस्टर पर संक्षिप्त टिप्पणी लिखिए।
7. रिंग काउन्टर की क्रिया प्रणाली का वर्णन संक्षेप में कीजिये।

10

काउन्टर्स
(Counters)

डिजिटल प्रणालियों में प्रयोग की जाने वाली युक्तियों में सम्भवतः काउन्टर एक अत्यन्त महत्वपूर्ण युक्ति है। काउन्टटर, किसी प्रणाली में घटित, घटनाओं (events) की गणना करता है। क्लॉक द्वारा काउन्टर को ड्राइव कर क्लॉक चक्रों की गणना की जा सकती है। काउन्टर में डाटा विद्युत पल्स (pulse) के रूप में दिया जाता है, प्रत्येक पल्स सूचना का एक बिट प्रदर्शित करती है। यह पल्स, काउन्टर के इनपुट में दी जाती है तथा काउन्टर में प्रत्येक पल्स पर पाठ्यांक (reading), एक अधिक अथवा कम (increase or decrease) हो जाता है। क्लॉक चक्र (clock cycles) द्वारा प्रचालित काउन्टर, कलॉक चक्रों की गणना अर्थात् आवृत्ति (frequency) का मापन भी कर सकता है। शिफ्ट रजिस्टर्स की भाँति काउन्टर्स भी फ्लिप-फ्लॉप कर निर्मित किये जाते हैं।

काउन्टर्स दो प्रकार के होते हैं—Asynchronous तथा Synchronous

Asynchronous काउन्टर्स—इन काउन्टर्स में प्रत्येक फ्लिप-फ्लॉप उससे पहले संयोजित (previous) फ्लिप-फ्लॉप द्वारा ट्रिगर किया जाता है, अतः काउन्टर का सैटलिंग टाइम अधिक (settling time cumulative) होता है। ये सीरियल (scrial) काउन्टर अथवा बाइनरी रिपल काउन्टर कहलाते हैं।

Synchronous काउन्टर्स—इन काउन्टर्स की गति तीव्र होती है। इन काउन्टर्स में प्रत्येक फ्लिप-फ्लॉप एक ही क्लॉक पल्स द्वारा, एक साथ (in synchronism) ट्रिगर किये जाते हैं। अतः इनका सैटलिंग टाइम, केवल एक फ्लिप-फ्लॉप के डिले टाइम के बराबर होता है। यह समानान्तर (parallel) काउन्टर्स भी कहलाते हैं। काउन्टर्स की दक्षता, उनकी तीव्र गति से गणना (count) करने की क्षमता होती है। गति बढ़ाने के लिए काउन्टर्स में प्रयुक्त हार्डवेयर की मात्रा अधिक करनी पड़ती है। सीरियल एवं समानान्तर काउन्टर्स परस्पर संयोजित कर ऐसे काउन्टर्स बनाये जा सकते हैं जिनमें प्रत्येक क्लॉक पल्स पर काउन्टर के पाठयांक (content) में प्रत्येक बार एक (1) की वृद्धि हो जाती है। जैसे 1006, 1004 से 1005, 1006....इत्यादि। काउन्टर्स का इस प्रकार प्रचालन काउन्ट-अप मोड (count-up mode) कहलाता है।

इसके विपरीत काउन्ट डाउन (count-down) काउन्टर्स भी बनाये जा सकते हैं जिनमें काउन्टर के content में प्रत्येक क्लॉक पल्स के साथ एक की कमी होती है जैसे 1005, 1004.।

अधिकतर काउन्टर्स में 'Clear' इनपुट की व्यवस्था होती है। Clear इनपुट देने से प्रत्येक फ्लिप-फ्लॉप '0' प्रदर्शित करता है।

10·1. बाइनरी रिपल काउन्टर्स
(Binary Ripple or Asynchronous Counters)

क्लाक्ड (clocked) *JK* फ्लिप-फ्लॉप को प्रयुक्त कर एक बाइनरी रिपल काउन्टर (binary counter) बनाया जा सकता है। चित्र 10.1 (a) में एक 3-बिट बाइनरी रिपल (asynchronous) काउन्टर प्रदर्शित किया गया है। काउन्टर में तीन मास्टर-स्लेव *JK* फ्लिप-फ्लॉप कास्केड में (M/S flip-flop in cascade) संयोजित किये गये हैं। फ्लिप-फ्लॉप A की आउटपुट B को, B की आउटपुट फ्लिप-फ्लॉप C को ड्राइव करती है। सभी *J* तथा *K* इनपुट परस्पर संयोजित कर + V_{CC} से जोड़ दी गई हैं। प्रत्येक फ्लिप-फ्लॉप की स्टेट, इनपुट क्लॉक पल्स की निगेटिव edge (negative transition) पर परिवर्तित होती है। इस काउन्टर में एक फ्लिप-फ्लॉप की आउटपुट दूसरे फ्लिप-फ्लॉप के लिए क्लॉक इनपुट की भाँति कार्य करती है, अतः यह एक asynchronous

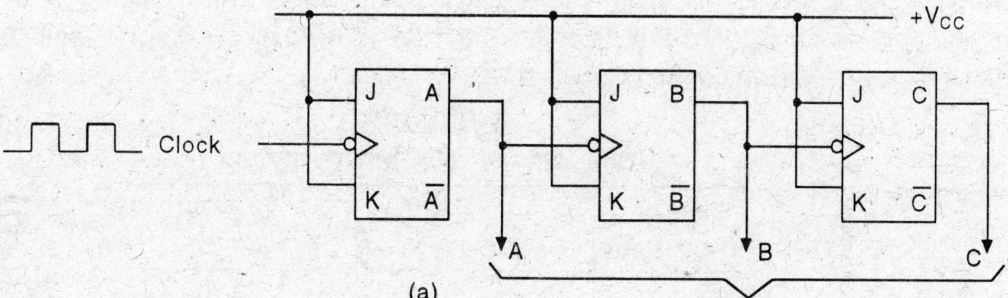

(a)

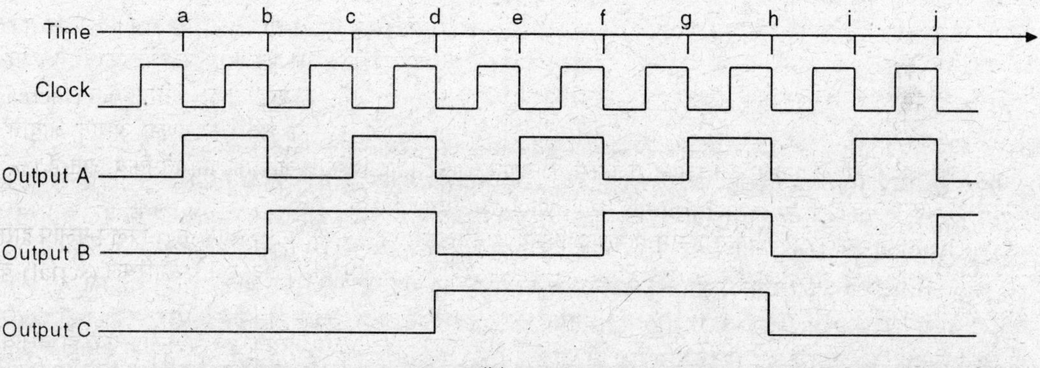

(b)

चित्र 10·1—3-बिट बाइनरी काउन्टर; (a) लॉजिक डायग्राम, (b) काउन्टर की आउटपुट तरंगों का आकार (waveforms)

अथवा ripple काउन्टर है। फ्लिप-फ्लॉप B के ट्रिगर होने के लिये फ्लिप-फ्लॉप A की स्टेट परिवर्तित होनी आवश्यक है इसी प्रकार C की ट्रिगरिंग से पहले B की आउटपुट की स्टेट परिवर्तित होनी आवश्यक है। काउन्टर का कुल प्रोपेगेशन डिले टाइम (propagation delay time), सभी फ्लिप-फ्लॉप के अलग-अलग डिले टाइम के योग के बराबर होता है। इस प्रकार यदि प्रत्येक फ्लिप-फ्लॉप का डिले टाइम 5 nsec है तब काउन्टर का सम्पूर्ण (overall) प्रोपेगेशन डिले टाइम 15 nsec होगा।

चित्र 10.1 (b) में काउन्टर में क्लॉक पल्स के साथ तरंगों का आकार प्रदर्शित किया गया है। माना प्रारम्भ में सभी फ्लिप-फ्लॉप रिसेट (0) स्टेट में हैं अर्थात् इनकी आउटपुट 0 है। यदि फ्लिप-फ्लॉप A की आउटपुट LSB (least significat bit) तथा C की आटपुट, MSB (most significant bit) प्रदर्शित करती है तब काउन्टर के content $CBA = 000$ होगें।

जब भी क्लॉक का निगेटिव ट्रांजिशन होता है तभी फ्लिप-फ्लॉप A की स्टेट परिवर्तित होती है। अतः चित्र 10.1 (b) में समय रेखा (time line) के बिन्दु a पर आउटपुट A 'High' तथा b पर Low प्रदर्शित की गई है। c पर आउटपुट A पुनः 'High' तथा d पर Low होती है। चित्र 10.1 (b) से यह भी ज्ञात होता है कि फ्लिप-फ्लॉप A की आउटपुट की आवृत्ति कलॉक आवृत्ति की आधी होती है।

चूँकि फ्लिप-फ्लॉप A की आउटपुट, B के लिये क्लॉक इनपुट की भाँति कार्य करती है अतः A के प्रत्येक बार Low होने की अवस्था में फ्लिप-फ्लॉप B टॉगल (toggle) करता है। अतः चित्र 10.1 (b) में बिन्दु b पर B 'High' तथा d पर पुनः Low होता है तथा f पर पुनः High हो जाता है। ध्यान दीजिये की फ्लिप-फ्लॉप B की आउटपुट की आवृत्ति, फ्लिप-फ्लॉप A की आधी तथा क्लॉक-फ्रीक्वेन्सी की 1/4 होती है।

चूँकि फ्लिप-फ्लॉप B की आउटपुट C के लिये क्लॉक इनपुट की भाँति काय करती है अत: जैसे ही *B* 'Low' होती है फ्लिप-फ्लॉप C टागल (toggle) करता है। इस प्रकार समय रेखा (time line) के बिन्दु *d* पर *C* 'High' तथा *h* पर पुन: Low होता है। फ्लिप-फ्लॉप C की आउटपुट की आवृत्ति B की 1/2 तथा क्लॉक फ्रीक्वेन्सी की 1/8 होती है। Table 10.1 में विभिन्न क्लॉक ट्रॉंजिशन पर काउन्टर के contents प्रदर्शित किये गये हैं।

TABLE 10.1

Truth table of 3-bit Binary counter

Clock Transitions	*C*	*B*	*A*
0	0	0	0
1	0	0	1
2	0	1	0
3	0	1	1
4	1	0	0
5	1	0	1
6	1	1	0
7	1	1	1
0	0	0	0

समय *a* (चित्र 10.1 b) से पूर्व काउन्टर *CBA* = 000 प्रदर्शित करता है तथा ठीक समय *a* पर काउन्टर के content *CBA* = 001 है समय *b* पर 010 इत्यादि। इस प्रकार क्लॉक के प्रत्येक निगेटिव ट्रॉंजिशन पर काउन्टर के काउन्ट मे '1' की वृद्धि (advance) होती है। अत: सत्य तालिका 10.1 में प्रत्येक आउटपुट, क्लॉक ट्रॉंजिशन का बाइनरी तुल्यांक प्रदर्शित करती है। चित्र 10.1 (a) में प्रदर्शित तीन फ्लिप-फ्लॉप की कास्केड व्यवस्था एक 3-बिट बाइनरी रिपल काउन्टर है। यह काउन्टर अधिकतम 7 काउन्ट (000, 001, 010, 011, 100, 101, 110 तथा 111) तक काउन्ट कर सकता है। इसके पश्चात् काउन्टर 000 पर रिसैट हो जाता है तथा पुन: काउन्ट चक्र 000 से प्रारम्भ हो जाता है। इस प्रकार यह काउन्टर count-up मोड में प्रचालित होता है।

10·2. काउन्टर का मॉडुलस (Modulus of A Counter)

एक *n* फ्लिप-फ्लॉप वाले काउन्टर की 2^n आउटपुट स्थितियाँ (Output conditions) होती हैं। उदाहरणत: तीन फ्लिप-फ्लॉप वाले काउन्टर की आउटपुट स्थितियाँ 2^3 =8 (000 से 111), 4 फ्लिप-फ्लॉप काउन्टर की 2^4 = 16 (0000 से 1111), पाँच फ्लॉप वाले काउन्टर की 2^3 = 32 (00000 से 11111) आउटपुट स्थितियाँ होती हैं। डेसीमल काउन्ट में एक *n*-फ्लिप-फ्लॉप काउन्टर अधिकतम $2^n - 1$ आउटपुट दे सकता है। उदाहरणत: 3 फ्लिप-फ्लॉप वाले काउन्टर की अधिकतम आउटपुट का डेसीमल तुल्यांक $2^3 - 1 = 7$, 4 फ्लिप-फ्लॉप वाले काउन्टर का $2^4 - 1 = 15$, एक 6 फ्लिप-फ्लॉप वाले काउन्टर का अधिकतम डेसीमल में आउटपुट तुल्यांक $2^6 - 1 = 63$ हो सकता है।

3-फ्लिप-फ्लॉप द्वारा निर्मित काउन्टर मोड-8 (mod-8) काउन्टर कहलाता है चूँकि इसकी 8 स्टेट होती हैं। इसी प्रकार एक 4 फ्लिप-फ्लॉप वाले काउन्टर का मॉडुलस 16 तथा 6 फ्लिप-फ्लॉप वाले काउन्टर का माडुलस 64 (mod-64) होता है। अत: किसी काउन्टर का मॉडुलस काउन्टर की स्टेट (states) की अधिकतम संख्या है जिन्हें काउन्टर प्रदर्शित कर सकता है।

उदाहरण 10.1—एक mod-128 काउन्टर निर्मित करने के लिए कितने फ्लिप-फ्लॉप की आवश्यकता है? एक मोड-64 काउन्टर में स्टोर की जा सकने वाली अधिकतम डेसीमल संख्या क्या है?

हल : एक mod-128 काउन्टर में फ्लिप-फ्लॉप की संख्या 7 होगी क्योंकि $2^7 = 128$।

6 फ्लिप-फ्लॉप अर्थात् mod-64 काउन्टर में स्टोर की जा सकने वाली सबसे बड़ी डेसीमल संख्या '$2^6 - 1$' अर्थात् 63 होगी जिसका बाइनरी तुलयांक 111111 है।

10·3. 4-बिट बाइनरी काउन्टर '54/74L93' (4-bit Binary Counter)

एक 54/74L93 का लॉजिक डायग्राम तथा DIP पिन आउट डायग्राम चित्र 10.2 में प्रदर्शित किया गया है। यह एक TTL, MSI 4-बिट बाइनरी काउन्टर है। इसे mod-8 अथवा mod-16 कॉनफिगुरेशन में प्रयुक्त किया जा सकता है।

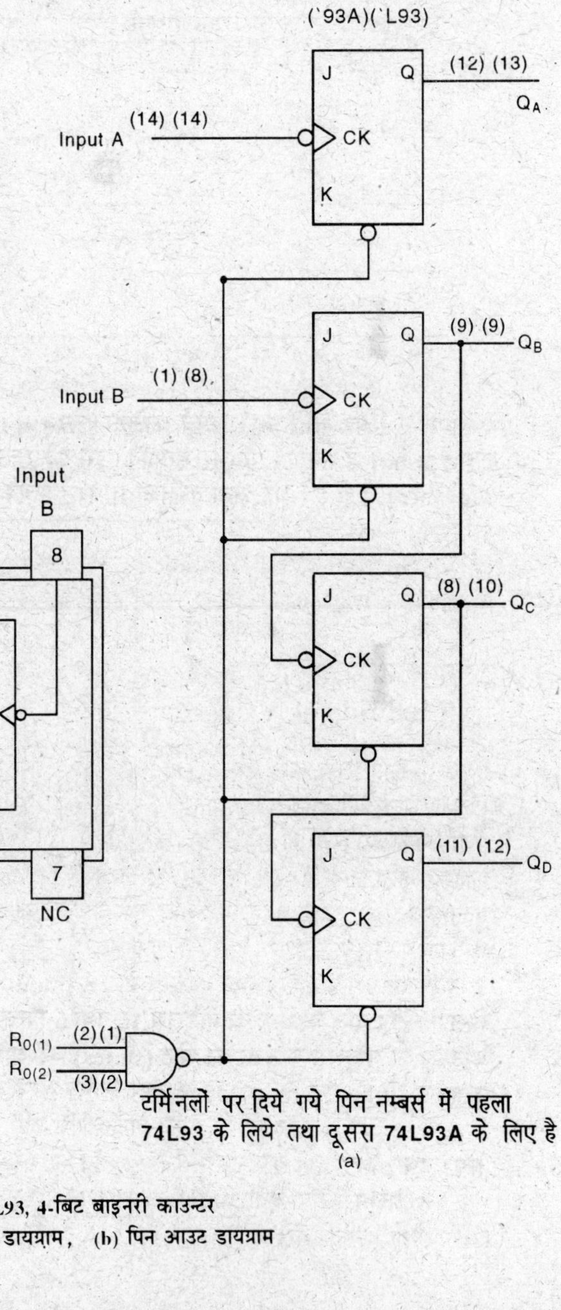

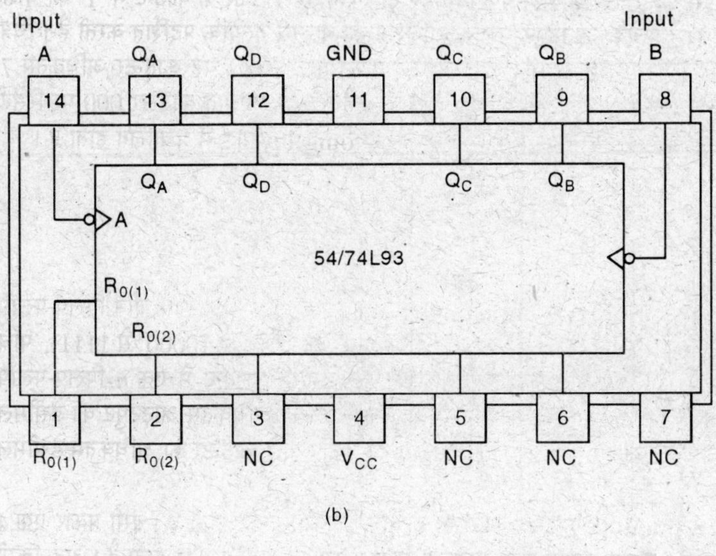

चित्र 10.2—IC 54/74L93, 4-बिट बाइनरी काउन्टर
(a) लॉजिक डायग्राम, (b) पिन आउट डायग्राम

काउन्टर 74L93 के mod-16 प्रचालन में विभिन्न तरंगों का आकार (waveforms) चित्र 10.3 में तथा सत्य तालिका, Table 10.2 में प्रदर्शित की गई है। यदि काउन्टर में इनपुट B पर क्लॉक पल्स प्रयुक्त की जाये तब यह mod-8 काउन्टर की भाँति कार्य करता है तथा आउटपुट Q_B, Q_C तथा Q_D पर प्राप्त होती है। इस स्थिति में काउन्टर में फ्लिप-फ्लॉप Q_A का कोई उपयोग नहीं है।

इसके विपरीत यदि इस काउन्टर में क्लॉक पल्स इनपुट A पर दी जाये तथा फ्लिप-फ्लॉप Q_A इनपुट B से संयोजित कर दिया जाये तब यह mod-16, 4-बिट बाइनरी काउन्टर की भाँति कार्य करता है तथा आउटपुट Q_A, Q_B, Q_C तथा Q_D पर प्राप्त होती है। इस संयोजन के लिए सत्य तालिका 10.2 है।

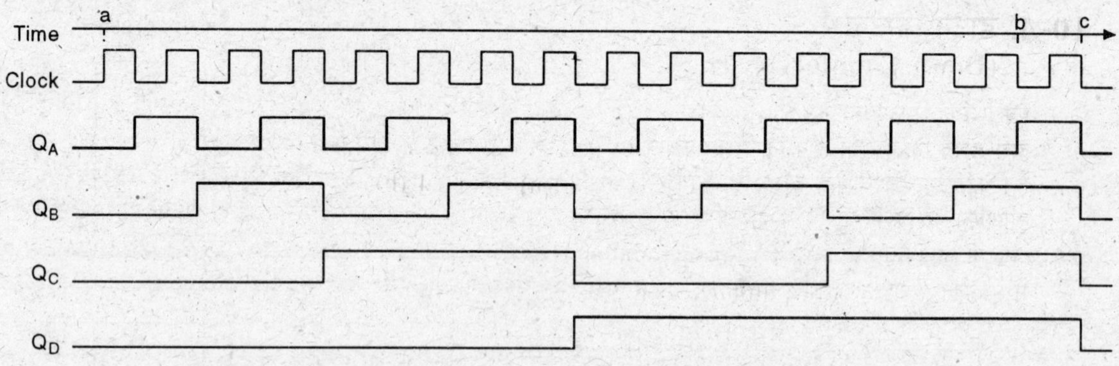

चित्र 10.3—4-बिट बाइनरी काउन्टर 54/74L93 का mod-16 कॉनफिगुरेशन में तरंगों का आकार

TABLE 10.2—Mod-16 में काउन्टर 74L93 की सत्य तालिका
(Truth table of 74L93, 4-bit binary counter in mod-16)

Count	Output			
	Q_D	Q_C	Q_B	Q_A
0	L	L	L	L
1	L	L	L	H
2	L	L	H	L
3	L	L	H	H
4	L	H	L	L
5	L	H	L	H
6	L	H	H	L
7	L	H	H	H
8	H	L	L	L
9	H	L	L	H
10	H	L	H	L
11	H	L	H	H
12	H	H	L	L
13	H	H	L	H
14	H	H	H	L
15	H	H	H	H

काउन्टर 74L93 में सभी फ्लिप-फ्लॉप active low reset inputs हैं। इस प्रकार सभी फ्लिप-फ्लॉप को एक साथ reset करने के लिए NAND गेट (चित्र 10.2 a) की दोनों इनपुट $R_{0(1)}$ तथा $R_{0(2)}$ High होना आवश्यक है।

चित्र 10.3 में प्रदर्शित तरंगों के आकार से स्पष्ट है कि काउन्टर बिन्दु *a* पर 0000 प्रदर्शित करता है। प्रत्येक निगेटिव ट्रांजिशन के साथ काउन्टर '1' एडवान्स हो जाता है जब तक कि टाइम लाइन के बिन्दु '*b*' पर इसके content 1111 न हो जाये। यह काउन्टर का अधिकतम बाइनरी काउन्ट (1111) है। अतः काउन्टर की 0000 से 1111 तक 16 स्टेट हैं। इस प्रकार यह एक mod-16 काउन्टर है तथा इसमें फ्लिप-फ्लॉप द्वारा स्टोर की जाने वाली अधिकतम डेसीमल संख्या $2^4 - 1 = 15$ (बाइनरी 1111) है।

10·4. डाउन काउन्टर्स (Down Counters)

एक 3-बिट रिपल, डाउन (down) काउन्टर चित्र 10.4 (a) में प्रदर्शित किया गया है। इसमें फ्लिप-फ्लॉप *A* को System क्लॉक द्वारा ड्राइव किया गया है परन्तु फ्लिप-फ्लॉप *B* को *A* के कम्पलीमेन्ट $\overline{A}$ द्वारा तथा फ्लिप-फ्लॉप *C* को $\overline{B}$ से ड्राइव किया गया है। काउन्टर की विभिन्न तरंगों का आकार (waveform) चित्र 10.4 (b) में प्रदर्शित किया गया है। प्रत्येक निगेटिव क्लॉक ट्रांजिशन पर फ्लिप-फ्लॉप *A* टॉगल करता है परन्तु फ्लिप-फ्लॉप *B* केवल, फ्लिप-फ्लॉप *A* के High होने पर टॉगल करता है। जब भी *A*, High होता है, $\overline{A}$ Low होता है तथा इसी निगेटिव ट्रांजिशन $\overline{A}$ से फ्लिप-फ्लॉप *B* ट्रिगर होता है। चित्र 10.4 (b) में प्रदर्शित तरंगों के अनुसार समय *a, c, e, g* तथा *i* पर फ्लिप-फ्लॉप *B* की स्टेट परिवर्तित होती है अर्थात् यह टॉगल करता है।

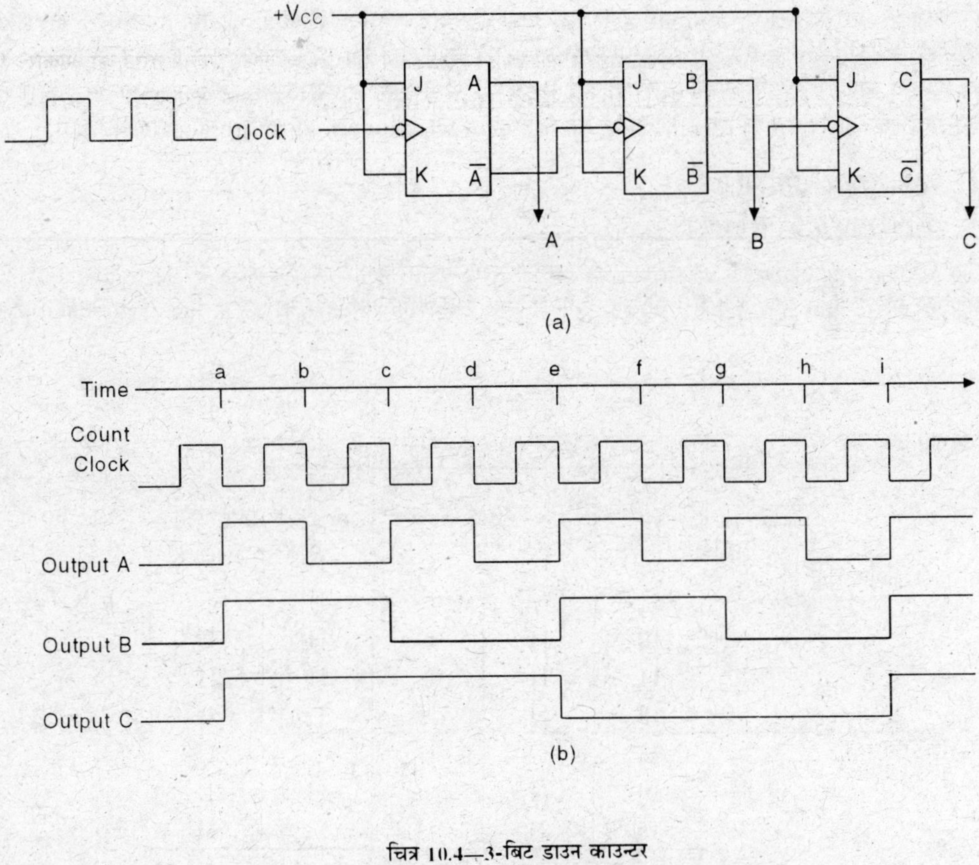

चित्र 10.4—3-बिट डाउन काउन्टर
(a) लॉजिक डायग्राम, (b) तरंगाकार

TABLE 10.3—डाउन काउन्टर के आपरेशन
(Truth table of a 3-bit down counter)

State	*C*	*B*	*A*	Decimal Count
7	1	1	1	7
6	1	1	0	6
5	1	0	1	5
4	1	0	0	4
3	0	1	1	3
2	0	1	0	2
1	0	0	1	1
0	0	0	0	0
7	1	1	1	7

इसी प्रकार फ्लिप-फ्लॉप C की ट्रिगरिंग $\overline{B}$ द्वारा होती है। अत: फ्लिप-फ्लॉप C प्रत्येक उस क्षण पर टॉगल करता है जब फ्लिप-फ्लॉप B 'High' होता है। इस प्रकार फ्लिप-फ्लॉप C, समय a पर High, e पर Low तथा i पर पुन: High होता है।

समय 'a' पर काउन्टर के content $ABC = 111$ हैं, b पर परिवर्तित होकर 110, तथा c पर 101 हो जाते हैं। इस प्रकार काउन्टर के content में प्रत्येक क्लॉक ट्रांजिशन पर 1 की कमी होती है। दूसरे शब्दों में काउन्टर काउन्ट डाउन मोड में प्रचालित हो रहा है। काउन्टर के समस्त ऑपरेशन तालिका 10.3 में दिये गये हैं। यह अभी भी mode-8 काउन्टर है क्योंकि इसकी 8 स्पष्ट एवं निश्चित (discrete) अवस्थायें हैं परन्तु यह काउन्टर down-counter की भाँति संयोजित किया जाता है

10·5. अप-डाउन काउन्टर (Up/Down Counter)

एक 3-बिट asynchronous, up-down काउन्टर जो सीधे बाइनरी क्रम में काउन्ट करता है चित्र 10.5 में प्रदर्शित किया गया है। काउन्टर को Count-Up मोड में प्रचालित करने के लिए प्रत्येक फ्लिप-फ्लॉप को उससे पहले फ्लिप-फ्लॉप की true आउटपुट

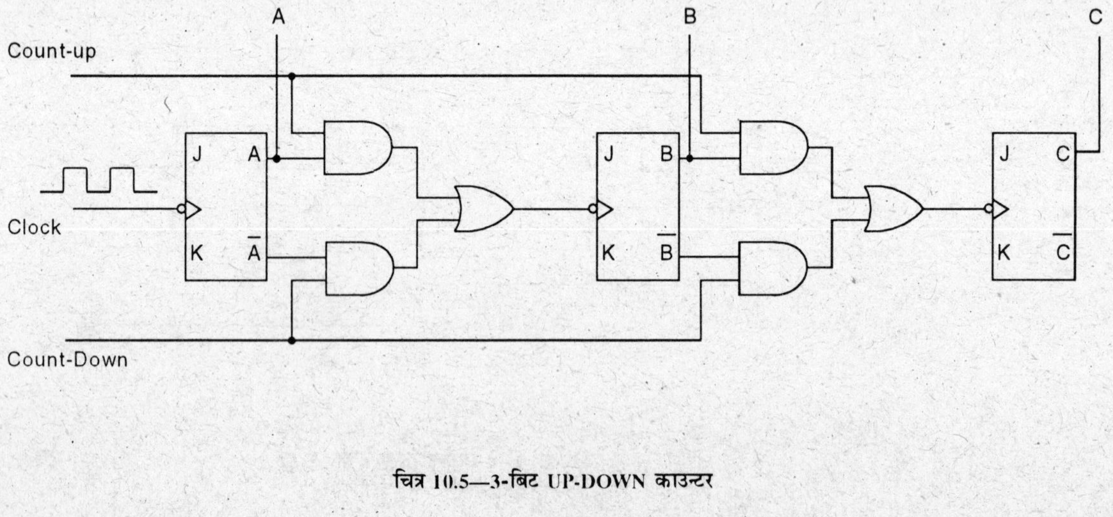

चित्र 10.5—3-बिट UP-DOWN काउन्टर

से (A अथवा B से) ट्रिगर किया जाता है। Count-up प्रचालन के समय काउन्टर की count-down कन्ट्रोल लाइन Low तथा count-up कन्ट्रोल लाइन High होती है। काउन्टर की count-up तरंगें चित्र 10.1 (b) की भाँति ही होती हैं।

इसके विपरीत यदि काउन्ट-Down लाइन High तथा काउन्ट-Up लाइन Low है तब प्रत्येक फ्लिप-फ्लॉप उससे पहले संयोजित फ्लिप-फ्लॉप की कम्पलीमेन्ट आउटपुट ($\overline{A}, \overline{B}$ ...) से ट्रिगर किया जाता है। इस प्रचालन में काउन्टर, काउन्ट डाउन मोड में है तथा चित्र 10.4 (b) में प्रदर्शित तरंगों की भाँति ऑपरेट होता है।

10·6. डिकोडिंग गेट्स
(Decoding Gates)

काउन्टर्स की आउटपुट को डेसीमल में डिकोड करने के लिए चित्र 10.6 (a) की भाँति काउन्टर की आउटपुट में डिकोडिंग गेट संयोजित किये जा सकते हैं। ये इस प्रकार कनैक्ट किये जाते हैं कि गेट की आउटपुट केवल तब High (अथवा Low) होती है जब काउन्टर के content किसी विशेष स्टेट को प्रदर्शित करते हैं। गेट की आउटपुट High प्राप्त करने के लिए डिकोडर में एक AND गेट तथा आउटपुट Low प्राप्त करने के लिए NAND गेट प्रयुक्त किया जाता है। चित्र 10.6 में एक 3-बिट रिपल काउन्टर के साथ डिकोडिंग के लिए एक 3-इनपुट AND गेट प्रयुक्त किया गया है। इस अवस्था में यह काउन्टर स्टेट-7 (CBA = 111) को डिकोड करता है। चित्र 10.6 (b) में गेट की आउटपुट तरंगें प्रदर्शित की गई हैं।

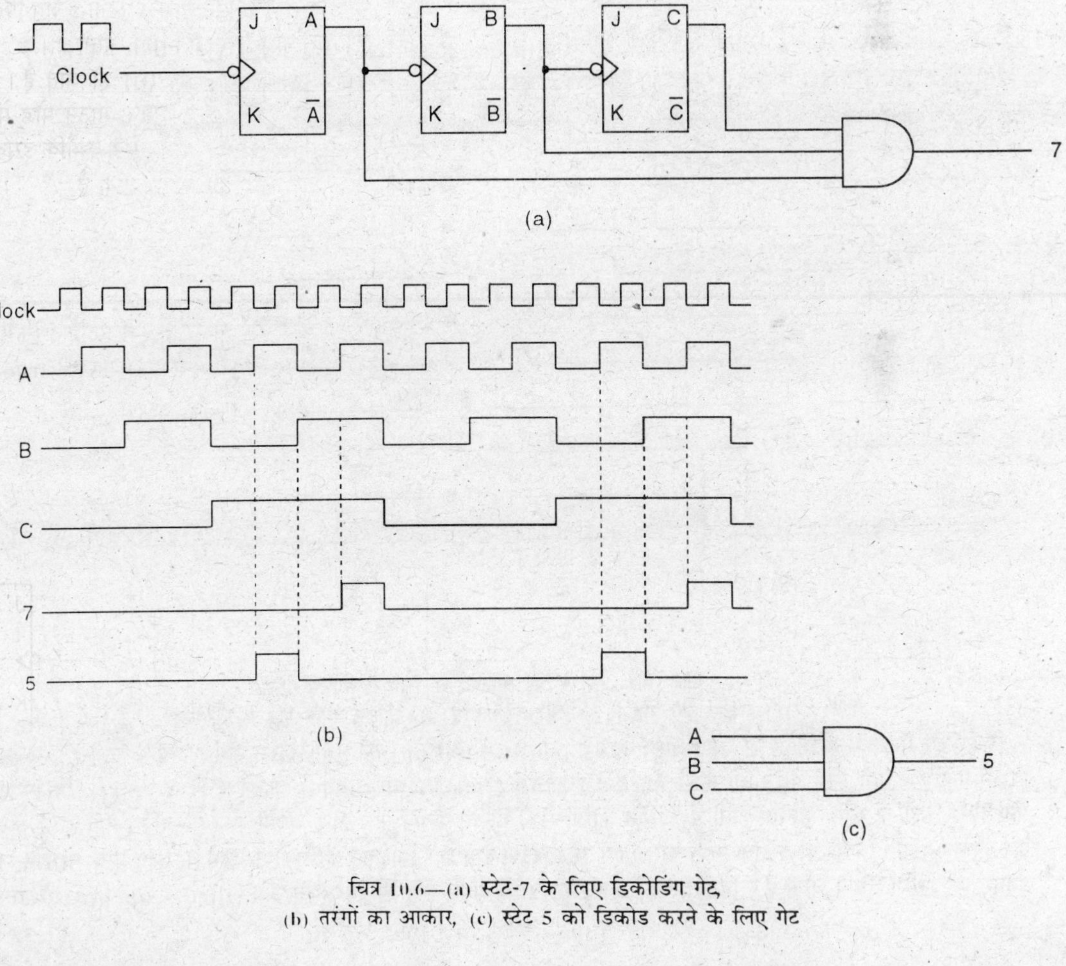

चित्र 10.6—(a) स्टेट-7 के लिए डिकोडिंग गेट, (b) तरंगों का आकार, (c) स्टेट 5 को डिकोड करने के लिए गेट

इसी प्रकार काउन्टर की अन्य सात स्टेट्स भी डिकोड की जा सकती हैं। उदाहरणतः स्टेट 5 को डिकोड करने के लिए Table 10.1 से CBA = 101 होना चाहिए। इस इनपुट पर गेट की आउटपुट High होने के लिए गेट इनपुट हमें $C, \overline{B}, A$ प्रयोग करना चाहिए। क्योंकि जब $B = 0$ तब $\overline{B} = 1$।

एक 3-बिट काउन्टर की सभी 8 स्टेट को डिकोड करने के लिए 8 AND गेट्स चित्र 10.7 (a) में प्रदर्शित किये गये हैं। चित्र 10.7 (b) में गेट्स की आउटपुट तरंगे काउन्ट-Up मोड में प्रदर्शित की गई हैं।

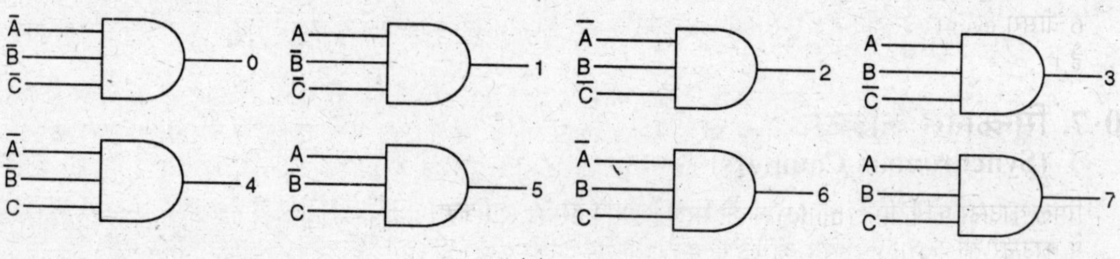

(a)

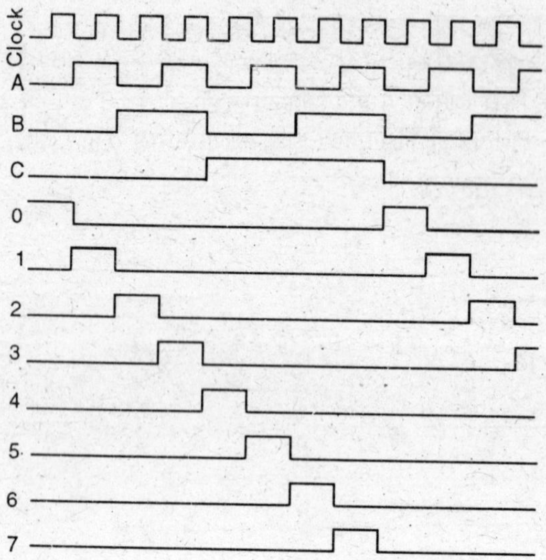

(b)

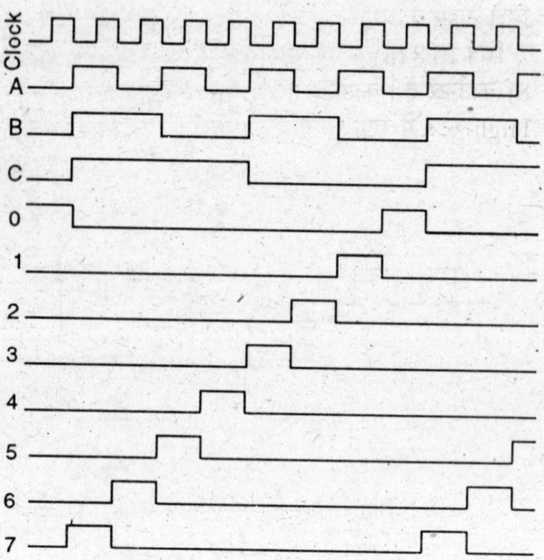

(c)

चित्र 10.7—(a) 3-बिट काउन्टर के लिए डिकोडिंग गेट्स,
(b) काउन्ट-अप मोड में आउटपुट तरंगाकार, (c) काउन्ट डाउन मोड में तरंगाकार

डिकोडिंग गेट की आउटपुट पर बहुत अल्प अवधि (short duration) की pulse उस समय उत्पन्न होती हैं जब काउन्टर के फ्लिप-फ्लॉप अपनी स्टेट परिवर्तित करते हैं। इन्हें स्पाईक्स (spikes) या glitches कहते हैं। यह spikes फ्लिप-फ्लॉप की प्रोपेगेशन डिले के कारण उत्पन्न होती हैं जिसके कारण सभी फ्लिप-फ्लॉप एक साथ अपनी स्टेट परिवर्तित नहीं करते अर्थात् कोई एक फ्लिप-फ्लॉप किसी भी क्लॉक पल्स पर अपनी स्टेट बदल देता है। स्पाइक्स को समाप्त करने के लिए प्रायः Strobed pulse इनपुट का प्रयोग किया जाता है। डिकोडर की आउटपुट पर ये पल्स एक विशेष समय क्रम (time sequence) में उत्पन्न होती

हैं तथा किसी भी डिजिटल प्रणाली के लिए कन्ट्रोल सिगनल की भाँति उपयोग में लाई जा सकती है। यदि 0 को प्रथम घटना (event) मानें तब स्टेट 1 दूसरी, स्टेट 2 तीसरी इत्यादि - - - - - - - स्टेट 7 तक अन्य घटनाऐ (events) होगीं। स्पष्ट है कि काउन्टर डेसीमल प्रणाली में 0 से 7 तक बढ़ते क्रम में (up wards) काउन्ट कर रहा है तथा पुनः 0 से प्रारम्भ कर देता है।

यदि ये आठ गेट्स, चित्र 10.5 में प्रदर्शित up-down काउन्टर से संयोजित किये जायें तब डिकोड की गई तरंगें ठीक, चित्र 10.7 (b) की भाँति होंगी, बशर्तें कि काउन्टर काउन्ट-अप मोड में प्रचालित हो। यदि काउन्टर को काउन्ट डाउन मोड में ऑपरेट किया जाये तब डिकोडेड तरंगों का आकार चित्र 10.7 (c) की भाँति होगा। इस स्थिति में 0, प्रथम event, स्टेट 7 दूसरा event, स्टेट 6 तीसरा event...इत्यादि है। स्पष्ट है कि काउन्टर 7 से 0 तक डेसीमल नोटेशन में काउन्ट करता है तथा पुनः 7 से प्रारम्भ करता है।

10·7. सिन्क्रोनस काउन्टर्स
(Synchronous Counters)

रिपल काउन्टर को निर्मित (build) करना सरल है, परन्तु उसकी अधिकतम प्रचालन आवृत्ति की एक सीमा होती है। रिपल काउन्टर्स में काउन्टर का settling समय अधिक होता है। प्रत्येक फ्लिप-फ्लॉप का अपना डिले टाइम होता है तथा फ्लिप-फ्लॉप serially संयोजित होने के कारण, settling टाइम सभी फ्लिप-फ्लॉप के डिले टाइम के योग के बराबर होता है। इसके अतिरिक्त डिकोडिंग गेट्स की आउटपुट में glitches उत्पन्न होने की सम्भावना रहती है। ये दोनो समस्यायें synchronous काउन्टर में हल हो जाती हैं। सिन्क्रोनस काउन्टर्स में सभी काउन्टर्स समानान्तर (parallel) में संयोजित होने के कारण settling टाइम एक फ्लिप-फ्लॉप के डिले टाइम के बराबर होता है जो asynchronous काउन्टर्स के सैटलिंग टाइम से काफी कम होता है

चित्र 10.8 (a) में एक समानान्तर बाइनरी (synchronous binary) काउन्टर, प्रदर्शित किया गया है। यह एक 3-बिट (MOD-8) काउन्टर है। काउन्टर में *JK* फ्लिप-फ्लॉप प्रयुक्त किये गये हैं। इस काउन्टर में प्रत्येक फ्लिप-फ्लॉप की *J* एवं *K* दोनों इनपुट High स्टेट में रखी जाती हैं जिससे कि फ्लिप-फ्लॉप क्लॉक पल्स के किसी भी निगेटिव ट्राँजिशन पर टॉगल (change state)

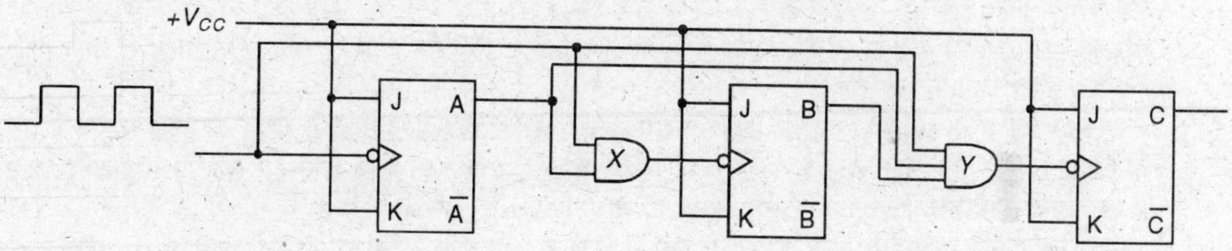

(a)

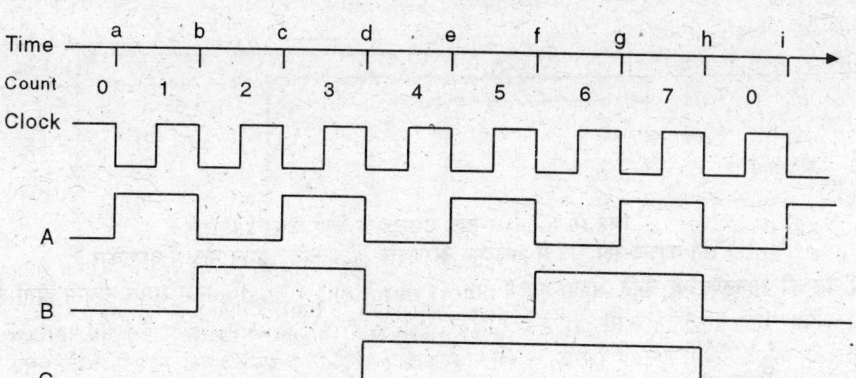

(b)

चित्र 10·8—मोड-8 सिन्क्रोनस बाइनरी काउन्टर

कर सके। काउन्टर में दो AND गेट्स X तथा Y भी संयोजित हैं। AND गेट्स, क्लॉक पल्स के साथ फ्लिप-फ्लॉप की आउटपुट को AND करते हैं तथा ANDed आउटपुट, अगले फ्लिप-फ्लॉप की क्लॉक इनपुट को ड्राइव करती है। यह लॉजिक प्रायः स्टीयरिंग (steering) लॉजिक कहलाता है क्योंकि प्रत्येक फ्लिप-फ्लॉप पर क्लॉक पल्स स्टीयर (steer) की जाती है।

TABLE 10.4—3 बिट सिन्क्रोनस काउन्टर की सत्य तालिका

(Truth Table of 3-bit synchronous Counter)

C	*B*	*A*	Count
0	0	0	0
0	0	1	1
0	1	0	2
0	1	1	3
1	0	0	4
1	0	1	5
1	1	0	6
1	1	1	7
0	0	0	

फ्लिप-फ्लॉप A को क्लॉक पल्स सीधे (directly) दी गई है। चूँकि JK फ्लिप-फ्लॉप क्लॉक के निगेटिव ट्रांजिशन पर उस समय अपनी स्टेट बदलते हैं जब J तथा K दोनों इनपुट High होती हैं अतः फ्लिप-फ्लॉप A क्लॉक के निगेटिव ट्रांजिशन पर अपनी स्टेट परिवर्तित करता है।

जब भी फ्लिप-फ्लॉप A की आउटपुट High होती है, AND गेट X enable हो जाता है तथा इस गेट (X) की आउटपुट (जो एक क्लॉक पल्स होती है) फ्लिप-फ्लॉप B की कलॉक इनपुट को प्राप्त होती है। इस प्रकार फ्लिप-फ्लॉप B प्रत्येक दूसरी (एक छोड़कर दूसरी, तीसरी छोड़कर चौथी) क्लॉक पल्स पर अपनी स्टेट परिवर्तित करता है। फ्लिप-फ्लॉप B के ट्रांजिशन, समय b, d, f तथा h (चित्र 10.8 b) पर होते हैं।

AND गेट Y के enable होने पर फ्लिप-फ्लॉप C को क्लॉक पल्स प्राप्त होती है; परन्तु यह तभी सम्भव है जब A तथा B दोनों High हों। चित्र 10.8 (b) के अनुसार यह स्थिति समय d तथा h पर प्राप्त होती है। अतः फ्लिप-फ्लॉप C, समय d तथा h पर अपनी स्टेट परिवर्तित करता है। यह प्रारम्भ से चौथी (fourth) क्लॉक पल्स है।

सत्य तालिका 10.4 एवं काउन्टर की C, B एवं A तरंगों से ज्ञात होता है कि यह काउन्टर Count-up मोड में कार्य करता है तथा 000 से 111 तक उत्तरोत्तर प्रगतिशील (progressive upward) चित्र 10.9 की भांति काउन्ट करता है।

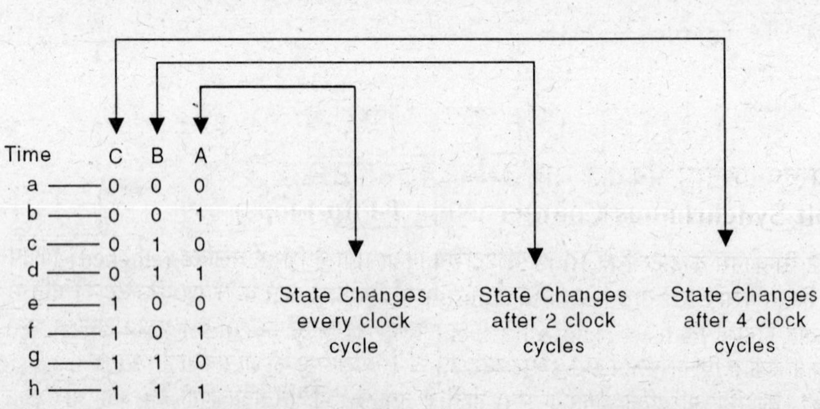

चित्र 10.9—3-बिट बाइनरी काउन्टर के progressive upwards काउन्ट

इस प्रकार यह काउन्टर बाइनरी 000 से 111 तक काउन्ट करता है जो कि डेसीमल प्रणाली में 0, 1, 2, 3, 4, 5, 6, तथा 7 के तुल्य है।

यह एक 3-बिट Mod-8 Synchronous बाइनरी काउन्टर है जो काउन्ट up मोड में प्रचालित होता है। अब प्रश्न यह है कि क्या इस काउन्टर मे glitches (spikes) की समस्या समाप्त हो गई है ? इस काउन्टर की तरंगे चित्र 10.10 में पुनः फैला कर बनाई गई हैं। इन तरंगों के सावधानी पूर्वक अध्ययन से ज्ञात होता है कि:

1. प्रत्येक फ्लिप-फ्लॉप का ट्रांजिशन निगेटिव क्लॉक से होता है।
2. अतः जब भी फ्लिप-फ्लॉप अपनी स्टेट परिवर्तित करता है, तब यह अन्य सभी फ्लिप-फ्लॉप के साथ टॉगल करता है, अर्थात सभी फ्लिप-फ्लॉप एक साथ (in synchronism) स्टेट बदलते हैं।
3. सभी फ्लिप-फ्लॉप की सिन्क्रोनिज्म में स्टेट परिवर्तन के कारण, डिकोडिंग गेट की आउटपुट पर glitch उत्पन्न होना सम्भव नहीं है। अतः डिकोडिंग गेट्स को स्ट्रोब करने की आवश्यकता नहीं है।

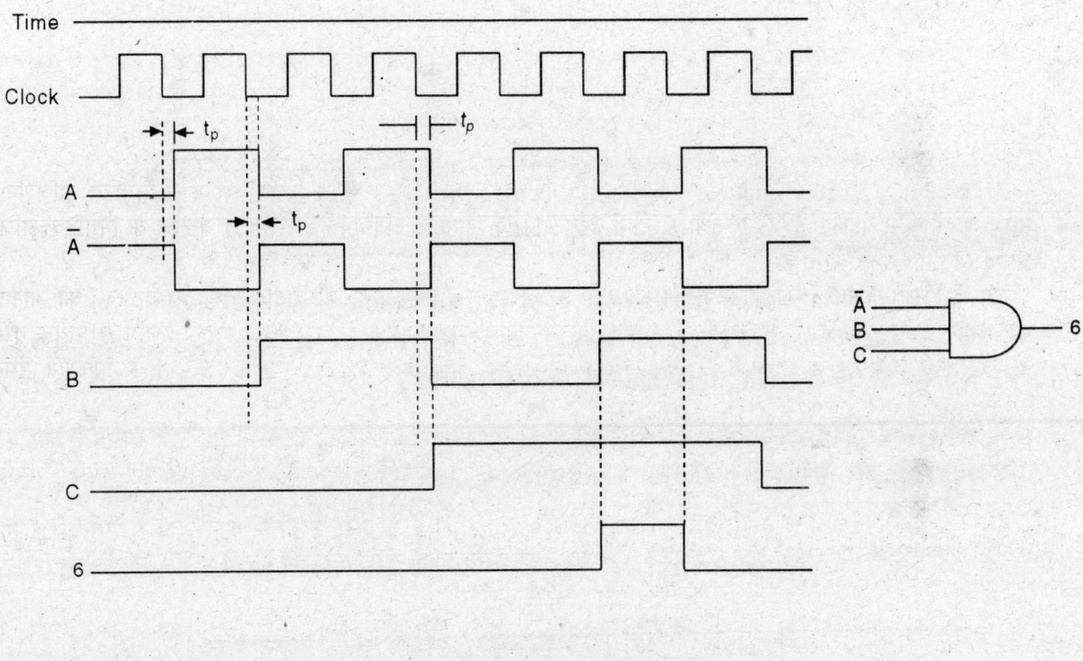

चित्र 10.10

10·8. T-फ्लिप-फ्लॉप प्रयुक्त कर 3-बिट सिन्क्रोनस काउन्टर
(3-bit Synchronous Counter using T-Flip-Flops)

एक 3-बिट सिन्क्रोनस काउन्टर चित्र 10.11 में प्रदर्शित किया गया है जिसमें क्लॉक्ड (clocked) फ्लिप-फ्लॉप प्रयुक्त किये गये हैं। सभी फ्लिप-फ्लॉप एक साथ (simultaneously) क्लॉक किये जाने के कारण काउन्टर की गति में वृद्धि होती है। तालिका 10.1 से ज्ञात होता है कि least significant फ्लिप-फ्लॉप की आउटपुट (state) प्रत्येक क्लॉक पल्स के साथ परिवर्तित होती है। यह क्रिया एक T फ्लिप-फ्लॉप द्वारा, इनपुट स्टेट $T_0 = 1$ पर सम्पन्न की जा सकती है। FF0, least significant फ्लिप-फ्लॉप है। जब Q_0 की स्टेट परिवर्तित होकर 1 से 0 होती है तब Q_1 भी परिवर्तित होती है। अतः यदि Q_0 को अगले फ्लिप-फ्लॉप (FF1) की T_1 इनपुट पर संयोजित किया जाये तब $Q_0 = 1$ होने पर Q_1 की स्टेट 1 से 0 अथवा 0 से 1 परिवर्तित होगी।

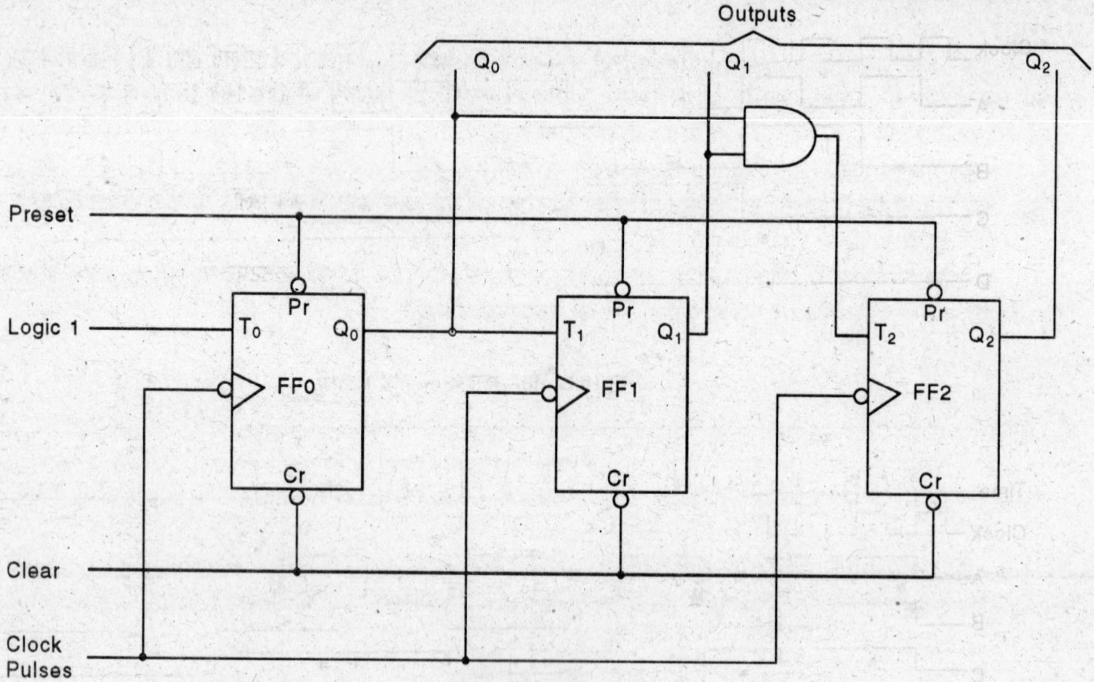

चित्र 10.11—T फ्लिप-फ्लॉप को प्रयुक्त कर 3-बिट सिन्क्रोनस काउन्टर निर्मित करना

इसी प्रकार जब Q_0 तथा Q_1 दोनों High होते हैं तब Q_2 भी परिवर्तित होती है। यह स्थिति most significant flip-flop (FF2) की इनपुट को $Q_1 . Q_0$ (Q_1 AND Q_0) देकर प्राप्त कर सकते हैं।

10·9. सिन्क्रोनस 4-बिट अप/डाउन काउन्टर (Synchronous 4-bit Up-Down Counter)

चित्र 10.12 (a) में एक 4-बिट parallel (synchronous) up-down काउन्टर प्रदर्शित किया गया है। पैरेलल काउन्टर में किसी भी फ्लिप-फ्लॉप का उसकी स्टेट परिवर्तित करने का समय उससे पहले संयोजित सभी फ्लिप-फ्लॉप की स्टेट पर निर्भर करता

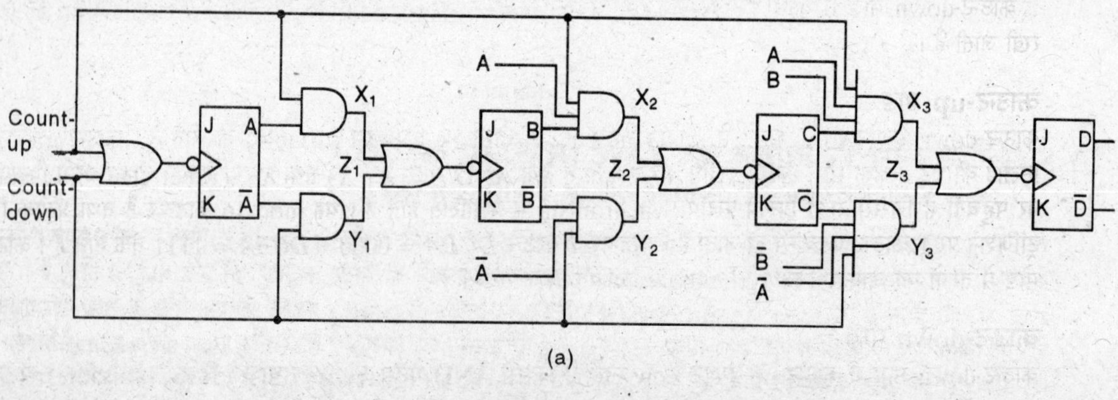

चित्र 10.12 (a)—4-बिट सिन्क्रोनस अप/डाउन काउन्टर का ब्लॉक डायग्राम,

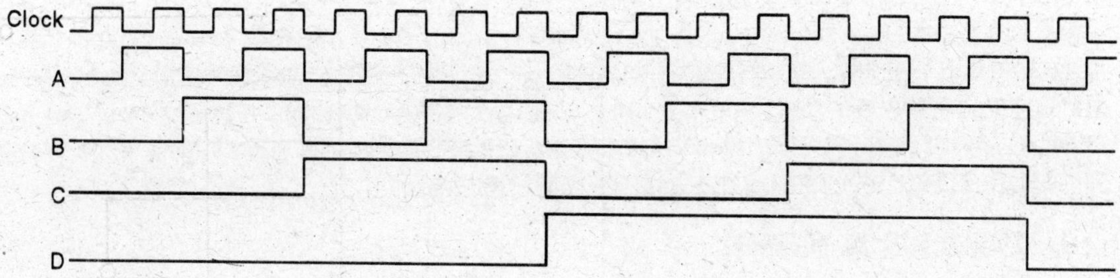

(b)

चित्र 10.12 (b)—काउन्ट-up मोड में तरंगें,

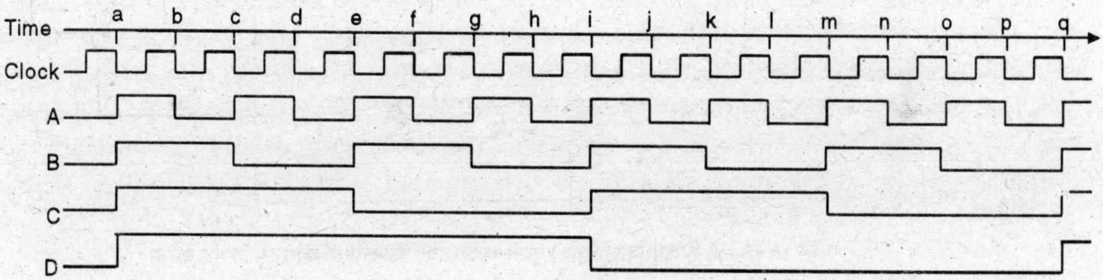

(c)

चित्र 10.12 (c)—काउन्ट-Down मोड में तरंगें

है। काउन्ट-up मोड में किसी फ्लिप-फ्लॉप को उस समय टॉगल करना चाहिए जब उससे पहले संयोजित सभी फ्लिप-फ्लॉप स्टेट 1 में होते हैं तथा क्लॉक ट्रांजिशन करती है। काउन्ट-down मोड में कोई भी फ्लिप-फ्लॉप उस समय टॉगल करता है जब अन्य सभी (previous) फ्लिप-फ्लॉप '0' स्टेट में होते हैं।

चित्र 10.12 में प्रदर्शित up-down काउन्टर को काउन्ट up मोड में प्रचालित (operate) करने के लिये सिस्टम क्लॉक काउन्ट-up इनपुट पर दी जाती है तथा इस अवधि में काउन्ट-down इनपुट को Low रखा जाता है।

काउन्ट-down मोड में ऑपरेशन के लिए सिस्टम क्लॉक काउन्ट-down इनपुट पर दी जाती है तथा काउन्ट-up इनपुट Low रखी जाती है।

काउन्ट-up मोड

काउन्ट-down इनपुट Low रखने से AND गेट्स Y_1, Y_2 तथा Y_3 डिसेबिल (disable) हो जाते हैं। काउन्ट-up इनपुट पर एप्लाई की गई क्लॉक सीधे फ्लिप-फ्लॉप A पर जाती है तथा AND गेट्स X_1, X_2 तथा X_3 से Steer होकर अन्य फ्लिप-फ्लॉप पर पहुँचती हैं जिससे सभी फ्लिप-फ्लॉप Synchronism में प्रचालित होते हैं। यह mod-16 काउन्टर है तथा प्रत्येक निगेटिव ट्रांजिशन पर 1 काउन्ट एडवान्स हो जाता है। काउन्टर के काउन्ट $DCBA = 0000$ से $DCBA = 1111$ तक होते हैं। काउन्ट-up मोड में तरंगों का आकार, चित्र 10.12 (b) में प्रदर्शित किया गया है।

काउन्ट-down मोड

काउन्ट-down मोड में काउन्ट-up इनपुट Low रहती है जिससे AND गेट्स X_1, X_2 तथा X_3 डिसेबल (disable) हो जाते हैं। काउन्ट-down इनपुट पर एप्लाई की गई क्लॉक पल्स सीधे फ्लिप-फ्लॉप A पर पहुँचती है तथा AND गेट्स Y_1, Y_2 एवं Y_3 से steer होकर अन्य फ्लिप-फ्लॉप को प्राप्त होती है। चित्र 10.12 (c) में काउन्टर की काउन्ट-down मोड में तरंगों का आकार

प्रदर्शित किया गया है। फ्लिप-फ्लॉप A प्रत्येक निगेटिव क्लॉक ट्रांजिशन पर टॉगल करता है। जब भी $\overline{A}$ High होता है तब AND गेट Y_1 enable हो जाता है तथा फ्लिप-फ्लॉप *B* क्लॉक ट्रांजिशन के साथ समय, *a, c, e, g....* पर टॉगल करता है। जब $\overline{A}$ तथा $\overline{B}$ दोनों High होते हैं तब AND गेट Y_2 ऐनेबल (enable) होता है तथा क्लॉक पल्स steer होकर फ्लिप-फ्लॉप *C* पर समय, *a, e, i, m* तथा *q* पर पहुँचती है एवं यह (फ्लिप-फ्लॉप *C*) टॉगल करता है। इसी प्रकार AND गेट Y_3 फ्लिप-फ्लॉप *D* को केवल उस समय पल्स देता है जब $\overline{A}, \overline{B}$ तथा $\overline{C}$ तीनों High होते हैं। अतः फ्लिप-फ्लॉप *D* समय *a* एवं *i* पर टॉगल करता है। चित्र 10.12 (c) से स्पष्ट है कि काउन्टर काउन्ट-down मोड में प्रचालित होता है तथा प्रारम्भिक काउन्ट 1111 से एक समय में एक काउन्ट परिवर्तित होकर अन्त में 0000 तक काउन्ट करता है।

10·10. डिवाइड बाई N काउन्टर्स (Divide by N Counters)

काउन्टर में प्रयुक्त फ्लिप-फ्लॉप की संख्या (*n*) द्वारा काउन्टर का मॉडुलस (2^n) ज्ञात होता है। उदाहरणतः mod-2 काउन्टर बनाने के लिए केवल एक फ्लिप-फ्लॉप की आवश्यकता है; चार फ्लिप-फ्लॉप के काउन्टर का मॉडुलस 16 होता है। इसी प्रकार एक 3 फ्लिप-फ्लॉप बाइनरी काउन्टर का मॉडुलस $2^3 = 8$ होता है, इस प्रकार हम 2, 4, 8, 16, 32 इत्यादि natural count के काउन्टर फ्लिप-फ्लॉप की उपयुक्त संख्या प्रयुक्त कर बना सकते हैं। परन्तु अनेक काउन्टिंग प्रक्रियाओं में 2^n से अन्यथा (other than 2^n) मॉडुलस के काउन्टर की आवश्यकता होती है। उदाहरणतः mod-3, mod-5, mod-10 काउन्टर्स। एक निम्न मॉडुलस (smaller modulus) का काउन्टर, एक अधिक मॉडुलस के काउन्टर से, उसकी कुछ अवस्थाओं (states) को छोड़ कर (skip) बनाया जा सकता है। उदाहरणतः मॉडुलस-3 का काउन्टर दो फ्लिप-फ्लॉप वाले (mod-4) के काउन्टर से बनाया जा सकता है। इसके लिये उसकी किसी एक अवस्था को छोड़ना होगा। यह 2 फ्लिप-फ्लॉप वाला mod-3 काउन्टर divide by 3 काउन्टर कहलाता है (चित्र 10.13)। इसमें एक क्लॉक इनपुट तथा दो आउपुट *A* एवं *B* है। प्रत्येक आउटपुट तरंग की आवृत्ति कलॉक आवृत्ति का 1/3 है। इसकी सत्य तालिका Table 10.5 में दी गई है।

TABLE 10.5—Mod-3 काउन्टर की सत्य तालिका

B	*A*	Count
0	0	0
0	1	1
1	0	2
0	0	0

ये modified count वाले काउन्टर्स कहलाते हैं। डिवाइड बाई N काउन्टर बनाने के लिये सर्वप्रथम आवश्यक (needed) फ्लिप-फ्लॉप की संख्या ज्ञात की जाती है। फ्लिप-फ्लॉप की उचित संख्या निम्नतम उस 2^n द्वारा निश्चित होती है जो कि आवश्यक काउन्ट (N) से अधिक होती है।

उदाहरणतः mod-5 काउन्टर के लिये 3 फ्लिप-फ्लॉप की आवश्यकता होगी (क्योंकि $2^3 > 5 > 2^2$)। इसी प्रकार mod-10 काउन्टर के लिये चार फ्लिप-फ्लॉप की आवश्यकता होती है।

एक *n* फ्लिप-फ्लॉप वाले काउन्टर से mod-N का काउन्टर बनाने के लिये $2^n - N$ स्टेट छोड़नी पड़ती है। छोड़ी जाने वाली अवस्थायें 2^n में से कोई भी हो सकती हैं।

Mod-N (divide/N) काउन्टर बनाने के लिये कुछ अवस्थायें छोड़ने की सबसे सरल विधि किसी फ्लिप-फ्लॉप से, उससे संयोजित पहले किसी फ्लिप-फ्लॉप को फीडबैक देना है। माना

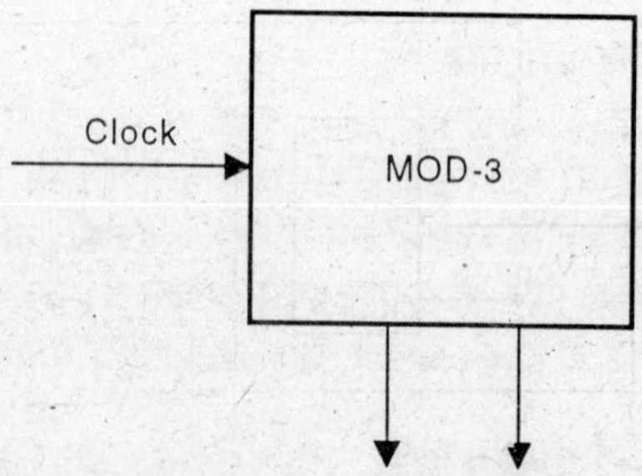

चित्र 10.13—mod-3 काउन्टर

हमें 3-फ्लिप-फ्लॉप वाले काउन्टर से mod-7 का काउन्टर बनाना है तब हमें केवल $2^3 - 7 = 1$ काउन्ट छोड़ना होगा। इसी प्रकार mod-9 काउन्टर के लिए न्यूनतम 4 फ्लिप-फ्लॉप की आवश्यकता है क्योंकि चार फ्लिप-फ्लॉप वाले काउन्टर का natural count 16 है जो 9 से बड़ा है।

एक अकेले फ्लिप-फ्लॉप का natural count 2 होता है; अतः एक फ्लिप-फ्लॉप को प्रयुक्त कर हम mod-2 काउन्टर बना सकते हैं। तथापि 2 फ्लिप-फ्लॉप वाले काउन्टर का natural count 4 है। एक काउन्ट छोड़ने पर mod-3 काउन्टर प्राप्त होता है। अतः 2 फ्लिप-फ्लॉप प्रयुक्त कर mod-4 अथवा mod-3 काउन्टर निर्मित किया जा सकता है।

उदाहरण 10.2—चार फ्लिप-फ्लॉप प्रयुक्त कर किस-किस मोड के काउन्टर्स बनाये जा सकते हैं?

हल : चार फ्लिप-फ्लॉप वाले काउन्टर का natural count 16 है। अतः हम इनसे 2 से 16 तक किसी भी मोड के काउन्टर बना सकते हैं। हम इस काउन्टर को केवल 16 से 9 मोड तक के काउन्टर्स बनाने के लिए प्रयोग करते हैं क्योंकि 8 से कम मोड के लिए केवल 3 फ्लिप-फ्लॉप की आवश्यकता है तथा 4 से कम के लिए केवल 2 फ्लिप-फ्लॉप की आवश्यकता है।

मोडिफाइड काउन्ट (modified) काउन्ट के काउन्टर्स बनाने की अनेक विधियाँ है। काउन्टर asynchronous, synchronous अथवा इन दोनों का संयोजन (combination) हो सकता है। इसके अतिरिक्त यह भी विचार करना होता है कि कौन सी काउन्ट स्किप (skip) की जाये?

10·11. मोड-3 काउन्टर
(MOD-3 Counter)

चित्र 10.14 (a) में दो फ्लिप-फ्लॉप प्रयुक्त कर मोड-3 काउन्टर बनाने की विधि प्रदर्शित की गई है। चूँकि 2 फ्लिप-फ्लॉप वाले काउन्टर का natural काउन्ट 4 है अतः यह काउन्टर एक स्टेट स्किप कर सकता है। काउन्टर की तरंगों का आकार चित्र 10.14 (b) में प्रदर्शित किया गया है। चित्र से स्पष्ट है यह काउन्टर 00, 01, 10 क्रम में उत्तरोत्तर (progressively) काउन्ट करता है तथा पुनः 00 पर आ जाता है। स्पष्ट है कि यह काउन्ट 11 स्किप करता है। काउन्टर की कार्य-प्रणाली निम्न प्रकार है :

1. टाइम लाइन पर बिन्दु a से पहले, $A = 0$ तथा $B = 0$। बिन्दु a पर निगेटिव कलॉक ट्रांजिशन का निम्न प्रभाव होगा :
   (a) फ्लिप-फ्लॉप A. 1 पर टॉगल (Toggle to a 1) करता है क्योंकि इसकी J तथा K इनपुट High हैं।
   (b) फ्लिप-फ्लॉप B '0' पर रिसैट होता है क्योंकि इसकी J इनपुट Low तथा K इनपुट High हैं।
2. टाइम लाइन पर बिन्दु b से पहले, $A = 1$ तथा $B = 0$। अतः b पर निगेटिव क्लॉक ट्रांजिशन का निम्न प्रभाव होगा:
   (a) फ्लिप-फ्लॉप A '0' पर टॉगल करता है क्योंकि इसकी J तथा K इनपुट High हैं।
   (b) फ्लिप-फ्लॉप B, 1 पर टॉगल करता है क्योकि इसकी J तथा K इनपुट High हैं।
3. टाइम लाइन पर बिन्दु c से पहले $A = 0$ तथा $B = 1$, अतः बिन्दु C पर निगेटिव क्लॉक ट्रांजिशन का निम्न प्रभाव होगा:
   (a) A '0' पर रिसैट होता है (यह पहले से ही 0 है), क्योंकि इसकी J इनपुट Low तथा K इनपुट High है।
   (b) B '0' पर रिसैट होता है क्योंकि इसकी J इनपुट Low तथा K इनपुट High है।
4. इस प्रकार काउन्टर अपनी तीनों स्टेट्स से गुजरता है तथा प्रत्येक क्लॉक ट्रांजिशन पर एक काउन्ट एडवांस करता है।

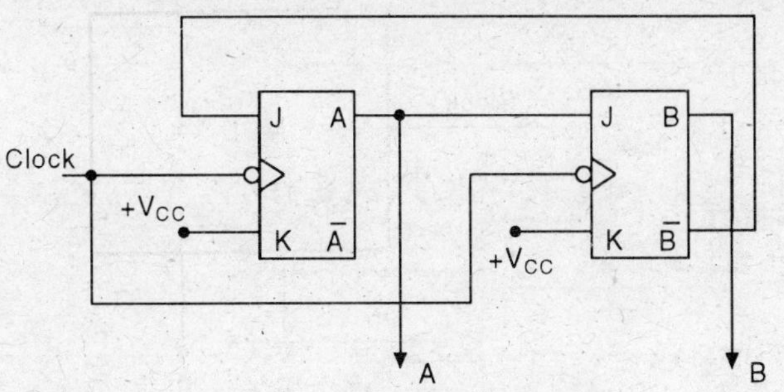

(a) Logic diagram

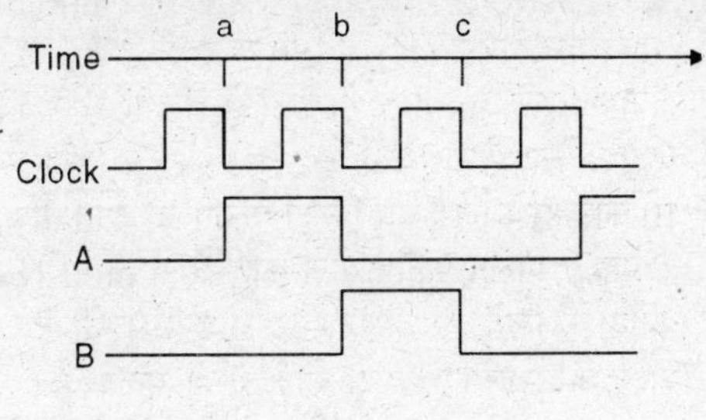

(b) Waveforms

चित्र 10·14—(a) मोड-3 काउन्टर का लॉजिक डायग्राम (b) तरंगाकार

B	A	Count
0	0	0
0	1	1
1	0	2
0	0	0

(c) Truth table

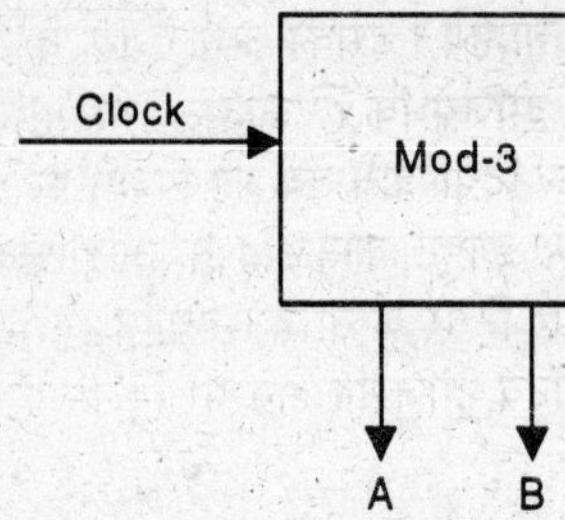

(d) Logic block

चित्र 10.14—मोड-3 काउन्टर (C) सत्यतालिका (d) लॉजिक ब्लॉक

इस 2-फ्लिप-फ्लॉप वाले mod-3 काउन्टर में एक क्लॉक इनपुट तथा आउटपुट A तथा B होती हैं। यह divide-by 3 काउन्टर भी कहलाता है क्योंकि आउटपुट A अथवा B पर, तरंग का आवर्तकाल (period) क्लॉक आवृत्ति का 3 गुना है। दूसरे शब्दों में काउन्टर क्लॉक फ्रीक्वैन्सी को 3 से भाग देता है। यह एक सिन्क्रोनस काउन्टर है क्योंकि दोनों फ्लिप-फ्लॉप क्लॉक के सिन्क्रोनिज्म में स्टेट परिवर्तित करते हैं।

10·12. मोड-5 काउन्टर (MOD-5 Counter)

चित्र 10.15 (a) में प्रदर्शित काउन्टर में 3 फ्लिप-फ्लॉप प्रयोग किये गये हैं। इसकी नेचुरल काउन्ट 8 है परन्तु इस परिपथ में यह इस प्रकार संयोजित है कि यह काउन्ट '8' छोड़ देता है। यह 000 से 100 तक काउन्ट करता है। इस प्रकार यह mod-5 काउन्टर है। चित्र 10.15 (b) में इसका तरंगाकार दिया गया है तथा इसके ऑपरेशन, सत्य तालिका 10.6 में दिये गये हैं।

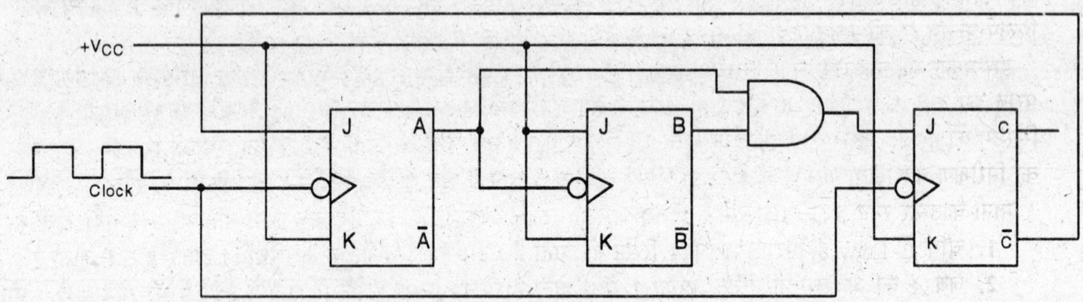

(a)

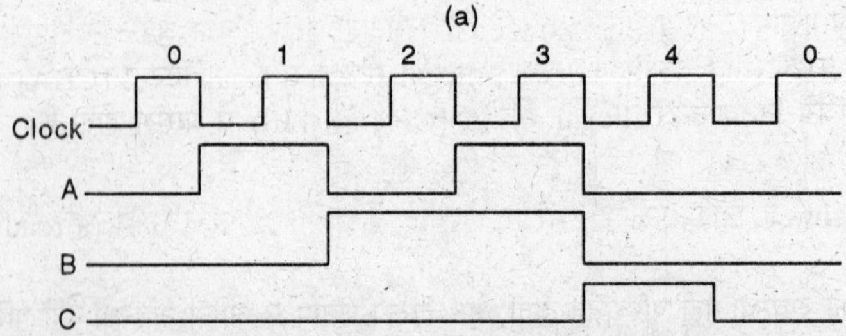

(b)

चित्र 10.15—(a) मोड-5 काउन्टर, (b) मोड-5 काउन्टर की तरंगों का आकार

काउन्टर की तरंगों से ज्ञात होता है कि फ्लिप-फ्लॉप A काउन्ट 4 से 0 पर ट्रांजिशन के अतिरिक्त प्रत्येक निगेटिव क्लॉक ट्रांजिशन पर अपनी अवस्था परिवर्तित करता है। अतः फ्लिप-फ्लॉप A को क्लॉक द्वारा ट्रिगर किया जाना चाहिये तथा काउन्ट 4 पर inhibit प्रदर्शित करना चाहिये। इसका अर्थ है कि काउन्ट 4 से 0 पर ट्रांजिशन के समय फ्लिप-फ्लॉप A को कोई सिगनल दिया जाना चाहिये। ध्यान दीजिये कि $\overline{C}$ काउन्ट 4 के अतिरिक्त अन्य सभी काउन्ट पर High है। यदि $\overline{C}$ को फ्लिप-फ्लॉप A की J इनपुट पर संयोजित कर दिया जाये तब यह फ्लिप-फ्लॉप A के लिये काउन्ट 4 पर inhibit सिगनल का कार्य करेगा क्योंकि फ्लिप-फ्लॉप A की J तथा K इनपुट, काउन्ट 4 के अतिरिक्त अन्य सभी काउन्ट पर true (real) हैं अतः फ्लिप-फ्लॉप क्लॉक के प्रत्येक बार निगेटिव होने पर ट्रिगर करता है। तथापि (however) काउन्ट 4 के समय चूँकि J इनपुट Low हो जाती है अतः अगले (next) क्लॉक के निगेटिव ट्रांजिशन होने पर फ्लिप-फ्लॉप A सैट नहीं होगा।

TABLE 10.6—मोड-5 काउन्टर की सत्य तालिका

C	B	A	Count
0	0	0	0
0	0	1	1
0	1	0	2
0	1	1	3
1	0	0	4
0	0	0	0

काउन्टर की तरंगों (चित्र 10.15 b) से ज्ञात होता है कि फ्लिप-फ्लॉप B, फ्लिप-फ्लॉप A की आउटपुट A निगेटिव होने पर अपनी स्टेट परिवर्तित करता है। अतः फ्लिप-फ्लॉप B की क्लॉक, इनपुट A द्वारा ड्राइव होती है (चित्र 10.15 a)। यदि फ्लिप-फ्लॉप C उस समय ट्रिगर होता है जब J इनपुट Low तथा K इनपुट High होती है तब प्रत्येक क्लॉक पल्स फ्लिप-फ्लॉप को reset करती है। अब, यदि J इनपुट केवल काउन्ट 3 के समय High है तब C, काउन्ट 4 के समय High, तथा अन्य काउन्ट पर Low होगा। J इनपुट ड्राइव करने के लिये फ्लिप-फ्लॉप A तथा B को परस्पर AND कर उचित लॉजिक स्तर प्राप्त किया गया है। चूँकि A तथा B केवल काउन्ट 3 के समय High होते हैं अतः फ्लिप-फ्लॉप C की इनपुट J केवल काउन्ट 3 पर ही High होगी। अतः जब क्लॉक, काउन्ट 3 से 4 पर ट्रांजिशन के मध्य निगेटिव होती है तब फ्लिप-फ्लॉप C सैट हो जाता है। अन्य सभी क्षणों पर फ्लिप-फ्लॉप C की J इनपुट Low होती है तथा यह reset स्टेट में ही रहता है।

इस प्रकार यह काउन्टर अपने सामान्य ऑपरेशन में स्टेट 5, 6 तथा 7 छोड़ देता है। अतः यह mode-5 काउन्टर है। परन्तु इस बात की काफी सम्भावना है कि काउन्टर इन छोडी गई (omitted or illegal) अवस्था में उस समय सैट हो जाये जब सिस्टम को पहली बार सप्लाई दी जाये। अतः यह अवश्यक है कि काउन्टर का इन (illegal) अवस्थाओं से प्रारम्भ होने पर ऑपरेशन का निरीक्षण कर लिया जाय, जिससे काउन्टर का सामान्य काउन्टिंग क्रम में प्रचालन सुनिश्चित किया जा सके।

माना काउन्टर स्टेट 5 (= 101) में है। जब अगली क्लॉक पल्स Low होती है, तब निम्न प्रक्रिया (events) होती है:

1. चूँकि $\overline{C}$ Low है, फ्लिप-फ्लॉप A रिसेट हो जाता है। इस प्रकार A की स्टेट परिवर्तित होकर 1 से 0 होती है।
2. जब A की अवस्था परिवर्तित होकर 1 से 0 होती है, फ्लिप-फ्लॉप B ट्रिगर होता हे तथा B की स्टेट 0 से 1 होती है।
3. चूँकि फ्लिप-फ्लॉप C का J इनपुट Low है, यह रिसैट हो जाता है तथा अपनी स्टेट परिवर्तित कर 1 से 0 पर आ जाता है।
4. इस प्रकार काउन्टर एक क्लॉक के पश्चात् illegal स्टेट 5 से lagal स्टेट 2 (CBA) =010 पर पर आ जाता है।

अब विचार कीजिये कि काउन्टर illegal स्टेट 6 (CBA = 110) से प्रारम्भ होता है। अगली क्लॉक ट्रांजिशन पर निम्न ऑपरेशन होते हैं:

1. चूँकि $\overline{C}$ Low है, फ्लिप-फ्लॉप A रिसैट हो जाता है। चूँकि A पहले से ही (already) शून्य (0) पर है, यह 0 पर ही रहता है।
2. चूँकि A की अवस्था नहीं परिवर्तित होती, अतः फ्लिप-फ्लॉप B अपनी अवस्था नहीं परिवर्तित करता तथा 0 पर रहता है।
3. चूँकि फ्लिप-फ्लॉप C को J इनपुट Low है, फ्लिप-फ्लॉप C रिसैट होता है तथा C, परिवर्तित होकर 1 से 0 आ जाता है।

4. इस प्रकार एक क्लॉक ट्रांजिशन के पश्चात् illegal स्टेट 6 से legal state 2 पर आ जाता है।

अन्त में माना काउन्टर illegal स्टेट 7 ($CBA = 111$) से काउन्टिंग प्रारम्भ करता है। अगली निगेटिव कलॉक ट्रांजिशन पर निम्न ऑपरेशन होते हैं:

1. चूँकि $\overline{C}$ Low है, फ्लिप-फ्लॉप A रिसैट हो जाता है तथा A अपनी अवस्था परिवर्तित कर 1 से 0 आता है।

2. चूँकि A, 1 से 0 पर परिवर्तित होता है, फ्लिप-फ्लॉप B ट्रिगर करता है तथा B , 1 से 0 पर परिवर्तित आता है।

3. फ्लिप-फ्लॉप C को J इनपुट High है, अतः फ्लिप-फ्लॉप C, 1 से 0 पर टॉगल करता है।

4. इस प्रकार एक क्लॉक ट्रांजिशन के पश्चात् काउन्टर illegal काउन्ट 7 से legal count 0 आता है।

इस प्रकार इन तीन illegal स्टेट्स के कारण फ्लिप-फ्लॉप के प्रचालन में कोई त्रूटि नहीं आती है तथा यह स्वतः (automatically), किसी भी illegal स्टेट से एक क्लॉक ट्राजिशन के पश्चात् उपयुक्त (proper) काउन्ट प्रदर्शित करता है।

10·13. उच्च मॉडुलस के काउन्टर बनाना (Constructing higher Modulus Counters)

अधिक (higher) मॉडुलस के काउन्टर बनाने की सामान्य विधि कम मॉडुलस के काउन्टरों को end-to-end प्रयोग करना है। उदाहरणतः एक mod-13 काउन्टर को mod-6 काउन्टर से ड्राइव करने पर mod-78 ($13 \times 6 = 78$) काउन्टर प्राप्त होता है। इसी प्रकार mod-3 काउन्टर को मोड-2 काउन्टर के साथ प्रयोग करने पर mod-6 काउन्टर प्राप्त होता है। इसी प्रकार mod-12 काउन्टर निम्न मोड के काउन्टर प्रयुक्त कर किसी भी प्रकार बनाया जा सकता है:

(i) $2 \times 2 \times 3$

(ii) 4×3

(iii) 2×6

एक mod-5 तथा दूसरा mod-2 काउन्टर प्रयुक्त कर 5×2 अथवा 2×5 अर्थात् mod-10 (डिकेड काउन्टर) बनाया जा सकता है।

10·14. डिकेड काउन्टर (mod-10 काउन्टर) (Decade or Mod-10 Counter)

डिकेड काउन्टर mod-10 काउन्टर है। यह एक mod-5 तथा दूसरा mod-2 काउन्टर प्रयुक्त कर बनाया जा सकता है। मापन यन्त्रों में प्रयुक्त काउन्टों में डिकेड काउन्टर (या डेसीमल काउन्टर) एक अत्यन्त महत्वपूर्ण काउन्टर है। चित्र 10.16 (a) में एक डिकेड काउन्टर प्रदर्शित किया गया है। इसमें एक mod-5 काउन्टर तथा इसके साथ एक अन्य फ्लिप-फ्लॉप (D) प्रयुक्त किया गया है। इस प्रकार यह 2×5 कानफिगुरेशन में संयोजित है। काउन्टर में तरंगाकार चित्र 10.16 (b) तथा सत्य तालिका, Table 10.7 में दी गई है।

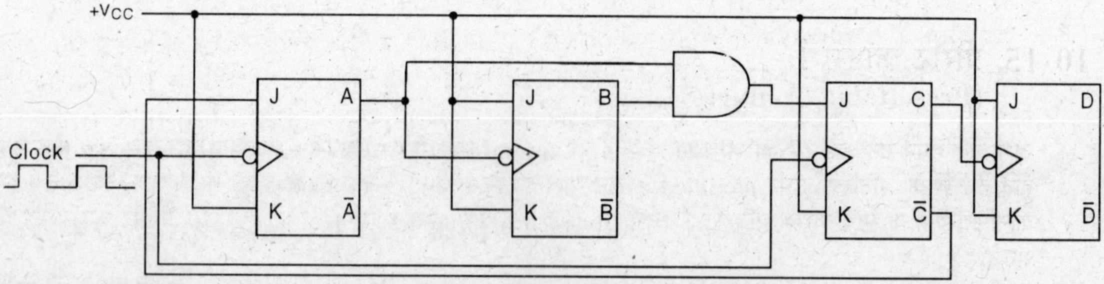

(a)

चित्र 10.16—(a) डिकेड काउन्टर का लॉजिक डायग्राम

डिकेड काउन्टर की 10 निश्चित अवस्थाएँ (discrete states) होती हैं। यह काउन्टर बाइनरी क्रम में 0000 से 1001 तक तथा पुनः 0000 तक काउन्ट करता है।

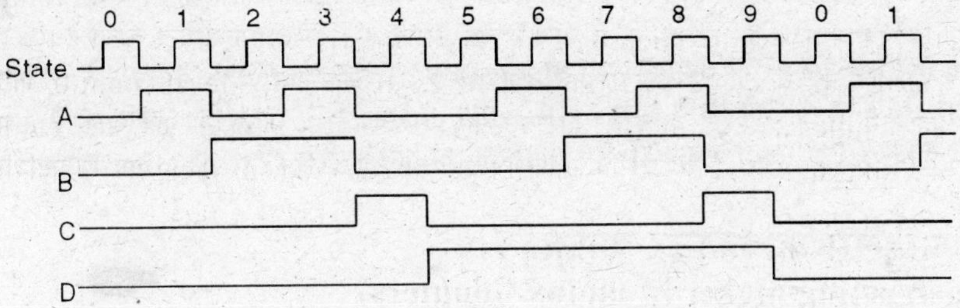

चित्र 10.16—(b) डिकेड काउन्टर में तरंगों का आकार

TABLE 10.7—डिकेड काउन्टर की सत्य तालिका

D	*C*	*B*	*A*	State
0	0	0	0	0
0	0	0	1	1
0	0	1	0	2
0	0	1	1	3
0	1	0	0	4
1	0	0	0	5
1	0	0	1	6
1	0	1	0	7
1	0	1	1	8
1	1	0	0	9
0	0	0	0	0

10·15. प्रीसैट काउन्टर्स (Presettable Counters)

अभी तक हमने उन काउन्टर्स का अध्ययन किया है जो natural बाइनरी क्रम, काउन्ट-up अथवा काउन्ट down मोड में प्रचालित होते हैं। इसके अतिरिक्त हमने modified काउन्ट वाले काउन्टर्स mod-3 तथा mod-5 का भी अध्ययन किया है। इन बेसिक कॉनफिगुरेशन के साथ बेसिक यूनिटों को कास्केड (cascade) कर mod 2, 3, 4, 5, 6, 8, 9, 10 इत्यादि के काउन्टर बनाये जा सकते हैं।

प्रीसेट (Preset) काउन्टर वह काउन्टर है जिसे किसी काउन्ट के लिये प्रीसैट किया जा सकता है। उदाहरणतः किसी प्रीसैट संख्या को काउन्ट करने के बाद काउटिंग बन्द करना अथवा किसी प्रीसैट संख्या से प्रारम्भ कर down शून्य तक काउन्ट करना। इस प्रकार प्रीसैट काउन्टर्स परिवर्ती मॉडुलस काउन्टर्स (variable modulus counters) है।

TTL MSI में उपलब्ध लगभग सभी प्रीसैटेबिल काउन्टर्स 4 फ्लिप-फ्लॉप (प्रायः मास्टर-स्लेव *JK* टाइप) प्रयुक्त कर बनाये जाते हैं तथा ये सामान्यतः 4-बिट काउन्टर कहलाते हैं। ये synchronous अथवा asynchronous हो सकते है।

प्रीसैट काउन्टर्स ICs में TTL MSI 74161 एक अत्यन्त उपयोगी चिप है। यह एक 4-फ्लिप-फ्लॉप बाइनरी काउन्टर है अतः इसकी 16 सम्भव अवस्थायें 0, 1, 2, 3,..., 14, 15 हैं। इसका लॉजिक डायग्राम चित्र 10.17 में प्रदर्शित है। काउन्टर की आउटपुट 4 बाइनरी डिजिट Q_0, Q_1, Q_2, तथा Q_3 द्वारा प्रदर्शित होती हैं। टर्मिनल काउन्ट (TC) आउटपुट, काउन्टर की केवल स्टेट 15 में High होती है।

काउन्टर की इनपुट में एक क्लॉक इनपुट (CP), तथा parallel इनपुट P_0, P_1, P_2 तथा P_3 हैं, इनका प्रयोग काउन्टर को किसी वांछित मान पर सैट करने के लिए किया जाता है। Parallel enable $\overline{\text{PE}}$, parallel इनपुट को enable करती है। तीन अन्य विशेष कन्ट्रोल इनपुट CEP, CET तथा $\overline{\text{MP}}$ हैं। सामान्यतः इन तीन कन्ट्रोल इनपुट को High लॉजिक स्तर $+V_{cc}$ पर रखा जाता है।

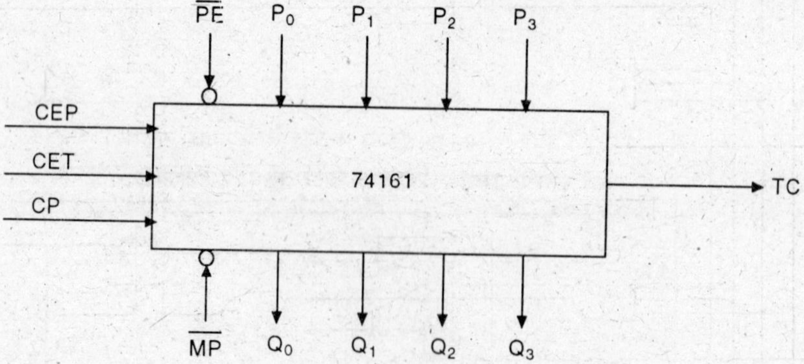

चित्र 10.17—4-बिट प्रीसैट काउन्टर (Preseitabe counter)

जब $\overline{\text{PE}}$, High होता है तब काउन्टर सामान्य बाइनरी क्रम में काउन्टिंग करता है तथा आउटपुट टर्मिनलों Q_0, Q_1, Q_2, तथा Q_3 पर प्रत्येक निगेटिव क्लॉक ट्रांजिशन के समय 1 काउन्ट एडवांस होता है। इस मोड में यह एक सामान्य 8421 बाइनरी काउन्टर की भाँति व्यवहार करता है, आउटपुट 'TC' High होती है अतः जब $Q_0 = Q_1 = Q_2 = Q_3 = 1$ तब इसे (TC को) parallel enable इनपुट $\overline{\text{PE}}$ को एक्टीवेट कर काउन्टर को parallel इनपुट P_0, P_1, P_2, तथा P_3 पर उपलब्ध बाइनरी संख्या पर प्रीसैट करने के लिये प्रयुक्त किया जा सकता है। इस स्थिति में आउटपुट TC को parallel enable इनपुट $\overline{\text{PE}}$ से एक इनवर्टर द्वारा संयोजित किया जाता है।

10·16. प्रीसेटेबिल काउन्टर 54/74163 (Presettable Counter 54/74163)

54/74163 सिन्क्रोनस 4-बिट काउन्टर का पिन-आउट तथा लॉजिक डायग्राम चित्र 10.18 में दिया गया है। काउन्टर को पावर $(+V_{cc})$ पिन 16 पर दी जाती है तथा पिन 8 ग्राउन्ड किया जाता है। पिन 2 पर क्लॉक एप्लाई की जाती है। काउन्टर में पॉजिटिव क्लॉक ट्रांजिशन पर आउटपुट परिवर्तित होती है। चार फ्लिप-फ्लॉप की आउटपुट Q_A, Q_B, Q_C तथा Q_D है। पिन 15 पर कैरी आउटपुट प्राप्त होती है।

इसे प्रयुक्त कर काउन्टर की अगली स्टेजों (in a units, tens, hundreds application) को एनेबिल (enable) किया जा सकता है। दो ENABLE इनपुट (पिन 7 पर *P* तथा पिन 10 पर *T*) द्वारा काउन्टर को कन्ट्रोल किया जाता है। जब कोई भी एनेबिल इनपुट (*P* अथवा *T*) Low होती है, काउन्टर एडवान्स करना बन्द कर देता है; काउन्टर द्वारा काउन्टिंग के लिए इन इनपुट को High होना आवश्यक है।

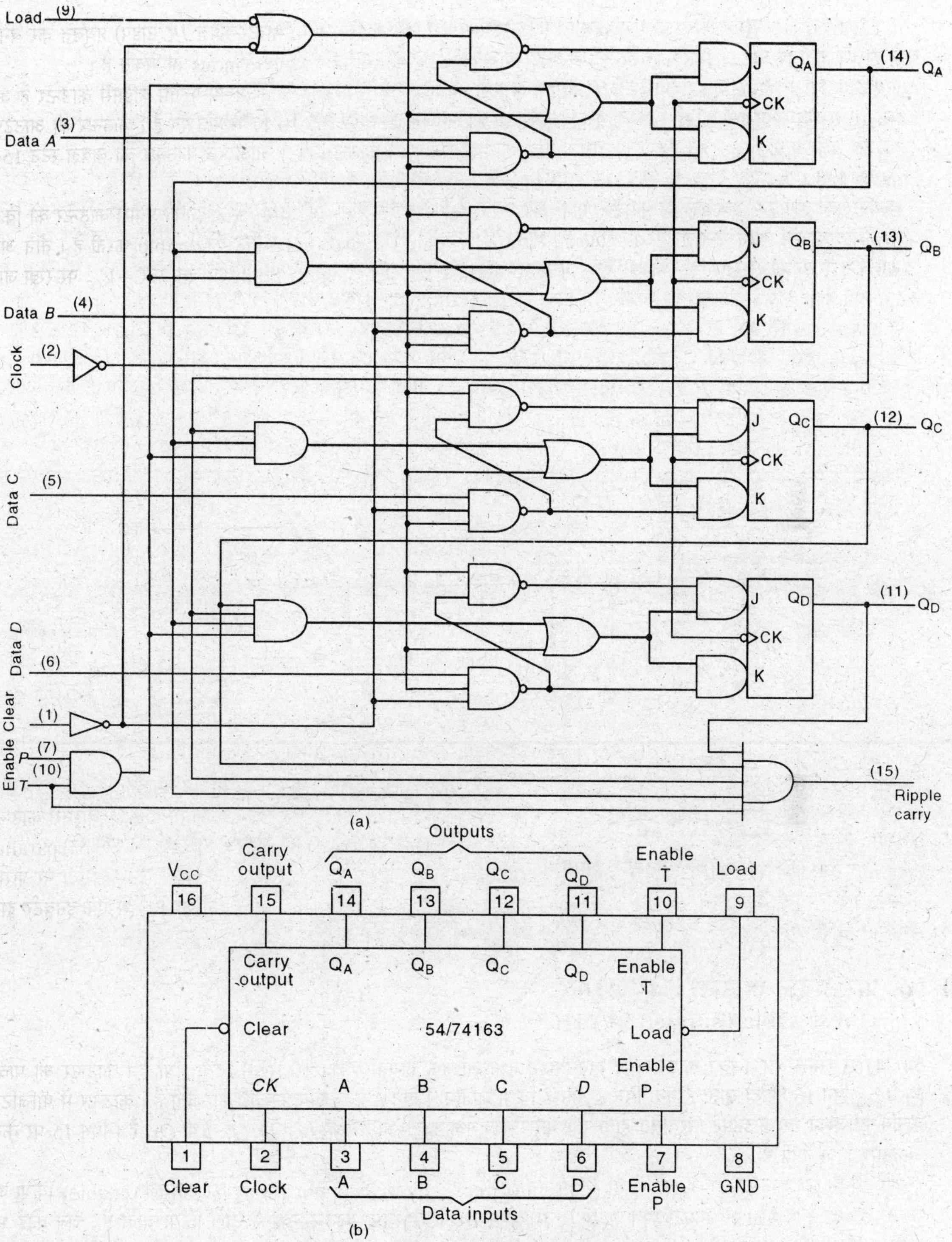

चित्र 10.18—54/74163 का लॉजिक एवं पिन-आउट डायग्राम

क्लियर (CLEAR) इनपुट पर Low लॉजिक होने से, अगली क्लॉक ट्रांजिशन पर सभी फ्लिप-फ्लॉप की आउटपुठ Low पर रिसैट हो जाती है, चाहे ENABLE इनपुट पर कोई भी लॉजिक स्तर हो। यह सिन्क्रोनस रिसैट (synchronous reset) कहलाता है क्योंकि यह पॉजिटिव क्लॉक ट्रांजिशन पर सम्पन्न होता है। इसके विपरीत 74161 में एक synchronous clear होता है क्योंकि यह CLEAR इनपुट के Low होने के तुरन्त पश्चात् रिसैट होता है, चाहे CLOCK, ENABLE एवं LOAD इनपुट के कोई भी स्तर क्यो न हों।

जब LOAD इनपुट (पिन 9) पर Low लेविल एप्लाई किया जाता है तब काउन्टर disable हो जाता है तथा अगली पॉजिटिव क्लॉक ट्रांजिशन पर फ्लिप-फ्लॉप को इस प्रकार सैट करता है कि ये चार डाटा इनपुट (D, C, B तथा A) पर डाटा इनपुट से मैच करें। उदाहरणतः माना डाटा इनपुट $DCBA = 1101$ है तथा LOAD इनपुट Low है; अगली पॉजिटिव क्लॉक ट्रॉंजिशन पर काउन्टर में यह डाटा लोड हो जायेगा तथा आउटपुट $Q_D\,Q_C\,Q_B\,Q_A = 1101$ हो जायेगी। यह फक्शन उस समय अत्यन्त उपयोगी होता है जब काउन्टर को किसी पूर्व निर्धारित (determined) काउन्ट से काउन्टिंग करनी हो।

सामान्य बाइनरी क्रम से Count-up करने के लिए ENABLE इनपुट (P तथा T), LOAD इनपुट तथा CLEAR इनपुट को High रखना आवश्यक है। इन परिस्थितियों में काउन्टर प्रत्येक पॉजिटिव क्लॉक ट्रांजिशन पर 0000 से 1111 तक एक काउन्ट एडवान्स करता है। तथा इस क्रम की पुनः पुनरावृत्ति (repeat) करता है। चूँकि सभी क्लॉक सिन्क्रोनस रूप से क्लाक्ड् होते हैं, सभी की आउटपुट एक साथ (simultaneously) परिवर्तित होती है तथा काउन्टर की आउटपुट के साथ कोई भी स्पाईक (spikes or glitches) नहीं होती। चित्र 10.19 (a) में सामान्य काउन्टिग क्रम के लिए काउन्टर का स्टेट डायग्राम प्रदर्शित किया गया है। चित्र में प्रत्येक बॉक्स एक काउन्टर (अथवा स्टेट) को प्रदर्शित करता है तथा तीर (arrows) काउन्टर की एक स्टेट से दूसरी स्टेट में प्रोग्रेस करने की विधि दर्शाते हैं।

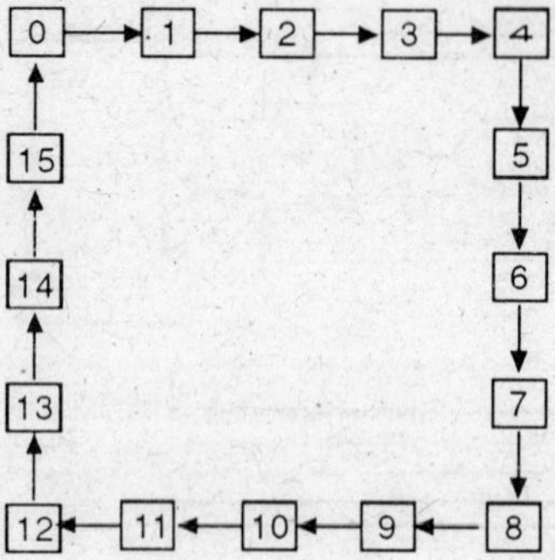

(a) Mod- 16 काउन्टर का स्टेट डायग्राम

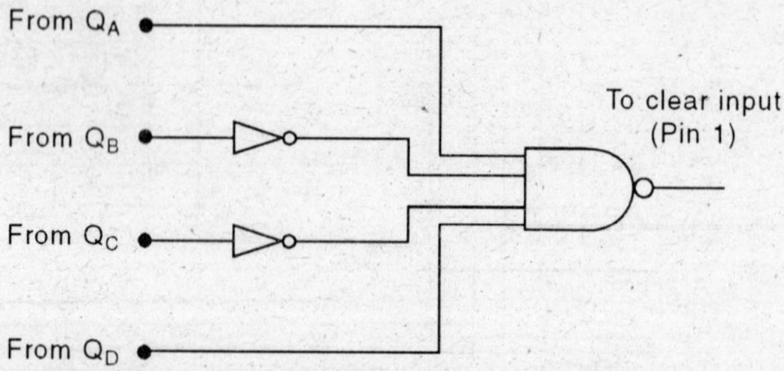

(b) काउन्ट 9 (1001) को डिकोड करने के लिए गेट

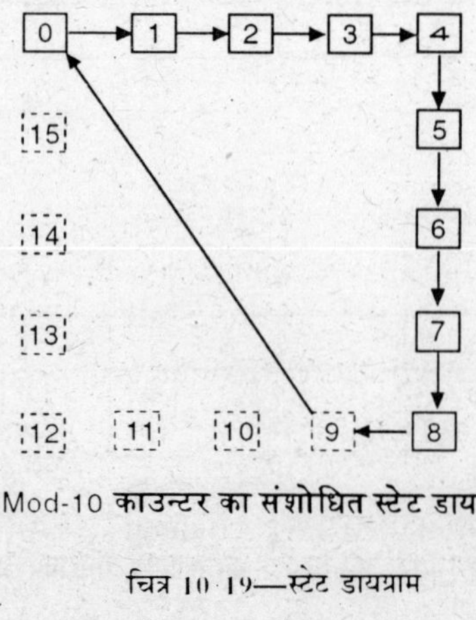

(c) Mod-10 काउन्टर का संशोधित स्टेट डायग्राम

चित्र 10.19—स्टेट डायग्राम

काउन्टर की काउन्टिंग की सीमा (countlength) सिन्क्रोनस CLEAR इनपुट को प्रयोग कर बढ़ाई जा सकती है। इसके लिए NAND गेट को वांछित (desired) अधिकतम काउन्ट को डिकोड (decode) करने के लिए प्रयुक्त किया जाता है तथा इस NAND गेट की आउटपुट द्वारा काउन्टर को 0000 काउन्ट करने के लिए क्लीयर किया जाता है। अब काउन्टर 0000 से अधिकतम वांछित काउन्ट तक काउन्ट करेगा तथा क्लीयर होकर पुन: 0000 पर आ जायेगा। इस विधि द्वारा किसी भी मॉडुलस का काउन्टर बनाया जा सकता है।

उदाहरणत: अधिकतम काउन्ट 9 के लिए NAND गेट्स की इनपुट काउन्ट $9 = DCBA = 1001$ को डिकोड करने के लिए कनैन्ट की जाती है। इस प्रकार हमें mod-10 काउन्टर प्राप्त होता है क्योंकि काउन्टिंग क्रम 0000 से 1001 तक है। चित्र 10.19 (b) तथा (c) में काउन्ट 9 को डिकोड करने के लिए NAND गेट तथा स्टेट डायग्राम प्रदर्शित किये गये हैं। ध्यान दीजिये कि दो इनवर्टर $\overline{Q}_B$ एवं $\overline{Q}_C$ प्रयुक्त करना आवश्यक है। चित्र 10.19 (c) में सीधी लाईन वाले (solid) बाक्स modified mod-10 काउन्टर की स्टेट्स तथा डैश वाले (dashed) बॉक्स omitted स्टेट्स को प्रदर्शित करते हैं।

TABLE 10.8—Asynchronous Counter ICs

IC No.	Description	Features
7490, 74290	BCD counter	Set, Reset
7492	Divide-by-12 counter	Reset
7493, 74293	4-bit binary counter	Reset
74176, 74196	Presettable BCD counter	Reset, load
74177, 74197	Presettable 4-bit binary counter	Reset, load
74390	Dual decade counters	Reset
74393	Dual 4-bit binary counters	Reset
74490	Dual BCD counters	Set, Reset

TABLE 10.9—Synchronous Counter ICs

IC No.	Description	Features
74160	Decade UP counter	Synchronous preset and asynchronous clear
74161	4-bit binary UP counter	–do–
74162	Decade UP counter	Synchronous preset and clear
74163	4-bit binary UP counter	–do–
74168	Decade UP/DOWN counter	Synchronous preset and no clear
74169	4-bit UP/DOWN counter	–do–
74190	Decade UP/DOWN counter	Asynchronous preset and no clear
74191	4-bit binary UP/DOWN counter	–do–
74192	Decade UP/DOWN counter	Asynchronous preset and clear
74193	4-bit binary UP/DOWN counter	–do–

प्रश्नावली—10

1. काउन्टर्स का वर्गीकरण किस प्रकार किया जाता है। प्रत्येक वर्ग के काउन्टर्स की मुख्य विशेषता क्या हैं ?
2. सीरियल एवं समानान्तर (parallel) काउन्टर्स में क्या अन्तर है ? इनमें किसकी गति अधिक तीव्र है ? क्यों ? स्पष्ट कीजिये।
3. एक 3-बिट asynchronous बाइनरी काउन्टर की कार्य प्रणाली समझाइये।
4. काउन्टर्स के माडुलस का क्या अर्थ है ? निम्न मॉडुलस के काउन्टर्स में फ्लिप-फ्लॉप की कितनी स्टेज होगी ?

   Mod – 8, Mod – 16, Mod – 4
5. Divide by N काउन्टर से आप क्या समझते हैं ? Mod-3 काउन्टर में कितने फ्लिप-फ्लॉप प्रयुक्त किये जायेंगे ?
6. एक 4-बिट synchronous बाइनरी काउन्टर की क्रिया प्रणाली समझाइये।
7. Steering logic से आप क्या समझते हैं ?
10. एक 4-बिट UP/DOWN बाइनरी काउन्टर का वण्रन कीजिए।
11. एक 8-बिट रिंग काउन्टर में 10110100 काउन्ट करने के लिये कितनी pulse की आवश्यकता होगी ?
12. निम्न काउन्टर्स की कार्य प्रणाली समझाइये।
    (i) डिकेड काउन्टर
    (ii) प्रीसैट काउन्टर
13. निम्न काउन्टर्स बनाने के लिए कितने फ्लिप-फ्लॉप की आवश्यकता होगी :
    (a) Mod-3
    (b) Mod-6
    (c) Mod-9
    (d) Mod-11
    (e) Mod-15
14. चार फ्लिप-फ्लॉप को प्रयुक्त कर कितने विभिन्न मॉडुलस के काउन्टर्स बनाये जा सकते हैं ?
15. एक दो फ्लिप-फ्लॉप काउन्टर का चित्र बनाइये। उसकी तरंगाकृति तथा सत्य तालिका दीजिये।
16. किसी एक प्रकार के तुल्यकालिक गणक (synchronous counter) के लिए लॉजिक परिपथ, स्टेट डायग्राम तथा टाइमिंग डायग्राम खींचिये।

11 अर्धचालक मैमोरी (Semiconductor Memories)

डिजिटल सूचनाएँ स्टोर करने के लिए अर्धचालक MSI, LSI एवं टेप तथा डिस्क पर चुम्बकीय रिकार्डिंग का व्यापक रूप से प्रयोग किया जाता है। अर्धचालक (semiconductor) मैमोरी ने पुरानी युक्तियों, उदाहरणतः मेगनेटिक कोर मैमोरी को विस्थापित (replace) कर दिया है तथा डिजिटल प्रणालियों के लिए अतयन्त महत्वपूर्ण है। अतः इस अध्याय में हम अर्धचालक मैमोरी का विस्तृत विश्लेषण करेगें।

अर्धचालक मैमोरी के क्षेत्र में' अनेक MSI तथा LSI मैमोरी परिपथ उपलब्ध हैं जो विश्वसनीय एवं अपेक्षाकृत सस्ते हैं। सामान्य अर्धचालक मैमोरी, मैमोरी सैलों (cells) की एक आयताकार ऐरे (rectangular array) होती हैं जो किसी सुविधाजनक पैकेज, (उदाहरणतः DIP) में पैक कर दी जाती हैं। मूल (basic) मैमोरी सेल एक ट्रांजिस्टर फ्लिप-फ्लाप होता है अथवा कोई अन्य ऐसा परिपथ होता है जो सूचना के एक बिट को स्टोर कर सकता है। मैमोरी को बाइपोलर (bipolar), मेटल ऑक्साइड सेमी- कन्डक्टर (MOS) अथवा कम्पलीमेन्टरी मेटल आक्साइड सेमीकन्डक्टर (CMOS) में वर्गीकृत किया जा सकता है, यह वर्गीकरण मैमोरी सेल को बनाने के लिए प्रयुक्त ट्रांजिस्टर के अनुसार होता है। किसी मैमोरी में सैलों की संख्या से, उसकी क्षमता (capacity) निर्धारित होती है। उदाहरणतः एक 2114 बाइपोलर अर्धचालक मैमोरी चिप जिसमें 2114 मैमोरी सैल होते हैं, प्रत्येक सैल एक बाइपोलर ट्रांजिस्टर द्वारा निर्मित फ्लिप-फ्लॉप है।

समान्यतः बाइपोलर मैमोरी चिप से तीव्र प्रचालन (faster operation) प्राप्त होता है। परन्तु MOS तथा CMOS मैमोरी चिप में पैकिंग घनत्व (packing density) अधिक, आकार छोटा तथा मूल्य कम, होता है एवं प्रचालन के लिए आवश्यक पावर भी अपेक्षाकृत कम (lower power requirement) होती है। मैमोरी को अभिलक्षणों के आधार पर पुनः निम्न प्रकार वर्गीकृत किया जा सकता है।

11·1. मैमोरी का वर्गीकरण (Classification of Memories)

1. रेन्डम ऐक्सेस मैमोरी– RAM तथा ROM
(Random access memory– RAM and ROM)
2. डेस्ट्रक्टिव तथा नॉन डेस्ट्रक्टिव मैमोरी
(Destructive and Non-destructive memory)
3. इरेजिबिल तथा नॉन इरेजिबिल मैमोरी
(Erasable and Nonerasable memory)
4. वोलेटाइल एवं नॉन वोलेटाइल मैमोरी
(Volatile and nonvolatile memory)
5. सेमीकन्डक्टर एवं नॉन-सेमीकन्डक्टर मैमोरी
(Semiconductor and Nonsemiconductor memory)

रेन्डम ऐक्सेस मैमोरी- RAM तथा ROM
(Random Access Memory- RAM & ROM)

उन परिस्थितियों में, जब डाटा तीव्रता से (frequently) परिवर्तित होता है, RAM प्रयोग की जाती हैं। RAM का लॉजिक परिपथ इस प्रकार का होता है कि डाटा का प्रत्येक बिट किसी न किसी मैमोरी सैल में स्टोर हो जाता है। डाटा बिट का स्टोर होना 'Write' ऑपरेशन कहलाता है। RAM में ऐसे परिपथ भी होते हैं जो यह ज्ञात कर सकते हैं कि किसी विशेष सैल में 0 स्टोर है अथवा 1। यह 'Read' आपरेशन कहलाता है। यह तथ्य (fact) कि एक बिट किसी सैल में Write (store) किया जा सकता है अथवा किसी सैल से Read (detect) किया जा सकता है 'random-access' कहलाता है। एक कन्ट्रोल सिगनल 'WRITE ENABLE' ऑपरेशन मोड (Read or Write) को निर्धारित करता है। 'Read' मोड में किसी सैलेक्टेड (selected) मैमोरी से डाटा, आउटपुट पर उपलब्ध कराया जाता है। 'Write' मोड में डाटा इनपुट पर प्राप्त सूचना किसी सैलेक्टेड सैल मे Write (Store) की जाती है। चूंकि प्रत्येक सैल एक फ्लिप-फ्लॉप होता है पावर सप्लाई बन्द (power loss) होने के स्थिति में डाटा भी नष्ट (lost) हो जाता है। वह RAM जिसमें इस प्रकार की मैमोरी होती है, Volatile स्टोरेज कहलाता है।

एक अन्य random access मैमोरी ROM (read-only-memory) है। जैसे कि इसके नाम से स्पष्ट है, ROM केवल सूचना read करने के लिए प्रयुक्त की जाती है। इसका अर्थ यह नहीं है कि इसमें सूचना (information) लिखी नहीं जाती क्योंकि जब तक इसमें कोई सूचना स्टोर नहीं की जायेगी तब तक इसमें read करने के लिए कुछ नहीं होगा। वास्तव में ROM में सूचना write करना RAM में write करने की तुलना में अधिक जटिल है अतः इसे Read Only Memory (ROM) कहा जाता है। ROM का प्रयोग स्थिर (fixed) डाटा स्टोर करने के लिए किया जाता है। उदाहरणतः गणितीय तालिकायें (Tables), इन्स्ट्रक्शन, त्रिकोणमितीय (trigonometric) फंक्शन इत्यादि।

Read-only-memories को उनमें डाटा स्टोर करने की विधि या डाटा नष्ट (erase) करने की विधि के आधार पर भी वर्गीकृत किया जाता है। ROM में डाटा स्टोर करना प्रोग्रामिंग कहलाता है। ROM की प्रोग्रामिंग, प्रायः user द्वारा निर्दिष्ट (specified) सूचना के अनुसार मैमोरी निर्माण के समय की जाती है तथा इसे पैकेज करने के पश्चात परिवर्तित नहीं किया जा सकता है। यह मैमोरी programmable ROM (PROM) कहलाती है। PROM को केवल एक बार प्रोग्राम किया जा सकता है तथा प्रोग्राम होने के पश्चात् ROM की भाँति इसमें डाटा स्थायी रूप से (permanently) स्टोर हो जाता है।

इसके अतिरिक्त एक erasable and programmable ROM होती है। इसे erase किया जा सकता है तथा पुनः प्रोग्राम किया जा सकता है।

ROM को erase करने की तकनीकी के आधार पर programmable ROM को EPROM अथवा EAROM कहा जाता है। EPROM में मैमोरी के contents अल्ट्रावायलेट विकिरण (ultraviolet radiation) द्वारा erase किये जा सकते हैं। EAROM में मैमोरी के contents वैद्युतीय विधि (electrically) द्वारा परिवर्तित किये जाते हैं।

Sequentially accessed memories में मैमोरी लोकेशन में Read करने अथवा Write करने के लिए लोकेशन्स को क्रमिक ढंग से (sequentially) access किया जाता है। अतः किसी मैमोरी लोकेशन को access करने के लिए समय (access time) विभिन्न मैमोरी लोकेशन के लिए भिन्न-भिन्न होता हैं। Sequentially accessed memories दो प्रकार की होती हैं :

1. शिफ्ट रजिस्टर्स तथा
2. चार्ज कपलड युक्तियाँ (Charge Coupled Devices-CCD)

शिफ्ट रजिस्टर्स में स्टेटिक अथवा डायनेमिक (static or dynamic) कोई भी मैमोरी प्रयुक्त की जा सकती है। स्टेटिक मैमोरी में मैमोरी के contents समय के साथ तब तक परिवर्तित नहीं होते जब तक पावर (supply) ऑन (ON) रहती है। डायनेमिक मैमोरी में सूचनायें MOS कैपेसिटर्स (capacitors) में स्टोर की जाती हैं जो समय के साथ परिवर्तित हो जाती हैं। अतः इन्हें थोड़े-थोड़े समय (regular intervals) पर रिफ्रेश (refresh) करना पड़ता है। डायनेमिक मैमोरी, संरचना में सरल तथा मूल्य में कम होती है। प्रचालन के लिए इन्हें कम विद्युत शक्ति की आवश्यकता होती है। इनका पैकिंग घनत्व (packing density) स्टेटिक मैमोरी की तुलना में अधिक होता है अतः डिजिटल प्रणालियों में व्यापाक रूप से प्रयोग की जाती है।

CCD मैमोरी, MOS तकनीकी प्रयुक्त कर बनाई जाती हैं। इन युक्तियों का पैकिंग घनत्व अधिक तथा मूल्य कम होता है।

डेस्ट्रक्टिव तथा नॉन डेस्ट्रक्टिव मैमोरी
(Destructive and Non-Destructive Memories)

Destructive मैमोरी वह मैमोरी है जिससे एक बार डाटा read करने के पश्चात् डाटा (सूचना) नष्ट (destroy) हो जाती है। इन मैमोरी में डाटा एक बार reading के पश्चात् पुनः लिखना (Write) पड़ता है अर्थात् Destructive मैमोरी में प्रत्येक Read ऑपरेशन के पश्चात् Write ऑपरेशन करना पड़ता है उदाहरण: चुम्बकीय क्रोड मैमोरी (Magnetic Core Memory)।

Non-Destructive मैमोरी में read-out क्रिया के पश्चात् भी मैमोरी में डाटा सुरक्षित (save) रहता है। डाटा copying की क्रिया भी read ऑपरेशन है। Non-destructive मैमोरी में copying के पश्चात् मैमोरी लोकेशन का डाटा पुनः प्रयोग किया जा सकता है तथा यह Un-disturbed रहता है। उदाहरणतः फ्लिप-फ्लॉप बाइनरी सैल।

इरेजिबिल तथा नॉन इरेजिबिल मैमोरी
(Erasable and Non- Erasable Memories)

वह मैमोरी जिसमें स्टोर की गई सूचना (information) erase की जा सकती है तथा उसके स्थान पर नई सूचना स्टोर की जा सके, "Erasable" मैमोरी कहलाती है। इसके विपरीत Non-Erasable मैमोरी में स्टोर की गई सूचना erase नहीं की जा सकती। उदाहरणतः read-only- memory (ROM) एक non-erasable मैमोरी है। Erasable मैमोरी को पुनः निम्न प्रकार वर्गीकृत किया जा सकता है।

(a) वह मैमोरी जिसमें इच्छानुसार किसी लोकेशन को erase किया जा सके तथा उसमें नई सूचना स्टोर (enter) की जा सके। उदाहरणार्थ EAROM (electrically alterable read-only-memory) में नई सूचना enter करने से पहले मैमोरी लोकेशन से सूचना erase की जाती है।
इसके विपरीत read and write मैमोरी (RAM) तथा CAM (contents addressable memory) की किसी लोकेशन में नई सूचना enter करने पर पहले स्टोर हुई सूचना स्वतः (automatically) ही erase हो जाती है।

(b) वह मैमोरी जिसमें सभी लोकेशन एक साथ (simultaneously) ही erase हो जाती हैं। उदाहरणतः EPROM मैमोरी चिप पर पराबैंगनी (ultra-violet) विकिरण डालने पर चिप की समस्त सैलों (cells) में स्टोर की गई सूचनायें erase हो जाती हैं।

वोलेटाइल एवं नॉन वोलेटाइल मैमोरी
(Volatile and Non-Volatile Memories)

यदि मैमोरी में स्टोर की गई सूचनायें पावर सप्लाई "ऑफ"(OFF) होने पर नष्ट (lost) हो जाती हैं तब वह Volatile memory कहलाती है।

इसके विपरीत Non volatile मैमोरी में एक बार स्टोर किये जाने के पश्चात् सूचना (data) स्थायी (permanent) हो जाती है जब तक कि उसे स्वयं जान-बूझकर न परिवर्तित किया जाये। समस्त ROMs, Nonvolatile मैमोरी होती हैं।

मैमोरी को उनके फेब्रिकेशन में प्रयुक्त टेक्नोलॉजी के आधार पर भी वर्गीकृत किया जा सकता है। इस आधार पर मैमोरी को मुख्यतः दो वर्गों में विभाजित किया जाता है।

(a) बाई पोलर (TTL, ECL)
(b) यूनीपोलर (MOS)

स्टैटिक RAM, ROM तथा EPROM को बाई पोलर (TTL,ECL इत्यादि) अथवा MOS टेक्नोलॉजी दोनों विधियों द्वारा फेब्रिकेट किया सकता है। जबकि डायनेमिक RAM, EPROM तथा EAROM को केवल यूनीपोलर (MOS) टेक्नोलॉजी द्वारा फैब्रिकेट किया जाता है।

नान सेमीकन्डक्टर मैमोरी
(Non-Semiconductor Memories)

चुम्बकीय मैमोरी नॉनसेमीकन्डक्टर मैमोरी होती हैं। उदाहरणतः

1. हार्ड डिस्क (Hard Disc)
2. चुम्बकीय टेप (Magnetic Tapes)
3. चुम्बकीय क्रोड (Magnetic Core)
4. चुम्बकीय ड्रम (Magnetic Drum)
5. फ्लॉपी डिस्क (Floppy Disc)
6. कैसेट (Cassette)

11·2. मैमोरी संरचना एवं मैमोरी एड्रैसिंग (Memory Structure and Addressing)

अर्धचालक मैमोरी में मैमोरी सैल एक आयाताकार डिजाइन (ractangular array) मे व्यवस्थित होते हैं। मैमोरी सैल एक सिलिकॉन वेफर (wafer) में फेब्रिकेट किये जाते हैं। मैमोरी सैल मूलतः एक ट्रांजिस्टर फ्लिप-फ्लॉप अथवा ऐसा कोई परिपथ होता जो आवेश (charge) स्टोर कर सके। एक मैमोरी सैल सूचना (information) का एक बिट (bit) स्टोर करता है।

अर्धचालक मैमोरी, उसके सैल के निर्माण में प्रयुक्त ट्रांजिस्टर के आधार पर बाईपोलर, MOS अथवा CMOS होती है। मैमोरी में सैल (cell) की संख्या उसकी क्षमता (capacity) निर्धारित करती है। उदाहरणतः एक 1024 बाई पोलर मैमोरी चिप् में 1024 मैमोरी सेल होते हैं। प्रत्येक सैल ट्रांजिस्टरों द्वारा निर्मित एक फ्लिप-फ्लॉप होता है। अर्धचालक मैमोरी युक्तियों के लिए प्रायः 'चिप' (chip) शब्द प्रयोग किया जाता है।

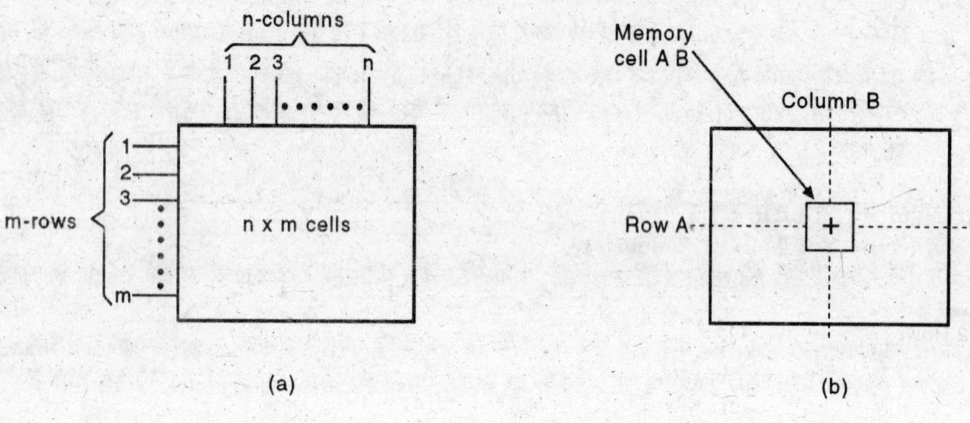

चित्र 11.1—(a) 'm ×n' सैल कैपेसिटी की मैमोरी, (b) मैमोरी सैल AB

परिपथों मे मैमोरी को प्रयोग करने का अर्थ मैमोरी में कोई सूचना लिखना (write) अथवा मैमोरी से कोई सूचनां पढ़ना (read) है। मैमोरी में सूचना Write अथवा मैमोरी से सूचना Read करने के लिए मैमोरी को ऐड्रैस किया जाता है। मैमोरी एडैस करने का अर्थ मैमोरी में सैल (cell) का चयन (selection) करना है। मैमोरी सैल को select करने की क्रिया को सरल बनाने के लिए मैमोरी सैल की rows तथा column चित्र 11.1 की भाँति आयताकार व्यवस्था (rectangular arragement) की जाती है। इस चित्र में m पंक्तियाँ (rows) तथा n कॉलम (column) है। इस मैमोरी में सैल की संख्या $n \times m$ है।

मैमोरी का कन्ट्रोल परिपथ इस प्रकार डिजाइन किया जाता है कि यदि एक row तथा एक कॉलम एक्टीवेट किया जाये तब इन दोनों लाइन के कटान (intersection) बिन्दु पर स्थित मैमोरी सैल सैलेक्ट (select) होता है। उदाहरणतः चित्र 11.1 (b) में सैल AB का (selection) किया गया है। इस सैल के selection के लिए पंक्ति 'A' तथा कॉलम 'B' को एक्टीवेट किया गया है।

AB, सैल का ऐड्रैस कहलाता है। Row अथवा columm को एक्टीवेट करने के लिए इन्हें लॉजिक 1 पर रखा जाता है। लाजिक '1' के स्थान पर लॉजिक शून्य भी हो सकता है। यह परिपथ के डिजाइन पर निर्भर करता है।

मैमोरी में प्रयुक्त आयताकार डिजाइन विभिन्न प्रकार (different types) के हो सकते हैं। चित्र 11.2 में 16 सैल की मैमोरी के विभिन्न आयताकार arrays प्रदर्शित किये गये हैं।

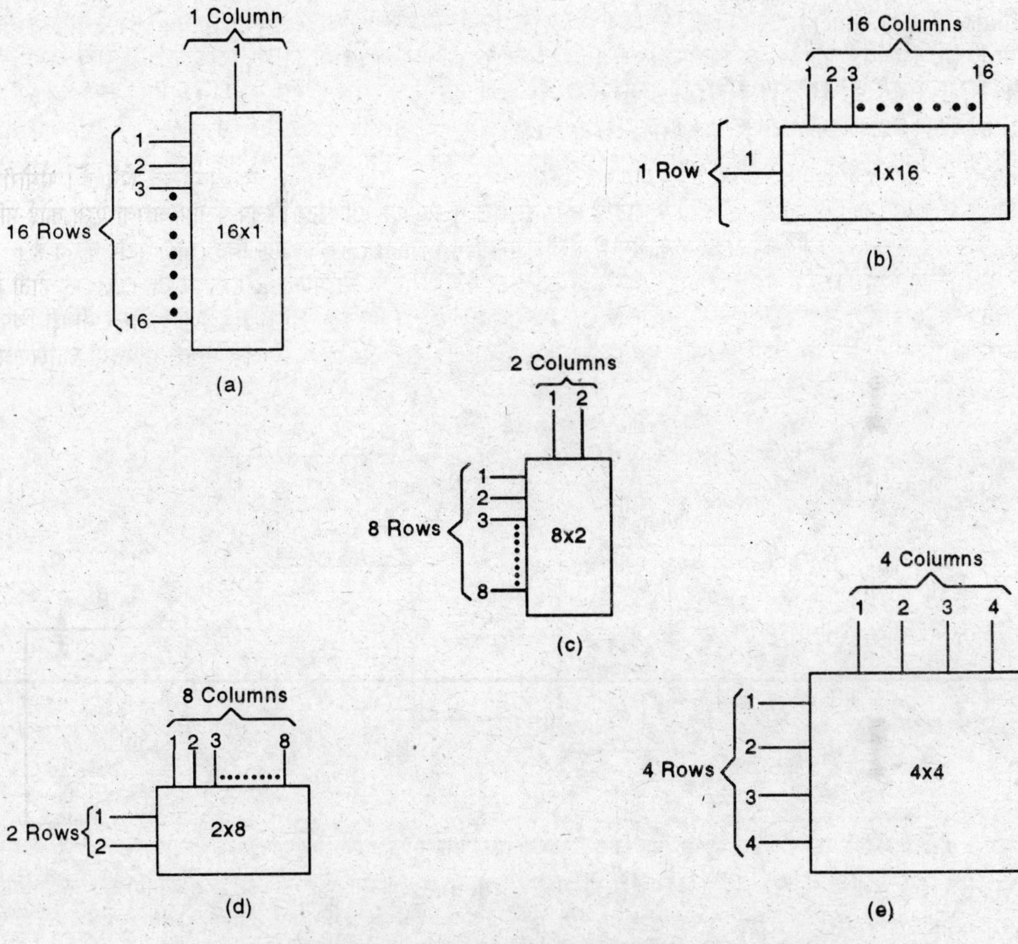

चित्र 11.2—16 सैल की मैमोरी की विभिन्न आयताकार व्यवस्थाएें (rectangular arrays)

(a) Rows = 16, Column = 1, Capacity = 16 × 1
(b) Rows = 1, Column = 16, Capacity = 1 × 16
(c) Rows = 8, Column = 2, Capacity = 8 × 2
(d) Rows = 2, Column = 8, Capacity = 2 × 8
(e) Rows = 2, Column = 4, Capacity = 4 × 4

उद्योगों (industry) में प्रयुक्त मैमोरी चिप्स में सैल की वर्गाकार व्यवस्था (square configuration) का अधिक प्रयोग किया जाता है जिसकी मैमोरी क्षमता $n \times n = n^2$ होती है क्योंकि इसमें एड्रैस लाइन की संख्या सबसे कम होती है। n पंक्तियों तथा n कॉलम का कानफगुरेशन, मैट्रिक्स एड्रैसिंग (matrix addressing) कहलाता हैं। सैलों की 1 कॉलम में व्यवस्था linear ऐड्रैसिंग कहलाती है, जैसे कि चित्र 11.2 (a) में मैमोरी, 16 × 1 configuration का है।

11·3. वर्गाकार संरचना की मैमोरी (Memory Having Square Array)

चित्र 11.2 (e) में प्रदर्शित '4×4' मैमोरी पर ध्यान दीजिये। इस मैमोरी में एक सिगंल सैल सैलेक्ट करने के लिए हमें केवल एक row एक्टीवेट करने की आवश्यकता हैं। इसके लिए चित्र 11.3 की भांति '1 of 4' बाइनरी से डेसीमल डिकोडर (binary to decimal decoder) प्रयोग किया जा सकता है। एड्रेस 43 पर व्यवस्थित सैल (row 4, column 3) के चयन (selection) पर विचार कीजिये। यदि $A_4 = 1$ तथा $A_3 = 1$, तब डिकोडर row-4 लाइन को High रखता है तथा अन्य सभी row lines को Low रखता है। इसी प्रकार, यदि $A_2 = 1$ तथा $A_1 = 0$, तब डिकोडर कॉलम 3 को High तथा अन्य कॉलम लाइन्स को Low रखता है। इस प्रकार इनपुट $A_4 A_3 A_2 A_1 = 1110$ से 43 का सैलेक्शन होता है। हम $A_4 A_3$ को 2-बिट के row एड्रैस की भॉति तथा $A_2 A_1$ को 2-बिट कॉलम एड्रैस की भाँति मान सकते हैं तथा इन दोनों को एक साथ लेकर ऐरे (array) में किसी

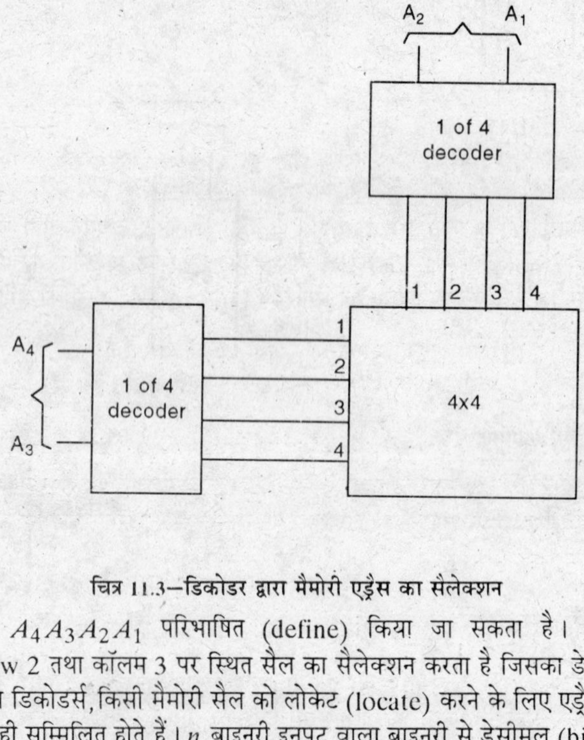

चित्र 11.3—डिकोडर द्वारा मैमोरी एड्रैस का सैलेक्शन

भी सैल का 4-बिट एड्रैस $A_4 A_3 A_2 A_1$ परिभाषित (define) किया जा सकता है। एक अन्य उदाहरणार्थ एड्रैस $A_4 A_3 A_2 A_1 = 0110$, row 2 तथा कॉलम 3 पर स्थित सैल का सैलेक्शन करता है जिसका डेसीमल एड्रैस 23 है।

चित्र 11.3 में प्रदर्शित एड्रैस डिकोडर्स, किसी मैमोरी सैल को लोकेट (locate) करने के लिए एड्रैस लाइन्स की संख्या कम करते हैं तथा ये सदा मैमोरी चिप में ही सम्मिलित होते हैं। n बाइनरी इनपुट वाला बाइनरी से डेसीमल (binary to decimal) डिकोडर आउटपुट लाइन्स में से किसी एक का सैलेक्शन करता है उदाहरणतः 3 बाइनरी इनपुट वाले डिकोटर में $2^3 = 8$ आउटपुट होती हैं तथा 4 इनपुट वाले डिकोडर की $2^4 = 16$ इत्यादि।

एक 2^B सैलो की वर्गाकार मैमोरी को B बिट्स के एड्रैस द्वारा परिभाषित किया जा सकता है जहाँ $B/2$ बिट्स कतारों (rows) के लिए तथा $B/2$ बिट्स कॉलम (columns) के लिए हैं जैसा कि चित्र 11.4 में प्रदर्शित है। मुख्य बात यह है कि एड्रैस बिट्स की कुल संख्या B एक सम पूर्णांक (even integer), जैसे 2,4,6,8,.....होनी आवश्यक है। चूँकि प्रत्येक डिकोडर की इनपुट में बिट्स की संख्या $B/2$ है अतः डिकोडर की आउटपुट में $2^{B/2}$ लाइनें होगी तथा मैमोरी की क्षमता (capacity) $2^{B/2} \times 2^{B/2} = 2^B$ होगी। उदाहरणतः 12 बिट्स के एडैस को इस विधि द्वारा $2^{12} = 4096$ बिट्स की मैमोरी के लिए प्रयोग किया जा सकता है। इनमें 6 एड्रैस बिट्स से $2^6 = 64$ rows तथा 6 एड्रैस बिट्स से 64 कॉलम प्राप्त होते हैं। इस प्रकार मैमोरी को $64 \times 64 = 4096$ मैमोरी सैलों के वर्गाकार पैटर्न (square array) में व्यवस्थित किया जा सकता है।

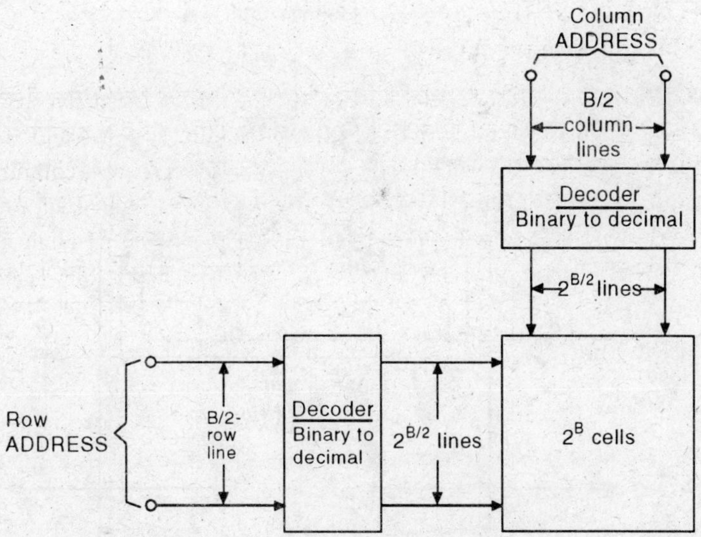

चित्र 11.4—वर्गाकार मैट्रिक्स

अधिकांश कॉमर्शियल मैमोरी की क्षमताएँ 1024, 2048, 4096, 16,384, इत्यादि होती हैं। इसका कारण यह है कि ये सभी 2 की पूर्णांक पावर (integer power) में हैं। डिजिटल प्रणाली में 1024 बिट्स क्षमता की मैमोरी को सुगमता के लिए 1K मैमोरी कहा जाता है। इसी प्रकार 16,384 बिट्स क्षमता की मैमोरी को 16K, 4096 बिट्स की मैमोरी को 4K मैमोरी द्वारा प्रदर्शित किया जाता है।

11·4. मैमोरी सैल
(Memory Cell)

मैमोरी में डाटा (सूचना) स्टोर करने के लिए बेसिक यूनिट मैमोरी सैल है। अर्धचालक मैमोरी में यह प्रायः फ्लिप-फ्लॉप होते हैं जिन्हें बाई-पोलर या MOS ट्रांजिस्टर अथवा CCD (charge coupled devices) विधि से डिजाइन किया जाता है। इनका वर्णन निम्न प्रकार है।

बाइपोलर मैमोरी सैल
(Bipolar Memory Cell)

बाइपोलर जंक्शन ट्रांजिस्टर (BJT) मैमोरी सैल एक साधारण फ्लिप-फ्लॉप है जो प्रायः TTL स्टेटिक RAM में प्रयुक्त किया जाता है। यह चित्र 11.5 में प्रदर्शित किया गया है। इसमें दो cross-coupled ट्रॉजिस्टर Q_1 तथा Q_2 एक फ्लिप-फ्लॉप निर्मित करते हैं। यह फ्लिप-फ्लॉप, जो 1-बिट इन्फॉर्मेशन स्टोर कर सकता है, एक मैमोरी ऐलीमेन्ट (memory element) की भाँति कार्य करता है। परिपथ में फेब्रिकेटेड ट्रांजिस्टर मल्टी एमीटर ट्रांजिस्टर हैं जिनमें 1 से अधिक एमीटर (emitters) हैं। सैल के पावर सप्लाई टर्मिनल $+V_{cc}$ तथा GND हैं। यदि ROW अथवा COLUMN सैलेक्ट लाइन Low होती है तब सैल डिसेबल (disable) होता है। सैल को सैलेक्ट (select) करने के लिए ROW एवं COLUMN दोनों लाइन High($+Vcc$) होना चाहिये। सैल के सैलेक्ट होने के पश्चात् इसमें डाटा बिट स्टोर (Write) किया जा सकता है अथवा इसमें स्टोर किया गया डाटा बिट read किया जा सकता है। यह प्रक्रिया निम्न प्रकार है :

यदि ROW तथा COLUMN सेलेक्ट लाइन High है तब इनसे संयोजित एमीटर रिवर्स वायस (reverse bias) में हो जाते हैं तथा सैल एक लैच (फ्लिप-फ्लॉप) की भाँति कार्य करता है। अतः एक ट्रांजिस्टर ऑन (ON) तथा एक ऑफ (OFF) होता है। उस ट्रांजिस्टर में, जो ON है, एमीटर के माध्यम से धारा प्रवाह होती है। यह धारा सेन्सिंग प्रतिरोध (sense resistor) R_S से होकर ग्राउन्ड होती है। धारा का कुछ भाग सेन्स एम्पलीफायर में निर्मित ट्रांजिस्टर के बेस में प्रवाहित होकर इसे ON कर देता है।

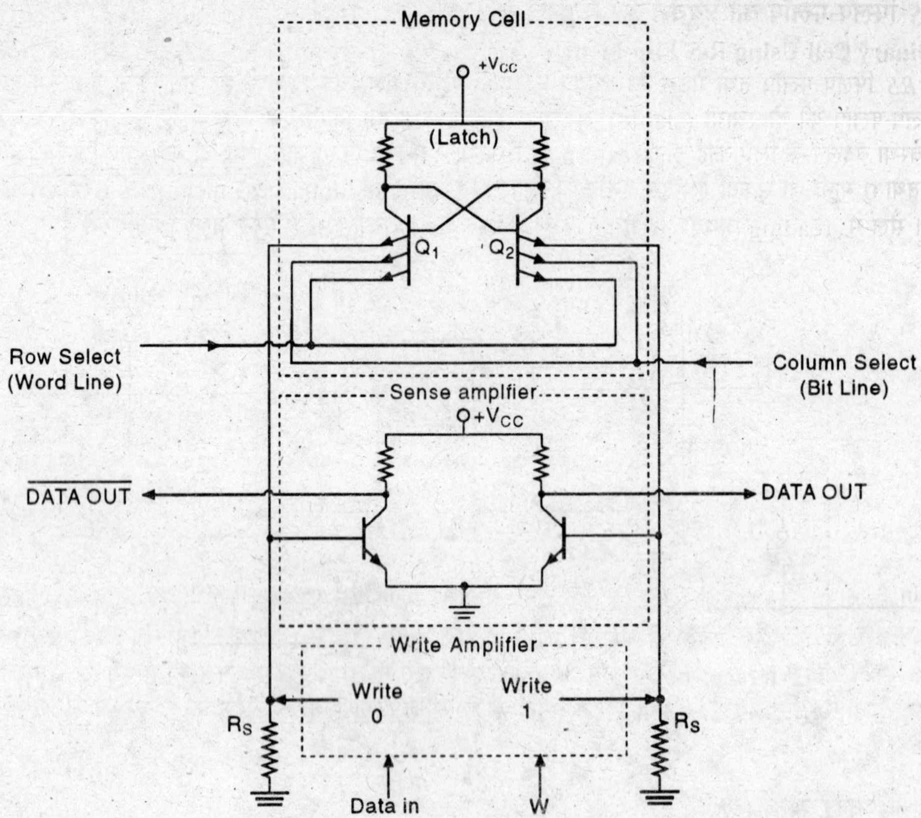

चित्र 11.5—बाईपोलर RAM सैल

सैल में OFF ट्रांजिस्टर के एमीटर से कोई धारा बाहर नहीं प्रवाहित होती। अतः सेन्स एम्पलीफायर का दूसरा ट्रांजिस्टर OFF स्टेट में रहता है। अतः सैलेक्ट होने पर सैल के Content, सेन्स एम्पलीफायर के डाटा आउट (Data Out) टर्मिनल पर उपलब्ध हो जाते हैं। उदारहणतः यदि सैल में '1' स्टोर है तब Q_1 ट्रांजिस्टर ON तथा Q_2, 'OFF होता है। सैलेक्ट होने पर डाटा आउट (DATA OUT,) High (1) होगा तथा इसका कम्पलीमेन्ट $\overline{\text{DATA OUT}}$, Low (0) होगा। यह Read प्रक्रिया है।

सैल में डाटा 'Write' करने के लिए WRITE एम्पलीफायर का प्रयोग उस समय किया जाता है, जब इसकी इनपुट W, High (1) होती है। जब 'W' Low स्टेट में होता है तब एम्पलीफायर डिसेबल हो जाता है तथा इसकी आउटपुट सेन्स प्रतिरोध R_S से असंयोजित (disconnect) हो जाती है। डाटा Write करने के लिए WRITE 1, WRITE 0, तथा DATA IN की स्टेटस निम्न प्रकार होती हैं:—

WRITE 1	WRITE 0	DATA IN
High	Low	High
Low	High	Low

मैमोरी सैल में डाटा स्टोर (Write) करने के लिए सर्वप्रथम सैल सैलेक्ट किया जाता है। इसके लिए row तथा कालॅम दोनों High स्टेट में किये जाते हैं। उसके पश्चात् Write एम्पलीफायर के टर्मिनल DATA IN को High में किया जाता है। WRITE '1' High तथा WRITE 0 'LOW' हो जाता है। इस प्रकार ट्रांजिस्टर Q_2 के तीनों एमीटर High हो जाते है तथा यह (Q_2) ऑफ हो जाता है एवं Q_1 'ON' हो जाता है। Q_1 'ON' होते ही फ्लिप-फ्लॉप में '1' स्टोर हो जाता हैं। इसके विपरीत DATA IN शून्य (0) होने पर ट्रांजिस्टर Q_1 के तीनों एमिटर High हो जाते हैं। अतः ट्रांजिस्टर Q_1 ऑफ (OFF) हो जाता है तथा फ्लिप-फ्लॉप में 0 स्टोर होता है।

RS फ्लिप-फ्लॉप को प्रयुक्त कर बाइनरी सैल

(Binary Cell Using R-S Flip-Flop)

RS फ्लिप फ्लॉप तथा गेट्स को प्रयुक्त कर एक बाइनरी सैल चित्र 11.6 में प्रदर्शित किया गया है। हम जानते है कि RS फ्लिप-फ्लॉप की दो स्थायी (stable) अवस्थाएँ होती हैं तथा वह किसी एक अवस्था में तब तक रहता है जब तक कि उसकी अवस्था बदलने के लिए कोई बाह्य (external) सिगनल न प्रयुक्त किया जाये। यह दो अवस्थाएँ फ्लिप-फ्लॉप में स्टोर किये गये 1 तथा 0 मानी जा सकती है। इस प्रकार का मैमारी सैल प्राय: random-access memories (RAM) में प्रयुक्त किया जाता है। सैल में reading अथवा writing करने के लिए AND तथा NOT गेट्स प्रयुक्त किये गये हैं।

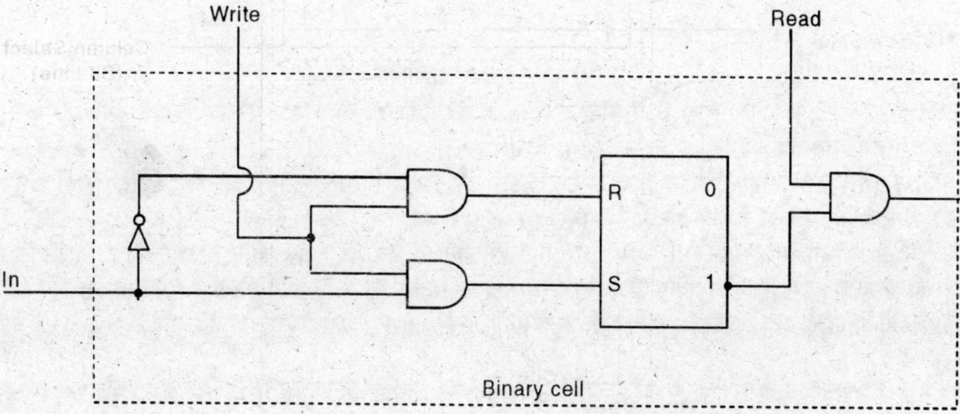

चित्र 11.6—RS फ्लिप-फ्लॉप तथा गेट्स को प्रयुक्त कर बाइनरी सैल

जब IN टर्मिनल पर '1' प्रयुक्त किया जाता है, उस समय, यदि Write सिगनल स्टेट '1' में है तब फ्लिप-फ्लॉप 1 स्टेट में आ जाता है। टर्मिनल IN पर 0 प्रयुक्त करने पर फ्लिप-फ्लॉप भी 0 स्टेट में आ जाता है यदि Write सिगनल '1' है। Read सिगनल एप्लाई करने पर OUT टर्मिनल पर इन्फॉर्मेशन Read की जा सकती है।

स्टैटिक MOS मैमोरी सैल

(MOS Memory Cell)

(a) **NMOS मैमोरी**—इस मैमोरी सैल के निर्माण में दो NMOS(n-type-channel metal oxide semiconductor) इनवर्टर प्रयुक्त किये जाते हैं। चित्र 11.8 में एक NMOS मैमोरी सैल प्रदर्शित किया गया है। इसमें दो NMOS मैमोरी सैल परस्पर cross-coupled हैं तथा एक फ्लिप-फ्लॉप निर्मित करते हैं। सैल में डाटा बिट स्टोर (Write) करने के लिए NMOS ट्रांसमिशन गेट प्रयुक्त किये गये हैं। सैल के साथ एक सेन्स-एम्पलीफायर भी निर्मित किया जाता है जिसके द्वारा डाटा बिट Read किया जाता है।

सर्वप्रथम एक ट्रांसमिशन गेट की कार्य-प्रणाली पर विचार तथा करते हैं। चित्र 11.7 में एक NMOS, एनेहन्समेन्ट मोड ट्रांजिस्टर, एक ट्रांसमिशन गेट की भाँति संयोजित है। ट्रांजिस्टर को पूर्णतया बाइलेटरल (bilateral) युक्ति माना गया है; अर्थात स्रोत तथा ड्रेन लीड (leads) ट्रांजिस्टर की परफार्मेन्स प्रभावित किये बिना, परस्पर बदले जा सकते हैं। माना ये लीडस 1 तथा 2 हैं, लीड 1 इनपुट एवं लीड 2 आउटपुट लीड है। गेट लीड, कन्ट्रोल की भाँति कार्य करती है। वोल्टेज सिगनल, शून्य (0 Volt) अथवा + *Vcc* है। गेट की क्रिया निम्न प्रकार है :

यदि गेट Low (Zero Volt) पर है तब ट्रांजिस्टर OFF स्टेट में होता है तथा इनपुट एवं आउटपुट टर्मिनल एक दूसरे से अलग (isolated) होते हैं। इस स्थिति में गेट से सिगनल का ट्रांसमिशन नहीं होता है।

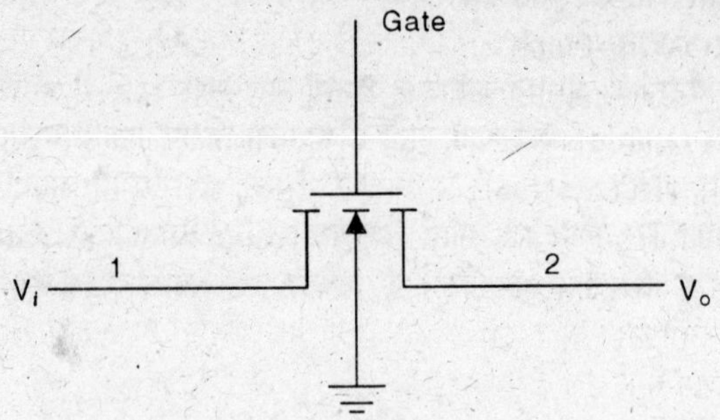

चित्र 11.7—NMOS ट्रांसमिशन गेट

यदि गेट High ($+V_{CC}$) है तथा लीड 1 पर वोल्टेज Low है तब टांजिस्टर ON स्टेट में होता है तथा ट्रांजिस्टर में तब तक धारा प्रवाहित होती रहेगी जब तक कि $V_o = V_i =$ Zero Volt, dc ।

यदि गेट High है तथा लीड 1 भी High है तब ट्रांजिस्टर, उस स्थिति में ON होता है जब V_O, Low होता है तथा ट्रांजिस्टर में तब तक धारा प्रवाहित होती है जब तक $V_o = V_i = + V_{CC}$ ।

साराशं यह है कि ट्रांसमिशन गेट उस समय disable हो जाता है जब गेट Low होता है तथा इनपुट, आउटपुट से अलग (isolate) हो जाती है । इस प्रकार यह एक खुले स्विच (open switch) की भाँति कार्य करता है । गेट High होने पर ट्रांसमिशन गेट enable हो जाता है तथा आउटपुट, इनपुट के तुल्य होती है, $V_o = V_i$, इस प्रकार यह एक बन्द (closed) स्विच की भाँति कार्य करता है ।

चित्र 11.8 में प्रदर्शित मैमोरी सैल, NMOS स्टेटिक RAM के निर्माण में प्रयुक्त किये जाते हैं । इसमें चार ट्रांसमिशन गेट (T_1, T_2, T_3, एवं T_4) प्रयुक्त किये गये हैं जो सैल को सैलेक्ट करते हैं । जब ROW तथा COLUMN दोनो High होते

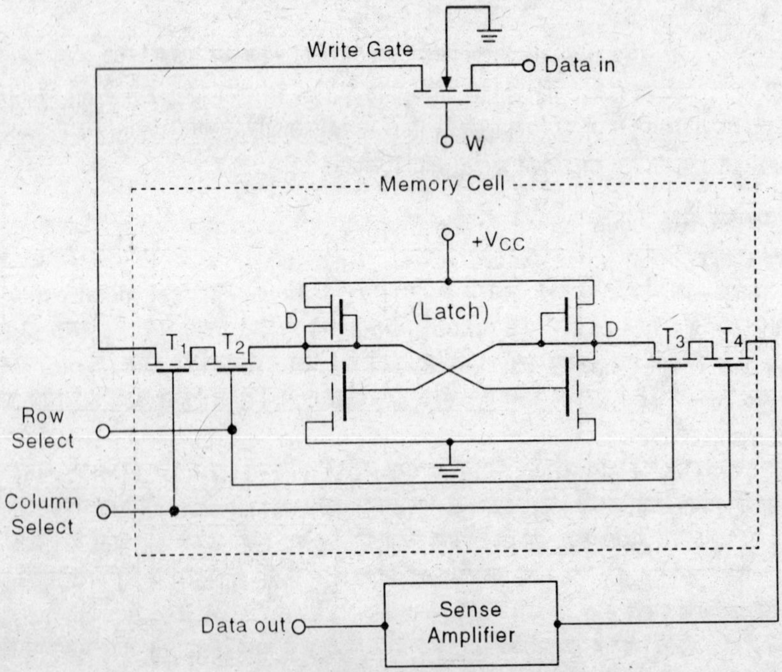

चित्र 11.8—NMOS मैमोरी सैल

हैं तब सैल सैलेक्ट होता है तथा इसके content सेन्स एम्पलीफायर के माध्यम से Read किये जा सकते हैं। सैल में डाटा स्टोर (write) करने के लिए Write गेट का प्रयोग किया जाता है।

Write Cycle—माना ROW तथा COLUMN दोनों की स्टेट High होने पर सैल सैलेक्ट कर लिया गया है। इस समय ट्रांसमिशन गेट्स T_1 तथा T_2 दोनों enable हो जाते हैं अर्थात् बन्द स्विच (closed switch) की भाँति कार्य करते हैं। अब यदि '*W*' High है तब टर्मिनल DATA IN पर दिया गया डाटा सीधे फ्लिप-फ्लॉप पर प्राप्त होता है। यदि DATA IN की स्टेट High है तब सैल में '1' तथा DATA IN 'Low' होने पर सैल में '0' स्टोर हो जाता है। यह Write ऑपरेशन है।

Read cycle—सैल से डाटा read करने के लिए सर्वप्रथम ROW तथा COLUMN दोनों को High स्टेट में कर सैल को सैलेक्ट किया जाता है। इस समय ट्रांसमिशन गेट्स T_3 तथा T_4 enable हो जाते हैं तथा बन्द स्विच (closed switch) की भाँति कार्य करते हैं। इस समय फ्लिप-फ्लॉप *D* में स्टोर हुआ डाटा सेन्स एम्पलीफायर से होकर DATA OUT टर्मिनल पर प्राप्त होता है। यह Read आपरेशन है।

(b) CMOS मैमोरी सैल

CMOS स्टैटिक मैमोरी सैल में दो CMOS इनवर्टर क्रॉस-कपलड (cross-coupled) होते हैं तथा एक लैच (flip-flop) निर्मित करते हैं। NMOS सैल की भाँति इसमें भी Write अथवा Read आपरेशन के लिए NMOS ट्रांसमिशन गेट प्रयुक्त किये जाते हैं जो परिपथ में स्विच का कार्य करते हैं। चित्र 11.9 में एक CMOS मैमोरी सैल प्रदर्शित किया गया है। परिपथ में प्रयुक्त सेन्स एम्पलीफायर Read प्रक्रिया में ऑपरेट होता है। ट्रांसमिशन गेट्स T_1, T_2, T_3 या T_4 सैल को सैलेक्ट करने के लिए प्रयुक्त किये जाते हैं। जब ROW तथा COLUMN दोनों High होते हैं। तब सैल सैलेक्ट होता है तथा उस समय इसके Content, सेन्स एम्पलीफायर प्रयुक्त कर पढ़े (read) जा सकते हैं अथवा write गेट (W) को प्रयुक्त कर सैल में डाटा स्टोर (Write) किया जा सकता है।

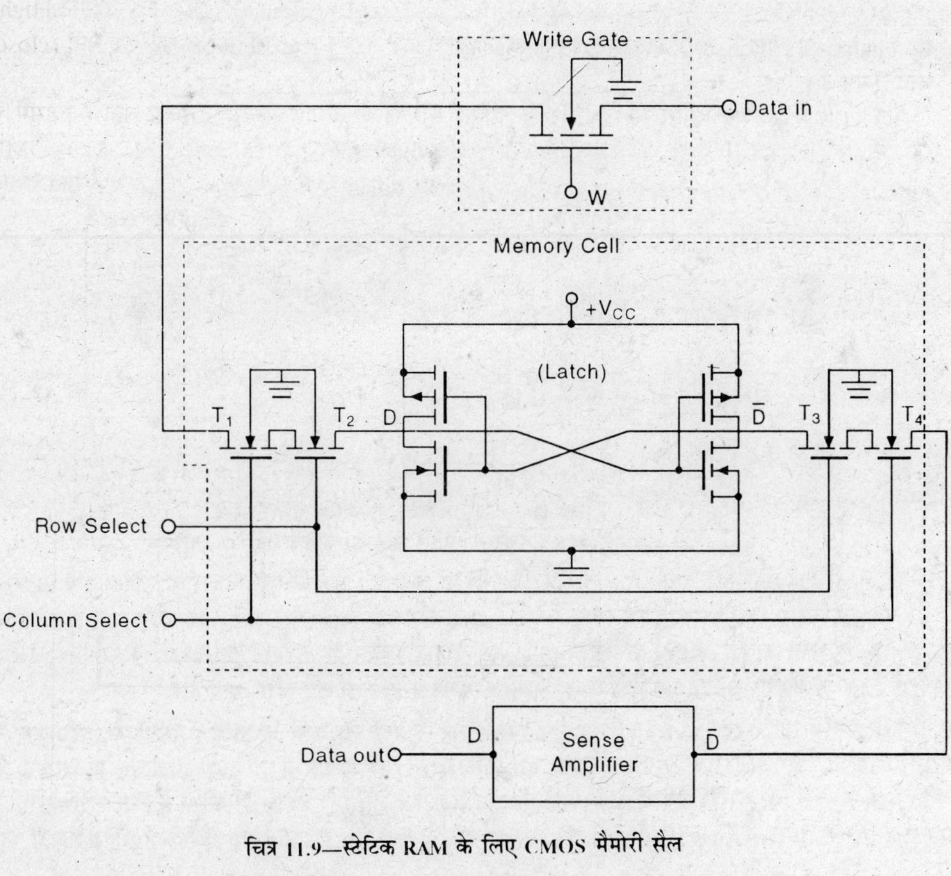

चित्र 11.9—स्टेटिक RAM के लिए CMOS मैमोरी सैल

Write Cycle—सैल में डाटा स्टोर (Write) करने के लिए सर्वप्रथम ROW एवं COLUMN को High स्टेट में कर सैल सैलेक्ट किया जाता है। इस समय यदि '*W*' High स्टेट में है तब DATA IN टर्मिनल पर उपलब्ध डाटा फ्लिप-फ्लॉप में स्टोर हो जाता है।

Read Cycle—इस आपरेशन में भी सर्वप्रथम ROW एवं COLUMN को High स्टेट में कर सैल सैलेक्ट किया जाता है। ट्रांसमिशन गेट T_3 एवं T_4 बन्द स्विच की भाँति कार्य करते हैं तथा फ्लिप-फ्लॉप में स्टोर हुआ डाटा, DATA OUT टर्मिनल पर उपलब्ध हो जाता है।

डायनेमिक MOS मैमोरी सैल
(Dynamic MOS Memory Cell)

यह सैल डाटा बिट को कैपेसिटर में आवेश (charge) के रूप में स्टोर करता है। यह आवेश समय के साथ लीक (leak) हो जाता है। अतः कैपेसिटर को निश्चित समय अन्तराल पर चार्ज करना (refresh) आवश्यक होता है। इसके अतिरिक्त डायनेमिक सैल में 'Read' करने के पश्चात् स्टोर किया गया डाटा बिट नष्ट (lost) हो जाता है। यह destructive read out कहलाता है। यह समस्या स्टेटिक मैमोरी में नहीं होती।

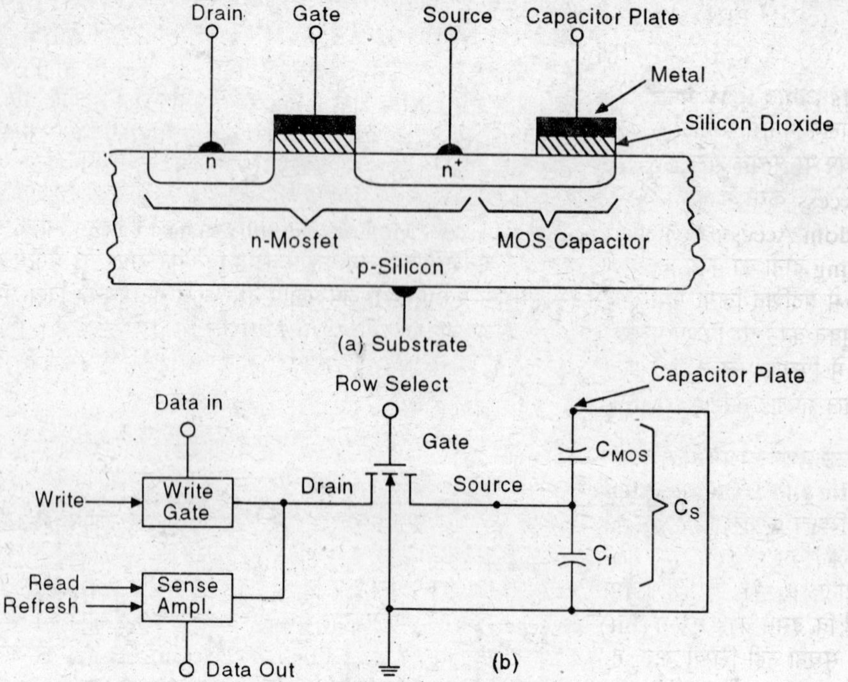

चित्र 11.10—1-ट्रांजिस्टर डायनेमिक मैमोरी सेल
(a) ट्रांजिस्टर डायनेमिक मैमोरी सैल का फेब्रिकेशन, (b) परिपथ

चित्र 11.10 में एक ट्रांजिस्टर डायनेमिक सैल प्रदर्शित किया गया है। सैल में एक NMOS ट्रांजिस्टर तथा एक MOS कैपेसिटर है जो एक सिलिकॉन चिप पर फैब्रिकेट किये गये हैं। यदि कैपेसिटर PLATE लीड तथा सब्सट्रेट ग्राउन्ड से कनेक्ट हो तब सैल में एक बिट के लिए आवेश, MOS कैपेसिटर (C_{mos}) तथा ट्रांजिस्टर की जंक्शन धारिता C_i के समान्तर संयोजन (C_S) में स्टोर होता है। C_S के आवेशित होने पर सैल में '1' तथा अनावेशित होने पर '0' स्टोर होता है।

मैमोरी सैल में ट्रांजिस्टर (Mosfet) एक ट्रांसमिशन गेट (स्विच) का कार्य करता है। मैमोरी में इस प्रकार के अनेक ट्रांजिस्टर प्रयोग किये जाते हैं। ROW सेलेक्ट होने पर, उस पंक्ति (row) में लगे सभी ट्रांजिस्टर enable हो जाते हैं तथा बन्द स्विच की भाँति कार्य करते हैं। READ चक्र में सेन्स एम्पलीफायर सैल के content को read करता है तथा कैपेसिटर C_S को पुनः आवेशित करता है जिससे destructive read out की समस्या हल होती है एवं इस के साथ ही रिफ्रेश ऑपरेशन में भी प्रयोग होता है।

WRITE चक्र में '1' तथा '0' को स्टोर करने के लिए WRITE गेट का प्रयोग किया जाता है। '1' स्टोर होने पर कैपेसिटर (C_S) आवेशित तथा '0' स्टोर करने पर अनावेशित होता है।

11·5. अर्धचालक मैमोरी
(Semiconductor Memories)

अर्धचालक मैमोरी को निम्न प्रकार हैं वर्गीकृत किया जा सकता है:—

(i) Random Access Memories (RAMs)
  (a) Static RAM
  (b) Dynamic RAM
(ii) Read Only Memories (ROMs)
  (a) PROM
  (b) EPROM
  (c) E^2 PROM
  (d) MASKED ROM

RAMs अर्थात् R/W मैमोरी

अर्धचालक मैमोरी में डाटा स्टोर करने के लिए विभिन्न सैल (cell) होते हैं। प्रत्येक सैल में सूचना (data) का एक बिट स्टोर होता है। चिप पर प्रत्येक सैल को access करने का समय समान होता है। उदाहरणतः यदि किसी चिप में 2114 सैल हैं तब प्रथम सैल को access करने में तथा 2114 वें सैल को access करने में समान समय लगता है। मैमोरी चिप में इस प्रकार access करना Random Access कहलाता है। Random Access Memory उन मैमोरी को कहते हैं जिनमें निर्मित सैल में Reading अथवा Writing दोनों का कार्य किया जा सकता है। अर्धचालक फ्लिप-फ्लॉप को प्रयुक्त कर बनाई गई मैमोरी का एक बाइनरी सैल चित्र 11.6 में प्रदर्शित किया गया है। सैल (cell) में एक *R-S* फ्लिप-फ्लॉप तथा अन्य गेट प्रयुक्त किये गये हैं। 'IN' टार्मिनल पर '1'प्रयुक्त करने पर फ्लिप-फ्लॉप 1-State में आ जाता है, यदि Write सिगनल भी '1' स्टेट में है। 'IN' टर्मिनल पर '0' प्रयुक्त करने में फ्लॉप-फ्लॉप '0' स्टेट मे आ जाता है, यदि Write सिगनल सप्लाई '1' स्टेट में है। बाइनरी सैल की आउटपुट, read सिगनल सप्लाई करने पर 'OUT' टर्मिनल पर उपलब्ध होती है।

स्टैटिक तथा डायनेमिक मैमोरी
(Static and Dynamic Memory)

डिजिटल प्रणालियों में प्रायः दो प्रकार की RAMs प्रयोग की जाती हैं : (i) Static RAM (SRAM) तथा (ii) Dynamic RAM (DRAM)।

स्टैटिक RAM में बेसिक मैमोरी एलीमेन्ट एक फ्लॉप-फ्लाप होता है (बाइपोलर अथवा MOS)। Static RAM की विशेषता यह है कि इसमें कोई सूचना (bit) लिखे जाने (Write) के पश्चात् तब तक इसमें उपस्थित रहती है। जब तक कि इसके उपर कोई अन्य सूचना नहीं लिखी जाती है अथवा चिप से विद्युत Power विच्छेदित (disconnect) नहीं की जाती है। अधिकांश स्टैटिक RAMs का आपॅरेशन चित्र 11.11 में दिये गयें ब्लाक डायग्राम से प्रदर्शित किया जा सकता है। ये प्रायः n एड्रैस लाइनों द्वारा निर्मित होती हैं जिनके द्वारा सैलों में से किसी एक को सैलेक्ट कर सकते हैं। इस प्रकार RAM में एक समय में 1बिट (1 bit at a time) सैलेक्ट किया जाता है। चिप में एक chip enable कन्ट्रोल (*CE*),एक write-enable (*WE*), तथा एक सिगंल इनपुट डाटा बिट (D_2) एवं एक सिगंल आउटपुट डाटा बिट (D_o) के लिए व्यवस्था होती है।

डायनेमिक RAM में सैल (Cell) का आकार स्टेटिक RAM की तुलना में काफी छोटा होता है। इस मैमोरी में सूचना का प्रत्येक बिट (bit) कैपेसिटर के आवेश की भाँति स्टोर होता है। डायनेमिक RAM में स्टेटिक RAM की तुलना में समान स्थान (equal space) में लगभग चार गुनी सूचनाएँ स्टोर की जा सकती हैं। अतः डायनेमिक RAMs का प्रति बिट मूल्य (cost per bit) भी कम होता है। चूँकि DRAM मे सूचनायें कैपेसिटर के आवेश की भाँति स्टोर होती हैं अतः इन्हें retain करने के लिए DRAM को जल्दी-जल्दी (लगभग 2.8 सेकेण्ड के interval पर) refresh करना आवश्यक होता है। रिफ्रैश के लिए अलग विद्युत परिपथ की आवश्यकता होती है जिसके कारण DRAM का माइक्रोप्रोसेसर से इन्टरफेसिंग, SRAM (static RAM) की तुलना में अधिक जटिल (complex) होता है।

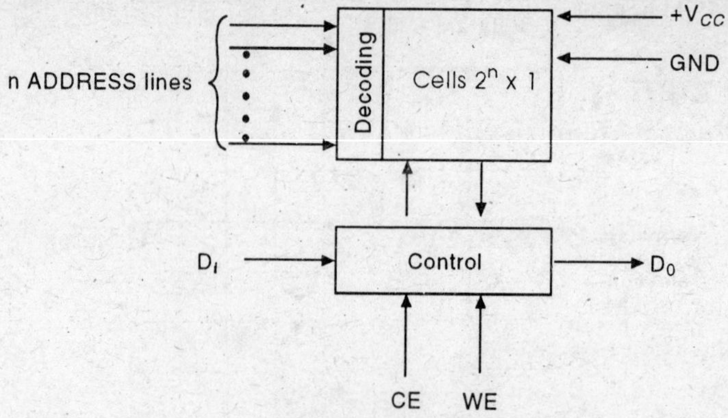

चित्र 11.11—स्टैटिक RAM का सामान्य ब्लॉक डायग्राम

ROMs (Read Only Memories)

ROM प्रायः निर्माता द्वारा प्रोग्राम की हुई (preprogrammed) चिप होती है तथा माइक्रोप्रोसेसर इन्हें केवल Read कर सकता है। ROM चिप में डाटा स्थायी रूप से स्टोर हो जाता है। चिप की विद्युत सप्लाई ON/OFF होने से इसमें रिकॉर्ड की गई सूचना पर कोई प्रभाव नहीं होता। अतः इसे Nonvolatile मैमोरी कहते हैं। ROM को पुनः निम्न प्रकार वर्गीकृत किया जा सकता है।

(a) PROM (Programmable ROM)—PROM को केवल एक बार प्रोग्राम किया जा सकता है। प्रोग्राम किये जाने के पश्चात् यह सामान्य ROM की भाँति व्यवहार करती है। PROM में नाइक्रोम अथवा पॉलीसिलिकन के तार चित्र 11.12 की भांति डायोड अथवा फ्यूज की भाँति एक मेट्रिक्स (matrix) के आकार में व्यवस्थित होते हैं। फ्यूज का blow होना या retain रहना यह व्यक्त करता है कि सैल में '1' स्टोर है अथवा '0'।

(b) EPROM (Erasable Programmable ROM)—इस मैमोरी में स्टोर की गई सूचना अर्धस्थायी होती है। मैमोरी को नष्ट (erase) करने के लिए चिप में बनाई गई क्वार्टज विन्डो से अल्ट्रावायलेट प्रकाश की किरणें डाली जाती हैं तथा मैमोरी को आवश्यकतानुसार पुनः प्रोग्राम किया जा सकता है। यह मैमोरी औद्योगिक एवं प्रयोगात्मक कार्यों के लिए प्रयोग की जाती है।

(c) E^2 PROM (Electrically Erasable PROM)—सैद्धान्तिक रूप से यह मैमोरी EPROM की भाँति ही है। अन्तर केवल यह है कि इसमें विद्युत संकेत प्रयुक्त कर किसी भी रजिस्टर की सूचना नष्ट (erase) की जा सकती है जबकि अन्य रजिस्टर अप्रभावित रहते हैं। इस मैमोरी की निर्माण प्रक्रिया काफी जटिल है। आजकल इस मैमोरी का समान्य रूप से प्रयोग नहीं किया जाता।

माइक्रोप्रोसेसर प्रणाली में प्रोग्राम प्रायः ROM में लिखे जाते हैं तथा ऐसे डाटा, जिन्हें परिवर्तित करने की आवश्यकता होती है, R/W मैमोरी में स्टोर किये जाते हैं।

(d) Masked ROM—इस युक्ति में मास्किंग एवं मेटेलाइजेशन (masking and metallization) विधियों द्वारा बिट पैटर्न (bit pattern) को स्थाई रूप से रिकार्ड किया जाता है।

11·6. ROM का फंक्शनल डायग्राम

चित्र 11.12 में ROM का functional डायग्राम प्रदर्शित किया गया है। चित्र में डायोड एक आयताकार मैट्रिक्स array के रूप में व्यवस्थित है। क्षैतिज (horizontal) रेखाओं का ऊर्ध्वाधर (vertical) लाइनों से संयोजन केवल डायोडों द्वारा किया गया है। Horizontal Rows को ऐसे बाइनरी रजिस्टरों की भाँति देखा जा सकता है जिनके बाइनरी एड्रैस 000 से 111 तक है। रजिस्टरों में सूचनायें बाइनरी अंकों '1' तथा '0' के रूप में स्टोर होती है। यदि परिपथ में डायोड संयोजित है तब यह '1' को प्रदर्शित करता है अन्यथा डायोड की अनुपस्थिति '0' को प्रदर्शित करती है। जब कोई रजिस्टर select होता है तब उस लाइन की वोल्टेज अधिक हो जाती है तथा वह आउटपुट लाइन, जहाँ डायोड संयोजित है, भी High हो जाती है। चित्र में प्रदर्शित संरचना में 8 रजिस्टर, निम्न बाइनरी एड्रैस द्वारा प्रदर्शित किये जा सकते हैं।

000, 001, 010, 011, 100, 101, 110 तथा 111

उदाहरण के लिये रजिस्टर 111 select करने पर डाटा लाइन $D_7 - D_0$ पर निम्न डाटा बाइट पढ़ा जा सकता है—

01111000

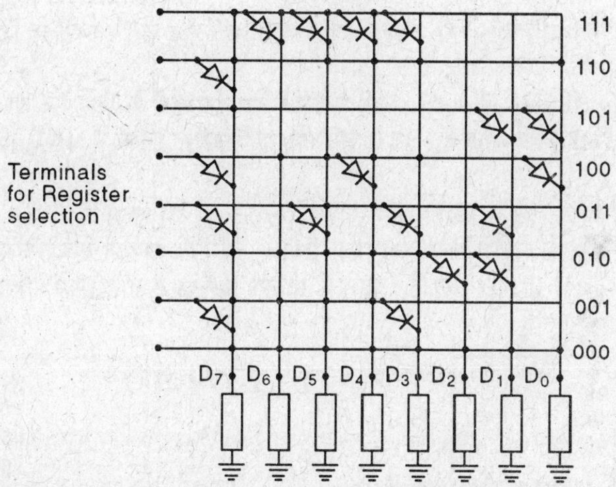

चित्र 11·12—ROM सैल तथा रजिस्टर्स

11·7. मैमोरी चिप की पिन संरचना (Pin Structure of Memory Chip)

एक सामान्य मैमोरी चिप का लॉजिक डायग्राम चित्र 11.13 में प्रदर्शित किया गया है। इसमें एड्रैस करने के लिए, चिप से डाटा Read करने अथवा चिप में डाटा Write करने के लिए एड्रैस लाइन, डाटा लाइन, कन्ट्रोल लाइन इत्यादि की व्यवस्था होती है। पिनों का फंक्शन निम्न प्रकार है:

एड्रैस इनपुट (Address Inputs)—मैमोरी चिप में विभिन्न रजिस्टरों को एड्रैस करने के लिए एड्रैस पिन होती हैं। एड्रैस पिनों की संख्या चिप के साइज $(m \times n)$ पर निर्भर करती है। उदाहरणत: एक '1024 × 4' साइज की चिप में एड्रैस पिनों की संख्या 16 होती है क्योंकि 16 पिनों के द्वारा $2^{16} = 1024$ रजिस्ट्ररों को एड्रैस किया जा सकता है। एड्रैस लाइन A_0, A_1, A_2, A_3...... इत्यादि से प्रदर्शित की जाती है।

चिप सैलेक्ट ($\overline{CS}$)—यह पिन चिप सैलेक्शन के लिए प्रयुक्त की जाती है। चिप सैलेक्शन के लिए $\overline{CS}$ लाइन ACTIVE LOW होती है।

$\overline{WE}$ (Write Enable)— इस पिन पर एनेबल (enable) सिगनल देने पर चिप Read अथवा Write फंक्शन के लिए तैयार होती है। जब $\overline{WE}$ निम्न (LOW) होता है तब चिप WRITE फंक्शन तथा तथा $\overline{WE}$ उच्च (HIGH) होने पर READ फ़ंक्शन सम्पन्न करती है। वास्तम में $\overline{WE}$ के LOW होने पर मैमोरी में निर्मित इनपुट बफर तथा HIGH होने पर आउटपुट बफर एनेबल होते हैं।

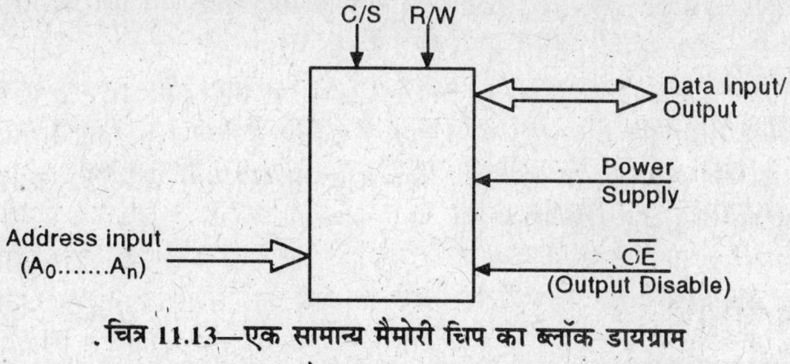

चित्र 11.13—एक सामान्य मैमोरी चिप का ब्लॉक डायग्राम

डाटा इनपुट/आउटपुट (Data Input/ Output)—मैमोरी चिप में WRITE करने के लिए अथवा मैमोरी चिप से READ करने के लिए डाटा I/O पिनें होती हैं। ROM चिप में यह पिनें केवल READ फंक्शन अर्थात् आउटपुट के लिए प्रयुक्त होती हैं। डाटा आउटपुट, इनपुट पिनों की संख्या भी मैमोरी साइज पर निर्भर करती है।

READ एवं WRITE इनपुट (R/$\overline{W}$ Input)—$R/\overline{W}$ लाइन को enable करने पर READ अथवा WRITE फंक्शन सम्पन्न होते हैं। यह पिन $\overline{WE}$ के समान ही है।

Output Disable—इस पिन द्वारा READ फंक्शन को (अथवा आउटपुट को) ऐनेबल या डिसेबल (disable) किया जाता है।

पावर सप्लाई लाइन (Power Supply Input)—सभी मैमोरी में पावर सप्लाई के लिए एक या अधिक पिन होती हैं। इस पिन को V_{PP} अथवा V_{cc} द्वारा प्रदर्शित किया जाता है। TTL लॉजिक पर आधारित चिप्स में +5V,dc सप्लाई की आवश्यकता होती है।

ग्राउन्ड (GND)—प्रत्येक चिप में एक या अधिक पिन गाउन्ड (ground) की जाती हैं।

चित्र 11.14 (a) तथा (b) में MOS मैमोरी चिप INTEL 2114 का पिन विवरण एवं लॉजिक डायग्राम दिया गया है। यह व्यापक रूप की जाने वाली (widely used) चिप है। यह एक स्टैटिक RAM है तथा इसमें 4096 बिट्स, 4-4 बिट्स के 1024 शब्दों (words) में arranged हैं।

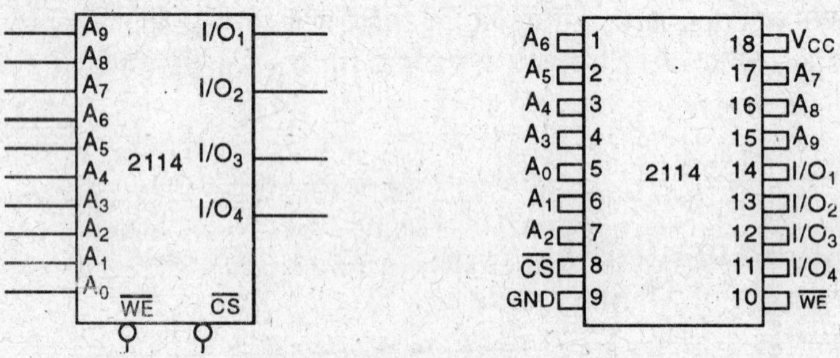

PIN NAMES–INTEL 2114

$A_0 - A_9$	ADDRESS INPUTS	Vcc	POWER (+ 5V)
$\overline{WE}$	WRITE ENABLE	GND	(GROUND)
$\overline{CS}$	CHIP SELECT		
$I/O_1 - I/O_4$	DATA INPUT/OUTPUT		

चित्र 11.14—मैमोरी चिप 2114 का लॉजिक एवं पिंन डायग्राम
(a) 2114 का लॉजिक संकेत (b) चित्र 2114 का पिन विवरण

4096 बिट्स के लिए बेसिक मैमोरी 64 rows तथा 64 columns में निर्मित होती है। A_3 से A_8 तक 6 एड्रैस बिट्स, 64 rows (2^6 =64) में से एक, सैलेक्ट करने के लिए प्रयोग किये जाते हैं। 64 कॉलम, 4-4 बिट शब्दों के 16 ग्रुप में विभाजित होते हैं। इन 16 ग्रुप में से एक को सैलेक्ट करने के लिए 4 एड्रैस बिट A_0, A_1, A_2, तथा A_9 प्रयोग किये जाते हैं। इस प्रकार 10 बिट एड्रैस, द्वारा 64 rows तथा 16 कॉलम से एक 4-बिट शब्द (4-bit word) का सैलेक्शन होता है, जिससे $64 \times 16 = 1026$, 4-bit words की मैमोरी प्राप्त होती है।

'WRITE' ऑपरेशन में $I/O_1, I/O_2, I/O_3$ तथा I/O_4 4-bit डाटा (Word) के लिए इनपुट लाइनें हैं। READ ऑपरेशन में इन्हीं लाइनों पर 4-bit डाटा (Word) प्राप्त होता है। चिप सैलेक्ट ($\overline{CS}$) को Low रखने पर चिप 'READ' अथवा 'WRITE' ऑपरेशन के लिए enable हो जाती है। 'READ' ऑपरेशन में WRITE ENABLE को High रखा जाता है तथा 'WRITE' ऑपरेशन में Low रखा जाता है।

11·8. सीक्वैन्शियल मैमोरी
(Sequential Memories)

वह मैमोरी जिनमें डाटा writing तथा reading एक क्रम (sequence) में होता है सीक्वैन्शियल मैमोरी कहलाती है, अर्थात् यदि किसी समय मैमोरी की x लोकेशन पर writing अथवा reading ऑपरेशन की क्रिया हो रही है तब x से ऊपर की लोकेशन

$(x+y)$ पर कोई ऑपरेशन उस समय तक नहीं किया जा सकता है जब तक कि x से y के मध्य की सभी लोकेशन एक क्रम (one-by-one) में access न कर ली जायें। दूसरे शब्दों में किसी विशेष लोकेशन को तब तक access नहीं किया जा सकता जब तक कि क्रम (serial) में वह लोकेशन न आ जाये। इसका अर्थ है कि इस मैमोरी में समस्त लोकेशन का access समय समान नहीं होता है। उदाहरणतः शिफ्ट रजिस्टर्स।

चित्र 11.14 में $m \times n$ आकार की एक सीक्वैन्शियल मैमोरी प्रदर्शित की गई है इसमें n शिफ्ट रजिस्टर्स है तथा प्रत्येक रजिस्टर्स में m स्टेज हैं। प्रत्येक रजिस्टर $(0, 1, 2, 3, \ldots n-1, n)$ में m शब्दों का कोई बिट $(0, 1, 2 \ldots m-1, m-2)$ पैटर्न स्टोर रहता है। प्रत्येक क्लॉक चक्र में, प्रत्येक रजिस्टर के बिट दायीं ओर 1-बिट पोजीशन एडवांस होते हैं तथा स्टोर किये गये शब्द एक क्रम से (sequentially) आउटपुट पर प्राप्त होते रहते हैं। यह प्रक्रिया FIFO (first-in-first-out) सीक्वेन्शियल मैमोरी प्रणाली कही जाती है क्योंकि इसमें जो शब्द पहले स्टोर (Write) किया गया है वही सबसे पहले पढ़ा (Read) जायेगा। इसके विपरीत यदि आउटपुट, पहली स्टेज (zeroth stage) के स्थान पर अन्तिम (m−1) स्टेज से लेना प्रारम्भ किया जाये तब यह LIFO (last-in-first-out) प्रणाली कहलाती है। FIFO सीक्वेन्शियल (sequential) प्रणाली में Read किया गया कोई शब्द पुनः सबसे बायें (left-most) रजिस्टर में पुनः ट्रांसफर किया जा सकता है। यह सर्कुलेटिंग शिफ्ट रजिस्टर (circulating shift register) कहलाता है। LIFO प्रणाली में सर्कुलेटिंग (circulating) प्रक्रिया नहीं प्रयुक्त की जाती।

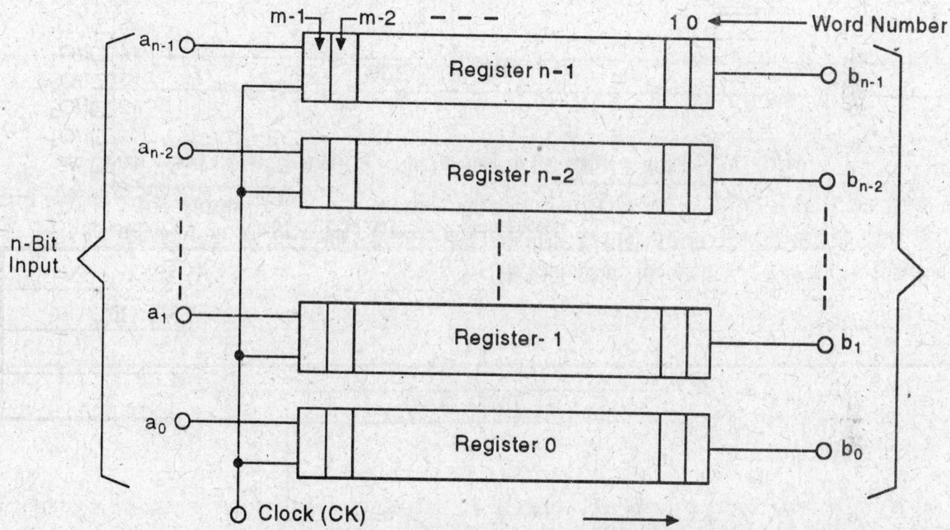

चित्र 11.15— m × n आकार की sequential मैमोरी

11·9. मैमारी की आकार बढ़ाना
(Increasing the Size of Memory)

एक '$m \times n$' साइज की मैमोरी चिप किसी एक read अथवा write ऑपरेशन में डाटा के n बिट्स स्टोर कर सकती है अथवा आउटपुट (send) कर सकती है। यदि किसी अनुप्रयोग (application) में चिप की word length, मैमोरी sub-system से छोटी है तब एक से अधिक चिप संयोजित कर word length तथा depth बढ़ाई जा सकती है।

(a) **शब्द की लम्बाई बढ़ाना** (Extension in Word length)—किसी '$m \times n$' आकार की मैमोरी में n, शब्द की लम्बाई प्रदर्शित करता है। शब्द के आकार को बढ़ाने के लिए '$m \times n$' आकार की चिप समानान्तर विधि (parallel configuration) द्वारा परस्पर संयोजित की जाती है।

उदाहरणत—'$m \times n$' आकार की दो मैमोरी चिप समानान्तर में संयोजित करने पर '$m \times 2n$' आकार का मैमोरी सिस्टम प्राप्त होता है। चित्र 11.16 में '256 × 4' आकार की दो मैमोरी चिप्स द्वारा '256 × 8' आकार की मैमोरी प्राप्त करने की विधि प्रदर्शित की गई है।

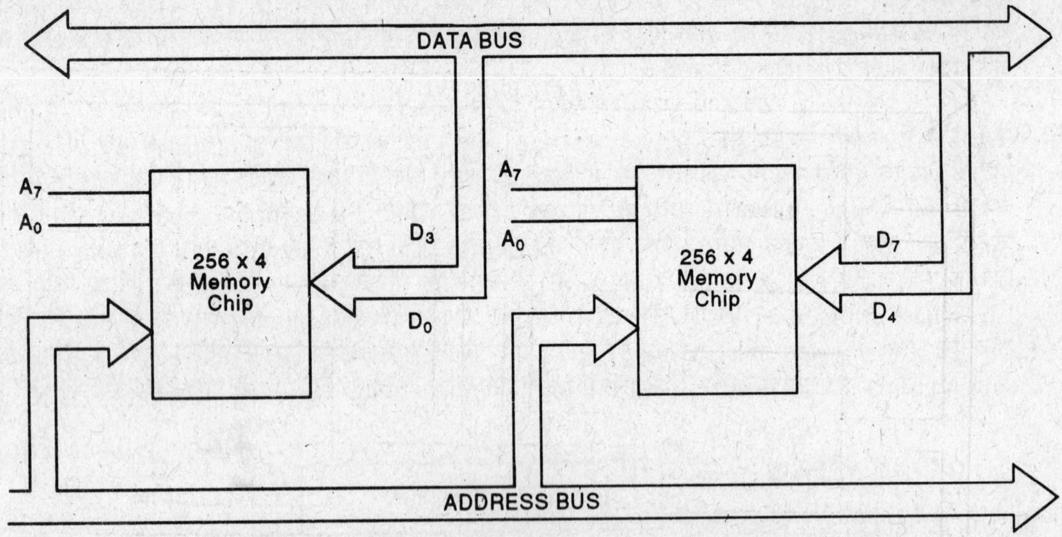

चित्र 11.16—'256 × 4' साइज की दो चिप से '256 × 8' साइज का मैमोरी सिस्टम बनाना

(b) मैमोरी की Depth बढ़ाना (Extending the depth of memory)—मैमोरी depth बढ़ाने के लिए मैमोरी को चित्र 11.17 की भांति कॉलम-वाइज (column-wise) संयोजित किया जाता है; चित्र में दो '$m \times n$' आकार की चिप्स को column-wise संयोजित कर '$2m \times n$' आकार की मैमोरी प्राप्त की गई है।

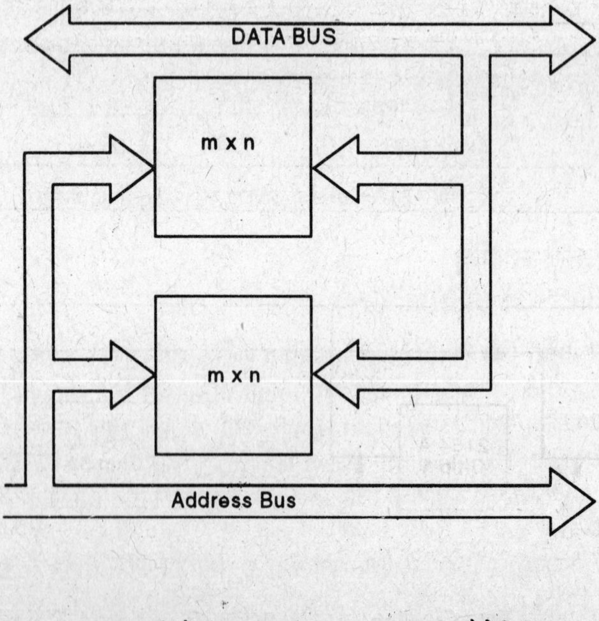

चित्र 11.17—'m × n' साइज की दो चिप्स द्वारा '2m × n' साइज का मैमोरी सिस्टम प्राप्त करना

उदाहरणत : '1024 × 8' आकार का मैमोरी सिस्टम प्राप्त करने के लिए चार '256 × 4' आकार की मैमोरी चिप्स चित्र 11.18 के अनुसार संयोजित की जा सकती हैं।

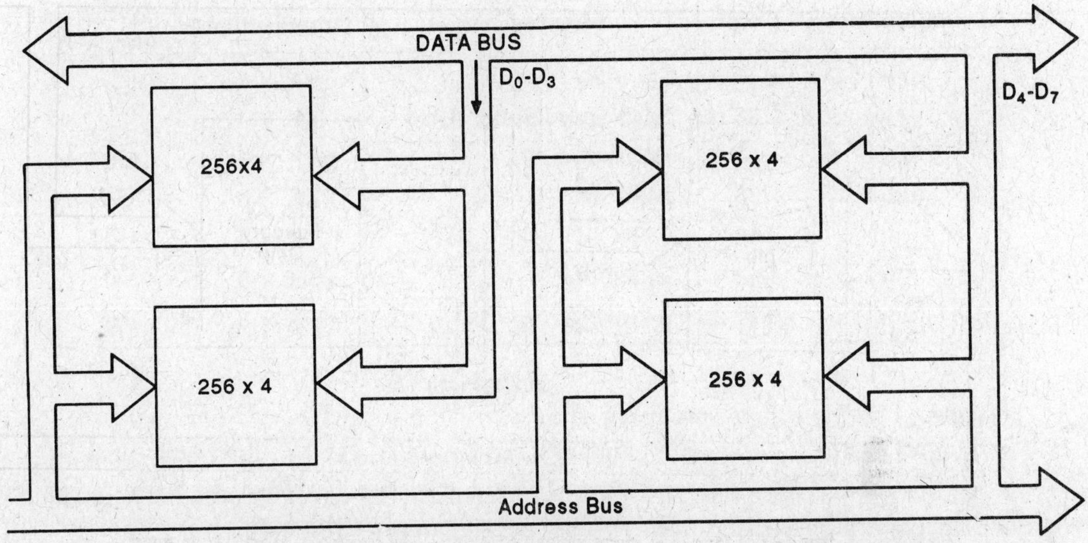

चित्र 11.18—'256 × 4' आकार की मैमोरी चिप्स से '1024 × 8' आकार की मैमोरी विकसित कराना

इसी प्रकार माना हमें 64 K word के एक ऐसे मैमोरी सिस्टम की आवश्यकता है जिसके प्रत्येक शब्द में 32 बिट्स हैं। हमारे पास 64 × 1 क्षमता की Intel 2164 A अनेक dynamic RAM उपलब्ध हैं। हमें आवश्यक चिप्स की संख्या ज्ञात करनी है।

64 K × 1 साइज की प्रत्येक Intel 2164 A dynamic RAM, 32 बिट्स का केवल 1 शब्द ही उपलब्ध करा सकती है, अत: 64 K शब्द बनानें के लिए 32 चिप्स की आवश्यकता होगी। चित्र 11.19 में Intel 2164 A dynamic RAM को प्रयुक्त कर 64 K word का मैमोरी सिस्टम प्रदर्शित किया गया है।

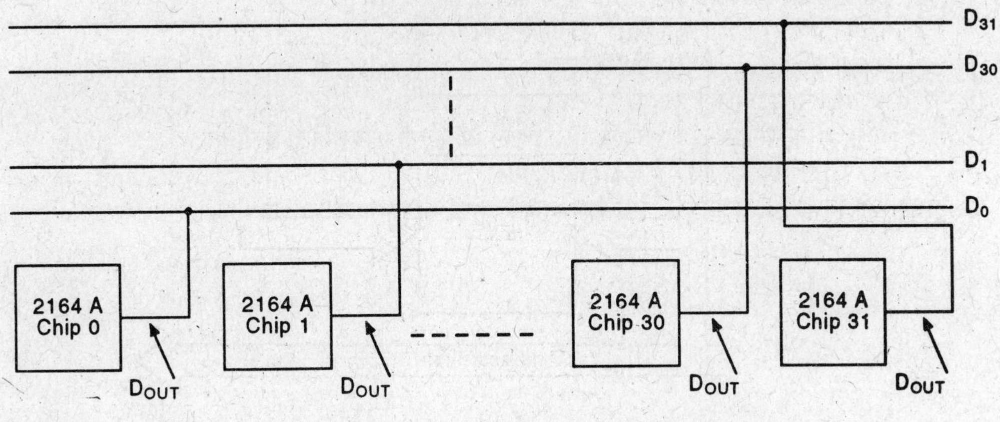

चित्र 11.19—Intel 2164 RAM चिप द्वारा 64 K word का सिस्टम बनाना

TABLE 11.1—कुछ महत्वपूर्ण मैमोरी चिप्स
(Some Important Memory Chips)

Manufacturer	Chip	Memory Type	Organisation	Access Timing (ns)
Intel	2114 A	Static RAM	1 K × 4	100
Intel	2148 H	High Speed Static RAM	1 K × 4	45
Intel	2164 A	Dynamic RAM	64 K × 1	150
Intel	2708	EPROM	1 K × 8	350
Intel	2716	EPROM	2 K × 4	350
Intel	2764	EPROM	8 K × 8	200
Intel	2817 A	E^2 PROM	2 K × 8	200

प्रश्नावली—11

1. निम्नलिखित शब्दों के अर्थ एक वाक्य में स्पष्ट कीजिये
   (i) एक्सेस टाइम (Access time), (ii) मैमोरी एड्रैस (Memory address), (iii) मैमोरी क्षमता (Memory capacity), (iv) चिप, (v) डायनेमिक मैमोरी, (vi) EPROM, (VII) मैमोरी सैल, (viii) Volatile मैमोरी, (ix) Non volatili मैमोरी, (x) ऑपरेशन 'READ', (xi) ऑपरेशन 'WRITE', (xii) स्टैटिक मैमोरी
2. शब्द 'Volatile' मैमोरी को समझाये।
3. EPROM मैमोरी Volatile क्यों नहीं है ?
4. निम्न बाइनरी सैल पर टिप्पणी लिखिये।
   (a) बाईपोलर RAM सैल
   (b) NMOS मैमोरी सैल
   (c) CMOS मैमोरी सैल
5. विभिन्न प्राकर की मैमोरी को सूचीबद्ध कीजिए E^2PROM तथा EPROM में अन्तर स्पष्ट कीजिए।
7. EPROM तथा PROM में अन्तर स्पष्ट कीजियें।
8. निम्न अनुप्रयोगों के लिए प्रयोग की जाने वाली उपयुक्त मैमोरी लिखिये:—
   (a) एक छोटे कम्प्यूटर के लिए मैमोरी।
   (b) एक छोटे कम्प्यूटर में प्रोग्राम रूप से स्टोर करने के लिए मैमोरी।
   (c) किसी विकास (development) प्रोग्राम के लिए मैमोरी।
9. Sequential Memory पर टिप्पणी लिखिये।
10. मैमोरी का आकार किस प्रकार बढ़ाया जा सकता है।
11. निम्न बिट्स की मैमोरी को एड्रैस करने के लिए कितने बिट्स की आवश्यकता होगी।
    (a) 1024 (b) 4098 (c) 256 (d) 16384
12. ट्रांसमिशन गेट से क्या तातपर्य हैं, एक चित्र बनाकर उसकी कार्य प्रणाली समझाइये।

12

D/A तथा A/D कनवर्जन
(D/A and A/D Conversion)

डिजिटल सिगनल प्रोसेसिगं में डिजिटल से एनेलॉग (D/A) तथा एनेलॉग से डिजिटल (A/D) कनवर्जन का अत्यधिक महत्व हैं। डिजिटल प्रणाली का कम्युनिकेशन कन्ट्रोल इन्सट्रुमेन्टेशन तथा अनेक अन्य युक्तियों में व्यापक प्रयोग किया जाता है जिनमें यथार्थ की दृष्टि (point of accuracy) से हम परिणाम संख्यात्मक अंकों (digits) में प्राप्त करना अधिक उपयुक्त समझते हैं। परन्तु यह सम्भव है कि किन्हीं उपकरणों अथवा युक्तियों में सिगनल, डिजिटल रूप में उपलब्ध न होता हो। ऐसी परिस्थितियों में एनेलॉग (analog) सिगनल को डिजिटल हार्डवेयर की सहायता से डिजिटल रूप से परिवर्तित करना पड़ता है। एनेलॉग सिगनल से डिजिटल सिगनल में परिवर्तन की क्रिया analog-to-digital (A/D) कनवर्जन कहलाती है तथा इस प्रयोजन के लिए A/D कनवर्टर्स (ADC) प्रयुक्त किये जाते हैं। इन्हे एन्कोडिगं (encoding) डिवाइस भी कहते है।

यह भी सम्भव है कि हमें प्रणाली की आउटपुट एनेलॉग रूप में वांछित (required) हो तब पुन: डिजिटल संकेत को एनेलॉग में परिवर्तित करना होता है। यह प्रक्रिया digital-to-analog (D/A) कनवर्जन कहलाती है तथा इसके लिए D/A कनवर्टर (DAC) प्रयुक्त किये जाते है। इन्हें डिकोडिंग डिवाइस (decoding device) भी कहते हैं।

कुछ उदाहरण जिनमें A/D अथवा D/A कनवर्टर्स प्रयुक्त किये जाते हैं निम्न हैं:

डिजिटल प्रणाली का प्रयोग ताप भट्टियों (furnaces) के ताप मापन एवं नियत्रण में किया जा सकता है। यदि तापक्रम भट्टी के सामान्य प्रचालन तापक्रम से अधिक होता है तब भट्टी की हीट इनपुट (heat input or fuel input) की मात्रा कम करने की आवश्यकता होती है। ऐसी परिस्थिति में एक A/D कनवर्टर का प्रयोग किया जा सकता है जो कि सेन्सर (ताप को विद्युत में संकेत परिवर्तित करने वाली एक एनेलॉग युक्ति) की आउटपुट को डिजिटल रूप में परिवर्तित करता है। इस किया में ताप को पुन: कम करने के लिए एक डिजिटल आउटपुट की आवश्यकता होती है, जिसे D/A कनवर्टर द्वारा एनेलॉग आउटपुट में परिवर्तित कर उस युक्ति का नियन्त्रण किया जाता है जो भट्टी की फ्यूल इनपुट को कम कर, ताप कम करती है।

स्पीडोमीटर गति को तथा डिजिटल फ्रक्वेन्सी मीटर आवृति को अंको (digits) में प्रदर्शित करते हैं। इन युक्तियों में एक A/D कनवर्टर की आवश्यकता होती है, जो आवृति अथवा गति को डिजिटल सिगनल में परिवर्तित करता है।

डिजिटल कम्युनिकेशन प्रणालियों में एनेलॉग इलेक्ट्रिकल सिगनल को डिजिटल सिगनल में परिवर्तित कर ट्रांसमिट किया जाता है। इस प्रक्रिया में ट्राँसमिटिंग साइड पर A/D कनवर्टर तथा रिसीविंग साइड पर एक D/A कनवर्टर प्रयुक्त किया जाता है।

12·1. परिवर्ती प्रतिरोधी नैटवर्क (Variable-Resistor Network)

डिजिटल सिगनल को उसके तुल्य एनेलॉग सिगनल मे परिवर्तित करने की क्रिया में, डिजिटल वोल्टेज के विभिन्न स्तरों (different digital levels) को उनके तुल्य एक एनेलॉग सिगनल में परिवर्तित किया जाता है। इसके लिए एक प्रतिरोधी नैटवर्क (resistive network) का डिजाइन किया जाता है जो प्रत्येक डिजिटल स्तर (level) को उसके तुल्य बाइनरी weighted वोल्टेज (अथवा धारा) में परिवर्तित करता है। बाइनरी weight का अर्थ सत्य तालिका 12.1 से स्पष्ट किया जा सकता है। उदाहरणत: माना,

TABLE 12.1—Binary Weights

2^2	2^1	2^0
0	0	0
0	0	1
0	1	0
0	1	1
1	0	0
1	0	1
1	1	0
1	1	1

हमें 000 से 111 तक आठ 3-बिट डिजिटल सिगनलों को उनके तुल्य एनेलॉग वोल्टेज में परिवर्तित करना है। इनमें सबसे छोटी संख्या 000 है। माना इसका एनेलॉग तुल्यांक 0V(zero volt) है तथा सबसे बड़ी बाइनरी संख्या 111 का तुल्यांक 7V है। इस प्रकार हम एनेलॉग सिगनल वोल्टेज की एक सीमा निर्धारित कर सकते हैं। जिसमें उपरोक्त सभी डिजिटल स्तरों (levels) के तुल्य एक एनेलाग सिगनल वोल्टेज उपलब्ध हो सकें। इस उदाहरण में एनेलॉग सिगनल की निम्न सीमा (0V) तथा उच्च सीमा (7V) के स्थान पर कोई भी अन्य सीमा निर्धारित की जा सकती है।

सारिणी (Table) 12.1 के अनुसार बाइनरी 000 तथा 111 के मध्य सात निश्चित स्तर (discreet levels) हैं अत: एनेलॉग वोल्टेज सीमा शून्य 0 से 7V को भी 7 विभिन्न स्तरों में विभाजित करना सुविधाजनक होगा। डिजिटल स्तर में एक स्तर से दूसरे स्तर तक होने वाली न्यूनतम वृद्धि (smallest incremental change) LSB (2^0) द्वारा ज्ञात होती है। अत: डिजिटल स्तर की न्यूनतम वृद्धि द्वारा एनेलॉग वोल्टेज आउटपुट में एनेलॉग वोल्टेज सीमा के 1/7 के तुल्य के वृद्धि प्राप्त होना आवश्यक है। इसके लिए एक ऐसे प्रतिरोधी नैटवर्क की आवश्यकता होगी जो कि डिजिटल के 2^0 पोजिशन पर '1' होने से एनेलॉग आउटपुट पर $7 \times \frac{1}{7} = +1V$ का सिगनल उपलब्ध करा सके। चूँकि $2^1=2$ तथा $2^0=1$, अत: स्पष्ट है कि, दूसरे कॉलम में $2^1 = 2$ एक ऐसे बिट को प्रदर्शित करता है जिसका मान $2^0 = 1$ कालम वाले बिट से दो गुना है। अत: 2^1 वाली पोजीशन में '1' द्वारा आउटपुट वोल्टेज में से LSB (2^0) में '1' द्वारा उत्पन्न वृद्धि (1/7) की तुलना में दो गुना परिवर्तन होना चाहिये। इसके लिए नैटवर्क की एनेलॉग आउटपुट वोल्टेज में परिवर्तन $\frac{2}{7} \times 7 = +2V$ होना चाहिये।

इसी प्रकार 2^2 कॉलम में बिट '1' द्वारा आउटपुट में LSB की तुलना से 4 गुना परिवर्तन करना है क्योंकि $2^4 = 2 \times 2^1 = 4 \times 2^0$। अर्थात 2^2 बिट, आउटपुट में $\frac{4}{7} \times 7 = +4V$ के तुल्य परिवर्तन करता है।

इस प्रकार प्रत्येक (successive) बिट का मान अपने से पहले (preceding) बिट के मान का 2 गुना होता है। अत: LSB का बाइनरी तुल्यांक weight, $\frac{1}{7}$ या 7 का एक भाग है। इस उदाहरण में दुसरे LSB को एनेलॉग सीमा (7) का 2/7 के तुल्य भार प्राप्त होता है। 3-बिट प्रणाली में MSB का weight, 4/7 है जो कि LSB का 4 गुना है। यह तालिका 12.2 से स्पष्ट है। यह ध्यानार्कषण का विषय है कि समस्त weights का योग 1 है। अर्थात,

$$\frac{1}{7} + \frac{2}{7} + \frac{4}{7} = \frac{7}{7} = 1$$

यदि बाइनरी संख्या में बिट्स की संख्या n है तब LSB का बाइनरी equivalent weight $\frac{1}{(2^n - 1)}$ के बराबर होता है। अन्य पोजिशन वाले बिट का weight ज्ञात करने के लिए $\frac{1}{2^n - 1}$ को 2, 4, 8 इत्यादि से गुणा किया जाता है। यदि बाइनरी संख्या में चार बिट्स हैं, तब LSB का बाइनरी equivalent weight $\frac{1}{2^4 - 1} = \frac{1}{15}$ होगा तथा अन्य बिट्स का $\frac{2}{15}$, $\frac{4}{15}$ एवं

$\frac{8}{15}$ होगा। यहाँ $\frac{8}{15}$ MSB का weight है। यह तालिका 12.3 से स्पष्ट है।

TABLE 12.2—3-bit प्रणाली
(3-bit system)

Bit	Weight
2^0	1/7
2^1	2/7
2^2	4/7
Sum	7/7

TABLE 12.3—4-bit प्रणाली
(4-bit system)

Bit	Weight
2^0	1/15
2^1	2/15
2^2	4/15
2^3	8/15
Sum	15/15

इस प्रकार किसी भी बाइनरी संख्या को, उसके बिट्स के बाइनरी तुलयांक weight के अनुसार एनेलॉग सिगनल में परिवर्तित कर सकते हैं। इस रूपान्तरण (conversion) को विद्युत परिपथ द्वारा प्रदर्शित करने की दो विधियाँ हैं:

(1) प्रतिरोधी डिवाइडर नैटवर्क (Resistance Divider Network) तथा

(2) बाइनरी लेडर नैटवर्क (Binary Ladder Network) तथा

प्रतिरोधी डिवाइडर नैटवर्क (Resistance Divider Network)

चित्र 12.1 में एक 3-इनपुट प्रतिरोधी नैटवर्क प्रदर्शित किया गया है। यह परिपथ उसके इनपुट पर दिये गये 3-बिट बाइनरी सिगनल के बिट्स के weight के तुल्य, आउटपुट में एक एनेलॉग वोल्टेज सिगनल उत्पन्न करता है। यह एक प्रतिरोधी डिवाइडर (resistance-divider) परिपथ है। इसमें प्रतिरोध R_0, R_1 तथा R_2 डिवाइडर नैटवर्क निर्मित करते हैं। R_L ($>> R_0$) लोड प्रतिरोध है जिसके टर्मिनलों पर एनेलॉग आउटपुट प्राप्त होती है। परिपथ के इनपुट टर्मिनल ABC हैं। इन पर डिजिटल इनपुट 000 देने से एनेलॉग आउटपुट 0V, रहती है। डिजिटल इनपुट 001 पर आउटपुट 1V, 010 पर 2V, प्राप्त होती है। इसी प्रकार डिजिटल इनपुट 111 पर एनेलॉग आउटपुट 7V होती है।

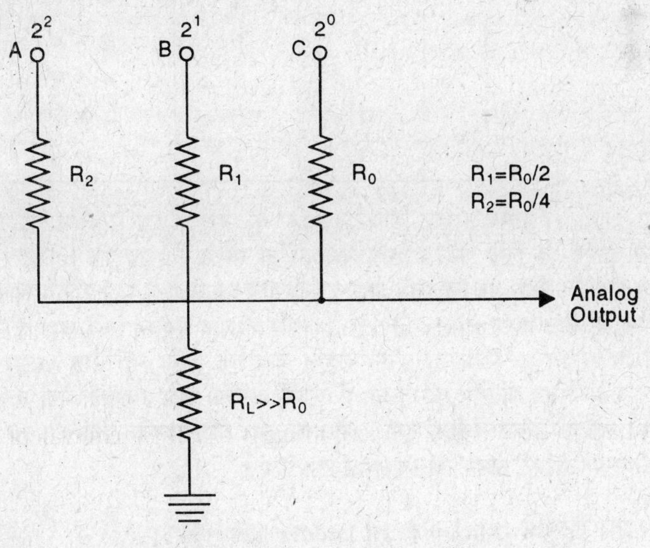

चित्र 12.1—डिजिटल सिगनल को एनेलॉग सिगनल में परिवर्तित करने के लिए प्रतिरोधी लेडर नैटवर्क

तालिका 12.4 में resistance ladder के इनपुट में विभिन्न 3-बिट बाइनरी इनपुट देने पर प्राप्त एनेलॉग आउटपुट प्रदर्शित की गई है।

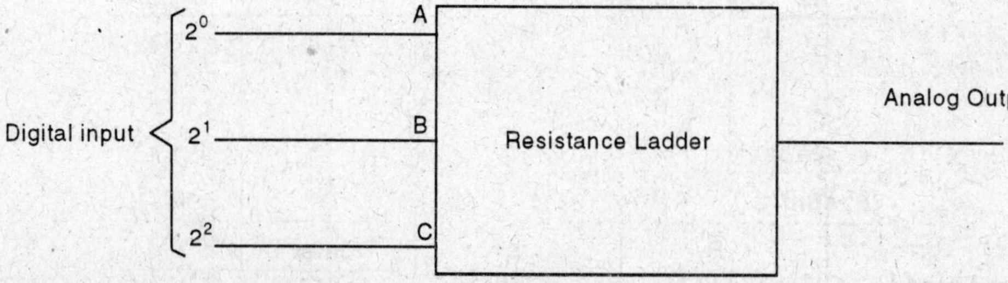

चित्र 12.2—प्रतिरोधी लेडर का ब्लाक डायग्राम

TABLE 12.4—प्रतिरोधी लेडर की सत्य तालिका

(Truth table of resistive ladder)

Digital Input			**Analog Output**
A	***B***	***C***	
0	0	0	0 V
0	0	1	+ 1 V
0	1	0	+ 2 V
0	1	1	+ 3 V
1	0	0	+ 4 V
1	0	1	+ 5 V
1	1	0	+ 6 V
1	1	1	+ 7 V

यह प्रतिरोध लेडर (ladder) प्रत्येक 3-बिट डिजिटल इनपुट के समतुल्य एक ऐनेलॉग आउटपुट देता है। इसी सिद्धान्त पर 4, 6, 7.....बिट डिजिटल इनपुट के लिए परिपथ डिजाइन किये जा सकते हैं। यह एक डिजिटल से एनेलॉग कनवर्जन है। परन्तु इस परिपथ में दो मुख्य दोष हैं। प्रथम यह कि इसमें प्रयुक्त किये गये प्रतिरोधों के मान अलग-अलग (different) है। चूँकि इस प्रकार के डिवाइडर परिपथों में श्रेष्ठ प्रकार (high precision) के प्रतिरोध प्रयुक्त किये जाते हैं, अत: अलग-अलग मान (different values) के प्रतिरोध प्रयुक्त कर डिवाइडर बनाना महंगा होता है। इसके अतिरिक्त MSB की स्थिति पर संयोजित प्रतिरोध में, LSB की स्थिति पर संयोजित प्रतिरोध की तुलना में काफी अधिक धारा प्रवाहित होती है। उदाहरणत: एक 10-बिट प्रणाली में MSB प्रतिरोध में LSB की तुलना में 500 गुना (500 times) धारा प्रवाहित होती है। इन कठिनाइयों को दूर करने के लिए एक अन्य प्रकार के प्रतिरोधी 'बाइनरी लेडर' का विकास किया गया।

बाइनरी R/2R लेडर नैटवर्क (Binary R/2R Ladder Network)

यह किसी भी n-बिट डिजिटल वोल्टेज को उसके तुल्य एनेलॉग वोल्टेज में परिवर्तित करने के एक उपयुक्त विधि है। एक 4-बिट डिजिटल प्रणाली के लिए डिजाइन किया गया बाइनरी लेडर परिपथ चित्र 12.3 में दिया गया है।

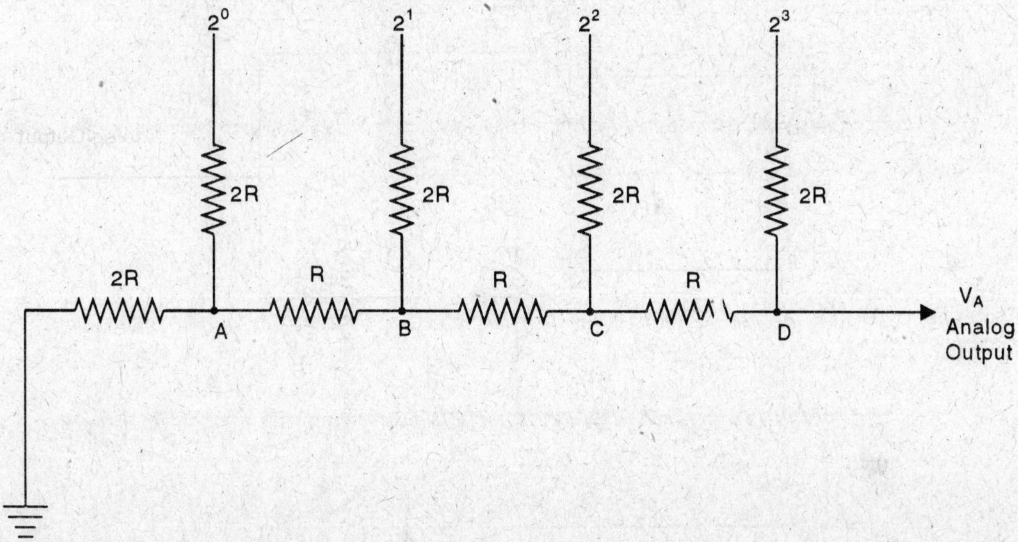

चित्र 12.3—बाइनरी लेडर

इस परिपथ में केवल दो values के प्रतिरोध, एक R तथा दूसरा $2R$ प्रयोग किये गये हैं। लेडर का बायाँ टर्मिनल, प्रतिरोध $2R$ द्वारा टर्मिनेट (terminated or grounded) किया गया है। परिपथ की क्रिया समझने के लिए माना कि लेडर का दाँया टर्मिनल खुला (analog output terminal open circuited) है। यदि सभी डिजिटल इनपुट टर्मिनल ग्राउन्ड स्तर पर माने जायें तब नोड A से टर्मिनेटिंग प्रतिरोध की ओर देखने पर कुल प्रतिरोध $2R$ है। इसी प्रकार नोड A से 2^0 इनपुट की तरफ देखने पर भी प्रतिरोध $2R$ है। यह दोनों प्रतिरोध समानान्तर में हैं, अत: इन्हें चित्र 12.4 की भाँति इनके तुल्य एक प्रतिरोध R द्वारा प्रतिस्थापित (replace) कर सकते हैं।

नोड B से नोड A की ओर देखने पर कुल प्रतिरोध $2R$ तथा 2^1 इनपुट की ओर देखने पर (looking out towards 2^1 input) भी प्रतिरोध $2R$ है। इन दोनों प्रतिरोधों को पुनः प्रतिरोध R द्वारा प्रतिस्थापित कर परिपथ को चित्र 12.4 की भाँति सरल कर सकते हैं ।

चित्र 12.4 (b) में नोड C से ग्राउन्ड की ओर तथा 2^2 इनपुट की ओर दृष्टि डालने पर दोनों ओर कुल प्रतिरोध पुनः $2R$ है। इसी प्रकार चित्र 12.4 (b) के परिपथ को चित्र 12.4 (c) में प्रदर्शित परिपथ की भाँति सरल कर सकते हैं। इस परिपथ में नोड D से C की ओर देखने पर कुल प्रतिरोध $2R$ है तथा इनपुट 2^3 की ओर देखने पर भी प्रतिरोध $2R$ ही है।

उपरोक्त विवरण से स्पष्ट है कि किसी भी नोड से टर्मिनेटिंग प्रतिरोध की ओर देखने पर अथवा किसी डिजिटल इनपुट टर्मिनल की ओर देखने पर कुल प्रतिरोध $2R$ है। डिजिटल इनपुट टर्मिनल ग्राउन्ड स्तर पर हों अथवा किसी भी अल्प वोल्टेज स्तर पर हों, परिपथ में इन तुल्यांक प्रतिरोध के मान परिवर्तित नहीं होते, अर्थात् $2R$ ही रहते हैं क्योंकि डिजिटल इनपुट को आदर्श वोल्टेज स्रोत (ideal voltage source) माना गया है तथा आदर्श वोल्टेज स्रोत का आन्तरिक प्रतिरोध शून्य होता है।

हम बाइनरी लेडर के उपरोक्त अभिलक्षणों को प्रयुक्त कर विभिन्न डिजिटल इनपुट के तुल्य एनेलॉग आउटपुट की गणना कर सकते हैं। उदाहरणतः माना डिजिटल इनपुट सिगनल 1000 है तथा इसके तुल्य एनेलॉग आउटपुट वोल्टेज ज्ञात करनी है। इस इनपुट सिगनल के तुल्य बाइनरी लेडर चित्र 12.5(a) की भाँति बनाई जा सकती है।

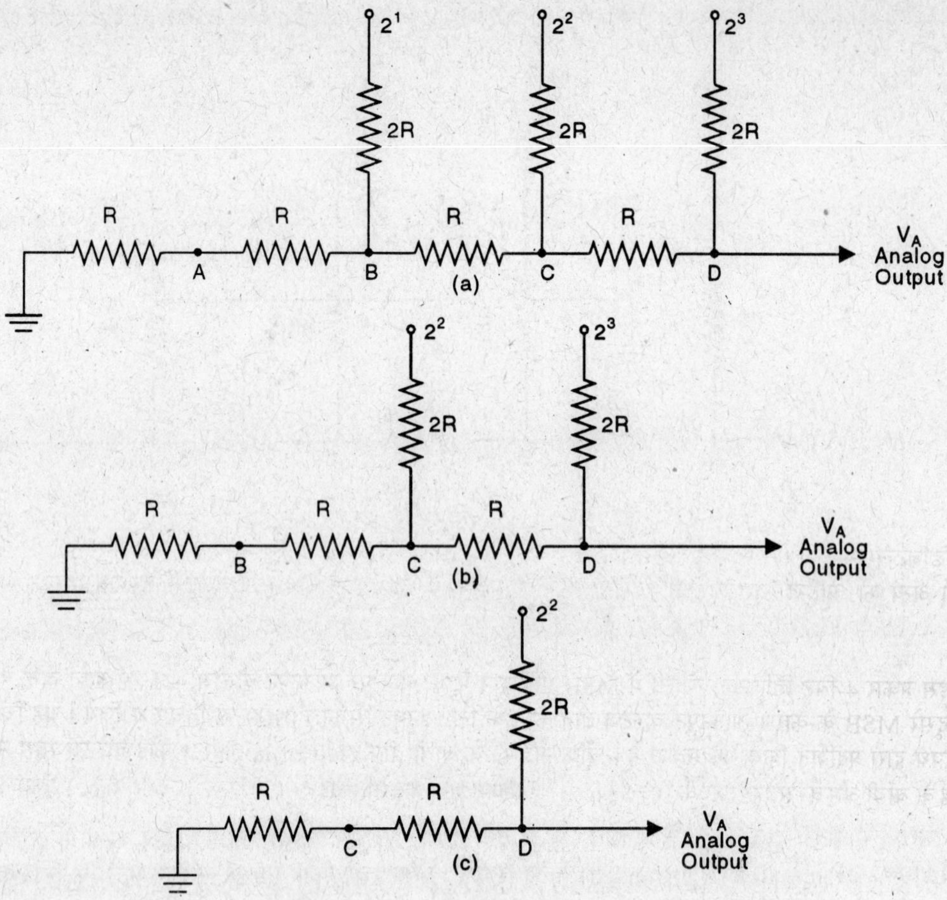

चित्र 12.4—बाइनरी लेडर, का समतुल्य परिपथ (equivalent circuit) ज्ञात करना

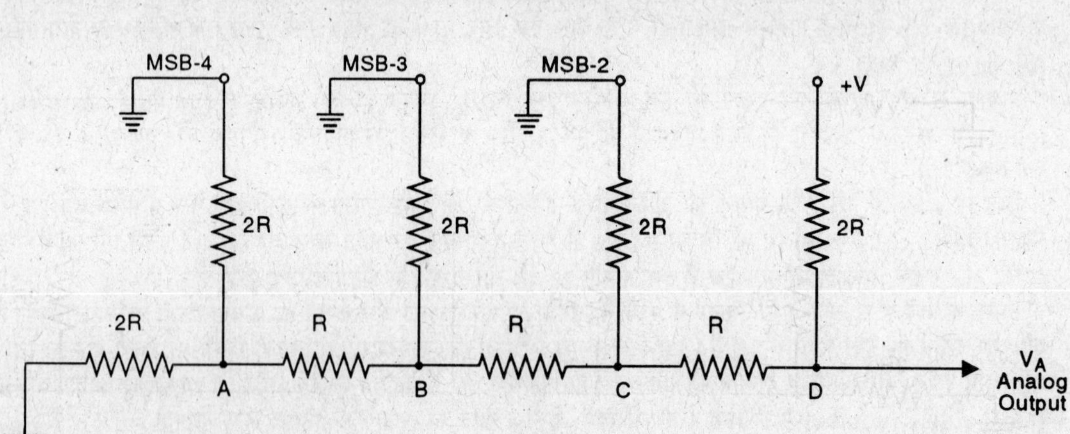

चित्र 12.5—(a) डिजिटल इनपुट 1000 के लिए बाइनरी लेडर

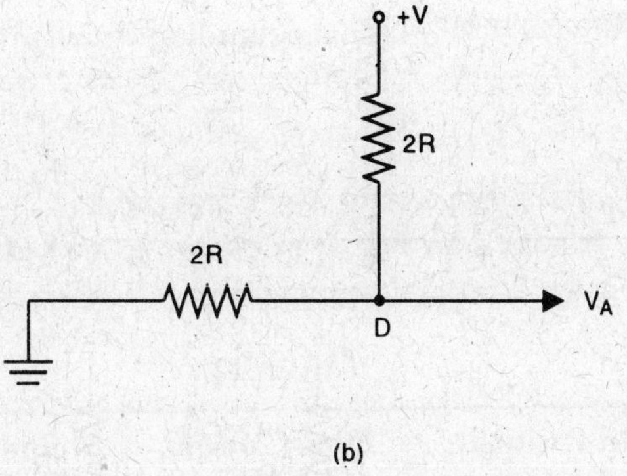

चित्र 12.5 (b)—डिजिटल इनपुट 1000 के लिए बाइनरी लेडर का तुल्यांक (equivalent) परिपथ

डिजिटल इन्पुट 1000 में प्रथम MSB '1' है तथा दूसरा, तीसरा एवं चौथा MSB शून्य है। अतः प्रथम MSB को $+V$ स्तर पर तथा अन्य को ग्राउन्ड स्तर पर रखा गया है। चित्र 12.5 (b) में प्रदर्शित चित्र बाइनरी लेडर के तुल्यांक परिपथ से

$$V_A = V \times \frac{2R}{2R + 2R} = \frac{V}{2}$$

इस प्रकार 4-बिट डिजिटल प्रणाली में MSB पोजिशन में '1' होने पर आउटपुट वोल्टेज + $V/2$ प्राप्त होती है।

दूसरे MSB के कारण आउटपुट वोल्टेज ज्ञात करने के लिए इनपुट सिगनल 0100 पर विचार कीजियें। यह चित्र 12.6 (a) के परिपथ द्वारा प्रदर्शित किया जा सकता है। चूँकि नोड C के बाँयी तरफ (left of node C) कोई वोल्टेज सोर्स नहीं है, अतः इस नोड के बाँयी ओर का समस्त नैटवर्क, चित्र 12.6 (b) की भाँति एक प्रतिरोध $2R$ द्वारा प्रतिस्थापित (replace) किया जा सकता है।

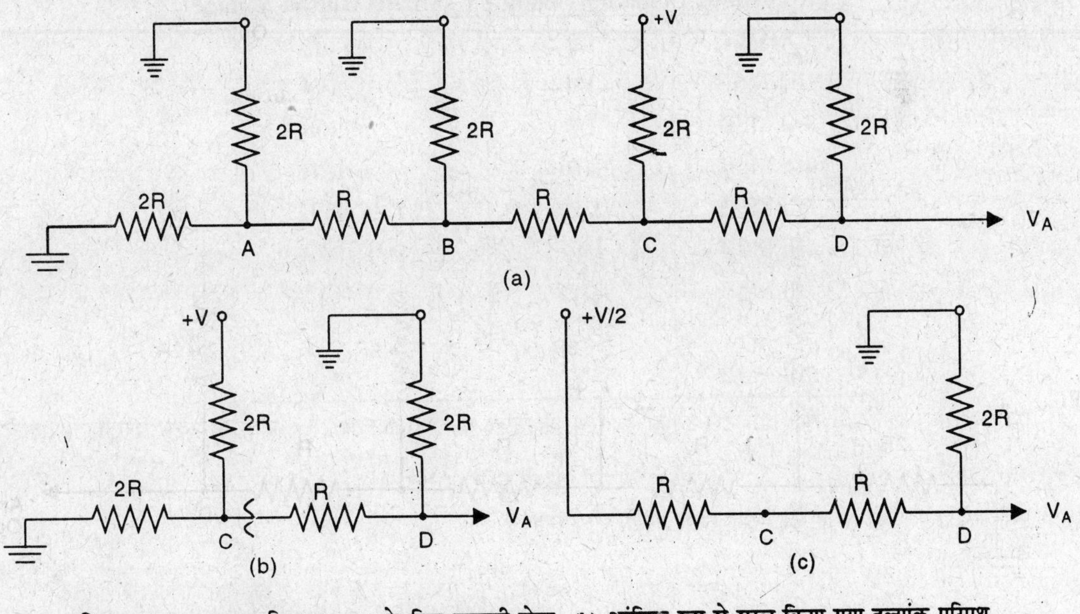

चित्र 12.6—(a) इनपुट सिगनल 0100 के लिए बाइनरी लेडर, (b) आंशिक रूप से सरल किया गया तुल्यांक परिपथ, (c) थैवनिन प्रमेय को प्रयुक्त कर तुल्यांक परिपथ

अब नोड C के बाँयी साइड के परिपथ को डॉटेड लाइन पर विच्छेदित (cut) कर थैवनिन प्रमेय प्रयुक्त कर इसे थैविनन तुल्यांक द्वारा प्रतिस्थापित किया जा सकता है। स्पष्ट है कि थैवनिन तुल्यांक, एक वोल्टेज सोर्स $+V/2$ के श्रेणी में प्रतिरोध' R के तुल्य है। थैवनिन तुल्यांक के साथ आन्तिम तुल्यांक परिपथ (final equivalent circuit) चित्र 12.6 (c) में प्रदर्शित किया गया है। इस परिपथ से आउटपुट वोल्टेज

$$V_A = \frac{+V}{2} \times \frac{2R}{R+R+2R} = \frac{+V}{4}$$

इस प्रकार दूसरे MSB से $+V/4$ के तुल्य आउटपुट वोल्टेज प्राप्त होती है।

इसी प्रकार यह प्रदर्शित किया जा सकता है कि तीसरे MSB द्वारा $+V/8$, चतुर्थ MSB द्वारा $+V/16$ आउटपुट वोल्टेज इत्यादि प्राप्त होती है। बाइनरी लैडर के लिए आउटपुट वोल्टेज तालिका 12.5 में प्रदर्शित की गई हैं।

TABLE 12.5

Bit Position	Binary Weight	Output Voltage (V_A)
MSB	1/2	$+V/2$
2nd MSB	1/4	$+V/4$
3rd MSB	1/8	$+V/8$
LSB = 4th MSB	1/16	$+V/16$

बाइनरी लेडर लीनियर प्रतिरोधों से बनाई जाती है अतः यह एक लीनियर नैटवर्क होता है सुपरपोजिशन सिद्धान्त (principle of superposition) के अनुसार परिपथ की सम्पूर्ण आउटपुट वोल्टेज अलग-अलग डिजिटल स्तरों की वोल्टेज के बराबर होती है। तालिका 12.6 में MSB की बिट-पोजिशन के अनुसार बाइनरी weight तथा आउटपुट प्रदर्शित की गई है—

TABLE 12.6

Bit Position	Binary Weight	Analog Output Voltage
MSB	1/2	$V/2$
2nd MSB	1/4	$V/4$
3rd MSB	1/8	$V/8$
4th MSB	1/16	$V/16$
5th MSB	1/32	$V/32$
6th MSB	1/64	$V/64$
7th MSB	1/128	$V/128$
......	...	...
nth MSB	$1/2^n$	$V/2^n$

समीकरण रूप में एक n-बिट डिजिटल इनपुट के तुल्य आउटपुट वोल्टेज तालिका 12.6 से निम्न प्रकार लिखी जा सकती है,

$$V_A = \frac{V}{2} + \frac{V}{4} + \frac{V}{8} + \frac{V}{16} + \ldots \frac{V}{2^n} \quad \ldots (12.1)$$

समीकरण 12.1 को सरल कर निम्न प्रकार लिखा जा सकता है:

आउटपुट वोल्टेज,

$$V_A = \frac{V_0 2^0 + V_1 2^1 + V_2 2^2 + V_3 2^3 + \ldots + V_{n-1} 2^{n-1}}{2^n} \quad \ldots (12.2)$$

यहाँ $V_0, V_1, V_2, \ldots V_{n-1}$ डिजिटल इनपुट के वोल्टेज स्तर हैं। समीकरण 12.2 से किसी भी डिजिटल इनपुट सिगनल के तुल्य वोल्टेज ज्ञात की जा सकती है।

12·2. D/A कनवर्टर्स
(D/A Converters)

डिजिटल से एनेलॉग में कनवर्जन के लिए प्रतिरोधी डिवाइडर अथवा बाइनरी लेडर कोई भी परिपथ प्रयुक्त किया जा सकता है। प्रत्येक परिपथ में डिजिटल सूचना स्टोर करने के लिए एक रजिस्टर तथा एक एम्पलीफायर-अवश्य प्रयुक्त किये जाते हैं। रजिस्टर बनाने के लिए *R-S* फ्लिप-फ्लॉप प्रयोग किये जा सकते हैं (एक बिट के लिए एक फ्लिप-फ्लॉप)। डिजिटल से एनेलॉग कवनर्टर परिपथ दो प्रकार के होते है।

(i) भारित प्रतिरोध D/A कनवर्टर Weighted-Resistor D/A converter) तथा

(ii) R-2R लेडर D/A कनवर्टर (R-2R ladder D/A convertor)

Weighted Resistor D/A Convertor

इस कनवर्टर का परिपथ चित्र 12.7 में प्रदर्शित किया गया है। परिपथ में प्रयोग किये गये प्रतिरोध, डिजिटल सिगनल के बिट्स के बाइनरी weight के अनुसार है। उदाहरणत: बाइनरी Weight 2^4 पर संयोजित प्रतिरोध का मान $R/2^4$, एवं बाइनरी weight 2^3 पर संयोजित प्रतिरोध का मान $R/2^3$ है। प्रत्येक बाइनरी बिट के साथ एक इलेक्ट्रॉनिक स्विच भी प्रयुक्त किया गया है। यह स्विच, इनपुट बिट 1 पर 'close' तथा बिट 0 पर 'open' हो जाता है। इस प्रकार इस परिपथ में प्रत्येक बिट को प्रदर्शित करने वाली लॉजिक वोल्टेज सीधे कनवर्टर पर नहीं प्रयुक्त की गई है बल्कि इलेक्ट्रॉनिक स्विचों को प्रचलित करने के लिए प्रयोग की गई है। स्विचों के श्रेणी क्रम में weighted प्रतिरोध संयोजित हैं। परिपथ में एक रेफ्रेन्स (reference) वोल्टेज स्रोत V_R भी संयोजित है।

जब कोई इनपुट बिट 1 होता है तब उसके संगत (corresponding) स्विच क्लोज (close) हो जाता है तथा उस स्विच से इनपुट बिट के weight के समानुपाती weighted प्रतिरोध, V_R से संयोजित हो जाता है एवं बाइनरी संख्या (डिजिटल इनपुट) स्विच पर एप्लाई हो जाती है जिससे बाइनरी संख्या के अनुपाती एक धारा *I* परिपथ से आउटपुट के रूप में प्राप्त होती है। यह धारा OP-AMP. द्वारा आउटपुट वोल्टेज में परिवर्तित हो जाती है। OP-AMP का परिपथ में प्रयोग 'धारा से वोल्टेज कनवर्टर' की भाँति

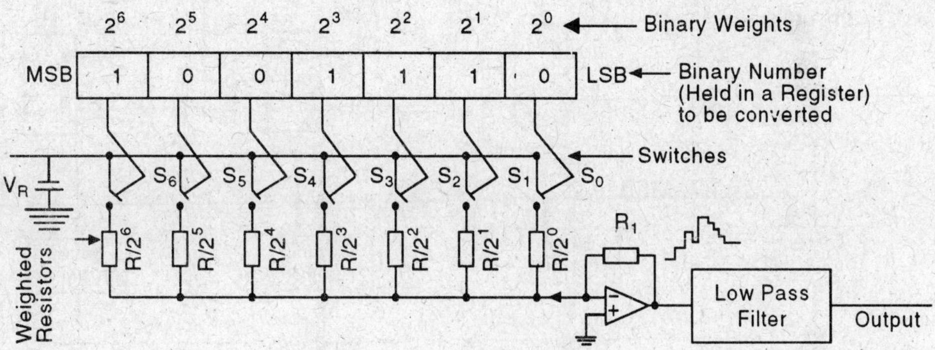

चित्र 12.7—Weighted Resistor D/A Convertor

किया गया है। इस प्रकार आउटपुट वोल्टेज बाइनरी संख्या के समानुपाती होती है। चूँकि बाइनरी संख्या लगातार अथवा निश्चित समय पर परिवर्तित होती रहती है अत: आउटपुट वोल्टेज भी उसी के अनुसार परिवर्तित होती है। आउटपुट वोल्टेज को एक low pass filter में प्रवाहित कर अकस्मात् होने वाले ट्रांजिशन को smooth किया जा सकता है। अत: आउटपुट पर एक सतत एनेलॉग सिगनल (continuous binary signal) प्राप्त होता है।

R/2R लेडर D/A कनवर्टर (D/A Convertor R-2R Lodder)

चित्र 12.8 में एक *R*/2*R* टाइप बाइनरी लेडर D/A कनवर्टर का ब्लॉक तथा लॉजिक डायग्राम प्रदर्शित किया गया है। ब्लॉक डायग्राम से स्पष्ट है कि प्रतिरोध नैटवर्क 'लेडर' टाइप है।

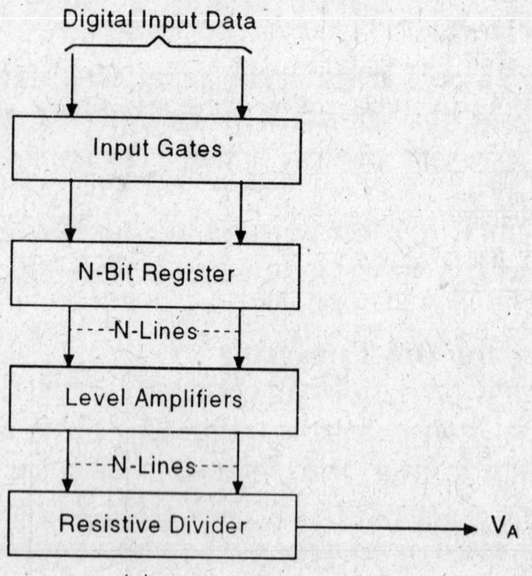

(a)

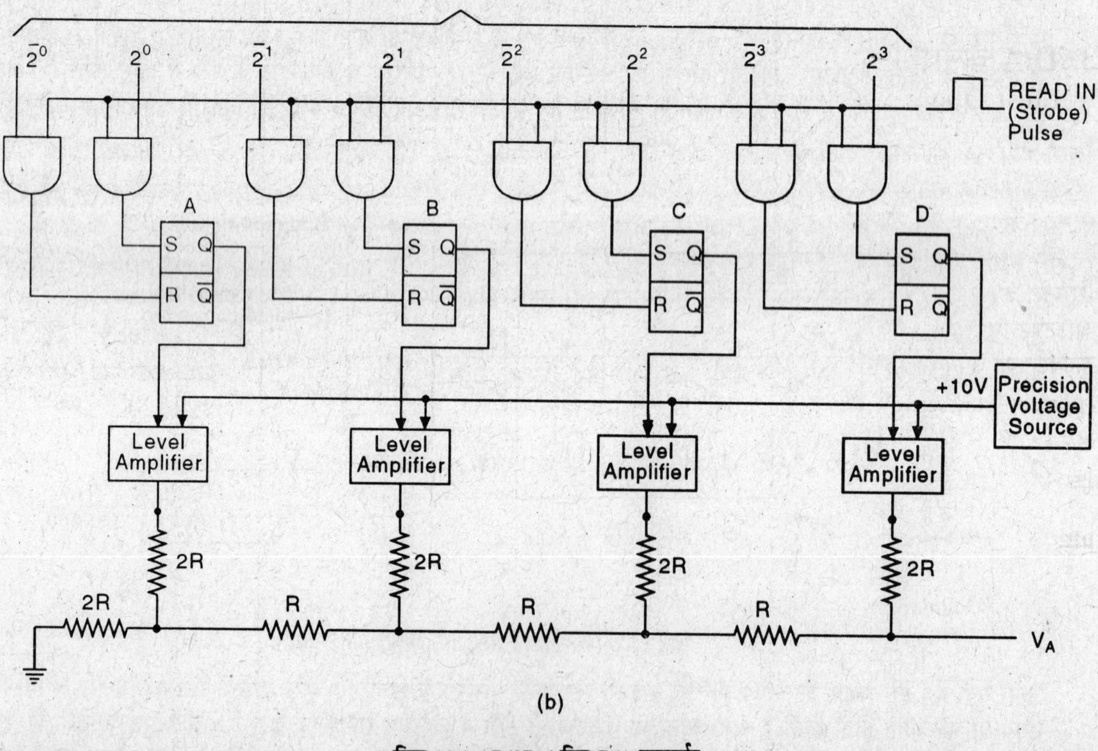

(b)

चित्र 12.8—R/2R 4-बिट D/A कनवर्टर,
(a) ब्लॉक डायग्राम, (b) लॉजिक डायग्राम

चित्र 12.8 (b) में प्रदर्शित R-$2R$ लेडर D/A कनवर्टर के लॉजिक डायग्राम को निम्न मुख्य भागों में विभाजित किया जा सकता है—

(i) डिजिटल सूचना स्टोर करने के लिए रजिस्टर (*RS* फ्लिप-फ्लॉप)
(ii) लेवल एम्पलीफायर (Level Amplifiers)
(iii) फ्लिप-फ्लॉप को उचित समय पर (at proper time) रिसेट करने के लिए गेट्स
(iv) रेफेरेन्स वोल्टेज स्रोत (Reference Voltage Source) तथा
(v) $R/2R$ लेडर

प्रत्येक लेविल एम्पलीफायर को दो इनपुट दी गई हैं। एक इनपुट precision voltage source से 10 वोल्ट तथा दूसरी एक फ्लिप फ्लॉप से है। एम्पलीफायर्स इस प्रकार कार्य करते हैं कि जब फ्लिप-फ्लॉप से इनपुट High होती है तब एम्पलीफायर की आउटपुट +10V होती है तथा जब फ्लिप-फ्लॉप से इनपुट Low होती है तब आउटपुट 0V होती है।

D/A कवनर्टर में प्रयुक्त गये AND गेट्स डिजिटल सूचना प्राप्त होने पर *RS* फ्लिप-फ्लॉप को रिसेट करते हैं। परिपथ में संयोजित चार फ्लिप-फ्लॉप *A,B,C,D,* एक 4-बिट रजिस्टर का कार्य करते हैं। फ्लिप-फ्लॉप *A*, MSB को तथा फ्लिप-फ्लॉप *B*, LSB को प्रदर्शित करता है। प्रत्येक फ्लिप-फ्लॉप एक *RS* लैच है तथा इसे Reset अथवा Set करने के लिए *R* या S इनपुट पर पॉजिटिव लॉजिक की आवश्यकता होती है। प्रत्येक फ्लिप-फ्लॉप के साथ दो गेटस् की आउटपुट संयोजित है। जब READ IN लाइन High होती है तब प्रत्येक फ्लिप-फ्लाप से संयोजित दो गेट्स में से किसी एक गेट की आउटपुट High होती है तथा उसी के अनुसार फ्लिप-फ्लॉप सैट अथवा रिसैट होता है। इस प्रकार जब भी READ IN सिगनल High होता है तभी रजिस्टर में डाटा enter होता है। D/A कनवर्टर में रजिस्टर एवं $R/2R$ नैटवर्क के मध्य level एम्पलीफायर प्रयोग किये गये है। यह एम्पलीफायर $R/2R$ लेडर को प्राप्त होने वाले सभी डिजिटल सिगनलों का स्तर (level) समान तथा स्थिर (constant) रखते हैं। $R/2R$ लेडर से डिजिटल इनपुट के समानुपाती एनेलॉग वोल्टेज (V_A), आउट-पुट पर प्राप्त होती है।

12·3. D/A कनवर्टर के आपॅरेशन का परीक्षण (Test Operations For D/A Converter)

किसी भी D/A कनवर्टर के ऑपरेशन को चैक करने के लिए निम्न दो परीक्षण किये जा सकते है:

(i) **Steady-State accuracy test**: इस परीक्षण में इनपुट रजिस्टर में कोई ज्ञात (known) डिजिटल संख्या प्रयुक्त की जाती है तथा किसी शुद्ध (accurate) मीटर से एनेलॉग आउटपुट का मापन कर थ्योरिटीकल मान से तुलना की जाती है।

(ii) **Monotonicity test**—इस परीक्षण में यह ज्ञात किया जाता है कि D/A कनवर्टर की एनेलॉग आउटपुट, डिजिटल इनपुट सिगनल के बढ़ने पर समान रूप से बढ़ती है अथवा नहीं। इस परीक्षण में डिजिटल इनपुट देने के लिए एक काउन्टर तथा एनेलॉग आउटपुट निरीक्षण के लिए CRO प्रयोग किया जा सकता है।

कनवर्टर की उपयुक्त मोनोटोनोसिटी (proper monotonicity) के लिए आउटपुट, चित्र 12.9 के समान एक शुद्ध स्टेयर केस (perfect 'stair case') तरंग होनी चाहिये।

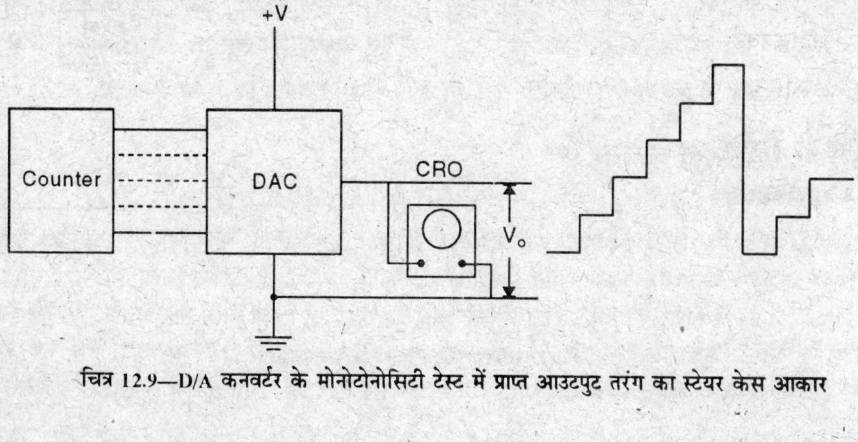

चित्र 12.9—D/A कनवर्टर के मोनोटोनोसिटी टेस्ट में प्राप्त आउटपुट तरंग का स्टेयर केस आकार

12·4. D/A कनवर्टर की यथार्थता एवं रिजोल्यूशन (Accuracy Resolution of D/A Converter)

D/A कनवर्टर के दो मुख्य गुण कनवर्जन की accuracy तथा रिजॉल्यूशन (resolution) हैं।

कनवर्जन की यथार्थता (Accuracy of Conversion)

कनवर्टर की accuracy मूलत: लेडर में प्रयुक्त प्रतिरोधों की accuracy तथा रेफरेन्स वोल्टेज सप्लाई का फंक्शन है। D/A कनवर्टर की accuracy संभावित आउटपुट वोल्टेज (expected output Voltage) तथा वास्तविक आउटपुट वोल्टेज (real output voltage) के अन्तर की माप है। यह पूर्ण-स्केल (full scale) अथवा अधिकतम आउटपुट वोल्टेज के प्रतिशत के रूप में प्रदर्शित की जाती है। उदाहरणत: यदि एक D/A कनवर्टर की अधिकतम आउटपुट वोल्टेज (maximum output voltage) 10 वोल्ट तथा accuracy $\pm 0 \cdot 2\%$ है तब किसी भी आउटपुट वोल्टेज में अधिकतम त्रुटि का मान $0 \cdot 002 \times 10 = 20$ mV होगा।

रिजॉल्यूशन (Resolution)

D/A कनवर्टर का resolution उसकी आउटपुट वोल्टेज में न्यूनतम परिवर्तन है। यह अधिकतम आउटपुट वोल्टेज की प्रतिशत (percentage of maximum output voltage) में अथवा उसके भिन्नात्मक (fraction) मान में व्यक्त किया जाता है। रिजॉल्यूशन डिजिटल इनपुट में बिट्स की संख्या का फंक्शन होता है।

एक 4-बिट लेडर प्रणाली में LSB का weight $\frac{1}{16}$ होता है। इसका अर्थ है कि आउटपुट वोल्टेज में न्यूनतम वृद्धि (smallest increment) इनपुट वोल्टेज का $\frac{1}{16}$ है। सरलता के लिए माना, 4 बिट प्रणाली में इनपुट वोल्टेज स्तर +16V है। चूंकि LSB का weight $\frac{1}{16}$ है, अत: LSB में परिवर्तन से आउटपुट में +1V का परिवर्तन होता है। इस प्रकार आउटपुट वोल्टेज 1V के पदों (steps) में परिवर्तित (increase) होती है। कनवर्टर की आउटपुट वोल्टेज चित्र 12.9 (b) की भाँति स्टेयर केस (stair-case) के आकार की होगी तथा 1V के increments के साथ 0 से 15V तक होगी। इस कनवर्टर को 1 से 15V तक मान की एनेलॉग वोल्टेज प्रदर्शित करने के लिए प्रयुक्त किया जा सकता है, परन्तु यह 1V से कम मान के increments की वोल्टेज रिजॉल्व नहीं कर सकता। यदि इस कनवर्टर से हम +3.4 V उत्पन्न करना चाहें तब इसकी वास्तविक आउटपुट +3V होगी। इसी प्रकार यदि हम इससे 5.8V आउटपुट चाहते हैं तब वास्तविक आउटपुट +6V होगी। इसका अर्थ है कि यह कनवर्टर 1V से कम मान की वोल्टेज में अन्तर नहीं करता; यह (1V) कनवर्टर का रिजॉल्यूशन है।

अधिक उत्तम रिजॉल्यूशन के लिए अधिक इनपुट बिट्स का कनवर्टर प्रयोग किया जाता है। उदाहरणत: एक 10-बिट के कनवर्टर के LSB का weight, $\frac{1}{1024}$ होता है। इस प्रकार, इस कनवर्टर की आउटपुट में न्यूनतम परिवर्तन, full scale वोल्टेज का लगभग $\frac{1}{1000}$ होगा। यदि कनवर्टर की full scale आउटपुट +10V है तब रिजॉल्यूशन लगभग $+10 \times \frac{1}{1000} = 10$mV होगा। इस प्रकार यह कनवर्टर 10mV से कम मान की वोल्टेज प्रदर्शित करने के लिए प्रयोग किया जा सकता है।

12·5. एनेलॉग से डिजिटल कनवर्टर्स (A/D Converters)

एनेलॉग वोल्टेज को उसके तुल्य डिजिटल सिगनल में परिवर्तन की क्रिया A/D कनवर्जन कहलाती है। यह एक क्वान्टाइजिंग प्रक्रिया है जिसमें एनेलॉग सिगनल को उसके तुल्य बाइनरी स्टेट्स (binary states) द्वारा प्रदर्शित किया जाता है। यह D/A परिवर्तन की विपरीत प्रक्रिया है। A/D कनवर्जन दो समूह में विभाजित किया जा सकता है। एक विधि में एनेलॉग सिगनल की तुलना एक अन्य आन्तरिक रूप से जनरेट किये गये सिगनल (internally generated signal) से की जाती है। इस समूह में सक्सैसिव एप्रोक्सिमेशन (Successive Approximation) काउन्टर तथा फ्लेश टाइप A/D कनवर्टर्स आते हैं। दूसरी विधि में एनेलॉग

सिगनल को समय अथवा आवृत्ति (time or frequency) में परिवर्तित किया जाता है तथा प्राप्त परिणामों की तुलना ज्ञात पैरामीटर्स (known parameters) से की जाती है। इस समूह में इन्टीग्रेटर कनवर्टर्स तथा 'voltage-to-frequency' कनवर्टर्स आते हैं। इन दोनों विधियों में A/D कनवर्जन के लिए वही विधि प्रयोग करना अधिक उचित है जिसमें शुद्धता (accuracy) तथा गति (speed) उच्च प्राप्त होती हो। काउन्टर एवं Successive Approximation विधियाँ अन्य सभी की तुलना में यद्यपि तीव्र गति (faster) की हैं परन्तु इनटीग्रेटर तथा voltage-to-frequency कनवर्टर की तुलना में कम शुद्ध (less accurate) है। फ्लैश टाइप विधि अधिक महँगी है तथा इसे उच्च शुद्धता (high accuracy) के लिये डिजाइन करना अधिक कठिन है।

इस अनुच्छेट में हम सामान्यत: प्रयोग की जाने A/D कनवर्जन की निम्न दो विधियों का अध्ययन करेंगे। :

(i) काउन्टर विधि (Counter Method of A/D Conversion)

(ii) सक्सैसिव एप्रोक्सिमेशन विधि (Successive Aproximation Method)

A/D कनवर्टर का विवरण देने से पूर्व आइये पहले A/D कनवर्जन की मूल धारणा (basic concept) पर विचार करें। चित्र 12.10 (a) में एक 3-बिट A/D कनवर्टर का ब्लॉक डायग्राम प्रदर्शित किया गया है। इसमें एनेलॉग इनपुट के लिए एक लाइन तथा डिजिटल आउपुट सिगनल के लिए तीन लाइनें हैं। चित्र 12.10 (b) में एनेलॉग इनपुट (0 से 1V) तथा डिजिटल आउटपुट सिगनल के मध्य ग्राफ प्रदर्शित किया गया है। ग्राफ में डिजिटल आउटपुट 000 से 111 तक आठ निश्चित अवस्थायें (discrete states) प्रदर्शित की गई हैं जिनमें प्रत्येक दो अवस्थाओं के मध्य V/8 का अन्तर है। यह A/D कनवर्टर का रिजॉल्यूशन (resolution) कहलाता है। एनेलॉग वोल्टेज के इनटरवल तथा उनके डिजिटल मान निम्न प्रकार हैं:

Input Voltage	C_0	C_1	C_2	Digital value
0 to V/8	L	L	L	000
+V/8 to 2V/8	L	L	H	001
+2V/8 to 3V/8	L	H	L	010
+3V/8 to 4V/8	L	H	H	011
+4V/8 to 5V/8	H	L	L	100
+5V/8 to 6V/8	H	L	H	101
+6V/8 to 7V/8	H	H	L	110
+7V/8 to 1V	H	H	H	111

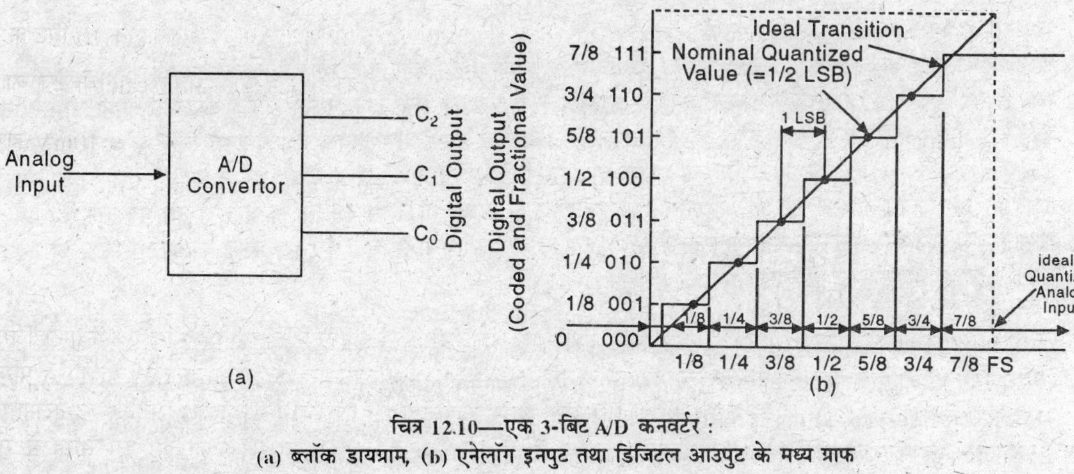

चित्र 12.10—एक 3-बिट A/D कनवर्टर :
(a) ब्लॉक डायग्राम, (b) एनेलॉग इनपुट तथा डिजिटल आउपुट के मध्य ग्राफ

एनेलॉग से डिजिटल कनवर्जन में कनवर्जन समय (conversion time) एक मुख्य पैरामीटर है। यह किसी एनेलॉग सिगनल को डिजिटल आउटपुट में परिवर्तित करने के लिये आवश्यक, कुल समय है।

12·6. A/D कनवर्टर—काउन्टर विधि (A/D Conversion-counter Method)

काउन्टर विधि पर आधारित A/D कनवर्टर में एक काउन्टर, कम्पेरेटर, एक क्लॉक, गेट्स तथा अन्य कन्ट्रोल परिपथ प्रयुक्त किये जाते हैं। चित्र 12.11 में एक काउन्टर टाइप A/D कनवर्टर का ब्लॉक डायग्राम प्रदर्शित किया गया है। इस परिपथ में एक रेफरेन्स वोल्टेज जनरेट की जाती है जिसकी तुलना कम्पेरेटर द्वारा इनपुट एनेलॉग वोल्टेज से की जाती है। जब यह दोनों वोल्टेज समान हो जाती हैं तब एनेलॉग की डिजिटल में परिवर्तन की क्रिया पूर्ण हो जाती है।

इस प्रकार कनवर्टर बनाने के लिए काउन्टर से डिजिटल आउटपुट सिगनल प्राप्त किये जाते हैं। काउन्टर की आउटपुट एक स्टैन्डर्ड बाइनरी लेडर को दी जाती है। अतः यह D/A कनवर्टर की भांति कार्य करता है। यदि अब काउन्टर को क्लॉक इनपुट दी जाये तब बाइनरी लेडर की आउटपुट एक staircase तरंग होती है। यह (staircase) वोल्टेज कम्पेरेटर के लिए रेफ्रेन्स (reference) वोल्टेज की भांति प्रयुक्त की जाती है। न्यूनतम गेट तथा कन्ट्रोल परिपथ प्रयुक्त कर एक सरल D/A कनवर्टर को A/D कनवर्टर में परिवर्तित किया जा सकता है। काउन्टर का ऑपरेशन निम्न प्रकार होता है—

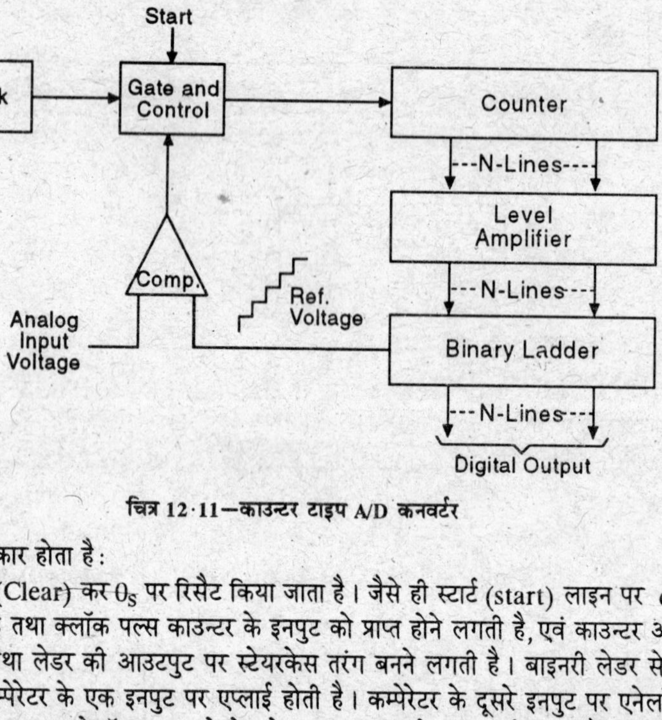

चित्र 12·11—काउन्टर टाइप A/D कनवर्टर

काउन्टर का ऑपरेशन निम्न प्रकार होता है:
सर्वप्रथम काउन्टर को क्लीयर (Clear) कर 0_S पर रिसैट किया जाता है। जैसे ही स्टार्ट (start) लाइन पर convert संकेत प्राप्त होता है, गेट open हो जाता है तथा क्लॉक पल्स काउन्टर के इनपुट को प्राप्त होने लगती है, एवं काउन्टर अपनी सामान्य बाइनरी काउन्टिंग प्रारम्भ कर देता है तथा लेडर की आउटपुट पर स्टेयरकेस तरंग बनने लगती है। बाइनरी लेडर से प्राप्त रेफ्रेन्स वोल्टेज (staircase waveform) कम्पेरेटर के एक इनपुट पर एप्लाई होती है। कम्पेरेटर के दूसरे इनपुट पर एनेलॉग इनपुट वोल्टेज दी जाती है। जब रेफ्रेन्स वोल्टेज, का मान एनेलॉग इनपुट वोल्टेज के बराबर या उससे अधिक हो जाता है तब गेट क्लोज (close) हो जाता है तथा काउन्टर काउन्टिंग बन्द कर देता है, एवं कनवर्जन का कार्य पूर्ण हो जाता है। इस समय काउन्टर में स्टोर की गई संख्या, ऐनलॉग इनपुट वोल्टेज का डिजिटल तुल्यांक होती है।

इस कनवर्टर से प्राप्त परिणामों (digital equivalents) का रिजॉल्यूशन (resolution) उच्च होता है क्योंकि इस विधि में त्रुटियों का डिटेक्शन (error detection) तथा उसका निराकरण स्वतः हो जाता है। इस कनवर्टर में एक D/A कनवर्टर, कम्पेरेटर, क्लॉक, गेट तथा कन्ट्रोल परिपथ एक बन्द-लूप (closed loop) बनाते हैं। कम्पेरेटर की आउटपुट पर एनेलॉग तथा फीडबैक वोल्टेज (staircase reference voltage) के अन्तर के तुल्य त्रुटि सिगनल (error signal) सदा प्राप्त होता रहता है। कन्ट्रोल परिपथ, त्रुटि को detect करता है तथा क्लॉक काउन्टर को एडवांस करती है। काउन्टर इस प्रकार एडवांस (advance) करता है कि यह

फीड बैक वोल्टेज (reference voltage) बढ़ाकर त्रुटि सिगनल को कम करता है। जब त्रुटि कम होकर शून्य हो जाती है तब एनेलॉग इनपुट तथा रेफेरेन्स वोल्टेज बराबर होती हैं। कन्ट्रोल परिपथ, क्लॉक द्वारा काउन्टर के एडवांस करने की प्रक्रिया को रोक देता है। काउन्टर द्वारा काउन्टिंग बन्द हो जाती है एवं प्रणाली विरामावस्था (rest) पर आ जाती है।

12·7. सक्सैसिव एप्रोक्सीमेशन टाइप A/D कनवर्टर (Successive Approximation Type A/D Converter)

सक्सैसिव एप्रोक्सीमेशन विधि में, एनेलॉग वोल्टेज का MSB से प्रारम्भ कर, एक समय में एक बिट (one bit at a time) का एप्रोक्सिमेशन किया जाता है। चित्र 12.12 में सक्सैसिव एप्रोक्सीमेशन कनवर्टर के दो ब्लॉक डायग्राम प्रदर्शित किये गये हैं। दोनों चित्र लगभग एक समान ही है डाटेड लाइन के अन्दर के सभी लॉजिक ब्लॉक एक सिंगल MSI चिप पर निर्मित किये जाते हैं। यह चिप सक्सैसिव एप्रोक्सिमेशन रजिस्टर (SAR) कहलाती है। इसके तीन मुख्य भाग हैं—(i) D/A कनवर्टर (ii) Successive Approxmation Register (SAR) तथा (iii) कम्पेरेटर। इस विधि द्वारा एनेलॉग से डिजिटल में परिवर्तन के लिए D/A कनवर्टर की आउटपुट V_o को एनेलॉग इनपुट सिगनल V_{in} के साथ कम्पेयर (compare) किया जाता है। जब D/A कनवर्टर की

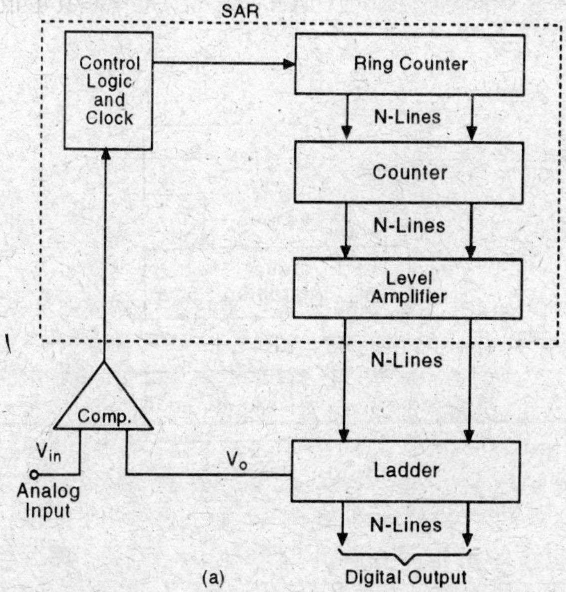

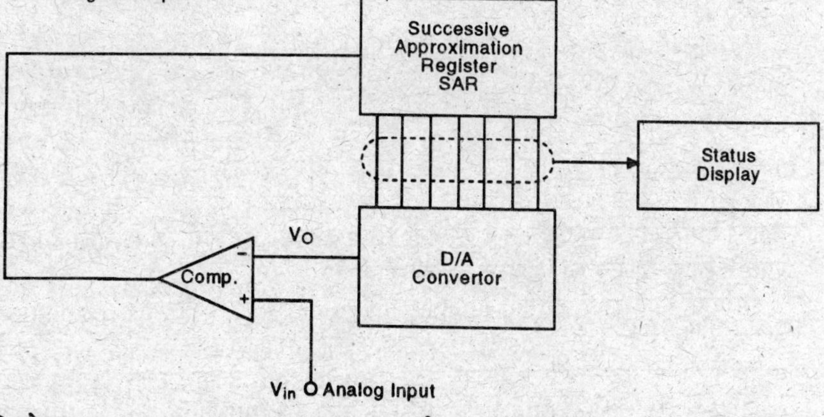

चित्र 12·12—(a) सक्सैसिव एप्रोक्सिमेशन (Successive Approximation) A/D कनवर्टर का ब्लॉक डायग्राम, (b) A/D कनवर्टर का एक अन्य ब्लॉक डायग्राम

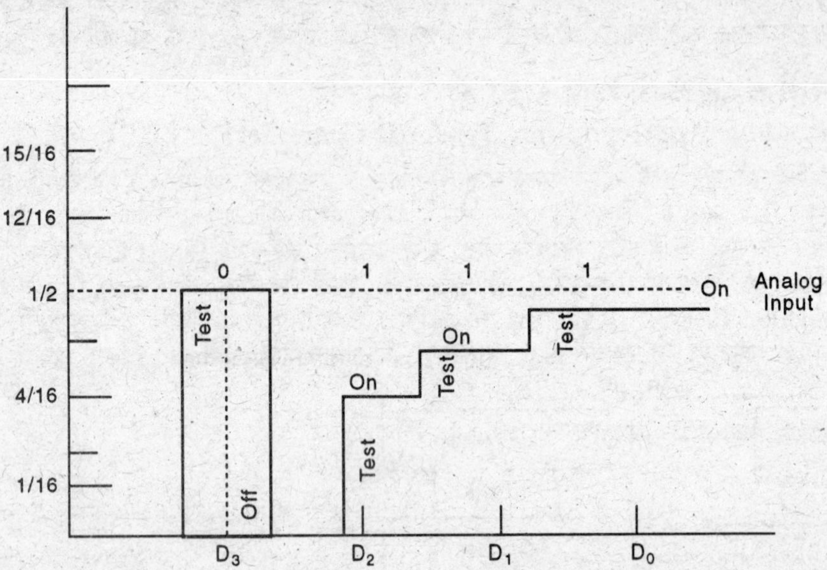

चित्र 12·13

आउटपुट एनेलॉग सिगनल (V_{in}) से मैच कर जाती है तब D/A कनवर्टर की इनपुट डिजिटल सिगनल के तुल्य होती है।सक्सैसिव एप्रोक्सिमेशन (successive approximation) की क्रिया किसी अज्ञात वस्तु (भार 1/2 ग्राम से भी कम) का कैमिकल बैलेंस पर fractional weights द्वारा भार ज्ञात करने के समान है। तुला द्वारा वस्तु का भार ज्ञात करने की क्रिया में सर्वप्रथम हम सबसे अधिक भार 1/2 ग्राम से प्रारम्भ करते हैं तथा यदि वस्तु इससे भारी होती है तब अन्य कम मात्रा के भार 1/4 ग्राम, 1/8 ग्राम इत्यादि तब तक तुला में रखते हैं जब तक कि भार वाला पलड़ा झुक नहीं जाता है। इसके पश्चात् पलड़े से हम वह अधिक भार हटा देते हैं जो वस्तु के भार से अधिक है। इस प्रकार इस क्रिया में सबसे कम भार को भी, वस्तु का सही भार ज्ञात करने में प्रयोग करते हैं।

सक्सैसिव एप्रोक्सीमेशन में भी चित्र 12.13 की भांति इसी प्रकार सबसे पहले MSB (4-बिट A/D कनवर्टर में D_3) को सैट (turn on) किया जाता है तथा D/A कनवर्टर की आउटपुट (V_o) की तुलना एनेलॉग इनपुट V_{in} से करते हैं। यदि कम्पेरेटर की स्टेट बदलती है तब इसका अर्थ है कि D_3 (MSB) द्वारा जनरेट की कई आउटपुट एनेलॉग इनपुट से अधिक है। तब SAR में D_3 टर्न ऑफ कर दिया जाता है तथा दूसरा MSB (D_2) 'टर्न ऑन' किया जाता है। यह क्रिया तब तक चलती है जब तक कि इनपुट के लिए LSB (D_0) का प्रयोग नहीं हो जाता। चित्र 12.13 में 4-बिट कनवर्जन प्रक्रिया प्रदर्शित की गई है।

चित्र 12.13 में प्रदर्शित घटना क्रम (sequence of events) का विवरण इस प्रकार दिया जा सकता है:

जब D_3 टर्न-ऑन किया जाता है तब आउटपुट, एनेलॉग सिगनल से अधिक हो जाती है अतः D_3 टर्न-ऑफ कर दिया जाता है तथा जब दूसरे तीन बिट D_2, D_1 एवं D_0 टर्न ऑन किये जाते हैं तब D/A कनवर्टर की एनेलॉग आउटपुट, इनपुट सिगनल के लगभग approximately बराबर हो जाती है। इस प्रकार successive-approximations की क्रिया में MSB से प्रारम्भ कर एक बार में केवल एक बिट टर्न-आन किया जाता है। चित्र 12·14 में इस प्रक्रिया को एक अन्य रुप में प्रदर्शित किया गया है। चित्र से स्पष्ट है कि कनवर्टर प्रत्येक वोल्टेज range को निरन्तर (successively) दो भागों में विभाजित कर प्रचालित होता है।

प्रत्येक कनवर्जन में समान समय लगता है। अतः सम्पूर्ण Conversion time बिट्स की संख्या को एक कनवर्जन चक्र (conversion cycle) के समय से गुणाकर प्राप्त किया जा सकता है। प्रायः एक Conversion cycle में एक क्लॉक cycle व्यतीत होता है। इस प्रकार एक 8 बिट A/D कनवर्टर का कनवर्जन टाइम, जो 1-MHz क्लॉक से प्रचालित है,

$$\text{Conversion time} = \text{Time for one conversion cycle} \times \text{No. of bits}$$
$$= 10^{-6} \times 8 = 8\,\mu s$$

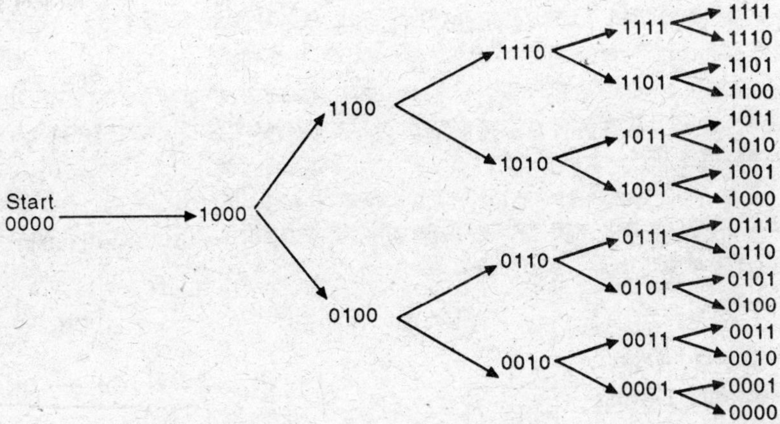

चित्र 12·14—सक्सैसिव एप्रोक्सिमेशन

12·8. समानान्तर-कम्पेरेटर टाइप A/D कनवर्टर (Parallel-Comparator Type A/D Converter)

यह एक सरल तथा अति तीव्र गति का (fastest) कनवर्टर है। इसमें दोष यह है कि कम्पेरेटर्स की संख्या अधिक होती है। चित्र 12.15 में एक 3-बिट parallel-comparator टाइप A/D कनवर्टर प्रदर्शित किया गया है।

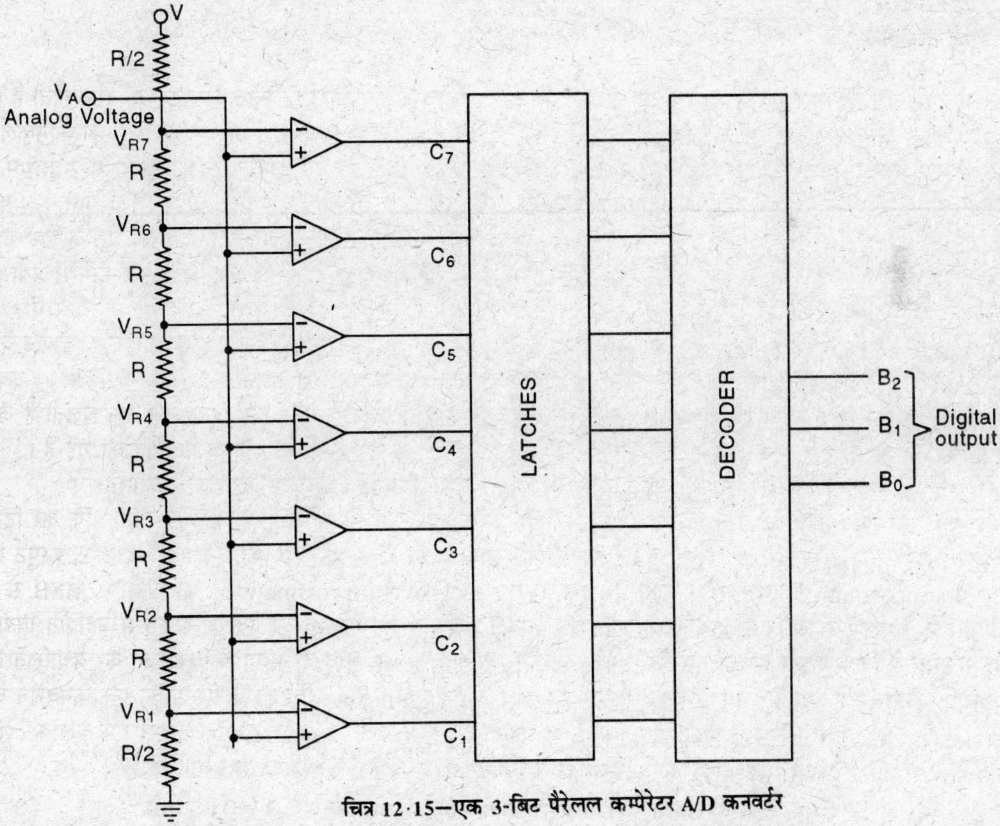

चित्र 12·15—एक 3-बिट पैरेलल कम्पेरेटर A/D कनवर्टर

इस कनवर्टर में एक प्रतिरोधी नैटवर्क (resistive network) प्रयुक्त किया गया है। बिट 1, वोल्टेज़ $+V$ को प्रदर्शित करता है। उपयुक्त मान (proper values) के प्रतिरोध प्रयुक्त कर रेफ्रेन्स वोल्टेज $V_{R_1}, V_{R_2}, V_{R_3} \ldots\ldots V_7$ जनरेट की जा सकती हैं। कम्पेरेटर्स की सहायता से एनेलॉग वोल्टेज V_a की तुलना रेफ्रेन्स वोल्टेज से की जाती है। कम्पेरेटर्स से एक 7-बिट आउटपुट प्राप्त होती है जिसे लैच में स्टोर किया जाता है। एक डिकोडर परिपथ द्वारा यह 7-बिट डिजिटल सिगनल, 3-बिट डिजिटल आउटपुट में परिवर्तित की जा सकती है।

प्रश्नावली—12

1. बाइनरी Weight का क्या अर्थ है? एक 6-bit प्रतिरोधी डिवाइडर (resistance divider) में प्रत्येक बिट का बाइनरी Weight ज्ञात कीजिए।

$$\left(\text{उत्तर}: \frac{1}{83}, \frac{2}{83}, \frac{4}{83}, \frac{8}{83}, \frac{16}{83}, \frac{32}{83}\right)$$

2. निम्न पर टिप्पणी लिखिए।
   (i) Resistance Divider
   (ii) बाइनरी लेडर
3. R–2R नेटवर्क प्रयुक्त कर एक D/A कनवर्टर की क्रिया प्रणाली समझाइये।
4. एक 6-बिट बाइनरी लेडर की Full scale वोल्टेज क्या होगी, यदि

$$0 = 0\text{V} \quad \text{तथा} \quad 1 = +10\text{V}$$

   एक 8-बिट लेडर में भी उपरोक्त वोल्टेज ज्ञात कीजिये।
5. एक 6-बिट बाइनरी लेडर की आउटपुट निम्न इनपुट पर ज्ञात कीजिये:
   (a) 101001
   (b) 111011
   (c) 110001

(उत्तर: (a) 0·641 V
(b) 0·923 V
(c) 0·766 V)

13

गणितीय परिपथ (Arithmetic Circuits)

गणितीय परिपथ वह परिपथ हैं जो सभी गणितीय प्रचालनों, उदाहरणतः कम्पलीमेन्टेशन (complementation), शिफ्टिंग (shifting), कम्पेरीजन (comparison), योग (addition), घटा (subtraction), गुणा (multiplication), भाग (division) इत्यादि की क्रिया को शुद्धता (accurately) एवं तीव्र गति से सम्पन्न करते हैं।

TTL, IC 74181 एक ऐसी ही Arithmetic/Logic यूनिट (ALU) है। यह 16 गणितीय तथा 16 लॉजिक प्रचालन कर सकती है। इनमें मुख्य ऑपरेशन निम्न हैं:

(i) Addition, (ii) Subtraction, (iii) Incrementing by one, (iv) Decrementing by one, (v) Logic operations.

13·1. गणितीय एवं लॉजिक यूनिट–74181 (ALU Chip–74181)

ALU चिप IC 74181, का ब्लॉक डायग्राम चित्र 13.1 (a) में प्रदर्शित किया गया है। चित्र 13.1 (b) में इसका पिन आउट डायग्राम दिया गया है। यह एक Combinational परिपथ है तथा किसी माइक्रोप्रोसेसर के प्रचालन में इसकी मुख्य भूमिका होती है।

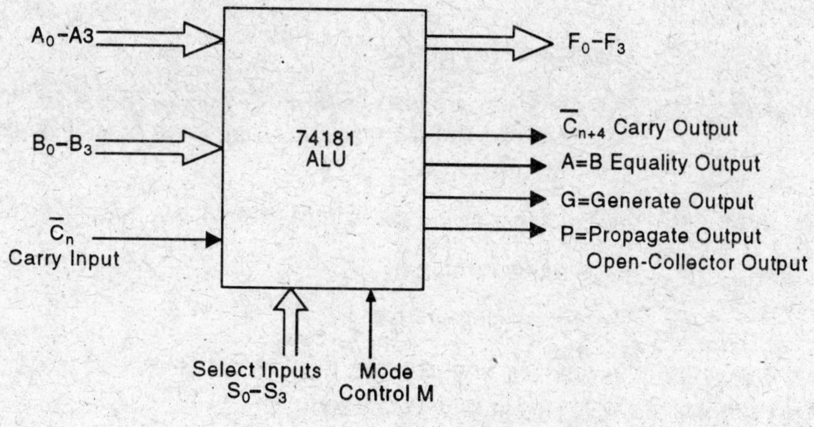

चित्र 13·1—(a) ALU IC74181 का ब्लाक डायग्राम

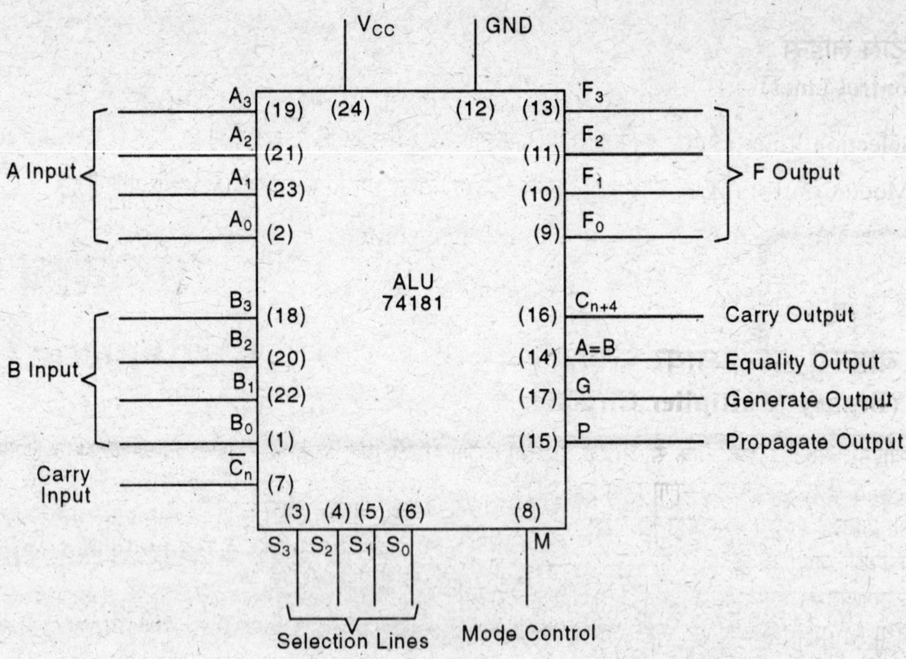

चित्र 13·1 (b)—गणितीय लॉजिक चिप ALU IC74181 का पिन आउट डायग्राम

IC 74181 के विभिन्न इनपुट, आउटपुट एवं कन्ट्रोल लाइन्स का विवरण निम्न है:

इनपुट (INPUTS)

A तथा B : 4-बिटं बाइनरी डाटा इनपुट

$\overline{C_n}$: कैरी इनपुट (carry input) । यह active-iow है अर्थात् यदि इसका प्रयोग किया जाता है तब यह लॉजिक '0' पर होनी चाहिए।

आउटपुट (OUTPUTS)

F : 4-बिट बाइनरी डाटा आउटपुट

$\overline{C}_{n+4}$: कैरी आउटपुट (active low) । संख्याओं को जोड़ने की क्रिया में इस लाइन पर '0' लॉजिक कैरी-आउटपुट प्रदर्शित करता है। घटाने (subtraction) की क्रिया में यह आउटपुट का चिन्ह (sign) प्रदर्शित करता है।

$A = B$: यह Equality-Output है। इस लाइन पर लॉजिक (1) प्रदर्शितं करता है कि $A=B$

G : Carry-generate-output

P : Carry-propagate-output

आउटपुट लाइन G तथा P का प्रयोग उस समय किया जाता है जब गणितीय ऑपरेशन की गति तीव्र (faster) करने के लिए अनेक 74181 परिपथ कास्केड (cascade) में प्रयोग किये जाते हैं।

*(IC 74181 द्वारा सम्पन्न किये जाने वाले ऑपरेशन्स का अन्य विवरण प्रयोगात्मक भाग में देखें।)

कन्ट्रोल लाइन्स
(Control Lines)

Selection Lines (S) : इनके द्वारा विभिन्न ऑपरेशन सैलेक्ट किये जाते हैं।

Mode Control (M) : यह इनपुट प्रदर्शित करता है कि ऑपरेशन, लॉजिक है अथवा गणितीय।

$M = 0$ Arithmetic operation

$M = 1$ Logic operation

13·2. बाइनरी मल्टीप्लायर परिपथ (Binary Multiplier Circuit)

दो बाइनरी मल्टी-डिजिट (एक से अधिक डिजिट) संख्याओं की गुणा, सामान्य गुणा की क्रिया की भाँति ही की जाती है। Multiplicand (जिस संख्या को गुणा किया जाता है) को Multiplier (जिस संख्या से गुणा किया जाता है) के एक-एक बिट से गुणा किया जाता है। गुणा की क्रिया LSB से प्रारम्भ की जाती है तथा partial products को एक साथ जोड़ने के लिए स्टोर (store) नहीं किया जाता बल्कि जैसे ही कोई partial product प्राप्त होता है उसे जोड़ दिया जाता है। चित्र 13.2 में एक सीरियल मल्टीप्लायर का ब्लॉक डायग्राम प्रदर्शित किया गया है। प्रारम्भ में Multiplicand रजिस्टर में Multiplicand स्टोर किया जाता है तथा Multiplier को रजिस्टर MQ में स्टोर करते हैं। एकुमुलेटर रजिस्टर को सर्वप्रथम 0s पर रिसैट किया जाता है। गुणा की क्रिया निम्न पदों (Steps) में होती है:

(i) MQ रजिस्टर में LSB का परीक्षण (examine) किया जाता है यदि यह '1' है तब Multiplicand को एकुमुलेटर रजिस्टर के content में जोड़ (add) दिया जाता है। यदि Multiplicand '0' है तब यह जोड़ा (add) नहीं जाता।

(ii) एकुमुलेटर के content तथा MQ रजिस्टर को 1 बिट right शिफ्ट किया जाता है।

(iii) उपरोक्त Steps (i) तथा (ii) तब तक repeat किये जाते हैं जब तक कि MQ रजिस्टर खाली (exhaust) नहीं हो जाता।

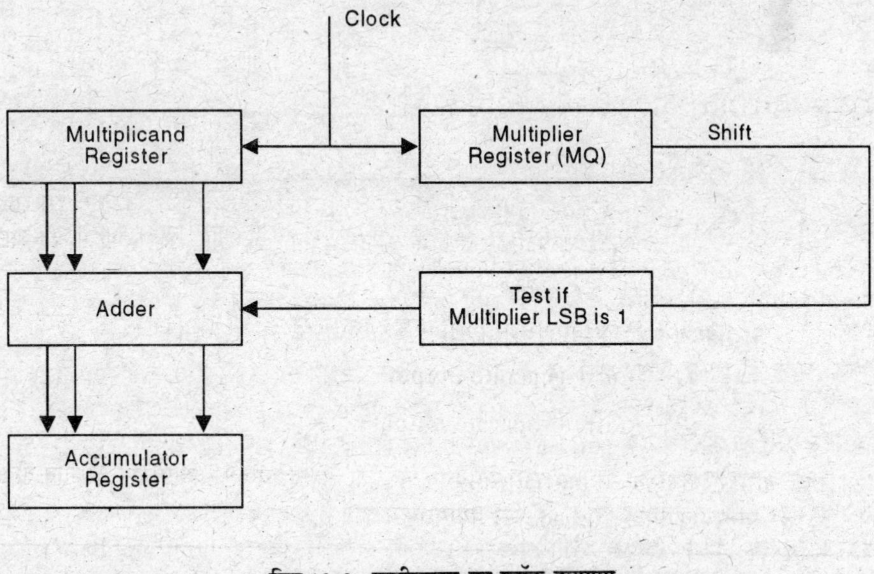

चित्र 13·2—मल्टीप्लायर का ब्लॉक डायग्राम

डिजिटल मल्टीप्लायर का लॉजिक डायग्राम
(Logic Diagram of Digital Multiplier)

दो, 3-बिट संख्याओं का गुणनफल ज्ञात करने के लिए एक बेसिक मल्टीप्लायर परिपथ चित्र 13.4 में प्रदर्शित किया गया है।

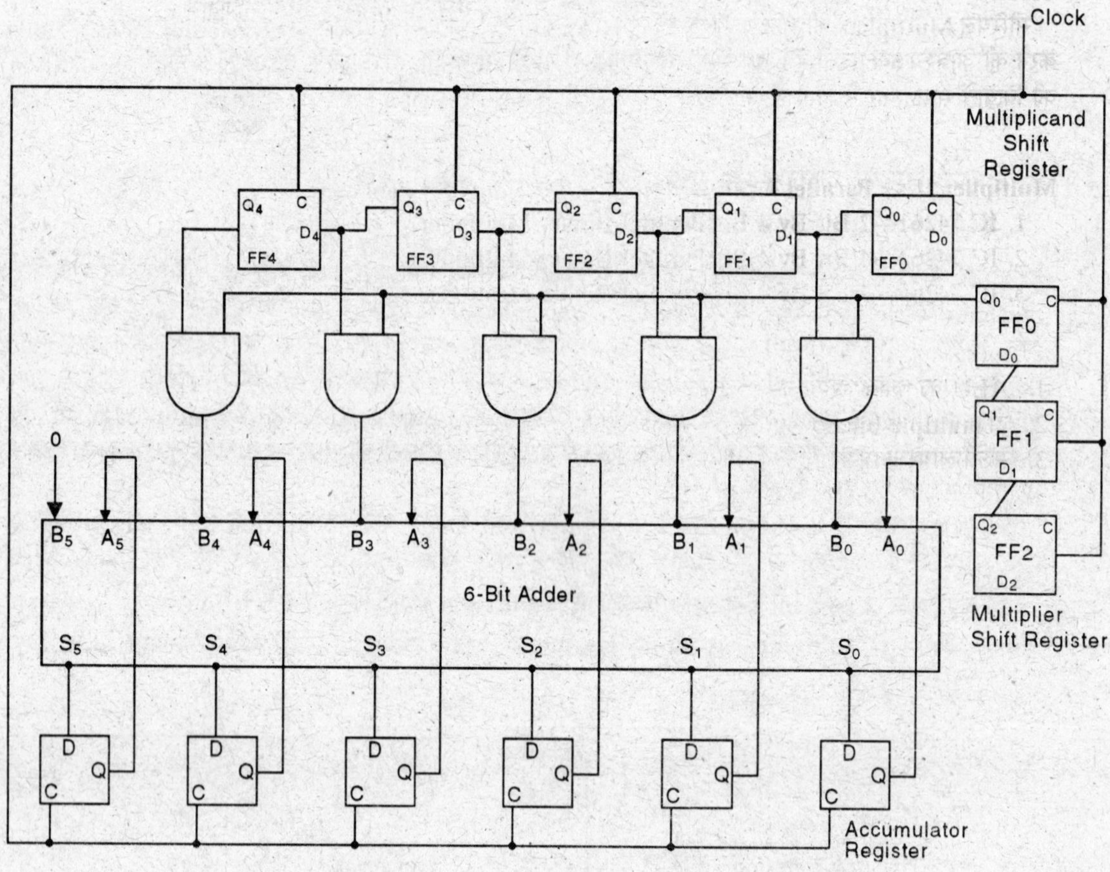

चित्र 13·3—एक 3-बिट मल्टीप्लायर का लॉजिक डायग्राम

इस परिपथ में एक 5-बिट Multiplicand शिफ्ट रजिस्टर, एक 3-बिट मल्टीप्लायर शिफ्ट रजिसटर तथा एक 6-बिट एकुमुलेटर प्रयुक्त किये गये हैं। सभी रजिस्टर्स में D-टाइप फ्लिप-फ्लॉप प्रयोग किये गये हैं। परिपथ की क्रिया निम्न प्रकार है:

सर्वप्रथम Multiplicand रजिस्टर्स के तीन (दायीं ओर वाले) फ्लिप-फ्लाप FF0, FF1 तथा FF2 में Multiplicand लोड किया जाता है (LSB फ्लिप-फ्लॉप FF0 में तथा MSB फ्लिप-फ्लॉप FF2 में)। उसके पश्चात् Multiplier शिफ्ट रजिस्टर में लोड किया जाता है (LSB फ्लिप-फ्लॉप FF0 में तथा MSB, फ्लिप-फ्लॉप FF2 में) तथा एकुमुलेटर रजिस्टर को 0 पर रिसैट किया जाता है। प्रथम क्लॉक पल्स आने (occur) से पूर्व प्रथम partial product निर्मित हो जाता है। गुणा करने की क्रिया AND गेट्स द्वारा की जाती है तथा partial product एडर के इनपुट B_2, B_1, B_0 तथा आउटपुट S_2, S_1, S_0 दोनों पर appear होती है। प्रथम क्लॉक पल्स आने पर partial product S_2, S_1, S_0 एकुमुलेटर रजिस्टर के दायें तीन फ्लिप-फ्लॉप में स्टोर हो जाता है तथा एडर (adder) के इनपुट $A_0 A_1 A_2$ पर भी प्राप्त होते हैं, यही (पहली) क्लॉक पल्स Multiplier के अगले (next) बिट को Multiplier शिफ्ट रजिस्टर के फ्लिप-फ्लॉप FF0 में भेजती है तथा Multiplicand शिफ्ट रजिस्टर में 3-डिजिट Multiplicand को एक बिट बायें शिफ्ट करती है। अत: दूसरा partial product, $B_3 B_2 B_1$ पर appear होता है तथा इस Partial product एवं प्रथम partial product का योग एडर की आउटपुट $S_4 S_3 S_2 S_1 S_0$ पर appear होता है।

दूसरी क्लॉक पल्स के पश्चात् तीनों partial product का योग एडर की आउटपुट $S_5 S_4 S_3 S_2 S_1 S_0$ पर प्राप्त होता है। यही दोनों संख्याओं का गुणनफल होता है।

तीसरी पल्स तीनों partial products का योग एकुमुलेटर रजिस्टर में स्टोर करती है तथा Multiplier शिफ्ट रजिस्टर को Clear करती है। इस प्रकार गुणा की क्रिया सम्पन्न होती है।

सीरियल Multiplier की गति अपेक्षाकृत कम होती है क्योंकि गुणा करने की क्रिया में एक के पश्चात् दूसरा योग (addition) करने की आवश्यकता पड़ती है। अब समानान्तर (parallel) multipliers भी उपलब्ध हो गये हैं जिनमें योग (addition) करने की क्रियायें समानान्तर में होती हैं अतः इनसे गुणा करने में कम समय लगता है।

Multiplier ICs : Parallel बाइनरी मल्टीप्लायर्स में निम्न TTL पैकेज उपलब्ध हैं।

1. IC 74261—2 Bit By 4 Bit Parallel Binary Multiplier.
2. IC 74264—4 Bit By 4 Bit Parallel Binary Multiplier.
3. IC 74285—4 Bit By 4 Bit Parallel Binary Multiplier.

प्रश्नावली—13

1. ALU का ब्लॉक डायग्राम एवं लॉजिक चित्र प्रदर्शित कीजिए तथा उसके द्वारा किये जाने वाले विभिन्न फंक्शन लिखिये।
2. दो multiple-binary digit संख्याओं का गुणनफल ज्ञात करने के लिए एक मल्टीप्लायर का ब्लॉक डायग्राम प्रदर्शित कीजिए।
3. मल्टीप्लायर के मुख्य अवयव क्या हैं ? इसमें गुणा की क्रिया किस प्रकार सम्पन्न होती है ? वर्णन कीजिए।

14

डिजिटल प्रणालियों के अनुप्रयोग
(Some Applications of Digital Systems)

इस अध्याय में उद्योगों में व्यापक रूप से प्रयोग किये जाने वाले कुछ सामान्य डिजिटल परिपथों का विश्लेषण किया गया है। उदाहरणतः डिजिटल LED डिस्पले का लगभग उन सभी स्थानों पर प्रयोग किया जाता है जहाँ पर अत्यधिक यथार्थ (accurate) परिणामों की विवेचना की जाती है। डिजिटल यन्त्रों को टाइम तथा फ्रीक्वैन्सी मापन के लिए प्रयुक्त किया जाता है। इन सभी प्रणालियों में डिस्पले का मल्टीप्लैक्सिंग किया जाता है।

14·1. डिस्पले का मल्टीप्लैक्सिगं (Multiplexing Displays)

डिजिटल यन्त्रों, उदाहरणतः डिजिटल वोल्टमीटर, फ्रीक्वैन्सी, मीटर इत्यादि की डिजिटल आउटपुट समान्यतः 7-सेगमेन्ट इन्डीकेटर्स पर डिस्पले की जाती हैं। इन इन्डीकेटर्स की प्रत्येक सेगमेन्ट फ्लोरीसेन्ट बार (flourescent bar), द्रव किस्टल बार (liquid crystal bar) अथवा LED बार (bar) द्वारा निर्मित होती हैं। LED (light emitting diodes) प्रयोग में सबसे सरल हैं क्योंकि इन्हें सीधे TTL परिपथों के साथ प्रयोग किया जा सकता हैं। LED की प्रचालन वोल्टेज भी फ्लोरीसेन्ट्स की तुलना में कम होती

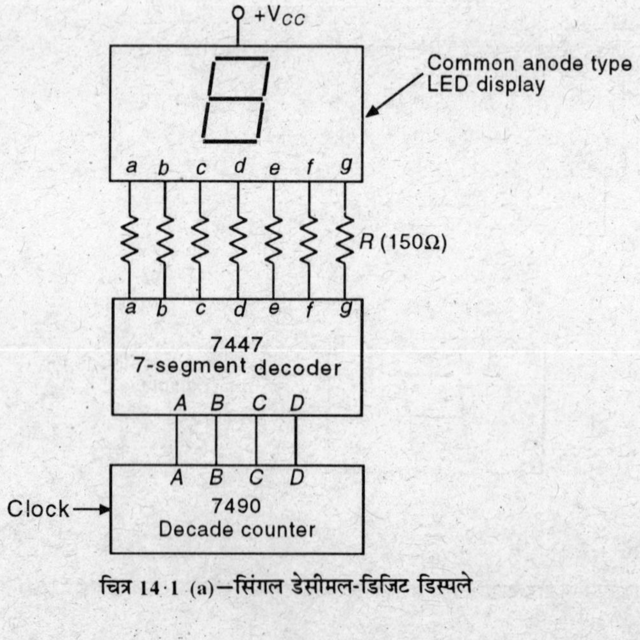

चित्र 14·1 (a)—सिंगल डेसीमल-डिजिट डिस्पले

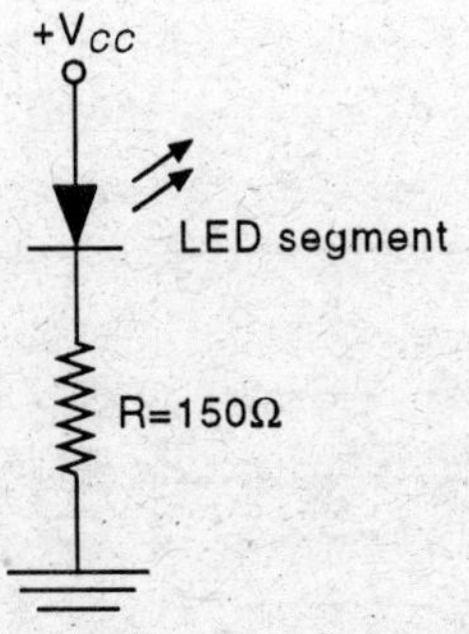

चित्र 14·1(b)—प्रकाशित (illuminated) सेगमेन्ट का तुल्यांक परिपथ

हैं तथा ये द्रव क्रिस्टल की तुलना में अधिक चमकीले (bright) होते हैं। इसके विपरीत LEDs को अन्य दोनों प्रकार की तुलना में अधिक शक्ति की आवश्यकता होती। मल्टीप्लैक्सिगं द्वारा इन्डीकेटर के प्रचालन के लिए आवश्यक शक्ति (operating power required) का मान कम हो जाता हैं।

चित्र 14.1 (a) में सिंगल डेसीमल डिस्पले के लिए एक डिजिट कामन ऐनोड टाइप 7-सेगमेन्ट इन्डीकेटर प्रदर्शित किया गया है। इन्डीकेटर को ड्राइव करने के लिए IC 7447 BCD-to-seven-segment डिकोडर प्रयुक्त किया जाता है। 7447 के लिए चार इनपुट, 7490 डिकेड काउन्टर के चार फ्लिप-फ्लॉप की आउटपुट से प्राप्त होती है।

7447 की आउटपुट ऐक्टिव Low होती है, अतः एक प्रकाशित (illuminated) सेगमेन्ट का तुल्यांक परिपथ चित्र 14.1 (b) की भाँति होता है। 7490 की क्लॉक इनपुट पर एक 1-Hz की वर्गाकार तरंग एप्लाई करने पर काउन्टर बढ़ती हुई दिशा में (upwards) काउन्ट करता है, एवं प्रत्येक सेकेन्ड में एक काउन्ट एडवान्स करता है, तथा डिस्पले पर तुल्य डेसीमल संख्या इन्डीकेट होती है।

इसी प्रकार एक अन्य सिंगल डिजिट डिस्पले चित्र 14.2(a) में प्रदर्शित किया गया है। यह कॉमन कैथोड टाइप LED इन्डीकेटर है। इस परिपथ में 7448 को 7-सेगमेन्ट डिकोडर की भाँति प्रयुक्त किया गया है, इसकी आउटपुट ऐक्टिव High है। इनकी धारा क्षमता, LED को ड्राइव करने योग्य न होने के कारण, इनके द्वारा पहले बफर एम्पलीफायर्स को ड्राइव किया गया है। 7-NPN ट्रांजिस्टर्स, सप्लाई $+V_{CC}$ को सेगमेन्ट से कनेक्ट करने के लिए केवल स्विच का कार्य करते हैं। जब 7448 की कोई आउटपुट

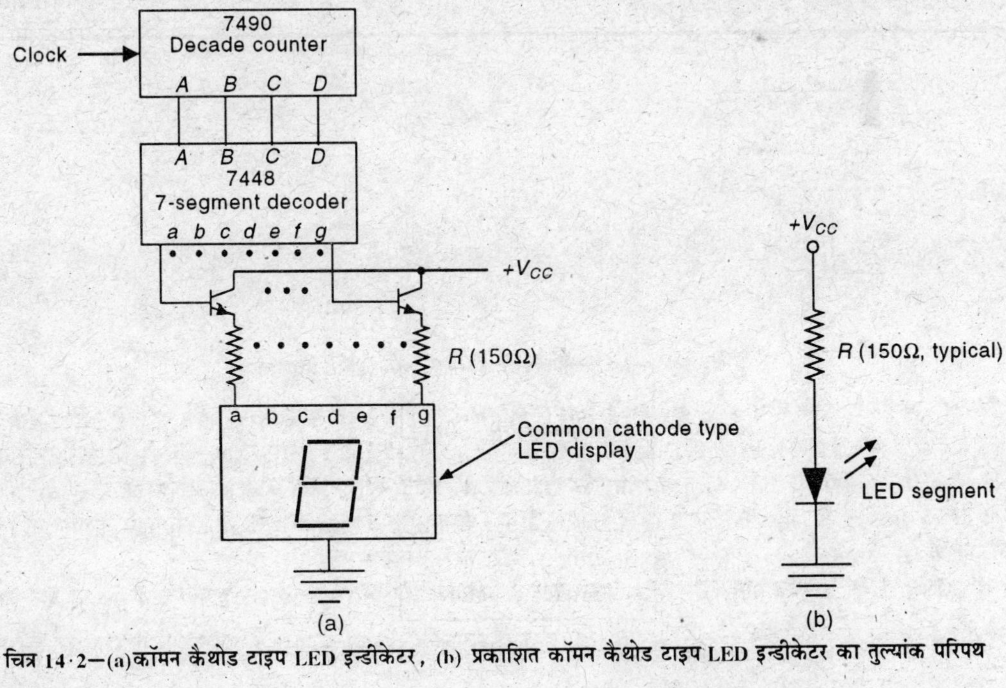

चित्र 14·2—(a)कॉमन कैथोड टाइप LED इन्डीकेटर, (b) प्रकाशित कॉमन कैथोड टाइप LED इन्डीकेटर का तुल्यांक परिपथ

High होती है, तब ट्रांजिस्टर ON हो जाता है तथा LED में धारा प्रवाह होती है। एक प्रकाशित (illuminated) सेगमेन्ट का तुल्यांक परिपथ चित्र 14.2 (b) में दिया गया है। जब 7448 की कोई आउटपुट Low होती है, तब ट्रांजिस्टर OFF हो जाता है, एवं सेगमेन्ट में धारा नहीं प्रवाहित होती, अतः सेगमेन्ट प्रकाशित नहीं होता।

एक, 4-डेसीमल-डिजिट डिस्पले के लिए प्रयुक्त डिजिटल युक्ति में चित्र 14.1 जैसे चार परिपथों की आवश्यकता होती है। यदि एक डिजिट के डिस्पले के लिए 200mA धारा की आवश्यकता है तब चार डेसीमल-डिजिटल डिस्पले के लिए 4×200=800mA धारा की आवश्यकता होगी। इसी प्रकार 6-डिजिट के लिए 1200 mA (1.2A) धारा की आवश्यकता होगी। स्पष्ट है कि छोटे यन्त्रों के लिए ये धाराऐं काफी अधिक हैं, परन्तु इन धाराओं को मल्टीप्लैक्सिगं विधि द्वारा काफी कम किया जा सकता है। मल्टीप्लैक्सिगं की क्रिया में प्रत्येक डिस्पले डिजिट में लगातार (continuously) धारा प्रवाहित करने के बजाय, छोटी-छोटी पल्सों (short repeated pulses) के रूप में धारा दी जाती हैं। यदि पल्स की पुनरावृति की दर (repetition rate) काफी उच्च है तब हमारी आँखे, प्रकाश को फ्लिकर के बिना (without flicker) स्थिर (steady illumination) महसूस करेंगी। चित्र 14.3(a) में प्रदर्शित सिंगल डिजिटल डिस्पले एक NPN ट्राजिस्टर के माध्यम से +5V, dc पर प्रकाशित किया जाता है।

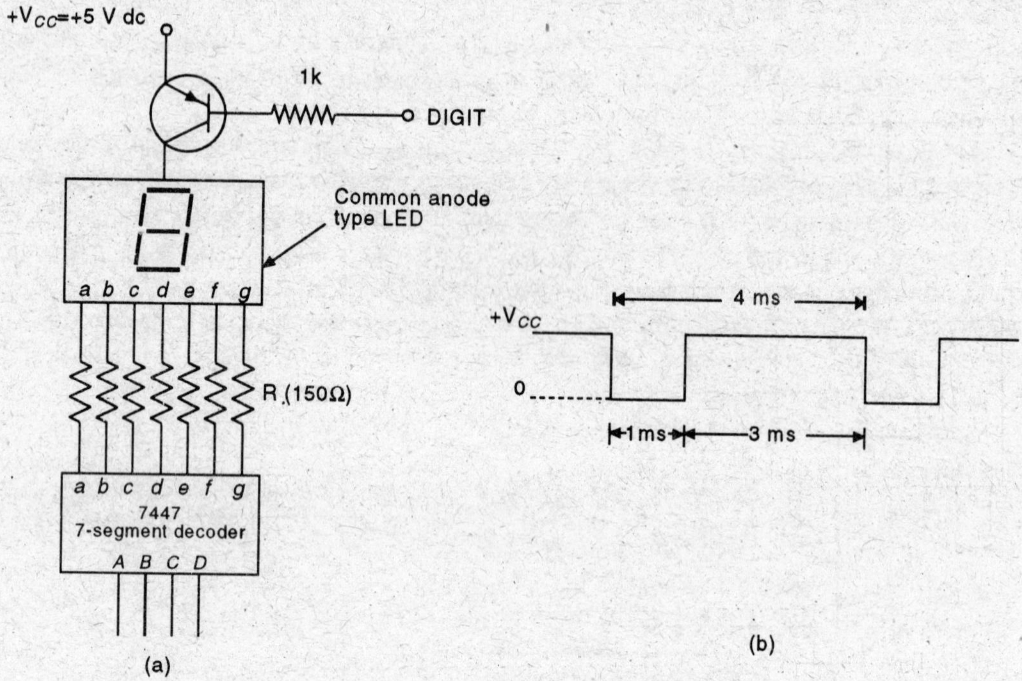

चित्र 14·3—(a) मल्टीप्लैक्सड् डिस्पले, (b) डिजिट वेवफार्म

ट्राजिस्टर, स्विच की भाँति कार्य करता है। जब DIGIT, High होता है तब ट्राजिस्टर स्विच ऑफ होता है तथा इन्डीकेटर में धारा शून्य होती है। जब DIGIT, Low होता है, तब ट्रांजिस्टर ऑन (ON) होता है तथा नम्बर (number) डिस्पले हो जाता है। यदि चित्र 14.3 (b) में प्रदर्शित तरंग (wave form) को DIGIT की भाँति प्रयोग किया जाये तब ट्रांजिस्टर ऑन (ON) हो जायेगा तथा प्रत्येक 4ms में से 1ms के लिए सेगमेन्ट डिस्पले होगा। यद्यपि डिस्पले, 4ms में से 3ms के लिए डिस्पले नहीं होता परन्तु हमें प्रकाश (illumination) लगातार (continuous) आने का आभास होगा।

चूंकि डिस्पले का इल्यूमिनेशन ऐसी पल्स द्वारा होता है जिसका प्रचालन (occurence) प्रत्येक 4 ms में एक बार होता है, रिपीटीशन रेट (R/R) का मान $\frac{1}{0 \cdot 004}$ = 250 Hz होता है समान्यतः 50 या 60 Hz में अधिक रिपीटीशन रेट (R/R) होने से

इल्यूमिनेशन स्थिर (steady) प्रतीत होगा तथा उससे कोई फ्लिकर भी नहीं प्रतीत होगी। मुख्य लाभकारी बात यह है कि एक सिंगल-डिजिट डिस्पले के लिए एक लगातार प्रकाशित डिस्पले (continuously illuminated display) की तुलना में केवल $\frac{1}{4}$ th धारा की आवश्यकता होती हैं। यही मल्टीप्लेक्सिगं का लाभ है।

चित्र 14.4(a) में 4 – डिजिट डिस्पले को मल्टीप्लैक्स करने की विधि प्रदर्शित की गई है। माना प्रत्येक डिजिट पर 4 BCD इनपुट परिवर्तित नही होती हैं। यदि चित्र 14.4 (b) में प्रदर्शित 4 तरंगे, चार DIGIT इनपुट की भाँति प्रयोग की गई हैं तब प्रत्येक डिजिट 1/4 समय के लिए प्रकाशित होगा तथा 3/4 समय के लिए बुझा (extinguished) रहेगा।

टाइमलाइन (चित्र 14.4 b) से प्रतीत होता है कि डिजिट 1 समय t_1 की अवधि में, डिजिट 2 समयावधि t_2, —— इत्यादि में प्रकाशित होते हैं। स्पष्ट है कि $t_1 = t_2 = t_3 = t_4 = \frac{T}{4}$। रिपिटीशन रेट $RR = \frac{1}{T}$ द्वारा प्रदर्शित की जाती है तथा रेट, उपयुक्त होने पर कोई फ्लिकर (flicker) नही प्रतीत होगी। उदाहरणतः यदि t_1=1ms तब T=4 ms तथा $RR=\frac{1}{0.004}$=250Hz।

एक महत्वपूर्ण तथ्य यह है, एक प्रकाशित (illuminated) डिजिट को 200mA की आवश्यकता है, तथा, चूँकि एक समय में केवल एक डिजिट प्रकाशित होता है, सप्लाई $+V_{CC}$ से सदा 200 mA की आवश्यकता होगी। अतः, यद्यपि हम चार इन्डीकेटर्स

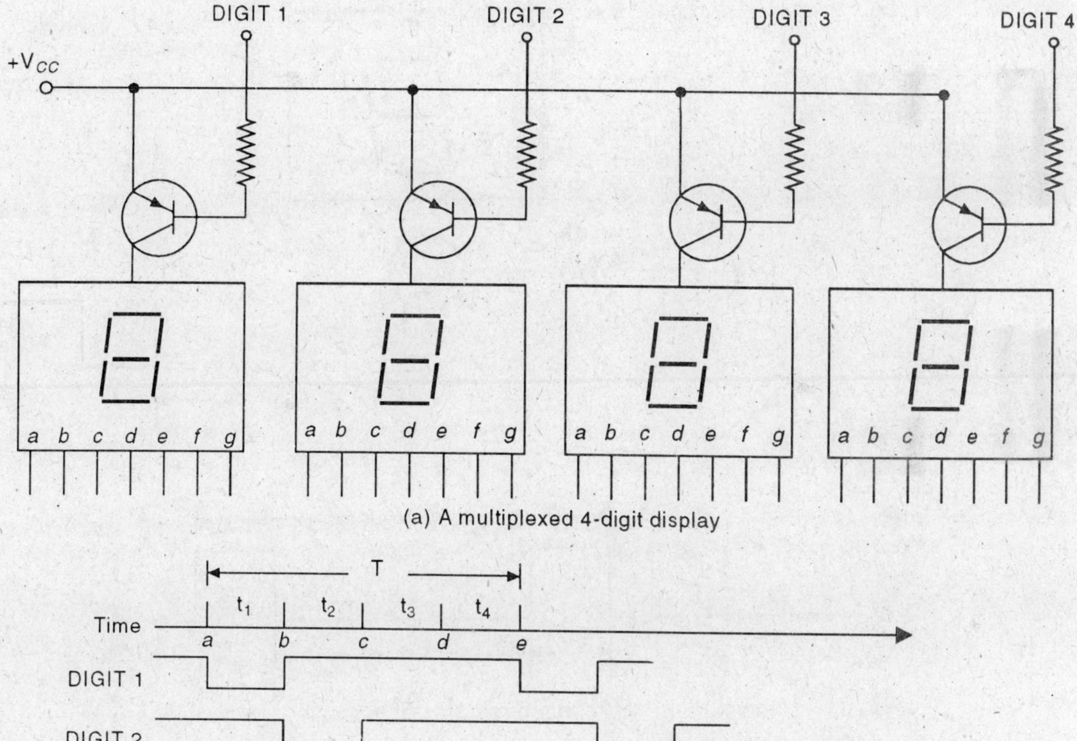

(a) A multiplexed 4-digit display

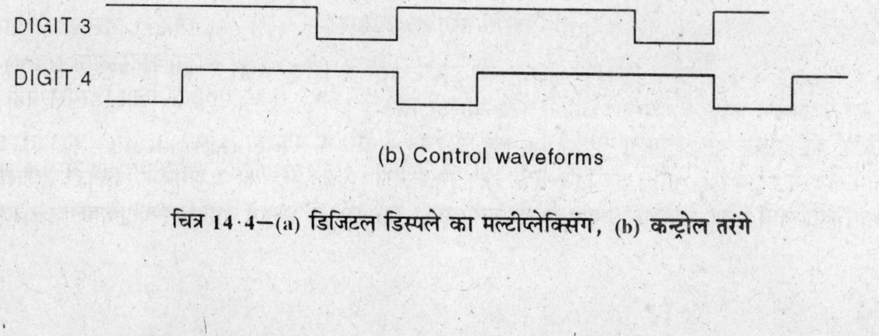

(b) Control waveforms

चित्र 14·4—(a) डिजिटल डिस्पले का मल्टीप्लेक्सिंग, (b) कन्ट्रोल तरंगे

को प्रकाशित कर रहे हैं परन्तु धारा केवल एक सिगंल इन्डीकेटर के लिए आवश्यक प्रयोग कर रहें हैं। वास्तव में, इस विधि द्वारा डिस्पले के मल्टीप्लैक्सिगं में, पावर सप्लाई धारा, केवल एक डिस्पले के लिए आवश्यक धारा के बराबर होती है, चाहे कितने भी डिस्पले मल्टीप्लैक्स किये गये हों।

14·2. कॉमन-कैथोड-टाइप डिस्पले का मल्टीप्लैक्सिगं
(Multiplexing Common-Cathode-type Displays)

चित्र 14.5 में एक कॉमन-कैथोड-टाइप डिस्पले का मल्टीप्लैक्सिगं प्रदर्शित किया गया है। NPN ट्रांजिस्टर, डिस्पले के कैथोड तथा ग्राउन्ड के मध्य स्विच का कार्य करता है। जब ट्रांजिस्टर ऑन (ON) होता है तब धारा, सेगमेंन्ट में इल्यूमिनेशन के लिए प्रवाहित होती है। जब ट्रांजिस्टर ऑफ (OFF) होता है तब कोई धारा नहीं प्रवाहित होती तथा सेगमेन्ट प्रकाशित नहीं होता। चित्र 14.5 (b) में DIGIT तरंग के आकार प्रदर्शित किये गये हैं। ध्यान दीजिये ट्रांजिस्टर को ऑन (ON) करने के लिए एक धनात्मक पल्स की आवश्यकता है तथा डिस्पले प्रत्येक 4ms में से केवल 1ms के लिए प्रकाशित होता है।

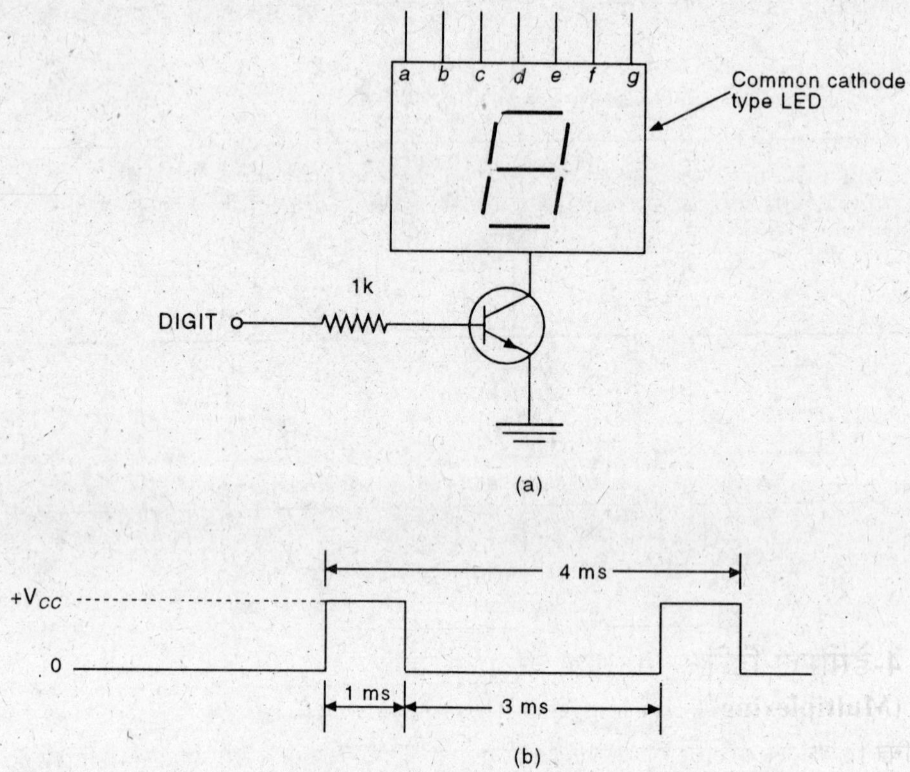

चित्र 14·5—(a) कॉमन-कैथोड टाइप डिस्पले का मल्टीप्लेक्सिंग, (b) डिजिट तरंग का आकार

चित्र 14.1 तथा 14.2 के 7-सेगमेन्ट डिकोडर ड्राइवर को ड्राइव करने के लिए 7490 डिकेड काउन्टर प्रयोग किया जाता है तथा जब तक काउन्टर काउन्टिंग करता है, डिस्पले अपनी स्टेट बदलते रहते हैं।

प्राय: इस क्रिया की अधिक आवश्यकता होती है कि एक निश्चित अवधि के पश्चात् (periodcally) काउन्टर के content एक 4-फ्लिप-फलॉप लैच में स्ट्रोब (strobe) कर दिये जायें तथा इन लैचेज़ (latches) को 7-सेगमेन्ट डिकोडर-ड्राइवर को ड्राइव करने के लिए प्रयुक्त किया जाये। तब डिकोटर-ड्राइब को दी जाने वाली चार BCD इनपुट तथा डिस्पले, केवल उस समय को छोड़ कर

सदा स्थिर रहेगें जब कोई नया डाटा स्ट्रोब (strobe in) किया जा रहा हो। चित्र 14.6 में एक सम्पूर्ण सिंगल-डिजिट डिस्पले का परिपथ दिया गया है। यह डिवाइस एक पॉजिटिव स्ट्रोब पल्स द्वारा 7475 *D*-टाइप लैच में स्टोर की गई बाइनरी संख्या का डेसीमल तुल्यांक इन्डिकेट करता है। इस डिवाइस को DIGIT इनपुट द्वारा भी मल्टीप्लेक्स किया जा सकता है।

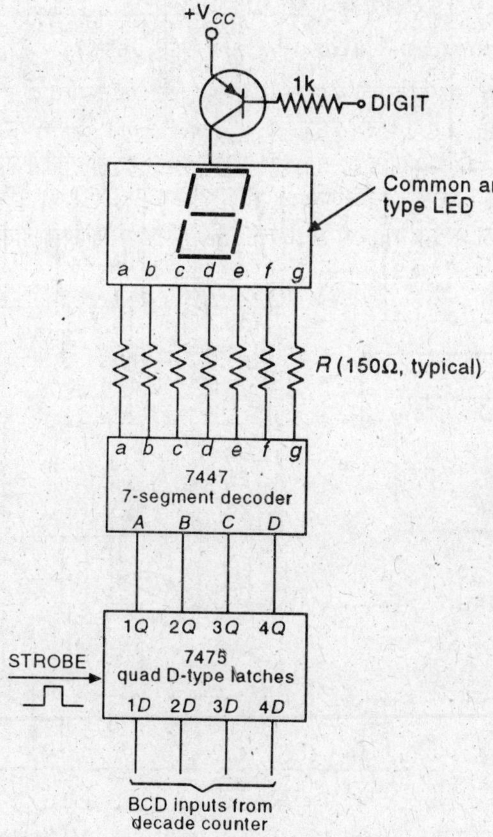

चित्र 14·6—सम्पूर्ण (complete) सिंगल डिजिट डिस्पले

14·3. 4-डेसीमल-डिजिटल डिस्पले का मल्टीप्लैसिगं (Multiplexing 4-Decimal-Digit Display)

चित्र 14.7 में एक 4-डिजिट डिस्पले प्रदर्शित किया गया है। इसमें चित्र 14.6 जैसे चार डेसीमल डिजिट डिस्पले सम्मिलित किये गये हैं तथा पावर सप्लाई की आवश्यकता को कम करने के लिए मल्टीप्लैक्स किया गया है।

DIGIT 1 बाँयी साइड वाले LED को कन्ट्रोल करता है, यह MSD (most significant digit) है। दाँयी साइड वाला डिस्पले DIGIT 4 द्वारा कन्ट्रोल होता है तथा यह LSD (least significant digit) है। यह परिपथ 0000 से 9999 तक डेसीमल डिजिट डिस्पले कर सकता है। परिपथ में संयोजित 54/74155 एक 'dual 2-line-to-4 line डिकोडर-डिमल्टीपलैक्सर है तथा यह एक दो फ्लिप-फ्लॉप वाले बाइनरी काउन्टर (मल्टीप्लैक्सिंग काउन्टर द्वारा ड्राइव किया गया है। जब यह मल्टीप्लैक्सिगं काउन्टर अपनी चार अवस्थाओं (states) से गुजरता है तब काउन्टर की प्रत्येक स्टेट के लिए 54/74155 की केवल एक आउटपुट लाइन low होती है। इसका परिणाम यह होता है कि DIGIT कन्ट्रोल तरगें ठीक चित्र 14.4 (b) में दी गई तरगों के समान उत्पन्न होती हैं।

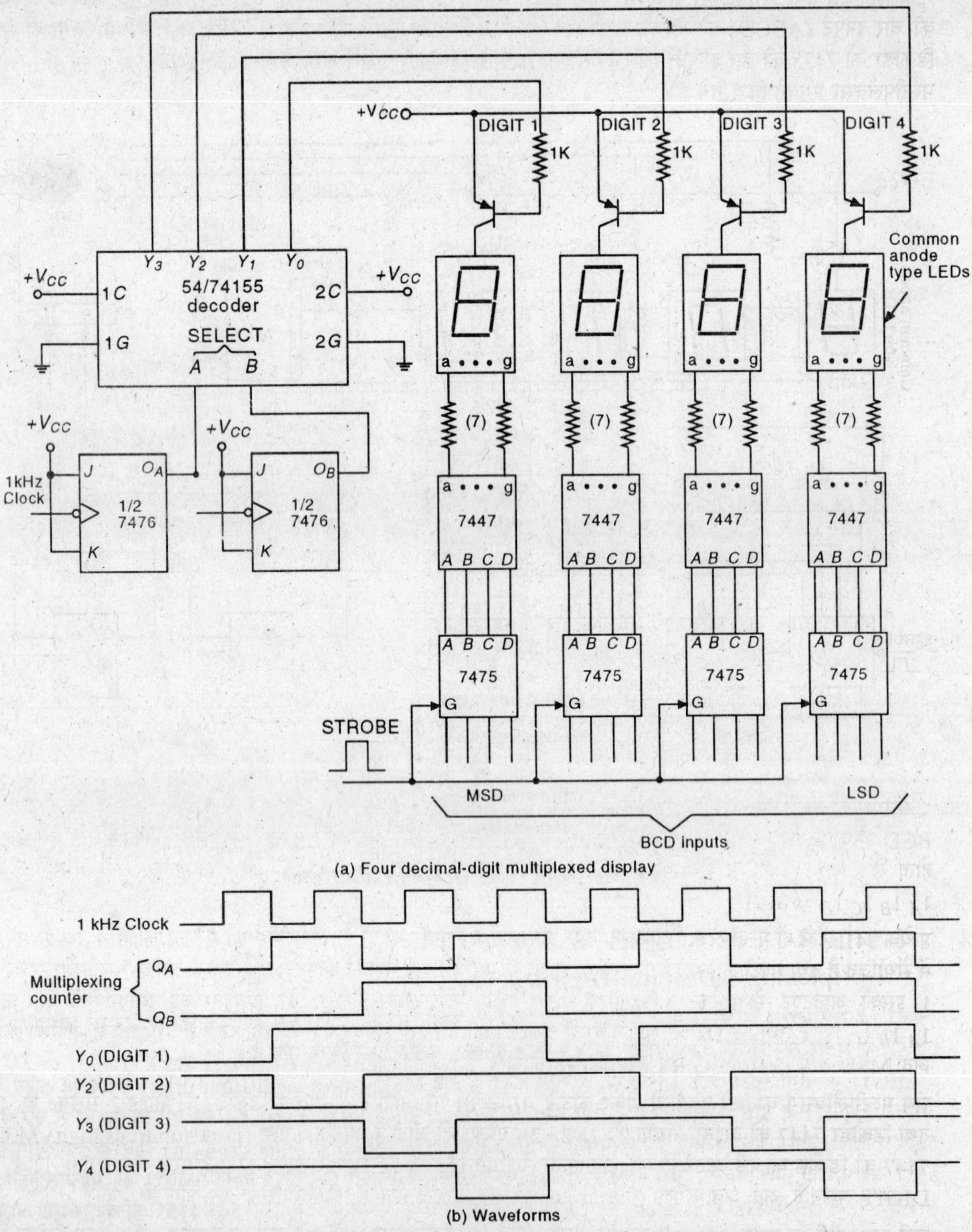

(a) Four decimal-digit multiplexed display

(b) Waveforms

चित्र 14·7

कम्पोनेन्ट्स तथा इलेक्ट्रिकल पावर की ओर अधिक बचत (saving) करने के लिए चित्र 14.6 में प्रदर्शित 7-सेगमेन्ट डिकोडर की चार इनपुट (ABCD) को डिजिट कन्ट्रोल के साथ मल्टीप्लैक्स किया जा सकता है। चित्र 14.8 में एक सिगंल 7-सेगमेन्ट डिकोडर को 7475 की चार इनपुट, क्रमिक विधि से (sequentially) एप्लाई करने के लिए दो 54/74153, डुएल 4-to-1 लाइन मल्टीपलैक्सर प्रयुक्त किये गये हैं।

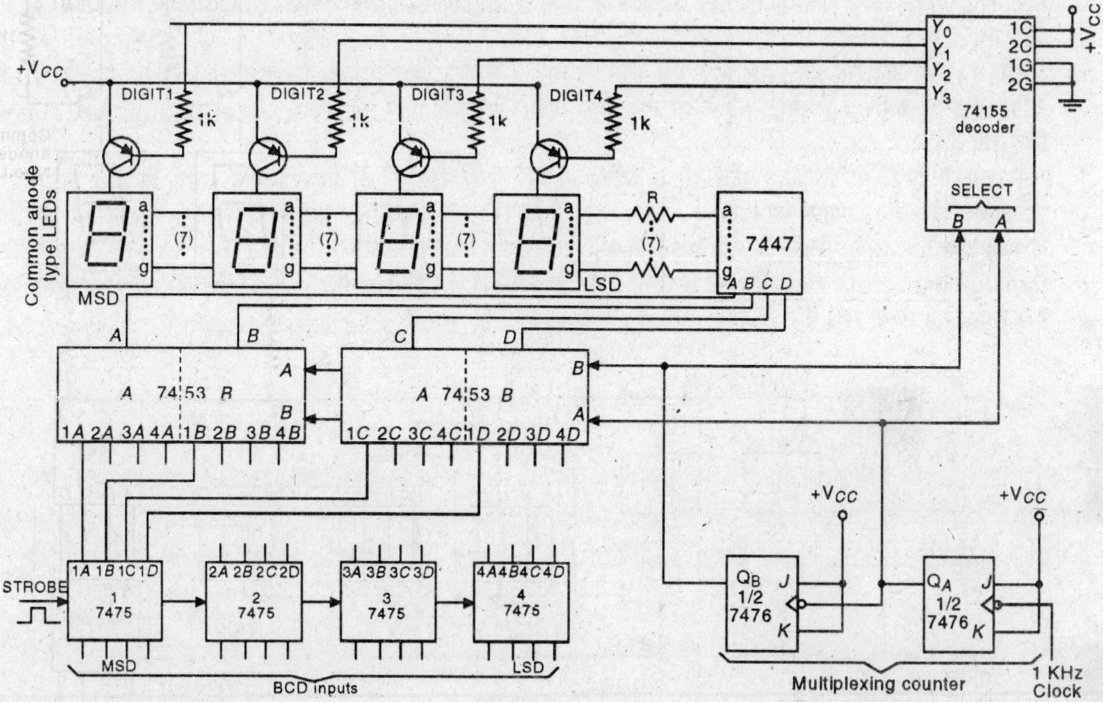

चित्र 14·8

परिपथ की कार्य प्रणाली निम्न प्रकार हैं—

BCD इनपुट डाटा चार 7475 *D*-Type Latches 1,2,3 तथा 4 में स्टोर होता है। लैच 1 में MSD तथा लैच 4 में LSD स्टोर होता है। MSD को प्रदर्शित करने वाली 4-बिट बाइनरी संख्या $1_A\ 1_B\ 1_C\ 1_D$ है। उदाहरणतः यदि MSD = 5 तब $1_A\ 1_B\ 1_C\ 1_D$ = 0101।

प्रत्येक 74153 में दो मल्टीप्लैक्सर्स (कुल चार *A*, *B*, *C*, तथा *D*) हैं तथा दो मल्टीप्लैक्सर्स की सैलेक्ट लाइनें *A* तथा *B* समानांन्तर में संयोजित है तथा मल्टीप्लैक्सिगं काउन्टर द्वारा ड्राइव की गई हैं। जब सैलेक्ट इनपुट *AB*=00 तब प्रत्येक मल्टीप्लैक्सर की लाइन 1 इसकी आउटपुट से कनैक्ट हो जाती है। इस प्रकार मल्टीप्लेक्सर की, 7447 डिकोडर को कनैक्ट की गई आउटपुट $1_A\ 1_B\ 1_C\ 1_D$ है तथा LEDs को समानान्तर में एप्लाई होती है। इसी समय 74155 डिकोडर द्वारा DIGIT 1 सैलेक्ट होता है। अतः MSD बायें (leftmost) में LED डिस्पले हो जाता है। अन्य सभी डिस्पले टर्न ऑफ हो जाते हैं।

जब मल्टीप्लैक्सिगं काउन्टर एडवांन्स होकर काउन्ट *AB* = 01 पर आता है तब प्रत्येक डिकोडर की लाइन 2 सैलेक्ट हो जाती है, तथा डिकोडर 7447 को बाइनरी संख्या $2_A\ 2_B\ 2_C\ 2_D$ एप्लाई हो जाती है, जो कि अगला (next hundreds digit) MSD है। 7447 की डिकोड की गई आउटपुट पुनः समानान्तर में संयोजित सभी LEDs पर एप्लाई होती है, परन्तु केवल DIGIT 2, Low DIGIT लाइन है, अतः अब अगला (hundreds) डिजिट डिस्पले होता है एवं अन्य सभी टर्न ऑफ हो जाते हैं।

इसी प्रकार सैलेक्ट लाइन *AB*=10 होने पर दहाई (tens) का डिजिट एवं *AB*=11 होने पर इकाई (units) का डिजिट डिस्पले होता है। ध्यान दीजिए की एक समय में केवल एक डिजिट डिस्पले होता है तथा रिपिटिशन रेट RR=250 Hz होने के कारण फ्लिकरिंग (flickering) भी नहीं प्रतीत होगी।

इस प्रक्रिया में भी हम चार डिजिट डिस्पले कर रहे हैं परन्तु पावर सप्लाई से ली गई धारा केवल एक लगातार प्रकाशित (continuously illuminated) डिजिटल के तुल्य है। इसके अतिरिक्त हम 2 चिप्स की बचत भी कर रहे हैं। कम्पोनेन्ट्स की संख्या डिस्पले में डेसीमल डिजिट्स की संख्या बढ़ने पर कम होती है।

उपर वर्णन किये गये डिस्पले परिपथ व्यापक रूप से प्रयोग किये जाते हैं। परन्तु ऐसी LSI चिप्स उपलब्ध हैं जिनमें सम्पूर्ण मल्टीप्लैक्सिगं की क्रिया एक सिंगल चिप पर प्राप्त हो जाती है, उदाहरणत: नेशनल सेमीकन्डक्टर की चिप MM 74C925, 926, 927 तथा 928।

चित्र 14.9 में प्रदर्शित MM74C925 एक मल्टीप्लैक्सड 7-सेगमेन्ट आउटपुट ड्राइवर के साथ 4-डिजिट काउन्टर है। चिप के अतिरिक्त इसमें केवल 7-सेगमेन्ट इन्डीकेटर्स तथा धारा लिमिट करने के लिए प्रतिरोध (current limiting resistors) प्रयोग किये गये हैं।

RESET इनपुट पर पाँजिटिव पल्स देने से 4-बिट काउन्टर रिसैट हो जाता है, उसके पश्चात् प्रत्येक निगेटिव क्लॉक ट्रांजिशन पर काउन्टर एक बार एडवान्स करता है। LATCH ENABLE पर निगेटिव पल्स देने पर काउन्टर के काउन्ट्स 4-बिट लैचेज में लैच हो जाते हैं। उसके पश्चात् ये स्टोर की गयीं 4-बिट संख्याए, मल्टीप्लैक्स तथा डिकोड होती हैं एवं बाहर से संयोजित (externally connected) चार 7-सेगमेन्ट इन्डीकेटर्स पर डिस्पले होती है। चित्र 14.9 (b) एक MM74C925 के परिपथ को सरल रूप में प्रदर्शित किया गया है।

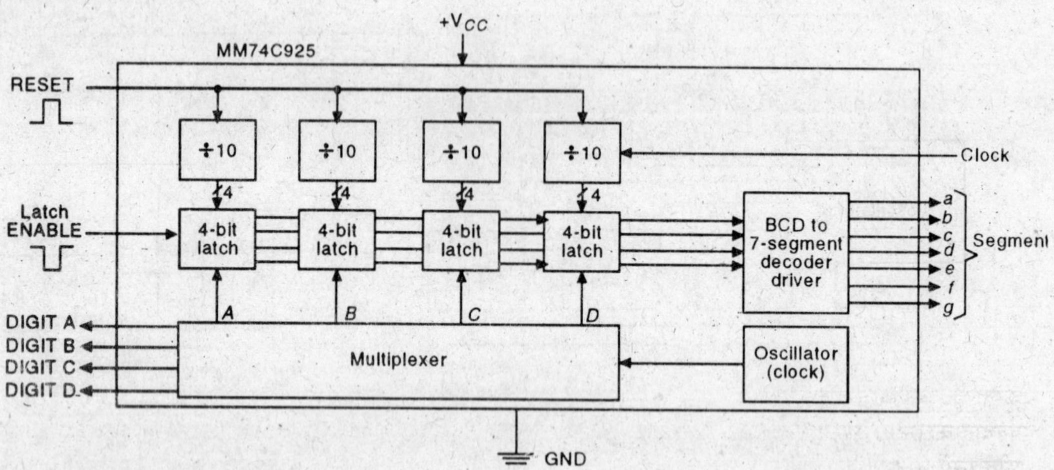

(a)

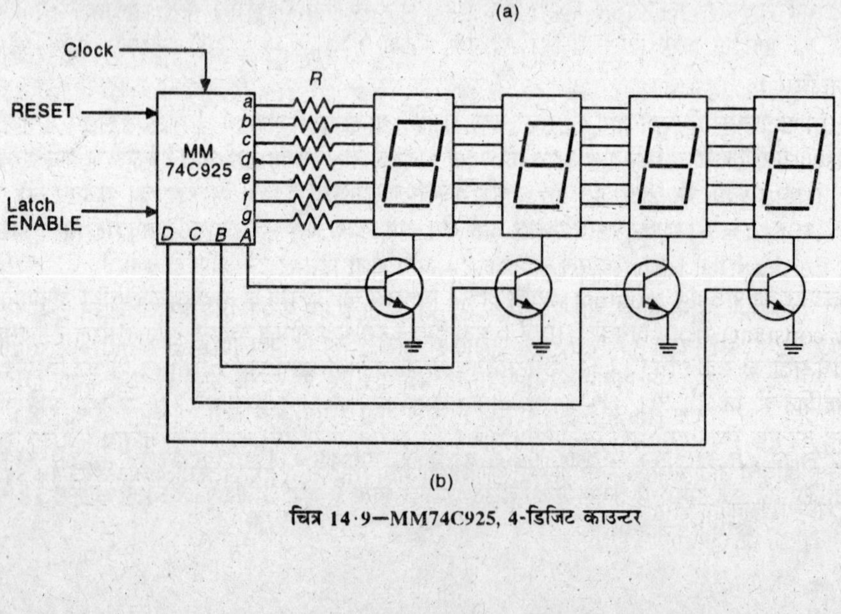

(b)

चित्र 14·9—MM74C925, 4-डिजिट काउन्टर

14·4. डिजिटल फ्रीक्वैन्सी काउन्टर
(Digital Frequency Counter)

फ्रीक्वैन्सी काउन्टर द्वारा किसी तरंग की आवृति का मापन किया जा सकता है। चित्र 14.10 में इस युक्ति का ब्लॉक डायग्राम प्रदर्शित किया गया है। एक ज्ञात आवर्त काल (known period) '*t*' का GATE ENABLE सिगनल, एक क्लाक ऑसिलेटर तथा डिवाडर द्वारा उत्पन्न किया जाता है। यह सिगनल AND गेट की एक इनपुट को दिया जाता है। अज्ञात (unknown) सिगनल, जिसकी आवृति ज्ञात करती है, AND गेट की दूसरी इनपुट को दिया जाता है। AND गेट काउन्टर के लिए क्लॉक की भाँति कार्य

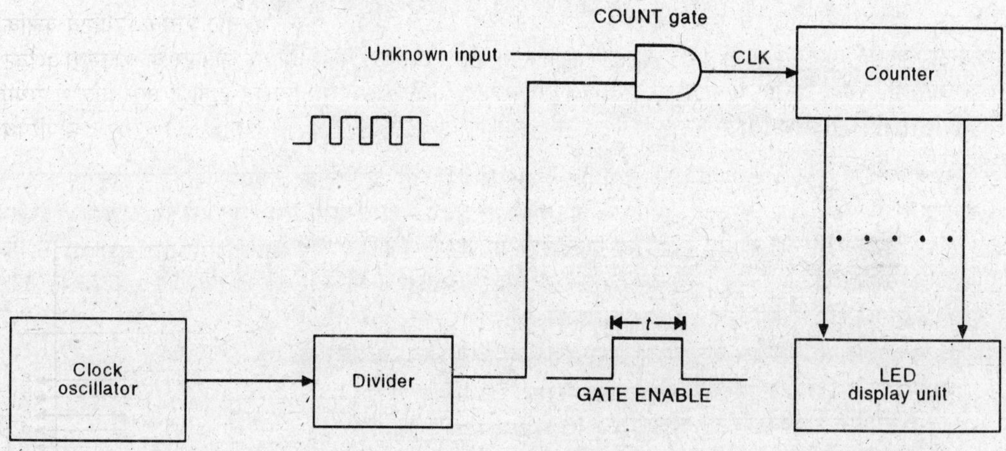

चित्र 14·10—डेसीमल प्वाइन्ट की स्थिति

करता है। काउन्टर अज्ञात (unknown) सिगनल के प्रत्येक ट्रांजिशन पर एक काउन्ट एडवान्स करता है तथा ज्ञात समय (*t*) के पश्चात् काउन्टर *t* समय में अज्ञात सिगनल के आवृत (periods) प्रदर्शित करेगा, अर्थात काउन्टर का पाठयांक अज्ञात सिगनल की फ्रीक्वैन्सी के समानुपाती होगा। उदाहरणतः माना गेट का सिगनल ठीक 1sec है तथा अज्ञात वर्गाकार इनपुट की आवृत्ति 500Hz है। अतः 1 sec की समाप्ति (end) पर काउन्टर 500 तक काउन्टर कर चुका होगा, जो इनपुट सिगनल की वास्तविक आवृत्ति है।

उदाहरण 14.1—माना चित्र 14.10 में इनपुट सिगनल, 5kHz आवृत्ति की वर्गाकार तरंग है, तब यदि GATE ENABLE समय $t=0.1$ Sec, हो तो काउन्टर का डिस्पले क्या होगा? समय $t=1$ तथा $t=10$ sec होने पर क्या होगा?

हल : जब $t = 0{\cdot}1$sec तब काउन्टर 5000 (transitions/ sec)×0.1 sec=500 तक काउन्ट करेगा। जब $t = 1$ sec तब काउन्टर 5000 (transitions/sec)×1 sec = 5000 डिस्पले करेगा तथा जब $t= 10$ sec तब काउन्टर 5000 (transitions/sec) × 10 sec = 50,000 डिस्पले करेगा। अन्तिम अवस्था में हमें 5 डेसीमल डिजिट का डिस्पले प्रयुक्त करना होगा।

इस उदाहरण में काउन्टर का पाठयांक (content) सदैव अज्ञात सिगनल की आवृत्ति के समानुपाती है तथा अनुपातिक नियतांक (proportionality constant), 10,1 अथवा 1/10 है। अतः इन्डीकेटर्स में डेसीमल प्वाइन्ट लगाना सरल है जिससे कि मीटर से अज्ञात आवृत्ति सीधे पढ़ी जा सके। चित्र 14.11 में गेट-विड्थ के परिवर्तन के साथ एक 5-डेसीमल डिजिट डिस्पले में डेसीमल बिन्दु की स्थितियाँ प्रदर्शित की गई है। चित्र 14.11(a) में अज्ञात सिगनल की आवृति, डिस्पले को 10 से गुणा करने पर प्राप्त होती है, अतः डेसीमल बिन्दु को एक स्थान दायें खिसकाना होगा। चित्र 14.11(b) में डिस्पले वास्तविक आवृत्ति प्रदर्शित करता है तथा 14.11(c) में वास्तविक आवृत्ति ज्ञात करने के लिए डिस्पले को 10 से भाग (divide) देना पड़ता है। अतः चित्र 14.11 में डेसीमल बिन्दु, को एक स्थान बायें खिसकाना होगा।

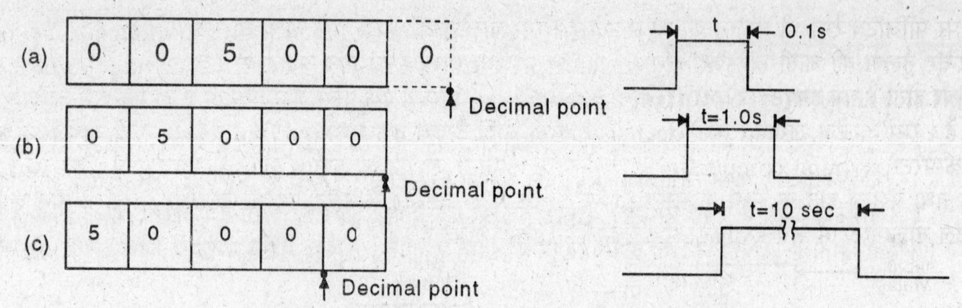

चित्र 14·11—उदाहरण 14.2 में डेसीमल प्वाइन्ट की स्थिति

14·5. डिजिटल वोल्ट मीटर
(Digital Voltmeter)

डिजिटल वोल्टमीटर (DVM), मापी जाने वाली किसी AC अथवा DC वोल्टेज को डेसीमल अंको में प्रदर्शित करता है। डिजिटल वोल्टमीटर में, एक सामान्य एनेलॉग वोल्टमीटर के पाठयांकों को पढ़ने में होनी वाली सम्भावित त्रुटियां, उदाहरणतः पैरेलेक्स (parallax) इत्यादि के कारण नहीं होती। डिजिटल वोल्टमीटर के प्रयोग से प्रेक्षण गति (observation speed) में वृद्धि होती है। डिजिटल वोल्टमीटर की आउटपुट, आवश्यकता होने पर मैमोरी डिवाइस में भी स्टोर की जा सकती है। प्रत्येक डिजिटल वोल्टमीटर में मुख्य क्रिया एनेलॉग से डिजिटल (A/D) कनवर्जन है।

परिपथ के आधार पर डिजिटल वोल्टमीटर निम्न प्रकार वर्गीकृत किये जा सकते हैं:

(i) रेम्प टाइप डिजिटल वोल्टमीटर (Ramp Type DVM)
(ii) इन्टीग्रेटिंग टाइप डिजिटल वोल्टमीटर (Integrating Type DVM)
(iii) पोटेन्शियोमीटर टाइप डिजिटल वोल्टमीटर (Potentiometer Type DVM)
(iv) सक्सैसिव एप्रोक्सिमेशन टाइप डिजिटल वोल्टमीटर (Successive Approximation Type DVM)
(v) कन्टीनुअस बैलेन्स टाइप डिजिटल वोल्टमीटर (Continuous Balance Type DVM)

14·6. रेम्प टाइप डिजिटल वोल्टमीटर
(Ramp Type DVM)

रेम्प टाइप DVM के प्रचालन में एक लीनियर रेम्प वोल्टेज द्वारा इनपुट वोल्टेज लेविल (input voltage level) से, शून्य (0) वोल्टेज में परिवर्तित होने में लगे समय को मापा जाता है। यह समय एक इलेक्ट्रॉनिक टाइम इन्टरवल काउन्टर द्वारा काउन्ट किया जाता है तथा काउन्ट को इलेक्ट्रॉनिक इन्डीकेटर्स (indicating tubes) पर डिस्पले किया जाता है।

चित्र 14.12 में रेम्प टाइप DVM में वोल्टेज का एक टाइम इन्टरवल में कनवर्जन तथा चित्र 14.13 में DVM का ब्लॉक डायग्राम प्रदर्शित किया गया है। प्रारम्भ में एक रेम्प वोल्टेज जनरेट की जाती है। इस चित्र में एक निगेटिव रैम्प तरंग प्रयुक्त की गई है, इसके

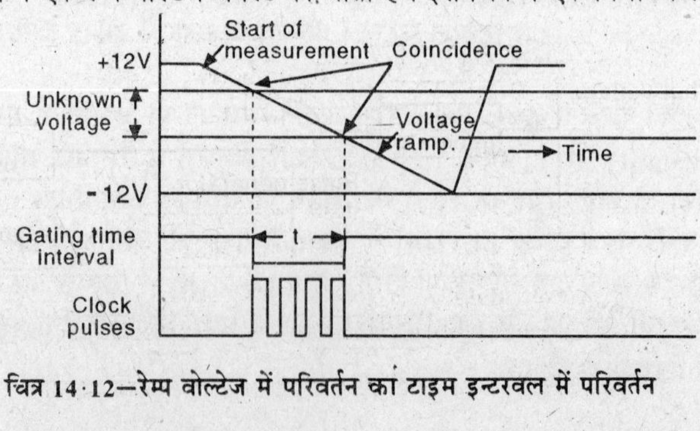

चित्र 14·12—रेम्प वोल्टेज में परिवर्तन का टाइम इन्टरवल में परिवर्तन

स्थान पर पॉजिटिव रैम्प भी प्रयुक्त की जा सकती है। रेम्प वोल्टेज की, मापी जाने वाली वोल्टेज (voltage to be measured) से निरन्तर, तुलना की जाती है। जिस क्षण (instant) पर रेम्प वोल्टेज का मान अज्ञात वोल्टेज (voltage to be measured) के बराबर होता है तब इनपुट कम्पेरेटर (input comparator) परिपथ एक पल्स जनरेट करता है जो एक गेट को ओपेन (open) करती है। रेम्प वोल्टेज, लगातार कम (decrease) होती जाती है जब तक शून्य (ground level) न हो जाये। इस क्षण पर एक अन्य कम्पेरेटर (ground comparator) पल्स जनरेट करता है जो गेट को क्लोज (close) कर देता है (चित्र 14.13)। गेट के ओपेन तथा क्लोज होने के मध्य के समय (*t*) में क्लॉक पल्स जनरेटर से पल्स, गेट से गुजरती (pass) है तथा काउन्ट हो कर डिजिटल वोल्टमीटर में लगे इन्डीकेटर में डेसीमल में डिस्पले होती है।

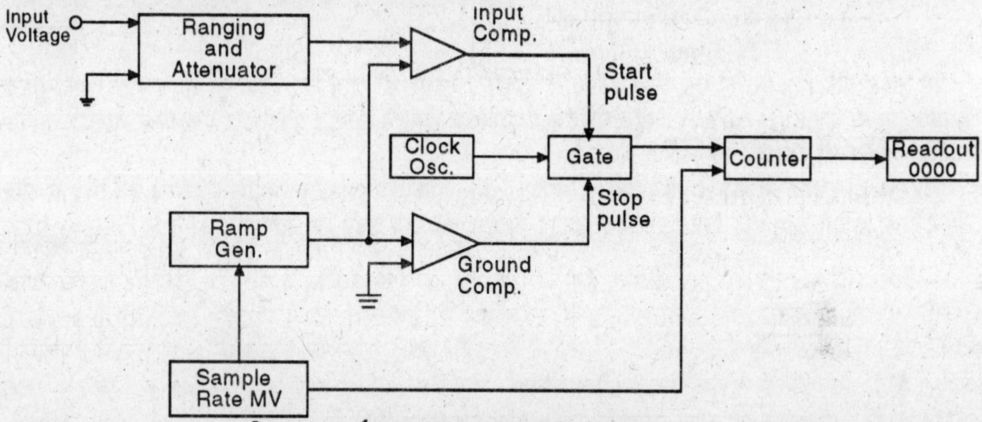

चित्र 14·13—रैम्प टाइप DVM का ब्लाक डायग्राम

सेम्पल रेट मल्टीवाइब्रेटर मापन चक्रों (measurement cycles) के initiation की रेट का निर्धारण करता है। सेम्पल रेट परिपथ, रेम्प जेनेरेटर द्वारा अगली रेम्प वोल्टेज (next ramp voltage) जनरेट करने के लिए प्रारम्भिक पल्स (initiating pulse) उपलब्ध कराता है। इसी समय यह परिपथ काउन्टर्स को एक पल्स भेजता है। जो इन सभी (काउन्टर्स) को 0 पर रिसैट कर देती है। इससे DVM के डिस्पले से क्षण भर के लिए डिजिटल डिस्पले समाप्त हो जाता है।

14·7. इन्टीग्रेटिंग टाइप डिजिटल वोल्टमीटर (Integrating Type DVM)

यह वोल्टमीटर एक निश्चित मापन काल में (over a fixed measuring period) इनपुट वोल्टेज के औसत मान (time average value) का मापन करता है। इसके विपरीत रेम्प टाइप डिजिटल वोल्टमीटर, वोल्टेज का, मापन काल के अन्त में सेम्पलिंग करता है। इन्टीग्रेटिंग वोल्टमीटर में एक इन्टीग्रेटिंग तकनीकी पर वोल्टेज का मापन किया जाता है जिसमें वोल्टेज का आवृत्ति में कनवर्जन किया जाता है। वोल्टेज से फ्रीक्वैन्सी कनवर्जन एक फीडबैक कन्ट्रोल प्रणाली की भांति कार्य करती है जो पल्स जनरेशन की रेट को इनपुट वोल्टेज के मान के अनुसार नियन्त्रित करती है।

चित्र 14.14 में इन्टीग्रेटिंग टाइप DVM का ब्लाक डायग्राम प्रदर्शित किया गया है।

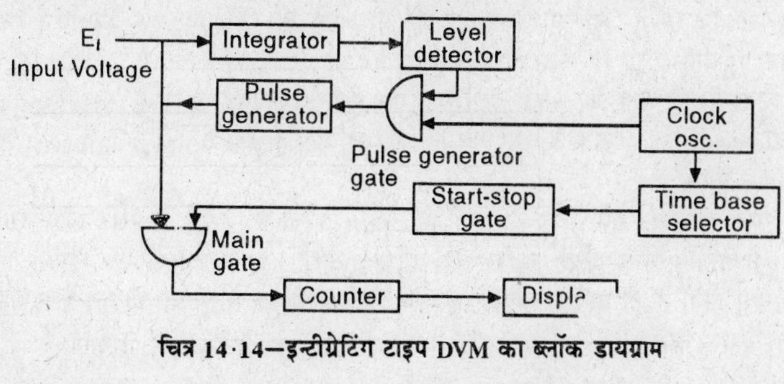

चित्र 14·14—इन्टीग्रेटिंग टाइप DVM का ब्लॉक डायग्राम

वोल्टेज से फ्रीक्वैन्सी कनवर्जन में एक पल्स ट्रेन जेनरेट की जाती है जिसकी फ्रीक्वैन्सी मापी जाने वाली वोल्टेज पर निर्भर करती है। इसके पश्चात एक निश्चित अवधि में पल्सों की संख्या काउन्ट की जाती है। चूँकि इन पल्सों की फ्रीक्वैन्सी मापी जाने वाली अज्ञात वोल्टेज (voltage to be measured) पर निर्भर करती है अतः इस अवधि (period) में काउन्ट की पल्सों की संख्या इनपुट (unknown) वोल्टेज के माप (measure) को प्रदर्शित करती है। इस वोल्टमीटर में एक ऑपरेशनल एम्पलीफायर को इन्टीग्रेटर की भांति प्रयोग किया जाता है। इन्टीग्रेटर (OP-AMP) की आउटपुट निम्न होती है

$$E_o = -E_i \frac{1}{RC} t$$

यहां E_o–Output voltage

E_i–Input voltage

इस प्रकार यदि DVM को एक स्थिर इनपुट वोल्टेज E_i एप्लाइ की जाये तब आउटपुट वोल्टेज E_o एक यूनिफार्म रेट पर बढ़ती है तथा उसकी ध्रुवता (polarity) इनपुट वोल्टेज के विपरीत होती है, अर्थात् इनटीग्रेटर एक स्थिर वोल्टेज इनपुट पर, आउटपुट में विपरीत ध्रुवता की रेम्प वोल्टेज जनरेट करता है।

चित्र 14.15 इनपुट वोल्टेज के तीन विभिन्न मानों (value) के लिए आउटपुट प्रदर्शित की गई है। चित्र से स्पष्ट है कि आउटपुट वोल्टेज की ध्रुवता इनपुट के विपरीत है तथा इनपुट वोल्टेज का मान बढ़ने पर आउटपुट का ढाल (slope) बढ़ता है।

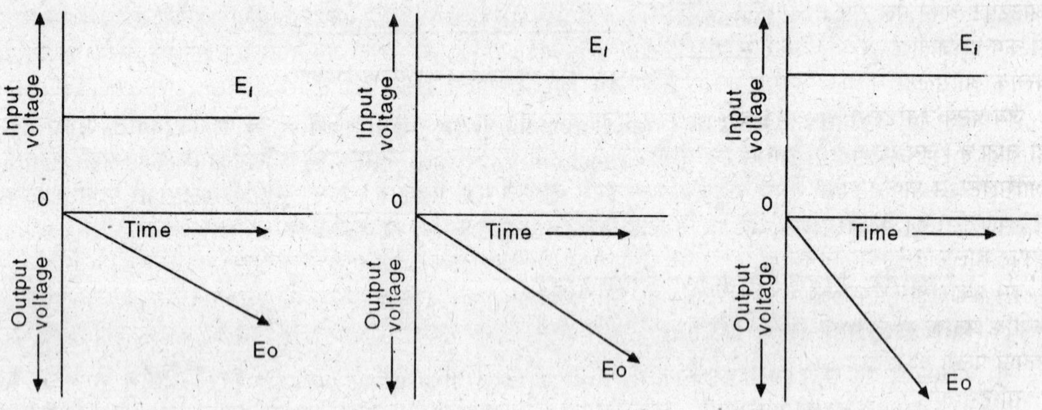

चित्र 14·15—विभिन्न इनपुट वोल्टेज पर इन्टीग्रेटर की आउटपुट

मापी जाने वाली वोल्टेज (E_i) इन्टीग्रेटर को एप्लाई की जाती है (चित्र 14.14), इन्टीग्रेटर की आउटपुट E_o बढ़ना (rise) प्रारम्भ कर देती है। आउटपुट वोल्टेज (E_o), लेविल डिक्टेक्टर को दी जाती है। जब E_o एक निर्धारित रेफरेन्स लेविल (a certain reference level) तक पहुँचती है तब डिटेक्टर, पल्स जनरेटर गेट पर एक पल्स भेजता है। लेविल डिटेक्टर, एक वोल्टेज कम्परेटर की भाँति ही है। इस स्टेज में इन्टीग्रेटर की आउटपुट (E_o) एक आन्तरिक रेफरेन्स सोर्स (internal reference source) की स्थिर वोल्टेज से कम्पेयर (compare) होती है तथा जब E_o इस लेविल (fixed voltage source) तक पहुँचती है तब डिटेक्टर एक आउटपुट पल्स उत्पन्न करता है।

यह आउटपुट पल्स, पल्स जनरेशन गेट (चित्र 14.13) को open करती है जिससे फिक्सड्-फ्रीक्वैन्सी ऑसिलेटर (fixed frequency oscillator) में उत्पन्न पल्स, पल्स जनरेटर तक पहुँच जाती है। पल्स जनरेटर एक शिमिट ट्रिगर (schmitt trigger) की भाँति की कोई डिवाइस होती है जो प्रत्येक इनपुट पल्स के लिए आउटपुट में नियत आयाम तथा चौड़ाई (fixed amplitude and width) की पल्स उत्पन्न करता है।

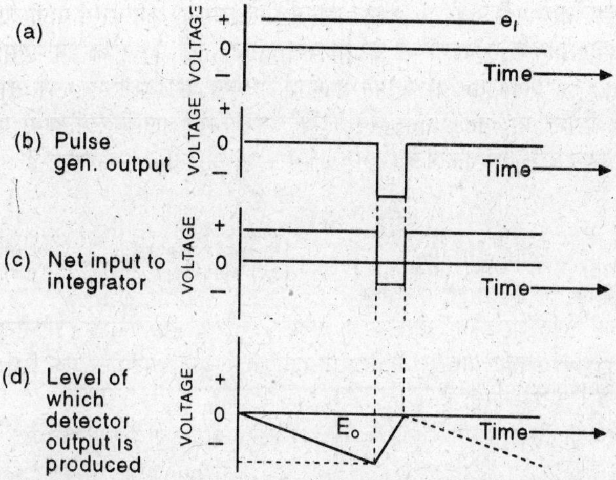

चित्र 14·16—इन्टीग्रेटिंग टाइप DVM में इन्टीग्रेटर की आउटपुट वोल्टेज (E_o)का तरंगाकार

यह आउटपुट पल्स जिसकी ध्रुवता इनपुट E_i के विपरीत होती है, पुनः इन्टीग्रेटर की इनपुट में फीडबैक कर दी जाती है। इस प्रकार इन्टीग्रेटर की नैट (net) इनपुट, अब E_i के विपरीत ध्रुवता की हो जाती है (चित्र 14.16)। इस विपरीत ध्रुवता के कारण आउटपुट अपने मूल स्तर (original level) पर आ जाती है (चित्र 14.16 d)। चूँकि अब E_o .लेविल डिटेक्टर के रेफरेन्स लेविल से कम हो जाती है अतः डिटेक्टर से पल्स जनरेटर कोई आउटपुट नही प्राप्त होती, एवं पल्स जनरेशन गेट क्लोज हो जाता है तथा क्लॉक ऑसिलेटर से पल्स जनरेटर को ट्रिगर करने के लिए कोई पल्स नहीं प्राप्त होती।

जब पल्स जनरेटर से आउटपुट वोल्टेज पल्स गुजर जाती है तथा E_i अपने मूल मान पर आ जाता है तब E_o पुनः बढ़ना प्रारम्भ हो जाता है। जब यह पुनः रेफरेन्स वोल्टेज स्तर तक पहुंच जाता है, पल्स जनरेशन गेट खुल (open) जाता है। पल्स जनरेटर, क्लाक ऑसिलेटर से प्राप्त पल्स से ट्रिगर हो जाता है। इस प्रकार इस चक्र (cycle) की पुनरावृत्ति (repetition) होती है। इस प्रकार E_O की तरंग का आकार (waveform) एक सा-टूथ (saw-tooth) तरंग की भाँति होता है जिसका राइज टाइम (rise time), इनपुट वोल्टेज (E_i) पर निर्भर करता है तथा फॉल टाइम, पल्स जनरेटर की आउटपुट पल्स की विड्थ पर निर्भर करता है।

इस प्रकार सा-टूथ वोल्टेज (saw tooth wave E_0) की फ्रीक्वैन्सी, इनपुट वोल्टेज E_i के मान (value) का फंक्शन होती है, क्योंकि प्रत्येक सॉ-टूथ चक्र (saw tooth cycle) के लिए पल्स जनरेटर एक पल्स उत्पन्न करता है, अतः एक निश्चित अवधि में उत्पन्न पल्सों की संख्या अर्थात् सॉ-टूथ तरंग की फ्रीक्वैन्सी, मापी जाने वाली वोल्टेज को प्रदर्शित करती है।

सॉ-टूथ तरंग (sawtooth wave) की तरंग की आवृत्ति एक निश्चित समयावधि में, पल्सों की संख्या को गिनकर ज्ञात की जा सकनी है। क्लॉक ऑसिलेटर से प्राप्त पल्स एक टाइम बेस सैलेक्टर पर एप्लाई की जाती है। प्रथम पल्स एक स्टार्ट-स्टॉप गेट से गुजरती है जिससे एक आउटपुट पल्स उत्पन्न होती है। यह आउटपुट पल्स मेन गेट (main gate) को प्राप्त होती है जिससे यह गेट ओपेन हो जाता है। अतः वह पल्स जो पल्स जनरेटर से इन्टीग्रेटर को प्राप्त होती है, इस मेन गेट से भी गुजरती है।

टाइम बेस सैलेक्टर से प्राप्त दूसरी पल्स स्टार्ट-स्टॉप गेट को तथा मेन-गेट को क्लोज कर देती है जिससे पल्स जनरेटर से आने वाली कोई पल्स अब मेन गेट से नही गुजरती। अतः काउन्टर तथा इन्डीकेटिंग डिवाइस एक निश्चित समयावधि में गुजरी हुई पल्सों की संख्या को इन्डीकेट करते हैं। काउन्टर के काउन्ट मापी जाने वाली वोल्टेज (E_i) को इन्डीकेट करते हैं।काउन्टर की रीडिंग सीधे वोल्टेज में प्राप्त करने के लिए पल्स जनरेटर द्वारा उत्पन्न पल्सों के आयाम तथा चौड़ाई (amplitude and width) को उपयुक्त रूप से समायोजित किया जा सकता है।

14·8. पोटेन्शियोमीटर टाइप डिजिटल वोल्टमीटर (Potentiometer Type DVM)

चित्र 14.17 में पोटेन्शियोमीटर टाइप DVM का ब्लॉक डायग्राम प्रदर्शित किया गया है। इस DVM में वोल्टेज की तुलना विधि (voltage comparisión) विधि द्वारा अज्ञात (unknown) वोल्टेज का मापन किया जाता है। इनपुट (unknown) वोल्टेज को

एक स्थिर (fixed) रेफरेन्स वोल्टेज से कम्पेयर किया जाता है। रेफरेन्स वोल्टेज का मान एक अशांकित (caliberated) पोटेन्शियोमीटर द्वारा निर्धारित किया जाता है। सन्तुलन की स्थिति (null balance) प्राप्त करने के लिए पोटेन्शियोमीटर की सैटिंग परिवर्तित की जाती है। Null balance प्राप्त होने पर अज्ञात वोल्टेज का मान पोटेन्शियोमीटर की सैटिंग द्वारा ज्ञात किया जा सकता है। वास्तव में DVM में यह बैलेन्स, मेनुवली (manually) नहीं प्राप्त किया जाता बल्कि स्वतः (automtically) होता है। अतः यह DVM, एक सेल्फ बेलेन्सिग पोटेन्शियोमीटर है।

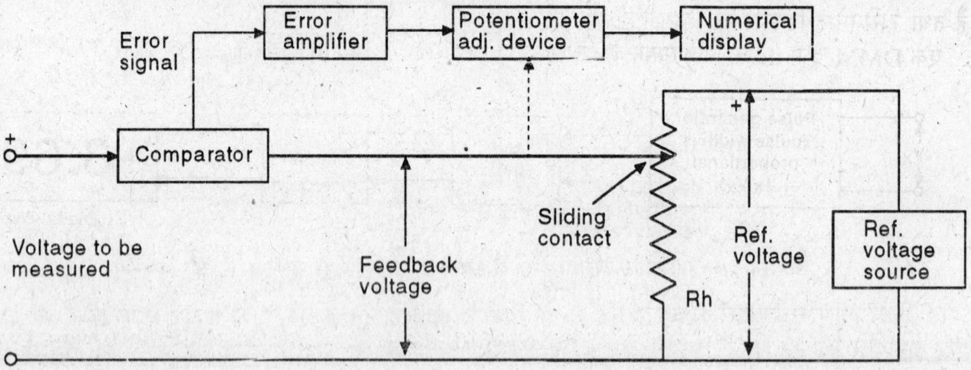

चित्र 14·17—पोटेन्शियोमीटर टाइप DVM का ब्लॉक डायग्राम

सर्वप्रथम मापी जाने वाली वोल्टेज (unknown voltage) को फिल्टर तथा उपयुक्त स्तर (suitable level) तक अटेनुएट किया जाता है। उसके पश्चात इसे एक कम्पेरेटर (comparator or error dettector) को एप्लाई किया जाता है। कम्पेरेटर एक चोपर (chopper) परिपथ हो सकता है। रेफरेन्स वोल्टेज एक स्थिर वोल्टेज स्रोत (fixed voltage source) से प्राप्त की जाती है। यह वोल्टेज (reference voltage) पोटेन्शियोमीटर R_h को एप्लाई की जाती है। फीडबैक वोल्टेज का मान स्लाइडिंग कान्टेक्ट पर निर्भर करता है। फीडबैक वोल्टेज कम्पेरेटर को भी एप्लाई की जाती है।

कम्पेरेटर में फीडबैक वोल्टेज तथा अज्ञात (unknown) वोल्टेज, कम्पेयर होती है। कम्पेरेटर की आउटपुट इन दोनों वोल्टेज के अन्तर (difference) के बराबर होती है। यह डिफरेन्स वोल्टेज 'error signal' है। इस सिगनल को एम्पलीफाइ कर पोटेन्शियोमीटर के स्लाइडिंग कॉन्टेक्ट (adjustment device) को एप्लाई किया जाता है। स्लाइडिंग कॉन्टेक्ट की गति (movement) त्रुटि संकेत (error signal) के मान (magnitude) पर निर्भर करती है। स्लाइडर की गति की दिशा इस बात पर निर्भर करती है कि फीडबैक वोल्टेज इनपुट वोल्टेज से अधिक है या कम। स्लाइडिंग कॉन्टेक्ट, गति करने के पश्चात् ऐसी स्थिति पर रुक जाता है जहाँ फीडबैक वोल्टेज, अज्ञात वोल्टेज (unknown voltage) के बराबर होती है। ऐसी स्थिति में कोई error signal उत्पन्न नहीं होता तथा पोटेन्शियोमीटर की एडजस्टमेन्ट डिवाइस को कोई इनपुट नहीं होगी तथा स्लाइडिंग कॉन्टेक्ट स्थिर, हो जायेगा।

पोटन्शियोमीटर की एडजस्टमैन्ट डिवाइस की इस समय की स्थिति डिजिटल डिस्पले (readout) में डिस्पले हो जाती है। एडजस्ट डिवाइस की वह स्थिति, जिस पर कोई वोल्टेज नहीं होती, वह होती है जहां पर फीडबैक वोल्टेज तथा अज्ञात (unknown voltage) बराबर होती है अतः डिस्पले डिवाइस अज्ञात वोल्टेज को प्रदर्शित करती है।

पोटेन्शियोमीटर टाइप DVM में प्रयुक्त एडजस्टमेन्ट डिवाइस जो स्लाइडिंग कॉन्टेक्ट को चलाती है, एक 2- फेज सर्वोमीटर होती है।

14·9. डिजिटल मल्टीमीटर्स
(Digital Multimeters)

डिजिटल मल्टीमीटर, वोल्टेज, धारा तथा प्रतिरोध को अंको में (in discrete numerals) प्रदर्शित करता है। इन मल्टीमीटर्स को मुख्य विशेषता (features) निम्न हैं—

(i) एनेलाग मापन यन्त्रों की भाँति पैरेलेक्स (parallax) त्रुटियाँ नहीं होतीं।

(ii) इन्टरपोलेशन त्रुटियाँ (interpolation errors) नहीं होतीं।

(iii) ऑटोमेटिक पोलेरिटी, जिससे ओवर लोड होता है तथा विपरीत ध्रुवता के कारण कोई क्षति (damage) नहीं होती

उपरोक्त विशेषताओं के कारण, डिजिटल मापन यन्त्र, एनेलॉग यन्त्रों की तुलना में अधिक सुविधाजनक (easy to handle) तथा (accurate) होते हैं।

यद्यपि डिजिटल मल्टीमीटर (DMM) बनाने की अनेक विधियाँ हैं परन्तु प्रचालन का सिद्धान्त समान ही है। मापी जाने वाली राशि (electrical quantity) अज्ञात वोल्टेज के समानुपाती, पल्सों की संख्या में परिवर्तित की जाती है। ये पल्स काउन्ट की जाती है तथा 7-सेगमेन्ट डिस्पले पर डिस्पले की जाती हैं।

एक DMM द्वारा dc वोल्टेज मापन के लिए मूल परिपथ (base circuit) चित्र 14.18 में प्रदर्शित किया गया है।

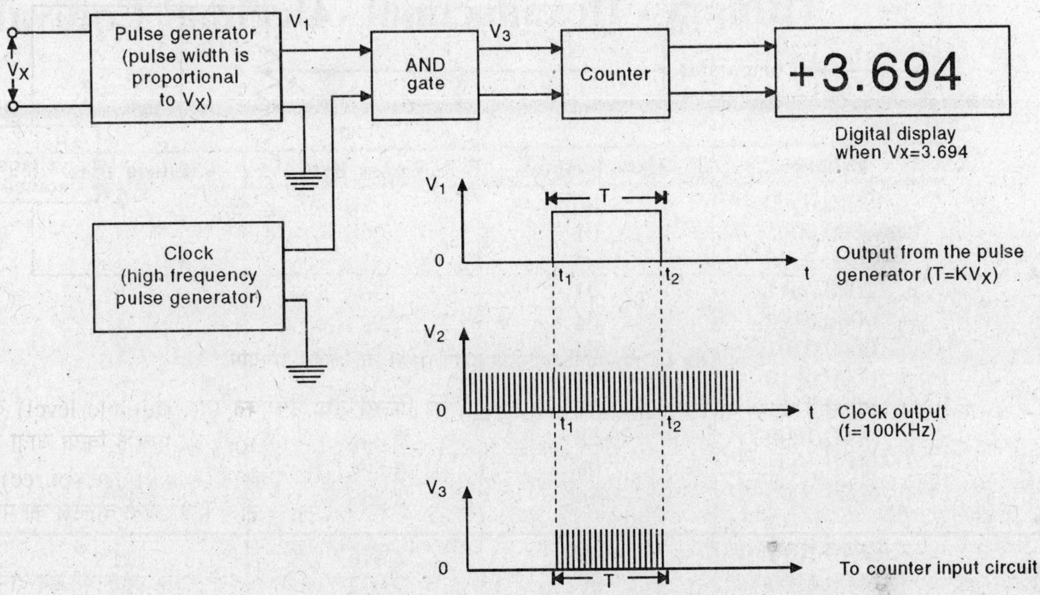

चित्र 14·18—डिजिटल मल्टीमीटर द्वारा dc वोल्टेज मापन के लिए एक बेसिक परिपथ

इनपुट वोल्टेज V_i एक पल्स जनरेट करती है जिसकी विड्थ इसी वोल्टेज के समानुपाती होती है। पल्स की लीडिंग एज (leading edge) पर क्लॉक पल्स काउन्टर में जाती है तथा ट्रेलिंग एज (trailing edge) उन्हें रोकती है। काउन्ट की गई पल्सों की संख्या मापी जाने वाली वोल्टेज के समानुपाती होती हैं। चित्र 14.18 के अनुसार

$$T = K V_i$$

यहां K समानुपाती नियतांक (propotionality constant) है। यदि $V_i = 3 \cdot 694$ तथा $K = 0 \cdot 001$ तब $T = 3 \cdot 694 \times 0 \cdot 001 = 3.694\ ms$।

यदि क्लॉक आसिलेटर की आवृत्ति 100kHz है जब काउन्टर पर पहुँचने वाली पल्सों की संख्या $n = T \times$Number of pulses per ms। अतः $n = 3 \cdot 694 \times 10^3 = 3694$। एक 4-डिजिट मीटर में रीडिंग 3.694 होगी। डेसीमल प्वाइन्ट का मान रेंज सैलेक्टर द्वारा निर्धारित होता है। अथवा मीटर के अन्दर प्रयुक्त आटोरेंजिंग परिपथ द्वारा निर्धारित होता है।

APPENDIX 1

बाइनरी - हेक्साडेसीमल - डेसीमल तुल्यांक
(Binary - Hexadecimal - Decimal Equivalents)

Binary	Hexadecimal	Upper Byte	Lower Byte
0000 0000	00	0	0
0000 0001	01	256	1
0000 0010	02	512	2
0000 0011	03	768	3
0000 0100	04	1,024	4
0000 0101	05	1,280	5
0000 0110	06	1,536	6
0000 0111	07	1,792	7
0000 1000	08	2,048	8
0000 1001	09	2,304	9
0000 1010	0A	2,560	10
0000 1011	0B	2,816	11
0000 1100	0C	3,072	12
0000 1101	0D	3,328	13
0000 1110	0E	3,584	14
0000 1111	0F	3,840	15
0001 0000	10	4,096	16
0001 0001	11	3,352	17
0001 0010	12	4,608	18
0001 0011	13	4,864	19
0001 0100	14	5,120	20
0001 0101	15	5,376	21
0001 0110	16	5,632	22
0001 0111	17	5,888	23
0001 1000	18	6,144	24
0001 1001	19	6,400	25
0001 1010	1A	6,656	26
0001 1011	1B	6,912	27
0001 1100	1C	7,168	28
0001 1101	1D	7,424	29
0001 1110	1E	7,680	30

Binary	Hexadecimal	Upper Byte	Lower Byte
0001 1111	1F	7,936	31
0010 0000	20	8,192	32
0010 0001	21	8,448	33
0010 0010	22	8,704	34
0010 0011	23	8,960	35
0010 0100	24	9,216	36
0010 0101	25	9,472	37
0010 0110	26	9,728	38
0010 0111	27	9,984	39
0010 1000	28	10,240	40
0010 1001	29	10,496	41
0010 1010	2A	10,752	42
0010 1011	2B	11,008	43
0010 1100	2C	11,264	44
0010 1101	2D	11,520	45
0010 1110	2E	11,776	46
0010 1111	2F	12,032	47
0011 0000	30	12,228	48
0011 0001	31	12,544	49
0011 0010	32	12,800	50
0011 0011	33	13,056	51
0011 0100	34	13,312	52
0011 0101	35	13,568	53
0011 0110	36	13,824	54
0011 0111	37	14,080	55
0011 1000	38	14,336	56
0011 1001	39	14,592	57
0011 1010	3A	15,848	58
0011 1011	3B	15,104	59
0011 1100	3C	15,360	60
0011 1101	3D	15,616	61
0011 1110	3E	15,872	62
0011 1111	3F	16,128	63
0100 0000	40	16,384	64
0100 0001	41	16,640	65
0100 0010	42	16,896	66
0100 0011	43	17,152	67
0100 0100	44	17,408	68
0100 0101	45	17,664	69
0100 0110	46	17,920	70
0100 0111	47	18,176	71
0100 1000	48	18,432	72
0100 1001	49	18,688	73
0100 1010	4A	18,944	74
0100 1011	4B	19,200	75
0100 1100	4C	19,456	76

Binary	Hexadecimal	Upper Byte	Lower Byte
0100 1101	4D	19,712	77
0100 1110	4E	19,968	78
0100 1111	4F	20,224	79
0101 0000	50	20.480	80
0101 0001	51	20,736	81
0101 0010	52	20,992	82
0101 0011	53	21,248	83
0101 0100	54	21,504	84
0101 0101	55	21,760	85
0101 0110	56	22,016	86
0101 0111	57	22,272	87
0101 1000	58	22,528	88
0101 1001	59	22,784	89
0101 1010	5A	23,040	90
0101 1011	5B	23,296	91
0101 1100	5C	23,552	92
0101 1101	5D	23,808	93
0101 1110	5E	24,064	94
0101 1111	5F	24,320	95
0110 0000	60	24,576	96
0110 0001	61	24,832	97
0110 0010	62	25,088	98
0110 0011	63	25,344	99
0110 0100	64	25,600	100
0110 0101	65	25,856	101
0110 0110	66	26,112	102
0110 0111	67	26,368	103
0110 1000	68	26,624	104
0110 1001	69	26,880	105
0110 1010	6A	27,136	106
0110 1011	6B	27,392	107
0110 1100	6C	27,648	108
0110 1101	6D	27,904	109
0110 1110	6E	28,160	110
0110 1111	6F	28,416	111
0111 0000	70	28,672	112
0111 0001	71	28,928	113
0111 0010	72	29,184	114
0111 0011	73	29,440	115
0111 0100	74	29,696	116
0111 0101	75	29,952	117
0111 0110	76	30,208	118
0111 0111	77	30,464	119
0111 1000	78	30,720	120
0111 1001	79	30,976	121

Binary	Hexadecimal	Upper Byte	Lower Byte
0111 1010	7A	31,232	122
0111 1011	7B	31,488	123
0111 1100	7C	31,744	124
0111 1101	7D	32,000	125
0111 1110	7E	32,256	126
0111 1111	7F	32,512	127
1000 0000	80	32,768	128
1000 0001	81	33,024	129
1000 0010	82	33,280	130
1000 0011	83	33,536	131
1000 0100	84	33,792	132
1000 0101	85	34,048	133
1000 0110	86	34,304	134
1000 0111	87	34,560	135
1000 1000	88	34,816	136
1000 1001	89	35,072	137
1000 1010	8A	35,328	138
1000 1011	8B	35,584	139
1000 1100	8C	35,840	140
1000 1101	8D	36,096	141
1000 1110	8E	36,352	142
1000 1111	8F	36,608	143
1001 0000	90	36,864	144
1001 0001	91	37,120	145
1001 0010	92	37,376	146
1001 0011	93	37,732	147
1001 0100	94	37,888	148
1001 0101	95	38,144	149
1001 0110	96	38,400	150
1001 0111	97	38,656	151
1001 1000	98	38,912	152
1001 1001	99	39,168	153
1001 1010	9A	39,424	154
1001 1011	9B	39,680	155
1001 1100	9C	39,936	156
1001 1101	9D	40,192	157
1001 1110	9E	40,448	158
1001 1111	9F	40,704	159
1010 0000	A0	40,960	160
1010 0001	A1	41,216	161
1010 0010	A2	41,472	162
1010 0011	A3	41,728	163
1010 0100	A4	41,984	164
1010 0101	A5	42,240	165
1010 0110	A6	42,494	166
1010 0111	A7	42,752	167

Binay	Hexadecimal	Upper Byte	Lower Byte
1010 1000	A8	43,008	168
1010 1001	A9	43,264	169
1010 1010	AA	43,520	170
1010 1011	AB	43,776	171
1010 1100	AC	44,032	172
1010 1101	AD	44,288	173
1010 1110	AE	44,544	174
1010 1111	AF	44,800	175
1011 0000	B0	45,056	176
1011 0001	B1	45,312	177
1011 0010	B2	45,568	178
1011 0011	B3	45,824	179
1011 0100	B4	46,080	180
1011 0101	B5	46,336	181
1011 0110	B6	46,592	182
1011 0111	B7	46,848	183
1011 1000	B8	47,104	184
1011 1001	B9	47,360	185
1011 1010	BA	47,616	186
1011 1011	BB	47,872	187
1011 1100	BC	48,128	188
1011 1101	BD	48,384	189
1011 1110	BE	48,640	190
1011 1111	BF	48,896	191
1100 0000	C0	49,152	192
1100 0001	C1	49,408	193
1100 0010	C2	49,664	194
1100 0011	C3	49,920	195
1100 0100	C4	50,176	196
1100 0101	C5	50,432	197
1100 0110	C6	50,688	198
1100 0111	C7	50,944	199
1100 1000	C8	51,200	200
1100 1001	C9	51,456	201
1100 1010	CA	51,712	202
1100 1011	CB	51,968	203
1100 1100	CC	52,224	204
1100 1101	CD	52,480	205
1100 1110	CE	52,736	206
1100 1111	CF	52,992	207
1101 0000	D0	53,248	208
1101 0001	D1	53,504	209
1101 0010	D2	53,760	210
1101 0011	D3	54,016	211
1101 0100	D4	54,272	212

Binary	Hexadecimal	Upper Byte	Lower Byte
1101 0101	D5	54,528	213
1101 0110	D6	54,784	214
1101 0111	D7	55,040	215
1101 1000	D8	55,296	216
1101 1001	D9	55,552	217
1101 1010	DA	55,808	218
1101 1011	DB	56,064	219
1101 1100	DC	56,320	220
1101 1101	DD	56,576	221
1101 1110	DE	56,832	222
1101 1111	DF	57,088	223
1110 0000	E0	57,344	224
1110 0001	E1	57,600	225
1110 0010	E2	57,856	226
1110 0011	E3	58,112	227
1110 0100	E4	58,368	228
1110 0101	E5	58,624	229
1110 0110	E6	58,880	230
1110 0111	E7	59,136	231
1110 1000	E8	59,392	232
1110 1001	E9	59,648	233
1110 1010	EA	59,904	234
1110 1011	EB	60,160	235
1110 1100	EC	60,416	236
1110 1101	ED	60,672	237
1110 1110	EE	60,928	238
1110 1111	EF	61,184	239
1111 0000	F0	61,440	240
1111 0001	F1	61,696	241
1111 0010	F2	61,952	242
1111 0011	F3	62,208	243
1111 0100	F4	62,464	244
1111 0101	F5	62,720	245
1111 0110	F6	62,976	246
1111 0111	F7	63,232	247
1111 1000	F8	63,488	248
1111 1001	F9	63,744	249
1111 1010	FA	64,000	250
1111 1011	FB	64,256	251
1111 1100	FC	64,512	252
1111 1101	FD	64,768	253
1111 1110	FE	65,024	254
1111 1111	FF	65,280	255

APPENDIX 2

संख्याओं को 2's कम्पलीमेन्ट में प्रदर्शित करना

(2's Complement Representation)

POSITIVE			NEGATIVE		
Decimal	Hexa-decimal	Binary	Binary	Hexa-decimal	Decimal
0	00H	0000 0000	0000 0000	00H	–0
1	01H	0000 0001	1111 1111	FFH	–1
2	02H	0000 0010	1111 1110	FEH	–2
3	03H	0000 0010	1111 1101	FDH	–3
4	04H	0000 0100	1111 1100	FCH	–4
5	05H	0000 0101	1111 1011	FBH	–5
6	06H	0000 0110	1111 1010	FAH	–6
7	07H	0000 0111	1111 1001	F9H	–7
8	08H	0000 1000	1111 1000	F8H	–8
9	09H	0000 1001	1111 0111	F7H	–9
10	0AH	0000 1010	1111 0110	F6H	–10
11	0BH	0000 1011	1111 0101	F5H	–11
12	0CH	0000 1100	1111 0100	F4H	–12
13	0DH	0000 1101	1111 0011	F3H	–13
14	0EH	0000 1110	1111 0010	F2H	–14
15	0FH	0000 1111	1111 0001	F1H	–15
16	10H	0001 0000	1111 0000	F0H	–16
17	11H	0001 0001	1110 1111	EFH	–17
18	12H	0001 0010	1110 1110	EEH	–18
19	13H	0001 0011	1110 1101	EDH	–19
20	14H	0001 0100	1110 1100	ECH	–20
21	15H	0001 0101	1110 1011	EBH	–21
22	16H	0001 0110	1110 1010	EAH	–22
23	17H	0001 0111	1110 1001	E9H	–23
24	18H	0001 1000	1110 1000	E8H	–24
25	19H	0001 1001	1110 0111	E7H	–25

POSITIVE			NEGATIVE		
Decimal	Hexa-decimal	Binary	Binary	Hexa-decimal	Decimal
26	1AH	0001 1010	1110 0110	E6H	–26
27	1BH	0001 1011	1110 0101	E5H	–27
28	1CH	0001 1100	1110 0100	E4H	–28
29	1DH	0001 1101	1110 0011	E3H	–29
30	1EH	0001 1110	1110 0010	E2H	–30
31	1FH	0001 1111	1110 0001	E1H	–31
32	20H	0010 0000	1110 0000	E0H	–32
33	21H	0010 0001	1101 1111	DFH	–33
34	22H	0010 0010	1101 1110	DEH	–34
35	23H	0010 0011	1101 1101	DDH	–35
36	24H	0010 0100	1101 1100	DCH	–36
37	25H	0010 0101	1101 1011	DBH	–37
38	26H	0010 0110	1101 1010	DAH	–38
39	27H	0010 0111	1101 1001	D9H	–39
40	28H	0010 1000	1101 1000	D8H	–40
41	29H	0010 1001	1101 0111	D7H	–41
42	2AH	0010 1010	1101 0110	D6H	–42
43	2BH	0010 1011	1101 0101	D5H	–43
44	2CH	0010 1100	1101 0100	D4H	–44
45	2DH	0010 1101	1101 0011	D3H	–45
46	2EH	00101110	1101 0010	D2H	–46
47	2FH	0010 1111	1101 0001	D1H	–47
48	30H	0011 0000	1101 0000	D0H	–48
49	31H	0011 0001	1100 1111	CFH	–49
50	32H	0011 0010	1100 1110	CEH	–50
51	33H	0011 0011	1100 1101	CDH	–51
52	34H	0011 0100	1100 1100	CCH	–52
53	35H	0011 0101	1100 1011	CBH	–53
54	36H	0011 0110	1100 1010	CAH	–54
55	37H	0011 0111	1100 1001	C9H	–55
56	38H	0011 1000	1100 1000	C8H	–56
57	39H	0011 1001	1100 0111	C7H	–57
58	3AH	0011 1010	1100 0110	C6H	–58
59	3BH	0011 1011	1100 0101	C5H	–59
60	3CH	0011 1100	1100 0100	C4H	–60
61	3DH	0011 1101	1100 0011	C3H	–61
62	3EH	0011 1110	1100 0010	C2H	–62
63	3FH	0011 1111	1100 0001	C1H	–63
64	40H	0100 0000	1100 0000	C0H	–64

POSITIVE			NEGATIVE		
Decimal	Hexa-decimal	Binary	Binary	Hexa-decimal	Decimal
65	41H	0100 0001	1011 1111	BFH	–65
66	42H	0100 0010	1011 1110	BEH	–66
67	43H	0100 0011	1011 1101	BDH	–67
68	44H	0100 0100	1011 1100	BCH	–68
69	45H	0100 0101	1011 1011	BBH	–69
70	46H	0100 0110	1011 1010	BAH	–70
71	47H	0100 0111	1011 1001	B9H	–71
72	48H	0100 1000	1011 1000	B8H	–72
73	49H	0100 1001	1011 0111	B7H	–73
74	4AH	0100 1010	1011 0110	B6H	–74
75	4BH	0100 1011	1011 0101	B5H	–75
76	4CH	0100 1100	1011 0100	B4H	–76
77	4DH	0100 1101	1011 0011	B3H	–77
78	4EH	0100 1110	1011 0010	B2H	–78
79	4FH	0100 1111	1011 0001	B1H	–79
80	50H	0101 0000	1011 0000	B0H	–80
81	51H	0101 0001	1010 1111	AFH	–81
82	52H	0101 0010	1010 1110	AEH	–82
83	53H	0101 0011	1010 1101	ADH	–83
84	54H	0101 0100	1010 1100	ACH	–84
85	55H	0101 0101	1010 1011	ABH	–85
86	56H	0101 0110	1010 1010	AAH	–86
87	57H	0101 0111	1010 1001	A9H	–87
88	58H	0101 1000	1010 1000	A8H	–88
89	59H	0101 1001	1010 0111	A7H	–89
90	5AH	0101 1010	1010 0110	A6H	–90
91	5BH	0101 1011	1010 0101	A5H	–91
92	5CH	0101 1100	1010 0100	A4H	–92
93	5DH	0101 1101	1010 0011	A3H	–93
94	5EH	0101 1110	1010 0010	A2H	–94
95	5FH	0101 1111	1010 0001	A1H	–95
96	60H	0110 0000	1010 0000	A0H	–96
97	61H	0110 0001	1001 1111	9FH	–97
98	62H	0110 0010	1001 1110	9EH	–98
99	63H	0110 0011	1001 1101	9DH	–99
100	64H	0110 0100	1001 1100	9CH	–100
101	65H	0110 0101	1001 1011	9BH	–101
102	66H	0110 0110	1001 1010	9AH	–102
103	67H	0110 0111	1001 1001	99H	–103

POSITIVE			NEGATIVE		
Decimal	Hexa-decimal	Binary	Binary	Hexa-decimal	Decimal
104	68H	0110 1000	1001 1000	98H	–104
105	69H	0110 1001	1001 0111	97H	–105
106	6AH	0110 1010	1001 0110	96H	–106
107	6BH	0110 1011	1001 0101	95H	–107
108	6CH	0110 1100	1001 0100	94H	–108
109	6DH	0110 1101	1001 0011	93H	–109
110	6EH	0110 1110	1001 0010	92H	–110
111	6FH	0110 1111	1001 0001	91H	–111
112	70H	0111 0000	1001 0000	90H	–112
113	71H	0111 0001	1000 1111	8FH	–113
114	72H	0111 0010	1000 1110	8EH	–114
115	73H	0111 0011	1000 1101	8DH	–115
116	74H	0111 0100	1000 1100	8CH	–116
117	75H	0111 0101	1000 1011	8BH	–117
118	76H	0111 0111	1000 1010	8AH	–118
119	77H	0111 0111	1000 1001	89H	–119
120	78H	0111 1000	1000 1000	88H	–120
121	79H	0111 1001	1000 0111	87H	–121
122	7AH	0111 1010	1000 0110	86H	–122
123	7BH	0111 1011	1000 0101	85H	–123
124	7CH	0111 1100	1000 0100	84H	–124
125	7DH	0111 1101	1000 0011	83H	–125
126	7EH	0111 1110	1000 0010	82H	–126
127	7FH	0111 1111	1000 0001	81H	–127
128	—	—	1000 0000	80H	–128

APPENDIX 3

इन्टरफेसिंग
(Interfacing)

इन्टरफेसिंग का अर्थ किसी ड्राइविंग डिवाइस (driving devicc) को लोडिंग डिवाइस (loading device) से कनेक्ट करना है। उदाहरणत: CMOS डिवाइस को TTL डिवाइस से अथवा TTL डिवाइस को CMOS डिवाइस से इन्टरफेस कराना। TTL डिवाइस को 5V सप्लाई की आवश्यकता होती है जबकि CMOS युक्तियाँ 3V से 15V सप्लाई तक कार्य कर सकती हैं। दोनों युक्तियों में आवश्यक सप्लाई वोल्टेज अलग-अलग (different power supply requirements) होने के कारण उन्हें परस्पर सीधे (directly) कनेक्ट नहीं किया जा सकता । इसके लिए अनेक इन्टरफेसिंग विधियाँ प्रयुक्त की जाती हैं।

A1·1. TTL का CMOS से इन्टरफेसिंग (TTL–to–CMOS Interface)

TTL/CMOS इन्टरफेसिंग की एक विधि यह है कि TTL ड्राइवर तथा CMOS लोड दोनों के लिए +5V सप्लाई प्रयुक्त की जाये। इस स्थिति में TTL युक्तियों की Worst Case आउटपुट वोल्टेज (चित्र 1.1a) CMOS युक्तियों की Worst Case इनपुट वोल्टेज (चित्र 1.1b) के लगभग बराबर (almost compatible) होती है, पूर्णतया नहीं (not quite)।

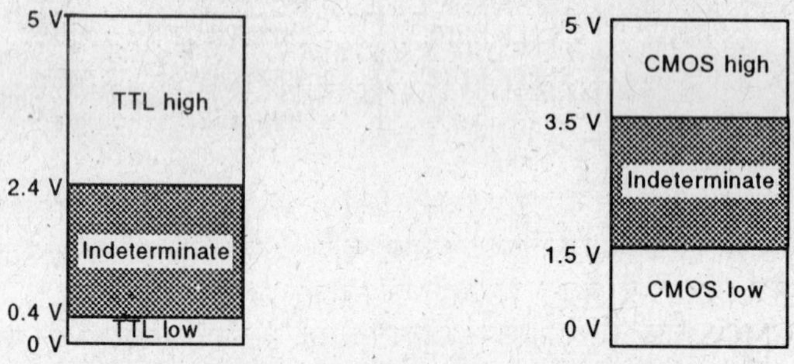

चित्र 1.1—(a) TTL आउटपुट प्रोफाइल, (b) CMOS इनपुट प्रोफाइल

चित्र 1.1 (a) के अनुसार TTL की low-state-window की वोल्टेज रेंज 0 से 0·4V तक है।यह वोल्टेज CMOS की low-state-window में जिसकी वोल्टेज रेंज 0 से 0·5V तक है, पूर्णतया fit हो सकती है। इसका अर्थ है कि CMOS लोड, TTL की low-state ड्राइव को सदा low ही reconise कर इन्टरसेप्ट (intercept) करता है।

मुख्य समस्या TTL की हाई-स्टेट (high state) में है। इस स्टेट का वोल्टेज स्तर चित्र 1.1 (a) के अनुसार 2·4V तक low हो सकता है। यदि TTL की हाई-स्टेट आउटपुट की CMOS डिवाइस को इनपुट की भाँति प्रयुक्त किया जाये तब अनिश्चित (indeterminate) क्रिया होती है। CMOS डिवाइस को हाई-स्टेट इनपुट के लिए कम से कम 3·5V की आवश्यकता (चित्र 1.1b) है। अत: TTL आउटपुट को सीधे एक CMOS इनपुट के साथ कनेक्ट करने पर विश्वसनीय (reliable) क्रिया नहीं प्राप्त की जा सकती।

दोनों (भिन्न) युक्तियों को परस्पर तुल्य (compatible) बनाने की एक विधि यह है कि चित्र 1.2 की भाँति TTL ड्राइवर तथा CMOS लोड के मध्य एक पुल-अप (pull-up) प्रतिरोध प्रयुक्त किया जाये। इस प्रतिरोध की कार्यप्रणाली का विवरण इस प्रकार दिया जा सकता है :

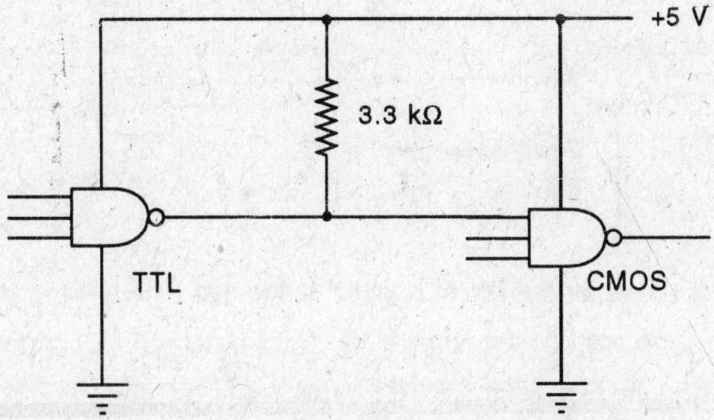

चित्र 1.2—TTL ड्राइवर की CMOS लोड से इन्टरफेसिंग

Low-state में pull-up प्रतिरोध का कोई प्रभाव नहीं है, परन्तु यह हाई-स्टेट (high state) को बढ़ाकर लगभग +5V तक पहुँचा देता है; उदाहरणतः जब TTL आउटपुट low है, तब 3·3 KΩ प्रतिरोध का नीचे वाला सिरा (lower end) लगभग ग्राउन्ड हो जाता है। अतः TTL ड्राइवर लगभग 1·52 mA $\left(= \frac{5V}{3 \cdot 3\, K\Omega} \right)$ की धारा को सिंक करता है।

जब TTL आउटपुट हाई-स्टेट में ही होती है, तब आउटपुट वोल्टेज लगभग +5V तक बढ़ जाती है। यह क्रिया इस प्रकार होती है :

TTL डिवाइस का ऊपर वाला टोटेम्पोल ट्रॉजिस्टर (totempole transistor) आउटपुट को +2·4V (worst case) पर ले आता है। पुल-अप प्रतिरोध के कारण, आउटपुट +2·4V से अधिक तो आवश्य हो जाती है, परन्तु ऊपर वाला (upper) टोटेम्पोल ट्रॉजिस्टर को कट-ऑफ हो जाता है। इस समय पुल-अप क्रिया समाप्त (passive) हो जाती है क्योंकि सप्लाई वोल्टेज आउटपुट वोल्टेज को पुल-अप प्रतिरोध के माध्यम से +5V तक पुल-अप करती है।

CMOS लोड की गेट कैपेसिटैन्स, पुल-अप प्रतिरोध के माध्यम से आवेशित (charge) होती है। इससे स्विचिंग क्रिया धीमी हो जाती है। अधिक गति (speed) प्राप्त करने के लिए पुल-अप प्रतिरोध को घटाया जा सकता है। प्रतिरोध का न्यूनतम मान (minimum value) टी टी एल डिवाइस की अधिकतम सिंक धारा (maximum sink current) द्वारा निर्धारित होता है: I_{OL} Worst case में सप्लाई वोल्टेज अधिक से अधिक 5·25V हो सकती है, अतः प्रतिरोध का न्यूनतम (minimum) मान,

$$R_{min} = \frac{5 \cdot 25\ V}{16\ mA} = 328\ \Omega$$

इस प्रतिरोध के लगभग बराबर उपलब्ध स्टैन्डर्ड प्रतिरोध 330 Ω है अतः इसे (330 Ω) पुल-अप प्रतिरोध का न्यूनतम मान माना जा सकता है। इस प्रतिरोध को केवल तब प्रयोग किया जा सकता है जब प्रचालन गति (speed of operation) मुख्य (critical) हो। अनेक अनुप्रयोगों में 3·3 K Ω का पुल-अप प्रतिरोध उत्तम होता है।

TTL ड्राइवर तथा CMOS लोड की अन्य इनपुट, सिगनल लाइनों से कनेक्ट की जाती हैं। यह भी आवश्यक (arbitrary) नहीं है कि 3-इनपुट गेट ही प्रयुक्त किये जायें। गेट्स को अनेक इनपुट्स के साथ इन्टरफेस किया जा सकता है। यदि CMOS लोड के साथ एक से अधिक TTL चिप इन्टरफेस की जा रही हो तब प्रत्येक TTL ड्राइवर को अलग-अलग पुल-अप प्रतिरोध तथा CMOS इनपुट के साथ कनेक्ट किया जाता है।

विभिन्न सप्लाई वोल्टेज प्रयुक्त करना
(Using Different Supply Voltages)

कॉम्पलीमेन्टरी मॉस (CMOS) युक्तियों का प्रचालन (performance) निम्न वोल्टेज (low voltage) पर कुप्रभावित (deteriorate) होता है क्योंकि कम वोल्टेज पर प्रोपेगेशन डिले (propagation delay) बढ़ती है तथा शोर के प्रति उदासीनता (noise immunity) घटती है। अतः COMS युक्तियों को 9 से 12V सप्लाई के मध्य प्रचालित करना उचित रहता है। इसकी एक विधि चित्र 1.3 में प्रदर्शित की गई है। परिपथ में उच्च सप्लाई वोल्टेज (hign supply voltage) को एक ओपेन-कलेक्टर

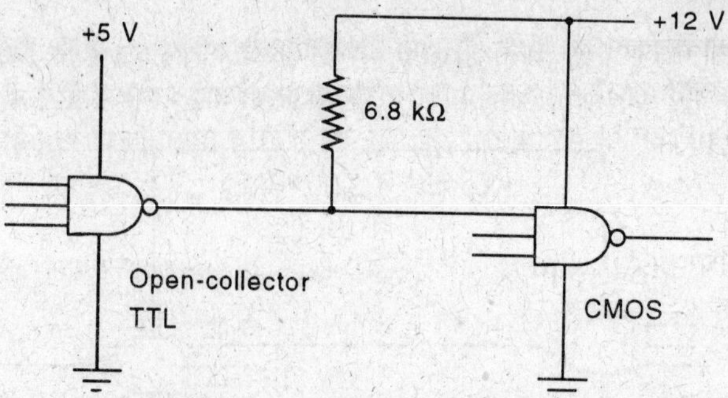

चित्र 1.3—ओपेन कलेक्टर TTL ड्राइवर के साथ उच्च CMOS सप्लाई का प्रयोग

TTL ड्राइवर के साथ प्रयोग किया गया है। हम जानते हैं कि ओपेन-कलेक्टर TTL डिवाइस की आउटपुट स्टेज में फ्लोटिंग कलेक्टर (floating collector) के साथ केवल एक सिंक (sink) ट्रॉजिस्टर होता है। चित्र 1.3 में यह ओपेन कलेक्टर, एक पुल-अप प्रतिरोध (6·8 K Ω) द्वारा +12V सप्लाई से संयोजित किया गया है। इस प्रकार CMOS युक्ति को +12V वोल्टेज प्राप्त होती है।

TTL आउटपुट Low होने की स्थिति में हम पुल-अप प्रतिरोध के नीचे वाले टर्मिनल (lower end) को ग्राउन्ड मान सकते हैं। इस प्रकार TTL डिवाइस द्वारा सिंक की गई धारा का मान (लगभग)

$$I_{\text{sink}} = \frac{12\text{V}}{6 \cdot 8\ \text{K}\Omega} = 1 \cdot 76\ \text{mA}$$

जब TTL आउटपुट High होती है तब, ओपेन कलेक्टर आउटपुट +12V हो जाती है। दोनों स्थितियों में TTL आउटपुट CMOS की इनपुट स्टेट्स के समतुल्य (compatible) है।

परन्तु पुल-अप प्रतिरोध 6·8 KΩ (चित्र 1.3) के कारण अब पहले की तुलना में धीमी स्विच्गिं (slow switching) होती है। उदाहरणतः 10pF गेट कैपेसिटैन्स पर पुल-अप टाइम स्थिरांक (pull time constant)

$$RC = (6 \cdot 8\ \text{K}\Omega)\ (10\ \text{pF})$$
$$= 68\ \text{ns}$$

तीव्र स्विचिंग के लिए पुल-अप प्रतिरोध का मान न्यूनतम अनुमन्य (minimum allowable) तक कम किया जा सकता है

$$R_{\text{sink}} = \frac{12\text{V}}{16\ \text{m A}} = 750\ \Omega$$

अतः pull-up time constant का मान

$$RC = (750\ \Omega)\ (10\text{pF})$$
$$= 7 \cdot 5\ \text{ns}$$

यह स्विचिंग समय 6·8 K Ω प्रतिरोध प्रयुक्त करने पर प्राप्त स्विचिंग टाइम 68 ns की तुलना में काफी कम है।

बाह्य प्रतिरोध का प्रयोग
(Using External Transistor)

चित्र 1.4 में सिंक धारा बढ़ाने की एक अन्य विधि प्रदर्शित की गई है। इसमें TTL युक्ति अपनी सामान्य वोल्टेज +5V पर प्रचालित है। TTL युक्ति की आउटपुट एक पुल-अप प्रतिरोध 470Ω द्वारा बाह्य ट्रॉजिस्टर (external transistor) 2N 3904 को दी गई है। इस विधि का मुख्य लाभ यह है कि हम 16mA सिंक धारा तक की बाउन्ड नहीं है। उदाहरणतः 2N 3904 के सेचुरेट होने पर, 470Ω प्रतिरोध का नीचे वाला सिरा (lower end) लगभग ग्राउन्ड पोटेन्शियल पर हो जाता है। अतः सिंक धारा का मान

$$I_{\text{sink}} = \frac{12\text{V}}{470\Omega} = 25 \cdot 5\ \text{mA}$$

ट्रॉजिस्टर के बेस तथा TTL आउटपुट के मध्य संयोजित वोल्टेज डिवाइडर noise immunity को लगभग 1·4V तक बढ़ा देता है क्योंकि सिलिकॉन ट्रांजिस्टर को टर्न ऑन करने के लिए केवल 0·7V ही आवश्यक होते हैं। इसके अतिरिक्त 68pF कैपेसिटी के स्पीड-अप कैपेसिटर का, चार्ज गेट कैपेसिटर की चार्जिंग को स्पीड-अप करने के लिए प्रयुक्त किया गया है।

अधिक सिंक धारा की आवश्यकता उस समय भी होती है जब एक से अधिक CMOS लोड ड्राइव किये जाने हों। उदाहरणतः, माना ट्रॉजिस्टर 2N3904, आठ CMOS युक्तियों को ड्राइव करता है; यदि प्रत्येक CMOS की गेट कैपेसिटैन्स 10pF है तब कुल इनपुट कैपेसिटैन्स 80 pF होगी। यदि 470Ω का पुल-अप प्रतिरोध प्रयोग किया गया है तब पुल-अप time constant

$$RC = (470\ \Omega)\ (80\text{pF})$$
$$= 37 \cdot 6 \text{ ns}$$

अपेक्षाकृत यह तीव्र स्विचिंग (fast switching or small time constant) कम मान (lower value) के पुल-अप प्रतिरोध का प्रयोग करने के कारण है

CMOS लेविल शिफ्टर
(CMOS Level Shifter)

चित्र 1.4 में प्रदर्शित परिपथ लेविल शिफ्टर कहलाता है। चिप की इनपुट स्टेज को +5V सप्लाई दी गई है, जबकि आउटपुट स्टेज पर +12V सप्लाई है। हम कह सकते हैं कि इनपुट स्टेज TTL के साथ इन्टरफेस करती है तथा आउटपुट स्टेज CMOS के साथ इन्टरफेस करती है।

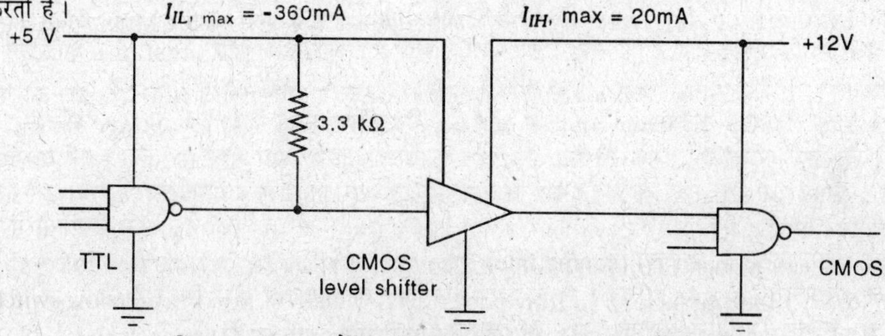

चित्र 1.4—CMOS लेविल शिफ्टर द्वारा 5V तथा 12V सप्लाई का प्रयोग

इस परिपथ में एक स्टैन्डर्ड TTL डिवाइस, एक लेविल शिफ्टर को ड्राइव करती है। इससे न्यूनतम +2·4V तक एक्टिव TTL pull-up उत्पन्न होता है। इस लेविल के पश्चात् पुल-अप प्रतिरोध कार्य करता है तथा वोल्टेज को +5V तक बढ़ा देता है जिससे लेविल के लिए आवश्यक निर्धारित (valid) हाई स्टेट इनपुट सुनिश्चित होती है। लेविल शिफ्टर की आउटपुट साइड +12V सप्लाई से कनेक्ट की गई है। चूँकि CMOS लोड +12V पर कार्य करता है अतः इस परिपथ का प्रोपेगेशन डिले टाइम तथा noise immunity उत्तम होती है।

सारांश यह है कि TTL को +5V पर प्रचालित किया जाता है परन्तु CMOS, +12V सप्लाई पर अच्छा कार्य करते हैं। इसी कारण से TTL ड्राइवर तथा CMOS लोड के मध्य लेविल शिफ्टर प्रयुक्त किया जाता है।

A1·2. CMOS का TTL से इन्टरफेसिंग
(Interfacing CMOS-to-TTL)

CMOS के TTL से इन्टरफेसिंग में भी, वोल्टेज लेविल को इतना शिफ्ट किया जाता है कि CMOS की आउटपुट स्टेट्स TTL की इनपुट विन्डो (input windows) के अन्तर्गत आ जाये। विशेष रूप यह सुनिश्चित करना आवश्यक है कि CMOS की Low-state आउटपुट TTL की अधिकतम अनुमन्य Low-state इनपुट (maximum allowable TTL low-state input) वोल्टेज 0·8V से कम हो तथा CMOS की high-state आउटपुट, TTL की high-state इनपुट वोल्टेज +2V से अधिक हो। इसकी निम्न विधियाँ हो सकती है :

+5V सप्लाई वोल्टेज प्रयुक्त कर
(Using +5V Supply Voltage)

ड्राइवर एवं लोड के लिए +5V सप्लाई प्रयोग करने की एक विधि चित्र 1.5 में प्रदर्शित की गई है। इस प्रकार के सीधे (direct) इन्टरफेस में low power शॉटकी TTL लोड प्रयोग करना आवश्यक है क्योंकि low power शॉटकी डिवाइस की worst-case इनपुट धाराऐं निम्न होती हैं:

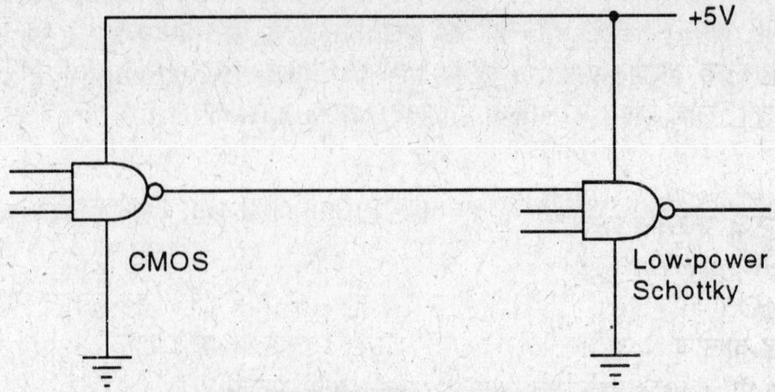

चित्र 1.5—CMOS ड्राइवर तथा low power शॉटकी TTL लोड

$$I_{IL\,(max)} = -360\,\mu A,\ I_{IH\,(max)} = 20\,\mu A$$

74C00 CMOS डिवाइसेज़ द्वारा TTL लोड ड्राइव करने के लिए डाटाशीट के अनुसार worst-case आउटपुट धाराऐं निम्न हैं—

$$I_{OL\,(max)} = 360\,\mu A,\ I_{OH\,(max)} = -\,360\,\mu A$$

इसका अर्थ है कि CMOS ड्राइवर low-state में 360 μA धारा सिंक करता है जो low-power शॉटकी TTL डिवाइस की इनपुट धारा के ठीक बराबर है। इसके विपरीत, CMOS ड्राइवर 360 μA धारा सोर्स (source) कर सकता है जो TTL की high-state इनपुट धारा (20 μA) को हेन्डल करने के लिए काफी है। इस प्रकार सिंक धारा CMOS/74LS फेन आउट (fanout) को 1 पर सीमित करती है।

CMOS द्वारा low-power TTL डिवाइसेज को भी ड्राइव किया जा सकता है। इस स्थिति में भी सिंक धारा (sink current) एक मुख्य पैरामीटर (limiting factor) है। Low-power TTL डिवाइस की worst-case low-state इनपुट धारा का मान 180 μA है। चूँकि CMOS ड्राइवर 360 μA धारा सिंक कर सकता है, अतः यह दो low-power TTL डिवाइसेज को ड्राइव कर सकता है, अर्थात् CMOS/74L की फैन-आउट (fanout) 2 है।

CMOS युक्तियाँ, स्टैन्डर्ड TTL युक्तियों को सीधे (directly) ड्राइव नहीं कर सकती क्योंकि TTL युक्तियों को $-\,1\cdot6$ mA low state इनपुट धारा की आवश्यकता है जो कि CMOS डिवाइस के लिए, TTL के इन्टरमीडिएट क्षेत्र में प्रवेश के बिना, सिंक करने के लिए बहुत अधिक है। कठिनाई यह है कि CMOS डिवाइस का सिंक ट्रॉजिस्टर, worst-case में लगभग $1\cdot11$ KΩ प्रतिरोध के बराबर होता है जिससे CMOS की आउटपुट वोल्टेज $1\cdot6\text{ mA}\times1\cdot11\text{ K}\Omega = 1\cdot78\text{V}$ होगी, जो कि low-state TTL इनपुट के लिए बहुत अधिक है।

CMOS बफर का प्रयोग
(Using a CMOS Buffer)

फेन आउट (fanout) को सीमित करने की एक विधि चित्र 1.6 में प्रदर्शित कि गई है। इस परिपथ में CMOS ड्राइवर सीधे एक CMOS बफर से कनेक्ट किया गया है। CMOS बफर की आउटपुट धारा अधिक होती है। उदाहरणतः CMOS हैक्स-बफर

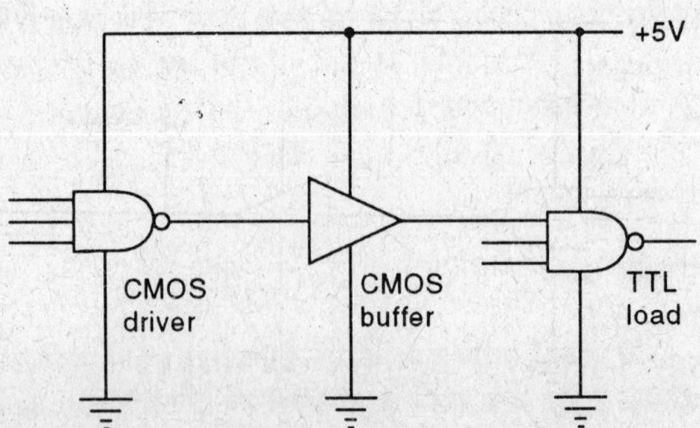

चित्र 1.6—CMOS बफर द्वारा स्टैण्डर्ड TTL लोड ड्राइव करना

74C902 (जिसमें 6 CMOS बफर होते हैं) के प्रत्येक बफर की worst-case आउटपुट धाराऐं निम्न होती हैं :

$$I_{OL\,(max)} = 3 \cdot 6\ \text{mA},\ \ I_{OH\,(max)} = 800\ \mu A$$

चूँकि एक स्टैन्डर्ड TTL लोड की low-state इनपुट धारा 1·6 mA तथा high-state इनपुट धारा 40 μA होती है अतः एक 74C902 दो स्टैन्डर्ड TTL लोड ड्राइव कर सकता है। यदि 74C902 का केवल 1/6 भाग प्रयुक्त किया जाये तब CMOS/TTL फैन आउट 2 होती है।

विभिन्न सप्लाई वोल्टेज प्रयुक्त कर
(Using Different Supply Voltages)

74C902 जैसे CMOS बफर 3 से 15V तक सप्लाई तथा −0·3 से 15V तक इनपुट वोल्टेज प्रयुक्त कर सकते हैं। इनपुट वोल्टेज का मान, सप्लाई वोल्टेज से अधिक हो सकता है, इससे डिवाइस को कोई हानि (damage) नहीं होती। उदाहरणतः सप्लाई वोल्टेज +5V होने पर भी +12V हाई-स्टेट इनपुट प्रयुक्त की जा सकती है।

चित्र 1.7 में यह विधि प्रदर्शित की गई है। इस परिपथ में CMOS ड्राइवर की सप्लाई पिन +12V से कनेक्ट की गई है। इसके विपरीत CMOS बफर की सप्लाई पिन, TTL इन्टरफेस उत्पन्न करने के लिए +5V से कनेक्ट की गई है। अतः CMOS

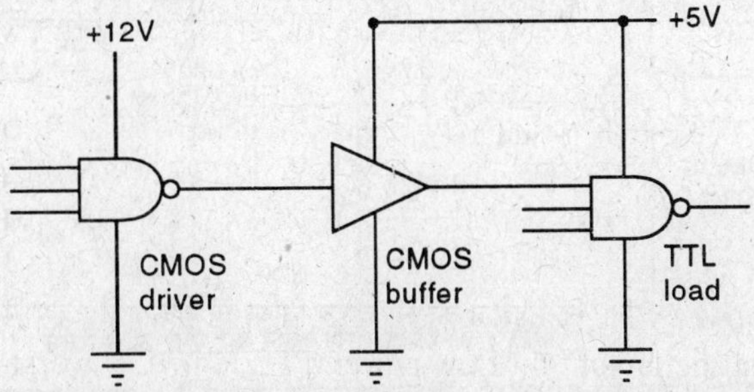

चित्र 1.7—CMOS ड्राइवर +12V सप्लाई पर उत्तम कार्य करता है

बफर की इनपुट वोल्टेज +12V तक होगी, यद्यपि सप्लाई वोल्टेज केवल +5V है।

इस इन्टरफेस की फैनआउट अभी भी दो स्टैन्डर्ड TTL लोड है।

ओपेन-ड्रेन इन्टरफेस
(Open-Drain Interface)

हम अवगत हैं कि ओपेन-कलेक्टर TTL युक्तियों की आउटपुट स्टेज में एक सिंक ट्रॉजिस्टर होता है जिसका कलेक्टर फ्लोटिंग (floating) होता है। CMOS परिवार में भी ऐसी युक्तियाँ होती हैं। इन्हें 'open-drain' डिवाइस कहते हैं। इनकी आउटपुट स्टेट में केवल एक सिंक मॉसफेट (sink MOSFET) होता है, उदाहरणतः 74C906 हैक्स ओपेन-ड्रेन बफर।

चित्र 1.8 में एक ओपेन ड्रेन CMOS बफर द्वारा, CMOS ड्राइवर तथा TTL लोड की इन्टरफेसिंग प्रदर्शित की गई है। बफर के अधिकतम भाग के लिए +12V सप्लाई प्रयोग की गई है।

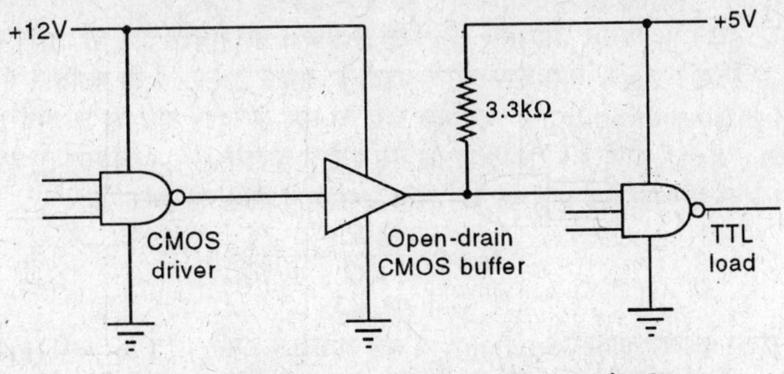

चित्र 1.8—ओपेन ड्रेन CMOS-बफर द्वारा सिंक धारा में वृद्धि

ओपेन-ड्रेन को 3·3KΩ पुल-अप ट्रॉजिस्टर द्वारा +5V से कनेक्ट किया गया है। इसका लाभ यह है कि ओपेन-ड्रेन आउटपुट को छोड़कर CMOS ड्राइवर तथा CMOS बफर दोनों +12V सप्लाई पर प्रचालित होते हैं। ओपेन-ड्रेन आउटपुट से ही TTL इन्टरफेस प्राप्त होता है।

फैन-आउट बढ़ाना
(By increasing Fanout)

चित्र 1.8 में प्रदर्शित ओपेन-ड्रेन बफर के फेन-आउट केवल 2 TTL लोड है क्योंकि अधिकतम सिंक धारा का मान लगभग 3·6 mA है। फैन आउट बढ़ाने की एक विधि में चित्र 1.9 की भाँति एक बाह्य सिंक ट्रॉजिस्टर (external sink transistor) का प्रयोग किया जाता है। जब CMOS आउटपुट Low होती है तब 2N3904 कटऑफ हो जाता है तथा कलेक्टर वोल्टेज बढ़ कर +5V हो जाती है। परन्तु जब CMOS आउटपुट High होती है तब 2N3904 सेचुरेशन में आ जाता है तथा सिंक की भाँति कार्य करता है।

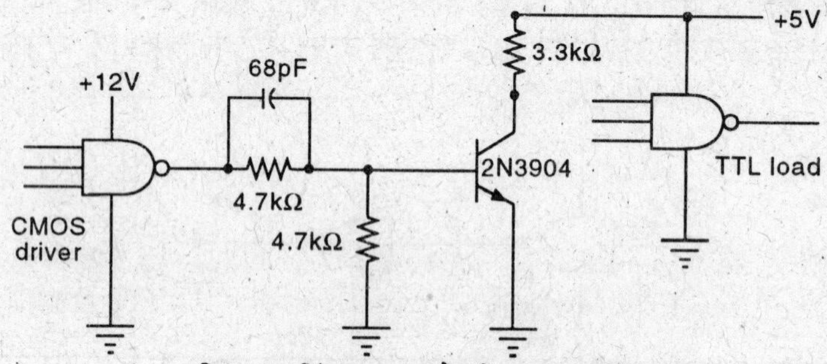

चित्र 1.9—सिंक धारा बढाने की एक अन्य विधि

चित्र 1.9 में प्रदर्शित परिपथ लगभग 10 TTL लोड ड्राइव कर सकता है। माना कलेक्टर से 10 TTL लोड कनेक्ट किये गये हैं। आवश्यक आउटपुट धाराऐं

$$I_{OL(max)} = 16 \text{ mA}, \; I_{OH(max)} = 400\,\mu A$$

जब 2N3904 कट ऑफ होता है, तब कलेक्टर वोल्टेज बढ़ कर (pulled up) +5V हो जाती है जो कि pull-up प्रतिरोध पर वोल्टेज ड्राप से कम है। चूँकि 3·3KΩ प्रतिरोध में 400 μA सोर्स धारा प्रवाहित होती है, अतः

$$V_l = 5V - (400\mu A \times 3\cdot 3\ K\Omega)$$
$$= 3\cdot 68\ V$$

अधिक शुद्धता (precision) के लिए +4·75V सप्लाई प्रयुकत की जा सकती है। इस स्थिति में,

$$V_l = 4\cdot 75V - (400\mu A \times 3\cdot 3\ K\Omega)$$
$$= 3\cdot 43\ V$$

इस स्थिति में,

$$\text{Noise immunity} = 3\cdot 43\ V - 2V = 1\cdot 43\ V$$

अब low-state ड्राइव पर विचार कीजिये। ट्रॉजिस्टर 2N3904 को सेचुरेट होने पर 10 TTL लोड के लिए 16mA तथा पुल-अप प्रतिरोध के लिए 1·5mA धारा सिंक करनी पड़ती है, अर्थात् 2N3904 के कलेक्टर में 17·5mA धारा प्रवाहित होती है। हार्ड-सेचुरेशन (hard-saturation) के लिए बेस धारा का मान कलेक्टर धारा का लगभग 1/10 होता है, इसका अर्थ है, कि बेस धारा लगभग 1·75 mA होती है। 2N3904 की बेस-ऐमीटर वोल्टेज (V_{BE}) का मान 0·7V तथा CMOS सोर्स ट्रॉजिस्टर का प्रतिरोध 1·11 KΩ मान कर बेस धारा का मान निम्न प्रकार ज्ञात किया जा सकता है

$$I_B = \frac{12\ V - 0\cdot 7V}{4\cdot 7\ K\Omega + 1\cdot 1\ K\Omega}$$
$$= 1\cdot 94\ mA$$

यह धारा, हार्ड सेचुरेशन के लिए आवश्यक 1.75mA से कुछ अधिक है। अतः 10 TTL भारों (loads) के लिए काफी (enough) low-state ड्राइव प्राप्त हो जाती है।

EXPERIMENT – 1

Experiment : TTL लॉजिक गेटस की प्रोपेगेशन डिले (propagation delay) ज्ञात करना।

Items needed : Bread Board, Dual Trace Oscilloscope (0·6 to 100 MHz), Power Supply, +5V DC फंक्शन जनरेटर/Square wave/clock जनरेटर, डिजिटल मल्टीमीटर, IC 7404 (Hex Inverter), हुक-अप वायर।

Theory: TTL चिप्स में डायोड, ट्रांजिस्टर तथा अन्य निष्क्रिय (passive) कम्पोनेन्टस निर्मित होते हैं। डायोड तथा ट्रांजिस्टर को बॉयस वोल्टेज देने पर उनकी स्विचिंग (switching) तुरन्त नहीं होती है। इन्हें 'turn on' अथवा 'turn off' होने में कुछ समय (बहुत कम) अवश्य लगता है। एक ट्रांजिस्टर को सेचुरेशन से कट-आफ तथा कट आफ से सेचुरेशन में जाने में कुछ समय लगता है। डायोड एवं ट्रांजिस्टर्स में स्विचिंग टाइम nano-seconds (order 10^{-9} secs) में होता है।

प्रोपेगेशन डिले (t_p) का मुख्य कारण स्विचिंग टाइम (switching time) है। यह (t_p) वह समय है जो इनपुट में परिवर्तन होने के पश्चात्, आउटपुट में परिवर्तिन होने में लगता है। यदि $t_p = 3$ nsec तब इनपुट में परिवर्तन होने के पश्चात आउटपुट में परिवर्तन होने में 3 nsec का समय व्यतीत होगा। यदि अनेक TTL गेट्स परस्पर कास्केड में संयोजित किये जायें तब कुल (total) प्रोपेगेशन डिले टाइम, अलग-अलग गेट्स के प्रोपेगेशन डिले टाइम के योग के बराबर होता है।

उदाहरणतः यदि 5 TTL गेटस एक साथ कास्केड में संयोजित किये जायें तथा प्रत्येक गेट की प्रोपेगेशन डिले 10 nsec हो तब कुल (total) प्रोपेगेशन डिले टाइम, 50 nsec होता है।

$$\text{Average propagation Delay } (t_p) = \frac{\text{Total time delay}}{\text{No. of gates cascaded}}$$

Procedure :

1. ब्रेड बोर्ड पर IC चिप 7404 लगाइये। यह एक हेक्स इनवर्टर (hex inverter) है।
2. चिप के पिन 14 पर $+V_{CC}$ तथा पिन 7 को ग्राउन्ड कीजिये।
3. चिप के सभी इनवर्टर्स को कॉस्केड में संयोजित कीजिये।
4. चित्र 1.1 के अनुसार फंक्शन जनरेटर तथा CRO को परिपथ में संयोजित कीजिये।
5. CRO के एक चैनल पर इनपुट तथा दूसरे चैनल पर आउटपुट दीजिये तथा t_p का मापन कीजिये।

OBSERVATION

S. No.	Time of application of input signal	Time at which output appears	Total propagation delay

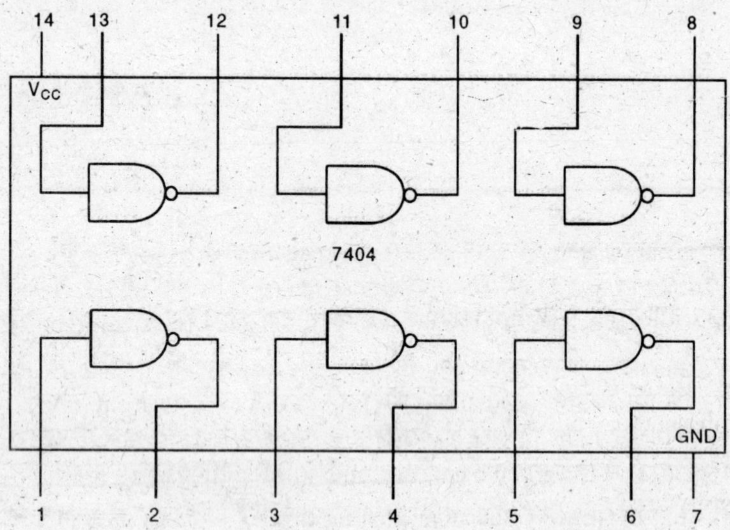

(a)

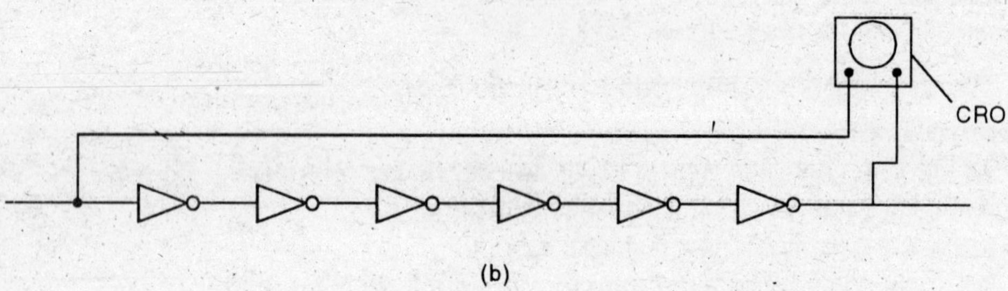

(b)

चित्र 1·1—(a) IC 7407 हैक्स इनवर्टर का पिन-आउट डायगम, (b) कास्केड में संयोजित इनवर्टर

EXPERIMENT – 2

Experiment : MOS तथा TTL गेट्स में निम्न पैरामीटर के आधार पर अन्तर (differentiate) करना

(i) Logic levels
(ii) Operating voltage
(iii) Propagation delay

Item needed : ब्रेड बोर्ड, TTL तथा MOS ICs, पावर सप्लाई (0-to-15 V, 1 Amp), पावर सप्लाई 5V Fixed, फँक्शन जनरेटर, डिजिटल मल्टीमीटर, हुक-अप वायर।

Theory : TTL तथा CMOS फैमिली (families) में प्रचालन एवं डिजाइन (operation and design) की दृष्टि से अन्तर निम्नलिखित हैं

Electrical Characteristics of CMOS & TTL

S. No.	Parameter	TTL	CMOS
1.	Basic function	NAND	NAND
2.	Signal regeneration	Active	Active
3.	Supply voltage	5 volt	3 to 18 volt
4.	Fan out	10	50
5.	Power dissipation	22 mw	0-01 mw
6.	Noise immunity	very good	very good
7.	Noise generation	High	Low
8.	Propagation delay	6 nano sec.	100 nanosec
9.	High level (1) R_{out}	10 ohm	1.5 K ohm
10.	Application	High speed computers	Slow speed industrial application

Procedure :

1. TTL तथा CMOS ICs की प्रचालन वोल्टेज डाटा बुक से नोट कीजिये।
2. गेट्स की प्रचालन गति (speed of operation) प्रोपेगेशन डिले t_p पर निर्भर करती है। CRO की सहायता से दोनों फैमिली के लिये इनपुट एवं आउटपुट के मध्य डिले ज्ञात कर t_p ज्ञात की जा सकती है।

$$\text{Average } t_p = \frac{\text{Total time delay between input and output}}{\text{No. of gates cascaded in series}}$$

3. TTL के लिये $V_{CC} = +5\ V$ तथा CMOS के लिये $V_{CC} = +15\ V$ संयोजित कीजिए
4. TTL तथा CMOS दोनों के लिये आउटपुट ज्ञात कीजिये।
5. प्रोपेगेशन डिले ज्ञात करने के लिए चिप को चित्र 2.1 के अनुसार संयोजित कीजिये।
6. डाटा बुक से प्रत्येक गेट के लिये शक्ति व्यय (power consumption) ज्ञात कीजिये।

TABLE 2.1
Truth Table of TTL & CMOS families

Logic Family	Truth Table						Symbol of gate
	Voltage Truth Table			Logic Truth Table			
	X_1	X_2	Z	X_1	X_2	Z	
TTL	0	0	5	0	0	1	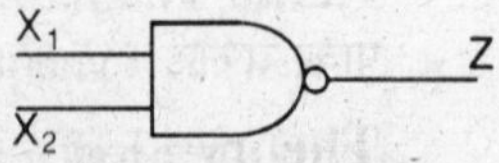
	0	5	5	0	1	1	
	5	0	5	1	0	1	
	5	5	0	1	1	0	
CMOS $V_{DD} = 5$ V	0 to 1.5	0 to 1.5	4.5	0	0	1	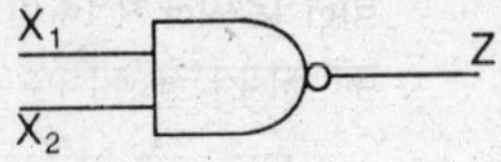
	3.5 to 4-5	0 to 1.5	4.5	1	0	1	
	0 to 1.5	3.4 to 4.5	4.5	0	1	1	
	3.5 to 4.5	3.4 to 4.5	0	1	1	0	

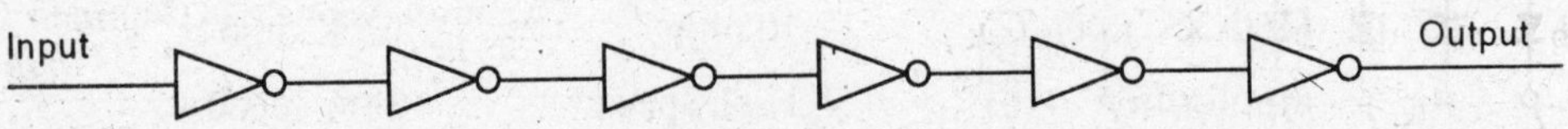

चित्र 2·1

EXPERIMENT – 3

Experiment : निम्न प्रकार के LEDs डिस्पले का अध्ययन करना।

(i) Common Anode Type 7-Segment display

(ii) Common Cathode Type7-Segment display

Items needed : ब्रेड बोर्ड, Red, Green, Yellow, Orange LEDs, 330 ohms 1/4 watt कार्बन प्रतिरोध, रेगुलेटेड पावर सप्लाई 5V, 500 mA।

Theory : LEDs ऐसे डायोड होते हैं जो फारवर्ड बॉयस होने पर प्रकाश उत्सर्ज़ित करते हैं। LEDs में धारा 10-20 mA के मध्य होती है तथा इनके टर्मिनलों के मध्य 1.5 से 2V तक वोल्टपात (voltage drop) होता है। इनके उचित प्रचालन हेतु इनके श्रेणीक्रम में एक limiting प्रतिरोध प्रयोग किया जाता है।

LEDs में गैलियम, आर्सेनिक तथा फास्फोरस पदार्थ का प्रयोग किया जाता है। LEDs द्वारा उत्सर्जित प्रकाश का रंग उनमें प्रयुक्त पदार्थ पर निर्भर करता है। निर्माताओं द्वारा लाल, हरा, पीला, नारंगी (orange) तथा रंगहीन इनफ्रारेड प्रकाश उत्सर्जित करने वाले डिस्पले में किया जाता है। LEDs का प्रयोग कैलकुलेटर्स, डिजिटल घड़ियों, यन्त्रों तथा डिस्पले में किया जाता है। LEDs का कार्यकाल अधिक (long life) तथा स्विचिंग तीव्र (fast) होती है।

LEDs को 7-सेगमेन्ट फार्मेट में दो प्रकार व्यवस्थित किया जा सकता है।

(i) Common Anode 7-Segment display

(ii) Common Cathode 7-Segment display

कॉमन एनोड टाइप डिस्पले में सभी एनोड एक कॉमन बिन्दु से संयोजित होते हैं तथा कॉमन कैथोड डिस्पले में सभी कैथोड एक कॉमन बिन्दु से संयोजित होते हैं।

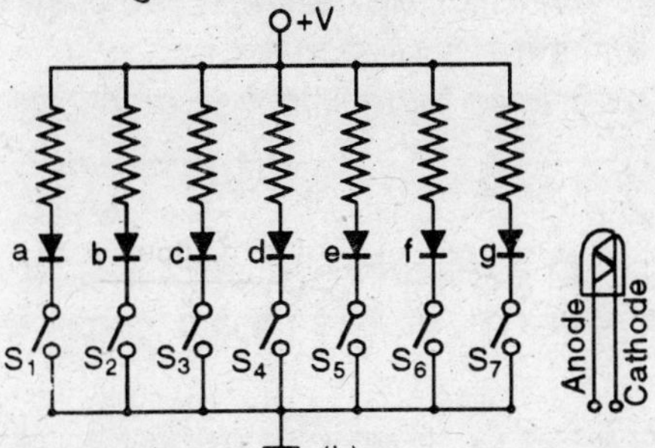

चित्र 3·1

Common Anode Type	Common Cathode Type
FND 507	FND 508
LT 542	LT 543
HD 1141	

Procedure :

1. चित्र 3.1(b) की भांति LEDs का संयोजन किजिये।
2. LEDs से प्रकाश उत्सर्जित होने का अर्थ है कि संयोजन ठीक है।
3. यदि कोई LED प्रकाश नहीं देता तब उसकी ध्रुवता (polarity) बदलिये।

EXPERIMENT – 4

Experiment : IC 7447, BCD-to-7 Segment डिकोडर का प्रयोग करना।

Item needed : ब्रेड बोर्ड, रेगुलेटेड पावर सप्लाई (0 to 15 V), IC 7447, 7-Segment डिस्पले (FND 507), BCD जनरेटर अथवा टॉगल स्विच।

Theory : डिजिटल प्रणालियों में 7-सैगमेन्ट LED डिस्पले का अत्यधिक उपयोग किया जाता है। 7-Segment डिस्पले को डाटा, BCD-to-7 सैगमेन्ट डिकोडर द्वारा जाता है। चित्र 4.1 में एक BCD-to-7 सैगमैन्ट डिकोडर का ब्लॉक डायग्राम तथा LED डिस्पले यूनिट प्रदर्शित की गई है।

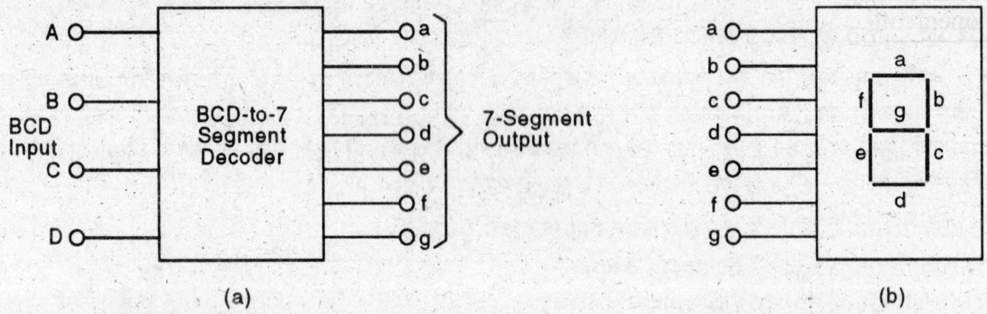

चित्र 4·1— (a) BCD-to-7 सैगमेन्ट डिकोडर का ब्लॉक डायग्राम, (b) 7 सैगमेन्ट डिस्पले यूनिट

इस डिकोडर में BCD इनपुट के लिये 4 इनपुट लाइन तथा 7 आउटपुट लाइन होती हैं जो 7-सैगमैन्ट डिस्पले को ड्राइव करती हैं। डिकोडर की *a,b,c,d....g* आउटपुट डिस्पले यूनिट की *a,b,c,d....g* सैगमैन्ट से संयोजित की जाती है।

डिकोडर की आउटपुट active-low या active-high कोई भी हो सकती है तथा डिस्पले यूनिट के 7-सैंगमेन्ट, सात कैथोड अथवा 7 एनोड हो सकते हैं।

IC 7447 डिकोडर का पिन विवरण निम्न प्रकार है।

LT : यह लैम्प टैस्ट (LAMP TEST) टर्मिनल है तथा सैगमेन्ट को टैस्ट करने के लिये प्रयोग किया जाता है। जब इसे लॉजिक '0' से संयोजित किया जाता है तब डिस्पले के डिकोडर से जुड़े सभी सैगमेन्ट ON हो जाते हैं। सामान्य डिकोडिंग ऑपरेशन के लिये यह टर्मिनल लॉजिक 1 पर रखा जाता है।

RBI : यह ripple blanking input है। सामान्य डिकोडिंग ऑपरेशन के लिये यह लॉजिक '1' पर रखा जाता है। यदि इसे लॉजिक '0' से संयोजित किया जाता है तब सेगमेन्ट आउटपुट, सभी BCD इनपुट के लिये (0 के अतिरिक्त) 7-सेगमेन्ट डिकोडिंग सिगनल जनरेट करती है।

BI : यह blanking input है। जब इसे लॉजिक '0' से संयोजित किया जाता है तब डिस्पले OFF हो जाता है चाहे BCD इनपुट कुछ भी क्यों न हो। यह मल्टीप्लेक्सड डिस्पले (multiplexed display) में वैद्युत शक्ति (power) स्टोर (con serve) करने के लिये प्रयोग किया जाता है।

RBO : यह ripple blanking output है। यह आउटपुट कास्केडिंग (cascading) के लिये प्रयुक्त की जाती है तथा next स्टेज (succeeding stages) की RBI टर्मिनल से संयोजित की जाती है।

सामान्य ICs में यह एक कामन BI/RBO टर्मिनल होता है। IC को इनपुट मोड़ में प्रयुक्त करने पर यह BI तथा आउटपुट मोड में RBI द्वारा refer किया जाता है।

TABLE 4.1

Some BCD-to-7-segmnent decoder/driver ICs

IC No.	Output	Rating (Max. Voltage), sink current	Facilities available				Type of display used
			Lamp Test LT	Ripple Blanking Input RBI	Ripple Blanking Output RBO	Blanking Input BI	
4246	Active-low, open-collector	3·0 V, 40 mA	Yes	Yes	Yes	Yes	CA
4247	Active-low; open-collector	15 V, 40 mA	Yes	Yes	Yes	Yes	CA
4248	Active-high; pull-up resistor=2KΩ	5·5 V, 6.4 mA	Yes	Yes	Yes	Yes	CC
4249	Active-high ; open-collector	5·5 V, 8 mA	No	No	No	Yes	CC

CA–Common Anode CC–Common Cathode

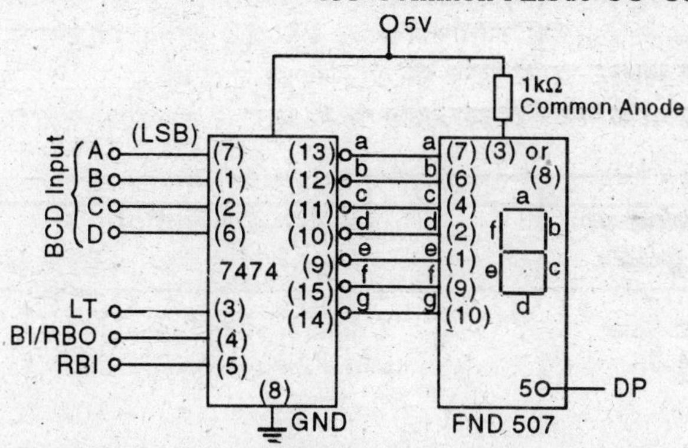

चित्र 4·2

Procedure :

1. ब्रेड बोर्ड पर IC7447 लागाइये तथा पिन 16 पर V_{CC} एवं पिन 8 पर ग्राउन्ड संयोजित कीजिये तथा चित्र 4.2 की भांति अन्य संयोजन कीजिये।
2. 7-सैगमैन्ट डिस्पले (FND 507) की पिन 3 अथवा 8 पर +5 वोल्ट सप्लाई दीजिये।
3. (i) टर्मिनल LT पर लॉजिक 0 सप्लाई कीजिये तथा LEDs की 7-सेगमेन्ट observe कीजिये। सभी सेगमेन्ट ON होनी चाहिये।
   (ii) BI/RBO पर लॉजिक 0 सप्लाई कीजिये। सभी सेगमेन्ट 'OFF' हो जानी चाहिये।
   (iii) डिस्पले के LT, RBI तथा RBO टर्मिनल तथा IC 7447 के अन्य टर्मिनल चित्र 4.2 की भांति संयोजित कीजिये। LT 0, BI/RBO-0
4. LT तथा RBI टर्मिनल पर लॉजिक 1 एप्लाई कीजिये तथा टॉगल स्विच द्वारा BCD इनपुट 0000 से 1111 तक फीड कीजिये । 7-सेगमेन्ट डिस्पले पर प्रभाव observe कीजिये। यह सामान्य डिकोडिंग मोड है।
5. LT पर लॉजिक 1 तथा RBI पर लॉजिक 0 एप्लाई कीजिये तथा BI/RBO आउटपुट observe कीजिये। इनपुट 0000 से 1111 तक LEDs पर डिस्पले की गई संख्यायें चैक कीजिये। यह zero blanking normal डिकोडिंग मोड है।

EXPERIMENT – 5

Experiment : NOT, AND, OR, NAND, NOR, XOR गेट्स की सत्य-तालिकाओं का सत्यापन करना।

Items needed : ब्रेड बोर्ड, IC 7408, 7432, 7404, 7400, 7402, 7486, डिजिटल मल्टीमीटर या LED इन्डीकेटर, हुक-अप वायर।

Theory : किसी भी गेट की आउटपुट, उसकी इनपुट अवस्थाओं पर निर्भर करती है। सत्य तालिका, सभी सम्भव इनपुट अवस्थाओं (states) के लिये गेट की आउटपुट प्रदर्शित करती है। तालिका 5.1 में विभिन्न गेट्स के लिये बूलियन व्यंजक, लाजिक symbol तथा सत्य तालिकायें प्रदर्शित की गई हैं।

Procedure :

1. ब्रेड बोर्ड पर IC स्थापित (fix) कीजिये।
2. डाटा बुक से ICs के V_{CC} तथा ग्राउन्ड टर्मिनल के नम्बर ज्ञात कीजिये तथा उन्हें V_{CC} एवं ग्राउन्ड से संयोजित कीजिये।
3. सत्य तालिका के अनुसार एक/दो स्विच द्वारा ICs को इनपुट दीजिये।
4. LED इन्डीकेटर अथवा मल्टीमीटर द्वारा प्रत्येक गेट की आउटपुट ज्ञात कीजिये तथा सत्य तालिका से उसकी तुलना कीजिये।

S. No.	Name of gate	IC No. & Symbol	Truth Table
1.	AND gate *Y=A.B*	Single section of 7408 Quad 2 input AND 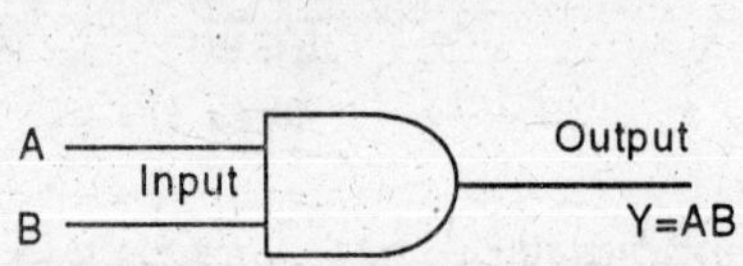 	*A* *B* *Y* 0 0 0 1 0 0 0 1 0 1 1 1
2.	OR gate *Y=A+B*	Single section of 7432 Quad 2 input OR gate 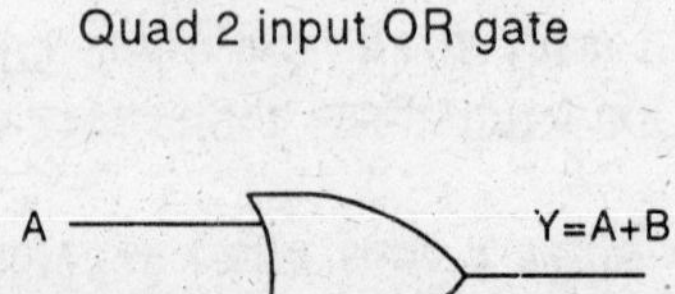 	*A* *B* *Y* 0 0 0 0 1 1 1 0 1 1 1 1

3.	NOT gate $Y=\bar{A}$	Single section of 7404 Hex Inverter 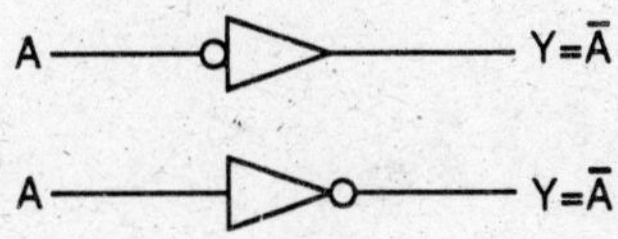	**A** | **$Y=\bar{A}$** 0 | 1 1 | 0
4.	X-OR gate $Y=A\oplus B$	Single section of 7486 Quad X-OR gate 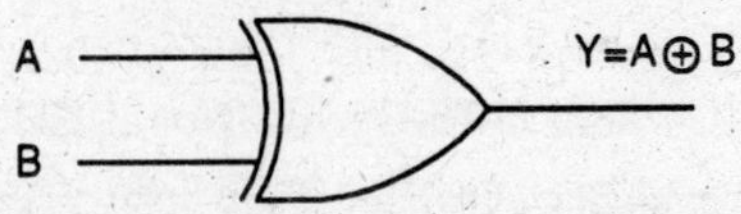	**A** | **B** | **Y** 0 | 0 | 0 0 | 1 | 1 1 | 0 | 1 1 | 1 | 0
5.	NAND gate $Y=\overline{A.B}$	Single section of 7400 Quad 2 input NAND gate 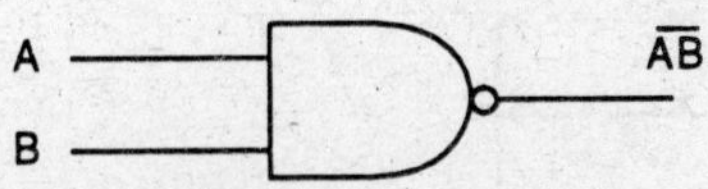	**A** | **B** | **Y** 0 | 0 | 1 0 | 1 | 1 1 | 0 | 1 1 | 1 | 0
6.	NOR gate $Y=\overline{A+B}$	Single section of 7402 Quad 2 input NOR gate 	**A** | **B** | **Y** 0 | 0 | 1 0 | 1 | 0 1 | 0 | 0 1 | 1 | 0

EXPERIMENT – 6

Experiment : X-OR गेटस प्रयुक्त कर 4-बिट even/odd पैरिटी generator/checker बनाना तथा उनकी सत्य तालिका का सत्यापन करना।

Items needed : ब्रेड बोर्ड, IC 7486, टॉगल स्विच–4 Nos, LED इन्डीकेटर अथवा मल्टीमीटर, हुक-अप वायर।

Theory : पैरिटी चैकर द्वारा डिजिटल डाटा ट्रांसमिशन में होने वाली सम्भावित (probable) त्रुटियों को कम किया जाता है। इसके लिये डिजिटल word के साथ एक अतिरिक्त पैरिटी बिट ट्रांसमिट किया जाता है।

यदि ट्रांसमिट किये गये डाटा में 1s की संख्या (पैरिटी बिट को लेकर) even होती है तब इसे even पैरिटी कहते हैं। यदि 1s की संख्या odd है तब यह odd पैरिटी कहलाती है।

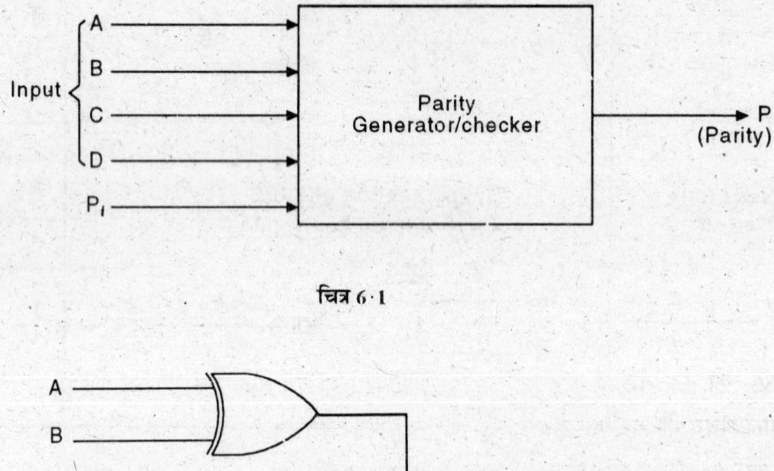

चित्र 6·1

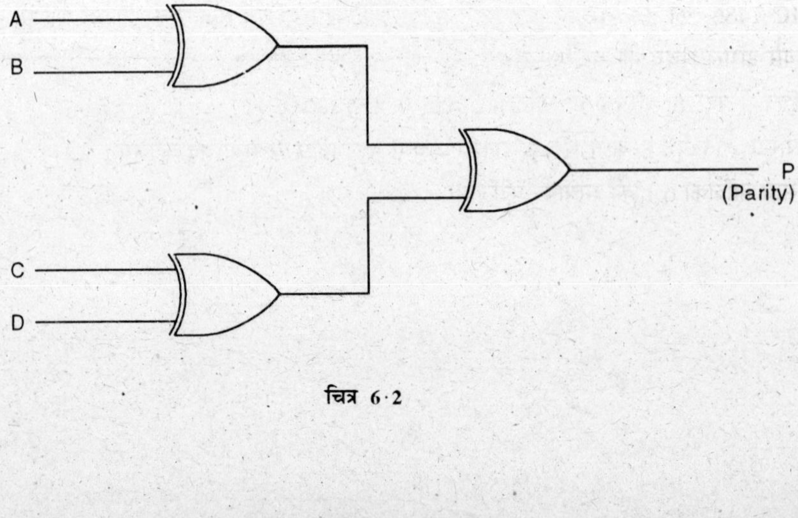

चित्र 6·2

TABLE 6.1

B_3	B_2	B_1	B_0	Even parity bit P
0	0	0	0	0
0	0	0	1	1
0	0	1	0	1
0	0	1	1	0
0	1	0	0	1
0	1	0	1	0
0	1	1	0	0
0	1	1	1	1
1	0	0	0	1
1	0	0	1	0
1	0	1	0	0
1	0	1	1	1
1	1	0	0	0
1	1	0	1	1
1	1	1	0	1
1	1	1	1	0

Procedure :

1. IC 7486 को ब्रेड बोर्ड पर लगाइये तथा Pin 14 पर V_{CC} एवं Pin 7 को ग्राउन्ड कीजिये।
2. चार टॉगल स्विच की सहायता से B_3, B_2, B_1, B_0 इनपुट दीजिये।
3. चित्र में प्रदर्शित परिपथ की भांति IC 7486 के संयोजन कीजिये।
4. पैरिटी आउटपुट P को LED इन्डीकेटर अथवा मल्टीमीटर से संयोजित कीजिये।
5. सत्य तालिका 6.1 का सत्यापन कीजिये।

EXPERIMENT – 7

Experiment : X-OR तथा NAND गेट्स को प्रयुक्त कर half adder तथा half subtractor परिपथ बनाना एवं सत्य तालिका की पुष्टि करना।

Items needed : ब्रेड बोर्ड, रेगुलेटेड पावर सप्लाई +5V, IC 7486 तथा 7400, फंक्शन जनरेटर, LED इन्डीकेटर अथवा मल्टीमीटर, हुक-अप वायर।

Theory : एक half-adder परिपथ केवल दो बाइनरी बिट्स जोड़ $(A+B)$ सकता है। इसी प्रकार half-subtractor केवल दो बिटस घटाने $(A-B)$ की क्रिया कर सकता है।

TABLE–7.1
हाफ एडर की सत्य तालिका

A	B	Sum	Carry	Boolean Expression
0	0	0	0	$S = \overline{A} \cdot B + A \cdot \overline{B}$
1	0	1	0	$= A \oplus B$
0	1	1	0	तथा
1	1	0	1	$C = AB$

TABLE–7.2
हाफ सब्ट्रेक्टर की सत्य तालिका

A	B	Difference	Borrow	Boolean Expression
0	0	0	0	
1	0	1	0	$D = A \oplus B$
0	1	1	1	orrow $= \overline{A} \cdot B$
1	1	0	0	

Half Subtractor की सत्य तालिका में जब A तथा B दोनों इनपुट समान है तब difference output, 0 है। जब A अथवा B, 0 है तब आउटपुट 1 है।

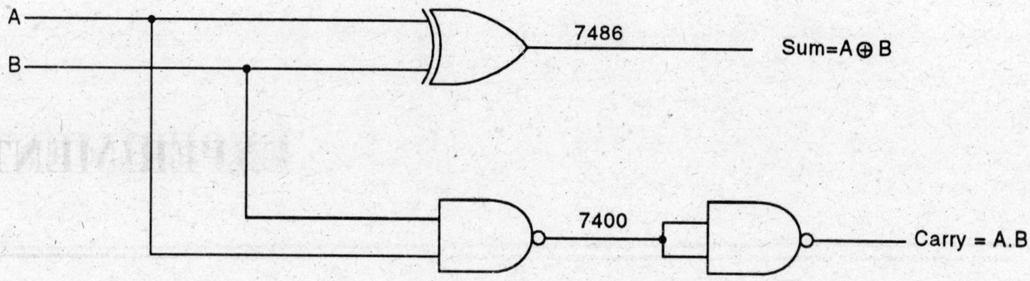

चित्र 7·1—Half Subtractor

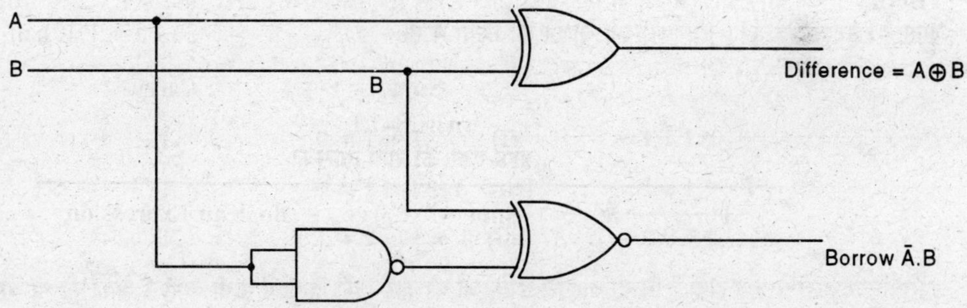

चित्र 7·2—Half Subtractor

Procedure :

1. IC 7486 एवं 7400 ब्रेड बोर्ड पर लगाइये तथा उचित पिन सैलेक्ट कर $+V_{CC}$ एवं ग्राउन्ड संयोजन कीजिये।
2. टॉगल स्विच द्वारा परिपथ को इनपुट दीजिये तथा सत्य तालिका का सत्यापन कीजिये।
3. Half Adder तथा Half Subtractor के लिये बूलियन व्यंजक लिखिये।

EXPERIMENT – 8

Experiment : XOR तथा NAND गेटस को प्रयुकत कर adder परिपथ बनाना।

Item needed : ब्रेड बोर्ड, रेगुलेटेड पावर सप्लाई $+5V$, IC 7486, 7400, LED इन्डीकेटर अथवा मल्टीमीटर टॉगल स्विच, हुक-अप वायर।

Theory : जब दो बाइनरी संख्याओं को जोड़ा जाता है तब एक कॉलम से Carry प्राप्त होती है जिसे दूसरे कालम में ले जाया जाता है। उदाहरणतः 111 एवं 101 को जोड़ने की क्रिया में है—

		Sum	Carry
1 1 1	(i)	1 + 1 = 0	1
+ 1 0 1	(ii)	1 + 0 + 1 = 0	1
1 1 0 0	(iii)	1 + 1 + 1 = 1	1

उपरोक्त उदाहरण से ज्ञात होता है कि दो बाइनरी संख्याओं को जोड़ने की क्रिया में कभी-कभी 3 अंकों को भी जोड़ने की आवश्यकता होती है।

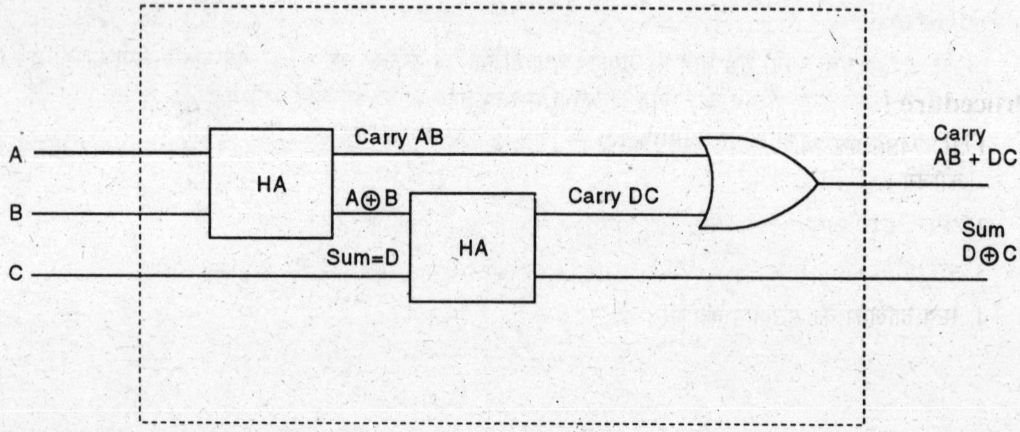

चित्र 8·1—Full adder

TABLE 8.1
Truth Table for full adder

A	*B*	*C*	Carry	Sum
0	0	0	0	0
0	0	1	1	0
0	1	0	1	0
0	1	1	0	1
1	0	0	1	0
1	0	1	0	1
1	1	0	0	1
1	1	1	1	1

बूलियन व्यंजक (Logic Expression for Full Adder)

$$C = \overline{A}\,.\,B\,.\,C + A\,.\,\overline{B}\,.\,C + A\,.\,B\,.\,\overline{C} + A\,.\,B\,.\,C$$
$$= C\,(\overline{A}.B + \overline{B}\,.\,A) + A\,.\,B\,(\overline{C} + C)$$
$$= C\,(A \oplus B) + A\,.\,B$$

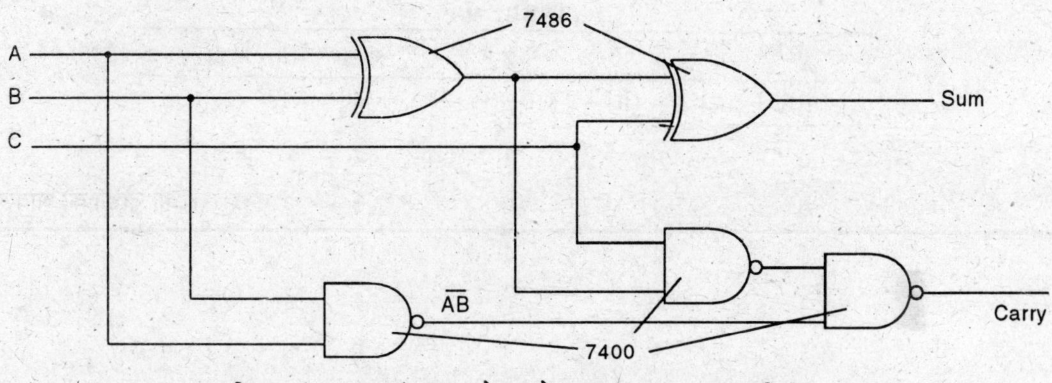

चित्र 8·2—X-OR एवं NAND गेटस को प्रयुक्त कर Full Adder परिपथ

Procedure :

1. IC 7486 एवं 7400 को ब्रेड बोर्ड पर लगाइये तथा उचित (proper) पिन का चयन कर $+V_{CC}$ एवं ग्राउन्ड संयोजन कीजिये।
2. टॉगल स्विच अथवा अन्य विधि द्वारा परिपथ को इनपुट *A,B,C* तथा *D* दीजिये।
3. परिपथ के Sum तथा Carry टर्मिनल LED इन्डीकेटर अथवा मल्टीमीटर से संयोजित कीजिये।
4. सत्य तालिका का सत्यापन कीजिये।

EXPERIMENT – 9

Experiment : EX-OR तथा NAND गेटस को प्रयुक्त कर 3-बिट एडर (Adder) परिपथ बनाना तथा परिपथ का अध्ययन करना।

Item needed : ब्रेड बोर्ड, IC 7400-2 Nos. (Quad 2-Input NAND Gates), IC 7486 (Quad X-OR Gates) Toggle Switches–3 Nos, LEDs इन्डीकेटर, डिजिटल मल्टीमीटर।

Theory : Full Adder परिपथ एक समय में 3-बिट जोड़ सकता है तथा Sum एवं Carry, generate कर सकता है। 3-बिट-Adder की सत्य तालिका निम्न प्रकार है :

TABLE 9.1

X	*Y*	*Z*	**Sum**	**Carry**
0	0	0	0	0
0	0	1	1	0
0	1	0	1	0
0	1	1	0	1
1	0	0	1	0
1	0	1	0	1
1	1	0	0	1
1	1	1	1	1

उपरोक्त को SOP (Sum of Product) रूप में निम्न प्रकार लिखा जा सकता है।

$$S = \overline{X}\overline{Y}Z + \overline{X}\,Y\,\overline{Z} + X\,\overline{Y}\overline{Z} + XYZ$$

$$C = \overline{X}YZ + X\overline{Y}Z + X\overline{Y}\overline{Z} + XYZ$$

$$= \overline{X}YZ + XY + XZ\overline{Y}$$

अथवा $$S = \overline{Z}\,(\overline{X}Y + X\overline{Y}) + Z(XY + \overline{X}\overline{Y})$$

$$= \overline{Z}h + Z\overline{h}$$

यहाँ $$h = \overline{X}Y + X\overline{Y}$$

तथा $$C = XY + Z(\overline{X}\,Y + X\,\overline{Y})$$

$$= XY + Zh$$

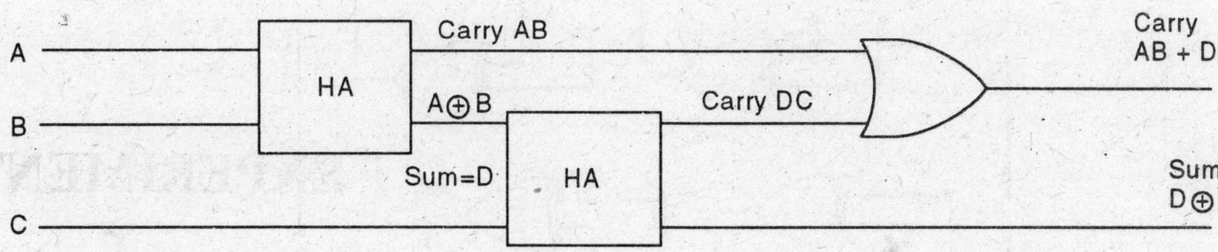

चित्र 9·1—दो half adder प्रयुक्त कर Full Adder परिपथ

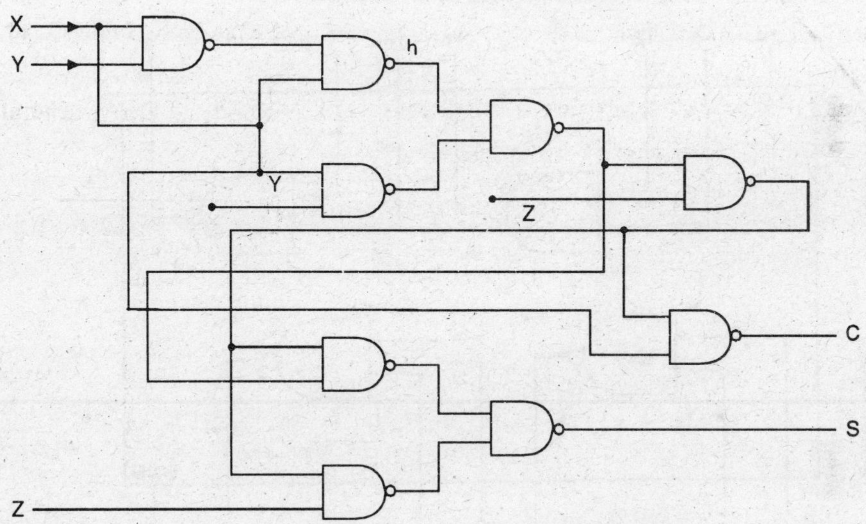

चित्र 9·2—NAND Gate प्रयोग कर full adder का परिपथे बनाना

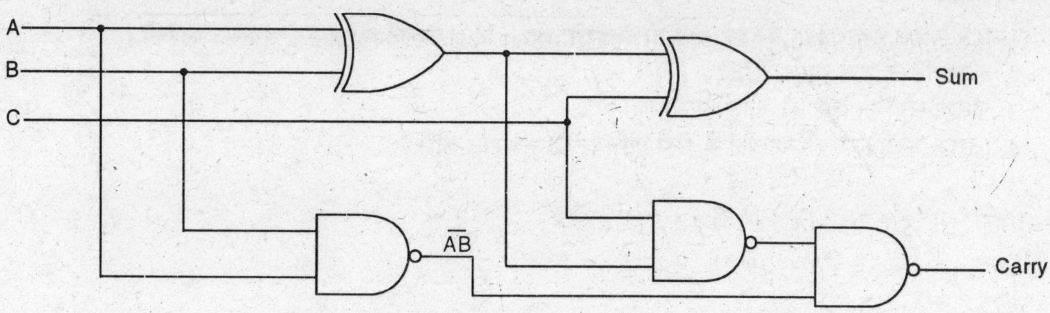

यित्र 9·3—X-OR एवं AND गेटस को प्रयुक्त कर Full Adder परिपथ

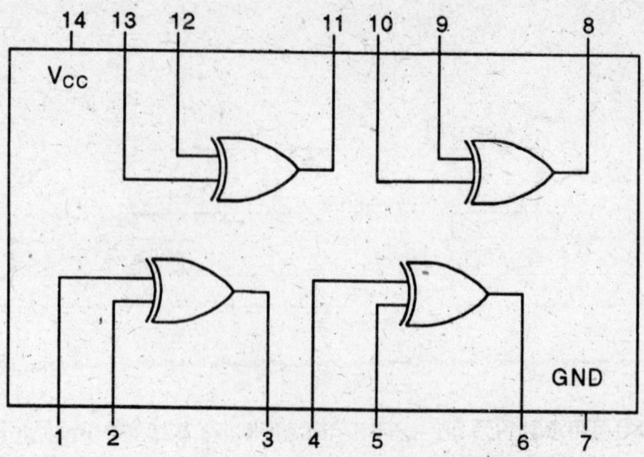

चित्र 9·4—IC 7486 का पिन आउट डायग्राम

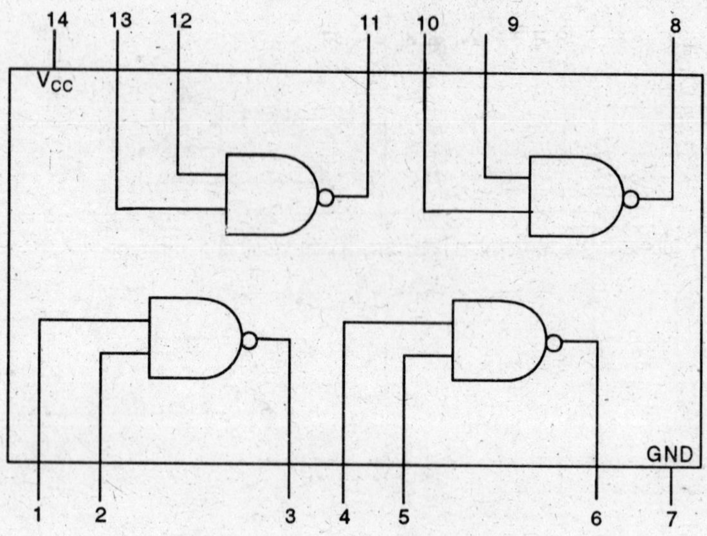

चित्र 9·5—IC 7400 का पिन आउट डायग्राम

Procedure :

1. ICs 7400 तथा 7486 को ब्रेड बोर्ड पर लगाइये तथा $+V_{CC}$ सप्लाई एवं ग्राउन्ड संयोजन कीजिये।
2. टॉगल स्विच द्वारा इनपुट दीजिए।
3. परिपथ संयोजन चित्र की भाँति कीजिये।
4. LEDs इन्डीकेटर की सहायता से सत्य तालिका का सत्यापन कीजिये।

EXPERIMENT – 10

Experiment : IC चिप 7480 तथा NAND गेट्स को प्रयुक्त कर 4-बिट एडर तथा Full Subtractor परिपथ बनाना।

Item needed : ब्रेड बोर्ड,IC 7480 तथा 7400, टॉगल स्विच 8 Nos. (दो 4-बिट डाटा words इनपुट उपलब्ध कराने के लिए) LED इन्डीकेटर अथवा मल्टीमीटर, हुक-अप वायर (Hook-up Wire)।

Theory : (i) बाइनरी योग की क्रिया निम्न उदाहरण के अनुसार की जा सकती है:

Decimal Addition	Binary Addition
3	0011
+2	0010
5	0101

(ii) बाइनरी subtraction की क्रिया 2's कम्पलीमेन्ट विधि द्वारा की जा सकती है। उदाहरणत: माना

$$A = 0011$$

तब

$$\overline{A} = 1100$$

यदि $\overline{A}$ (A के कम्पलीमेन्ट) में 1 जोड़ जाये तब A का 2's कम्पलीमेन्ट प्राप्त होता है।

$\therefore A$ का 2's कम्पलीमेन्ट $= \overline{A} + 1$

$= 1100 + 1$

$= 1101$

यदि संख्या B को A से घटाना है तब B का 2's कम्पलीमेन्ट A में जोड़ने पर $(A–B)$ प्राप्त होता है।

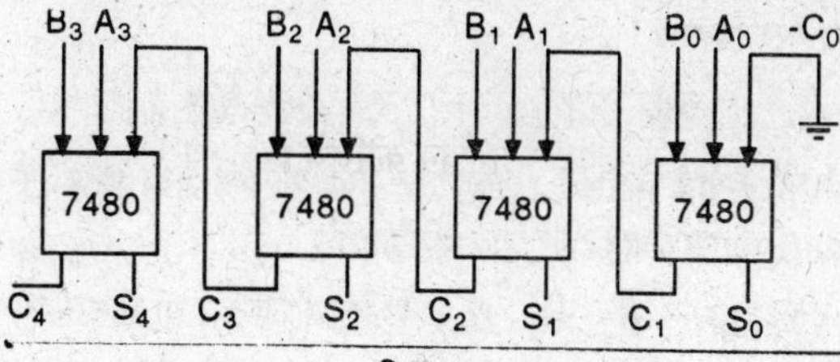

चित्र 10·1

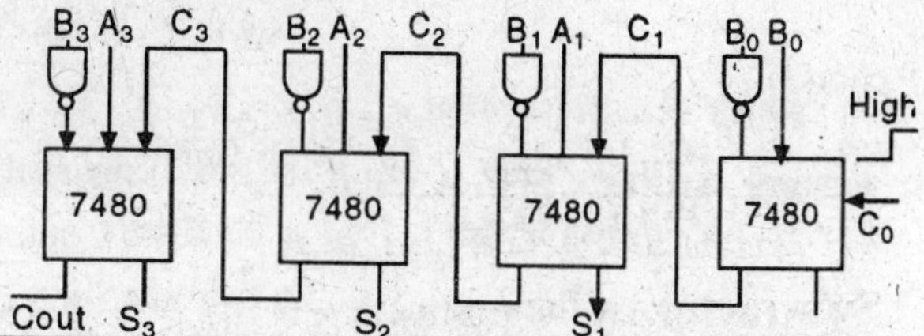

चित्र 10·2

Procedure :

1. IC 7480 एवं 7400 में उचित (proper) पिनों पर $+V_{CC}$ तथा ग्राउन्ड संयोजित कीजिये।
2. टॉगल स्विच द्वारा A एवं B के लिए 4-बिट डाटा word सैलेक्ट कीजिए।
3. चित्र के अनुसार full adder तथा full subtractor परिपथ संयोजित कीजिये।
4. Full adder की आउटपुट (sum) को नोट कीजिये तथा यदि कोई Carry है तब उसे LED इन्डीकेटर/मल्टीमीटर पर Observe कीजिये।

EXPERIMENT – 11

Experiment : IC 7483 तथा 7400 चिप को प्रयुक्त कर 4-बिट एडर (Adder) एवं 2's कम्पलीमेन्ट subtractor बनाना ।

Items needed : ब्रेड बोर्ड, IC 7483 तथा 7400, टॉगल स्विच-8 Nos. रेगुलेटेड पावर सप्लाई 5V, 1Amp, LED इन्डीकेटर हुक-अप वायर (Hook-Up-Wire) ।

Theory : IC 7483 एक 4-बिट बाइनरी (adder) है । इसकी दो 4-बिट आउटपुट A_3, A_2, A_1, A_0 (इनपुट A) तथा B_3, B_2, B_1, B_0 (इनपुट B) हैं ।

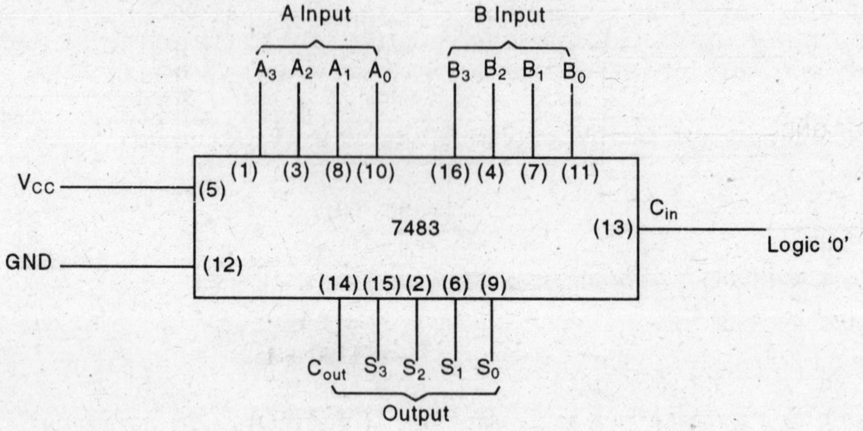

चित्र 11·1—IC 7483 का पिन विवरण

इस IC की 5-बिट आउटपुट C_{out}, S_3, S_2, S_1, S_0 हैं तथा C_{in} इनपुट कैरी तथा C_{out} आउटपुट कैरी हैं ।

Binary Adder : इनपुट A तथा B पर 4-बिट धनात्मक संख्यायें एप्लाई कीजिये । आउटपुट नोट कीजिये तथा एडर परिपथ के प्रचालन का सत्यापन कीजिये । A एवं B के विभिन्न Combination पर आउटपुट ज्ञात कीजिए ।

Subtractor : 4-बिट subtraction के लिये कम्पलीमेन्ट B इनपुट (B_3, B_2, B_1, B_0) प्रयोग कीजिये तथा कम्पलीमेन्टेड B में 1 जोड़कर B का 2's कम्पलीमेन्ट ज्ञात कीजिये ।

कम्पलीमेन्टेशन के लिये IC 7400 (NOT गेट) या 7486 (X-OR) कन्ट्रोल्ड कम्पलीमेन्ट प्रयोग किया जा सकता है । परिपथ का प्रचालन निम्न प्रकार है ।

1. Addition के लिये,

$$A_3 A_2 A_1 A_0 + B_3 B_2 B_1 B_0$$

Subtraction के लिये,

$$A_3 A_2 A_1 A_0 - B_3 B_2 B_1 B_0$$

2. यदि कम्पलीमेन्टेशन के लिये IC 7486 (Quad X-OR gates) का प्रयोग किया जाये तब केवल एक कन्ट्रोल इनपुट होती है। Addition के लिये इसे 0 पर तथा Subtraction के लिये इसे 1 पर रखा जाता है।
3. यदि कम्पलीमेन्टेशन के लिये 7400 प्रयोग किया जाता है तब C_{in} को HIGH रखा जाता है।

Procedure :

1. IC डाटा बुक में IC के पिन details ज्ञात कीजिए तथा उचित पिनों पर V_{CC} तथा ग्राउन्ड कनेक्शन कीजिये।
2. चित्र की भाँति परिपथ संयोजित कीजिये।
3. Addition के लिये इनपुट में टॉगल स्विच का प्रयोग श्रेणी में कीजिये। इनपुट A तथा B (दोनों 4-बिट डाटा) को IC इनपुट A तथा B पर फीड कीजिये।
4. Subtraction आपरेशन में डाटा B को कम्पलीमेन्ट करने के लिये कम्पलीमेन्टर परिपथ 7486 (X-OR गेट) अथवा 7400 प्रयोग कीजिये।
5. Subtraction के लिये C_{in} को लॉजिक 1 पर सैट कीजिये।
6. Addition के लिए C_{in} को 0 पर रखिये।
7. आउटपुट, LED इन्डीकेटर अथवा मल्टीमीटर द्वारा Observe कीजिये।

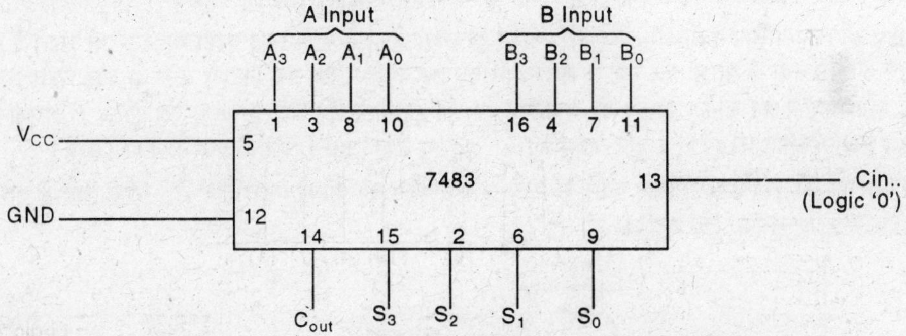

चित्र 11·2—(a) एडर

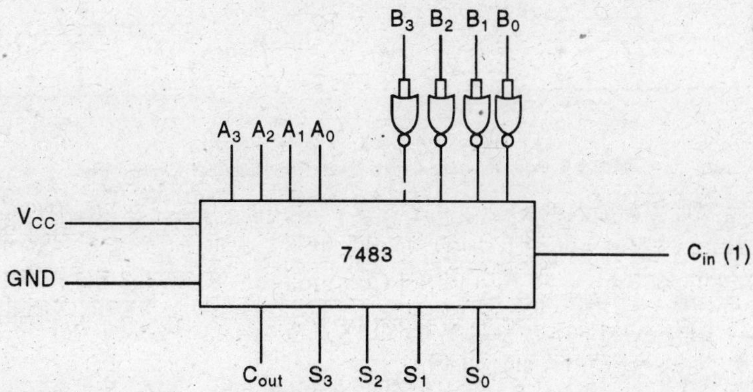

चित्र 11·3—Subtractor

नोट—IC 7486 एवं 7400 के पिन विवरण के लिए 9.5 देखें।

EXPERIMENT – 12

Experiment : Selected positive edge triggered तथा negative edge triggered *JK* एवं *D* टाइप फ्लिप-फ्लाप की सत्य तालिका का सत्यापन।

Item needed : ब्रेड बोर्ड, रेगुलेटेड पावर सप्लाई 5V, 1A, 350Ω प्रतिरोध- 2Nos., IC 7474, 7476, 7400 each 1 No. LEDs-2 Nos., SPDT स्विच-3 Nos., हुक-अप वायर (Hook-Up Wire)।

Theory : फ्लिप-फ्लॉप एक 1-बिट बाइनरी स्टोरेज डिवाइस है। इसे बाइस्टेबल मल्टी वाइब्रेटर भी कहते हैं। इसकी दो स्थायी अवस्थायें होती हैं तथा किसी भी एक स्थायी अवस्था में तब तक रहता है जब तक कि इसे बाहर से कोई ट्रिगर सिगनल देकर इसकी अवस्था परिवर्तित न की जाये। इसकी दो आउटपुट Q एवं $\overline{Q}$ होती है। यदि $Q = 0$ तब $\overline{Q} = 1$ अथवा यदि $Q = 1$ तब $\overline{Q} = 1$। फ्लिप-फ्लाप की $Q = 1$ सैट अवस्था (set state) तथा $Q = 0$ रिसैट अवस्था कहलाती है।

फ्लिप-फ्लाप की अवस्था परिवर्तित करने के लिये क्लॉक पल्स की आवश्यकता होती है। निम्न चित्र में एक पॉजिटिव क्लॉक पल्स तथा निगेटिव क्लॉक पल्स प्रदर्शित की गई है।

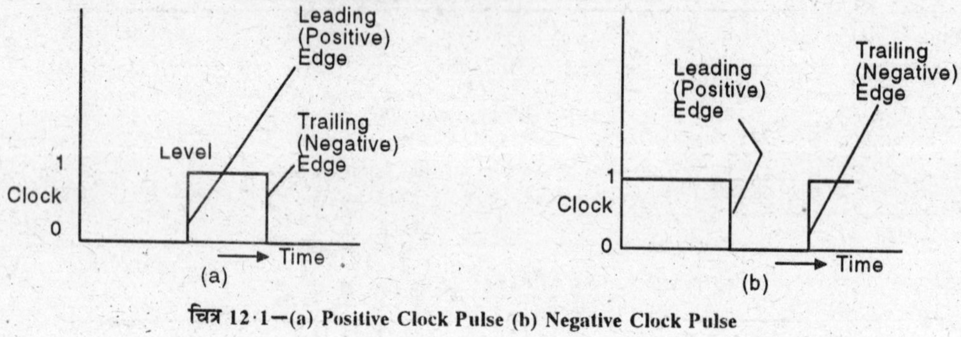

चित्र 12·1—(a) Positive Clock Pulse (b) Negative Clock Pulse

पाजिटिव क्लॉक पल्स में लॉजिक स्तर एक cycle में 0 से 1 तथा पुनः 0 अवस्था में परिवर्तित होता है।

Positive Pulse Transition $0 \rightarrow 1 \rightarrow 0$

लॉजिक 0 से लॉजिक 1 ट्रांजिशन पल्स की leading अथवा पॉजिटिव edge कहलाती है जबकि लॉजिक 1 से लॉजिक 0 ट्रांजिशन trailing अथवा निगेटिव edge कहलाती है।

निगेटिव क्लॉक पल्स में लॉजिक 1 से लॉजिक 0 ट्रांजिशन leading edge, तथा 0 से 1 ट्रांजिशन trailing edge कहलाती है।

Negative Pulse Transition $1 - 0 - 1$

फ्लिप-फ्लॉप, को किसी भी edge (positive or negative) अथवा क्लॉक पल्स के level पर ट्रिगर किया जा सकता है। शब्द 'ट्रिगर्ड' को क्लॉक्ड (clocked) द्वारा भी व्यक्त किया जाता है। एक क्लाक्ड फ्लिप-फ्लॉप का अर्थ है कि एक सिंगल क्लॉक (CK or CLK) पल्स फ्लिप-फ्लॉप के इनपुट को देकर उसकी अवस्था परिवर्तित की जा सकती है।

JK फ्लिप-फ्लॉप—*JK* फ्लिप-फ्लॉप *RS* तथा *D* फ्लिप-फ्लॉप दोनों के फंक्शन सम्पन्न कर सकता है। इसकी दो इनपुट *J* एवं *K* कहलाती है। *JK* फ्लिप-फ्लॉप को प्रयुक्त कर काउन्टर बनाये जा सकते हैं।

D फ्लिप-फ्लॉप—अन्य फ्लिप-फ्लाप की भाँति इसकी भी दो आउटपुट होती है। इसकी दो इनपुट *D* एवं *T* होती हैं। फ्लिप-फ्लाप में स्टोर किया जाने वाला डाटा *D* इनपुट पर सप्लाई किया जाता है। क्लॉक इनपुट लाइन फ्लिप-फ्लॉप को कन्ट्रोल करती है। यह इस बात का निर्णय करती है कि इनपुट *D* पर दिया गया डाटा स्टोर करना है अथवा नहीं। यदि *T* 'HIGH' है तब *D* इनपुट का डाटा फ्लिप-फ्लाप में स्टोर हो जाता है। यदि *T* 'LOW' है तब *D* इनपुट का कोई प्रभाव नहीं होता तथा फ्लिप-फ्लॉप की यथा स्थिति बनी रहती है।

Positive Edge Triggered Flip-flop : यह फ्लिप-फ्लॉप क्लाक पल्स की पॉजिटिव edge ट्रांजिशन पर अपनी स्टेट परिवर्तित करते हैं। उदाहरणतः

IC Nos.	Description
7470	AND gate JK flip-flop with Preset and Clear
7474	Dual D flip-flop with Preset & Clear
74109	Dual JK flip-flop with Preset & Clear
74174	Hex D flip-flop with Clear
74175	Quad D flip-flop with Clear

Negative Edge Triggered Flip-Flop : यह फिलप-फलाप कलक पल्स की निगेटिव edge ट्रांजिशन पर अपनी स्टेट परिवर्तित करते हैं। उदाहरणतः

IC Nos.	Description
74101	AND OR gated JK flip-flop with Preset
74102	AND gated flip-flop with Preset & Clear
74106 } 74112 }	Dual JK flip-flop with Preset & Clear
74108 } 74114 }	Dual JK flip-flop with preset Common clear and Common clock

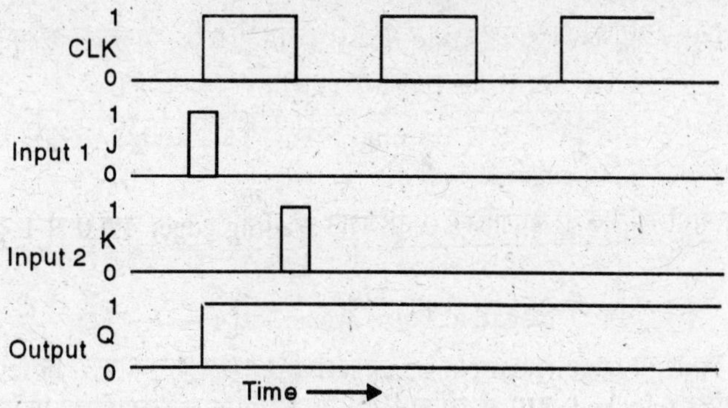

(a)

चित्र 12·2 (a) पॉजिटिव edge ट्रिगर्ड फ्लिप-फ्लॉप की इनपुट आउटपुट तरंगें

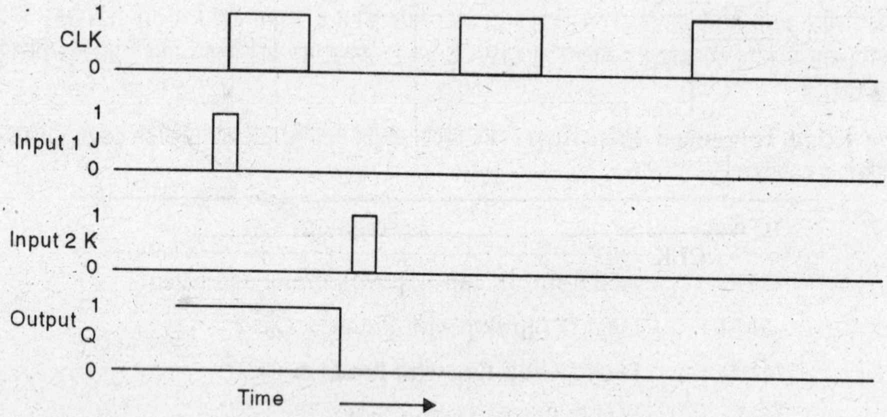

(b)

(b) निगेटिव edge ट्रिगर्ड फ्लिप-फ्लाप की इनपुट आउटपुट तरंगे

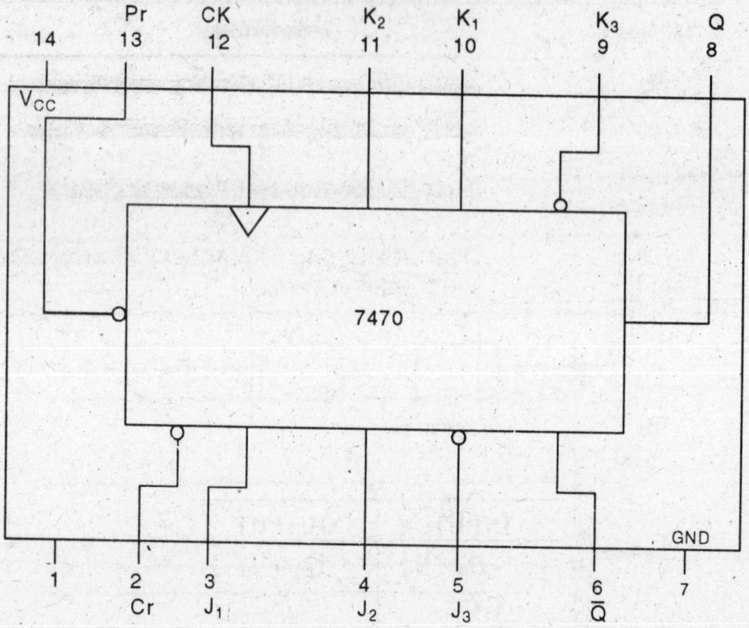

$$J = J_1 . J_2 . \overline{J_3} \qquad K = K_1 . K_2 . \overline{K_3}$$

चित्र 12·3—'AND gated JK फ्लिप-फ्लाप 7470 का पिन डायग्राम

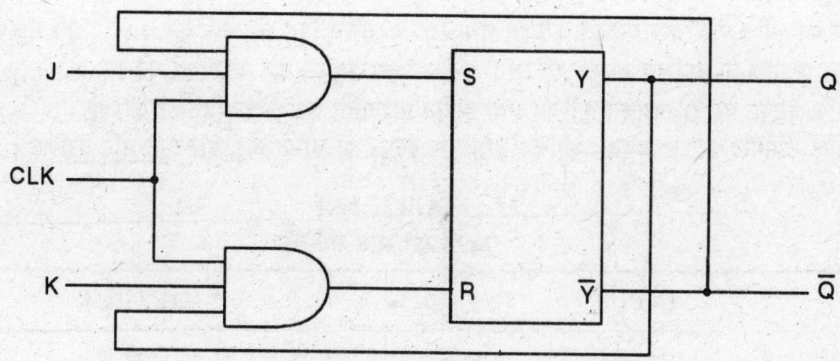

CLK	*J*	*K*	*Y*
X	0	0	Q_n
1	0	1	0
1	1	0	1
1	1	1	$\overline{Q_n}$

चित्र 12·4—JK फ्लिप-फ्लाप का एक संयोजन एवं सत्य तालिका

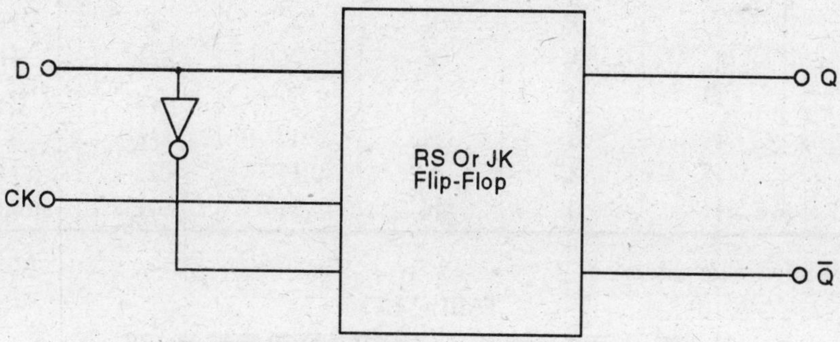

INPUT	OUTPUT
D_n	$Q_n + 1$
0	0
1	1

चित्र 12·5—D-फ्लिप-फ्लाप का ब्लॉक डायग्राम एवं सत्य तालिका

Procedure :

1. चित्र की भाँति परिपथ संयोजित कीजिये तथा IC के उचित पिन को चैक कर $+V_{CC}$ एवं ग्राउण्ड कनेक्शन कीजिए।
2. सत्य तालिका के अनुसार इनपुट दीजिए। क्लॉक पल्स प्रयुक्त कर आउटपुट का स्तj (level) नोट कीजिये।
3. क्लॉक इनपुट पर '0' प्रयुक्त कीजिए तथा इनपुट परिवर्तित कर आउटपुट नोट कीजिए।
4. क्लॉक टर्मिनल पर '1' प्रयुक्त कीजिए तथा पुनः इनपुट परिवर्तित कर आउटपुट नोट कीजिए।

TABLE 12.1
7474 की सत्य तालिका

INPUT				OUTPUT	
Preset	**Clear**	**Clock**	***D***	Q	$\overline{Q}$
L	H	X	X	H	L
H	L	X	X	L	H
L	L	X	X	H	H
H	H	H	H	H	L
H	H	H	L	L	H
H	H	X	X	Q_o	$\overline{Q}_o$

TABLE 12.2
7477 की सत्य तालिका

INPUT					OUTPUT	
Preset	**Clear**	**Clock**	***J***	***K***	Q	$\overline{Q}$
L	H	X	X	X	H	L
H	L	X	X	X	L	H
L	L	X	X	X	H	H
H	H	1	L	L	Q_o	$\overline{Q}_o$
H	H	1	H	L	H	L
H	H	1	L	H	L	H
H	H	1	H	H	Toggle	Toggle

Observations :

TABLE 12.3
D टाइप positive/negative edge ट्रिगर्ड फ्लिप-फ्लाप के लिए

INPUT		OUTPUT		INPUT		OUTPUT	
D	**Change in clock**	Q	$\overline{Q}$	***T***	**Change in *D***	Q	$\overline{Q}$
0	0 to 1			0	0 to 1		
0	1 to 0			0	1 to 0		
1	0 to 1			1	0 to 1		
1	1 to 0			1	1 to 0		

TABLE 12.4
JK फ्लिप-फ्लाप के लिए

INPUT			OUTPUT	
J	K	Change in T	Q	$\overline{Q}$
0	0	0 to 1		
0	0	1 to 0		
0	1	0 to 1		
0	1	1 to 0		
1	0	0 to 1		
1	0	1 to 0		
1	0	0 to 1		
1	1	1 to 0		

Conclusions :

1. *JK* फ्लिप-फ्लॉप, प्रीसैट टर्मिनल पर low इनपुट देकर set किया जाता है तथा clear टर्मिनल पर low इनपुट देकर reset किया जाता है।
2. यदि *J* तथा *K* दोनों इनपुट low होती हैं तब फ्लिप-फ्लॉप का आपरेशन inhibit होता है।
3. यदि *J* तथा *K* इनपुट परस्पर कम्पलीमेन्ट हैं तब next क्लॉक पल्स पर *J* इनपुट का डाटा फ्लिप-फ्लॉप में स्टोर हो जाता है।
4. यदि *J* एवं *K* दोनों इनपुट High हैं तब फ्लिप-फ्लॉप प्रत्येक क्लॉक पल्स पर toggle करता है।
5. आउटपुट स्तर में परिवर्तन क्लॉक पल्स की down going edge पर होता है।
6. *D* फ्लिप-फ्लॉप प्रीसैट अथवा clear टर्मिनल पर 0 देकर सैट अथवा रिसैट किया जा सकता है।
7. इनपुट टर्मिनल पर दिया गया डाटा क्लॉक पल्स की positive going edge पर ट्रांसफर होता है।
8. क्लॉक low होने पर *D* इनपुट का कोई प्रभाव नहीं होता।
9. जब क्लाक इनपुट High होती है तब *D* इनपुट का डाटा तुरन्त आउटपुट पर प्राप्त होता है।

EXPERIMENT – 13

Experiment : *JK* फ्लिप-फ्लॉप को प्रयुक्त कर Asynchronous बाइनरी एवं डिकेड काउन्टर्स बनाना तथा उनकी सत्य तालिका का सत्यापन करना।

Item needed : ब्रेड बोर्ड, रेगुलेटर पावर सप्लाई (+5V, 1A), क्लॉक पल्स जनरेटर, LEDs-4 Nos, SPDT स्विच, 330 Ω प्रतिरोध-4 Nos, IC 7476-2Nos हुक अप वायर।

Theory : डिजिटल कम्प्यूटर्स फ्लिप-फ्लाप द्वारा निर्मित होते हैं जिनका कार्य विद्युत पल्स के रूप में काउन्टिंग करना है। एक divide-by-*N* काउन्टर में, जो संख्या *N* तक काउन्टिंग कर सकता है, *n*-फ्लिप-फ्लॉप की आवश्यकता होती है जहाँ $2^n \geq N$।

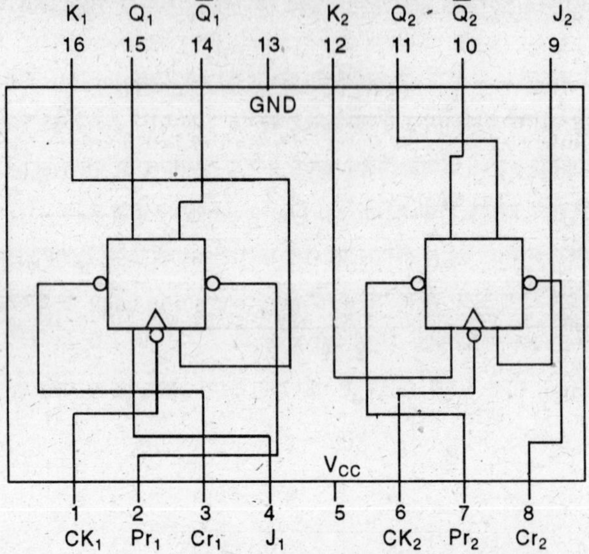

चित्र 13·1—IC 7476 मास्टर-स्लेव JK फ्लिप-फ्लाप का पिन विवरण

Asynchronous काउन्टर्स में प्रत्येक फ्लिप-फ्लॉप उससे पहले संयोजित फ्लिप-फ्लॉप (previous flip-flop) से ट्रिगर होता है। Synchronous काउन्टर्स की तुलना में इनकी गति कम होती है। इन्हें रिपल (ripple) काउन्टर भी कहते हैं।

IC 7476 एक master slave *JK* फ्लिप-फ्लॉप है। इसकी आउटपुट $Q_1, \overline{Q}_1$ तथा $Q_2, \overline{Q}_2$ हैं। इसमें दो क्लॉक् टर्मिनल CK_1 तथा CK_2, एवं दो इनपुट टर्मिनल का सैट J_1, K_1 एवं J_2, K_2 होते हैं।

बाइनरी रिपल काउन्टर—इस काउन्टर में प्रथम फ्लिप-फ्लॉप को क्लॉक पल्स दी जाती है तथा उसकी आउटपुट दूसरे फ्लिप-फ्लॉप को ड्राइव करती है। इसी प्रकार दूसरे फ्लिप-फ्लॉप की आउटपुट तीसरे फ्लिप-फ्लॉप को ········ ड्राइव करती है। इस काउन्टर में ट्रिगर एक फ्लिप-फ्लॉप से दूसरे में, दूसरे से तीसरे में, तीसरे से चतुर्थ में ········ गति करता है। अतः इसकी प्रोपेगेशन डिले, सभी फ्लिप-फ्लॉप की अलग-अलग डिले का योग होती है।

प्रारम्भ में सभी फ्लिप-फ्लॉप '0' स्टेट पर सैट किये जाते हैं। सर्वप्रथम पहले फ्लिप-फ्लॉप (A) को क्लॉक पल्स दी जाती है जिससे इसकी स्टेट 0 से बदल कर 1 हो जाती है। इस समय फ्लिप-फ्लाप *B,C* तथा *D* अपनी स्टेट परिवर्तित नहीं करते। यदि प्रथम क्लाक पल्स देने के पश्चात फ्लिप-फ्लॉप A, LSB प्रदर्शित करता है तब दूसरी क्लॉक पल्स आने पर काउन्टर का काउन्ट 0001 होता है, क्योंकि दूसरी पल्स आने पर फ्लिप-फ्लॉप A की स्टेट 1 से 0 हो जाती है। इससे एक निगेटिव going edge पल्स उत्पन्न होती है जो फ्लिप-फ्लॉप B को ट्रिगर करती है अतः Q_2 की स्टेट 0 से 1 हो जाती है। परन्त फ्लिप-फ्लॉप C एवं D अभी भी 0 स्टेट में है। तीसरी पल्स आने पर फ्लिप-फ्लाप पुनः 1 पर सैट हो जाता है तथा चतुर्थ (fourth) पल्स पर फ्लिप-फ्लॉप C, स्टेट '1' पर सैट हो जाता है। यह क्रिया इसी प्रकार जारी रहती है। तालिका 13.1 में विभिन्न क्लॉक पल्स पर काउन्टर की आउटपुट ABCD प्रदर्शित की गई है।

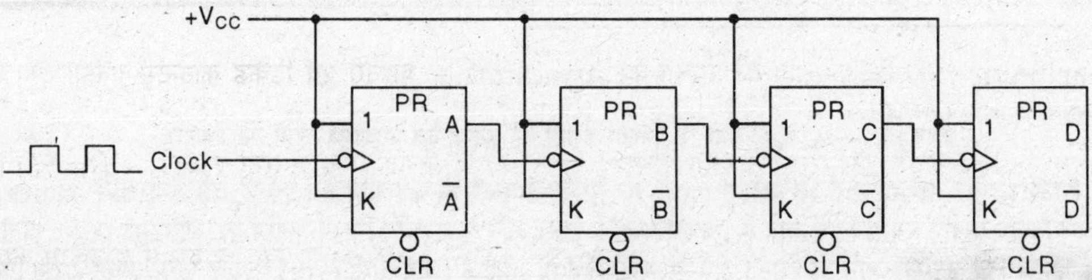

चित्र 13·2

TABLE 13.1
बाइनरी काउन्टर की सत्य तालिका

Number of clock pulses	Output of flip-flop			
	D	*C*	*B*	*A*
0	0	0	0	0
1	0	0	0	1
2	0	0	1	0
3	0	0	1	1
4	0	1	0	0
5	0	1	0	1
6	0	1	1	0
7	0	1	1	1
8	1	0	0	0
9	1	0	0	1
10	1	0	1	0
11	1	0	1	1
12	1	1	0	0
13	1	1	0	1
14	1	1	1	0
15	1	1	1	1
16	0	0	0	0

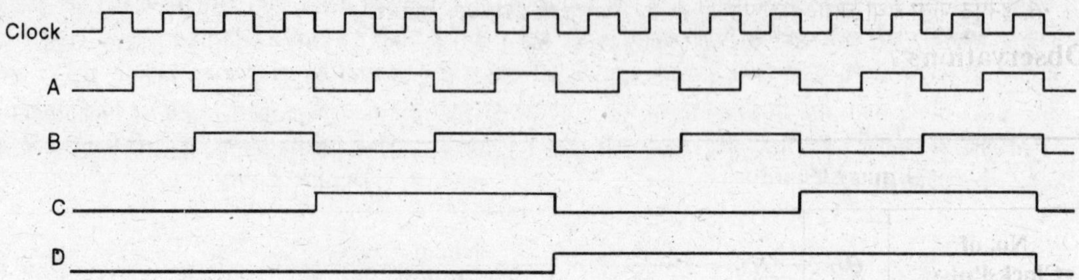

चित्र 13·3— A, B, C तथा D फ्लिप-फ्लाप की इनपुट एवं आउटपुट तरंगों का आकार

डिकेड काउन्टर : यह divide-by-10 अथवा mod-10 रिपल काउन्टर भी कहलाता है। इसकी दस अवस्थायें (states) होती हैं। इसमें चार फ्लिप-फ्लॉप प्रयोग किये जाते हैं। प्रथम क्लॉक पल्स आने के पश्चात फ्लिप-फ्लॉप की आउटपुट 0001 होती है। इसके पश्चात प्रत्येक क्लॉक पल्स आने पर इसकी अवस्था परिवर्तित हो जाती है। जब नौवीं (9th) क्लॉक पल्स आती है तब फ्लिप-फ्लॉप की आउटपुट 1001 होती है। दसवीं (10th) क्लॉक पल्स आने पर NAND गेट्स की सभी इनपुट HIGH हो जाती है तथा आउटपुट 0 हो जाती हैं। इस प्रकार दसवीं (10th) क्लॉक पल्स सभी फ्लिप-फ्लॉप को रिसैट कर देती है तथा काउन्टर की आउटपुट 0000 होती है।

Procedure :

1. चित्र की भाँति परिपथ संयोजित कीजिये। IC की पिन-5 को पावर सप्लाई (+5V) से संयोजित कीजिये तथा पिन-13 को ग्राउन्ड कीजिये। *JK* इनपुट को $+V_{CC}$ से संयोजित कीजिये।
2. क्लीयर स्विच को एक बार Push कीजिये तथा पुष्टि कीजिये कि सभी फ्लिप-फ्लॉप 0 स्टेट में रिसैट हो गये हैं।
3. एक-एक क्लॉक पल्स प्रयुक्त कीजिये तथा चारों फ्लिप-फ्लॉप की आउटपुट उस समय नोट कीजिए जब फ्लिप-फ्लॉप 'A' की इनपुट HIGH तथा LOW होती है।

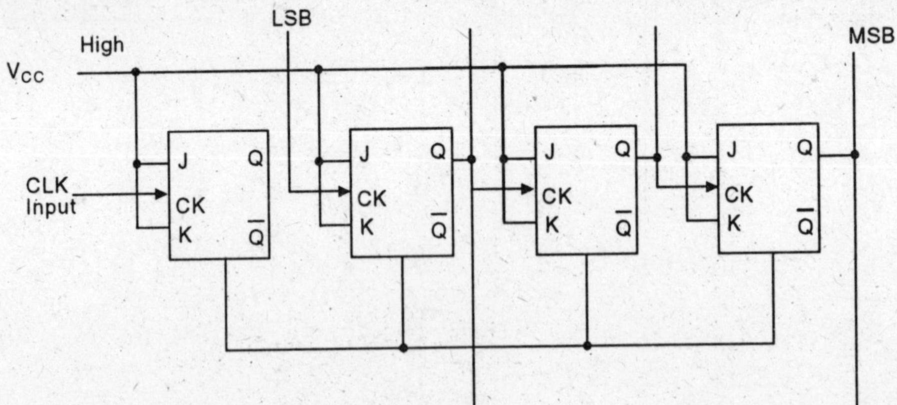

चित्र 13·4—JK फ्लिप-फ्लॉप को प्रयुक्त कर डिकेड काउन्टर

4. उपरोक्त क्रिया की लगभग 20 क्लॉक पल्स के लिये पुनरावृत्ति (repetition) कीजिये।
5. अपने observations की तुलना सत्य तालिका से कीजिए।
6. इनपुट पल्स तथा चारों आउटपुट *A, B, C* तथा *D* के मध्य ग्राफ खींचिए।

Observations :

TABLE 13.2

Binary Counter					**Decade Counter**				
No. of Clock Pulse	Q_D	Q_C	Q_B	Q_A	**No. of Clock Pulse**	Q_D	Q_C	Q_B	Q_A
1					1				
2					2				
3					3				
4					—				
5					—				
6					—				

Conclusions :

(i) बाइनरी काउन्टर क्लॉक पल्स के प्रत्येक निगेटिव ट्रांजिशन पर एक बिट एडवांस करता है।

(ii) बाइनरी काउन्टर में अधिकतम काउन्ट 1111 तथा डिकेड काउन्टर में 1001 होता है तथा इसके पश्चात् काउन्टर पैटर्न की पुनरावृत्ति होती है।

(iii) काउन्टर बाइनरी कोड 8421 में काउन्ट करता है तथा इससे काउन्टर्स की सम्पूर्ण संख्या (total counts) ज्ञात की जा सकती है।

EXPERIMENT – 14

Experiment :

(a) रिपल काउन्टर IC चिप्स को प्रयुक्त कर divide-by-60 काउन्टर बनाना।

(b) काउन्टर IC चिप 7493 को divide-by-8 तथा divide-by-16 मोड में प्रयुक्त करना।

(c) CMOS काउन्टर चिप को प्रयुक्त कर divide-by-100 काउन्टर बनाना।

Items needed : ब्रेड बोर्ड, रेगुलेटेड पावर सप्लाई +5V, क्लॉक पल्स जनरेटर, 330 ohm प्रतिरोध–14 Nos, कॉमन एनोड टाइप 7-सेगमेन्ट डिस्पले–2 Nos, IC 7447 तथा 74160 2Nos each, _IC 7490, 7492, 7493, 4518 B–1 No. each, SPDT स्विच, हुक-अप वायर (Hook–up wire)

Theory : IC 7490 एक divide-by-10 काउन्टर है। इसमें चार फ्लिप-फ्लॉप हैं। FFA एक Mod-2 काउन्टर तथा FFB, FFC एवं FFD मिलकर एक Mod-5 काउन्टर बनाते हैं। Mod-2 तथा Mod-5 काउन्टर्स अलग-अलग अथवा एक साथ (in combination) प्रयोग किये जा सकते हैं। यदि FFA की आउटपुट, इनपुट B के साथ संयोजित कर दी जाये तथा काउन्ट की जाने वाली पल्स इनपुट A को दी जाये तब यह एक सामान्य BCD काउन्टर की भाँति कार्य करता है।

IC 7492 एक divide-by-12 काउन्टर है। इसमें भी चार फ्लिप-फ्लॉप हैं। FFA एक Mod-2 काउन्टर तथा FFB, FFC एवं FFD मिलकर एक Mod-6 काउन्टर निर्मित करते हैं। Mod-2 एवं Mod-6 काउन्टर्स एक साथ अथवा अलग-अलग प्रयोग किये जा सकते हैं। यदि FFA की आउटपुट इनपुट B के साथ संयोजित कर दी जाये, तथा पल्स इनपुट A को दी जाये तब यह परिपथ एक Mod-12 काउन्टर की भाँति कार्य करता है।

IC 7493 एक 4-बिट बाइनरी काउन्टर है। इसमें भी 4 फ्लिप-फ्लाप हैं। FFA एक Mod-2 काउन्टर तथा FFB, FFC एवं FFD मिलकर divide-by-8 काउन्टर की भाँति कार्य करते हैं। यदि FFA की आउटपुट, इनपुट *B* को दी जाये तथा क्लॉक पल्स इनपुट B को दी जाये तब यह परिपथ Mod-16 काउन्टर की भाँति कार्य करता है।

IC 74160 एक divide-by-10 synchronous काउन्टर है। ऐसी दो चिप्स का कास्केड में (cascade) संयोजन कर divide-by-10 काउन्टर बनाया जा सकता है। फ्लिप-फ्लॉप की आउटपुट 7-सेगमेन्ट डिस्पले को फीड (feed) कर डिकोड की जा सकती है।

IC 4518 CMOS फैमिली का एक dual synchronous BCD काउन्टर है। दो IC 4518 को कास्केड कर divide-by-100 काउन्टर बनाया जा सकता है।

TABLE 14.1
4518 B की सत्य तालिका

CP 0	CP 1	MR (Master Reset)	Mode
↑	H	L	Counter advance
L	↓	L	Counter advance
↓	X	L	No change

X	↑	L	No change
↑	L	L	No change
H	↓	L	No change
X	X	H	Reset

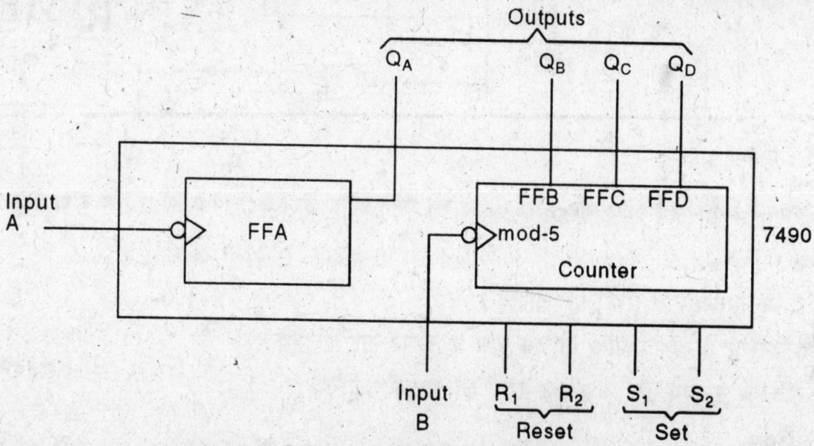

चित्र 14·1—IC 7490 काउन्टर की आन्तरिक संरचना

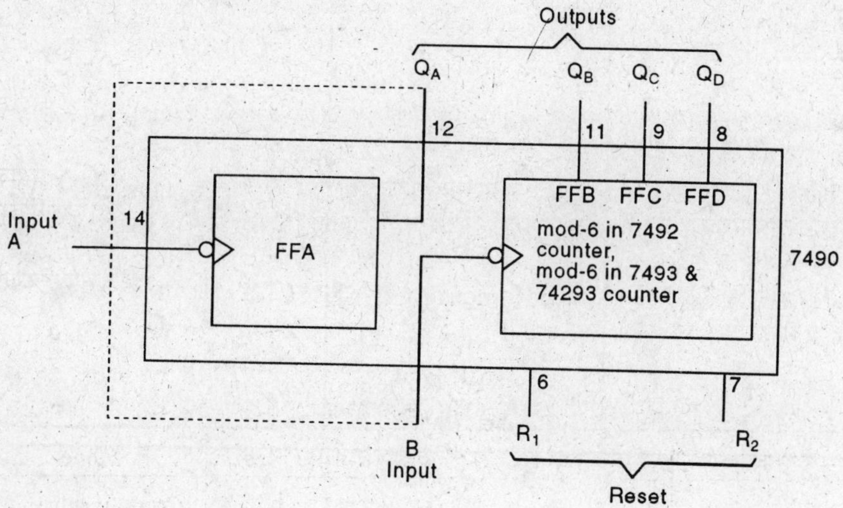

चित्र 14·2—(a) IC 7492, 7493 तथा 74923 की संरचना

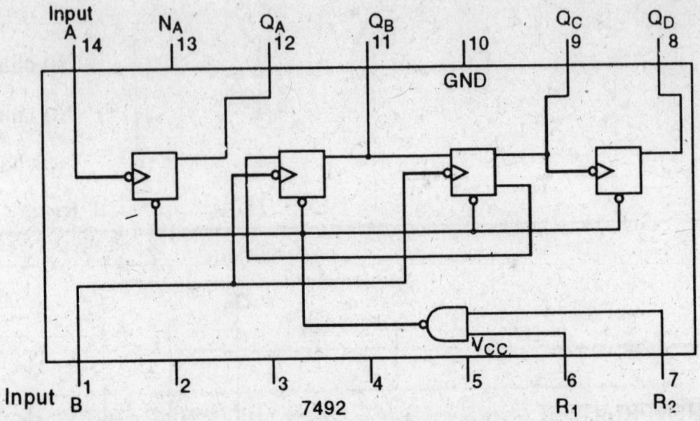

चित्र 14·2 (b)—IC 7492 को divide-by-16 की भांति प्रयोग करने के लिये B को Q_A से जोडा जाता है

Procedure :

1. चित्र के अनुसार परिपथ संयोजित कीजिये।
2. क्लॉक जनरेटर से क्लॉक पल्स दीजिये, तथा आउटपुट नोट कीजिये।
3. सत्य तालिका बनाइये तथा आउटपुट तरंगों की आकृति खींचिए।

Observations :

Divide-by-8/16/60/100 काउन्टर चिप के लिए

Sl. No.	No. of clock pulse	Outputs D_7 D_6 D_5 D_4 D_3 D_2 D_1 D_0

EXPERIMENT – 15

Experiment : सिन्क्रोनस काउन्टर (synchronous counter) IC चिप्स को प्रयोग कर divide-by-16 काउन्टर बनाना।

Items needed : ब्रेड बोर्ड, रेगुलेटेड पावर सप्लाई +5V, क्लॉक पल्स जनरेटर, 330 ohm Resistances–14 Nos, Seven segment display–2 Nos, IC 74160, 7490–1 each, हुक-अप वायर (Hook–up wire)।

Theory : Synchronous काउन्टर्स में, रिपल काउन्टर में होने वाली cummulative फ्लिप-फ्लॉप डिले समाप्त हो जाती है। Synchronous काउन्टर में फ्लिप-फ्लॉप को दो प्रकार कन्ट्रोल किया जा सकता है। 1. रिपल कैरी द्वारा तथा 2. Parallel कैरी द्वारा 1 Parallel carry विधि अधिक तीव्र है परन्तु synchronous काउन्टर में Parallel carry के साथ प्रचालन में स्टेजों की संख्या अधिक हो जाती है, अतः फ्लिप-फ्लॉप को NAND गेटस की अधिक संख्या ड्राइव करनी होती है। इसके अतिरिक्त इनपुट की संख्या प्रति कन्ट्रोल गेट (number of inputs per control gate) भी बढ़ जाती है।

BCD तथा 4-बिट बाइनरी सिन्क्रोनस काउन्टर्स के लिए अनेक ICs उपलब्ध हैं। सभी ICs पॉजिटिव edge ट्रिगर्ड हैं अर्थात् आउटपुट स्टेट, काउन्टर लोडिंग तथा क्लियरिंग क्लॉक पल्स की पॉजिटिव going edge पर परिवर्तित होती है।

IC 74160 में केवल एक एनेबल इनपुट टर्मिनल ENAB है। यह active low इनपुट है। Max/Min आउटपुट का प्रयोग काउन्टर की अधिकतम अथवा न्यूनतम काउन्ट ज्ञात करने के लिये किया जाता है। सामान्यतः यह 0 लॉजिक पर रहता है तथा up काउन्टिंग या down काउन्टिंग के समय लॉजिक 1 पर आ जाता है। इनपुट RC सामान्यतः लॉजिक 1 पर होती है तथा काउन्टर के अधिकतम अथवा न्यूनतम काउन्ट पर, लॉजिक 0 पर आ जाती है। क्लॉक इनपुट CK लॉजिक 0 (LOW) पर होती है।

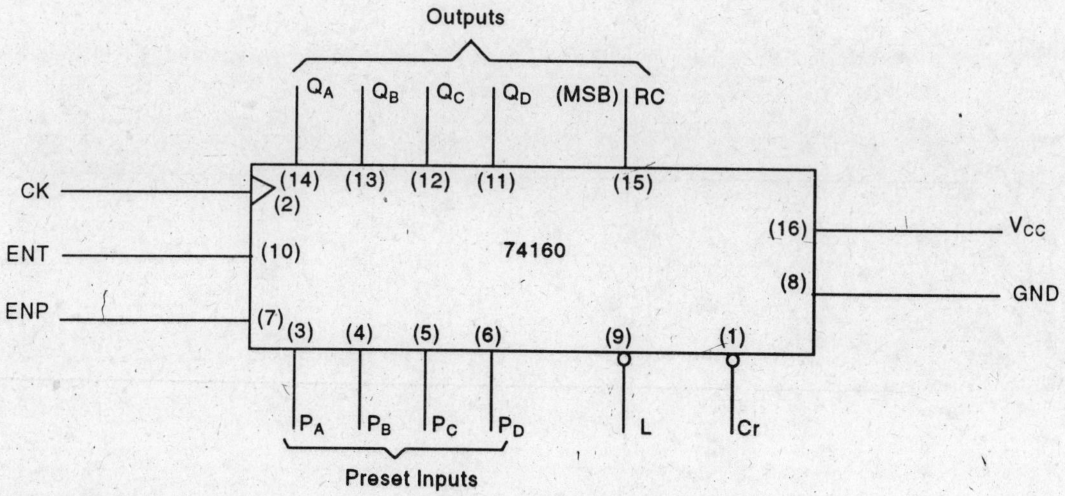

चित्र 15·1—IC 75160 का पिन आउट डायग्राम

IC 74160 एक डिकेड UP–काउन्टर है। इसमें दो अलग-अलग इनपुट enable ENT तथा ENP होती है। किसी भी इनपुट को 0 पर सैट करने से काउन्टिंग बन्द हो जाती है। रिपल कैरी (RC) सामान्यतः 0 पर रहती है तथा अधिकतम काउन्ट (9) के समय 1 पर आ जाती है।

IC 7490 एक BCD काउन्टर है। इसमें 4 फ्लिप-फ्लाप (चित्र 14.1) होते हैं। FFA एक Mod-2 काउन्टर तथा FFB, FFC एवं FFD मिलकर एक Mod-5 काउन्टर निर्मित करते हैं। Mod-2 तथा Mod-5 काउन्टर्स एक साथ अथवा अलग्-अलग प्रयोग किये जा सकते हैं। यदि आउटपुट Q_A को इनपुट B से संयोजित कर दिया जाये तथा इनपुट A पर पल्स प्रयुक्त की जाये तब यह एक सामान्य BCD काउन्टर की भांति कार्य करता है।

इसमें दो रिसैट इनपुट R_1 तथा R_2 हैं। सभी फ्लिप-फ्लॉप को clear करने के लिए इन इनपुट को लॉजिक 1 से संयोजित किया जाता है। इनपुट S_1 तथा S_2 के प्रयोग से काउन्टर 1001 पर सैट होता है जब $S_1 = S_2 = 1$।

Procedure :

1. ICs का परिपथ संयोजित कीजिए।
2. क्लॉक पल्स प्रयुक्त कर आउटपुट ज्ञात कीजिए।

Observations :

Sl. No.	No. of clock pulse	Outputs

EXPERIMENT – 16

Experiment : 4-बिट रजिस्टर IC चिप्स को प्रयुक्त कर एक 4-बिट बफर रजिस्टर बनाना।

Item needed : ब्रेड बोर्ड, रेगुलेटेड पावर सप्लाई +5V, LEDs–4 Nos., 330 Ohm Resistances–4 Nos., क्लाक पल्स जनरेटर, SPDT स्विच-5 Nos, IC 7495, हुक-अप वायर।

Theory : बफर रजिस्टर, फ्लिप-फ्लॉप का कास्केड में arrangement है। यह बाइनरी शब्द स्टोर करता है। बफर रजिस्टर में फ्लिप-फ्लॉप की व्यवस्था इस प्रकार की जाती है कि एक फ्लिप-फ्लॉप में स्टोर किया गया कोई बिट समीप के दूसरे फ्लिप-फ्लॉप में शिफ्ट किया जा सके। बफर रजिस्टर के सभी स्टोरेज रजिस्टर (फ्लिप-फ्लॉप) एक समय में ही तथा एक single क्लाक (shift) पल्स द्वारा activate किये जाते हैं। क्लॉक पल्स प्रयुक्त करने पर आवश्यकतानुसार डाटा को रजिस्टर में एक बिट shift left अथवा एक बिट shift right किया जा सकता है।

IC 7495 एक 4-बिट शिफ्ट रजिस्टर है। इसमें डाटा, सीरियल (serially) अथवा समानान्तर (parallel) दोनों विधियों द्वारा enter कराया जा सकता है। IC 7495 से आउटपुट serial अथवा parallel किसी भी form में प्राप्त की जा सकती है। इसमें डाटा left अथवा right शिफ्ट किया जा सकता है।

1. Serial-in right shift operation

मोड कन्ट्रोल $M = 0$ रखिये, तथा सीरियल इनपुट टर्मिनल पर सीरियल डाटा एप्लाई कीजिए। ध्यान रखिये डाटा इनपुट LSB से प्रारम्भ किया जाता है। क्लॉक-1 टर्मिनल पर क्लॉक पल्स प्रयुक्त कीजिए तथा Q_A, Q_B, Q_C एवं Q_D पर आउटपुट observe

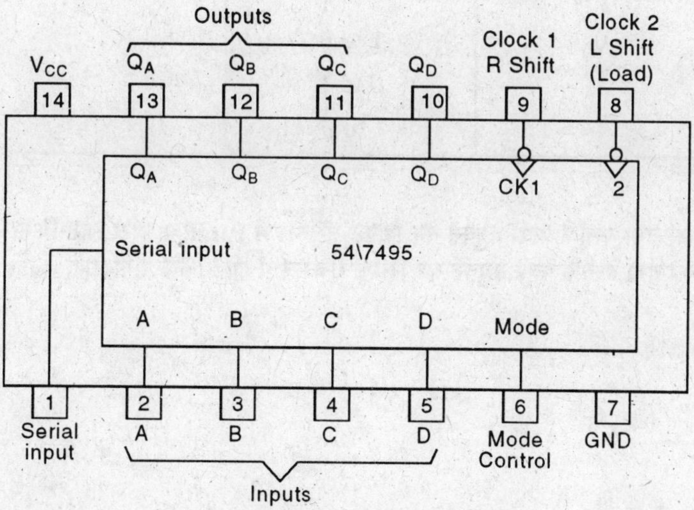

चित्र 16·1— IC 7495 शिफ्ट रजिस्टर

कीजिए। यह right-shift आपरेशन है। Parallel form में आउटपुट Q_A, Q_B, Q_C तथा Q_D पर प्राप्त की जा सकती है। सीरियल form में डाटा प्राप्त करने के लिए क्लॉक-1 पर क्लॉक पल्स प्रयुक्त कीजिए तथा Q_D पर आउटपुट observe कीजिए।

2. Parallel-in Shift-Register

मोड कन्ट्रोल, $M = 1$ पर संयोजित कीजिए तथा इनपुट A, B, C तथा D पर 4-बिट parallel डाटा एप्लाई कीजिये। क्लॉक-2 पर क्लॉक पल्स प्रयुक्त कीजिये तथा आउटपुट Q_A, Q_B, Q_C तथा Q_D पर आउटपुट observe कीजिये।

3. Serial-in left-shift Operation

मोड कन्ट्रोल M को लॉजिक 1 पर सैट कीजिये। Q_B को A से, Q_C को B से तथा Q_D को C से संयोजित कीजिये। इनपुट D पर सीरियल डाटा (MSB से प्रारम्भ कर) दीजिये। क्लॉक-2 पर क्लॉक पल्स प्रयुक्त कीजिये तथा Q_A, Q_B, Q_C एवं Q_D पर आउटपुट observe कीजिए एवं shift-left आपरेशन की पुष्टि कीजिये। Parallel आउटपुट डाटा, डाटा enter करने के पश्चात् Q_A, Q_B, Q_C तथा Q_D प्राप्त किया जा सकता है तथा क्लॉक-2 पर क्लॉक प्रयुक्त कर सीरियल आउटपुट प्राप्त की जा सकती है।

Procedure :

1. चित्र की भाँति परिपथ संयोजित कीजिये।
2. डाटा स्विच SW_1 से SW_4 तक ग्राउन्ड (0) कीजिये।
3. मोड स्विच लॉजिक '1' (+5 volt) पर रखिये तथा क्लॉक पल्स दीजिए। आउटपुट observe कीजिए।
4. डाटा स्विच SW_1 से SW_4 तक लॉजिक 1 (+5 Volt) पर सैट कीजिये। क्लॉक पल्स एप्लाई कीजिये तथा आउटपुट observe कीजिए।
5. मोड स्विच को '0' (ग्राउन्ड) पर सैट कीजिये तथा आउटपुट observe कीजिये।

Observations :

Input Switch	Clock Pulse Level	Output Q_A Q_B Q_C Q_D
1	0 to 1	
1	1 to 0	
0	0 to 1	
0	1 to 0	
1	0 to 1	
1	1 to 0	

Conclusions :

1. M=1 सैट कर तथा क्लॉक पल्स प्रयुक्त कर शिफ्ट रजिस्टर में Parallel डाटा लोड किया जा सकता है।
2. M=0 सैट कर तथा क्लॉक पल्स प्रयुक्त कर शिफ्ट रजिस्टर में लोड किया गया डाटा right शिफ्ट किया जा सकता है।

EXPERIMENT – 17

Experiment : फ्लिप-फ्लॉप (Flip-Flops) प्रयुक्त कर एक 4-बिट यूनिवर्सल शिफ्ट यूनिवर्सल शिफ्ट रजिस्टर बनाना।

Items needed : ब्रेड बोर्ड, रेगुलेटेड पावर सप्लाई +5V, IC 7474, 330 Ω प्रतिरोध–4 Nos., LEDs–4 Nos, हुक-अप। वायर।

Theory : यूनिवर्सल शिफ्ट रजिस्टर एक ऐसा रजिस्टर है जिसमें डाटा Serial अथवा Parallel में लोड किया जा सकता है। इस रजिस्टर में शिफट left तथा शिफ्ट right दोनों ऑपरेशन किये जा सकते हैं। रजिस्टर का फंक्शन सैलेक्ट करने के लिए मोड M_1 तथा M_2 प्रयोग किये जाते हैं। यूनिवर्सल शिफ्ट रजिस्टर निम्न ऑपरेशन के लिए प्रयुक्त किया जा सकता है।

Control S_1	Input S_0	Operation Performed
0	0	Parallel Loading
0	1	Shift right
1	0	Shift left
1	1	Clock inhibit

Procedure :

1. ब्रेड बोर्ड पर IC 7474 लगाइये तथा चित्र 17.1 की भाँति संयोजन कीजिए।
2. सभी फ्लिप-फ्लॉप को Reset कीजिये।
3. एक क्लॉक पल्स देकर आउटपुट नोट कीजिये।
4. इनपुट 0 तथा 1 एक साथ दीजिये तथा क्लॉक पल्स देने के पश्चात आउटपुट नोट कीजिए।
5. प्रेक्षण की पुनरावृत्ति कीजिए।

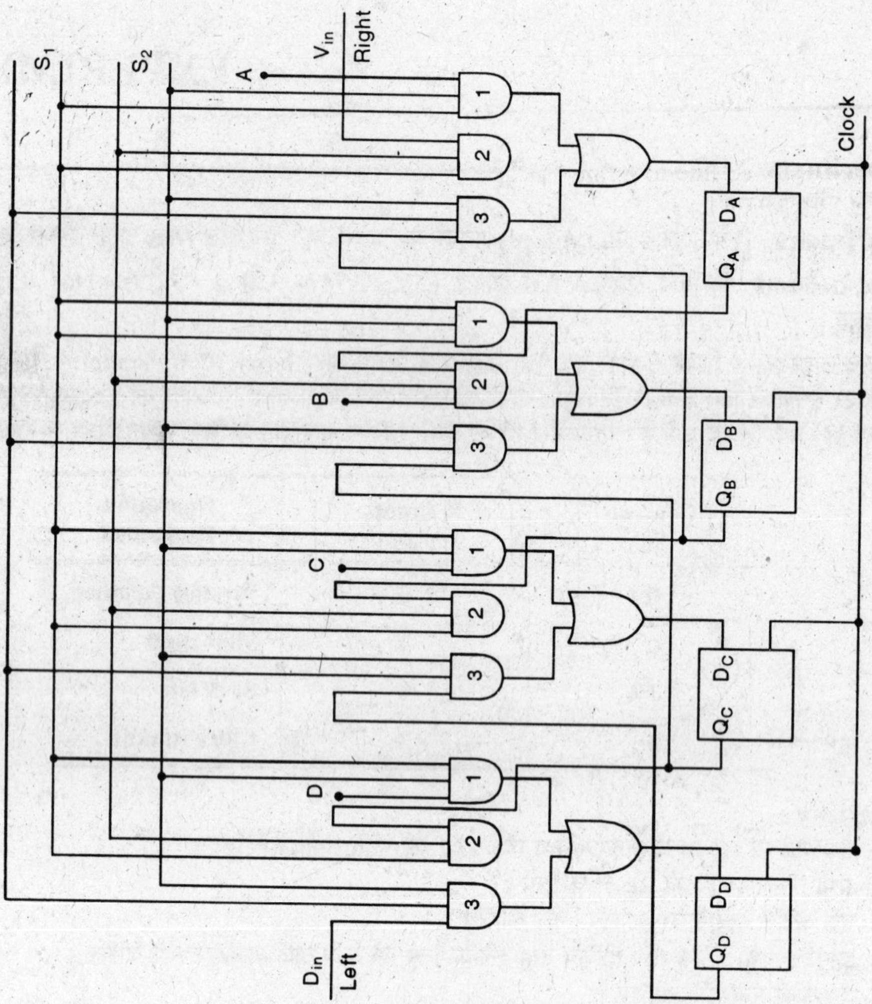

चित्र 17·1—4-बिट यूनिवर्सल शिफ्ट रजिस्टर

EXPERIMENT – 18

Experiment : 3 line-to-8 line डिकोड करना तथा 8 line-to-3 line एन्कोड (Encode) करना एवं इनपुट तथा आउटपुट का परीक्षण करना।

Items needed : ब्रेड बोर्ड, पावर सप्लाई, +5V रेगुलेटेड, हुक-अप वायर (Hook-up wire), IC 74138, 74151–each 1 No., LEDs–3, S.P.D.T. स्विच–3, 330 Ohm प्रतिरोध–1।

Theory : IC 74138 एक 3-to-8 line डिकोडर है। इसमें 3 इनपुट लाइनें *CBA* हैं। 3-बिट इनपुट की बाइनरी value, आउटपुट लाइन $Y_0 - Y_7$ को सैलेक्ट करती है स्ट्रोब इनपुट G_1 को HIGH रखा जाता है तथा G_2 एवं G_3 'LOW' रखे जाते हैं।

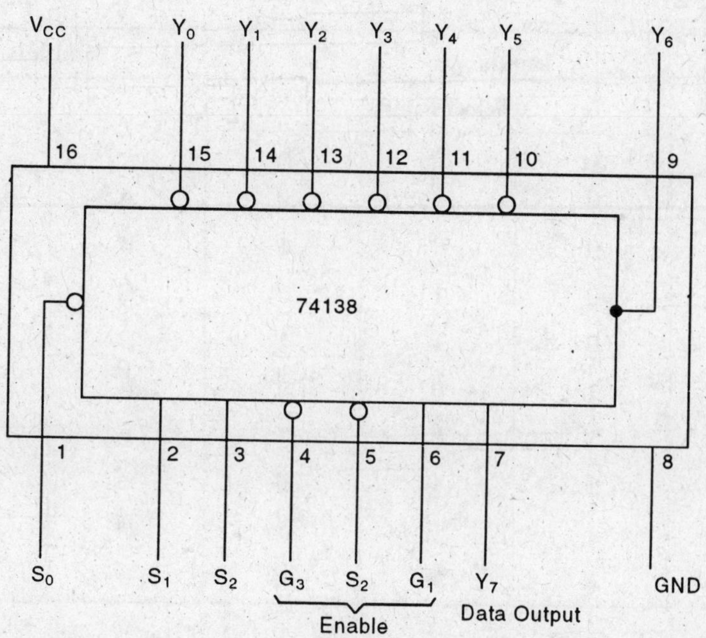

चित्र 18·1

IC 74151A एक 8-to-1 लाइन मल्टीप्लेक्सर है। इसमें तीन डाटा सैलेक्ट लाइन *CBA* हैं। बाइनरी शब्द *CBA* आठ डाटा इनपुट लाइन ($D_7 - D_0$) में से एक को सैलेक्ट करता है। सैलेक्ट की गई डाटा इनपुट लाइन पर डाटा की value true (Y) तथा complemented ($\bar{Y}$) दोनों रूप में आउटपपुट प्राप्त होती है। स्ट्रोब इनपुट S मल्टीप्लेक्सिग आपरेशन से LOW रखी जाती है।

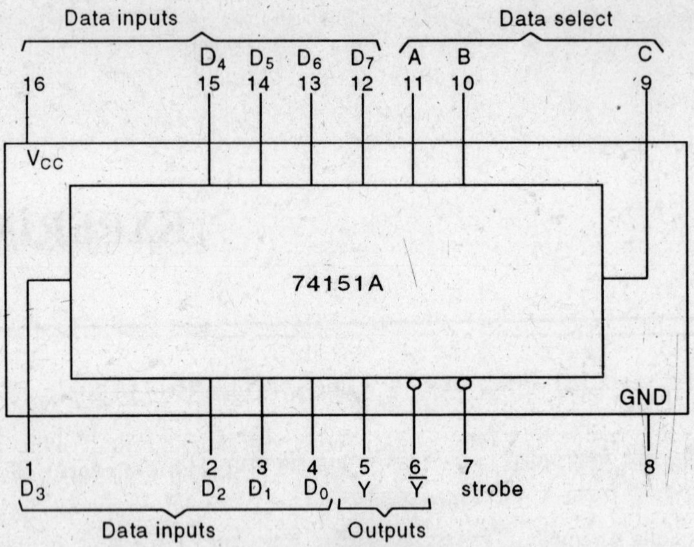

चित्र 18·2

TABLE 18.1
Truth Table of 74151 A

Inputs				Outputs	
Strobe	Select Inputs			Y	$\overline{Y}$
	S_2	S_0	S_0		
0	0	0	0	A	$\overline{A}$
0	0	0	1	B	$\overline{B}$
0	0	1	0	C	$\overline{C}$
0	0	1	1	D	$\overline{D}$
0	1	0	0	E	$\overline{E}$
0	1	0	1	F	$\overline{F}$
0	1	1	0	G	$\overline{G}$
0	1	1	1	H	$\overline{H}$
1	X	X	X	0	1

Procedure :

1. प्रयोगशाला में उपलब्ध किट (kit) के अनुसार संयोजन कीजिए।
2. स्विच ON/OFF पर इनपुट दीजिए तथा आउटपुट नोट कीजिए।
3. इनपुट परिवर्तित कर प्रेक्षण की पुनरावृत्ति कीजिए।

EXPERIMENT – 19

Experiment : एक 1-to-16 लाइन डिकोडर एवं 16-to-4 लाइन एन्कोडर की आउटपुट Observe करना।

Items needed : ब्रेड बोर्ड, रेगुलेटेड पावर सप्लाई, +5V, हुक-अप वायर, Single Pole Double Throw Switches–5 Nos. Indicators (Logic)–16 Nos., IC 74154 तथा IC 74157–1 each, IC 74148–2 2 NOS

Theory : डिकोडर, कार्य-प्रणाली में डिमल्टीप्लेक्सर की भाँति ही होता है। दोनों अन्तर केवल यह है कि डिकोडर में डाटा इनपुट नहीं दी जाती। इसमें इनपुट, केवल कन्ट्रोल इनपुट $ABCD$ होती है। 1-to-16 लाइन डिकोडर में 16 आउटपुट लाइनों में से केवल 'High' होती है अतः यह 1-to-16 डिकोडर परिपथ कहलाता है। उदाहरण $ABCD = 0001$ होने पर केवल Y_1 आउटपुट लाइन High होती है तथा $ABCD = 0100$ होने पर केवल Y_4 लाइन 'High' होती है।

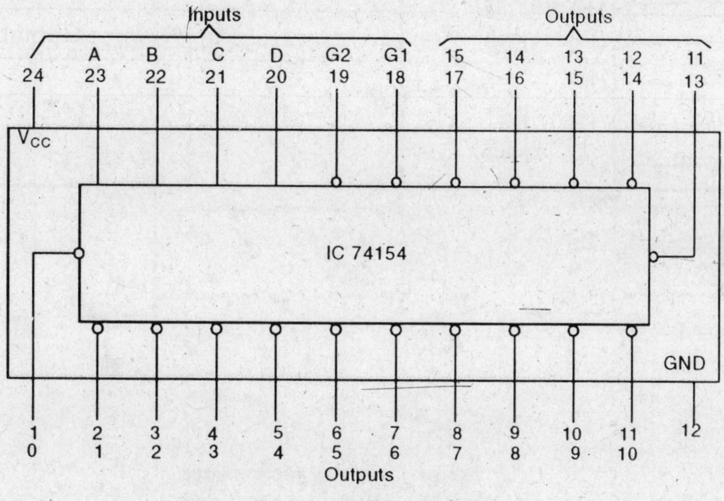

चित्र 19·1—'1-to-16' लाइन डिकोडर

IC 74154 एक 1-to-16 लाइन डिमल्टीप्लेक्सर IC है। इसमें चार सैलेक्ट इनपुट $ABCD$ होती हैं जो 16 आउटपुट लाइनों में एक 1 लाइन सैलेक्ट करती है। IC 74154 को डिकोडर की भाँति प्रयुक्त करने के लिए स्ट्रोब टर्मिनल G_1 तथा G_2 ग्राउन्ड किये जाते हैं। इस IC में सभी इनपुट तथा आउटपुट active low होती हैं।

हेक्साडेसीमल टु बाइनरी एन्कोडर (Hexadecimal-to-Binary Encoder)

एन्कोडर n इनपुट लाइनों में से केवल एक बाइनरी active सिगनल को कोडेड (Coded) आउटपुट सिगनल मे परिवर्तित करता है।

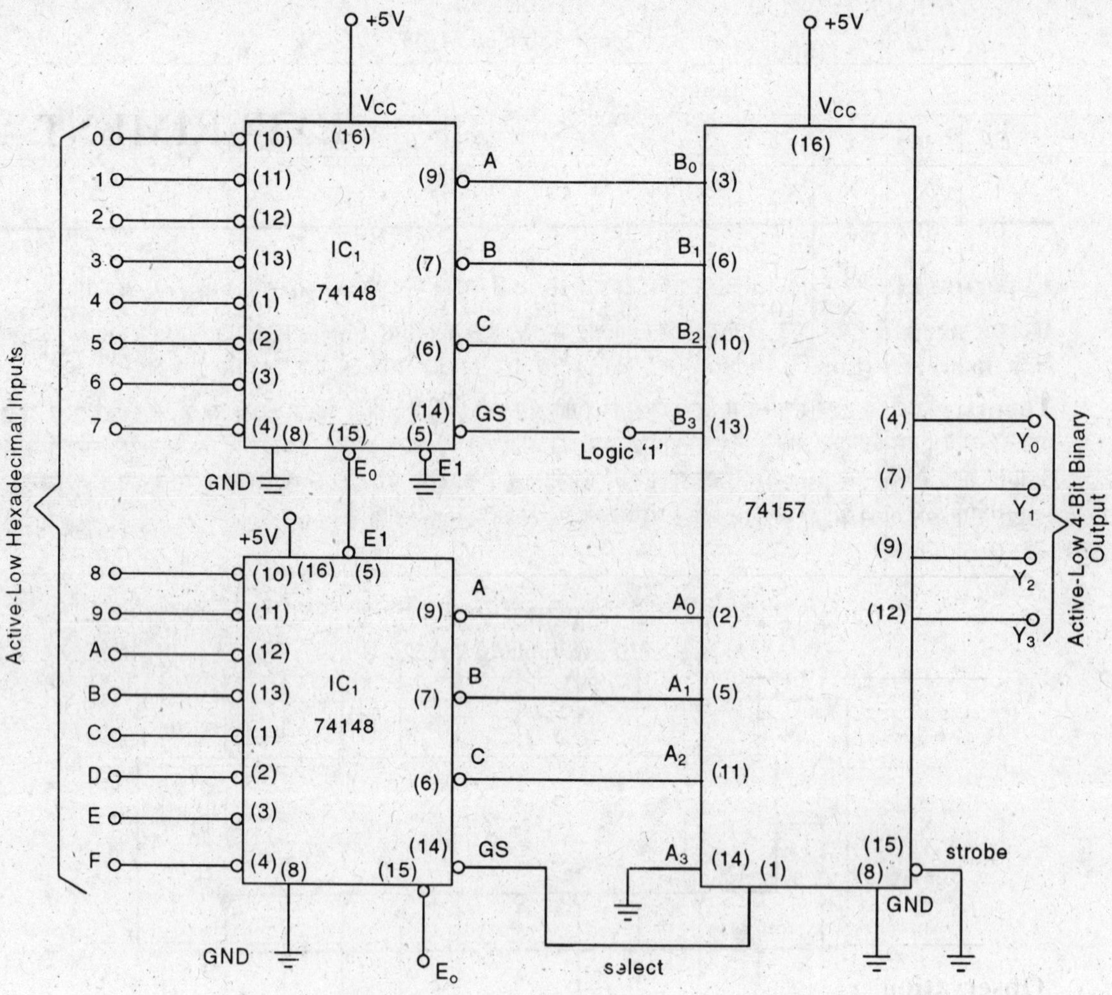

चित्र 19·2—16-to-4 लाइनर एन्कोडर

16-to-4 line एन्कोडर बनाने के लिए दो Octal-to-Binary एन्कोडर (IC 74148) तथा एक क्वाड 2 : 1 मल्टीप्लेक्सर (IC 74157) का प्रयोग किया जा सकता है। हेक्साडेसीमल इनपुट (0 से 7 तक) एक IC (IC_1) को तथा 8 से F तक दूसरे (IC) IC_2 को दी जाती है। चूँकि IC 74148 की इनपुट तथा आउटपुट active low होती है अतः इसकी किसी भी इनपुट को लॉजिक '0' पर करने पर आउटपुट में active low बाइनरी संख्या प्राप्त होती है तथा E_0 पर लॉजिक '1' आ जाता है, जो IC_2 के टर्मिनल EI से संयोजित है। इसमें IC_2 disable हो जाता है तथा इसकी आउटपुट GS, लॉजिक 1 पर हो जाती है। IC_2 की GS आउटपुट लॉजिक '1' पर होने के कारण IC 74157 की सैलेक्ट इनपुट भी लॉजिक 1 पर हो जाती है जिससे IC 74157 की इनपुट B_n सेलेक्ट हो जाती है।

अतः आउटपुट टर्मिनल Y_4, Y_3, Y_2, Y_0 पर एक active low 4-bit बाइनरी संख्या प्राप्त होती है।

इसी प्रकार यदि IC_1 पर कोई active low इनपुट नहीं है तब IC_2 पर कोई भी active low इनपुट A_n को सैलेक्ट करती है।

Procedure : चित्र 19.2 की भाँति परिपथ संयोजित कर hexadecimal-to-binary परिवर्तन का सत्यापन किया जा सकता है।

TABLE 19.1
Truth Table of 74148

Inputs									Outputs				
EI	0	1	2	3	4	5	6	7	*C*	*B*	*A*	*Gs*	*Eo*
1	X	X	X	X	X	X	X	X	1	1	1	1	1
0	0	1	1	1	1	1	1	1	1	1	1	0	1
0	X	0	1	1	1	1	1	1	1	1	0	0	1
0	X	X	0	1	1	1	1	1	1	0	1	0	1
0	X	X	X	0	1	1	1	1	1	0	0	0	1
0	X	X	X	X	0	1	1	1	0	1	1	0	1
0	X	X	X	X	X	0	1	1	0	1	0	0	1
0	X	X	X	X	X	X	0	1	0	0	1	0	1
0	X	X	X	X	X	X	X	0	0	0	0	0	1
0	1	1	1	1	1	1	1	1	1	1	1	1	0

TABLE 19.2
Truth table of 74157

Inptus		Outputs
Strobe	Select	
G	*S*	Y_n
0	0	A_n
0	1	B_n
1	X	0

Observations :

Inputs	Outputs

EXPERIMENT-20

Experiment : ALU चिप IC 74181 का गणितीय तथा लॉजिक ऑपरेशन के लिए प्रयोग करना।

Items needed : ब्रेड बोर्ड, पावर सप्लाई +5V रेगुलेटेड, हुक-अप वायर, S.P.D.T. स्विच– 13 Nos., LEDS-8, IC 74181

Theory : IC 74181 चिप, 16 गणितीय तथा 16 लॉजिक आपरेशन कर सकती है। यह Arithmetic/Logic यूनिट कहलाती है।

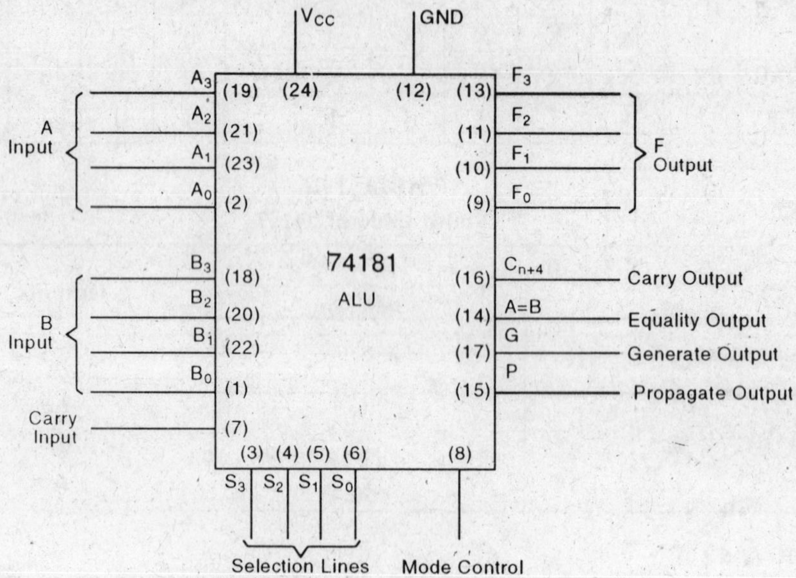

चित्र 20·1—ALU चिप IC 74181 का पिन विवरण

INPUT :

A तथा B : 4-bit बाइनरी डाटा इनपुट

C_n : Carry इनपुट

OUTPUT :

F : 4-bit बाइनरी डाटा आउटपुट

C_{n+4} : Carry आउटपुट

$A=B$: Equality आउटपुट

G : Carry generate Output

P : Carry Propagate Output